Gefährdungsvorsatz im modernen Strafrecht

Frankfurter kriminalwissenschaftliche Studien

Bd./Vol. 154

Zu Qualitätssicherung und Peer Review der vorliegenden Publikation

Die Qualität der in dieser Reihe erscheinenden Arbeiten wird vor der Publikation durch Herausgeber der Reihe geprüft.

Notes on the quality assurance and peer review of this publication

Prior to publication, the quality of the work published in this series is reviewed by editors of the series.

Chun-Wei Chen

Gefährdungsvorsatz im modernen Strafrecht

Zugleich unzeitgemäße Überlegungen über die Wiederbelebung des Gefährdungsstrafrechts in der Sicherheitsgesellschaft

PL ACADEMIC RESEARCH

Bibliografische Information der Deutschen Nationalbibliothek
Die Deutsche Nationalbibliothek verzeichnet diese Publikation in der Deutschen Nationalbibliografie; detaillierte bibliografische Daten sind im Internet über http://dnb.d-nb.de abrufbar.

Zugl.: Frankfurt (Main), Univ., Diss., 2015

Gedruckt mit Unterstützung des
Deutschen Akademischen Austauschdienstes

D 30
ISSN 0170-6918
ISBN 978-3-631-66789-7 (Print)
E-ISBN 978-3-653-06466-7 (E-Book)
DOI 10.3726/978-3-653-06466-7

PL Academic Research ist ein Imprint der Peter Lang GmbH.

Peter Lang – Frankfurt am Main · Bern · Bruxelles · New York · Oxford · Warszawa · Wien

Diese Publikation wurde begutachtet.

www.peterlang.com

Vorwort

Die vorliegende Arbeit wurde im Wintersemester 2015/ 16 vom Fachbereich Rechtswissenschaft der Johann Wolfgang Goethe Universität Frankfurt am Main als Dissertation angenommen. Zur Veröffentlichung wurde das Manuskript dieser Arbeit nur geringfügig modifiziert.

Ein besonders herzlicher Dank gebührt meinem verehrten Doktorvater Herrn Professor Dr. *Cornelius Prittwitz* nicht nur dafür, dass er mir während meiner Promotionszeit ständig mit Rat und Ermutigung zur Seite stand, sondern auch dafür, dass er mich als Doktorand auch ohne Empfehlung vonseiten eines Dritten freundlich annahm, als es mir fast aussichtslos erschien, an einer deutschen Hochschule zu promovieren. Herrn Professor Dr. *Klaus Günther* schulde ich besonderen Dank sowohl für die zügige Erstellung des Zweitgutachtens meiner Dissertation als auch für seine ständige Unterstützung meiner Anträge auf Verlängerung des DAAD-Stipendiums. Herrn Professor Dr. *Ulfrid Neumann*, der den Vorsitz meines Prüfungsausschusses innehatte, danke ich herzlich für die freundliche Leitung und die zügige Bearbeitung meiner Disputation.

Mein taiwanischer akademischer Lehrer Herr Professor Dr. *Yaw-Cheng Ke* vermittelte mir seit meinem Jura-Erstsemester nicht nur ein umfangreiches strafrechtliches Wissen, sondern er ermunterte mich überdies dazu, immer kritisch nachzudenken. Auch mein ursprüngliches Projekt, auf den Gefährdungsvorsatz dogmatisch einzugehen, entstand aus den nützlichen Diskussionen mit ihm. Für diese möchte ich ihm herzlich danken.

Dem Deutschen Akademischen Austauschdienst danke ich für die ständige finanzielle Unterstützung während meiner Promotionszeit in Frankfurt am Main sowie für die Gewährung eines Druckkostenzuschusses. Bei Frau Rechtsanwältin *Brigitte Kerst* und ihrer Familie bedanke ich mich herzlich für die freundliche Aufnahme als Mieter und besonders für die sehr gute Nachbarschaft. Herrn *Bernhard Menk* danke ich für die zügige fachliche Korrektur des Manuskripts.

Schließlich widme ich dieses Buch meiner Frau *Chia-Feng Lin*, unserem zweiten Sohn *Yi-Tang Chen* und dem Andenken an unseren ersten Sohn *Yi-Ming Chen*, der im Juli 2008 an einer schweren Herzkrankheit verstorben ist. Ohne sie hätte ich das Promotionsstudium in Deutschland nie schaffen können. Vor allem meiner Frau, die mich schon seit 20 Jahren begleitet, schulde ich herzlichen Dank für ihre grenzenlose Liebe und ihre Geduld mit mir.

Chun-Wei Chen
Januar 2016, Taipei City, Taiwan

Inhaltsverzeichnis

Abkürzungsverzeichnis

a. a. O.	am angegebenen Ort; am angeführten Ort
Abs.	Absatz
AE-BT	*Baumann, Jürgen u.a.*, Alternativ-Entwurf eines Strafgesetzbuches, Besonderer Teil, Straftaten gegen Person, erster Halbband, Tübingen, 1970.
AK-StGB	*Wassermann, Rudolf* (Hrsg.), Kommentar zum Strafgesetzbuch: Reihe Alternativkommentare, Bd. 1, §§ 1–21, Neuwied, 1990.
Art.	Artikel
AT	Allgemeiner Teil
Bd.	Band
Bearbeiter, in: *Arzt/ Weber/ Heinrich/ Hilgendorf*, BT	*Arzt, Gunther/ Weber, Ulrich/ Heinrich, Bernd/ Hilgendorf, Eric*, Strafrecht: Besonderer Teil, 2. Auflage, Bielefeld, 2009.
bzw.	beziehungsweise
Baumann/ Weber/ Mitsch, AT	*Baumann, Jürgen/ Weber, Ulrich/ Mitsch, Wolfgang*, Strafrecht: Allgemeiner Teil, 11. Auflage, Bielefeld, 2003.
BeckOK-StGB-*Bearbeiter*	*von Heintschel-Heinegg, Bernd* (Hrsg.), Beck'scher Online-Kommentar StGB.
BeckRS	Beck-Rechtsprechung
BGH	Bundesgerichthof
BT	Besonderer Teil
BVerfG	Bundesverfassungsgericht
bzw.	beziehungsweise
DAR	Deutsches Autorecht
ders.	derselbe
d. h.	das heißt
DJZ	Deutsche Juristen-Zeitung
EMRK	Europäische Menschenrechtskonvention
f.	folgende, folgender
ff.	folgende
Fn.	Fußnote
FS	Festschrift
GA	Goltdammer's Archiv für Strafrecht
GG	Grundgesetz
ggf.	gegebenenfalls
GS	Gedächtnisschrift

h. M.	Herrschende Meinung
HRRS	Höchstrichterliche Rechtsprechung im Strafrecht (Online-Zeitschrift)
Hrsg.	Herausgeber
JA	Juristische Arbeitsblätter
JR	Juristische Rundschau
Jura	Juristische Ausbildung
JuS	Juristische Schulung
JZ	Juristenzeitung
KritJ	Kritische Justiz
LK-*Bearbeiter*[11]	*Jähnke, Burkhard/ Laufhütte, Heinrich Wilhelm/ Odersky, Walter* (Hrsg.), Strafgesetzbuch: Leipziger Kommentar, 11. Auflage.
LK-*Bearbeiter*[12]	*Laufhütte, Heinrich Wilhelm/ Rissing-van Saan, Ruth/ Tiedemann, Klaus* (Hrsg.), Strafgesetzbuch: Leipziger Kommentar, 12. Auflage.
m. E.	Meines Erachtens
MschrKrim	Monatsschrift für Kriminologie und Strafrechtsreform
MüKoStGB-*Bearbeiter*	*Joecks, Wolfgang/ Miebach, Klaus* (Hrsg.), Münchener Kommentar zum StGB, 2. Auflage, München, 2014.
NJW	Neue Juristische Wochenschrift
NK	Neue Kriminalpolitik
NK-StGB-*Bearbeiter*	*Kindhäuser, Urs/ Neumann, Ulfrid/ Paeffgen, Hans-Ullrich* (Hrsg.), Strafgesetzbuch: Nomos Kommentar, 4. Auflage, Baden-Baden, 2013.
Nr.	Nummer
NStZ (-RR)	Neue Zeitschrift für Strafrecht (-Rechtsprechungsreport)
NZV	Neue Zeitschrift für Verkehrsrecht
OLG	Oberlandesgericht
Rdnr	Randnummer
RW	RECHTSWISSENSCHAFT: Zeitschrift für rechtswissenschaftliche Forschung
Schönke/ Schröder/ Bearbeiter, StGB	*Schönke, Adolf/ Schröder, Horst* (Hrsg.), Strafgesetzbuch: Kommentar, 29. Auflage, München, 2014.
SchwZSt	Schweizer Zeitschrift für Strafrecht
S.	Seite
SK-*Bearbeiter*	*Rudolphi, Hans-Joachim/ Wolter, Jürgen* (Hrsg.), Systematischer Kommentar zum Strafgesetzbuch, 8. Auflage, Köln, 2013.
sog.	sogenannt

SSW-StGB/ *Bearbeiter*	*Satzger, Helmut/ Schluckebier, Wilhelm/ Widmaier, Gunther* (Hrsg.), Strafgesetzbuch: Kommentar, 2. Auflage, Köln, 2014.
StGB	Strafgesetzbuch
StV	Strafverteidiger
SVR	Zeitschrift Straßenverkehrsrecht
u. a.	und andere
usw.	und so weiter
vgl.	vergleiche
ZfRSoz	Zeitschrift für Rechtssoziologie
ZRP	Zeitschrift für Rechtspolitik
ZStW	Zeitschrift für die gesamte Strafrechtswissenschaft

Einführung

A. Das moderne Gefährdungsstrafrecht als Forschungsgegenstand

Das Gefährdungsstrafrecht gewinnt innerhalb des Forschungsgebiets des modernen Strafrechts immer mehr an Bedeutung. Es wird dabei im Sinne der Vorverlagerung des Strafrechtsschutzes als ein wichtiges Kennzeichen der Modernisierung des Strafrechts verstanden, welches sowohl die strafrechtlichen Reformen[1] als auch die dogmatische Umstrukturierung des Strafrechtssystems[2] umfangreich beeinflusst hat. Es ist sicherlich, so *Schroeder*, der „Siegeszug der Gefahr im Strafrecht".[3] Allerdings ist das Gefährdungsstrafrecht auch seit langem nur ein Topos bzw. Schlagwort in der strafrechtlichen und kriminalpolitischen Wissenschaft, ohne dass sein Umfang zugleich wissenschaftlich und systematisch bestimmt wurde.[4] So bedarf es in dieser Arbeit zuerst einer vorläufigen Bestimmung des Forschungsgegenstands.[5]

Die Deliktsform der Gefährdungsdelikte lag schon im Römischen Strafrecht, in den Reichspolizeiordnungen, sowie in dem Allgemeinen Landrecht für die preußischen Staaten 1794 vor. Später tauchte das Konzept des Gefährdungsstrafrechts während der NS-Zeit auf und erreichte seinen ersten Höhepunkt in der Praxis der Strafgesetzgebung, vor allem in der damaligen sog. Denkschrift des Preußischen Justizministers über ein Nationalsozialistisches Strafrecht 1933.[6] Damit erweist sich

---

1 Siehe *Müller-Dietz*, FS-*R. Schmitt*, S. 98 ff.; *Roxin*, AT I, § 11, Rdnr. 146; MK-*Lagodny*, Bd. 5., Einleitung, Rdnr. 9; *Puschke*, Gefährdungsstrafrecht, S. 9 f.

2 *Hassemer*, ZRP 1992, S. 381. Ähnlicherweise vertritt *Müller-Dietz*, „dass das Gefährdungsstrafrecht das Merkmal der Risikogesellschaft ist". Siehe *Müller-Dietz*, FS-*R. Schmitt*, S. 104.

3 So lautet der Titel von *Schroeder*, FS-*Wolter*, S. 247.

4 Nachweise *Roxin*, AT I, § 2, Rdnr. 68 ff., insbesondere Rdnr. 75; *Herzog*, Gesellschaftliche Unsicherheit, passim. und S. 50 ff.; *Müller-Dietz*, FS-*R. Schmitt*, S. 104; *Wohlers*, Präventionsstrafrecht, S. 28, 281 ff.; *Hefendehl*, Kollektive Rechtsgüter, S. 164 ff.; *Puschke*, Gefährdungsstrafrecht, S. 9 f.

5 Eingehende Bestimmung vgl. 3. Kapitel C.

6 Überblick der Entstehungsgeschichte *Kerrl*, Nationalsozialistisches Strafrecht, S. 27; *Schroeder*, FS-*Wolter*, S. 247 ff., insbesondere S. 251. Auch *Metzger*, DJZ 1934, S. 97 ff. Die Gefährdungsdelikte bzw. die abstrakten Gefährdungsdelikte wuchsen bereits spätestens bis der Zeit vor dem Ersten Weltkrieg bei dem Beginn der Expansion des Nebenstrafrechts im 20. Jahrhundert. Nachweis dazu *Vormbaum*, Einführung in die moderne Strafrechtsgeschichte, S. 144. Bekanntlich sprach *Lackner* im Jahr 1967 davon, dass die Deliktsform der Gefährdungsdelikte sich in der Zwischenzeit „wie ein Ölfleck ausgebreitet" hat und spätestens „nach dem 2. Weltkrieg [...] beinahe zum Lieblingskind des Gesetzgebers" geworden ist. Dazu *Lackner*, Das konkrete Gefährdungsdelikt, S. 1.

deutlich, dass das Gefährdungsstrafrecht keineswegs ein reines modernes Werk der Strafgesetzgebung ist.[7] Der Gegenstand dieser Arbeit ist allerdings nicht das Gefährdungsstrafrecht, das vor dem Ende des zweiten Weltkriegs vorlag, weil dieses sich eher als eine reine Entscheidung des Souveräns bzw. der Totalität und nicht als die Reaktion auf die Gesellschaftsbedürfnisse darstellte. Der Gegenstand dieser Arbeit ist hingegen dasjenige Gefährdungsstrafrecht, welches unter bestimmten Bedingungen der gesellschaftlichen Modernität und im Rahmen des verfassungsrechtlich-demokratischen Staates entsteht. Dabei geht es um das Produkt aus den komplexen Systemen von der modernen Gesellschaft und der parlamentarischen Politik, das begrifflich nur schwer exakt zu definieren ist,[8] wie etwa bei der Forschungsmethode der mit ihm similären Konzeption des *Risikostrafrechts* gezeigt wurde.[9]

B. Verhältnis zwischen Risiko- und Gefährdungsstrafrecht

Das Gefährdungsstrafrecht ist aber keineswegs identisch mit dem Risikostrafrecht. Die erste grobe Unterscheidung zwischen den beiden Konzeptionen liegt auf der Hand: Während es bei dem Gefährdungsstrafrecht um Gefahr und Gefährdung als Verbrechensmerkmale geht, geht es bei dem Risikostrafrecht um das Risiko als solches.[10] Innerhalb dieser Unterscheidung vom Risiko- zum Gefährdungsstrafrecht liegt daher ein Paradigmenwechsel, wonach Gefahr sowie Gefährdung als die negative Fortsetzung eines Risikos das Strafrecht dominieren.[11]

Von diesem Paradigmenwechsel aus scheint das Gefährdungsstrafrecht zwar offensichtlich wie das Risikostrafrecht im Widerspruch zu den traditionellen, liberalen Rechtsstaats- sowie Zurechnungsprinzipien zu stehen,[12] es hinterlässt jedoch mehr Spuren von *Entsubjektivierung* und *Entindividualisierung* bei den Kriterien strafrechtlicher Zurechnung als das Risikostrafrecht: Während der Mensch im Risikostrafrecht als rationaler Entscheider verpflichtet ist,[13] handelt es sich beim Gefährdungsstrafrecht letztlich um die Niederlage des Menschenbildes, wonach der

---

7 Das Gefährdungsstrafrecht als „Deliktsform der Moderne" *Herzog*, Gesellschaftliche Unsicherheit, 74 ff.; *Puschke*, Gefährdungsstrafrecht, S. 9. Dagegen *Schünemann*, GA 1995, S. 212, vor allem Fn. 37; *Wohlers*, Präventionsstrafrecht, S. 41 f.; *Hefendehl*, Kollektive Rechtsgüter, S. 172.

8 Hinweis zu dieser Schwierigkeit *Puschke*, Gefährdungsstrafrecht, S. 10.

9 *Prittwitz*, Strafrecht und Risiko, S. 27 ff., 366 f.

10 Der strafrechtliche Risikobegriff *Prittwitz*, Strafrecht und Risiko, S. 29 ff.

11 Eingehende soziologische Perspektive vgl. 1. Kapitel B. III. 1. e. Außerdem *Prittwitz*, Strafrecht und Risiko, S. 50 ff., vor allem S. 55 f.

12 Gesamte kritische Würdigung des Risikostrafrechts *Prittwitz*, Strafrecht und Risiko, S. 364 ff.

13 *Prittwitz*, Strafrecht und Risiko, S. 82 ff., 367.

Mensch im Strafrecht schicksalhaft als „Gefahrenpotenzial" dargestellt ist.[14] Das Gefährdungsstrafrecht ist insoweit das weitere Pervertierte des Risikostrafrechts, welches nur den Pessimismus für die Lebenslage des Menschen und Diskriminierung des Subjekts besagt und somit die subjektbezogenen Voraussetzungen der Strafbarkeit umformuliert bzw. disqualifiziert.[15] Im Gefährdungsstrafrecht gilt daher der von *Prittwitz* gelieferte Befund des Risikostrafrechts nach wie vor:

> „Voraussetzung der Strafbarkeit ist ferner nicht, dass man das Risiko *erkannt* hat, sondern dass man sich für das Risiko *entschieden* hat. Die eigentlichen Probleme liegen insoweit nicht in der Dogmatik, sondern in der Durchführung subjektiver Zurechnung. Es geht weder um die Polarität zwischen Wissen und Wollen noch um die unterschiedlichen Formeln zur Abgrenzung von dolus eventualis und bewusster Fahrlässigkeit, sondern darum, ob es uns ernst ist mit dem Normprogramm, das sich auf eine realistische Rekonstruktion von ex ante-Einstellung gegenüber Risiken festgelegt hat".[16]

Dieser Befund weist zum einen auf eine zutreffende Richtung hin, Legitimationsdefizite vom Risiko- bzw. Gefährdungsstrafrecht hinsichtlich der Maßstäbe subjektiver Zurechnung zu mildern, und deutet zum anderen implizit an, dass das moderne Strafrecht die Vorsatzdogmatik nicht auf den rechten Weg bringt.[17] Angesichts der wesentlichen Verschiedenheit zwischen Risiko und Gefahr ist das Problem der Vorsatzdogmatik im Gefährdungsstrafrecht durchaus komplizierter als im Risikostrafrecht. Bei dem Vorsatz hinsichtlich der Gefahr geht es unabhängig vom Risikovorsatz um den sog. *Gefährdungsvorsatz*, welcher seit langem in der Strafrechtswissenschaft vorhanden ist.[18] Die Vorsatzdogmatik im Gefährdungsstrafrecht bezieht sich daher nicht nur auf die Uminterpretationen der einzelnen Vorsatzkomponente wie im Risikostrafrecht, sondern vielmehr noch auf die Entwicklung einer eigenen *Art des Vorsatzes*. Um die Legitimationsdefizite vom modernen Gefährdungsstrafrecht zu

---

14 *Schroeder*, FS-*Wolter*, S. 255. Beispiel *Kindhäuser*, Universitas 1992, S. 229: Der Mensch sei ein größter Risiko- und Unsicherheitsfaktor.

15 Analyse vgl. 3. Kapitel C.

16 Als Ergebnis seines Buches *Prittwitz*, Strafrecht und Risiko, S. 386. Detailliert ebenda, S. 374 f.: „Ob jemand in der Lage zu rationalem Risikoverhalten war, wäre nicht wichtig, weil es um die Einübung überlebenswichtiger Maximen der Risikovermeidung ginge. In den Hintergrund würden auch die subjektive Seite des riskanten Verhaltens und die an der Vorwerfbarkeit orientierten Abstufungen treten: Ob jemand die Absicht hatte, fremde Rechtsgüter zu gefährden, ob er immerhin wissend gefährdete, und wie dieses Risikowissen im Einzelfall genau aussah, all das würde keine entscheidende Rolle spielen. Denn Kern des Vorwurfs wäre die bewusste Risikoerhöhung oder das fehlende Bewusstsein der Risikoerhöhung. [...] Die realen Gefahren absichtlicher Gefährdungen fallen demgegenüber nicht ins Gewicht, sodass die Hauptaufgabe des Risikostrafrechts wäre, Risikounwissen zu stigmatisieren und dadurch Risikobewusstsein zu produzieren".

17 Zur Dogmatik des Risikovorsatzes *Prittwitz*, Strafrecht und Risiko, S. 352 ff.

18 Er war wohl seit den Postglossatoren im 13. Jahrhundert im römischen Recht vorhanden. Mit weiteren Nachweisen *Klee*, dolus indirectus, S. 11 ff.

mildern, muss daher zunächst geklärt werden, was der Gefährdungsvorsatz überhaupt ist und im welchen Zusammenhang er mit dem Gefährdungsstrafrecht steht.

C. Bezug des modernen Gefährdungsstrafrechts zum Gefährdungsvorsatz

Obwohl der Terminus *Gefährdungsvorsatz* spätestens seit dem Ende des 19. Jahrhunderts in der deutschen Strafrechtswissenschaft ausdrücklich genannt wird,[19] gehört die Suche nach der Verortung und dem Begriffsinhalt des Gefährdungsvorsatzes in der heutigen Strafdogmatik mit Sicherheit noch zu dem Gebiet, das bisher sowohl am wenigsten erforscht als auch am schwierigsten zu erforschen ist, da es sich hierbei um den Perspektivenwechsel zwischen den zwei ebenso hochkomplizierten Bereichen der Vorsatz- und der Gefährdungsdeliktslehre handelt.[20] „Am wenigsten zu erforschen" bedeutet, dass es vor allem nach dem 2. Weltkrieg selten eine ausschließlich den Begriff Gefährdungsvorsatz systematisch darstellende Untersuchung gibt.[21] „Am schwierigsten zu erforschen" besagt dann, dass es bei einer Untersuchung über den Gefährdungsvorsatz bereits am Anfang schwer festzulegen sein mag, von welchem exakten Standpunkt der vorliegenden Vorsatz- oder Gefährdungsdeliktslehre man ausgehen soll, um den Begriff des Gefährdungsvorsatzes zu erklären. Von diesem Zustand der bisherigen Untersuchungen aus gilt der Begriff des Gefährdungsvorsatzes auf den ersten Blick als ein Stiefkind der deutschen Strafrechtswissenschaft. Aber ist es in der Wirklichkeit so?

Sobald der Gefährdungsvorsatz in erster Linie vorläufig als Vorsatz in Bezug auf Gefahr zu umfassen ist, sieht man sofort, dass sich das Gefährdungsstrafrecht auch mithilfe der verfeinerten Bearbeitung desselben gefahrbezogenen Vorsatz dogmatisch durchsetzt, sodass es sich von den Fesseln des liberal-rechtsstaatlichen Strafrechts lösen könnte. D. h., dass das moderne Gefährdungsstrafrecht erst mithilfe der Umpositionierung und Uminterpretationen des Gefährdungsvorsatzes zu einem objektivierten Gefährlichkeitsstrafrecht werden könnte. Insoweit ist der Gefährdungsvorsatz kein Stiefkind, sondern das Lieblingskind der heutigen Strafrechtswissenschaft, dessen Geltung das eigene Gebiet der Gefährdungsdelikte bereits überschreitet und somit dem Schuldprinzip widerspricht.[22] Es benötigt daher dringend einer korrekten dogmatischen Verortung, welche sich angesichts der

19 Exemplarisch *Busch*, Gefahr und Gefährdungsvorsatz in der Dogmatik des modernen Strafrechts, Leipzig, 1897. Außerdem vgl. 5. und 6. Kapitel.

20 *Radtke*, Brandstiftungsdelikte, S. 305.

21 Im Titel ausdrücklich im Name des Gefährdungsvorsatzes wohl nur *Küpper*, ZStW 100 (1988), S. 758 ff. Die Erklärung des Begriffsinhalts vom Gefährdungsvorsatz belegt sogar allgemein in meisten heutigen strafrechtlichen Lehrbüchen und Kommentaren noch keine eigene Position; es bedeutet wohl die Situation, dass der Gefährdungsvorsatz nach der herrschenden Lehre keine unabhängige Vorsatzart sei.

22 Analyse vgl. 4. Kapitel.

Defizite des Gefährdungsstrafrechts und dessen problematischer Vorsatzdogmatik entwickelt.

D. These und Gang der Untersuchung

I. These

Das Verständnis des Gefährdungsvorsatzes wäre, so meine These, der Kern des Gefährdungsstrafrechts auf einer Seite und die Achillesferse desselben auf der anderen Seite. Zur Wiederbegründung und Limitierung des modernen Gefährdungsstrafrechts müsste der Gefährdungsvorsatz zuerst dogmatisch zutreffend verstanden und verortet werden. Die Vorsatzdogmatik würde von dem Neuverständnis des Gefahrbegriffs profitieren, sodass sie neue Methoden über den neuen Gegenstand *Gefahr* entwickeln könnte. Die subjektbezogenen Voraussetzungen der Strafbarkeit des Verbrechens wären damit wiederum miteinzubeziehen, sodass der Mensch als Subjekt im Gefährdungsstrafrecht anerkannt werden könnte. Auch die Neusystematisierung des modernen Gefährdungsstrafrechts, von einem *Gefährdungs*-Strafrecht in ein *Gefährlichkeits*-Strafrecht umzugestalten, könnte mithin zumindest rückgängig gemacht werden. Die Versöhnung zwischen Gefährdungs- und Schuldstrafrecht ließe sich ebenfalls dadurch wieder ermöglichen.

II. Gang der Untersuchung

Um meine oben genannte These zu verfechten, wird die Arbeit wie nachfolgend durchgeführt:

Im *ersten Teil* handelt es sich um die rechtssoziologische und kriminalpolitische Betrachtung für die Wiederbelebung des modernen Gefährdungsstrafrechts: Zur Untermauerung dieser Wiederbelebung sind die gesellschaftlichen und staatstheoretischen Fundamente notwendigerweise in den Vordergrund zu stellen, sodass Hintergründe und neue Handlungsstrategien des modernen Gefährdungsstrafrechts sich von der Entstehung des Risikostrafrechts unterscheiden könnten. Das wechselseitige Verhältnis zwischen Einzelnen, Gesellschaft und Staat, welches später stets im modernen Rechtssystem Einfluss ausübt, steht im Zentrum der Betrachtung (1. Kapitel). Demzufolge wird zunächst gezeigt, dass das moderne Recht auch zu einem entscheidenden Teil der sozialen Sicherheitsstrategien gehört, welche in einer Sicherheitsgesellschaft durch den Staat ausgeführt werden (2. Kapitel). Sobald die gesellschaftlichen, staatstheoretischen und rechtstheoretischen Fundamente festgehalten wurden, muss weiter darauf eingegangen werden, wie das moderne Gefährdungsstrafrecht sich aufgrund dieser Fundamente in concreto darstellt. Hier wird es als Teil der Modernisierung des Strafrechts zunächst in kriminalsoziologischer und straftheoretischer Hinsicht präsentiert. Anschließend ist der bestimmte Umfang des modernen Gefährdungsstrafrechts hinsichtlich tatbestandlicher und außertatbestandlicher Perspektiven zu verdeutlichen, sodass sein Charakter von Verobjektivierung bzw. Entindividualisierung herausgestellt und kritisch gewürdigt werden kann (3. Kapitel). Schließlich wird

Schritt um Schritt erhellt, wie das Gefährdungsstrafrecht mittels der Umgestaltungen des Gefährdungsvorsatzes die Arbeit der Verobjektivierung bzw. Entindividualisierung im Bereich des subjektiven Tatbestands durchsetzt. Diese Umgestaltungen entfernen den Gefährdungsvorsatz allzu weit von der berechtigten Figur des Vorsatzes und werden deshalb heftig kritisiert (4. Kapitel).

Im *zweiten Teil* handelt es sich um die legitime Interpretation des Gefährdungsvorsatzes, die sich ständig auf die Korrektur des Gefährdungsstrafrechts bzw. dessen Vorsatzdogmatik bezieht: Wie der Gefährdungsvorsatz sich wiederum berechtigt figuriert und somit seine limitierenden bzw. begründenden Funktionen der Strafbarkeit entfaltet, kommt in erster Linie auf die Betrachtung seiner Dogmengeschichte an. In der bisherigen Dogmengeschichte bleibt die Positionierung des Gefährdungsvorsatzes ständig hochumstritten und es fehlt noch an einer einheitlichen Meinung: Während manche Autoren dafür sprechen, dass der Gefährdungsvorsatz unselbstständig sei und zu dem Gebiet des Verletzungsvorsatzes bzw. der bewussten Fahrlässigkeit gehören sollte (5. Kapitel), erhalte er bei den anderen Autoren seinen Eigensinn und seine Selbstständigkeit in Bezug auf den Deliktstyp der konkreten Gefährdungsdelikte (6. Kapitel). Jedoch erscheinen weder die Ansätze gegen die Selbstständigkeit des Gefährdungsvorsatzes noch die Ansätze für sie zutreffend und schon hinreichend begründet zu sein. Es bedarf einer ausführlichen Rekonstruktion des Gefährdungsvorsatzes, wobei sowohl die Legitimation seiner Selbstständigkeit als auch sein dogmatisches Wesen anhand des Charakters des Gefahrbegriffs erneuert erörtert werden (7. Kapitel). Schließlich wird darüber hinaus beleuchtet, ob das hier rekonstruierte Konzept des Gefährdungsvorsatzes bei den abstrakten Gefährdungsdelikten gelten kann. Hier wird der Versuch unternommen, den abstrakten Gefährdungsdelikten analog dem vorsätzlichen Versuch einen Gefährdungsvorsatz abzuverlangen, sodass die uferlose Anwendung der abstrakten Gefährdungsdelikte eingeschränkt ist und somit das System des Gefährdungsstrafrechts sein Schwergewicht wiederum auf die konkrete Gefährdung abstellen könnte (8. Kapitel).

Erster Teil: Zur Wiedererlebung des Gefährdungsstrafrechts in der Sicherheitsgesellschaft

1. Kapitel: Sozialwissenschaftliche und staatstheoretische Grundzüge zum modernen Gefährdungstrafrecht

A. Vorbemerkung

In Bezug auf die starke Abhängigkeit des modernen Strafrechts von der gesellschaftlichen Wirklichkeit, also in Bezug auf die sog. Folgenorientierung des modernen Strafrechts, sollen zunächst die nichtjuristischen Perspektiven bzw. die soziologischen Aspekte über die Umwandlung der Gesellschaft betrachtet werden.[23] Erst durch diese Erklärung der gesellschaftlichen und staatstheoretischen Hintergründe können das Risiko- und Gefährdungsstrafrecht voneinander unterschieden werden und der eigentliche Charakter des Gefährdungsstrafrechts zu bestimmen sein. Diese Erklärung ist auch besonders von Bedeutung, weil bei vielen Autoren das Gefährdungsstrafrecht schlechthin im Rahmen der Risikogesellschaft, aber zugleich paradoxerweise hinsichtlich der Sicherheitsbedürfnisse zu betrachten und zu würdigen ist.[24]

Im Mittelpunkt dieses Kapitels wird das wechselhafte Verhältnis zwischen Einzelnen, Gesellschaft und Staat in der Gegenwart stehen. Dazu wird zuerst erhellt, dass der Einzelne in der modernen Gesellschaft trotz des Individualisierungsschubs nie ein freies Individuum ist (B. II.). Die Schuld dafür, dass der Individualisierungsschub kein reines individualisiertes Leben veranlasst, liegt im Gesellschaftswesen. Da die moderne Gesellschaft sich nicht nur auf Risiko, sondern vielmehr auf Gefahr und ferner auf Sicherheit bezieht, verändert sie zugleich ihre Handlungsstrategien, die das Verständnis vom Menschenbild im Rechtsgebiet beeinflussen können (B. I., III.). Um Gefahr auszuschließen und Sicherheit zu garantieren, verändert sich der moderne Staat sein Selbstverständnis ebenfalls und trägt daher mehr Aufgaben aus Gesellschaftsbedürfnissen (C.).

B. Konstruktion moderner Gesellschaften

Die Umwandlung der Gesellschaft wird hier dargestellt als der Prozess, bei der sich die Gesellschaft von der Vorhochkulturelle sowie von der Traditionale zur Moderne umsiedelt.[25] Gleichgültig, auf welchem Standpunkt man diesen Umwandlungsprozess

---

23 Grundlage siehe *Luhmann*, Rechtssoziologie, S. 132 ff. Ebenso in diese Richtung und zwar im Hinblick auf das Schuldprinzip *Stratenwerth*, Schuldprinzip, S. 5 ff.

24 Z. B. *Herzog*, Gesellschaftliche Unsicherheit, S. 50 ff.; *Hefendehl*, Kollektive Rechtsgüter, S. 164 ff.

25 Um mögliche gesellschaftliche Probleme und Krisen genauer zu charakterisieren, differenziert Soziologe z.B. *Habermas* die Gesellschaftsformationen noch ausführlicher als hier durchgeführt. Dazu siehe *Habermas*, Legitimationsprobleme, S. 30 ff.

bezeichnet, kann es in erster Linie die *Modernisierung der Gesellschaft*[26] genannt werden. Nach der industriellen Revolution wurden wegen des technischen Fortschritts sowohl die menschliche Lebensform als auch die Gesellschaftsformationen und -merkmale gründlich verändert. Eine moderne Gesellschaft versteht man daher als eine hochindustrialisierte Gesellschaft, die sich bis zum heutigen Tag noch ständig weiter transformiert. Diese Transformationen können etwa folgendermaßen betrachtet werden.

I. Transformationen der Gesellschaften

Im Unterschied zur Modernisierung sowie Industrialisierung der Gesellschaft war das Kennzeichen der traditionellen, vormodernen oder vorhochkulturellen Gesellschaft zunächst die Verflüchtigung des Beziehungsmusters der sozialen Gemeinschaften.[27] „Der institutionelle Kern (der vorhochkulturellen Gesellschaft) ist das *Verwandtschaftssystem*, das auf dieser Entwicklungsstufe eine totale Institution darstellt"; beschreibt *Habermas* noch weiter: „Familienstrukturen bestimmen den gesamten gesellschaftlichen Verkehr; sie sichern gleichzeitig Sozial- und Systemintegration".[28] Das Recht und der Staat spielten bei der Ordnungsbildung in der traditionellen Gesellschaft nur eine untergeordnete oder gar keine Rolle: Ihre Organisation und Disziplin wurden vorrangig von Familien- und Stammesmoralen konstruiert; alle Sozialbeziehungen und -verhalten durften sie nicht überschreiten.[29] Das Individuum verbarg sich dabei immer hinter dem Kollektiv; die Individualität des Einzelnen hatte hier kaum Möglichkeit, sich zu entfalten und berücksichtigt zu werden. Die traditionelle Gesellschaft war daher im Wesentlichen eine Großgruppengesellschaft, deren soziale Ordnung hauptsächlich durch die Solidarität gewährleistende Gemeinschaft stabilisiert war.[30]

Die modernisierte Gesellschaft erscheint doch anders als die traditionelle Gesellschaft. Mit der Hochindustrialisierung und -technisierung geht die Modernisierung mit einer Vielzahl von Fabriken in der Gesellschaft einher, welche zugleich eine Menge Arbeitsplätze und Arbeiterbedürfnisse schafften. Unmittelbar führte dies dazu, dass Menschen sich aus traditionellen sozialen Gemeinschaftsbeziehungen und Familien herauslösten,[31] um eine außerhalb der Familie bestimmte Arbeit aufzunehmen. Mit der Industrialisierung der Gesellschaft und der Bürokratisierung des Herrschaftsapparates des Staates wurden Familien- und Stammesmoralen seit der Entstehung der gesellschaftlichen Modernisierung auch allmählich aufgehoben. Demgegenüber übernimmt der Staat diejenigen Macht- und Steuerungsaufgaben,

26 *Frehsee*, StV 1996, S. 223.
27 Ähnliche Meinung siehe *Frehsee*, StV 1996, S. 223.
28 *Habermas*, Legitimationsprobleme, S. 32. (Hervorhebungen im Original.) Ähnliche Beschreibung auch bei *Lohmeyer*, Freiheit, S. 63.
29 *Habermas*, Legitimationsprobleme, S. 32.
30 *Frehsee*, StV 1996, S. 223.
31 *Beck*, Risikogesellschaft, S. 116.

die früher zu den Familien gehörten, und führt diese Aufgaben hauptsächlich mit der Rechtsordnung durch.[32] Die modernisierte Gesellschaftsstruktur setzt die Menschen einerseits aus ihren traditionellen sozialen Beziehungsformen frei, die zuvor nur durch die Vermittlung der Familien und Gruppen mittelbar durchgeführt wurden, und erzeugt dadurch die enttraditionalisierten Lebensformen für die Menschen andererseits, nämlich die Unmittelbarkeit von Individuum und Gesellschaft.[33]

II. Änderungen der menschlichen Lebensformen: Individualisierung

Die Menschen in der modernen Gesellschaft sind nicht mehr abhängig von den traditionellen Großgruppen bzw. den Familien oder anderen Gemeinschaften und begreifen sich zunächst als Individuum. Solch ein Prozess, dass die Menschen aus der traditionellen Gesellschaft in die moderne Gesellschaft hinein gehen, wird soziologisch als *Individualisierung* bezeichnet und als ein konstitutives Merkmal der modernen Gesellschaft angesehen.[34] Nach dem Prozess der Individualisierung werden die menschlichen Lebensformen und die strukturellen Mechanismen der Gesellschaft verändert. Insbesondere darauf reagieren und optimieren sich die staatlichen Aufgaben und die Rechtsnormen ständig.[35]

Nach den soziologischen Diskussionen bezieht sich die Individualisierung in erster Linie auf das unmittelbare Verhältnis zwischen dem Individuum und der (modernen) Gesellschaft.[36] In dieser Hinsicht könnten die Interpretationen der Individualisierung entweder von dem Standpunkt des Individuums oder von dem der Gesellschaft (Gemeinschaft, Familie, Großgruppe, Organisation oder des Staates usw.) ausgehen.[37] Dabei kristallisieren sich drei verschiedene Argumentationsstränge heraus:

1. Negative Individualisierung

Die Individualisierung begreift sich zuerst als die Freisetzung der Menschen in der modernen Gesellschaft. Der Mensch darf hiernach als Individuum nach der Abkopplung aus den traditionalen Großgruppen und der altsozialen Klassenbindungen die individualisierten Freiheiten prinzipiell erhalten und ihre Individualität entfalten. Individualität stellt die Bedingung für den Menschen dar, wonach er seine Einzigartigkeit und Lebensgestaltung selbst bestimmen kann.[38] Es wird daher festgehalten,

32 *Habermas*, Legitimationsprobleme, S. 33.
33 *Beck*, Risikogesellschaft, S. 118.
34 *Kron/ Moráček*, Individualisierung, S. 8 ff.; *Schroer*, Individualisierung, S. 21; *Schimank*, Die individualisierte Gesellschaft, S. 108.
35 Zusammenhang zwischen Individualisierung, Kriminalität und Kriminalpolitik *Sack*, Strukturwandel, S. 29 f.
36 *Beck*, Risikogesellschaft, S. 118.
37 *Beck/ Beck-Gernsheim*, Individualisierung, S. 26.
38 *Schimank*, Die individualisierte Gesellschaft, S. 107; *Lohmeyer*, Freiheit, S. 63.

dass die erste Bedeutung der Individualisierung auf der sozialen Freisetzung des Individuums und auf die Bewahrung der dadurch neu gewonnenen Freiheiten des Individuums basiert.

Allerdings leben die Menschen in der gegenwärtigen Welt nicht als ein bloßes isoliertes Individuum. Ihre durch Individualisierung neu gewonnenen Freiheiten können in der Wirklichkeit nur im vorgegebenen Rahmen der gesellschaftlichen Bedingungen entfaltet werden.[39] Alle Gesellschaftsstrukturen, -systeme und -ordnungen wirken seit jeher als Verschränkungen der Individualitäten und individualisierten Freiheiten.[40] Daran anschließend weist *Honneth* zutreffend darauf hin, dass „die Ansprüche auf individuelle Selbstverwirklichung" so rasch „zu einem institutionalisierten Erwartungsmuster der sozialen Produktion geworden sind, dass sie ihre innere Zweckbestimmung verloren haben und vielmehr zur Legitimationsgrundlage des Systems geworden sind".[41] Man kann etwas überspitzt sagen, dass Gesellschaft für die Menschen, die ihre Freiheiten entfalten wollen, ein „Zuchthaus" oder ein „Gefängnis" geworden sei.[42] *Schroer* bezeichnet demnach das Konzept des behandelten Individuums innerhalb dieses Argumentationsstranges von *Weber, Horkheimer, Adorno* sowie *Foucault* zusammen als

> „das *gefährdete Individuum*, das durch Rationalisierungs-, Bürokratisierungs-, und Disziplinierungsprozesse in seiner Bewegungsfreiheit gehindert und zu einem willenlos funktionierenden Rädchen im Getriebe domestiziert wird. Sie thematisieren eine *negative Individualisierung*, nach der die Individuen aus ehemaligen Zwangsverhältnissen herausgelöst werden, um sie einer noch perfektionierteren Überwachung und Kontrolle zu unterziehen".[43]

Unter diesem Aspekt ist die Individualisierung zwar als einen Erfolg der gesellschaftlichen Modernisierung gekennzeichnet, sie ist aber schlechthin eine *Pseudoindividualisierung*, da sich nach ihrem Bedeutungsgehalt keine echte Individualität entfalten kann.[44] Die eigene Position des Individuums und seiner Individualität wird demgemäß stets von der Modernität der Gesellschaft bedroht; seine Freiheiten sind also angesichts der Forderungen der Vergesellschaftung in Gefahr geraten.[45] Die Möglichkeit der Selbstverwirklichung ist folglich nur zu einem solchen Zwangsverhältnis geworden, dass das Individuum in der modernen Gesellschaft nur die

---

39 Diese Ambivalenz ist von *Honneth* am Anfang seines Aufsatzes klar angedeutet. Dazu *Honneth*, Organisierte Selbstverwirklichung, S. 142.

40 So sinngemäß bei *Horkheimer/ Adorno*, Dialektik der Aufklärung, S. 35.

41 *Honneth*, Organisierte Selbstverwirklichung, S. 146.

42 Mittels des Terminus von *Weber, Horkheimer, Adorno* und *Foucault*, dazu *Kron/ Moráček*, Individualisierung, S. 67; *Schroer*, Individualisierung, S. 16 f.

43 *Schroer*, Individualisierung, S. 15. (Hervorhebungen im Original.)

44 *Schroer*, Individualisierung, S. 21.

45 *Schroer*, Individualisierung, S. 17.

„Alternative zwischen vorgespielter Authentizität oder Flucht in die depressive Erkrankung" hat.[46]

2. *Positive Individualisierung*

Gegenüber der negativen Individualisierung können die gesellschaftlichen Modernisierungsprozesse üblicherweise unter zwei verschiedenen Aspekten beschrieben werden, wonach sie als *Vergesellschaftung* durch funktionale Differenzierung des gesellschaftlichen Systems und als *Verschränkung von Individualisierung* dargestellt werden.[47]

Den Systemtheorien nach erscheint die moderne Gesellschaft trotz der laufenden und sich steigernden Individualisierungsprozesse als eine bis in das Feinste funktional differenzierte Organisationsgesellschaft.[48] Sie muss vor dem Hintergrund der Differenz von Individuum und Gesellschaft „für die ‚Institutionalisierung' des Individuums Sorge tragen"[49] und somit die Faktoren um Stabilisierung des gesellschaftlichen Systems wie *Institutionalisierung, Standardisierung* sowie *Routinisierung* usw. besonders betonen.[50] Aus solcher Sicht bleibt die Individualisierung zwar in den gesellschaftlichen Modernisierungsprozessen notwendig, sie ist aber erst im Einklang mit der von der modernen Gesellschaft vorgeschriebenen Rollendifferenzierung zu verstehen.[51] Jeder Mensch kann einerseits als Individuum seine Individualität noch etwas entfalten, er darf allerdings andererseits als ein Systembeteiligter oder ein gesellschaftliches Organisationsmitglied nur nach seiner vorgegebenen bestimmten Rolle in dem wachsenden Sozialgeflecht leben.[52] In diesem Sinne ist der Mensch eine *Person*, die gesellschaftliche Pflichten sowie Aufgaben in der Gesellschaft tragen

46 *Honneth*, Organisierte Selbstverwirklichung, S. 154 ff.

47 *Habermas*, Individualisierung durch Vergesellschaftung, S. 441; *Aretz*, Individualisierung und Modernisierung, S. 93.

48 *Kron/ Moráček*, Individualisierung, S. 93.

49 *Luhmann*, Gesellschaftsstruktur und Semantik, Bd. 3, S. 151. (Hervorhebung im Original.)

50 *Schroer*, Individualisierung, S. 21; *Aretz*, Individualisierung und Modernisierung, S. 92; *Schimank*, Die individualisierte Gesellschaft, S. 111.

51 *Schroer*, Individualisierung, S. 26; *Schimank*, Die individualisierte Gesellschaft, S. 111. Bemerkenswert ist, dass *Luhmann* im Prinzip mithilfe der Begriffe von Inklusion und Exklusion sein Verständnis des Individuums bzw. der Individualität interpretiert. Dazu *Luhmann*, Gesellschaftsstruktur und Semantik, Bd. 3, S. 156 ff.

52 Solch ein spannendes Verhältnis der Menschen zur Gesellschaft, dass die Menschen in der modernen Gesellschaft sowohl „individualisiert" als auch „standardisiert" sind, wird erst von *Émile Durkheim* ausgesprochen und dann von *Talcott Parsons* als „Inklusion" bezeichnet, die später als eine grundsätzliche Idee der Entwicklungen von systemtheoretischen Vertreter, vor allem von *Niklaus Luhmann*, gesetzt wird. Dazu *Habermas*, Individualisierung durch Vergesellschaftung, S. 442 f. Außerdem siehe auch *Kron/ Moráček*, Individualisierung, S. 93 f.; *Schroer*, Individualisierung, S. 22.

soll.[53] Eine solche gesellschaftliche Rollendifferenzierung, mit der die vorgegebenen diversifikatorischen Verhaltensmuster und Lebensstile auf jeden Menschen eingestellt ist, wird institutionalisiert als der Mechanismus der Verhaltenserwartung, in dem soziale Strukturen und Erwartungen stets wichtiger sind als die Aspirationen des Individuums.[54]

Infolgedessen wird es verständlich, wieso *Durkheim, Parsons* und *Luhmann* den Menschen als „das gefährliche Individuum" ansehen. Für sie kann das Individuum – *Schroers* Analyse nach – durch seine Individualität von allen anderen unterschiedlich scheinen. D. h. zugleich, dass es „durch seine neue gewonnen Freiheiten gegenüber den gesellschaftlichen Anforderungen die soziale Ordnung gefährden"[55] kann.[56] Um diese Gefährlichkeit des Individuums zu vermeiden, wird die Verschränkung von Individualisierung durch *Entindividualisierung* auf der Gesellschafts- und Organisationsebene bei dem Vergesellschaftungsablauf als Lösung eingesetzt.[57] Die Entindividualisierung führt in der modernen Gesellschaft daher unausweichlich dazu, dass eigene Individualität anhand der Anforderung der funktionalen Differenzierung des gesellschaftlichen Systems allmählich abgestrichen wird.

Alles in allem: Jeder Mensch wird aufgrund der Wirkung der Entindividualisierung in der modernen Gesellschaft als *Massenmensch* anonym, ähnlich, verwechselbar und austauschbar mit den anderen;[58] Individuen wären dabei ein bloßes Rädchen der modernen Gesellschaft.[59] Entindividualisierung und Identität der Systembeteiligten sind aus der Sicht der Systemtheorie die unentbehrlichen Gewährleistungen gesellschaftlicher Ordnung.[60] Es wird auch weiterhin beleuchtet, dass die Individualisierung noch eine notwendige Bedingung für das Erfordernis der Funktionalisierung gesellschaftlicher Ordnung ist, insofern als dass es für *Durkheim, Parsons* und *Luhmann* eine „positive Individualisierung" ist.[61]

---

53 Definition der Person, welche von dem Standpunkt von Gesellschaft und Gruppe ausgeht *Jakobs*, Norm, Person, Gesellschaft, S. 32 ff., S. 132 f.

54 *Luhmann*, Gesellschaftsstruktur und Semantik, Bd. 3, S. 254; *Habermas*, Individualisierung durch Vergesellschaftung, S. 443; *Schroer*, Individualisierung, S. 22; *Lohmeyer*, Freiheit, S. 66.

55 *Schroer*, Individualisierung, S. 23.

56 Äußerungen solches Bedenkens *Luhmann*, Gesellschaftsstruktur und Semantik, Bd. 3, S. 154 ff., 253 ff.

57 *Schimank*, Die individualisierte Gesellschaft, S. 111.

58 Über die Entstehung von Entindividualisierung nur *Schimank*, Die individualisierte Gesellschaft, S. 111 f.

59 *Foucaults* Beschreibung von Disziplinargesellschaft. Dazu *Schroer*, Individualisierung, S. 17.

60 *Schimank*, Die individualisierte Gesellschaft, S. 109.

61 *Schroer*, Individualisierung, S. 15, 22 ff. Siehe auch *Schimank*, Die individualisierte Gesellschaft, S. 112 f.

3. *Ambivalente Individualisierung*

Wie der Mensch in der modernen Gesellschaft aus einem solchen Dilemma herauskommen kann, menschliche Individualität einerseits zu entfalten und Gesellschaftssysteme andererseits gleichzeitig möglichst zu stabilisieren, ist eines der gegenwärtig wichtigsten Themen der Sozialwissenschaften. Zu diesem Problem[62] gehen *Simmel*, *Elias* und *Beck* als dritte Argumentationslinie übereinstimmend davon aus, dass die Individualisierung weder eine unbegrenzte Entfaltung der Freiheiten noch eine Drohung gegen Gesellschaft und soziale Ordnung bedeutet. Sie behaupten vielmehr, „dass Individualisierung sowohl Gefahren als auch Chancen mit sich bringt".[63] Bei diesem Verständnis von Individualisierung sind die neuen Freiheiten und die neue soziale Kontrolle mit berücksichtigt. Die Herauslösung aus traditionellen Abhängigkeiten für Menschen führt zu einer relativierten Freiheit, die die Elemente von sozialer Ordnung bzw. Zwängen, Obligationen und Fremdbestimmungen in sich enthält.[64] Der Grund dafür ist, dass die Gesellschaft von „Wechselwirkungen und Interdependenzgeflechten von Individuen" konstruiert ist. Individuen, welche sich innerhalb eines solchen Geflechts von sozialen Beziehungen befinden, dürften gar keine Möglichkeit haben, bloß als isolierte Individuen in der Gesellschaft zu leben.[65] *Beck* lehnt sogar ab, Individualisierung einfach als eine gesellschaftsgeschichtliche Kategorie zu verstehen. Er weist umgekehrt auf ein „ahistorisches" Modell der Individualisierung hin, also Individualisierung als „Veränderung von Lebenslagen" und „Biographiemustern" zu begreifen.[66] Insofern wird Individualisierung von *Beck* verstanden als eine „institutionalisierte Individualisierung", die aus drei verschiedenen Dimensionen besteht:

> „*Herauslösung* aus historisch vorgegebenen Sozialformen und -bindungen im Sinne traditionaler Herrschafts- und Versorgungszusammenhänge („Freisetzungsdimension"), *Verlust von traditionalen Sicherheiten* im Hinblick auf Handlungswissen, Glauben und leitende Normen („Entzauberungsdimension") und – womit die Bedeutung des Begriffs gleichsam in ihr Gegenteil verkehrt wird – eine *neue Art der sozialen Einbindung* („Kontroll- bzw. Reintegrationsdimension")".[67]

---

62 *Schroer*, Individualisierung, S. 28.

63 *Schroer*, Individualisierung, S. 27.

64 *Schroer*, Individualisierung, S. 27. Über das Konzept der Individualisierung von *Simmel* siehe auch *Honneth*, Organisierte Selbstverwirklichung, S. 142 ff.

65 Hauptsächlich bei *Simmel* und *Elias*, dazu *Schroer*, Individualisierung, S. 28. Ähnliche Auffassung auch bei *Zygmunt Bauman*. *Bauman* unterscheidet die Wahlmöglichkeiten von Individualität und von Ein-Individuum-zu-Sein. Für ihn ist Individualisierung keine Sache der Wahl, denn deren Wesen „besteht weniger in der Freisetzung der Individuen von Zwängen und der Erweiterung von Wahlmöglichkeit als in der Abkopplung individueller Entscheidungen und Handlungen vom Wirken des Systems als Ganzem". Dazu *Bauman*, Ethics of Individuals, S. 208 f.

66 *Beck*, Risikogesellschaft, S. 206 f.; *Beck*, Risikogesellschaft und Vorsorgestaat, S. 538 f.

67 *Beck*, Risikogesellschaft, S. 206. (Hervorhebungen im Original.)

Solch institutionalisierte Individualisierung wird seit dem letzten Jahrhundert umfangreich in den gesamten sozialen Systemen westeuropäischer Wohlfahrtstaaten eingeführt und beeinflusst dadurch auf Lebenslagen der Individuen tief:[68] Das ganze Leben des Menschen von der Geburt bis zum Tod würde deshalb vom Staat geplant. Daraus ergeben sich die „Institutionsabhängigkeit“ und „Standardisierung“ der Individuen. Demnach kann der Mensch nur im Rahmen der Institutionen seine Freiheit entfalten und damit auch nur seine institutionalisierten Prägungen des Lebenslaufs gestalten, die im Vergleich zu den Anderen einerseits individualisiert und doch andererseits undifferenziert sind.[69] Dieses Konzept der Individualisierung ist daher von *Schroer* in die Kategorie der „ambivalenten Individualisierung“ eingeordnet worden.[70]

4. *Wende des Individualisierungsverständnisses als Angelpunkt zugunsten einer Gesamtgesellschaft?*

Nach den oben vorgestellten vielfältigen Argumentationsfiguren ist Individualisierung nunmehr überwiegend zugunsten der Gesellschaft zu verstehen: Zwar darf der Mensch als ein Individuum in der modernen Gesellschafft an (Selbst)Entscheidungsprozessen verstärkter teilnehmen, jedoch gelten aber diese Entscheidungs- und Wahlmöglichkeiten bei allen Argumentationsfiguren in einer Welt, in der alle Menschen zusammenleben, nicht als völlig unbegrenzt.[71] Allen Meinungen zufolge beinhalten die Entscheidungs- und Wahlmöglichkeiten im Rahmen sozialer Beziehungen auch diejenige Entscheidungspflicht und -verantwortung, welche Individuen im Individualisierungs- und Entscheidungsprozess in sich tragen müssen.[72] Der Mensch der Gegenwart wird ein selbstbezogenes Individuum, das sich sowohl um sich selbst als auch um die soziale Bindung sorgen muss.[73]

In Anlehnung an ein solches Verständnis der Individualisierung ist für die Zukunft der Individualisierung in der modernen Gesellschaft deutlich geworden, dass die Entfaltung der Individualität letztlich gegen die soziale Grenze stoßen wird. Der moderne Mensch steht in der modernen Gesellschaft prinzipiell immer im Spannungsverhältnis zwischen der Chance der (Selbst-)Ermächtigung und dem Druck der Disziplinierung. Diese Perspektive beeinflusst auch die Regulierung der sozialen Ordnung derart so tief, dass das Potenzial des Gedanken der Entindividualisierung

---

68 *Beck/ Beck-Gernsheim*, Individualisierung, S. 20.

69 *Beck*, Risikogesellschaft, S. 119, 212. In *Beck*, Weltrisikogesellschaft, S. 388 ff., betont *Beck* nochmals die Ambivalenzen der Individualisierung, die von der „Unterscheidung von Basisprinzipien und Basisinstitutionen am Beispiel der *Autonomie des Individuums* und dem *institutionalisierten Individualismus*“ zu erklären sind. (Hervorhebungen im Original.)

70 *Schroer*, Individualisierung, S. 26 ff.

71 Ähnliche Beschreibung *Luhmann*, Gesellschaftsstruktur und Semantik, Bd. 3, S. 159 f.

72 So versteht es auch *Günther*, Ermächtigung und Disziplinierung, S. 118.

73 Zutreffendes Resümee bei *Schroer*, Individualisierung, S. 38 f.; *Bauman*, Ethics of Individuals, S. 208 f.

oder Disziplinierung immer mehr in die Regulierungsmittel eingetrichtert wird.[74] Was bei dem Verständnis der Individualisierung nunmehr ausschlaggebend ist, kommt vielmehr auf das Wesen der gegenwärtigen Gesellschaft an.[75]

III. Änderungen des Gesellschaftswesens

Während die menschlichen Lebensformen sich infolge des Individualisierungsschubs vollkommen verändern, transformieren sich die konstitutiven Kennzeichen der modernen Gesellschaften dementsprechend zugleich. Dabei ist beim Prozess der gesellschaftlichen Umwandlung besonders wahrnehmbar, dass moderne Gesellschaften von der Risikogesellschaft zu der Sicherheitsgesellschaft avanciert sind. Es hat zur Folge, dass diese Subsysteme der modernen Gesellschaften sich auf Sicherheit ausrichten.[76] Angesichts dieses gesamten Wandels der Gesellschaftsstruktur richten sich Regeln der sozialen Ordnung vornehmlich nach den Bedürfnissen der Kollektive, sodass Gedanken von Entindividualisierung und Standardisierung in der modernen Gesellschaft tendenziell entstehen.

1. Risikogesellschaft

a. Begriff und Kultur des Risikos

Die moderne Gesellschaft ist zweifellos bereits eine Risikogesellschaft, „in der die durch die Neuerungsdynamik hervorgerufenen sozialen, politischen, ökologischen und individuellen Risiken sich zunehmend den Kontroll- und Sicherungsinstitutionen der Industriegesellschaft entziehen".[77] Sofern das Risiko als ein reines Phänomen in der Außenwelt angesehen wird, bleibt der Grund dafür jedoch immerhin problematisch, weshalb die moderne Gesellschaft der traditionellen, durchaus unsicheren Gesellschaft gegenüber als die Risikogesellschaft bezeichnet werden kann. Die Antwort auf diese Frage ist zwar noch nicht ganz deutlich beleuchtet,[78] aber es handelt sich dabei soziologisch eher um das Verhältnis von Risiko und Modernität der Gesellschaft, wie beispielsweise *Bonß* zutreffend erklärt:

> „Denn als ein von anderen wohl unterschiedener Typus von Ungewissheit existieren Risiken nicht einfach, sondern sind intersubjektiv konstituiert und können auch nur unter bestimmten gesellschaftlichen Voraussetzungen *als* Risiken hergestellt werden. Zwar gibt es auch in vormodernen Gesellschaften Formen des Umgangs mit Ungewissheit, die an Risikohandeln erinnern, aber als *dominantes* Muster der sozialen Konstruktion und Handhabung von Unsicherheit setzt sich das heute so geläufige

74 *Günther*, Ermächtigung und Disziplinierung, S. 120 ff.
75 *Günther*, Ermächtigung und Disziplinierung, S. 122.
76 *Beck*, Risikogesellschaft und Vorsorgestaat, S. 535, 537.
77 *Beck*, Risikogesellschaft und Vorsorgestaat, S. 535.
78 *Luhmann*, Soziologie des Risikos, S. 16 f.

Konzept des Risikos erst in der Moderne durch, und es scheint auch nur zu diesem Vergesellschaftungsmodell zu passen".[79]

Weil das Risiko in der modernen Gesellschaft als ein Normales, also als eine regelmäßig hergestellte Gegebenheit zu verstehen ist, ist vielmehr die Frage in der Risikogesellschaft entscheidend, wie Menschen mit Risiko umgehen sollen. Dabei geht es um den Einfluss der Risikoorientierung auf das tägliche menschliche Leben und vor allem auf die erneuten Arrangements der Zurechnungsmodelle für Risikoentscheidungen.[80] Um diese Frage zu beantworten, muss der Risikobegriff zuerst erklärt werden.

Die Interpretationen der Begriffe Risiko und Risikogesellschaft sind bislang noch als kontrovers und prekär zu begreifen.[81] Wenn der Begriff Risiko erst nur historisch zu betrachten ist, weisen die meisten Autoren darauf hin, dass die in Europa frühesten nachweisbaren wichtigen Anwendungsfälle des Wortes Risiko auf den sich im Spätmittelalter entwickelnden Seehandel und die Schifffahrt zurückzuführen sind. Aus der ursprünglichen Sicht bezieht das Risiko sich generell auf eine Gelegenheitsform von der auf Zukunft gerichteten Ungewissheit, wobei die Möglichkeit von Verlust und die von Gewinn zugleich vorliegen; durch das Wort Wagnis ergänzend impliziert das Wort Risiko nicht nur das negative, sondern auch das positive Ereignis.[82] Nach dem Motto: „Wer nichts wagt, der nichts gewinnt" erhält der Risikobegriff von Anfang an positive und vertrauenerweckende Bedeutung.[83] Diese ursprüngliche Begrifflichkeit motiviert den Menschen, Risiken einzugehen, zu tragen und auch damit umzugehen, sodass sie möglicherweise erwünschte Vorteile gewinnen können, obwohl Gefahren innerhalb des Begriffs je nach der Entscheidung auch vorkommen können. Unter solcher Einstellung enthält das Risiko seine begriffliche Doppeldeutigkeit und ist im Prinzip inhaltlich ambivalent. Die „Kulturen des Risikos", wonach das Risikobewusstsein nicht mehr nur in einem engen wirtschaftlichen Rahmen verbreitet ist, sondern

---

79 *Bonß*, Vom Risiko, S. 49. (Hervorhebung im Original.)

80 Laut *Luhmann* erwächst aus der Rede von Risiko nicht nur die Frage, ob Risiken zum normalen im Alltag werden, sondern auch die andere Frage, „was wir über die normalen Abläufe in unserer Gesellschaft daraus entnehmen können, dass sie Unheil in der Form von Risiken zu erfassen versucht". Dazu *Luhmann*, Soziologie des Risikos, S. 2. Dies spielt später beim strafrechtlichen Zurechnungsproblem auch eine Rolle, denn eine Tendenz, das Unheil in den Rahmen des Unrechts zu verschieben, liegt bereits in der Risikogesellschaft vor. Dazu auch *Prittwitz*, Risiken des Risikostrafrechts, S. 108 ff., 381.

81 Übersicht über die Begriffe Risiko und Risikogesellschaft siehe *Prittwitz*, Strafrecht und Risiko, S. 33 ff., 49 ff. Risikogesellschaft als ein schillernder Begriff bei *Prittwitz*, Risiken des Risikostrafrechts, S. 51 f.

82 *Fritzsche*, Risikobeurteilung und -bewältigung, S. 7 f.; *Luhmann*, Soziologie des Risikos, S. 17 ff.; *Prittwitz*, Strafrecht und Risiko, S. 33 f.; *Bonß*, Vom Risiko, S. 31 ff., 49 ff.; *Münkler*, Strategien der Sicherung, S. 19 ff.

83 *Fritzsche*, Risikobeurteilung und -bewältigung, S. 8; *Prittwitz*, Strafrecht und Risiko, S. 33 f.; *Münkler*, Strategien der Sicherung, S. 20.

in allen gesellschaftlichen Ausschnitte durchgedrungen ist, sind demnach erst auf derartige *ex ante*-Gesichtspunkte des Risikos gegründet. Sie berücksichtigt positive Konsequenzen des Risikos immer mit und verändert mit der großer Flexibilität im Umgang mit Gefahr und Bedrohung die gesamten Gesellschaftsstrukturen:[84] Sowohl Handlungs- bzw. Entscheidungs- als auch Verantwortungs- bzw. Zurechnungsmodelle sind umfassend von diesen primären Kulturen des Risikos ausgeprägt. Das Risiko wird danach als „soziales und kulturelles Konstrukt“ in der modernen Gesellschaft begriffen.[85]

b. *Risikoorientiertes Handlungsmodell*

Vor dem risikogesellschaftlichen Hintergrund geht ihr Handlungs- und Entscheidungsmodell systematisch davon aus, dass Ungewissheiten als „zu- und berechenbare“ Wagnisse angesehen werden. Diese Wagnisse erweisen sich nur dann als negativ, wenn die Entscheidungen aufgrund von Ungewissheiten falsch oder unangemessen getroffen werden.[86] Dieser Ausgangspunkt hat die traditionelle klare Grenzlinie zwischen Gefahr und Risiko verwischt: Die früher etwa als Unkalkulierbare bezeichneten Gefahren sind nun der Kategorie kalkulierbares Risikos zugeordnet und risikoorientierte Verhaltensweisen wandeln sich dementsprechend allmählich in das Normalverhalten um.[87] Zusammenfassend lassen sich Risiken in Bezug auf das Handlungsmodell „als Gegenstand einer absichtlichen Unternehmung“ darstellen.[88]

c. *Risikoorientiertes Entscheidungsmodell*

Im Anschluss an die Grenzverschiebung und Unterschiede zwischen Gefahren und Risiken[89] sind einige bestimmte Entscheidungsmodelle in den Kulturen des Risikos zu entwickeln. Da das traditionelle Nichtkalkulierbare kalkulierbar gemacht geworden ist und Risiken sich in das Normale im modernen Alltagsleben umgeformt haben, kann der Handelnde Risiken nicht mehr vermeiden und muss eine Entscheidung über das Risiko unausweichlich treffen. Die Risikoentscheidung wird nur dann nachträglich bereut, „wenn ein Schadensfall eintritt, den vermeiden zu

---

84 *Bonß*, Vom Risiko, S. 31 f.; *Münkler*, Strategien der Sicherung, S. 11 ff.
85 *Bonß*, Vom Risiko, S. 20, 35 ff.
86 *Bonß*, Vom Risiko, S. 51.
87 *Luhmann*, Soziologie des Risikos, S. 34; *Beck*, Risikogesellschaft und Vorsorgestaat, S. 539 f.; *Bonß*, Vom Risiko, S. 52.
88 *Münkler*, Strategien der Sicherung, S. 11 f.
89 Bei der Unterscheidung zwischen Gefahren und Risiken geht es soziologisch um das Wesen des Risikobegriffs und seine Beziehung mit Entscheidungen. Zwar bleiben die verschiedenen bestehenden Risikobegriffe nicht gleichbedeutend, überlagern sie sich aber zum größten Teil und beziehen sich gemeinsam auf die Entscheidungsperspektive. Dazu *Luhmann*, Soziologie des Risikos, S. 30 ff.; *F. X. Kaufmann*, Ruf nach Verantwortung, S. 37.

können man gehofft hatte".[90] Die Kalkulierbarkeit und Vorhersehbarkeit sind daher dem Risiko wesentlich: Während Gefahren als entscheidungsunabhängige, von außen veranlasste Bedrohungen grundsätzlich *negativ* eingeschätzt werden, wird die Entscheidungsbezogenheit der Risiken besonders akzentuiert; Risiken sind mithin als handlungsabhängige Entscheidungen unter Sicherheit zu begreifen.[91]

Demnach entwickeln sich als herrschende Handlungsorientierungen eine Reihe Strategien der Risikoentscheidung zur „Kalkulation von Ausmaß und Wahrscheinlichkeit möglicher Schäden, d. h. vor allem unbeabsichtigter Nebenfolgen ökonomisch motivierten Handelns"[92], welche allgemein als sog. „Entscheidungstheorien"[93] genannt werden. Weil Risiken bereits etwas Kalkulierbares sind, ist der Handelnde demgemäß stets aufzufordern, sich rational, also stets entweder gemäß einer utilitaristischen Analyse oder gemäß dem Vorsorgeprinzip zu verhalten.[94] Während beispielsweise *Rath* darauf hinweist, dass die individuellen Rechte von dieser utilitaristischen Analyse und dem Vorsorgeprinzip bei herkömmlichen Entscheidungstheorien verletzt werden könnten,[95] plädiert *Bonß* demgegenüber aus der systemsoziologischen Perspektive dafür, dass derartige Entscheidungen mehr oder neue Handlungsmöglichkeiten schaffen würden. Für *Bonß* geht es vielmehr darum, „sichere Erwartungshorizonte zu durchbrechen, andere Handlungskombinationen auszuprobieren und Zukunft offenzuhalten".[96] Dennoch ist es für den Einzelnen durchaus denkbar, dass die Grundqualifikationen bürgerlicher Vergesellschaftung in der Risikogesellschaft sind, ob man Risiken eingehen kann.[97]

---

90 *Luhmann*, Soziologie des Risikos, S. 19. Demnach behauptet *Luhmann* weitergehend, es gebe kein risikofreies Verhalten, und sogar in der Moderne sei auch das Nichtentscheiden eine Entscheidung mit Risiko. Ebenda, S. 37.

91 *Luhmann*, Soziologie des Risikos, S. 25 f., 30 ff.; *Bonß*, Vom Risiko, S. 52 ff., 62. Ähnliche Argumentation für Unterschied zwischen Risiken und Gefahren siehe auch *Rath*, Entscheidungstheorien der Risikoethik, S. 24 f.

92 *Prittwitz*, Strafrecht und Risiko, S. 34.

93 Zum Inhalt der Entscheidungstheorien zusammenfassend *Prittwitz*, Strafrecht und Risiko, S. 88 ff.; vor Kurzem erschienene und darüber umfangreichere Diskussion siehe auch *Rath*, Entscheidungstheorien der Risikoethik, S. 51 ff.

94 *Beck*, Risikogesellschaft und Vorsorgestaat, S. 548; *Rath*, Entscheidungstheorien der Risikoethik, S. 51 ff., 69 ff. und 88 ff. Zu beachten ist allerdings, dass das Maximin-Prinzip, das auf der Tradition der Verantwortungstheorie beruht, noch risikoaverse mit dem Vergleich der Vorteilhaftigkeit von Risikosituationen ausgestattet ist und daher im Wesentlichen auch eine Nutzenanalyse ist. *Rath*, Entscheidungstheorien der Risikoethik, S. 69 ff., vor allem S. 79 ff.

95 *Rath*, Entscheidungstheorien der Risikoethik, S. 114 f. Anwendung des Maximin-Prinzips in Bezug auf das Gefährdungsstrafrecht siehe 3. Kapitel C. IV. 2.

96 *Bonß*, Vom Risiko, S. 54.

97 *Bonß*, Vom Risiko, S. 19.

d. Risikoorientiertes Verantwortungs- sowie Zurechnungsmodell

aa. Prinzip der kalkulativen Rationalität als ursprüngliches Modell

Die obengenannten Änderungen von Handlungs- und Entscheidungsmodellen appellieren in der Risikogesellschaft an die grundsätzlichen Änderungen von Verantwortungs- sowie Zurechnungsmodell.[98] Gemäß der utilitaristischen Analyse wird eine Gefahr noch toleriert und moralisch bzw. rechtlich erlaubt bleiben, wenn die erwarteten Vorteile höher als die möglichen Schäden scheinen.[99] Im Rechtssystem ist der Begriff „Grenzwert" aus dieser Sicht als wichtiges Zurechnungskriterium einer Risikoentscheidung fixiert, der theoretisch darüber klar begrenzt, wo der Bereich des Erlaubten und wo der Bereich des Verbotenen im Recht sei:[100] Eine Risikoentscheidung könne daher noch erlaubt bleiben, wenn ihr Ergebnis diese Grenze nicht überschreitet.

Dieses ursprüngliche utilitaristische Modell bezieht sich zwar noch prinzipiell und kompatibel auf einen liberalen und individuellen Verantwortungsgedanken, nach dem das Individuum als Grundeinheit selbst verantwortlich ist und unter dem Aspekt absoluter Verantwortlichkeit für Risiken und Folgen der eigenen Handlung geradestehen muss;[101] es wird trotzdem in der Risikogesellschaft als bedenklich betrachtet.[102] Einerseits weil inzwischen der technische Fortschritt zu einer Ursache der Gefahren wird[103] und anderseits weil die immer rasch gesteigerte gesellschaftliche Komplexität die Bestimmung individueller Zurechnung und Verantwortung schwieriger macht,[104] mehren sich deshalb die Stimmen, wonach der Denkstil der kalkulativen Rationalität aufgehoben sein solle.[105] Daraus ergeben sich neue Perspektiven der Risikoentscheidung, welche als Übergang das Wesen der Gesellschaft in die Richtung der *konservativen* Anschauung der Risikogesellschaft lenken.

bb. Schwierigkeiten der Zurechnung der Risikoentscheidung hinsichtlich zukünftigen Handlungsfolgen aus Luhmanns Perspektive

Für *Luhmann* handelt es sich bei der Zurechnung von Risiko um die Entscheidung über Kalkulationen von den zukünftigen nachteiligen Folgen oder Schäden.[106]

---

98 *Bonß*, Vom Risiko, S. 54 ff. Was präzise mit dem Begriff der Verantwortung gemeint ist, bleibt dabei allerdings ebenso offen wie konturenlos, weil *Bonß* Verantwortung und Zurechnung nicht unterscheiden mag.

99 *Luhmann*, Soziologie des Risikos, S. 32 f., 68 ff.; *Bonß*, Vom Risiko, S. 198 f.

100 *Luhmann*, Soziologie des Risikos, S. 177.

101 *F. X. Kaufmann*, Ruf nach Verantwortung, S. 66; *Bonß*, Vom Risiko, S. 192 f.

102 *Beck*, Risikogesellschaft und Vorsorgestaat, S. 549 f.

103 Reflexionen über linearer technischer Fortschritt *Horkheimer/ Adorno*, Dialektik der Aufklärung, S. 9 ff.; *Jonas*, Das Prinzip Verantwortung, S. 251 ff.; *Beck*, Risikogesellschaft, S. 25 ff. und passim.

104 *Jonas*, Das Prinzip Verantwortung, S. 253; *F. X. Kaufmann*, Ruf nach Verantwortung, S. 47 ff., insbesondere S. 56 ff. Überblick *Opitz*, An der Grenze des Rechts, S. 279 ff.

105 Überblick *Opitz*, An der Grenze des Rechts, S. 279 ff.

106 *Luhmann*, Soziologie des Risikos, S. 32 ff., 56 f., 117, 130.

Mithilfe des Zusammenhangs von Risiko und Entscheidung unterscheidet er Risiko und Gefahr; das Risiko werde als Folge der zurechenbaren Entscheidungen angesehen, während die Gefahr als von extern veranlasst angesehen werde.[107] Bei *Luhmann* ist von Anfang an klar angedeutet, dass Zurechnung als eine Art der Kausalzurechnung schwierig festzuhalten sein wird. Zu diesen Schwierigkeiten weist er auf einer Seite darauf hin, dass es „in der Akkumulation von Entscheidungseffekten, in Langzeitauswirkungen nicht mehr identifizierbarer Entscheidungen, in überkomplexen und nicht mehr tracierbaren Kausalverhältnissen Bedingungen" gibt, „die erhebliche Schäden auslösen können, ohne auf Entscheidungen nicht zu solchen Schäden hätten kommen können".[108] Die Zurechnung von Risiken auf Entscheidungen erfolge deswegen oft nicht der Rationalität der Risikokalkulation entsprechend und könne sogar vom Entscheider gar nicht zu bestimmen sein.[109] Diese Schwierigkeit von Zurechnung der Risiken geschehe auf der anderen Seite bei dem Eindringen von Risikoorientierungen in das Recht und verursache das Versagen von Verantwortungs- und Zurechnungsfunktionen des Rechtssystems, das danach selbst auch riskant werde.[110]

Zusammenfassend mag *Luhmann* zwar kein neues Zurechnungsmodell aufzuzeigen. Er betont jedoch, dass niemand die „Kenntnis der Zukunft oder die Möglichkeit, sie zu bestimmen", besitzen und beherrschen kann und dass es daher kein risikofreies Verhalten und keine absolute Sicherheit gibt. Nach ihm ist das Grundverständnis der modernen Risikogesellschaft der Hauptgrund dafür, weshalb die moderne Risikogesellschaft sich von der traditionellen Gesellschaft unterscheiden kann.[111] Angesichts dieser Schwierigkeiten der zukünftigen unsicheren Handlungsfolgen und der Zurechnung der betroffenen Entscheidungen ist zur Schaffung einer neuen Risikoethik aufgerufen.

cc. Neue Risikoethik I.: Jonas' Umriss

In seinem erst im Jahr 1979 erschienenen Buch „Das Prinzip Verantwortung" hat *Jonas* sich systematisch mit den durch den wissenschaftlich-technischen Fortschritt auftauchenden Problemen menschlicher Verantwortung auseinandergesetzt. Jenseits des Optimismus und Glaubens an technischen Fortschritt geht er davon aus, dass „das Wissen dem kausalen Ausmaß unseres Handelns" „nicht wirklich größengleich sein *kann*; das heißt, dass das vorhersagende Wissen hinter dem technischen Wissen, das uns unserem Handeln die Macht gibt, zurückbleibt".[112] Es habe zur Folge, dass Menschen die Kontrolle über Wissen und Technik verloren hätten und die Macht

107 *Luhmann*, Soziologie des Risikos, S. 30 ff.
108 *Luhmann*, Soziologie des Risikos, S. 35. Dies dürfte als Ursprung der Gedanken der Kumulationsdelikte angesehen werden.
109 *Luhmann*, Soziologie des Risikos, S. 128 f.
110 *Luhmann*, Soziologie des Risikos, S. 68 f., 179 ff.
111 *Luhmann*, Soziologie des Risikos, S. 37 f., 55 ff.
112 *Jonas*, Das Prinzip Verantwortung, S. 28. (Hervorhebung im Original.)

des Wissens „selbstmächtig" geworden sei, „während ihre Verheißung in Drohung umgeschlagen ist, ihre Heilsperspektive in Apokalyptik".[113] Deswegen lehnt *Jonas* diejenige traditionelle Ethik ab, nach der die Kumulativität und Unumkehrbarkeit der Fernwirkungen im technischen Bereich schwer zu berücksichtigen sind und man nur für die unmittelbaren Folgen des Handelns verantwortlich ist. Hingegen befürwortet er die „Zukunftsethik", welche sich auf Pflicht zur „Beschaffung der Vorstellung von Fernwirkungen" des (technischen) Handelns und Pflicht zum „Aufbietung des dem Vorstellten angemessenen Gefühls" beruht.[114] In Anbetracht der Unvorhersagbarkeit der Handlungsfolgen ist *Jonas*' Verantwortungsprinzip des Weiteren darauf begründet, dass „der *Unheilsprophezeiung mehr Gehör zu geben ist als der Heilsprophezeiung*".[115] D. h., dass es bei diesem Verantwortungsprinzip nicht mehr um „die Wägung endlicher Gewinne- und Verlustchancen, sondern um die keinem Wägen mehr unterwerfbare Gefahr unendlichen Verlustes gegen die Chancen endlicher Gewinne" gehe.[116] Ein ursprüngliches utilitaristisches Modell der Risikoentscheidung ist schließlich bei ihm durch das Gebot „Vorrang der schlechten Prognose" zu ersetzen.

dd. Neue Risikoethik II.: F. X. Kaufmanns Umriss

Um die neuzeitliche Verantwortungsproblematik zu bewältigen, benötigt der Begriff der Verantwortung aus *F. X. Kaufmann*s Sicht eine Umformulierung unter dem sozialen Blickwinkel. Um das Verantwortungsmodell in der modernen Risikogesellschaft klar zu erkennen, genügt nach *F. X. Kaufmann* nur eine neben dem allgemeinen Sprachgebrauch liegende soziologische Festhaltung für den Verantwortungsbegriff. Das bedeutet, dass Verantwortung sich als eine Rechenschaftspflicht des Handelnden für Folgen seiner Handlung gegen Dritten einerseits und als die Bereitschaft andererseits, das Risiko der Entscheidung zu übernehmen, darstelle. Mittels dieser Definition, die als eine typische Art der Verantwortung in der Risikogesellschaft gelten könnte, bezieht sich Verantwortung nach *F. X. Kaufmann* sowohl durch Rechenschaft gegen Dritten auf die Vergangenheit als auch durch die Übernahme vom Entscheidungsrisiko auf Zukunft.[117] Demzufolge ist bei ihm – ähnlich wie bei *Jonas* – dazu aufzufordern, dass alle Risikoentscheider auch für die „potentiellen Folgen ihrer Entscheidungen" und vor allem für die sogenannten „externen Effekte von Entscheidungen", nämlich für die „diejenigen negativen Folgen, die bei anderen gesellschaftlichen Teilsystemen anfallen, ohne dem Entscheider Kosten zu verursachen", verantwortlich sein müssen.[118]

113 *Jonas*, Das Prinzip Verantwortung, S. 253.
114 *Jonas*, Das Prinzip Verantwortung, S. 64 ff.
115 *Jonas*, Das Prinzip Verantwortung, S. 70 ff. (Hervorhebungen im Original.)
116 *Jonas*, Das Prinzip Verantwortung, S. 74.
117 *F. X. Kaufmann*, Ruf nach Verantwortung, S. 44 ff., 96 ff., 110 f.
118 *F. X. Kaufmann*, Ruf nach Verantwortung, S. 39 f.

ee. Einflussnahmen neuer Risikoethik

Diese neuen Einsichten des Verantwortungs- sowie Zurechnungsbegriffs sind ersichtlich auf dem Weg, Verantwortungsprobleme in der Risikogesellschaft zu beseitigen. Dabei spielen die sozialen und zukünftigen Dimensionen der Verantwortung eine wichtigere Rolle. Von besonderer Bedeutung im Rahmen dieses Weges sind die Änderungen zweier Bedingungen der Verantwortung, nämlich *Verantwortungsträger* und *Verantwortungsgegenstand* sowie *-umfang*, welche die modernen Institutionen und Normen bzw. das Rechtssystem umfangreich im Wesentlichen umformulieren.

Zum einen können Organisationen zur Kategorie des Verantwortungsträgers gezogen werden, indem nicht nur der natürliche Mensch, sondern auch der moralische Mensch der Verantwortungsträger sein dürfte. Der Verantwortungsträger wird seitdem nicht mehr bloß ein isoliertes Individuum sein, das seit der Aufklärung als die Vorstellung des individuellen Menschen gilt, sondern eine Person, die stets in Bereitschaft sein soll, Selbstverpflichtung und soziale Zuschreibung zu tragen.[119] Zum anderen lassen sich der Verantwortungsgegenstand und-umfang durch die Grenzverschiebung zwischen Gefahren und Risiken vermehren und erweitern. Aufgrund der Folgen aus der Risikogesellschaft, die Gefahr in das Risiko umzusiedeln, erweitern sich die Verantwortungsbedürfnisse.[120] In die Kategorie moderner Verantwortungsgegenstände eingeordnet werden darüber hinaus die unmittelbaren Folgen des Handelns und auch die mittelbaren Folgen bzw. Nebenfolgendes Handelns, externe Effekte oder Fernwirkung der Entscheidungen, nämlich die *Zukunfts*dimension der Handlungen. Diese sind im traditionellen Verantwortungsmodell nicht umfasst;[121] es bedarf daher der Entwicklung neuer institutioneller Arrangements.[122]

e. Wendung des Begriffsverstehens des Risikos zur Unsicherheit

Die Wendung, das ursprüngliche risikoorientierte Verantwortungsmodell zum neuartigen Verantwortungsmodell umzuwandeln, basiert im Grunde auf einem anderen Bild des Risikos unter einer *ex post*-Betrachtung, wobei das Konzept des Risikos allerdings mit einer schlichten negativen Figur keinen Doppelcharakter mehr hat.[123] Trotz Kritik stellt sich solch ein Konzept des Risikos auf eine gleiche Stufe von unkalkulierbar riskanten Großgefahren in den Bereichen von Technologie und Ökologie, die nicht nur das Risikobewusstsein und die Risikowahrnehmung in der Öffentlichkeit,

---

119 Dazu *F. X. Kaufmann*, Ruf nach Verantwortung, S. 40 ff., 63 f., 81 ff.

120 *F. X. Kaufmann*, Ruf nach Verantwortung, S. 57 ff., 62 f.; *Luhmann*, Soziologie des Risikos, S. 34.

121 *Jonas*, Das Prinzip Verantwortung, S. 24, 64 ff.; *F. X. Kaufmann*, Ruf nach Verantwortung, S. 39.

122 *F. X. Kaufmann*, Ruf nach Verantwortung, S. 114. Die Tendenz zur Gefährdungshaftung als Instrument zur Risikoverteilung siehe *F. X. Kaufmann*, Ruf nach Verantwortung, S. 43; *Bonß*, Vom Risiko, S. 198 ff.

123 *Bonß*, Vom Risiko, S. 32.

sondern auch die Sicherheitspolitik sowie Sicherheitsinstitutionen und -normen geprägt haben.[124]

Dazu gehört insbesondere das Risikokonzept von *Ulrich Beck*, das er unter den Begriffen „Risikogesellschaft“ und „Weltrisikogesellschaft“ entwickelt hat. Sein Risikokonzept beruht prinzipiell darauf, dass das moderne Risiko eine gleichzeitig im industriellen fortgeschrittenen Modernisierungsprozess systematisch entstandene gesellschaftliche Mitproduktion ist und sich somit von Risiken und Gefahren in der traditionellen Gesellschaft unterscheidet.[125] Das oft von *Beck* genannte „Modernisierungsrisiko“ bezieht sich deshalb sehr intensiv auf den technischen Fortschritt und ist als dessen Nebenfolge gekennzeichnet.[126] Verkürzt formuliert: Modernisierungsrisiken versteht *Beck* gleichbedeutend mit den Großgefahren bzw. Katastrophenpotentialen und -antizipationen von Kernenergie, ökologischen Problemen oder – nach dem Terroranschlag am 11. September 2001 in den USA – Terrorismus.[127] Derartiges Risiko erscheine auf einer Seite in dieser Form, die räumliche Einschränkung überschreiten zu können und tendenziell zu den globalisierten Weltrisiken zu werden.[128] Auf der anderen Seite sei es kaum möglich, Ursachenketten und Schädigungswirkungen von diesen Risiken mit Einzelfaktoren zu rekonstruieren. Es bedeute, dass die Zuschreibung des Modernisierungsrisikos inkompatibel mit dem heutigen Kriterium der Kausalität sei.[129] Außerdem biete es den Anlass zur organisierten Unverantwortlichkeiten an,[130] weil das Prinzip privater Versicherung von Gefahren und Risiken in einer Weltrisikogesellschaft nie mehr funktioniere.[131]

Dieses negative Risikokonzept und die mit ihm eng zusammenhängende neue Risikoethik melden sich ersichtlich in der Öffentlichkeit und ergreifen im menschlichen Alltag die Vorherrschaft.[132] Sie suggerieren ein anderes Gesellschaftswesen, in dem nur die negative und defensive Bedeutung von Ungewissheit bleibt, welche die Natur der Gesellschaft von einer riskanten zu einer unsicheren Gesellschaft, also sog. *Sicherheitsgesellschaft*, entarten.[133]

124 *Bonß*, Vom Risiko, S. 13 f., 32.

125 *Beck*, Risikogesellschaft, S. 25 ff.; *Beck*, Weltrisikogesellschaft, S. 19 f.

126 *Beck*, Risikogesellschaft, S. 41, 103.

127 *Beck*, Risikogesellschaft, S. 29 ff., 39; *Beck*, Risikogesellschaft und Vorsorgestaat, S. 538; *Beck*, Weltrisikogesellschaft, S. 13 ff., 19 f., 29 f.

128 *Beck*, Risikogesellschaft, S. 48 ff.; *Beck*, Weltrisikogesellschaft, S. 28 ff.

129 *Beck*, Risikogesellschaft, S. 42 f., 82 ff.; *Beck*, Gegengifte, S. 9.

130 *Beck*, Gegengifte, S. 9, 96 ff.

131 *Beck*, Risikogesellschaft, S. 43; *Beck*, Weltrisikogesellschaft, S. 52, 234 ff.

132 *Bonß*, Vom Risiko, S. 16 f., 32 ff.

133 *Beck*, Risikogesellschaft, S. 65 f.; *Beck*, Risikogesellschaft und Vorsorgestaat, S. 538.

2. *Sicherheitsgesellschaft*

a. *Begriff der Sicherheitsgesellschaft*

Die moderne Gesellschaft ist zurzeit nicht nur eine Risikogesellschaft, sondern avanciert auch Schritt um Schritt zu einer Sicherheitsgesellschaft. In der hier genannten Sicherheitsgesellschaft bleiben alle Risiken, welche zwar schon in der Risikogesellschaft vorliegen, aber nunmehr vornehmlich *ex post* und *negativ* zu betrachten sind; sie sind Gefahren. Doch weil Gefahr lediglich als eine Art des Risikos seit der Risikogesellschaft bereits vorliegt, ist diese neue moderne Gesellschaft überhaupt nicht als *Gefahrgesellschaft* zu kennzeichnen, sonst würde sie sich schwer von der Risikogesellschaft unterscheiden. Zu betonen ist, dass Gefahr trotz ihrer negativen Bedeutung bereits eine regelmäßige Gegebenheit in dieser neuen modernen Gesellschaft ist. Weil Gefahr immer negativ ist, versucht man in dieser Gesellschaft deshalb nicht, Gefahr einzugehen, sondern Gefahr und Nicht-Gefahr auszudifferenzieren und somit Gefahr möglichst auszuschließen.[134] Obwohl diese neue moderne Gesellschaft im Durchschnitt objektiv sicherer ist als die traditionelle Gesellschaft,[135] ist sie als eine wegen des Vorliegens der Gefahr nach Sicherheit strebende Gesellschaft gekennzeichnet,[136] in der Gefahr aber andererseits im Grunde genommen paradoxerweise nicht verzichtbar ist[137]. Die Sicherheitsgesellschaft ist im diesen Sinne eine pervertierte Fortsetzung der Risikogesellschaft.

Die Entstehung der Sicherheitsgesellschaft ist wie bei der Risikogesellschaft mit dem Individualisierungsschub verbunden. Erst die Unsicherheitserfahrung, die sich von den Änderungen der menschlichen Lebensformen im Anschluss an die rasch fortschreitende Tendenz des gesellschaftlichen Wandels herleitet, läuft auf die steigenden gesellschaftlichen Sicherheitsbedürfnisse hinaus.[138] Verkürzt formuliert: Die Sicherheitsgesellschaft gilt als eine der vielfältigen Folgen des Individualisierungsschubs.[139] Abgesehen von den unterschiedlichen Konzepten der Individualisierung bewirkt der Individualisierungsschub hier, dass der Mensch durch Abkopplung aus den traditionellen Großgruppen sowie altsozialen Klassenbindungen in einer

---

134 *Münkler*, Strategien der Sicherung, S. 12. Extrembeispiel hierfür wären vollkommen kontrollierte Welten, welche man beispielsweise in drei bekannten dystopischen Romanen – „Wir (russisch Мы)" von *Jewgeni Samjatin*, „Schöne neue Welt (englisch Brave New World)" von *Aldous Huxley* und „1984" von *George Orwell* –, deren Gemeinsamkeit es ist, sich mit Ordnungsbewahrung als Mauern von Unsicherheit abzugrenzen, sehr leicht erkennen kann.

135 *Fritzsche*, Risikobeurteilung und -bewältigung, S. 124 f.; *F. X. Kaufmann*, Normen und Institutionen, S. 38; *Hubig*, Zwischen Risiko und Sicherheit, S. 27.

136 Vielfalt der Definitionen über den Begriff Sicherheit siehe *F. X. Kaufmann*, Sicherheit, S. 10 ff.

137 *Bonß*, Vom Risiko, 206 f.

138 *F. X. Kaufmann*, Normen und Institutionen, S. 39.

139 Das aus Individualisierung ableitende Verhältnis von Sicherheit *Hitzler/ Honer*, Bastelexistenz, S. 307 ff.

modernen individualisierten Gesellschaft allein und unsicher existiert.[140] Neben den Vorteilen der Individualisierung muss er dabei in der Regel selbst sowohl die immer gesteigerte soziale (Über)Komplexität[141] als auch alle möglichen Gefahren und Bedrohungen im Alltag selbst begegnen und damit umgehen, ohne Unterstützungen aus traditionellen sozialen Beziehungsnetzen und Gemeinschaften zu erhalten.

b. Auf dem Weg nach Sicherheit: Rekommunitarisierungsprozess

aa. Grundkonzept

Bei den für die menschlichen Existenzlagen nachteiligen Konstellationen, die als die Unsicherheit bezeichnet werden, sind die Menschen immer mehr geneigt, instinktiv und primär nach Sicherheit zu suchen.[142] In der modernen Gesellschaft wird solch ein Milieu zur Überwindung der Unsicherheit allmählich entstehen,[143] dass Menschen nach einer ähnlichen Unterstützung wie der traditionellen sozialen Ordnungsvorstellungen suchen, nämlich nach *der verlorenen Ganzheit*[144] oder, so *Zygmunt Bauman*, nach *Gemeinschaft*.[145] Denn innerhalb der Gemeinschaft „können wir uns entspannen – wir sind in Sicherheit, hier gibt es keine Gefahren, die in dunklen Ecken lauern (freilich auch kaum eine „Ecke", die dunkel ist)".[146] Nach der verlorenen Ganzheit bzw. nach den Gemeinschaften zu suchen besagt daher ein gegen Individualisierung widersprechender *Rekommunitarisierungsprozess*. In diesen Prozess sind die traditionellen Werte von Gemeinsamkeit und Solidarität einerseits wiederum beschworen. Man entwickelt das Kriterium zur Feststellung von *Homogenität* bzw. von *Gleichheit* andererseits, um die sichere und unsichere Welt, „wir" und „sie", „bekannt" und „fremd", „Freund" und „Feind" klar zu trennen.[147] Darin entfalten sich die Strategien

---

140 *Hitzler/ Honer*, Bastelexistenz, S. 307.

141 *F. X. Kaufmann*, Normen und Institutionen, S. 46; *Lohmeyer*, Freiheit, S. 23; *Glaeßner*, Sicherheit und Freiheit, S. 4.

142 *Prittwitz*, Sicherheit und Freiheit, S. 242.

143 *Lohmeyer*, Freiheit, S. 63 ff., vor allem S. 66.

144 *F. X. Kaufmann*, Sicherheit, S. 225; *F. X. Kaufmann*, Normen und Institutionen, S. 46.

145 *Bauman*, Gemeinschaften, S. 7 ff.

146 *Bauman*, Gemeinschaften, S. 7 f.

147 Die grundsätzliche Strategie der Gemeinschaften ist also eine Strategie zur „*Abgrenzung*". Dazu *Bauman*, Gemeinschaften, S. 19 ff., 172 ff. Doch ist *Rekommunitarisierung* nach *Bauman* keine richtige Antwort auf Sicherheitsverlust, sondern sie führt zu einem neuen Dilemma: Je eingegrenzter die Gemeinschaft von der fremden Welt ist, umso höher sind die Mauern zwischen innerhalb und außerhalb der Gemeinschaft, und deswegen steigen die Sicherheitsbedürfnisse umso mehr. Dazu auch *Münkler*, Strategien der Sicherung, S. 26; ähnliche Meinung *F. X. Kaufmann*, Normen und Institutionen, S. 46. Dieses Dilemma wird sich in der Modernisierung des (Straf-)Rechts widerspiegeln.

von *Inklusion* und *Exklusion* verstärkter als in einer Risikogesellschaft,[148] wie *Bauman* zutreffend expliziert:

> „Seither muss alle Homogenität aus einer Masse unüberschaubarer Varietäten durch Selektion, Separation und Exklusion ‚handverlesen', muss alle Einigkeit *hergestellt* werden und ist nur noch in Form ‚künstlich erzeugter' Übereinstimmung möglich. Gemeinschaftliches Verständnis kann nur mehr errungen werden".[149]

Die *Rekommunitarisierung* ist daher die Hauptstrategie des Sicherheitsstrebens geworden und wird angesichts der Wirkungen von Inklusion und Exklusion als eine ausschlaggebende Schubumkehr in der modernen Gesellschaft angesehen.[150] Wie aber solche ersehnten Gemeinschaften trotz der Individualisierung in der modernen Gesellschaft gefunden oder wiederaufgebaut sein können, ist insofern ein unlösbares Problem für die diejenigen, die mittels Gemeinschaft Unsicherheit bewältigen möchten.

bb. Mechanismus zur Rekommunitarisierung und sein Problem

1) Der mögliche Weg zum Wiederaufbau der Gemeinschaften in der modernen demokratischen Gesellschaft ist die durch Einführung der Institutionen und Normen ausgeführte Rekonstruierung sozialer Ordnung.[151] Anhand von Institutionen und Normen werden die typischen Handlungsmöglichkeiten sicherheitsorientiert reguliert, wodurch die mit den sozialen Erwartungen entsprechenden Verhaltensweisen zum einen und die Grenzen zwischen der Innenseite und Außenseite der Gemeinschaft zum anderen aufgezeigt werden.[152] Institutionen und Normen als die Instrumente, Unsicherheit bzw. Gefahren zu bezwingen, könnten aber auch gefährlich sein. Die Gestaltung von sicherheitsorientierten Institutionen und Normen wird wegen des schillernden Sicherheitsbegriffs unstabil und unbestimmt. Die Freiheit des Einzelnen wird somit viel umfangreicher und willkürlicher beschränkt. Die Sicherheitsgesellschaft besagt möglicherweise, auf dem Weg zur Kontroll- und Disziplinargesellschaft zu sein. Detailliert stoßen die Versuche nach Sicherheit mittels der Institutionalisierung und Normativierung mindestens auf die folgenden zwei Probleme.
2) *Erstens* ist es bei der Suche nach Sicherheit mithilfe von Institutionen und Normen bedenklich, ob die begriffliche Fassbarkeit von Sicherheit für die Gestaltungsorientierung derselben Institutionen und Normen ausreichen kann. Alle Versuche, den Begriff Sicherheit klar zu skizzieren, stoßen auf die Schwierigkeit,

---

148 Verhältnis zwischen Sicherheit und Inklusion/ Exklusion *Luhmann*, Inklusion und Exklusion, S. 243.
149 *Bauman*, Gemeinschaften, S. 21. (Hervorhebungen im Original.)
150 *Münkler*, Strategien der Sicherung, S. 25 f.; *Lohmeyer*, Freiheit, S. 5, 63 ff.
151 *F. X. Kaufmann*, Normen und Institutionen, S. 40 ff., insbesondere S. 41 f.; ähnliche Meinung siehe auch *Hubig*, Zwischen Risiko und Sicherheit, S. 33 ff.
152 *F. X. Kaufmann*, Normen und Institutionen, S. 41 ff.

dass der Begriff Sicherheit stets nicht fest umrissen und offen bleibt:[153] Der bestimmte Sinn von Sicherheit könnte je nach den Anwendungsumständen und den Sprachsituationen unterschiedlich oder gar beliebig gewechselt werden. Er ist erst nur durch den Zusammenhang mit den sprachgebräuchlichen Umständen oder mit den anderen theoretisch erfassten Begriffen zu bestimmen.[154] Dies zeigen zutreffend die situativ bedingten Variationsmöglichkeiten der Begrifflichkeit der Sicherheit. Die Inhalte von Institutionen und Normen werden dementsprechend so unpräzise und flexibel,[155] dass auch ihre einhergehende Legitimation bzw. Harmonierung mit der Rechtsstaatlichkeit bedenklich wird.[156]
Außerhalb des Legitimationsproblems ist ein konkreter Schutzgegenstand von Institutionen und Normen aus der Sicht der Sicherheit schwer festzuhalten. Was heute über Sicherheit und Unsicherheit in der Öffentlichkeit wirklich gemeint ist und gefordert wird, bezieht sich weniger auf einen objektiv realisierten individuellen Sicherheitszustand und vielmehr auf Erfüllungen subjektiver Sicherheitsgefühle und -wahrnehmungen.[157] Diese Folge, das gesellschaftliche Ziel zum Streben nach Sicherheit von der *äußeren* Sicherheit – sich vor Gefahren zu schützen – in der *inneren* Sicherheit – einen Zustand der Freiheit von Furcht und Angst – anzusiedeln, könnte also auf eine Reihe fortgesetzter Vorgänge allgemeiner gesellschaftlicher Verunsicherung zurückzuführen sein: Die mit Individualisierung einhergehende Selbstunsicherheit ist leicht von real eingetretenen Ereignissen geschürt und verbreitet sich immer ebenso rasch in der Öffentlichkeit wie die üblichen Infektionskrankheiten. Obwohl der sichere Zustand der Individuen dadurch objektiv fast unverändert bleibt, tauchen die Bedürfnisse nach Sicherheit auf und Abhilfe hierfür ist auch zeitgleich zu erwarten.[158] Vor einem solchen gesellschaftlichen

---

153 *F. X. Kaufmann*, Sicherheit, 49 ff.; *Fritzsche*, Risikobeurteilung und -bewältigung, S. 9 f.; *Bonß*, Vom Risiko, S. 37 ff., 85 ff.; *Glaeßner*, Sicherheit und Freiheit, S. 3; *Münkler*, Strategien der Sicherung, S. 22 ff.

154 *Lohmeyer*, Freiheit, S. 23 f.; *Münkler*, Strategien der Sicherung, S. 22. Auch *F. X. Kaufmann* benutzt demzufolge das Wort Sicherheit nur als eine Bezeichnung des „gesellschaftlichen Vorbegriffs" seines Untersuchungsobjektes, dazu *F. X. Kaufmann*, Sicherheit, S. 28 f.

155 Ähnliche Argumentation bei *F. X. Kaufmann*, Normen und Institutionen, S. 47.

156 Damit wird der Widerspruch zwischen verschiedenen Ausschnitten unter den Begriff Sicherheit eher nachgewiesen, weil die Suche nach Sicherheit mittels Institutionen und Normen gerade die auch im Sicherheitsdiskurs thematisierte Rechtssicherheit bedrohen können. Über die Diskussion der Rechtssicherheit unter dem Begriff Sicherheit siehe *F. X. Kaufmann*, Sicherheit, S. 75 ff.

157 *F. X. Kaufmann*, Normen und Institutionen, S. 38; *Lohmeyer*, Freiheit, S. 23. Laut Tiefenpsychologie sei Sicherheit im Wesentlichen gar keine Frage der äußeren Gefahrabwehr oder der Übersehbarkeit der Umwelt, dazu siehe *F. X. Kaufmann*, Sicherheit, S. 222 f.

158 Bei *F. X. Kaufmann*, Sicherheit, S. 224 ff. wird auch ein ähnlicher Prozess gesellschaftlicher Verunsicherung und dessen Verhältnis mit Freiheit diskutiert. *Prittwitz*, Sicherheit und Freiheit, S. 234 f., beschreibt auch einen ähnlichen Prozess

Hintergrund liegt es doch nahe, dass es sich bei Sicherheits- und Unsicherheitsdiskursen immer um die *wahrnehmungsbezogene Ungewissheit der Sicherheitsvorstellung* und um die *auf der zukünftigen Gewissheit gerichteten Sicherheitserwartung und -fiktion* handelt, die im Wesentlichen noch keiner besonderen gefährlichen Realität entsprechen.[159] Daraus ergibt es sich, dass Sicherheit vielmehr eine *gesellschaftliche Wertidee* geworden ist und *ungeeignet ist* als ein „praktikables sozialpolitisches Ziel"; Also allein nur aus dem Begriff Sicherheit sind daher auch die konkret gewollten Schutzgegenstände von Institutionen und Normen nur schwer abgeleitet.[160]

3) *Zweitens* darf das angespannte Verhältnis von Sicherheit und Freiheit beim Diskurs der Sicherheitsgesellschaft nicht übersehen werden. Obwohl die Sicherheitsbedürfnisse bereits seit langem in der menschlichen Zivilisation kontinuierlich bestehen und fast als ein Instinkt erscheinen,[161] gewinnen das Sicherheitsproblem und die neue Ausbalancierung des Verhältnisses zwischen Sicherheit und Freiheit insbesondere nach den Anschläge des 11. September 2011 in der ganzen Welt wieder an Bedeutung. Dabei sind bisher kaum möglich und reibungslos ihr Allheilmittel und die endgültige Harmonisierung gefunden.[162] Es kann aber festgestellt werden, dass in allen derzeitigen menschlichen Gesellschaften die Sicherheit faktisch vor der Freiheit steht. Hierbei muss aber weiterhin zu erörtern sein, wie Freiheit in Gemeinschaften von Sicherheit institutionell und normativ aus ihrer eigenen Stelle hin verdrängt wird und welche neue Formulierung der Sicherheitsgesellschaft daraus letztlich folgen kann.

In den Debatten um das Verhältnis zwischen Sicherheit und Freiheit ist zu bekräftigen, dass es allein nur auf den Kontrast zwischen Sicherheit und Freiheit ankommt. Dazwischen wird vorausgesetzt, dass Sicherheit und Freiheit im Wesentlichen unterschiedlich und gegeneinander widerspruchvoll seien und daher bestenfalls nur eine „begrenzte Kompatibilität von Sicherheit und Freiheit" bestehen könne.[163] Hingegen sind allerdings die Allermeisten auf der Suche nach der praktischen Konkordanz von

---

gesellschaftlicher Verunsicherung am Beispiel der Anschläge des 11. September 2001 in den USA und ihre Besonderheiten.

159 Ähnlich *Bonß*, Vom Risiko, S. 90 ff.; *Singelnstein/ Stolle*, Sicherheitsgesellschaft, S. 167.

160 Nachweis bei *F. X. Kaufmann*, Sicherheit, S. 28 ff., 119 ff.; *Glaeßner*, Sicherheit und Freiheit, S. 13. Zusammenfassende Analyse über Sicherheit vielmehr als ein gesellschaftlicher Wertbegriff auch bei *Münkler*, Strategien der Sicherung, S. 24 f.

161 *Freud* nach sei es, die Sicherheit gegen die Freiheit, nämlich gegen das Unterdrücken der Triebe, einzuhandeln, ein wichtiges Kennzeichen der modernen Gesellschaft. Dazu siehe *Freud*, Das Unbehagen in der Kultur, S. 79: „Der Urmensch hatte es in der Tat darin besser, da er keine Triebeinschränkung kannte. Zum Ausgleich war seine Sicherheit, solches Glück lange zu genießen, eine sehr geringe. Der Kulturmensch hat für ein Stück Glückmöglichkeit ein Stück Sicherheit eingetauscht".

162 *Prittwitz*, Sicherheit und Freiheit, S. 234 ff., 238, 242; *Lohmeyer*, Freiheit, S. 25; *Bauman*, Gemeinschaften, S. 11.

163 *Prittwitz*, Sicherheit und Freiheit, S. 242 ff.

Sicherheit und Freiheit: Entweder sei die Freiheit nur durch Sicherheit möglich, oder die Freiheit könne wegen Sicherheit gerechtfertigt eingeschränkt werden, wobei die Freiheit ihren Vorrang vor der Sicherheit haben solle.[164] Trotz der hohen Differenzierung zwischen allen Argumentationen lässt sich jedoch noch eine Gemeinsamkeit dabei erkennen: Der Preis, nach Sicherheit zu streben, ist die Freiheit; wer in einer „sicheren" Gemeinschaft leben will, muss zuvor seine Freiheit als Eintrittskosten bezahlen.[165]

Doch in einer demokratischen Gesellschaft tritt dieser Preis nicht von vornherein in der Form eines sofort kompletten Verlusts der Freiheit ein. Er tritt vielmehr erst in der Weise von der Reduktion der die Freiheit bewahrenden Institutionen und Normen in Erscheinung. Dies beleuchtet weiterhin den Vorgang des Freiheitsverlustes in einer Gemeinschaft, die in der demokratischen Gesellschaft verwurzelt ist, weil es die Bedingungen vom Streben nach Sicherheit sowie nach der Gemeinschaftlichkeit im Rahmen der Demokratie sowie des Verfassungsrechts klar aufzeigt: Die bürgerliche Freiheit hat dabei trotz Sicherheitsbedürfnissen noch zweifellos einen besonders hohen Stellenwert (z. B. Artikel 2 ff. GG in Deutschland) und ihre Einschränkungen dürfen nur demgemäß legitim sein. Darin ist der aufgrund von Sicherheitsbedürfnissen vorkommende Verzicht auf Freiheit nicht wegen des totalitären Zwanges herbeizuführen. Er dürfte vielmehr nur in der Form der von Demokratie abgeleiteten bürgerlichen freiwilligen Entscheidungen in Erscheinung treten, welche weitergehend Institutions- und Normgestaltungen für die Konstruktion der Gemeinschaften begründen. Die Sicherheit und der Verlust der Freiheit sind in der modernen Gesellschaft nicht instinktiv, sondern vielmehr bewusst oder zumindest nicht unfreiwillig ausgewählt. Dies reduziert die Wahrnehmbarkeit des Freiheitsverlusts und veranlasst unmittelbar, sicherheitsrelevanten Institutions- und Normgestaltungen sich in eine wichtigeren Aufgabe des Staates zu verwandeln und damit die Abgrenzungsideen der Gemeinschaften weiter zügig in alle Gesellschaftsausschnitte zu infiltrieren.

c. Von der Sicherheits- zur Kontrollgesellschaft

Aufgrund von der kontinuierlich zunehmenden sozialen Überkomplexität, die aus dem von Menschen seit der Vorzeit instinktiv angestrebten Fortschritt folgt, werden neue Sicherheitsprobleme und Unsicherheitsgefühle immer reproduziert. Die geschaffenen sicherheitsrelevanten Institutionen und Normen erreichen ihre beabsichtigten endgültigen Wirkungen deswegen selten.[166] Es führt (insbesondere

---

164 Zusammenfassung der verschiedenen Argumente siehe *Prittwitz*, Sicherheit und Freiheit, S. 239 ff. Bei *Singelnstein/ Stolle*, Sicherheitsgesellschaft, S. 166, wird die Auffassung zur einem in Sicherheit eingrenzten Spielraum der Freiheit bereits als die herrschende Meinung angesehen.

165 *Bauman*, Gemeinschaften, S. 11 ff. und passim.

166 Dazu ähnliche Argumentationen bei *F. X. Kaufmann*, Sicherheit, S. 225; *Glaeßner*, Sicherheit und Freiheit, S. 8. Die kontinuierlich zunehmende soziale Überkomplexität spielt auch bei Entstehung der modernen Staatskrise eine Rolle, weil der Staat als das Handlungszentrum der modernen Gesellschaft gerade dabei immer

unter dem Hintergrund desdemokratischen Wohlfahrtsstaates) hingegen dazu, dass die Gesellschaften mehr Institutionen und Normen zu Sicherheits- bzw. Gemeinschaftskonstruktionen produzieren, um die obengenannten Strategien der Gemeinschaft (Rekommunitarisierung) wiederholend strikter durchzuführen. In der realen existenten Gemeinschaft liegen daher nur die Erweiterung der Kontrolldichte und das Durchfressen der Freiräume vor, wonach sie letztlich als die Disziplin- und Kontrollgesellschaft bezeichnet wird.[167] Die individuelle Freiheit ist bei der immer enormeren und schwereren zu überwindenden Kluft zwischen real existenter und ersehnter Gemeinschaft verschwunden: „Individuen *de jure* (aber offenkundig nicht *de facto*) müssten von einer Gemeinschaft eigentlich erwarten, dass sie Gewissheit, Sicherheit und Schutz garantiert",[168] bekommen sie aber *de facto* nur mehr Zwang und Kontrolle aus Institutionen und Normen, wodurch sie ihre Freiheit allmählich verlieren. Hier ist der Kern der Verantwortung des Einzelnen kein Dafür-Können, sondern der Imperativ, welcher sich nicht auf die Ermächtigung, sondern mehr auf der Disziplinierung beruht.[169]

Schließlich ist Sicherheit überhaupt in der gesellschaftlichen Wirklichkeit zu einem normativen Begriff geworden und belegt seine vorrangige Stelle bei Institution- und Rechtsbildungen.[170] Sie ist sogar als das Grundrecht anerkannt und eine der wichtigsten Aufgaben des Staates geworden (Art. 5 EMRK).[171] Es ist überhaupt vorhersehbar, dass die Freiheit, die die Menschen durch den seit längerer Zeit als Sicherheitsstreben harten Kampf erworben haben, zunächst bei der Erfüllung der bestimmten Sicherheitsaufgaben, die wahrscheinlich keine der größten Bedrohungen für die Existenz der Menschen wären, angegriffen oder sogar aufgegeben wird. Das Konzept der Sicherheit als *ex post*-Betrachtung des Risikos beherrscht also alle Strategien der Sicherungen in der modernen Gesellschaft.[172] Die gegenwärtige Sicherheitsgesellschaft erscheint daher als die *Pervertierung* der Risikogesellschaft, welche auf dem Weg nach der Kontrollgesellschaft vorangeht. Die weitere Aufgabe, dementsprechend institutionelle und normative Arrangements zu entwickeln, lässt sich vom Staat erfüllen.

C. Gesellschaftliche Rolle moderner Staaten

Die gesellschaftliche Unsicherheit ist nicht allein von Gesellschaft selbst oder sogar von Einzelnen, sondern durch die institutionellen und normativen Arrangements

---

keine ausreichende Kontroll- und Steuerungsfähigkeit zur Verfügung hat. Dazu *Habermas*, Legitimationsprobleme, S. 165 ff.

167 Der ausführliche Unterschied zwischen real existenter und ersehnter Gemeinschaft siehe auch *Bauman*, Gemeinschaften, S. 21 ff. Auch bei *Beck*, Weltrisikogesellschaft, S. 408 f. erscheint solch ein pessimistisches Ergebnis.

168 *Bauman*, Gemeinschaften, S. 90. (Hervorhebungen im Original.)

169 *Günther*, Ermächtigung und Disziplinierung, S. 123 ff.

170 Überblick über die einschlägige Literatur *Prittwitz*, Strafrecht und Risiko, S. 135 ff.

171 Theoretische Argumentation bei *Isensee*, Sicherheit, S. 3 ff.

172 *Münkler*, Strategien der Sicherung, S. 18.

des Staats zu überwinden. Der Staat muss sich vielmehr in der Gegenwart verpflichten, aktiv zu garantieren, bestimmte Aufgaben aus Gesellschaftsbedürfnissen zu erfüllen. Dafür muss erklärt werden, wie diese notwendigen staatlichen Regulierungen theoretisch ausgemacht werden können und ob sie in der gegenwärtigen politischen Wirklichkeit eine Entsprechung finden. Zunächst geht es vornehmlich um das Verhältnis zwischen Staat und Gesellschaft, wonach festzuhalten ist, dass der Staat nunmehr das Handlungszentrum der Gesellschaft ist (I.). Nach dieser Einsicht des Verhältnisses von Staat und Gesellschaft ist noch nicht festgestellt, wie der Staat die gesellschaftlichen Aufgaben wahrnimmt. Die Antwort hierauf hängt von den mit dem Gesellschaftswesen transformierten Staatsmodellen ab (II.).

I. Das Verhältnis von Staat und Gesellschaft

Bei den umfangreichen Diskussionen über das Verhältnis von Staat und Gesellschaft handelt es sich fast ausnahmenlos um Trennung und Gegenüberstellung von Staat und Gesellschaft.[173] Die Beantwortung der Frage, ob der Staat und die Gesellschaft als gegenübergestellt zu erachten sein sollten, unterliegt zwar seit jeher einem abgeflachten Streit,[174] geht es dabei aber vor allem in Bezug auf Verfassungsrecht im Wesentlichen um die Bedenken, ob es keine „staatsfreie“ Gesellschaft mehr gibt, sodass der Einzelne selbst der staatlichen Hoheitsgewalt unmittelbar gegenübersteht. Entscheidend geht es vielmehr noch darum, ob die individuelle Freiheit angesichts der Identität von Staat und Gesellschaft in eine untergeordnete Rolle unvernünftig gedrängt oder sogar übermäßig eingegriffen wird.[175]

1. Trennung von Staat und Gesellschaft

a. Was den ersten geschichtlichen Vorgang, der die Unterscheidung von Staat und Gesellschaft zur Folge hatte, in der Literatur anbelangt, so ist dies der Vorgang der Konzentrierung und Zentralisierung der Herrschaftsbefugnisse, durch den die herrschaftlich-politisch ausgestaltete Gesellschaft des Mittelalters und der frühen Neuzeit

---

173 Hier hauptsächlich *Böckenförde*, Die verfassungstheoretische Unterscheidung, S. 7 ff.; *Rupp*, Unterscheidung, Rdnr. 1 ff.; *Zippelius*, Allgemeine Staatslehre, S. 204 ff. Eine umfangreiche Aufsatzversammlung über das Thema auch bei dem Buch *Böckenförde* (Hrsg.), Staat und Gesellschaft, 1976.

174 Laut *Böckenförde* ist die Trennung von Staat und Gesellschaft heute vor allem *politikwissenschaftlich* übereinstimmend zu bewältigen, mit dieser These ist er aber in Bezug auf die individuelle Freiheit nicht völlig einverstanden. Siehe *Böckenförde*, Die verfassungstheoretische Unterscheidung, S. 7 ff. Auch *Rupp*, Unterscheidung, Rdnr. 1, weist ganz klar darauf hin, dass die Unterscheidung von Staat und Gesellschaft nicht unbestritten, sondern nur abgeebbt ist.

175 Dazu *Böckenförde*, Einleitung, S. XIII; *Böckenförde*, Die verfassungstheoretische Unterscheidung, S. 7 f.; *Rupp*, Unterscheidung, Rdnr. 1.

sich auf eine neue einheitliche „Untertanengesellschaft“ umstellte.[176] In dieser Untertanengesellschaft trug durch die Herrschaftskonzentration nur der König bzw. Landesherr die staatliche Gewalt und Herrschaftsrechte. Alle Einzelnen standen hingegen direkt gegenüber dem König als Untertanen dar, wodurch die eigentlich Herrschaftsbefugnisse besitzenden Stände sich in die sozialen Schichten verwandelten.[177] Das Auseinandertreten von Staat und Gesellschaft in der europäischen Geschichte begann gerade zu diesem Zeitpunkt, wonach die Trennung der societas civilis (der Zivilgesellschaft) von der respublica (dem Staat) durch die Erscheinungsform der Entstaatlichung in umfangreichen Bereichen weiter im 18. Jahrhundert ausgeübt wurde.[178] Der moderne Staat entstand deshalb anfangs in dieser Zeit durch die Verselbstständigung der Herrschaftsbefugnisse, die sich vor allem auf das selbstständige Landes- und Staatsvermögen aus dem Privaten bezog.[179]

b. Anschließend geschah in der deutschen konstitutionellen Monarchie im 19. Jahrhundert eine bedeutungsvolle Entwicklung über das Verhältnis von Staat und Gesellschaft. Diese Entwicklung stellt sich heute verfassungsrechtlich als der „Dualismus von Staat und Gesellschaft“ dar und deren Gedanke kann auf die Lehre *Hegels* von der bürgerlichen Gesellschaft und die juristischen Positivismus des 19. Jahrhunderts zurückgeführt werden.[180] Unter einem solchen Konzept des Dualismus von Staat und Gesellschaft wurde damals eine strikte Trennung von Staat und Gesellschaft beschrieben: Der Staat zog sich gegenüber der Gesellschaft als die reine Herrschaftsorganisation zurück und ließ die Gesellschaft sowie das Individuum in einem staatsfreien, gegen den staatlichen Eingriff schützenden Raum.[181] Der Staat wurde demgemäß als Organisation, Institution oder eine juristische Person bzw. ein Rechtssubjekt begriffen,[182] die bzw. das die Souveränität in den Händen hatte, aber seine Herrschaftsbefugnisse zwecks der individuellen Freiheitssicherung auf die „Aufrichtung einer allgemeinen, die Rechtsgleichheit und die bürgerliche Freiheit realisierenden Rechtsordnung“ beschränkt wurde.[183] Insofern trägt sich der Dualismus von Staat und Gesellschaft von dem vom Vernunftrecht geprägten Staatsdenken ebenso wie der Gedanke des Rechtsstaates.[184] Die beiden Gedanken entstammten gemeinsam einem spezifischen

---

176 *Böckenförde*, Die verfassungstheoretische Unterscheidung, S. 10 ff.; *Heller*, Geschichtliche Voraussetzungen des heutigen Staates, S. 8 f.

177 *Böckenförde*, Die verfassungstheoretische Unterscheidung, S. 10 ff.

178 *Rupp*, Unterscheidung, Rdnr. 3.

179 *Heller*, Geschichtliche Voraussetzungen des heutigen Staates, S. 9, 12.

180 *Isensee*, Dualismus, S. 317 ff.; *Rupp*, Unterscheidung, Rdnr. 4 ff.

181 *Böckenförde*, Die verfassungstheoretische Unterscheidung, S. 18 f.; *Rupp*, Unterscheidung, Rdnr. 5.

182 *Böckenförde*, Die verfassungstheoretische Unterscheidung, S. 13 ff.; *Rupp*, Unterscheidung, Rdnr. 7.

183 *Böckenförde*, Die verfassungstheoretische Unterscheidung, S. 18 f.

184 *Böckenförde*, FS-*Arndt*, S. 54 f.; *Böckenförde*, Die verfassungstheoretische Unterscheidung, S. 12 ff. Auch *Forsthoff*, Staat, S. 23; *Grimm*, Staatsaufgaben, S. 616 ff.; *Schmidt-Aßmann*, Der Rechtsstaat, Rdnr. 13, 25.

deutschen gesellschaftlichen Hintergrund des 19. Jahrhunderts, dem sog. „Um-willen" des damaligen Herrschers oder des Staates, das auf den legitimierenden Grund des Staates bezogen ist,[185] und gewährleisteten das Vorhandensein der Privatsphäre und der individuellen Freiheit, vor übermäßigen staatlichen Eingriffen zu schützen.[186] Zwar hatte der Dualismus von Staat und Gesellschaft damals seine Vorzüge, er wurde aber wegen seines inneren Widerspruchs, dass er nicht zur politischen Freiheit führt[187] und dass er auch der vom heutigen Grundgesetz entschiedenen modernen Demokratie und dem Sozialstaatsbegriff nicht entspricht,[188] bis hin zum 20. Jahrhundert rapide aufgehoben; er findet in der politischen Wirklichkeit der gegenwärtigen Gesellschaft keine vollkommene Entsprechung mehr und verliert daher seine Unterstützungen.[189]

2. Konvergenz von Staat und Gesellschaft

a. Soziologische Betrachtung

Am Ende des 19. Jahrhunderts und Anfang des 20. Jahrhunderts begann in den soziologischen Theorien allmählich die Tendenz zur Konvergenz von Staat und Gesellschaft aufzutreten. Während *Tönnies* den mehrdeutigen Charakter des Staatsbegriffs vertrat, der einmal als die das natürliche Recht des Individuums schützende allgemeine gesellschaftliche Verbindung angesehen wurde, zum anderen aber schlechthin die Gesellschaft selber sei,[190] äußerste *Weber* inzwischen auch seine bekannte Definition vom Staat: Der Staat als ein politischer Verband „soll ein politischer Anstaltsbetrieb heißen, wenn und insoweit sein Verwaltungsstab erfolgreich das Monopol legitimen physischen Zwangs für die Durchführung der Ordnungen in Anspruch nimmt".[191] Außerdem definierte *Weber* den Staat unter dem am sozialen Handeln orientierten Blickwinkel ergänzend als die Gesamtheit der Chancen einer bestimmten Art von menschlichen Handlungen, an denen man sein Handeln

---

185 *Böckenförde*, FS-*Arndt*, S. 55, 57; *Böckenförde*, Die verfassungstheoretische Unterscheidung, S. 12.

186 *Böckenförde*, FS-*Arndt*, S. 55 ff.; *Böckenförde*, Die verfassungstheoretische Unterscheidung, S. 29 f. Ferner über das Verhältnis zwischen der Trennung von Staat und Gesellschaft und dem Rechtsstaat sowie der Grundrechte *Luhmann*, Grundrechte, S. 27, 29.

187 *Ehmke*, „Staat" und „Gesellschaft", S. 265 ff.; *Rupp*, Unterscheidung, Rdnr. 9.

188 *Isensee*, Dualismus, S. 316 ff. Auch *Ehmke*, „Staat" und „Gesellschaft", S. 262, erklärt dazu schon: „Gerade die Trennung wurde aber ihrerseits zum Problem, als auch in unseren ‚verspäteten' sozialen und politischen Verhältnissen die gesellschaftliche Entwicklung zur sozialen und politischen Frage wurde". (Hervorhebung im Original.)

189 Beispielsweise wie *Ehmke*, „Staat" und „Gesellschaft", S. 267, nennt den westdeutschen Wiederaufbau nach 1945 als zutreffendes Beispiel.

190 *Tönnies*, Gemeinschaft und Gesellschaft, S. 198 f.

191 *Weber*, Wirtschaft und Gesellschaft, S. 29. Auch bei *Weber*, Staatslehre, S. 74.

orientieren kann.[192] Der von *Weber* verstandene Staat ist durch seine Eigenart als ein Verband und auch durch seine Funktion sozialer Handlungsorientierung[193] gesellschaftlich relevant.

Später in der zweiten Hälfte des 20. Jahrhunderts ist der moderne Staat nach *Gehlens* Ansicht gerade wegen der außerordentlichen Produktivität der modernen Industriewirtschaft als Produktionsfaktor der Privatwirtschaft in Erscheinung getreten und hat als Wohlstandsverteiler funktioniert. Dementsprechend sei der Staat auch „von der Vielzahl seiner gesellschaftlichen Operationsmodi nicht mehr recht unterscheidbar".[194] Im Anschluss an die Auffassung *Gehlens* ist die Trennung von Staat und Gesellschaft von *Luhmann* auf der Grundlage funktionaler Differenzierung der Gesellschaft abzulehnen.[195] Bei ihm lässt sich festhalten, dass der neuzeitliche Staat – nach der funktionalen Systemtheorie – „als Ausbildung der politischen Sphäre zu relativer gesellschaftlicher Autonomie, als Untersystem der Gesellschaft, das eine spezifische Funktion in der Gesamtordnung erfüllt und dafür ausdifferenziert und freigestellt ist," erachtet wird.[196] „Das Verständnis der Autonomie des Politischen", betont *Luhmann* ergänzend, „setzt das Verständnis gesellschaftlicher Differenzierung voraus".[197] Bislang ist aus den oben angedeuteten soziologietheoretischen Vorstellungen zusammenfassend festzuhalten, den Umfang des Staates mit der Gesellschaft zu identifizieren.

b. Verfassungs- und staatstheoretische Betrachtung

Der moderne Staat wird in den Bereichen des Verfassungsrechts und der Staatslehre der spezifischen Strukturänderung der Industriegesellschaft entsprechend als eine Organisationseinheit und ein Handlungszentrum der Gesamtgesellschaft verstanden. Er ist somit durch seine Regulierungs- und politische Entscheidungsfunktion mit sozialen Beziehungen in der Gesellschaft hochrelevant und kann Gesellschaft und Einzelnen steuern.[198] Mit dieser Um-Definition des Staates wird der Dualismus von Staat und Gesellschaft aufgelöst und die moderne Gesellschaft ist auch zeitgleich keine „staatsfreie" Gesellschaft mehr: „Das Volk ist nunmehr selbst Autor und Souverän aller Staatsgewalt, die Gesellschaft rangiert nicht mehr außerhalb des Staates,

---

192 *Weber*, Staatslehre, S. 68. Dies ist nach *Webers* Ansicht der Unterschied des soziologisch verstandenen Staatsbegriffs vom – damals – juristisch als Rechtsverhältnis oder Rechtssubjekt verstanden Staatsbegriff.

193 Nach *Forsthoff* ist der Staat deshalb damit auf den Gehorsam der Staatsbürger angewiesen, siehe *Forsthoff*, Staat, S. 51.

194 *Gehlen*, Soziologische Voraussetzungen, S. 328 f.

195 *Luhmann*, Grundrechte, S. 29 ff.

196 *Luhmann*, Grundrechte, S. 30.

197 *Luhmann*, Grundrechte, S. 30.

198 Zusammenfassung von Staat aus der systemtheoretischen Aspekte siehe *Preuß*, Staat, S. 362; *Böckenförde*, Staat und Gesellschaft, S. 408. Verfassungsrechtliche und staatstheoretische Betrachtungen bei *Ehmke*, „Staat" und „Gesellschaft", S. 267 f.; *Drath*, Staat, S. 293 ff.; *Zippelius*, Allgemeine Staatslehre, S. 206 ff.

sondern ist dessen Inhaber und Schöpfer".[199] Demzufolge werden Staat und Gesellschaft als ein einheitlicher, menschlicher Verband begriffen,[200] welcher als „Inbegriff unterschiedlicher Funktions- und Ordnungsstrukturen"[201] oder als „Kategorien einer Funktionen- und Rollendifferenzierung"[202] gekennzeichnet ist. Der moderne Staat ist offensichtlich sowohl das politische Entscheidungs- und Handlungszentrum als auch die Herrschafts- und Ordnungsorganisation für eine Gesellschaft.[203]

c. *Das neue Verhältnis zwischen Staat/ Gesellschaft und Einzelnen*

Weil die wegen der Auflösung traditioneller Ordnungen nie mehr kontrollierbare moderne Industriegesellschaft nicht selbstregulativ ist, fungiert der Staat gerade als diese besondere Organisation und erfüllt deshalb die gesellschaftlichen Regulierungsbedürfnisse.[204] Aus solcher Sicht soll sich das Blickfeld des Staates auf das soziale Ganze erstrecken, nämlich auf den Bestand und die Sicherheit der Gesamtgesellschaft. Infolgedessen schlägt sich die herkömmliche passive Rolle des Staates in eine aktive nieder, um die sich aus der gesellschaftlichen Ungleichheit entwickelnden neuen privilegierten Rechtsklassen zu vermeiden.[205] Der Einzelne und seine individuelle Freiheit liegen insofern bei dem Staatshandeln nachrangig im Vergleich zum sozialen Ganzen.

Der Herabstieg individueller Freiheit und der Hinaufstieg soziales Ganzes auf der Skala der Anweisung staatlicher Tätigkeit bedeutet allerdings noch keinen konkreten Verlust individueller Freiheit, weil in der Tat die Ausdehnung der Staatlichkeit in die Gesellschaft hinein nicht unbedingt eine Intensivierung der Staatlichkeit bewirkt.[206] Entscheidender ist es aber in einer demokratischen Gesellschaft, bei der die Grundrechte bereits in der Verfassung normierten sind, noch fraglich, wo die individuelle Freiheit noch geschützt sein kann, sofern die traditionelle Staatsvorstellung völlig aufgelöst ist? In der gesellschaftlichen Realität bleibt die Frage zwar immerhin offen,[207] aber die individuelle Freiheit kann ohne Blick auf diese Frage sehr leicht in Gefahr geraten. In einer hochdifferenzierten modernen Gesellschaft hängt die soziale Ordnung selten von der Entfaltung individueller Freiheit, sondern von der „Bildung verlässlicher Verhaltenserwartungen"[208] ab, bei der es vielmehr um die „Institutionalisierung

199 *Rupp*, Unterscheidung, Rdnr. 17.
200 *Ehmke*, „Staat" und „Gesellschaft", S. 268; *Rupp*, Unterscheidung, Rdnr. 26.
201 *Rupp*, Unterscheidung, Rdnr. 29 ff.
202 *Zippelius*, Allgemeine Staatslehre, S. 206 ff.
203 *Böckenförde*, Die verfassungstheoretische Unterscheidung, S. 24 ff.; *Drath*, Staat, S. 293; *Preuß*, Staat, S. 363 ff.; *Böckenförde*, Staat und Gesellschaft, S. 406.
204 *Drath*, Staat, S. 291 ff.; *Böckenförde*, Staat und Gesellschaft, S. 406; *Forsthoff*, Staat, S. 25; *Böckenförde*, Die verfassungstheoretische Unterscheidung, S. 27.
205 *Forsthoff*, Staat, S. 22 f.; *Drath*, Staat, S. 294 f.
206 *Forsthoff*, Staat, S. 24.
207 *Forsthoff*, Staat, S. 25.
208 *Luhmann*, Grundrechte, S. 37.

von Freiheiten" und deren „Inpflichtnahme für den anderen" geht.[209] Der moderne Staat und seine organisierte und institutionalisierte Staatlichkeit, wie *Rupp* zutreffend andeutet, sind bewusst diesem Konzept der Freiheit entsprechend „auf Herrschaft, auf politische Gemeinwohlbestimmung und Regierungsfähigkeit, letztlich auf Bindung und Rechtsgehorsam angelegt".[210]

Zum Schluss soll das Problem des Verlusts der Freiheit jedoch nicht einfach durch die schlichte Aufhebung der Trennung von Staat und Gesellschaft oder gar durch die Entstehung des Demokratieprinzips erzeugt werden, sondern es wird vielmehr noch vertiefter im Kontext des Übergangs vom bürgerlichen Rechtsstaat zum modernen Sozialstaat diskutiert.[211] Demgegenüber handelt es sich beim Problem der Freiheitsverbürgung im Grunde um den Wandel des fundamentalen Strukturelements der Staatlichkeit,[212] also um die aus der Trennung von Staat und Gesellschaft folgenden Änderungen der Staatsmodelle und der Staatsaufgaben.[213] Wie dies bei der Staatstätigkeit Einfluss auf den Einsatz und die Charakteristika des modernen Rechts in Anspruch nimmt, wird nachfolgend hinsichtlich des Wandels von Staatsmodellen und -aufgaben auseinandergesetzt.

II. Staatsmodelle und Staatsaufgaben im Wandel

Im Kontext der Diskussionen der Staatsaufgaben sind die unterschiedlichen Staatsmodelle stets zu allererst zu berücksichtigen. Der Umfang und die Ausrichtung der Staatsaufgaben hängen in der modernen Gesellschaft von dem im Rahmen der Verfassung durch die Politik entschiedenen Staatsmodell ab, wonach das Ziel und die Legitimation des Staates bestimmt sind.[214] Bemerkenswert hierfür sind die soziologischen Diskurse über den Übergang vom Rechtsstaat über den Sozialstaat zum Steuerungsstaat,[215] welche verfassungsrechtlich zum Teil entlang der Richtung der Transformation vom bürgerlichen, liberalen zum sozialen Rechtsstaat verlaufen.[216]

1. *Rechtsstaat*

Vor der Herausbildung des Rechtsstaates wurde das Staatswesen erst als ein Polizeistaat gekennzeichnet, in dem „Sicherheit" bzw. „Sicherung guter Ordnung" zum

---

209 *Luhmann*, Grundrechte, S. 35 f.
210 *Rupp*, Unterscheidung, Rdnr. 26.
211 *Preuß*, Staat, passim; *Böckenförde*, Staat und Gesellschaft, S. 420 ff.; *Rupp*, Unterscheidung, Rdnr. 20.
212 *Forsthoff*, Staat, S. 21.
213 *Grimm*, Staatsaufgaben, S. 617.
214 *F. X. Kaufmann*, Staatsaufgaben, S. 19.
215 *F. X. Kaufmann*, Staatsaufgaben, S. 21 ff.
216 Z. B. *Böckenförde*, FS-*Arndt*, S. 66 ff.; *Schmidt-Aßmann*, Der Rechtsstaat, Rdnr. 18–20. Der Terminus des sozialen Rechtsstaates sowie die soziale Rechtsstaatlichkeit eingehend bei dem Buch *Forsthoff* (Hrsg.), Rechtsstaatlichkeit und Sozialstaatlichkeit, passim.

Zentralzweck und Legitimationsgrund staatlicher Herrschaft geworden war.[217] Zwar konnte die Garantie der sozialen Ordnung die individuellen Handlungs- und Freiheitsmöglichkeiten schaffen, diese Garantie der privaten Rechte unter den Bedingungen des Polizeistaates wurde aber nicht gegen den Staat selbst, sondern nur gegen den anderen Privaten eingeführt.[218] Besonders problematisch war ein derartiger Polizeistaat, der wegen seiner Unkontrollierbarkeit der Macht den Anschein des Obrigkeitsstaates erweckte. Daraus ergab sich ein struktureller Wandel des Staatswesens, in dem der Schwerpunkt der Staatsaufgabe von der Seite der Sicherheit zur Seite der individuellen Freiheit verschoben wurde.[219]

Der Rechtsstaat entstand also entsprechend dem Dualismus von Staat und Gesellschaft in einer solchen spezifischen historischen und gesellschaftlichen Sphäre, die – vor allem im deutschen Sprachraum – für den Staat zum Selbsteinschränkungsbedarf der Staatsmacht einerseits und für den Bürger zur Wahrung einer staatsfreien, „bürgerlichen Gesellschaft" und der individuellen Freiheit andererseits führte. Der Rechtsstaat zählte damals nicht nur ein „Kampf der bürgerlichen Gesellschaft gegen den Obrigkeitsstaat der absoluten Monarchie"[220], sondern auch ein Gedanke der „Hinwendungen zur Herrschaft des Rechts sowie Gewähr und Schutz persönlicher und politischer Freiheit durch Mäßigung, Gliederung und Begrenzung und richterliche Kontrolle der Staatsgewalt".[221] Dieser Gedanke des klassischen Rechtsstaatsbegriffs stellte eine Revolution der gesellschaftlichen Bedürfnisse dar und bestimmte zunächst, dass die staatliche Ordnung vom Einzelnen ausgeht.[222] Die Grundidee des Rechtsstaates, d. h. alle staatlichen Vorgänge zu verrechtlichen,[223] verbürgerte zugleich das Aufkommen einer bürgerlichen Gesellschaft, in der der Einzelne wirklich das freie, gleiche und selbstbestimmte Individuum war.[224] Diese bedeutsame Wirkung des Gedankens des Rechtsstaatsbegriffs wurde später durch die Entstehung des sog. formellen Rechtsstaatsbegriffs stabilisiert und auf das Gebot der formalen Gesetzlichkeit sowie des Prinzips der Legalität des staatlichen Handelns reduziert.[225] Die Aufgabe des Rechtsstaates bestand demzufolge darin,

---

217 *Paech*, Rechtsstaat oder Polizeistaat? S. 31; *F. X. Kaufmann*, Staatsaufgaben, S. 20; *Roggan*, Polizeistaat, S. 21.

218 *F. X. Kaufmann*, Staatsaufgaben, S. 21.

219 *Paech*, Rechtsstaat oder Polizeistaat? S. 33; *F. X. Kaufmann*, Staatsaufgaben, S. 21; *Roggan*, Polizeistaat, S. 21.

220 *Huber*, Rechtsstaat und Sozialstaat, S. 590 f.

221 *Stern*, Staatsrecht, Bd. I, S. 765.

222 *Böckenförde*, FS-*Arndt*, S. 54 f.

223 *F. X. Kaufmann*, Staatsaufgaben, S. 23.

224 *Böckenförde*, FS-*Arndt*, S. 55; *Gehlen*, Soziologische Voraussetzungen, S. 325 f., 327; *Huber*, Rechtsstaat und Sozialstaat, 591.

225 *Böckenförde*, FS-*Arndt*, S. 59 ff.; *Stern*, Staatsrecht, Bd. I, S. 769 ff.; *Schmidt-Aßmann*, Der Rechtsstaat, Rdnr. 13. Darüber hinaus betont *Huber*, Rechtsstaat und Sozialstaat, 592, dass der Rechtsstaatsbegriff demgemäß aus einem Kampfbegriff fast zu einem Verteidigungsbegriff geworden ist.

bürgerliche Freiheit, Vermögen und die Vorhersehbarkeit der bürgerlichen Verkehrsbeziehungen durch die Positivierung des Rechts zu sichern und einen legitimen Unantastbarkeitsbereich, also den Begriff „Menschenwürde", zu garantieren.[226]

Ein derartiger Rechtsstaatlichkeitsbegriff ist im Strafrecht besonders sinnvoll zu berücksichtigen, weil das Strafrecht und sein Festhalten am Gesetzlichkeitsprinzip zu einem wichtigen Teil der Erfüllung derartiger Staatsaufgaben gehört.[227] Aus diesem Festhalten am Gesetzlichkeitsprinzip ergibt sich die Rechtsstaatlichkeit des Strafrechts. Demnach muss sich die Bestrafung als der schärfste staatliche Eingriff für den Einzelnen auf eine formell-gesetzlich bestimmte Strafbarkeit begründen.[228] Der klassische Charakter des Strafrechts wird daher mit dem Grundsatz „nullum crimen sine lege" als eine hochrechtsstaatsbezogene, den Bürger vor willkürlichen Eingriffen der Staatsgewalt zu schützende Magna Charta des Verbrechers gekennzeichnet.[229]

2. *Sozialstaat*

a. *Grund für Entstehung des Sozialstaates*

In der Wirklichkeit der vom klassischen Rechtsstaatsbegriff geschaffenen freien, gleichen, bürgerlichen Gesellschaft geschah jedoch zu keinem Zeitpunkt eine gleichzeitige Besserstellung sozialer Lage von jedem, denn die Eigendynamik und Komplexität der modernen Industrie- und Kapitalgesellschaft führten gerade in diesem rechtsgleichen, freien Privatbereich zu neuen Strukturen sozialer Ungleichheit.[230] Die seit dem 19. Jahrhundert entstandenen und danach von der gesellschaftlichen Struktur her festgelegten Elemente von Ausbeutung und Armut reflektierten diese schwierigen Mängel der liberalen bürgerlichen Gesellschaft und des Gedankens des klassischen Rechtsstaates.[231] Mit dem formellen Charakter des klassischen Rechtsstaatsbegriffs wird seither ständig die Ansicht vertreten, dass er nur eine leere Form bedeute und dringend um materiellen Inhalt und materielle Gerechtigkeit ergänzt werden muss.[232] Erforderlich ist ein neues Staatsmodell, welches sich auf einen sozial intervenierenden, vorsorgenden und verteilenden Staat bezieht. In dem neuen Staatsmodell muss der sog. *Sozialstaat* mittels staatlichen Handelns bzw. durch Gesetze und Maßnahmen aktiv das Problem der sozialen Ungleichheit aus

---

226 *Böckenförde*, FS-*Arndt*, S. 59 ff.; *Huber*, Rechtsstaat und Sozialstaat, 594; *Stern*, Staatsrecht, Bd. I, S. 772 f.; *F. X. Kaufmann*, Staatsaufgaben, S. 22 f.

227 *Eicker*, Prozeduralisierung, S. 15.

228 Dazu *Roxin*, AT I, § 5, Rdnr. 2, 12 f.; LK-*Dannecker*, § 1, S. 67 ff.; *Schönke/ Schröder/ Eser/ Hecker*, StGB, § 1, Rdnr. 1 ff.; *Nolte*, in: *v. Mangoldt/ Klein/ Starck*, GG III, Art. 103, Rdnr. 96 f.

229 *Roxin*, AT I, § 5, Rdnr. 3.

230 *Böckenförde*, FS-*Arndt*, S. 67. Das Modell Deutschland im Hinblick auf der Entwicklung der Kapitalwirtschaft vor allem bei *J. Hirsch*, Der Sicherheitsstaat, S. 56 ff.

231 *F. X. Kaufmann*, Staatsaufgaben, S. 23 f.; *Preuß*, Staat, S. 346; *Eicker*, Prozeduralisierung, S. 19 ff.

232 *Huber*, Rechtsstaat und Sozialstaat, S. 594.

der Industrialisierung lösen oder zumindest unter Kontrolle halten.[233] Ein derartiges Staatsmodell gelte insofern „als eine Errungenschaft der Moderne, als ein institutioneller Baustein des gesellschaftshistorischen Prozesses der Modernisierung".[234]

b. Wesen des Sozialen

Mit dem Wort „sozial" schließt die Sozialstaatlichkeit in erster Linie die oben vorangegangene Umstellung der Wechselbeziehung vom Einzelnen und Gesellschaft ein, die den Einzelnen in eine Korrelation mit dem Ganzen gebracht hat. In einer höchst funktionsdifferenzierten Gesamtgesellschaft besitzen Menschen keinen eigenen Lebensraum, isolierte Lebensführung sowie sicheren Lebensstand mehr, weshalb sie nicht mehr unabhängig von anderen leben können. Sie müssen gezwungenermaßen nach Sicherung ihrer individuellen Existenz streben und damit entsprechende Institutionen schaffen.[235] Das Soziale fordert infolgedessen keine individuelle Freiheit des Einzelnen gegen das Ganze, sondern die Verpflichtung des Einzelnen, sich selbstgewollt in das Ganze einzuordnen, freiwillig oder gar gezwungen an der Gesamtaufgabe der gemeinsamen Lebensbewältigung teilzunehmen, wobei die Freiheit nur von Zwang durch die „Hingabe des Staatsbürgers an das Ganze" ermöglicht ist.[236] Dabei ist der Mensch als ein Glied einer Gemeinschaft angesehen;[237] bei ihm geht es stets um „das *richtige* und *notwendige* Verhältnis der Glieder einer Gemeinschaft zum Ganzen".[238] An dieser Stelle impliziert das Soziale den Anruf der alten gemeinschaftlichen Lebensformen[239] und konkretisiert das soziologische Begriffspaar von Inklusion und Exklusion[240]: Mit den unter der Sozialstaatlichkeit arrangierten sozialen Rechten werden die Möglichkeiten sozialer Integration und die Einbeziehung der Gesamtbevölkerung in die Funktionssysteme der Industriegesellschaft (Inklusion) gewährleistet, sodass der Ausschluss der Bürger von dem typischen industriegesellschaftlichen Leben (Exklusion) verhindert werden kann.[241]

---

233 *Böckenförde*, FS-*Arndt*, S. 67; *F. X. Kaufmann*, Staatsaufgaben, S. 24.

234 *Lessenich*, Die Neuerfindung des Sozialen, S. 23. Ob der Sozialstaat schlechthin zu einer reinen „Errungenschaft" der Moderne zählt, lässt sich hier noch nicht sicher sagen. Dies bedeutet aber durchaus, dass der Gedanke des „Sozialen" eine reine Produktion der modernen Gesellschaft ist.

235 *Forsthoff*, Verfassungsprobleme, S. 147; *Bogs*, Freiheit im sozialen Rechtsstaat, S. 510; *Lessenich*, Die Neuerfindung des Sozialen, S. 30 ff.

236 *Fechner*, Freiheit und Zwang, S. 79, 84, 88.

237 *Fechner*, Freiheit und Zwang, S. 78; *Erbe*, Freiheit, S. 316 f.

238 *Fechner*, Freiheit und Zwang, S. 78. (Hervorhebungen im Original.)

239 *F. X. Kaufmann*, Herausforderungen, S. 42.

240 Laut *Luhmann* ist der Wohlfahrtstaat realisierte politische Inklusion. Siehe *Luhmann*, Wohlfahrtstaat, S. 25.

241 *Huber*, Rechtsstaat und Sozialstaat, S. 603; *F. X. Kaufmann*, Herausforderungen, S. 143 f.; *F. X. Kaufmann*, Varianten des Wohlfahrtsstaats, S. 41 f.; *F. X. Kaufmann*, Staatsaufgaben, S. 26 f.; *Grimm*, Staatsaufgaben, S. 623 f.; *Lessenich*, Die Neuerfindung des Sozialen, S. 34; *Luhmann*, Wohlfahrtstaat, S. 23 ff.

Durch die Berücksichtigung des Ganzen und die gesellschaftlichen Mechanismen von Inklusion und Exklusion kristallisieren sich die Kollektivierung von Sicherung und das wichtige Wesen des Sozialen „Solidarität" heraus. Nach der Anforderung an die Solidarität ist der Verzicht auf die individualisierte, völlig von anderen isolierte Lebensform und Privatsphäre impliziert. Die Solidarität begreift sich daher als „Anspruch auf die Verlässlichkeit der Mitmenschen, ihrer Anerkennung bestehender Normen und daraus folgender Pflichten, auf ihre Kooperationsbereitschaft und ihren Einsatz für gemeinsame Interessen".[242]

c. *Aufgaben des Sozialstaates*

aa. Im oben genannten Sinne gilt der Sozialstaat durchaus als Anordnung institutionalisierter, generalisierter Solidarität.[243] Er trägt diese neuen Staatsaufgaben, welche durch jeweilige Charakteristika des Sozialen geprägt werden, und verändert demgemäß sein Wesen und seine Instrumente, um die soziale Solidarität aufzubauen. Von diesem Standpunkt aus kann der Sozialstaat daher nicht einfach nur als Reduzierung auf die gesamten Sozial- oder Wohlfahrtsektoren des Staates verstanden werden.[244] Er wird vielmehr erst als „ein eigenständiger Akteur, Rahmensetzer und Taktgeber der Gesellschaftsentwicklung" verstanden, bei ihm es sich im Wesentlichen um „aktivische Beschreibungen und Zuschreibungen sozialstaatlichen Handelns und seiner sozialen bzw. gesellschaftspolitischen Effekte",[245] nämlich um die „sozialstaatliche Politik"[246] handelt. Der Sozialstaat ist demzufolge „der institutionelle Ausdruck der Übernahme einer legalen und damit formalen und ausdrücklichen Verantwortung einer Gesellschaft für das Wohlergehen ihrer Mitglieder in grundlegenden Belangen".[247] Die Sozialstaatlichkeit ist dieser Definition nach ein Charakteristikum des modernen Staates, dessen Wesen die zunehmende *Gewährleistung sozialer Rechte* ist.[248]

Der Sozialstaat geht also von „einer gleichzeitigen Steigerbarkeit individueller Freiheit und kollektiver Vorsorge bzw. von Staatsintervention und gesellschaftlicher Selbststeuerungsfähigkeit" aus. Sozialrechtsstaatlich ist auch ein höherer Grad legitimer Staatsintervention erlaubt, damit die Gesellschaft nie mehr „staatsfrei" bleibt.[249] Das neue Verhältnis zwischen Individuum, Gesellschaft und (Sozial)Staat unter dem Geschichtspunkt des Sozialstaates ist demnach an die Theorie

---

242 *F. X. Kaufmann*, Herausforderungen, S. 154.

243 *F. X. Kaufmann*, Herausforderungen, S. 141 ff., insbesondere S. 152 ff.; *Lessenich*, Die Neuerfindung des Sozialen, S. 33.

244 Ähnliche Meinung bei *F. X. Kaufmann*, Varianten des Wohlfahrtsstaats, S. 36 f.

245 *Lessenich*, Die Neuerfindung des Sozialen, S. 24, 39.

246 *F. X. Kaufmann*, Varianten des Wohlfahrtsstaats, S. 36.

247 Diese Definition von *Harry Girvetz* siehe *F. X. Kaufmann*, Herausforderungen, S. 21.

248 *F. X. Kaufmann*, Herausforderungen, S. 22; *F. X. Kaufmann*, Varianten des Wohlfahrtsstaats, S. 38.

249 *Abendroth*, Begriff, S. 126, 128; *Gehlen*, Soziologische Voraussetzungen, S. 328 f.; *F. X. Kaufmann*, Staatsaufgaben, S. 28; *F. X. Kaufmann*, Herausforderungen, S. 28 f.

der Funktionsdifferenzierung angeknüpft: „Moderne Gesellschaften entwickeln funktionsorientierte Teilsysteme, die sich in ihrer effizienten Einseitigkeit wechselseitig ergänzen und in Schranken halten“.[250] Die Sicherstellung sozialer Teilhabemöglichkeit für jeden vermittelt deshalb genau den Geist der Sozialstaatlichkeit und gehört nun zur Hauptaufgabe sozialstaatlicher Politik.[251] Dies hat schließlich zur Folge, dass der Sozialstaat durch die Entwicklung der unterschiedlichen Systeme der Versicherung als eine Risikogemeinschaft und als ein Vorsorgestaat erachtet werden kann.[252]

bb. Typischerweise definieren die Juristen den Sozialstaat gerade neben einem solchen Verständnis und seiner Konkretisierungsmöglichkeit als Staat mit dem Ziel, „das Wohl Aller und das Wohl Ganzen“ zu gewährleisten.[253] Er bezeichnet sich jenseits des Rechts- und Liberalstaates als ein „Staat der Verteilung und Umverteilung, der Regulierung und Intervention im Dienste sozialer Gerechtigkeit“, also als Staat sozialer *Daseinsvorsorge*.[254] Juristisch bedeutungsvoll ist der Gedanke des Sozialstaates darüber hinaus als verfassungsrechtliche Position durch die Sozialstaatsklausel in Art. 20 GG sowie Art. 28 GG verankert. Dies bedeutet die Verfassungskraft sozialer Gerechtigkeit und Sicherheit auf einer Seite und den normativen Anspruch auf die politische Garantie für die Existenzsicherheit des Volkes und auf die Beschränkung des kapitalistischen Verteilungsablaufs auf der anderen Seite. Diese Verfassungskraft besagt deshalb, dass diese neuen staatlichen Aufgaben nur im Rahmen des demokratischen und rechtstaatlichen Grundgesetzes als auch durch die Verwaltung (und dahinter stehende Politik) gemäß der entsprechenden Gesetze und Maßnahmen wahrgenommen werden dürfen.[255]

Dazu wird zuerst aus verfassungsrechtlicher Sicht allerdings die Frage nach einem immanenten Spannungsverhältnis von Sozial- und Rechtsstaatlichkeit gestellt, ob diese im modernen Verfassungsrecht wirklich miteinander verschmolzen werden können.[256] Außerdem rückt selbstverständlich das Problem der richtigen Teilung und Verteilung im verwaltungsrechtlichen Bereich ins Blickfeld.[257] Es geht bei diesen beiden Probleme im Grunde um die schwerwiegende Frage, wie die individuelle

---

250 *F. X. Kaufmann*, Herausforderungen, S. 29 f.

251 *F. X. Kaufmann*, Staatsaufgaben, S. 26 f.

252 *Beck*, Risikogesellschaft und Vorsorgestaat, S. 540.

253 *Huber*, Rechtsstaat und Sozialstaat, S. 590.

254 *Preuß*, Staat, S. 342, 347. Zum Vergleich mit dem Rechtsstaat siehe auch *Huber*, Rechtsstaat und Sozialstaat, S. 590 ff. und vor allem S. 600, 605.

255 *Preuß*, Staat, S. 341 f., 347 ff.

256 Dazu siehe *Abendroth*, Begriff, S. 127 ff.; *Forsthoff*, Verfassungsprobleme, S. 152 ff.; *Forsthoff*, Begriff und Wesen des sozialen Rechtsstaat, S. 192 ff.; *Bogs*, Freiheit im sozialen Rechtsstaat, S. 514 ff.; *Huber*, Rechtsstaat und Sozialstaat, S. 590 ff.; *Böckenförde*, FS-*Arndt*, S. 67 ff.; *Böckenförde*, Die verfassungstheoretische Unterscheidung, S. 37 ff.; *Preuß*, Staat, S. 340 ff.; *Böckenförde*, Staat und Gesellschaft, S. 411 ff.; *Zacher*, Das soziale Ziel, Rdnr. 109 ff.

257 *Preuß*, Staat, S. 343.

Freiheit aus der Rechtsstaatlichkeit und der Zwang aus der Sozialstaatlichkeit rechtlich harmoniert arrangiert werden sollen.[258]

cc. Ist in der gesellschaftlichen Wirklichkeit die Verbindung des Sozialen mit den sozialen Rechten durch die Auswirkung der Forderung an die Solidarität begründet, besagt sie im Weiteren, dass die Gewährleistung subjektiver Rechte nunmehr im Sozialstaat nur in der gesetzlich vorgegebenen politisch-staatlichen Weise ermöglicht werden könnte.[259] Im Sozialstaat ist daher die Verwirklichung individueller Freiheit schließlich unter dem Verständnis des Sozialen institutionalisiert zu schützen, wonach die im Grundgesetz gewährleisteten Rechte der Menschenwürde und Freiheit als Ausprägung und Festigung eines persönlichen Handlungssystems anzusehen sind.[260] Die Forderungen an das staatliche Eingreifen gelten dementsprechend nicht mehr als Grundrechtsverletzungen, sondern als staatliche Leistungsfähigkeit zur Bewältigung sozialer Probleme bzw. als staatliche Planung und Steuerung gesellschaftlicher Entwicklungen.[261] Dies alles führt zunächst zu der Folge, dass „die heutige differenzierte, interessengespaltene und auch im Übrigen inhomogene Gesellschaft sich durch einen institutionalisierten, mit dem Monopol der Rechtssetzung und verbindlichen -verwirklichung begabten Apparat ‚selbst' reguliert und durch ihre Regulierungs- und Koordinierungsakte ständig in das soziale Ganze eingreift".[262] Das Recht als das Wirkungsmittel des Sozialstaates optimiert und „modernisiert" sich zugleich, um Steuerungsfunktionen und persönliche Verhaltenssynthese zu vereinigen und zu erhalten.[263]

Letztlich ist im Sozialstaat zusammenfassend festzuhalten, dass die Sicherung vom Ganzen bereits statt Verbürgung individueller Freiheit eine der primären Staatsaufgaben ist.[264] Die Frage, ob der Sozialstaat in diesem Sinne – in *Habermas*' Terminologie – die Erscheinung des *Endes des Individuums* bedeutet[265], zeigt keineswegs nur eine

---

258 Z. B. *Fechner*, Freiheit und Zwang, S. 80 ff.; *Erbe*, Freiheit, S. 315 ff.; *Bogs*, Freiheit im sozialen Rechtsstaat, S. 517 ff.

259 *Bogs*, Freiheit im sozialen Rechtsstaat, S. 518; *F. X. Kaufmann*, Varianten des Wohlfahrtsstaats, S. 42.

260 *Luhmann*, Grundrechte, S. 53 ff., 82.

261 *F. X. Kaufmann*, Staatsaufgaben, S. 27; *Grimm*, Staatsaufgaben, S. 623.

262 *Preuß*, Staat, S. 363. (Hervorhebung im Original.)

263 *Luhmann*, Grundrechte, S. 53.

264 Der moderne Sozialstaat als institutionalisierte Form gesellschaftlichen Krisenmanagements siehe *Lessenich*, Die Neuerfindung des Sozialen, S. 54 ff.

265 *Habermas* beschreibt hier die laufenden Prozesse von Dementierung bürgerlichen Bewusstseins und von der bedrohten Freiheit der menschlichen Subjektivität, die von der technisch-wissenschaftlichen Objektivierung den Bewusstseinsleistungen in den hochkomplexen Gesellschaften verursacht werden, und stellt damit diese Frage. Dazu *Habermas*, Legitimationsprobleme, S. 162 ff. Daran anschließend kritisiert er die systemtheoretische „Kritik an der Unangemessenheit der ‚alteuropäischen' Begriffsbildung, die mit dem evolutionären Schub zur postmodernen Gesellschaft veraltet ist", und dadurch präsentiert er *Luhmanns* Version vom Ende

reine alarmierende Warnung vor möglicher Abweichung und Unkontrollierbarkeit der Wahrnehmung der Staatsaufgaben, sondern eine genaue Prophezeiung auf.[266]

d. Krise und Herausforderung des Sozialstaates

Obwohl man sagen könnte, dass die bestehenden Einrichtungen des Sozialstaates schon durch ihre Existenz für sich selbst sprechen,[267] lassen sich die Schwierigkeiten, die dem Sozialstaat aus seinen eigenen Erfolgen entstehen, nicht übersehen:

aa. Widerspruch der Sozialstaatlichkeit zur eigentlichen staatlichen Hoheit

Angesichts der Handlungssteuerungsfunktion der Sozialstaatlichkeit weist *Gehlen* mit Recht darauf hin, dass im Sozialstaat die Beschreibung des Staates, ein Herrschaftsverband organisierten Handlungszentrums zu sein, der Wirklichkeit nicht mehr entspricht. Vor allem die vielfältigen sozialstaatlichen Anweisungsbefugnisse verbinden sich nicht mit dem Wortlaut der Herrschaft. Hiernach ist der Begriff Herrschaft soziologisch besser durch einen Begriff wie „soziale Kontrolle" zu ersetzen.[268] Ähnlich sieht *Willke* aus systemtheoretischer Sicht das Problem der Gewalt des modernen Staates. Er hält die *Weber*s Definition des Staates als Monopol physischer Gewalt für defizitär und unpassend mit der Realität der funktionsdifferenzierten Gesellschaft.[269] Ebenso wie *Gehlen* und *Willke* spricht *Forsthoff* auch aus verfassungsrechtlicher Sicht aus, Sozialfunktion und Macht des Staates schlössen einander aus; für ihn bedeutet dies den Verzicht auf die traditionelle Herrschaftsfunktion und veranlasst die Selbstgefährdung für den Staat.[270]

An dieser Stelle sind der strukturelle, immanente Widerspruch und die Defizite des Sozialstaates zur eigentlichen staatlichen Hoheit und zu seinen Steuerungsfunktionen immer wieder vorhanden. Dieser Widerspruch erhellt gerade den vorher noch nicht geklärten Modus der Freiheitsbeschränkungen im Sozialstaat. Nach diesem Modus spielt die planerische Leistungsverwaltung mit dem Ziel der sozialen Kontrolle bei der Wahrnehmung staatlicher Aufgaben eine entscheidende Rolle. Diese Leistungsverwaltung nimmt hierbei zugleich in milder und mittelbarer Form Einfluss auf die individuelle Freiheit. Die *Idee sozialer Kontrolle* wird daher in dem modernen demokratischen Staat zu einer grundlegenden Richtung staatlichen Handelns und nimmt stets im modernen Rechtsgedanken ihren Einfluss.

---

des Individuums. Ebenda, S. 178 ff., vor allem S. 182, 186. (Hervorhebungen im Original.)

266 Zusammenhang zwischen der individuellen Freiheit und dem Wohlfahrtstaat siehe *Beck*s Konzept der Individualisierung, dazu vgl. B. II. 3. in diesem Kapitel.

267 *F. X. Kaufmann*, Herausforderungen, S. 153.

268 *Gehlen*, Soziologische Voraussetzungen, S. 330 f.

269 *Willke*, Steuerungsfunktion des Staates, S. 688 ff.

270 *Forsthoff*, Verfassungsprobleme, S. 151 f.

bb. Strukturell-funktionale Beschränkung und Begrenzung des Sozialstaates

Habermas stellt hingegen auf die Probleme des Sozialstaates ab, die in Bezug auf die Bedingungen der entwickelten Industriegesellschaften und auf die menschlichen Lebensformen aufgetaucht sind. Seiner ersten Analyse nach tauchen die strukturell-funktionale Beschränkung und Begrenzung des Sozialstaates sofort auf, als der Sozialstaat selbst die Funktionsweise des Wirtschaftssystems unberührt lässt. Er besitze daher eigentlich gar keine Macht für Eingriffe, die das Wirtschaftssystem beeinflussen und die dementsprechende Umverteilung des Eigentums durchführen.[271] Zweitens wirft *Habermas* die Frage auf, ob die Programme des Sozialstaates wirklich das „Ziel der Förderung und Sicherung menschenwürdiger, emanzipierter Lebensformen" erreichen können.[272] Die staatliche Sozialpolitik wird momentan vor allem durch die immer zunehmende Verrechtlichung und die daraus folgenden rechtlich-administrativen Mittel durchgeführt. Dies hat zu Folge, dass „mit ihnen eine Praxis der Tatbestandsvereinzelung, der Normalisierung und der Überwachung verknüpft" sei, sodass eine reglementierte, zergliederte, kontrollierte und betreute Lebenswelt der Menschen geprägt werde.[273] Deshalb besteht nach *Habermas* ein Widerspruch zwischen Ziel und Methode des Sozialstaates darin, dass das Ziel, „egalitär strukturierte Lebensformen" zu bewirken, nämlich „Spielräume für individuelle Selbstverwirklichung und Spontaneität" freizusetzen, „nicht auf dem direkten Weg einer rechtlich-administrativen Umsetzung politischer Programme" erreicht wird.[274]

Von dieser von *Habermas* skizzierten Krise des Sozialstaates aus ist auch eine bisher noch laufende Konfrontierung von *Mobilität und Kontrolle, Mobilisierung und Regulierung, Freiheit und Disziplinierung* als ein wesentliches Problem der Sozialstaatlichkeit verortet.[275] Zur Lösung wird bei *Habermas* die Mitwirkung der Individuen auf den aktiven Sozialstaat erwartet, dass das Individuum sich in einer sozialpolitischen Machtausübung „zum subjektivierten Zusammenspiel von Selbstmobilisierung und Selbstkontrolle, Selbst- und Fremdführung, Eigeninteresse und Gemeinwohl, Eigenaktivität und Sozialverantwortlichkeit" verändern soll.[276] Der Sozialstaat hingegen geht aber in der Wirklichkeit auf einem anderen Weg, um in erster Linie seine Selbstkrise zu vermeiden.

Aus der Sicht von *Habermas* erschöpft der Sozialstaat letztlich seine utopischen Energien und verliert seine politische Funktion der Bewirkung von der als legitimierender Grundwert des Sozialstaates gekennzeichneten Solidarität.[277] Im Gegensatz dazu scheint der Staat aus systemtheoretischer Sicht als das politische

---

271 *Habermas*, Unübersichtlichkeit, S. 149 f.
272 *Habermas*, Unübersichtlichkeit, S. 148 f.
273 *Habermas*, Unübersichtlichkeit, S. 151.
274 *Habermas*, Unübersichtlichkeit, S. 151 f. Ähnlich *Habermas*, Theorie des kommunikativen Handelns, Bd. II, S. 530 ff., 534.
275 *Lessenich*, Die Neuerfindung des Sozialen, S. 127 ff., insbesondere S. 131.
276 *Lessenich*, Die Neuerfindung des Sozialen, S. 133.
277 *Habermas*, Unübersichtlichkeit, S. 157 ff.

Handlungszentrum in hochentwickelten Gesellschaftssystemen immer noch überfordert zu sein, als die gesellschaftliche Überkomplexität zugleich immer allerorts ihre potentiale Position finden kann.[278] Schließlich gerät der Sozialstaat in Gefahr der Legitimationskrise[279] und steht seit jeher unter Druck, sein Wesen und Modell nochmals zu optimieren, um die immer weiter zurückgehende Solidarität zurück zu bekommen. Nach dieser Optimierung wandelt sich der Sozialstaat entsprechend dem Prozess der Risiko- zur Sicherheitsgesellschaft in den *Steuerungsstaat*.[280]

3. *Steuerungsstaat*

a. *Entstehung des Steuerungsstaates*

In Anbetracht dessen Veränderungsbedürfnisse rücken nicht Patentrezepte hinsichtlich der tiefgreifenden Ursache sozialer Risiken und gesellschaftlicher Unsicherheit ins Zentrum, sondern die Ermöglichung, Verstärkung und Transformation der Steuerungsfunktion des Staates. Der moderne Staat versucht noch mehr institutionelle und normative Arrangements für diese ständig gesteigerten gesellschaftlichen Sicherheitsbedürfnisse zu entwickeln, die seine Steuerungsfunktion *effizienter* entfalten können.

Das Ergebnis, dass der Staat durch Verstärkung seiner Steuerungsfunktion die stetig zunehmende, aber die faktisch kaum verhinderte gesellschaftliche Überkomplexität unter Kontrolle bringen will, wäre der gesellschaftlichen Systemtheorie zufolge eine Selbstverständlichkeit.[281] Es wird auch in der politischen Realität zu einer zwar provisorischen, aber wirksam den Bürger beruhigenden Entscheidung der Politik. Denn die tiefgreifende Ursache gesellschaftlicher Überkomplexität und gesellschaftlicher Unsicherheit sind so kompliziert und zeitverzögert zu untersuchen, dass die Politik mit dem Populismus entsprechend zuerst die Kontroll- und Steuerungsmaßnahmen so schnell wie möglich einrichten würde, ohne ihre

---

278 *Willke*, Entzauberung, S. 9 f., 49 ff. Ähnlich wie *Willke* wirft *Beck* unter dem Konzept Risikogesellschaft dasselbe Problem des Sozialstaates auf, „wie, ob und wodurch es gelingen könnte, die Selbstgefährdungsdynamik der Weltrisikogesellschaft wirklich zu drosseln". Dazu *Beck*, Risikogesellschaft und Vorsorgestaat, S. 557.

279 *Habermas*, Legitimationsprobleme, S. 96 ff.

280 Dies zeigt sich, dass der soziale Hintergrund der Entstehung des Steuerungsstaates die Sicherheitsgesellschaft wäre. Ähnliche Argumentation bei *J. Hirsch*, Der Sicherheitsstaat, S. 74 f.

281 *Bonß*, Vom Risiko, 206 f.: „Er [Staat] ermöglicht es ihnen auch, vor dem Hintergrund erfüllter Sicherheitserwartungen neue Unsicherheiten einzugehen. Über die (Re)Produktion ‚sicherer' Rahmenbedingungen trägt der Staat somit entscheidend dazu bei, Risiken nicht zu einer Bedrohung, sondern, im Gegenteil, zu einer Produktivkraft werden zu lassen, auf die zumindest entwickelte Gesellschaften nicht verzichten können". (Hervorhebung im Original.)

Legitimationsprobleme vorher zu berücksichtigen.[282] Weil die Sicherheit in der gegenwärtigen Epoche, vor allem nach dem 11. September 2001, zum nahezu überzeugenden legimitierenden Faktor geworden ist, wird es noch selbstverständlicher, dass der Staat nun als ein politisches Handlungs- und Entscheidungszentrum zum Steuerungsstaat arriviert.[283]

An dieser Stelle ist der moderne Staat ein auf dem Gedanke des Sozialstaates gegründeter Staat. Seine Aufgaben sind sowohl die Bewahrung der aus dem herkömmlichen *Armutsrisiko* folgenden Grundwerte wie Existenzsicherheit, Vollbeschäftigung und Erhaltung der Arbeitskraft, die zu den klassischen Aufgaben des Sozialstaates gehören,[284] als auch das zu den Nebenwirkungen der Industriegesellschaft gehörende *technologische Risiko*[285] sowie das von *Helmut Willke* aus dem technologischen Risiko weiter skizzierte *Risiko aus Ignoranz*[286]. Der moderne Staat sei zunächst ein „Vorsorge- und Präventionsstaat", weil er für diese neuen Aufgaben neue spezifische Mittel zur Kontroll- und Steuerungsfunktion, also das Vorsorge- und Präventionsprinzip, entwickelt.[287] Er sei weiterhin ein „Sicherheits- oder Schutzstaat", weil er durch diese Mittel auf die möglichst umfangreichste Sicherheit der Gesamtgesellschaft abzielt.[288] Schließlich sei er ein sog. „Supervisionsstaat", weil das von ihm bewältigte Problem eine neuartige Risikofrage der wissensbasierten Technologisierung ist und er damit nach kollektiven Zielen und Gütern strebt.[289]

b. Ausübungen der Sicherheitspolitik als primäre Staatsaufgabe

Bezüglich der neuen Tendenz der politischen Anforderungen an die Staatlichkeit vom Wohlfahrts-/ Sozialstaat zum Kontroll-/ Steuerungsstaat erstreckt sich der Staat allerseits in der modernen Gesellschaft und reguliert bzw. lenkt – im Namen des Bürgerschutzes – immer mehr gesellschaftliche Bereiche und jegliches individuelles Verhalten des Einzelnen.[290] Die Sicherheit kann in einem solchen Staatsmodell nur

---

282 Diesen Vorgang beschreibt auch *J. Hirsch*, Der Sicherheitsstaat, S. 75. Dieser ist nach *J. Hirsch* widersprüchlich, weil gerade der Prozess der umfangreichen Durchstaatlichung in der Gesellschaft selbst neue gesellschaftliche Krisen- und Widerstandspotentiale bewirke.

283 Ähnlicherweise *Grimm*, Staatsaufgaben, S. 625. Sicherheit als ein Legitimationsgrund und Grundrecht in der modernen Verfassungsstaat, *Isensee*, Sicherheit, S. 17 ff.; *Preuß*, Risikovorsorge, S. 525.

284 *Huber*, Rechtsstaat und Sozialstaat, S. 600; *Willke*, Steuerungsfunktion des Staates, S. 693.

285 *Beck*, Risikogesellschaft, S. 366 ff.

286 *Willke*, Ironie, S. 262 ff.; *Willke*, Steuerungsfunktion des Staates, S. 700 ff.

287 *Denninger*, Der Präventions-Staat, S. 1 ff.; *Beck*, Risikogesellschaft und Vorsorgestaat, S. 535 ff.

288 *J. Hirsch*, Der Sicherheitsstaat, S. 67 ff.; *Hesse*, JZ 1991, S. 744 ff. Kritische Betrachtung *Habermas*, Faktizität und Geltung, S. 523, 525.

289 *Willke*, Ironie, S. 284 ff., 301 ff.; *Willke*, Supervision, S. 9 ff.

290 *J. Hirsch*, Der Sicherheitsstaat, S. 75.

durch die umfangreichere Steuerung des Einzelnen als im Sozialstaat *garantiert* sein. Damit er von den früheren totalitären Staaten sowie den Polizeistaaten unterschieden werden kann, ist es ganz entscheidend, wie diese Sicherheitspolitik im Steuerungsstaat ausgeübt wird und in welcher Weise seine Steuerungsfunktion sich entfaltet.

Sicherheit, welche seit der Neuzeit schon ein wichtiger Legitimationsgrund und eine politisch vordringlichste Aufgabe des modernen Staates ist, ist durchaus in der modernen Sicherheitsgesellschaft als ein wichtigster Gemeinwert festgelegt.[291] Obwohl für die Sicherheit als die primäre Staatsaufgabe bereits seit *Thomas Hobbes* tiefgreifend argumentiert wurde,[292] lässt sich die Art zur Bewahrung der Sicherheit vor und nach der französischen Revolution im Grunde unterschiedlich beurteilen. *Preuß*scher Analyse nach resultiert Sicherheit seit der Französischen Revolution vielmehr aus dem Recht bzw. der Garantie subjektiver Rechte der Individuen, nachdem sie im 17. und 18. Jahrhundert immer noch auf Macht basierte.[293] Dieser Unterschied weist zwar auf die verschiedenen Wirkungsquellen sowie -formen der staatlichen Steuerung hin, beseitigt aber das grundsätzliche Bedenken an der Rechtfertigung des Sicherheitsstrebens noch nicht. Die heutige staatliche Steuerungsfunktion präsentiert sich vielmehr seit der Entstehung des Sozialstaates nur als das, was im Wesentlichen dem dynamischen gesellschaftlichen Wandel entsprechend stets in Bereitschaft zur flexiblen Selbständerung ist, die einen Umweg vom Rechtsstaatsprinzip schaffen und zugleich zur Rechtsunsicherheit führen kann.[294]

Der Steuerungsstaat geht deswegen davon aus, dass das Primat der Sicherheit in seinen vielen Aufgaben festgelegt wird. Er tritt demzufolge als die erneuerte Umstellung der Staatlichkeit in Erscheinung, die das moderne Recht völlig umsetzt, um seine verlorene Steuerungsfunktion wieder fester zu ergreifen. Letztlich muss er das von dem Sozialstaat aus geflochtene Gitter der Sicherheit, das als die Grenzen von Inklusion und Exklusion erachtet werden könnte, immer noch enger miteinander verbinden und erweitern.[295] Dies erzeugt die grundlegende Umformulierung des modernen Rechts, die ihren Einfluss auch auf das Strafrecht genommen hat.

D. Zwischenergebnis

Nach den vorstehenden Betrachtungen ist festzuhalten, dass die moderne Gesellschaft und der moderne Staat ihr Wesen grundlegend verändert haben. Die gesellschaftlichen und staatstheoretischen Hintergründe des Gefährdungsstrafrechts sind nicht mehr identisch mit dem Risikostrafrecht, das in der Risikogesellschaft entstand. Das Gefährdungsstrafrecht entsteht vielmehr vor dem gesellschaftlichen

291 *Bonß*, Vom Risiko, S. 206 f.; *Grimm*, Staatsaufgaben, S. 625.
292 Siehe nur *Isensee*, Sicherheit, S. 3 ff.; *Glaeßner*, Sicherheit und Freiheit, S. 6 f.
293 *Preuß*, Risikovorsorge, S. 525. Mehr dazu auch bei *Isensee*, Sicherheit, S. 21 ff.
294 *Preuß*, Risikovorsorge, S. 526.
295 *Opitz*, An der Grenze des Rechts, S. 9 ff.

Hintergrund der *Sicherheitsgesellschaft*, in der die Gefahr aufgrund der Aufnahme der neuen Risikoethik überwiegend als die negative Seite des Risikos betrachtet wird und somit Sicherheit vornehmlich durch einen sog. *Rekommunitarisierungsprozess*, also *Inklusion* und *Exklusion*, angestrebt wird. Der moderne Staat als *Steuerungsstaat* ist das Handlungszentrum der Sicherheitsgesellschaft, welches seine Macht in den Formen aus dem Rekommunitarisierungsprozess sicherheitsstrategisch durchführt. Vor diesen Hintergründen sind der Einzelne, seine individuelle Freiheit sowie seine Subjektivität nicht wegen des Individualisierungsschubs besonders geschützt. Sie sind hingegen wegen der Durchführungen der Sicherheitsstrategien verdrängt und gar ausgeschaltet. Das Bild der modernen Menschen wandelt sich entsprechend um: Während der Einzelne in der Risikogesellschaft dem Recht als ein Nutzen-Kosten-analysierender, rationaler Entscheider verpflichtet ist, wird er in der Sicherheitsgesellschaft schlechthin als potenzielles gefährliches Individuum angesehen. Es geht daher in der Sicherheitsgesellschaft nicht um angemessene zweckrationale stattliche Reaktionen auf Risiken, sondern um die *Art der Entfaltung staatlicher Macht für die in der modernen Gesellschaft regelmäßig thematisierten und problematisierten Gefahren.* Dieser substanzielle Unterschied zwischen Risiko- und Sicherheitsgesellschaft soll ihre Entsprechung zwischen dem Risiko- und Gefährdungsstrafrecht finden, und zwar vermittelt durch das von diesen Hintergründen geprägte, moderne Rechtssystem.

2. Kapitel: Recht im Wandel Zwischen dem Wechsel von Gesellschaftswesen, Staatsmodellen und -aufgaben

A. Ausblick

Während Gesellschaft und Staat sich modernisiert haben, wird das Recht zur Modernisierung aufgefordert. Eine solche gesellschaftliche Lage des Rechts zeigt eine enge Wechselbeziehung zwischen Recht, Gesellschaft und Staat, wonach das Recht in der Gegenwart nie außerhalb der Gesellschaft existieren wird: Es ist das Subsystem des modernen Gesellschaftssystems.[296] Mit der Abhängigkeit des modernen Rechts von den gesellschaftlichen und staatlichen Hintergründen erklären sich auch die *Paradigmenwechsels des Rechts*.[297] Mithilfe der im 1. Kapitel angedeuteten Konstellationen der modernen Gesellschaft und des modernen Staates werden im Folgenden die Entstehung und die heutige Figur des modernen Rechts skizziert, sodass später die Modernisierungsfolgen des Strafrechts erklärt werden können.

B. Wandel der Rechtsparadigmen

Bei dem Paradigmenwechsel des Rechts geht es nicht allein um die bisher laufende Expansion der gesetzlichen Vorschriften, die einfach daraus folgte, dass die klassischen Rechtsprinzipien und die traditionellen Rechtsmittel angesichts der neuen Ungewissheiten in der Industriegesellschaft nicht mehr ausreichend und antiquiert erscheinen.[298] Es geht dabei vielmehr noch um eine „Evolution des modernen Rechts", welche den Funktionalisierungen von Gesellschaftsstrukturen und Staatsrollen entsprechend das Rechtswesen, die Rechtsformen bzw. die Rechtsfunktionen gründlich verändert.[299]

Davon ausgehend ist die erst von *Max Weber* beschriebene Tendenz zur *Materialisierung des formalen Rechts* allgemein als der Wendepunkt des modernen Rechts anerkannt.[300] Angesichts dieser Tendenz beleuchtet *Weber* den sozialen Wandel des

---

296 *Friedmann*, Recht und sozialer Wandel, S. 15 ff.; *Luhmann*, Recht der Gesellschaft, S. 17.

297 *Habermas*, Faktizität und Geltung, S. 468 ff., insbesondere S. 472 ff.; *Willke*, Ironie, S. 175, insbesondere die Tabelle in der S. 180.

298 *Beck*, Gegengift, S. 10 f., 214; *Beck*, Risikogesellschaft und Vorsorgestaat, S. 542 f.; *Luhmann*, Recht der Gesellschaft, S. 141 f., 293; *Grimm*, Wandel der Staatsaufgaben, S. 626.

299 *Habermas*, Faktizität und Geltung, S. 542 f.; *Welz*, Das Recht, S. 336 ff.; *Eicker*, Prozeduralisierung, S. 10 ff.

300 *Weber*, Wirtschaft und Gesellschaft, S. 504 ff. Auch *Günther*, Krise des regulativen Rechts, S. 51; *Habermas*, Faktizität und Geltung, S. 300 f., 470 ff., 541 ff.

Rechts seit der Entstehung des Sozialstaates, aus dessen Gedanken das materiale Recht folgt, anstatt das formale Recht hinsichtlich des Gedankens des liberalen Rechtsstaates weiter beizubehalten.[301] Genauer gesagt: Im Begriff des formal-liberalen Rechtsstaats wird das Recht allgemein als formale Maßstäbe, Verfahren und Institutionen umschrieben, wobei es sich um die Gewährleistungen einer übersichtlichen und kontrollierten Gesamtrechtsordnung handelt.[302] Demgegenüber ist die Tendenz zur Materialisierung des Rechts als eine Akzentschiebung des herrschenden Orientierungsmodells vom liberalen zum sozialen Modell im Rechtsystem gekennzeichnet. Diese Tendenz zieht die „Remoralisierung" an das Recht, „die in dem Maße, wie sich die juristische Argumentation gegenüber moralischen Grundsatz- und politischen Zielsetzungsargumenten öffnet, die lineare Bindung der Justiz an die Vorgaben des politischen Gesetzgebers *lockert*".[303] Das Recht entfaltet dabei seine Beschränkungsfunktion weniger auf die staatliche Macht; es gilt vielmehr als das Wirkungsmittel des Sozialstaates[304] und als Instrument der Politik.[305] Dies erhellt deshalb die Konstellation, dass die Bedrohung rechtlicher Freiheit im sozialen Modell immerhin vorhanden ist, obwohl die Verwirklichung des Wohlfahrtsziels vom liberal-rechtsstaatlichen Verfahren eingeschränkt werden muss. Daraus ergibt sich auch das Dilemma, dass das die materielle Freiheit gewährleistende Wohlfahrtsziel gerade dieselbe Freiheit bedroht.[306] An dieser Stelle muss die Suche nach einem neuen Rechtsparadigma wiederum in Gang gesetzt werden.

Es erscheint erwähnenswert, dass auch das seit dem 19. Jahrhundert vom liberalen Rechtsstaat sehr tief geprägte Strafrecht beim Übergang zum sozialen Modell umfangreich sozialisiert sowie materialisiert wurde. Das Strafrecht sollte sich den Bedingungen sozialer Anschauungen entsprechend optimieren.[307] Um diese Einflussnahme auf das moderne Strafrecht zu entdecken, soll zuerst die von beiden Modellen auf dem modernen Recht hinterlassenen Spuren verfolgt werden.

---

301 *Weber*, Wirtschaft und Gesellschaft, S. 507; *Habermas*, Faktizität und Geltung, S. 300 f., 470, 543 f.

302 *Habermas*, Faktizität und Geltung, S. 543 f.; *Schmidt-Aßmann*, Der Rechtsstaat, Rdnr. 22.

303 *Habermas*, Faktizität und Geltung, S. 301. (Hervorhebung im Original.) Auch *Weber*, Wirtschaft und Gesellschaft, S. 507; *Günther*, Krise des regulativen Rechts, S. 61 ff.

304 *Luhmann*, Wohlfahrtstaat, S. 85 ff.

305 *Günther*, Krise des regulativen Rechts, S. 57; *Habermas*, Faktizität und Geltung, S. 517 f. Nach *Habermas* ist gerade hier der Maßstab der Legitimation rechtlicher Regulierung von den Maßstäben der Effektivität auf den Einsatz administrativer Macht zu ersetzen.

306 *Günther*, Krise des regulativen Rechts, S. 51; *Habermas*, Faktizität und Geltung, S. 490.

307 Das soziale Verhältnis des Strafrechts siehe *Friedmann*, Recht und sozialer Wandel, S. 174 ff.

C. Figur des Rechts im Sozialstaat

I. Strategien und Gedanke

Die Diskussion der Figur des modernen Rechts dürfte von der Tendenz der *Verrechtlichung* ausgehen. Wenn sie unter den historischen Bedingungen der Materialisierung des Rechts erfasst wird, wird sie eng mit der Entstehung des Sozialstaates verknüpft und sollte als eine der Folgen des Sozialstaates erachtet werden.[308] Die sozialstaatliche Verrechtlichung bedeutet die „Konstitutionalisierung" von Wirtschaft, welche „das Recht als Steuerungsmedium der Interventionen und Kompensationen des Sozialstaates" einsetzt, durch das der Sozialstaat das ökonomische Handlungssystem unter Kontrolle halten kann.[309] Insofern ist das Recht ein neuartiges regulatorisches Recht und wird „instrumentalisierbar für die Zwecke des politischen Systems, das nun für gesellschaftliche Prozesse die Verantwortung übernimmt und zwar sowohl in der Definition von Zielen, in der Auswahl normativer Mittel, im Anordnen konkreter Verhaltensprogramme als auch in der Implementierung von Normen".[310] Demzufolge verliert zunächst das allgemeine Gesetz seine Funktion, indem das Recht von generellen Normen auf *positionsspezifische Rollen* umstellt. Weiterhin spielt der Zweckgedanke im Sozialstaat eine immer vorrangigere Rolle, sodass die eigenen traditionellen Konditionalprogramme bei dem juristischen Denkstil durch die neu entstandenen *Zweckprogramme* zu ersetzen sind.[311] Letztlich gilt die *Folgenorientierung* auch als ein Folgephänomen der Verrechtlichung, welche das Recht sich gleich auf ihre gesellschaftliche Folgen und sozialwissenschaftliche Theoriesubventionen richtet.[312]

In dieser neuartigen Normstruktur sind vornehmlich die Umstellung des juristischen Denkstils von den Konditional- zu den Zweckprogrammen und die damit einhergehende Folgenorientierung beachtenswert, weil deren kontroverse Grundideen bereits wahrnehmbar in die allgemeine Rechtsdogmatik durchgeschlagen haben.[313] Angesichts des Einbeziehens der Moral und der sozialen Gerechtigkeit konstruieren sich die Rechtsnormen im Sozialstaat nicht mehr allein durch die Konditionalprogramme. Die Konditionalprogramme basieren auf den Beobachtungen der vergangenen, gegenwärtig feststellbaren Tatsachen[314] und zählen durch das Wenn/ Dann-Schema

308 *Habermas*, Theorie des kommunikativen Handelns, Bd. II, S. 522; *Teubner*, Verrechtlichung, S. 301 f.; *Denninger*, Der Präventions-Staat, S. 2; *Habermas*, Faktizität und Geltung, S. 542.

309 *Habermas*, Theorie des kommunikativen Handelns, Bd. II, S. 530; *Teubner*, Verrechtlichung, S. 302 f.

310 *Teubner*, Verrechtlichung, S. 307, 312. Auch *Habermas*, Faktizität und Geltung, S. 554.

311 *Habermas*, Theorie des kommunikativen Handelns, Bd. II, S. 532; *Habermas*, Faktizität und Geltung, S. 300 f.; *Luhmann*, Recht der Gesellschaft, S. 202; *Luhmann*, Rechtssoziologie, S. 241 f.

312 *Teubner*, Verrechtlichung, S. 308 ff.

313 *Luhmann*, Rechtssystem und Rechtsdogmatik, S. 31 ff.; *Teubner*, Verrechtlichung, S. 309 ff.

314 *Luhmann*, Recht der Gesellschaft, S. 197.

„im Tatbestand die Voraussetzungen" auf, „unter denen der Staat zum Eingreifen berechtigt ist, und in der Rechtsfolge bestimmt, welche Maßnahmen er ergreifen darf".[315] In diesem Sinne bedeuten sie die Kriterien des rationalen und vorhersehbaren formalen Rechts, welche zur Ordnungsgarantie und Rechtssicherheit notwendig sind.[316] Allerdings sind sie angesichts eines sozialorientierten Staates zu starr. Im Sozialstaat soll das Recht flexibel bleiben, um die zunehmenden staatlichen Aufgaben schnell wahrzunehmen. So dominiert die Folgenorientierung nun im modernen Recht aufgrund der Ersetzung der Konditionalprogramme durch die Zweckprogramme, weil die Zweckprogramme sich mit der Erreichung eines bestimmten, auf die Zukunft gerichteten Ziels beschäftigen und es dem Rechtsanwender überlassen zu erwägen, wie und ob er das vorgegebene Ziel verfolgt.[317] Die Programmierung der Zweckorientierung besagt zum einen, dass die Zweckprogramme bzw. die spezifischen Wertrichtungen aus anderen sozialen Systemen in das Rechtssystem durchschlagen werden.[318] Zum anderen führt sie auch zu einer massiven Bedrohung des Normsystems des klassischen Rechtsstaates, die auf Kosten der Autonomie der Bürger und der normativen Legitimität der rechtlichen Regulierung durchgeführt wird.[319] Wie das Recht gemäß den Zweckprogrammen eingesetzt wird, lässt sich nachfolgend noch erklären.

II. Das Neue am Recht im Sozialstaat

1. Überlegungen von der Zweck-Mittel-Relation

Bei den Zweckprogrammen geht es unvermeidbar um das Verhältnis zwischen Zweck und Mittel und letztlich um die Frage nach der Wirksamkeit und Effektivität von staatlichen Maßnahmen.[320] Dementsprechend werden die neuen, aktiven Leistungs- und Planungsformen staatlichen Handelns produziert.[321] Das Recht wird damit zu einem solchen Normsystem, „das immer häufiger zu staatlichen Interventionen ermächtigt, politische Zielsetzungen berücksichtigt und kollidierende Interessen abwägt".[322]

---

315 *Grimm*, Krise des Rechtsstaats, S. 299 f. Die Operation des Schemas der Konditionalprogramme auch bei *Luhmann*, Rechtssoziologie, S. 227 ff. Hintergrund des Programmwechsels *Grimm*, ebenda, S. 299; *Günther*, Krise des regulativen Rechts, S. 59 ff.

316 *Willke*, Ironie, S. 177. Einwand dagegen *Luhmann*, Recht der Gesellschaft, S. 199: „Die Bindung an die Form des Konditionalprogramms hängt mit der Funktion des Rechts, also mit der Stabilisierung kontrafaktischer Erwartungen zusammen".

317 *Luhmann*, Rechtssystem und Rechtsdogmatik, S. 45; *Grimm*, Krise des Rechtsstaats, S. 300; *Luhmann*, Recht der Gesellschaft, S. 202 f.

318 *Luhmann*, Rechtssystem und Rechtsdogmatik, S. 45; *Luhmann*, Recht der Gesellschaft, S. 203 f.

319 *Habermas*, Faktizität und Geltung, S. 301, 517 ff. Auch *Hesse*, JZ 1991, S. 746; *F. X. Kaufmann*, Staatsaufgaben, S. 35.

320 *Günther*, Krise des regulativen Rechts, S. 63.

321 *F. X. Kaufmann*, Staatsaufgaben, S. 25 f.

322 *Günther*, Krise des regulativen Rechts, S. 63.

Gesetze werden dann nur insofern praktisch eingesetzt, als sie sich auf eine vom Sozialstaat bewirkte, kollektive Zielsetzung beziehen. Sie konzentrieren sich sowohl auf den Schutz der individuellen Rechte als auch auf den Schutz von kollektiven und gruppenbezogenen Gütern.[323] Es führt folglich dazu, dass erstens die Effektivität statt der Legitimität der rechtlichen Regulierung als das herrschende Rechtsprinzip gilt,[324] und dass zweitens die Rechtsgütersicherheit statt der Rechtssicherheit zum Handlungszentrum des Gesetzgebers wird.[325]

Vor diesem Hintergrund ergibt sich aus dem Sozialgedanken und den Zweckprogrammen der Gedanke der *Daseinsvorsorge*. Dabei handelt es sich um „die öffentliche Verantwortlichkeit für die materiellen Lebensbedingungen der Mehrheit der Bürger".[326] Damit die Risiken und Gefährdungen früher erkannt und dann möglichst vermieden werden, ermöglicht das Recht erst anhand der Daseinsvorsorge die Kalkulationen der möglichen Schadensursachen und den staatlichen regulierenden Zugriff auf die Quellen ständiger Gefahren.[327] Infolgedessen entstehen die Einsätze der Präventionsmaßnahmen zunehmend im modernen Recht, welche durch ihre vorprogrammierte Funktion der Gefahrabwehr die Rechtsgütersicherheit effektiver zu schützen scheinen.[328] Dennoch ist insbesondere zu beachten, dass Auswirkungen der Daseinsvorsorge und der Prävention an dieser Stelle noch auf die bestimmten, wahrnehmbaren Gefahren vorprogrammiert werden müssten, obwohl ein zukunftsbezogenes Erklärungsmodell von bestimmten Gefahren und Risiken paradoxerweise in der Tat noch kaum möglich ist.[329] Aufgrund dieses Dilemmas droht das Recht als Versuch zu scheitern, mittels der Zweckprogramme die staatliche Steuerungsfähigkeit zu steigern und die Überkomplexität der Gesellschaften unter Kontrolle zu bringen.[330] Nach dem bisher Gesagten steht das moderne Recht wiederum unter dem Druck, seine regulierenden Mittel (das Vorsorgeprinzip und die Prävention) nochmals in eine andere Richtung zu wenden.[331]

2. *Folgenorientierung*

Nur mit der Zweck-Mittel-Relation kann das regulatorische Recht nicht verwirklicht werden. Da das regulatorische Recht als ein Instrument der Politik und als Steuerungsmedium des Sozialstaates verstanden wird, benötigt es sowohl für seine inhaltliche Begriffsbildung wie auch für sein Entscheidungstreffen das soziale Wissen. Mit der Folgenorientierung wird die Öffnung des Rechts für die Sozialwissenschaften

---

323 *Günther*, Krise des regulativen Rechts, S. 63 f.; *Grimm*, Krise des Rechtsstaats, S. 300.
324 Kritik bei *Habermas*, Faktizität und Geltung, S. 517 ff.
325 *Denninger*, Der Präventions-Staat, S. 1.
326 *Preuß*, Risikovorsorge, S. 537.
327 *Preuß*, Staat, S. 353; *Preuß*, Risikovorsorge, S. 537 f.
328 *Denninger*, Der Präventions-Staat, S. 2; *Günther*, Krise des regulativen Rechts, S. 64.
329 *F. X. Kaufmann*, Staatsaufgaben, S. 32.
330 *Teubner*, Verrechtlichung, S. 313 ff.
331 *F. X. Kaufmann*, Staatsaufgaben, S. 32.

bezeichnet, durch die das Recht die gesellschaftlichen Änderungen und ihre problematischen Folgen verstehen und lösen könnte.[332] Die Auswirkung aus den Überlegungen von der Zweck-Mittel-Relation, dass die Legitimität des Rechts durch seine Effektivität ersetzt ist, verhilft auch der Folgenorientierung zu einer stabilen Lage im Rechtssystem, weil das Recht als wirkendes Instrument der Politik die sozialwissenschaftlichen Wirkungsanalysen braucht, um seine Effektivität zu prüfen.[333] Allerdings bleibt die Frage, in welcher Weise und in welchem Ausmaß das sozialwissenschaftliche Denken und die gesellschaftlichen Realitäten das Recht beeinflussen dürfen, bestritten. Laut *Teubner* führt sie unvermeidbar zum regulatorischen Trilemma an den Grenzen des Rechts zur Politik und zum gesellschaftlichen Lebensbereich hin, denn aus seiner Sicht ist eine gelungene strukturelle Kopplung von politischer Entscheidung, rechtlicher Normierung und gesellschaftlicher Verhaltenssteuerung kaum wahrscheinlich zu realisieren:[334] Die Selbststeuerungen aller drei verschiedener Systeme beeinträchtigen im Sozialstaat immer einander. Mit dieser Ambivalenz gewinnt das regulatorische Recht durch die Folgenorientierung seine faktische, gesellschaftlich funktionalisierende Bedeutung, aber das Problem seiner normativen Legitimität bleibt ungelöst. Daraus folgt darüber hinaus, dass die teilweise durch die Folgenorientierung verwirklichten Zweckprogramme an ihre wesentlichen Grenzen gestoßen sind.

D. Funktionalismus und Prozeduralisierung des Rechts als Wurzel der Inklusionsstrategie im Recht

Mit der Krise des regulatorischen Rechts wird das wesentliche Symptom der Legitimations- und Steuerungskrise des Sozialstaates hervorgehoben. Angesichts der immer mehr zunehmenden, aus der Risiko- und Sicherheitsgesellschaft kommenden Gesellschaftskomplexitäten und der daraus folgenden problemlösenden Funktionserwartungen ist auch das Recht in der Wirklichkeit überfordert. Alle Lösungsvorschläge dafür beziehen sich aber nicht darauf, zu dem klassischen liberalen Rechtsparadigma zurückzukehren.[335] Demgegenüber entsteht eine Vielzahl neuer Rechtsparadigmen z. B. von dem prozeduralen, funktionalistischen bzw. reflexiven Recht unter dem Oberbegriff *Prozeduralisierung des Rechts*,[336] welcher Grenzen und Alternativen von der staatlichen Steuerung durch das Recht erneut prüft.[337]

---

332 *Teubner*, Verrechtlichung, S. 310 f.

333 *Teubner*, Verrechtlichung, S. 312.

334 *Teubner*, Verrechtlichung, S. 316 ff. Kritik an der rechtlichen Folgenorientierung und ferner an den Zweckprogrammen *Luhmann*, Rechtssystem und Rechtsdogmatik, S. 31 ff., insbesondere S. 38 f.

335 *Teubner*, Verrechtlichung, S. 325 ff.; *Habermas*, Faktizität und Geltung, S. 307.

336 *Günther*, Krise des regulativen Rechts, S. 52; *Grimm*, Krise des Rechtsstaats, S. 301; *Eicker*, Prozeduralisierung, S. 54 ff.

337 Überblick *Teubner*, Verrechtlichung, S. 334 f.; *Eder*, Prozedurales Recht, S. 155 ff.; *Schuppert*, Steuerung durch Recht, S. 217 ff. Genauer Hintergrund aus der Systemtheorie *Teubner/ Willke*, ZfRSoz 1984, S. 5 ff.

Die Tendenz zur Prozeduralisierung des Rechts gilt im Grunde genommen als Wurzel der Inklusionsstrategie im Recht, wonach die Funktion des Rechts darin liegt, Menschen allmählich in die Gemeinschaften anzuleiten und integrieren. Aus diesem Grund werden in den nachfolgenden Ausführungen diese verschiedenen Linien der rechtssoziologischen Diskussionen, vor allem die jüngst einflussvollen Modelle von *Luhmann*, *Teubner/ Willke* und *Habermas*, kurz und bündig dargestellt, um die Spuren ihrer Einflussnahmen zu entdecken.[338]

I. Luhmanns funktionalistische Rechtstheorie

1. Skizze

Im Unterschied zum oben skizzierten Paradigmenwechsel geht *Niklas Luhmann* auf der Basis seiner soziologischen Systemtheorie davon aus, Abschied von dem alteuropäischen Naturrecht zu nehmen und damit eine bloß zu der modernen funktional ausdifferenzierten Gesellschaft gehörende Rechtssystemtheorie aufzustellen.[339] Die von dieser Theorie entfaltete Auswirkung zur objektivistischen Entzauberung des Rechts gewinnt bei der Entstehung des Gefährdungsstrafrechts besonders an Bedeutung, weil sie trotz ihrer Anfechtbarkeit die Interpretation des modernen Rechts[340] sowie die des modernen Strafrechts[341] tief beeinflusst.

Angesichts der Überforderung des gegenwärtigen Rechts will *Luhmann* ein durch die Systemtheorie beschriebenes Rechtssystem aufbauen, das den Konnex zwischen Rechtstheorie und Gesellschaftstheorie herstellt, um „eine gesellschaftliche Reflexion des Rechts" zu bewirken.[342] Angesichts einer „dezentrierten, in viele Systeme auseinanderstrebenden, funktional ausdifferenzierten Gesellschaft"[343] sieht *Luhmann* das Recht als ein autopoietisches, sich selbst unterscheidendes System an, das ein Teilsystem des Gesellschaftssystems ist. D. h., „dass das Recht alle Unterscheidungen und Bezeichnungen, die es verwendet, selbst produziert, und dass die Einheit des Rechts nichts anderes ist als das Faktum der Selbstproduktion, der ‚Autopoiesis'".[344] Das Rechtssystem sei danach als ein Zusammenhang von den vollgezogenen

338 *Eicker*, Prozeduralisierung, S. 86 ff.

339 Hauptsächlich bei *Luhmann*, Recht der Gesellschaft, passim.

340 Die Rechtsoziologie im Anschluss an *Luhmanns* Systemtheorie vornehmlich bei *Gunther Teubner* und *Helmut Willke*. Gesamter Überblick für Einflussnahmen von *Luhmanns* soziologischer Rechtstheorie auf den juristischen Bereich *Di Fabio*, *Luhmann* im Recht, S. 140 ff.

341 Hier namentlich bei der *Günther Jakobs'* Bemühung zur Strukturierung der Straftheorie und Strafdogmatik. Übrigens z. B. *Amelung* deutet den Zusammenhang der Systemtheorie mit einer Arbeit über die strafbare Nötigung an, dazu *Amelung*, FS-*Lüderssen*, S. 11 f.

342 *Luhmann*, Recht der Gesellschaft, S. 24 f. Auch *Welz*, Das Rechtsverständnis, S. 382 f.

343 *Habermas'* Beschreibung *Habermas*, Faktizität und Geltung, S. 66 f.

344 *Luhmann*, Recht der Gesellschaft, S. 30, 33 f. (Hervorhebung im Original.)

Rechtskommunikationen zu verstehen und operiere selbst nicht mehr mittels der Normen- oder Wertetypologie, sondern mithilfe systemtheoretischer Mittel.[345] Das Recht sei nach diesem Verständnis das positive Recht und könne nur das sein: Die Sätze, „Recht ist, was Recht ist“[346] und „Recht ist, was das Recht als Recht bestimmt“,[347] konstruieren die grundsätzliche Formel von *Luhmanns* Rechtsverständnis. An dieser Stelle nimmt *Luhmanns* Rechtstheorie zunächst Abschied von allen Einheitslösungen, sowohl von Prinzipien und Ursachen als auch von Grundnorm, Gerechtigkeit, Moral oder Vernunft bei dem alteuropäischen Naturrecht. Sie konzentriert sich vielmehr nur auf die Positivität des Rechts und ferner auf die Kernfrage, „wie das System Geltungen und Argumentationsmittel beschränkt“.[348] Zweitens seien vom Rechtssystem nur diejenigen Kommunikationen erfasst, welche als eine code-orientierte Kommunikation die Zuordnung der Werte „Recht“ und „Unrecht“ behaupten. Dass der Mensch oder seine bestimmte Rolle im Zentrum des Rechtsdenkens stets besteht, solle daher aufgehoben werden.[349] Das systemtheoretische Rechtsverständnis hat daher kein sachliches Fundament und betrachtet nur Funktionen von Normen.

Im Unterschied zu den anderen rechtssoziologischen Theorien, die den Schwerpunkt der Rechtsfunktion auf die sozialen Funktionen wie „soziale Kontrolle“ oder „Integration“ legen, legt *Luhmann* die Zeitdimension als Grundlage der Funktion des Rechts.[350] Dann argumentiert er unter dem engen Zusammenhang von Zeit und Erwartungen dafür, die „normative Erwartungssicherheit“ als die einzige Funktion des Rechts darzustellen:

> „Abstrakt gesehen hat das Recht mit den sozialen Kosten der zeitlichen Bindung von Erwartungen zu tun. Konkret geht es um die Funktion der Stabilisierung normativer Erwartungen durch Regulierung ihrer zeitlichen, sachlichen und sozialen Generalisierung. Das Recht ermöglicht es, wissen zu können, mit welchen Erwartungen man sozialen Rückhalt findet, und mit welchen nicht“.[351] [...] „Normen sind demnach *kontrafaktisch stabilisierte Verhaltenserwartungen*. Ihr Sinn impliziert Unbedingtheit der Geltung insofern, als die Geltung als unabhängig von der faktischen Erfüllung oder Nichterfüllung der Norm erlebt und so auch institutionalisiert wird. Das Symbol des ‚Sollens‘ drückt in erster Linie der Erwartung solcher kontrafaktischer Geltung aus, ohne diese Erwartungsqualität selbst zur Diskussion zu stellen; darin liegt der Sinne und die Funktion des ‚Sollens‘“.[352]

345 *Luhmann*, Recht der Gesellschaft, S. 40 f., 66 ff.
346 *Luhmann*, Rechtssoziologie, S. 363.
347 *Luhmann*, Recht der Gesellschaft, S. 143 f.
348 *Luhmann*, Recht der Gesellschaft, S. 280 f., 506 ff.; *Welz*, Das Rechtsverständnis, S. 383 f.
349 *Luhmann*, Recht der Gesellschaft, S. 66 ff.
350 *Luhmann*, Recht der Gesellschaft, S. 129.
351 *Luhmann*, Recht der Gesellschaft, S. 131 f.
352 *Luhmann*, Rechtssoziologie, S. 43. (Hervorhebungen im Original.) Auch *Luhmann*, Recht der Gesellschaft, S. 134.

Schließlich bedeutet das Recht für *Luhmann* die „kongruent generalisierten normativen Verhaltenserwartungen", wobei es selektive Kongruenz leistet und dadurch eine Struktur sozialer Systeme bildet.[353] Das Recht sei deshalb ein völlig inhaltloser, funktional definierter Begriff, wobei es zuerst nicht um Sanktion, Zwang und die mögliche Verhaltenssteuerung, sondern allein um das Problem von Normdurchsetzbarkeit gehe,[354] welche gemäß *Luhmanns* Auffassung nicht durch die Art der Zweckprogramme, sondern nur durch die der Konditionalprogramme stabilisiert werden könnte.[355]

2. *Probleme*

Das Recht und die daraus folgende Rechtsinterpretation sind also bei *Luhmann* immer gesellschaftsabhängig, weil nur solch ein Rechtsverständnis dem Charakter der modernen Risikogesellschaft, „ohne feststehende Zukunft auszukommen", entsprechen könnte.[356] Es gehöre zu solchen Systemen, welche „den Aufbau ihrer eigenen Komplexität auf eine Reduktion von Umweltkomplexität in der Form von operationaler Schließung und struktureller Kopplung gründen".[357] Es spiele demnach die Rolle des „Immunsystems" der Gesellschaft, das ohne Kenntnis der Umwelt operieren könne. Als Immunsystem verfolge das Recht nicht den Zweck der Korrektur der Irrtürmer, sondern diene der Verminderung struktureller Risiken.[358] Die heftigste Kritik an *Luhmanns* Rechtstheorie, wonach sie durch die Aufräumung des vernunftrechtlichen Normativismus den Inhalt und das Gerechtsein der Normen außer Acht lässt und es ihr somit an einer Grundlage des Gesolltseins mangelt,[359] ist zwar zutreffend, aber *Luhmann* zielt wohl von vornherein nicht darauf ab, die Legitimation der Norm zu untersuchen.[360] Er strebt hingegen auf der Plattform der Faktizität nach den faktischen Folgen normbefolgenden Verhaltens im sozialen System.[361]

Ein weiteres Defizit von *Luhmanns* Rechtstheorie liegt in der Umstellungstendenz der Subjektphilosophie zu einem radikalen Objektivismus. Hierbei handelt es sich um ein schwer zu lösendes Problem des Menschenbilds im modernen Recht, ob der Mensch als Subjekt in einer hochkomplexen, funktional ausdifferenzierten

---

353 *Luhmann*, Rechtssoziologie, S. 99.
354 *Luhmann*, Recht der Gesellschaft, S. 134 ff.; *Welz*, Das Rechtsverständnis, S. 386 f.
355 *Luhmann*, Recht der Gesellschaft, S. 199 f. Kritik an *Luhmanns* Zurückweisung von Folgenorientierung und Zweckprogrammen siehe *Amelung*, FS-*Lüderssen*, S. 15.
356 *Luhmann*, Recht der Gesellschaft, S. 558 ff. Gesellschaftliche Anpassung der Grundrechtsinterpretation aus Systemtheorie *Di Fabio*, *Luhmann* im Recht, S. 150.
357 *Luhmann*, Recht der Gesellschaft, S. 565.
358 *Luhmann*, Recht der Gesellschaft, S. 565 ff.
359 *Habermas*, Faktizität und Geltung, S. 72; *Arth. Kaufmann*, Rechtsphilosophie, S. 33 f., 203, 272; *Amelung*, FS-*Lüderssen*, S. 12.
360 *Luhmann*, Recht der Gesellschaft, S. 567.
361 Zutreffend *Welz*, Das Rechtsverständnis, S. 395; *Amelung*, FS-*Lüderssen*, S. 12 f. Problematisch wäre dann nur, wenn man mittels *Luhmanns* Rechtslehre nach einer Legitimitätslehre des Rechts sucht.

Gesellschaft seinen eigenen Platz verliert.[362] Dazu hat sich *Luhmann* zwar nicht ganz klar geäußert, die Neigung zur Entsubjektivierung kann aber sowohl in seinem – oben angedeuteten – Verständnis des Individualisierungsprozesses, als auch allerorts in seinen systemtheoretischen Argumentationen verfolgt werden.

Dazu geht *Luhmann* davon aus, dass soziale Systeme aus Kommunikationen bestehen und auch nur durch Kommunikationen die Operationen der Systeme erzeugen können. Somit ist bei ihm festzuhalten, dass Rechtskommunikation statt von Menschen zu den Kategorien rechtssysteminterner Operationen zählt.[363] Um Kommunikation immer universell zu ermöglichen, setzt das Rechtssystem bei *Luhmann* dann voraus, dass der Code Recht/ Unrecht als der einzige innere Schematismus der Systeme nur auf der Ebene der Beobachtung zweiter Ordnung behandelt werden könnte. Die Frage erscheint dem Rechtssystem daher gleichgültig, „ob die Beobachter erster Ordnung – also die Handelnden und ihre Opfer – ihren Weltbezug selbst schon nach Recht und Unrecht klassifizieren oder nicht".[364] Dieser Operationsprozess bedeutet in erster Linie die *Leerung der Wichtigkeit des Menschen* und das Abjudizieren seines Platzes im Rechtsystem.

Weiterhin meldet *Luhmann* bei der Begründung der Positivität des Rechts eine Selbstverständlichkeit an, wonach Rechte des Individuums stets eingeschränkt sind. Dazu ist nach seiner Analyse der Positivierung des Rechts einerseits festzuhalten, dass in der modernen rechtstheoretischen Entwicklung lediglich vom „vernünftigen und erwartbaren Verhalten in positivrechtlich bereits durchregulierten Situationen" gesprochen wird.[365] Er betont andererseits, dass die Rationalität des Individuums schon seit der Zeit des Naturrechts nur darin besteht, „das Recht zu beachten und seine Weisungen zu befolgen": „Rücksicht auf Individualität kann nur im Recht selbst zum Ausdruck gebracht werden, und vor allem natürlich: Durch die Differenzierung der Status, der Rollen, der Vertragspflichten". Das positive Recht biete zwar keine Rationalität wie das Naturrecht aus sich selbst an, sie liege aber noch dort, wo das Recht „so eingerichtet ist, dass es für Individuen rational ist, es zu befolgen".[366] Das Rechtssystem wird dementsprechend von *Luhmann* als solches erfasst, das selbst ohne die Kenntnis der Umwelt, autopoietisch, von sich heraus seine generalisierbare Lösung für die zukünftigen Konflikten entwickeln kann.[367] Deshalb werden auch alle Ansprüche auf die Kenntnis der Individualität, individuelle Selbstbestimmung, die liberalen Formgebungsmittel sowie die freiheitssichernde Funktion des Rechts und die subjektive Rechte aufgehoben.[368]

---

362 *Habermas*, Faktizität und Geltung, S. 67.
363 *Luhmann*, Recht der Gesellschaft, S. 66 f.
364 *Luhmann*, Recht der Gesellschaft, S. 70. Die Arte von Beobachtung erster und zweiter Ordnung siehe *Luhmann*, Soziologie des Risikos, S. 23 ff., 238 ff.
365 *Luhmann*, Recht der Gesellschaft, S. 513.
366 *Luhmann*, Recht der Gesellschaft, S. 515.
367 *Luhmann*, Recht der Gesellschaft, S. 566.
368 *Luhmann*, Recht der Gesellschaft, S. 568 ff.

In *Luhmanns* Rechtssystem ist der Mensch folglich kein Subjekt mehr. Stattdessen wird er vielmehr zu einem solchen Gegenstand, welcher ein kleiner Teil der Umwelt ist und trotzdem noch vom funktional ausdifferenzierten Gesellschaftssystem reguliert und eingeschränkt wird, wie es sich beim *Habermas*' zutreffendem Befund zeigt:

> „[...] verlieren die Subjekte, die je eigene Welten konstituieren oder, auf höherer Stufe, gemeinsame Lebenswelten intersubjektiv teilen, ihr Ort; und mit ihnen verlieren alle intentionalen, durch das Bewußtsein der Aktoren selbst vollzogenen Integrationsleistungen ihr Recht. Alle hermeneutischen Spuren, auf denen eine intern, am Selbstverständnis der Aktoren ansetzende Handlungstheorie noch Zugang zur Gesellschaft finden könnte, sind verwischt".[369]

II. Das reflexive Recht

Bei *Luhmanns* systemtheoretischem Rechtsverständnis ist bereits offensichtlich zu bemerken, dass sich die Funktion des Rechts reduziert hat. Große, umfangreiche, rechtliche Steuerungsversuche aus dem sozialen Rechtsparadigma sind tendenziell aufgehoben. Davon ausgehend sind Ideen wie weichere Strategien des Staates sowie des Rechts[370] und die Privatisierung der Erfüllung staatlicher Aufgaben[371] allmählich entwickelt worden und kommen in der Wirklichkeit in Betracht. Dafür haben *Gunther Teubner* und *Helmut Willke* maßgebend aufgrund der systemtheoretischen Rechtstheorie auf die Auswege hingewiesen, welche in das sog. „reflexive Rechtsparadigma" eingeordnet werden können und auf die weicheren Steuerungsstrategien des Rechts verweisen.[372]

1. *Ausweg für Verrechtlichung*

Um die aus der Verrechtlichung folgende Steuerungskrise des regulatorischen Rechts zu lösen, wird ein möglicher Ausweg von *Teubner* zunächst vorgestellt, aber abgelehnt. Für ihn ist es vorstellbar, dass man das Problem der Verrechtlichung ständig als Effektivitätsfragen sieht und schlägt vor, die Steuerungskrise durch die Erhöhung der instrumentalen Effizienz des Rechts zu bewältigen. Das Recht sei nach dieser Lösung „primär Sozio-Technik" und müsse deshalb seine „Durchsetzung in der

369 *Habermas*, Faktizität und Geltung, S. 67.

370 *F. X. Kaufmann*, Staatsaufgaben, S. 31.

371 *Grimm*, Wandel der Staatsaufgaben, S. 627 f.; *Di Fabio*, *Luhmann* im Recht, S. 144.

372 Hinweise auf diese Tendenz *Schuppert*, Steuerung durch Recht, S. 223 ff.; *Habermas*, Faktizität und Geltung, S. 73 ff., 415 ff.; *F. X. Kaufmann*, Staatsaufgaben, S. 31; *Di Fabio*, *Luhmann* im Recht, S. 144 f. Rezeptionen der Systemtheorie von *Teubner* und *Willke* genauer bei *Teubner/ Willke*, ZfRSoz 1984, S. 5 ff.; *Willke*, Ironie, S. 175 ff.; *Willke*, Steuerungsfunktion des Staates, S. 685 ff. „Soft law" als ein Kennzeichen des modernen Strafrechts *Hassemer*, ZRP 1992, S. 380.

Sozialwirklichkeit und deren Sozialfolgen" stetig in Erwägung ziehen.[373] Daraus ergibt sich, dass das folgenorientierte Effizienzprinzip ein herrschendes Rechtsprinzip sei.[374]

Diesen Ausweg lehnt *Teubner* aber schließlich ab und weist darauf hin, dass ein einfaches Kausalmodell schon „ungeeignet zur Analyse und Kontrolle der Folgen rechtlicher Regulierungen" ist.[375] Eine von *Teubner* vorgelegte Möglichkeit zur Lösung der Krise des regulatorischen Rechts besteht darin, dass „das Recht sich vom direkten regulatorischen Zugriff auf indirektere, abstraktere Formen der Sozialsteuerung umstellt".[376] Demnach wandle sich das Recht aus der Sicht der Prozeduralisierung des Rechts von der direkten Verhaltenssteuerung zur *abstrakten, indirekten Verfahrenssteuerung*.[377] Schließlich wird die Verrechtlichung für *Teubner* nicht rückgängig durch „Entrechtlichung" oder „Entstaatlichung" angehalten, sondern durch die neuen *Relationsprogramme* auf den Weg „dezentraler Kontextsteuerung" umgeleitet.[378]

2. *Skizze von Supervisionsstaat und Kontextsteuerung*

An den oben genannten Ausweg anschließend bestätigen *Teubner* und *Willke* den Befund, dass eine zentrale politische Steuerung durch traditionelle Formen des Rechts wegen Selbstreferenz und Eigendynamik der ausdifferenzierten gesellschaftlichen Teilsysteme immer schwächer geworden ist.[379] Als Rezeptlösung dafür stehe es nahe, das Recht als gesellschaftliches Steuerungsmedium und in den *Formen des reflexiven Rechts* einzuführen. Dieses reflexive Recht bewirke sodann die *dezentrale Kontextsteuerung*, welche eine Gesamtsteuerung des differenzierten Systems aufgrund der Selbstkontrolle ermögliche.[380] Anders gesagt: *Teubner* und *Willke* schlagen ein reflexives Recht als „Reaktion auf funktionale gesellschaftliche Differenzierung" vor. Diese Reaktion versucht aufgrund von abstrakten prozeduralen Programmen, „aktiv selbst-regulierende, lernende Sozialsysteme", also „regulierte Autonomie", zu erzeugen.[381] Gemäß von einer solchen Kontextsteuerung kommt eine neue Konzeption der staatlichen Interventionen in der modernen Gesellschaft in Betracht: Sie verzichtet auf das Modell der direkten kausalen Steuerung und ist auf dem Modell einer „Anleitung zur Selbststeuerung im Rahmen einer wechselseitigen kontextuellen Kontrolle der Funktionssysteme" begründet.[382] Ein besonderes Staatsmodell *Supervisionsstaat* wird

---

373 *Teubner*, Verrechtlichung, S. 326 f.
374 Oder ist es schon ein befolgtes Rechtsprinzip z. B. im Strafrecht? Dazu siehe *Haffke*, FS-*Roxin* 2001, S. 955 ff.
375 *Teubner*, Verrechtlichung, S. 328.
376 *Teubner*, Verrechtlichung, S. 333.
377 *Teubner*, Verrechtlichung, S. 333, 334 ff.
378 *Teubner*, Verrechtlichung, S. 340 ff.
379 *Teubner/ Willke*, ZfRSoz 1984, S. 5 ff. Ausführlich *Willke*, Entzauberung, S. 9 ff.
380 *Teubner/ Willke*, ZfRSoz 1984, S. 18 f., 24 ff.
381 *Teubner/ Willke*, ZfRSoz 1984, S. 23 f.
382 *Willke*, Steuerungsfunktion des Staates, S. 706, 708.

deshalb von *Willke* Schritt für Schritt entwickelt, um einen passenden Spielraum für Kontextsteuerung zu erschließen.

Mit dem Supervisionsstaat wird nach *Willke* davon gesprochen, dass Supervision als eine Staatsaufgabe in der Wissensgesellschaft erachtet wird.[383] Anders als Korrektur, Belehrung oder Kontrolle des Grundprozesses bedeutet Supervision hier einen Reflexionsprozess: Er impliziere für die Politik „eine Reflexion politischer Intervention und vor allem präzeptoraler Strategien auf dem Hintergrund der Existenz selbstreferentieller, operativ autonomer Funktionssysteme in einer differenzierten Gesellschaft"; nach ihm könnten „die beteiligten Systeme selbst sich in ihrer Rolle als sozietale Akteure beobachten und sich die Freiheit alternativer Optionen zumuten".[384] Der Supervisionsstaat solle dementsprechend seine politischen Interventionen in Form der Optionenpolitik vollziehen, welche „den Operationsmodus und die Freiheitsgrade des zu steuernden Systems" in Erwägung ziehe und „durch geeignete Kontextveränderungen auf dessen Selbststeuerung" beeinflusse.[385]

Um diese Optionenpolitik und dezentrale Kontextsteuerung reibungslos zu betreiben, sei das Recht als das reflexive Recht im Supervisionsstaat durch die *Relationierungsprogramme* zu arrangieren. Im Unterschied zu den Konditional- und Zweckprogrammen richte sich das Recht anhand der Relationierungsprogramme nicht mehr nach den autoritativ gesetzten, direkten und politischen Steuerungszielen aus. Es müsse hingegen die unterschiedlichen Ziele und Rationalitäten der beteiligten Funktionssysteme ausgleichen. Insgesamt gesagt: Das Recht beschränke sich nicht mehr auf eine einzelne Leitidee oder auf eine einheitliche Idee. Es bestrebe danach vielmehr, „die ausdifferenzierten Eigenlogiken und operativen Autonomien der zu koordinierenden Akteure" zu erhalten und „diese in ihren Bedingungen und Konsequenzen" aufeinander zu beziehen, abzustimmen, eben zu rationieren.[386] In dieser Weise wirke das rationierte Recht nur als ein Steuerungsmedium, als eine Anleitung zur Selbststeuerung, infolge dessen Außenwirkungen die jeweiligen Systeme selbstreferentiell zu Umsteuerungen veranlassen könnten.[387] Damit gehe das Recht über die Perspektive von der Anreiz- und Verbotssteuerung hinaus und erhalte den anderen Vorteil der Relationierungsprogramme. Die Konditional- und Zweckprogramme sind immer noch auf die Individualisierbarkeit des zu regulierenden Problems, der Verantwortung und der Zurechenbarkeit ausgerichtet und sodann auf die spezifisch definierten individuellen Verhaltensweisen angelegt. Wegen dieses Wesens könnten sie deshalb auf die Regulierung und Steuerung der Probleme und Risiken von der Systemdynamik nicht mehr zugreifen. Demgegenüber erweisen die Relationierungsprogramme

383 *Willke*, Supervision, S. 9 ff., 12 f.

384 *Willke*, Ironie, S. 335 f.

385 *Habermas*' Beschreibung, *Habermas*, Faktizität und Geltung, S. 418. Außerdem *Willke*, Ironie, S. 135.

386 *Willke*, Entzauberung, S. 62; *Willke*, Ironie, S. 179; *Willke*, Supervision, S. 89.

387 *Willke*, Ironie, S. 190 f.

sich dort als unersetzlich, „wo die Gefährdung bestehender oder die Produktion gewünschter kollektiver Güter und wo systematisch produzierte Risiken ins Spiel kommen".[388]

Im diesen Sinne verliert das Recht letztlich seine individualistische Grundlage subjektiver Rechte und konzentriert sich seitdem überwiegend auf kollektive Akteure und Kollektivgüter.[389] Der Supervisionsstaat ist im Grunde ein präventiver Staat, welcher zusammenhängend mit den Bildern von Risiko- und Sicherheitsgesellschaften faktisch in der Gegenwart entsteht.[390] Die Vorstellungen von dessen Aufgaben liegen deswegen in der Hinwendung von der Daseins- zur Systemvorsorge, von der Intervention zur Systemregulierung und Systemsteuerung zu avancieren.[391] Diese Hinwendung der staatlichen Aufgaben ist deshalb besonders von Bedeutung, weil sie die neuen staatlichen Handlungsstrategien begründet, mit denen der Staat im Namen des Sicherheitsschutzes für die Gesellschaft eine neue Gemeinschaft aufbauen dürfte.

III. Habermas' prozedurales Rechtsparadigma

1. *Das Recht aufgrund von der Diskurstheorie*

Gegenüber dem Rechtsverständnis der Systemtheorien versucht *Habermas* in einer anderen Richtung sein eigenes Rechtsverständnis zu entwickeln, welches von ihm selbst schließlich als „das prozedurale Rechtsparadigma" benannt wird. Anders als der Rechtspositivismus und Funktionalismus bezieht sich sein Rechtsverständnis in erster Linie nicht nur auf die soziologische Frage des Rechts, also nicht nur auf die faktische Geltung der Normen. Es bezieht sich insbesondere auf die Rechtfertigung des Normativen[392] und geht davon aus, die Theorie *Max Webers* von der Rationalisierung des Rechts und den Verrechtlichungsschub seit Jahrhunderten zu kritisieren.

Hinsichtlich der Nachprüfung für *Webers* Theorie der Rationalisierung des Rechts ist für *Habermas* erstens festzuhalten, dass das moderne Rechtssystem nach *Webers* Verständnis durch drei Strukturmerkmale gekennzeichnet ist: Positivität, Legalismus, Formalität. Diese Merkmale ließen dem Recht in Bezug auf „den Modus der Rechtsgeltung und Rechtssetzung, auf Kriterien der Strafbarkeit und auf den Sanktionsmodus, schließlich auf die Art der Organisation des Rechtshandelns" zu, systemfunktional „die funktionalen Imperative eines über Märkte regulierten Wirtschaftsverkehrs erfüllen"

388 *Willke*, Entzauberung, S. 63 f.; *Willke*, Ironie, S. 181.

389 Solcher Befund *Habermas*, Faktizität und Geltung, S. 419, 423 f.

390 *Willke*, Steuerungsfunktion des Staates, S. 704 ff.; *Willke*, Supervision, S. 61 ff.

391 Hinweise auf diese Wendung *F. X. Kaufmann*, Staatsaufgaben, S. 31; *Preuß*, Risikovorsorge, S. 537.

392 *Habermas*, Theorie des kommunikativen Handelns, Bd. I, S. 39 f. Zusammenfassung bei *Welz*, Das Recht, S. 337.

zu können.[393] Er hält *Webers* Formulierung dennoch für problematisch, denn *Weber* begriff das moderne Recht als ein zweckrational zu verwendendes Organisationsmittel und die legale Herrschaft so eng, dass Begründungsprobleme des Rechts übersehen worden sind. Demnach wird die Rationalisierung des Rechts von der moralisch-praktischen Wertsphäre abgekoppelt und folglich auf eine reine Rationalisierung von Zweck-Mittel-Verhältnis reduziert.[394]

Um den epochalen Verrechtlichungsschub weiter zu analysieren, stellt *Habermas* zweitens einen sinnvollen Unterschied fest, der später für den Befund des Gefährdungsstrafrechts sehr fruchtbar ist. Er unterscheidet entsprechend der Entkopplung von System und Lebenswelt zwei verschiedene Formen des Rechts: Zum einen diene „das Recht als Organisationsmittel für mediengesteuerte Subsysteme", „die sich ja ohnehin gegenüber den normativen Kontexten des verständigungsorientierten Handelns verselbstständigt haben". Zum anderen würden die Rechtsnormen als Institutionen gelten, die „durch den positivistischen Hinweis auf Verfahren nicht hinreichend legitimiert werden können".[395] Das Recht als Organisationsmittel für mediengesteuerte Subsysteme sei von den Begründungsproblemen befreit, da es nur für die Fälle mit einer Legitimation durch Verfahren gelte und besonders im sozialstaatlichen Interventionismus zusammen mit anderen Medien die Rolle eines Steuerungsmediums trage.[396] Hingegen brauche die Rechtsinstitution eine materielle Rechtfertigung, weil sie „zu den legitimen Ordnungen der Lebenswelt" gehöre und „zusammen mit den informellen Handlungsnormen den Hintergrund kommunikativen Handelns" bilde.[397] Die Verrechtlichung im Sozialstaat sei demzufolge dadurch begründet: *Zuerst* werde die von staatlicher Sozialpolitik garantierte Rechtsinstitution nur über ein als Medium genutztes Sozialrecht wirksam.[398] *Zweitens* griffen die mediengesteuerten Subsysteme Wirtschaft und Staat durch das als Organisationsmittel wirkende, stets zunehmende Recht in die symbolische Reproduktion der Lebenswelt und in die kommunikativ strukturierten Handlungsbereiche der Lebenswelt durch. Es führe danach zu einer hohen Stufe der Verallgemeinerung, einer „Kolonialisierung der Lebenswelt" und einer Gefährdung der Freiheit der Rechtsberechtigten von

---

393 *Habermas*, Theorie des kommunikativen Handelns, Bd. I, S. 351 f. Das Merkmal Legalismus wird später noch besonders in Betracht kommen, weil es dabei um die moderne Tendenz zur Entsubjektivierung der Kriterien der Strafbarkeit geht, welche gerade zu dem systemtheoretischen Rechtsverständnis passt, siehe ebenda, S. 352.

394 *Habermas*, Theorie des kommunikativen Handelns, Bd. I, S. 354 ff.

395 *Habermas*, Theorie des kommunikativen Handelns, Bd. II, S. 536.

396 *Habermas*, Theorie des kommunikativen Handelns, Bd. II, S. 536, 538. Gemeint seien die meisten Materien des Wirtschafts-, Handels-, Unternehmens- und Verwaltungsrechts.

397 *Habermas*, Theorie des kommunikativen Handelns, Bd. II, S. 536 f. Gemeint seien die Grundlagen des Verfassungsrechts, die Prinzipien des Straf- und des Strafverfahrensrechts sowie alle Regelungen moralnaher Straftatbestände.

398 *Habermas*, Theorie des kommunikativen Handelns, Bd. II, S. 538 f.

außen.[399] Anders gesagt: Für *Habermas* bedeutet diese Verrechtlichung „nicht die Verdichtung eines ohnehin bestehenden Netzes formeller Regelungen, sondern die rechtliche Ergänzung und Überformung eines kommunikativen Handlungszusammenhangs", welcher sich durch das Recht als Medium verwirklichen lässt und dann die Funktionsstörungen mit sich bringt.[400]

Um diese Gefahren und Funktionsstörungen zu vermeiden, schlägt *Habermas* vor, zunächst in den zur Lebenswelt gehörigen Bereichen die staatlichen Interventionen auf ein Mindestmaß zu reduzieren, nämlich die Handlungsprozesse zu entjustizialisieren und zu entbürokratisieren, denn die „Verrechtlichung kommunikativ strukturierter Handlungsbereiche darf über die Durchsetzung rechtsstaatlicher Prinzipien, über die rechtliche Institutionalisierung der *äußeren* Verfassung, [...], nicht hinausgehen".[401] Weiterhin solle der Rahmen einer Verfassung, wobei es um die Lebenswelt und die privaten Sphären gehe, „nicht durch das Rechtsmedium, sondern durch konsensorientierte Verfahren der Konfliktregelung ausgefüllt werden".[402] An dieser Stelle präsentiert *Habermas* auf Grund seiner Diskurstheorie einen ursprünglichen Umriss seines Rechtsverständnisses, auf welchem seine Konzeption des prozeduralen Rechtsparadigmas später begründet ist.

2. Konzept prozedurales Rechtsparadigmas

Im Anschluss an sein erstes diskurstheoretisches Rechtsverständnis entwickelt *Habermas* in seinem Buch „Faktizität und Geltung" ein eigenes, umfangreiches, allgemein geltendes Rechtsparadigma. Anstelle der in der alteuropäischen Denktradition vorliegenden praktischen Vernunft ist *Habermas*' Rechtsparadigma auf einem in das sprachliche Medium einbezogenen Konzept der Rationalität, „die kommunikative Rationalität", begründet.[403] Die kommunikative Rationalität als Grundlage von *Habermas*' Rechtsverständnis ist nicht mehr eine Normquelle des Handelns, welche der kommunikative Handelnde befolgen muss; sie ist vielmehr nur die die intersubjektive Kommunikationen ermöglichende und beschränkende Voraussetzung.[404] Ihre Funktionen erörtert *Habermas* so:

> „Es dient nicht mehr unmittelbar der Anleitung zu einer normativen Theorie des Rechts und der Moral. Einen Leitfaden bietet es vielmehr für die Rekonstruktion jenes Geflechts meinungsbildender und entscheidungsvorbereitender Diskurse, in das die rechtsförmig ausgeübte demokratische Herrschaft eingebettet ist. Die rechtsstaatlichen

---

399 *Habermas*, Theorie des kommunikativen Handelns, Bd. II, S. 522 ff., 538 f. Dazu auch *Welz*, Das Recht, S. 342 ff.

400 *Habermas*, Theorie des kommunikativen Handelns, Bd. II, S. 541 f.

401 *Habermas*, Theorie des kommunikativen Handelns, Bd. II, S. 543 f. (Hervorhebung im Original.)

402 *Habermas*, Theorie des kommunikativen Handelns, Bd. II, S. 545 f.

403 *Habermas*, Faktizität und Geltung, S. 17 ff.

404 *Habermas*, Faktizität und Geltung, S. 18.

Kommunikationsformen der politischen Willensbildung, der Gesetzgebung und der richterlichen Entscheidungspraxis erscheinen aus dieser Perspektive als Teil des umfassenderen Vorgangs einer Rationalisierung der Lebenswelten von modernen, unter dem Druck systematischer Imperative stehenden Gesellschaften. Mit einer solchen Rekonstruktion wäre freilich zugleich ein kritischer Maßstab gewonnen, nach dem die Praktiken einer unübersichtlichen Verfassungswirklichkeit beurteilt werden können".[405]

Von diesem diskurstheoretischen Gesichtspunkt aus betrachtet zeigt sich *Habermas*' Absicht, die stets hervorgehobene Spannung zwischen Faktizität und Geltung des Rechts zu bewältigen. Er ist daher der Ansicht, dass das moderne Recht die beiden Dimensionen von Faktizität und Geltung zeitgleich berücksichtigen sollte, damit es ohne religiöse oder metaphysische Rückendeckung zu den komplexen Gesellschaften passen und dann seine „Hauptlast der sozialen Integration" leisten könnte.[406] Insofern wird das moderne Recht von *Habermas* als ein Instrument sozialer Integration beschrieben: Es trage unter dem Konzept, dass die vergesellschafteten Individuen sich als Subjekt behaupten könnten, eine gesellschaftliche Solidarität in sich, welche sich auf die Rolle der Staatsbürger ausrichte und sich schließlich aus dem kommunikativen Handeln ergebe. Es sei außerdem ein „Transformator im gesellschaftsweiten Kommunikationskreislauf zwischen System und Lebenswelt".[407]

Am Ende kristallisiert sich das Konzept prozedurales Rechtsparadigmas bei *Habermas* in Anbetracht der Kritik und des Befunds von liberalem und sozialem Paradigma. *Habermas* weist in erster Linie darauf hin, dass gemäß des liberalen und sozialen Paradigmas stets ein *Nullsummenspiel* zwischen staatlichen und privaten Handlungssubjekten besteht: Je mehr dem Staat die Fähigkeit sozialer Steuerung zugeschrieben werde, desto mehr werde dem Einzelnen der Spielraum seiner privaten Autonomie reduziert. Sowohl aus der ungenügenden Garantie der privaten Autonomie bei dem liberalen Paradigma als auch aus den Gefährdungen der privaten Autonomie bei dem sozialen Paradigma ergebe sich das Bedürfnis, ein neues Paradigma, welches zugleich die private und öffentliche Autonomie in Betracht ziehen kann, zu konstruieren.[408] Vor allem hinsichtlich dieser Krisentendenz des Rechtsstaates ist ein besonderer Befund von *Habermas* angedeutet, wonach sich diese Krisen nicht aus einer Überforderung der immer weiter zunehmenden und komplexeren Staatsaufgaben, sondern vielmehr aus einer noch nicht ausreichenden Institutionalisierung der rechtsstaatlichen Prinzipien ergäben.[409] Nach dieser These, dass das neue aufgeforderte Paradigma sowohl die Ausbalance von privater und öffentlicher Autonomie wie auch die dementsprechende Institutionalisierung des Rechtsstaatsprinzips zugleich berücksichtigen solle, werden die normativen und deskriptiven Bestandteile prozedurales Rechtsparadigmas weiter verdeutlicht:

---

405 *Habermas*, Faktizität und Geltung, S. 19 f.
406 *Habermas*, Faktizität und Geltung, S. 51 f., 58 ff. Auch *Welz*, Das Recht, S. 347 f.
407 *Habermas*, Faktizität und Geltung, S. 52, 59, 107 f. Auch *Welz*, Das Recht, S. 348.
408 *Habermas*, Faktizität und Geltung, S. 490 ff.
409 *Habermas*, Faktizität und Geltung, S. 527.

a. Aus der Sicht der Diskurstheorie des Rechts stellt sich der demokratische Rechtsstaat als „die über legitimes Recht laufende (und insofern private Autonomie gewährleistende) Institutionalisierung von Verfahren und Kommunikationsvoraussetzungen für eine diskursive Meinungs- und Willensbildung“ dar, „die wiederum (die Ausübung politischer Autonomie und) legitime Rechtssetzung ermöglicht“. Das rechtsstaatlich verfasste politische System fungiert laut der Kommunikationstheorie der Gesellschaft als solch ein Handlungssystem, das „Probleme der gesellschaftlichen Integration über ein Zusammenspiel der institutionalisierten Meinungs- und Willensbildung mit informellen öffentlichen Kommunikationen“ lösen kann. Dadurch werde die Bindung dieser Rechtskonzeption zwischen der normativen und der empirischen Betrachtung verknüpft.[410]

b. Aus der prozeduralistischen Sicht wird eine Institutionalisierung der formalen Eigenschaften der Diskurse selbstverständlich deshalb vornehmlich betont, weil der gesellschaftliche Kern für die Verwirklichung des Systems der Rechte gerade darin liege, dass „die Kommunikationsströme und publizistischen Einflüsse, die aus Zivilgesellschaft und politischer Öffentlichkeit hervorgehen und über demokratische Verfahren in kommunikative Macht umgesetzt werden“.[411] Das prozedurale Rechtsparadigma setze daher vorerst kein vorwiegendes Gesellschaftsideal und keine bevorzugten Visionen des privaten oder öffentlichen Lebens voraus. Es bezeichne nur die nötigen Bedingungen, „unter denen die Rechtssubjekte in ihrer Rolle als Staatsbürger sich miteinander darüber verständigen können, welches ihre Probleme sind und wie sie gelöst werden sollen“.[412]

c. Schließlich werden die Krisen des – liberalen und sozialen – Rechtsstaates hinsichtlich des prozeduralen Rechtsparadigmas nicht dadurch gerettet, dass ein Rechtsparadigma durch ein anderes ersetzt werden soll. Vielmehr verlangt es von dem Gesetzgeber, Reflexion über das Recht anzustellen, oder genauer gesagt, der Besonderheit der unterschiedlichen zu regulierenden Gegenstände entsprechend Gesetze einzuführen. Die Institutionalisierung der Kommunikations- und Diskursformen scheine hierfür so ausschlaggebend, dass sie „Zugriffsmöglichkeiten auf entsprechende Sorten von Gründen eröffnen“.[413] Entscheidend ist nach *Habermas*, anders als das reflexive Recht aus der Systemtheorie, dass die Idee der Autonomie stets als der dogmatische Kern im prozeduralen Rechtsparadigma besteht, sodass „Menschen nur in dem Maße als freie Subjekte handeln, wie sie genau den Gesetzen gehorchen, die sie sich gemäß ihren intersubjektiv gewonnenen Einsichten selber geben“.[414]

---

410 *Habermas*, Faktizität und Geltung, S. 527.
411 *Habermas*, Faktizität und Geltung, S. 532 f.
412 *Habermas*, Faktizität und Geltung, S. 536.
413 *Habermas*, Faktizität und Geltung, S. 528 f.
414 *Habermas*, Faktizität und Geltung, S. 537.

IV. Tendenz zur Prozeduralisierung des Rechts?

Von den obengenannten neueren Figuren des Rechts aus ist leicht zu bemerken, dass eine Tendenz zur Prozeduralisierung des Rechts angesichts der Steuerungsschwäche des klassischen Rechts in der gesellschaftlichen Wirklichkeit immer weiter läuft.[415] Dennoch wird Prozeduralisierung des Rechts auch kritisiert: Sie bezeichne im Wesentlichen keinen völlig neuen Rechtstyp, sondern nur eine Umstellung des modernen Rechtssystems, dessen Begrifflichkeit noch unklar bleibe.[416] Ihre erwünschten Auswirkungen könnten sich nicht entfalten, weil die prozedurale Rationalität keine vorwiegenden Grundwerte wie z. B. Gerechtigkeit voraussetze.[417]

Abgesehen von dieser Kritik dominiert das neuartige prozeduralistische Rechtsverständnis durchaus im geltenden Rechtssystem. Es könnte als Wurzel der Ausführungen von der *Inklusion*sstrategie im modernen Recht angesehen werden, weil es die prozedurale Steuerung annimmt, welche sich bemüht, durch das Verfahren der Entscheidungs- und Konsensbildung eine abstrakte, indirekte Steuerung und eine dadurch veranlasste Selbststeuerung zu realisieren.[418] Wie allumfassend aber der Rekommunitarisierungsprozess im Rechtssystem verbreitet ist, bedarf jedoch noch weiteren Erklärungen.

E. Tendenz der rechtlichen Sicherungsstrategien: Grundlage rechtlicher Logik der Sicherheit

Seit dem Ende des 20. Jahrhunderts sind die Konzeptionen der Risiko- und Sicherheitsgesellschaft im juristischen Bereich vor allem zu konstatieren, dass das Recht in Bezug auf die neu entstandenen Rechtsfiguren seine eigenen konkreten Sicherungsstrategien ausmacht und seine immanenten Grenze überschreitet.[419] Um die rechtlichen Sicherungsstrategien zu erläutern wird sich in erster Linie mit *Luhmanns* Systemlehre, *Carl Schmitts* und *Giorgio Agambens* Konzept vom „Ausnahmezustand" auseinandergesetzt, wobei es sich um eine grundsätzliche Strategie von Inklusion und Exklusion handelt.[420] Diese Auffassungen sind besonders aufschlussreich zu

---

415 *Schuppert*, Steuerung durch Recht, S. 218; *Eicker*, Prozeduralisierung, S. 73 ff. Bei *Arthur Kaufmann* heißt es „Prozedurale Theorien der Gerechtigkeit", siehe *Arth. Kaufmann*, Rechtsphilosophie, S. 264 ff., insbesondere S. 272 f., 275 ff.

416 *Eder*, Prozedurales Recht, S. 163 f.

417 *Eder*, Prozedurales Recht, S. 167 f.

418 *Eder*, Prozedurales Recht, S. 155 ff., 172; *Schuppert*, Steuerung durch Recht, S. 232 f.

419 *Opitz*, Grenze des Rechts, S. 9 f.

420 Hauptsächlich *Opitz*, Ausnahme mit System: *Niklas Luhmann* und *Giorgio Agamben* an der Grenze zum Anderen des Rechts, in: KritJ 2010, S. 436 ff.; *Opitz*, An der Grenze des Rechts: Inklusion/ Exklusion im Zeichen der Sicherheit, 2012. Weitere Erläuterung über die Staatslehre und das Strafrecht durch *Agambens* Begriff „Ausnahmezustand" *Frankenberg*, Staatstechnik, 2010; *Wittig*, Die Herausforderung

verfolgen, weil sich daraus eine soziologische Grundlage von der Figur des modernen (Gefährdungs-)Strafrechts schlussfolgern lässt.

Darüber hinaus scheint das Begriffspaar Inklusion und Exklusion soziologisch und gesellschaftstheoretisch noch verwirrend, da zu viele Forschungsmöglichkeiten dabei verfolgt worden sein können. Dennoch geht es bei dem Begriffspaar systemtheoretisch im Wesentlichen um das Problem an der Schnittstelle Sozialsystem/Person, welches den auch im Rechtsgebiet einflussreichen Mechanismus von Selbst- und Fremdselektionen im Sozialsystem veranlasst.[421] Aus diesem Grund werden im Folgenden hinsichtlich der rechtlichen Sicherungsstrategien die zwei Forschungslinien verfolgt: Zum einen geht es um die Frage, wie die Selbst- und Fremdreferenz, nämlich der Prozess von Inklusion und Exklusion, im Sozialsystem bzw. Rechtssystem ausgeübt wird. Zum anderen wird gefragt, welche Rolle die *Figur des Anderen* im Recht in der Sicherheitsgesellschaft spielt und wie deren Grundlage ist.

I. Schaffung des Ausnahmezustandes des Rechts mithilfe der Strategien von Inklusion und Exklusion

1. *Systemtheoretische Grundlage von Luhmann*

Der Systemtheorie zufolge bezeichnen Inklusion und Exklusion die Einbeziehung in die Gesamtgesellschaft sowie in ihre inneren Systeme, welche in engem Zusammenhang mit einer Form gesellschaftlicher Solidarität stehen.[422] Für *Luhmann* bedeuten sie sogar gemeinsam eine kommunikationsordnungsstiftende Kraft der modernen Gesellschaft: Sie sind für die Personen im Grunde ein öffnender Zugang zu dem gesellschaftlichen Subsystem und legen fest, „ob Personen als mitwirkungsrelevant oder als nichtmitwirkungsrelevant bezeichnet werden".[423] Inklusion und Exklusion beziehen sich deshalb ständig auf eine Entscheidung der Unterscheidung, der Begrenzung und der Ausgrenzung, durch die eine Grenze des Subsystems produziert ist.[424] Die rechtlichen Auswirkungen von Inklusion und Exklusion sind bei *Luhmann* ebenso von der Grenzproduktion des Rechts ausgegangen:[425] Eine Kommunikation sei nur in das Rechtssystem einzuordnen, d. h., sie sei nur vom Rechtssystem inkludiert, wenn sie auf den Code Recht oder Unrecht bezogen werde; sonst tauche die Exklusion auf.[426] Aus dieser Sicht gilt das Begriffspaar Inklusion und Exklusion

---

des liberalen Strafrechts durch die politische Philosophie Giorgio Agambens, in: FS-*Roxin* zum 80., 2011.

421 *Luhmann*, Inklusion und Exklusion, S. 244; *Bohn*, Inklusion, Exklusion und die Person, S. 7.

422 Gemeint ist *Talcott Parsons*, siehe *Bohn*, Inklusion, Exklusion und die Person, S. 30.

423 *Luhmann*, Inklusion und Exklusion, S. 244. Auch siehe *Bohn*, Inklusion, Exklusion und die Person, S. 29.

424 *Opitz*, Grenze des Rechts, S. 31 f.

425 *Luhmann*, Recht der Gesellschaft, S. 14 f.; *Opitz*, Grenze des Rechts, S. 20 f., 45 ff.

426 *Luhmann*, Recht der Gesellschaft, S. 70; *Opitz*, Grenze des Rechts, S. 54.

im Rechtssystem nicht als ein Zustand, sondern als ein stets laufender Prozess des Einschlusses und Ausschlusses, in welchem vornehmlich durch Exklusion „das Andere“ des Rechts gekennzeichnet ist.[427] Das Begriffspaar dient dementsprechend nur als eine grundsätzliche Strategie der Ausgrenzung, mit der das Recht die Exkludierten allgemein selektieren kann, aber somit gerade da, wo es ausschließt, seine Grenze finden könnte. Aber auch allein mit dieser Strategie genügt es im Normalbetrieb angesichts der faktischen Sicherheitsbedürfnisse noch nicht. Eine das Schema von Inklusion und Exklusion strikt befolgende und deshalb als liberal erscheinende Rechtsordnung erlaubt keinen Ausnahmestatus[428] und ebenso hat sie die Schwierigkeit, die der Sicherheitsgesellschaft und dem Steuerungsstaat dienenden „Ausnahmelagen konzeptionell zu erfassen und in den Rahmen ihrer legislativen Staatstechnik einzufügen“[429]. Um weiter zu den Gestaltungen von Sicherheitsgesellschaft und Steuerungsstaat zu passen, bedarf die Selbstschreibung des Rechts daher einer Ergänzung der Theorie im Exklusionsbereich. Diese Ergänzung lässt jedoch paradoxerweise zu, dass die Exkludierten sowie das Andere des Rechts wieder ins Recht inkludiert werden und schafft letztlich im Recht wieder Spielräume für Sicherheit: „Der Ausnahmezustand als Paradigma des Regierens“.[430]

2. Theorie des Ausnahmezustandes von Schmitt

Von einer Theorie des Ausnahmezustandes im Rechtsbereich ausgehend wird bemerkenswerterweise bereits seit der Weimarer Republik von *Carl Schmitt* gesprochen.[431] Sein Begriff des Ausnahmezustandes soll zuerst von der in seinem Buch „Der Begriff des Politischen“ vertretenen politischen Unterscheidung von „Freund“ und „Feind“ ausgehen.[432] Um den Begriff des Politischen zu bestimmen, schafft *Schmitt* analog der Dichotomie bei anderen Sachgebieten z. B. wie das Gute und Böse im Moralischen das eigene konstitutive Kriterium des Politischen: Freund versus Feind.[433] Gerade weil sich der Bürgerkrieg aus der Feindschaft ergebe, sei insbesondere die Priorität der Feindschaft in *Schmitts* Verständnis des Politischen gesetzt,[434] weshalb der Begriff Feind ausführlicher erläutert wird:

> „Der politische Feind […] ist eben der andere, der Fremde, und es genügt zu seinem Wesen, daß er in einem besonders intensiven Sinne existenziell etwas anderes und Fremdes ist, so daß im extremen Fall Konflikte mit ihm möglich sind […] Feind ist nur der

427 *Bohn*, Inklusion, Exklusion und die Person, S. 31; *Opitz*, KritJ 2010, S. 440 ff.
428 *Luhmann*, Recht der Gesellschaft, S. 414; *Opitz*, KritJ 2010, S. 439, 448 f.
429 *Frankenberg*, Staatstechnik, S. 34.
430 Titel des 1. Kapitels des Buchs von *Agamben*, Ausnahmezustand, S. 7.
431 *Schmitt*, Politische Theologie, S. 13 ff. Einführung *Frankenberg*, Staatstechnik, S. 95 ff., 136 ff.
432 *Sander*, Grenzen instrumenteller Vernunft, S. 34; *Frankenberg*, Staatstechnik, S. 138.
433 *Schmitt*, Der Begriff des Politischen, S. 25.
434 *Schmitt*, Der Begriff des Politischen, S. 31.

öffentliche Feind, weil alles, was auf eine solche Gesamtheit von Menschen, insbesondere auf ein ganzes Volk Bezug hat, dadurch *öffentlich* wird".[435]

An dieser Stelle verfügt der Staat „als eine wesentliche politische Einheit" über „das *jusbelli*", d. h. der Staat könnte die Möglichkeit realisieren, gegebenenfalls mittels eigener Entscheidungen den Feind festzuhalten und ihn zu bekämpfen. Diese Entscheidung des Staates über Krieg und Feind bedeutet dementsprechend eine doppelte Möglichkeit, „Krieg zu führen und damit offen über das Leben von Menschen zu verfügen".[436] Mit dem Vergleich zu der Leistung eines normalen Staates, in dem Rechtsnormen gelten, impliziert die dem Staat zur Verfügung stehende Entscheidung über Krieg und Feind den Anhaltspunkt von *Schmitts* Lehre des *Ausnahmezustandes*.[437]

Der Begriff Ausnahmezustand bezieht sich im deutschen Sprachgebrauch meistens auf Artikel 48 der Weimarer Reichverfassung (WRV). Dieser Artikel erlaubte dem Reichpräsidenten eine sondere Entscheidungsbefugnis, die Reichswehr zur Wiederherstellung öffentlicher Sicherheit und Ordnung einzusetzen, Notverordnungen zu erlassen oder sogar Grundrechte zu suspendieren. In Artikel 48 WRV bestand daher erstmals eine „konstitutionell" erfasste Koexistenz von Rechtsstaat und Ausnahmezustand.[438] Anschließend daran definiert *Schmitt* in seinem Buch „Politische Theologie" die Souveränität ganz klar: „Souverän ist, wer über den Ausnahmezustand entscheidet".[439] Mittels der Gegenüberstellung von der Normal- und Ausnahmerechtsordnung erörtert er zunächst, dass nicht alle außergewöhnlichen Befugnisse in extremen Fällen den Ausnahmezustand bedeuten. Im Ausnahmezustand gelte vielmehr „eine prinzipiell unbegrenzte Befugnis, d. h. die Suspendierung der gesamten bestehenden Ordnung". Der Ausnahmezustand impliziere deshalb die weitere Existenz des Staates mit einer Ordnung überhaupt, „wenn auch keine Rechtsordnung".[440] Letztlich bewirke dies eine absolut souveräne Entscheidungswirkung über den Ausnahmezustand:

„Die Entscheidung macht sich frei von jeder normativen Gebundenheit und wird im eigentlichen Sinne absolut. Im Ausnahmefall suspendiert der Staat das Recht, kraft eines Selbsterhaltungsrechtes, wie man sagt. [...] So wie im Normalfall das selbständige Moment der Entscheidung auf ein Minimum zurückgedrängt werden kann, wird im Ausnahmefall die Norm vernichtet. Trotzdem bleibt auch der Ausnahmefall der juristischen Erkenntnis zugänglich, [...]"[441]

Dadurch ist ein essenzieller Zusammenhang von Ausnahmezustand und Souveränität dargestellt und es wird sich erweisen, dass der Ausnahmezustand seinen Vorrang

435 *Schmitt*, Der Begriff des Politischen, S. 26 f. (Hervorhebungen im Original.)
436 *Schmitt*, Der Begriff des Politischen, S. 42 f.
437 *Schmitt*, Der Begriff des Politischen, S. 43.
438 *Agamben*, Ausnahmezustand, S. 23 f.; *Frankenberg*, Staatstechnik, S. 92 f.
439 *Schmitt*, Politische Theologie, S. 13.
440 *Schmitt*, Politische Theologie, S. 18.
441 *Schmitt*, Politische Theologie, S. 18 f.

vor dem Normalen erhalte und den Raum beschreibe, „in dem [...] die Anomie in das Corpus des *nómos* selbst eingeschrieben werden soll“.[442] Obwohl für *Schmitt* die Ausnahme bereits mehr oder weniger in das Recht integriert ist und somit etwas anderes ist als die übliche Behauptung, dass die Theorie des Ausnahmezustandes nicht zum Rechtsproblem, sondern zur Quaestio Facti gehöre,[443] tritt das Recht allerdings im Ausnahmefall überhaupt hinter dem Politischen zurück.[444] Sowohl *Schmitts* politische Unterscheidung von Freund und Feind als auch seine Lehre des Ausnahmezustandes gelten deshalb als die Grundlage massenhafter Sicherheitspolitik im modernen demokratischen Rechtsstaat.

3. *Fortsetzung der Theorie des Ausnahmezustandes Agambens*

Gegenüber *Schmitt* sieht *Agamben* den Terminus Ausnahmezustand abwertend. Er weist von vornherein mit einem Zitat aus *Walter Benjamin* zutreffend darauf hin, dass der Ausnahmezustand in der Entwicklung der modernen parlamentarischen Regierungsformen bereits die Regel ist. Der Ausnahmezustand erweise sich hier nicht bloß als Staatstechnik, sondern vielmehr als „sein für die Rechtsordnung paradigmatisch-konstitutives Wesen“.[445] Dazu verzichtet *Agamben* zuerst bezüglich des Sinnes des Ausnahmezustandes von *Schmitt*, die Rechtsordnung einfach zu suspendieren, auf eine topographisch messbare Unterscheidung zwischen „hier“ und „dort“. Umgekehrt erfasst er den Ausnahmezustand durch die topologische Struktur der Faltung von innen und außen, um sein eigenes Verständnis des Ausnahmezustandes aufzubauen: „Außerhalb der Rechtsordnung zu stehen und doch zu ihr zu gehören“.[446] Für ihn ist am Ausnahmezustand deswegen nicht die Verwirrung der Gewaltenteilung zwischen der Exekutive und Legislative, sondern die *Schwankung der Gesetzeskraft als eine Unbestimmtheit* hervorgehoben, die von der Staatsmacht oder anderen revolutionären Gruppen in Anspruch genommen werden kann.[447]

Mithilfe der alten Institution „das Justitium“ im Römischen Recht ist von *Agamben* zum Weiteren festgehalten worden, dass das einen Stillstand oder die Suspendierung der gesamten Rechtsordnung bewirkende Justitium nicht einfach durch die Regierungsform der Diktatur zu erörtern sein sollte. Sowohl das Justitium wie auch der moderne Ausnahmezustand träten nicht zugleich in Erscheinung „wie nach dem diktatorialen Modell als Machtfülle und pleromatischer Zustand des Rechts, sondern

---

442 *Agamben*, Ausnahmezustand, S. 7, 66. (Hervorhebung im Original.) Auch *Frankenberg*, Staatstechnik, S. 138 f.

443 *Schmitt*, Politische Theologie, S. 19; *Agamben*, Ausnahmezustand, S. 7.

444 *Frankenberg*, Staatstechnik, S. 142.

445 *Agamben*, Ausnahmezustand, S. 13.

446 *Agamben*, Ausnahmezustand, S. 45. Eingehend dazu *Opitz*, Grenze des Rechts, S. 18 f.

447 *Agamben*, Ausnahmezustand, S. 49.

als kenomatischer Zustand, Leere und Stillstand des Rechts".[448] Die Ausnahme sei von ihm letztlich als „ein rechtsfreier Raum", „eine Zone der Anomie" und „ein Raum ohne Recht" definiert, die für die Rechtsordnung so wesentlich sei, „daß diese mit allen Mitteln versuchen muß, mit ihm eine Beziehung aufrechtzuerhalten".[449] Darüber hinaus ist in der *Agambens* Theorie des Ausnahmezustandes auch das Wesen der Handlungen während des Vollzugs der Suspendierung des Rechts zu berücksichtigen, anstatt wie bei *Schmitt* lediglich den Raum ohne Recht zu schaffen. Die Handlung im Ausnahmezustand sei nicht mehr von allen rechtlichen Bestimmungen gebunden und scheine „weder gesetzüberschreitend noch exekutiv, noch legislativ" und „hinsichtlich ihres rechtlichen Charakters in einem absoluten Nicht-Ort ansiedeln zu müssen".[450]

Wenn man die Geschichte vom „global civil war" und die gegenwärtige unkontrollierte Staatsmacht wie z. B. die Aktionen von Anti-Terrorismus in den USA und anderen westlichen Ländern betrachtet, wird es verständlich, dass die Theorie des Ausnahmezustandes seit dem Anfang des 21. Jahrhunderts ständig durchgeführt wird und bis heute zweifellos ihre weltweit größte Ausbreitung erreicht hat.[451] Von diesem Standpunkt aus müssen das Schicksal des Einzelnen und seine bedenkliche Stellung in einem derartigen Ausnahmezustand besonders betrachtet werden, da diese Theorie den Zugang von Staatsmacht zum Raum ohne Recht zugänglich macht und dann die Lage des Menschen bedroht. Insbesondere wenn der Ausnahmezustand zur Regel würde, und wenn das normative und anomische Element tendenziell in einer einzigen Person stattfänden, dann würde es das politisch-rechtliche System nach *Agamben* in eine „tödliche Maschine" umformen, die dem Einzelnen sein „nacktes Leben" produziert.[452] In der Erörterung *Agambens* ist daher ebenfalls der Prozess von Inklusion und Exklusion neben der Problematik der wesentlichen Rechtsgrenze registriert.[453] Wie aber das menschliche nackte Leben in einem hinsichtlich der Sicherheitspolitik verstandenen Ausnahmezustand vorgestellt wird, bedarf noch einer weiteren Interpretation, die auch als der Übergang der modernen Rechtspolitik zum Gefährdungsstrafrecht gilt.

II. Umformungsschub des Rechtssubjekts im Ausnahmezustand

Der Sinn des Ausnahmezustandes für die Lage des Menschen in der modernen Gesellschaft liegt darin, dass er bezüglich Inklusion und Exklusion stets Spielräume einer Dichotomie zwischen *Artgleichen* und *Artfremden* suggeriert. Die gegenwärtigen Menschen sind üblicherweise je nach ihrer Homogenität entweder zu den

448 *Agamben*, Ausnahmezustand, S. 58 f.
449 *Agamben*, Ausnahmezustand, S. 62.
450 *Agamben*, Ausnahmezustand, S. 63.
451 *Agamben*, Ausnahmezustand, S. 8 ff., 102.
452 *Agamben*, Ausnahmezustand, S. 101 ff.
453 *Opitz*, Grenze des Rechts, S. 17 f.

Normalen oder zu den Anormalen in allen gesellschaftlichen und auch juristischen Bereichen eingeordnet. In der jüngsten Tendenz vom Einsatz des Strafrechts ist diese Wirkung deutlich wahrzunehmen, sodass neue Gedankenströme wie z. B. das Risiko- oder Gefährdungsstrafrecht in das Strafrechtssystem geliefert werden. Dazu ist zuerst zu betrachten, wie sich der soziologische Begriff von *Andere* sowie *Fremde* beginnend im Rechtsbereich in eine negative Figur umwandelt. Zu diskutieren sind die Fragen, welche Rolle Menschen im Recht hinsichtlich der modernen komplexen Gesellschaft spielen und wie die Strategien von Inklusion und Exklusion darin operieren. *Luhmann* hat in seiner Systemtheorie dazu die Rolle der Person allgemein erläutert, sodass die Gegenüberstellung von *Person* und *Unperson* festgehalten wird (a). Danach ist die spezifische Lage des Menschen im Ausnahmezustand in den Vordergrund zu stellen. Demgemäß sind die von *Agamben* aufgeworfenen Begriffe *homo sacer* und *das nackte Leben* geeignet, diese menschliche Konstellation zu deuten (b).

1. Luhmanns Begriffspaar Person und Unperson

Der Mensch spielt im allgemeinen Kontext der Systemtheorie *Luhmanns* stets maximal nur eine untergeordnete Rolle und kann üblicherweise in Form einer Person, die mit Inklusion und Exklusion ganz eng zusammenhängt, im kommunikativen Betrieb des Gesellschaftssystems erscheinen.[454] Die Person als eine Form bezeichnet zuerst die Einheit der Gegenüberstellung von *Person* und *Unperson*: Sie ist *Luhmann* zufolge „als individuell attribuierte Einschränkung von Verhaltensmöglichkeiten" festgelegt.[455] Die Form der Person ist daher bei *Luhmann* von Bedeutung, weil von ihr vor allem immer die „Einschränkung" betont wird. Nach dieser Einschränkung ist eine Erwartungsordnung vorzugeben, welche Erwartungen sie erfüllen muss, um sie als einen Inkludierten zu bestimmen.[456] Die Unperson fungiert dagegen als die Gegenseite zur Person, welche jedoch in erster Linie für *Luhmann* keine negative Bezeichnung wie „unmenschlich" oder andere ähnliche Begriffe, sondern nur „unmarkiert" bedeutet. Sie beschreibt vielmehr die unerwarteten Gegenstände der Kommunikationen.[457] Sie bezeichnet deshalb „ein lose gekoppeltes Medium, das nur als Möglichkeitsüberschuss indirekt sichtbar wird, sobald es sich in der Form einer Person strikt koppelt".[458]

Das Schema Person/ Unperson von *Luhmann* könnte aber im Prozess von Inklusion und Exklusion weiterhin negativ wirken. Im diesen Fall könnte der Mensch im Inklusionsbereich als Person, nämlich als der bloße Grundpflichtadressat, geregelt werden.[459] Er könnte sich demgegenüber als Unperson im Exklusionsbereich, als ein wesentlich „Ausgeschlossenes" der Person, darstellen, bei der es um „einen

454 *Luhmann*, Inklusion und Exklusion, S. 229; *Opitz*, Grenze des Rechts, S. 142 f.
455 *Luhmann*, Die Form „Person", S. 142.
456 *Luhmann*, Die Form „Person", S. 142; *Opitz*, Grenze des Rechts, S. 147.
457 *Luhmann*, Die Form „Person", S. 142.
458 *Opitz*, Grenze des Rechts, S. 148.
459 *Denninger*, Der Präventions-Staat, S. 13.

Exzess der Person, ein Unförmiges, das die Feststellung der Mitwirkungs*irrelevanz* begleitet", geht.[460] Darüber hinaus werde der Mensch im Exklusionsbereich nur als Körper erachtet, welcher für *Luhmann* als „Marker der Unperson" spielt. Die Betonung der Körperlichkeit hängt deswegen im Rechtsbereich so eng mit der sozialen Exklusion zusammen, dass ein negativer Rechtsstatus der Unperson sich ganz leicht aus der Betonung des einfachen körperlichen Daseins ergibt.[461] Während später der Begriff des gefährlichen Menschen bei *Foucault* die monströse Figur des Menschen in das Strafrecht bringt und deshalb als ein Faktor strafrechtlichen Gedankens fungiert,[462] bewirkt der Begriff Unperson bei *Luhmann* vielmehr davon fortgehend die Verstärkung der rechtlichen Festhaltung vom Nicht-Bürger. Der Begriff Unperson impliziert zunächst durch die Transformation der Fremden in ein *menschliches Tier*[463] sowie in einen *Unmensch* die Begegnung sozialer Systeme mit den Exkludierten[464] einen rechtlichen Status der Nichtzugehörigkeit bzw. Rechtsuntauglichkeit. Er schafft darüber hinaus „eine Art Ausnahmezustand, eine Zone der Unbestimmtheit, wo das Außen nichts als die Ausschließung des Innen und das Innen seinerseits nur die Einschließung eines Außen ist".[465] Solche rechtlichen Nebeneffekte von Unperson wirken sich vor allem in Hinsicht auf die Sicherheitspolitik aus und bewirken weder ein tierisches noch ein menschliches, sondern ein nacktes Leben des modernen Menschen.[466] Dafür sind *Agambens* Begriffe *homo sacer* und *das nackte Leben* besonders instruktiv weiter zu erörtern.

2. *Agambens Begriffe „homo sacer" und „das nackte Leben"*

Die Antwort von *Agamben* auf die Frage, welcher Gegenstand der exkludierenden Inklusion in der Ausnahme liegt, ist „das nackte Leben", wie er mit dem Untertitel im seinen Buch „Homo sacer" gezeigt hat.[467] Das nackte Leben ist, so *Agamben* bereits am Anfang seines Buches eindeutig, ein bloßes Leben des *homo sacer*, „der *getötet werden kann, aber nicht geopfert werden darf*".[468] Es fungiere als „Gegenstand der ausschließenden Einschließung in der Ausnahme",[469] „auf dessen Ausschließung sich das Gemeinwesen der Menschen gründet".[470] In diesem Sinn gelte das nackte Leben als ein Objekt, das einfach von der Souveränität entschieden werde,

460 *Opitz*, Grenze des Rechts, S. 152. (Hervorhebung im Original.)
461 *Luhmann*, Inklusion und Exklusion, S. 244 f.; *Opitz*, Grenze des Rechts, S. 210 f.
462 Siehe 3. Kapitel B. II. 3. b. aa.
463 Über die Tier-Mensch-Unterscheidung und ihre Überschneidung bei *Agamben*, Das Offene, S. 45 ff.
464 *Opitz*, Grenze des Rechts, S. 202 ff., 210 ff.
465 *Agamben*, Das Offene, S. 47.
466 *Agamben*, Das Offene, S. 48.
467 *Agamben*, Homo sacer, S. 19, 37 f.; *Geulen*, Einführung, S. 93.
468 *Agamben*, Homo sacer, S. 18, auch S. 92. (Hervorhebungen im Original.)
469 *Geulen*, Einführung, S. 93.
470 *Agamben*, Homo sacer, S. 17.

und diese souveräne Entscheidung sei jedoch durch das Recht verwirklicht. Das Recht verbinde sich dadurch mit dem Leben und setze voraus, wann und wie das Leben ausnahmsweise behandelt wird. D. h., das Leben beziehe sich paradoxerweise auf das Recht, um sich selbst vom Recht auszusetzen.[471] Um diese Lebensform klarzustellen, ist der Begriff aus dem römischen Recht *homo sacer* von *Agamben* anschließend ausführlich zu diskutieren.

Was der Begriff *homo sacer* anbelangt, interpretiert *Agamben* mithilfe der Erklärung von *Festus* so:

> „*Sacer* aber ist derjenige, den das Volk wegen eines Delikts angeklagt hat; und es ist nicht erlaubt, ihn zu opfern; wer ihn jedoch umbringt, wird nicht wegen Mordes verurteilt; denn im ersten tribunizischen Gesetz ist festgelegt: ‚Wenn einer denjenigen umbringt, der aufgrund eines Plebiszits *sacer* ist, dann wird er nicht als Mörder betrachtet'. Daher pflegt man einen schlechten und unreinen Menschen *sacer* zu nennen".[472]

Im diesen Sinn steht *homo sacer* immer in der paradoxen Lage, sowohl heilig als auch verflucht zu sein. Er sei daher doppelt rechtlos, liege in der doppelten Ausnahme und sei zugleich von der religiösen (*iusdivinum*) und weltlichen Rechtsordnung (*iushumanum*) ausgeschlossen.[473] Diese Lage des *homo sacer* eröffne eine Ausnahmezone, in der sowohl *homo sacer* selbst wie auch derjenige, der ihn getötet hat, als rechtsfrei gelten. Diese Zone sei daher „der Bereich der souveränen Entscheidung, die das Recht im Ausnahmezustand aufhebt und so das nackte Leben in ihn einbindet".[474] Nach *Agamben* ist sie auch als die Zone der Ununterschiedenheit und des Übergangs zwischen Mensch und Tier qualifiziert, in der sich das nackte Leben des *homo sacer* auf den Souverän beziehen wird, sodass die originäre Verbindung markiert ist, „die ursprünglicher ist als die *Schmitt*sche Opposition zwischen Freund und Feind, Mitbürger und Fremdem".[475]

Mit seiner Theorie des Ausnahmezustandes zusammenhängend betrachtet entsprechen *Agambens* Begriffe *homo sacer* und *das nackte Leben* der gegenwärtigen Menschlage in den demokratischen Steuerungsstaaten. Während der Souverän dem römischen Bürger als ein öffentlicher Feind erklärten und dementsprechend sowohl das Recht als auch den Bürgerstatus entziehen dürfte,[476] dürften Terroristen bzw. Geisteskranke vor allem nach dem 11. September 2001 von den demokratischen Regimen in den Abendländern hinsichtlich der Sicherheit als das Andere der vernünftigen Zivilisation disqualifiziert werden.[477] Hier handelt es sich um eine „extreme

471 *Agamben*, Homo sacer, S. 37 ff.
472 *Agamben*, Homo sacer, S. 81, Fn. 1. (Hervorhebungen im Original.)
473 Dazu *Agamben*, Homo sacer, S. 83; *Geulen*, Einführung, S. 99 f.
474 *Agamben*, Homo sacer, S. 92 f. Auch *Opitz*, Grenze des Rechts, S. 235.
475 *Agamben*, Homo sacer, S. 94, 119 f.
476 *Agamben*, Ausnahmezustand, S. 94 f.
477 *Opitz*, KritJ 2010, S. 437.

Zuspitzung des Gegensatzes zwischen Sicherheit und Würde",[478] die durch das Recht und die Einrichtung von einem Ausnahmezustand *im* Recht stattfindet. Dabei spielt das Strafrecht eine sehr ausschlaggebende Rolle und wird als ein Hauptinstrument eingesetzt. Davon ist auch die Verbindung zwischen dem modernen Recht und Strafrecht ausgegangen, welche die komplizierte Grundlage des Gefährdungsstrafrechts aus der Gesellschaft und dem Staat erhellen kann.

F. Kurzfassung unterschiedlicher Figuren des Rechts zwischen Risiko- und Sicherheitsgesellschaft

Die Figuren des modernen Rechts differenzieren sich je nach dem Wesen der Gesellschaften und Staatsmodelle. Das moderne Recht tritt momentan in Form eines aus verschiedenen Rechtsparadigmen bestehenden Komplexes auf, welcher den Boden der liberal-rechtsstaatlichen Kontrolle verlässt.[479]

Das Recht in der Risikogesellschaft und im Sozialstaat ist in erster Linie anhand des sozialen Gedankens vielmehr das von der Gesellschaft und dem Staat nicht mehr unabhängige Wirkungsmittel sozialer Politik, dessen Rahmen wegen der Tendenz der Verrechtlichung immer mehr quantitativ und qualitativ überdehnt wird. Es bezieht sich überwiegend auf Zweckprogramme statt auf Konditionalprogramme und sodann auf die in die Zukunft gerichtete Zweck-Mittel-Relation. Demzufolge rückt das Kollektiv statt des Individuums, die Effektivität statt der Legitimität bzw. die Rechtgütersicherheit statt der Rechtssicherheit ins Zentrum des Rechts. Das Prinzip der Daseinsvorsorge und die präventiven Maßnahmen, welche vor den Gefahren und Risiken schützen, sind seitdem in das Recht eingeführt werden. Ein derartiges Rechtsparadigma begründet das Risikostrafrecht.

Anschließend an die Sozialisierung des Rechts und angesichts von der regulatorischen Krise versucht das Recht, Auswege zu finden. Die Inklusionsstrategien sind von daher im modernen Recht durchzusetzen: Es wird zu einem Teilsystem der funktional ausdifferierten Gesellschaft, dessen Funktion sich auf die normative Erwartungssicherheit beschränkt (*Luhmann*). Es stellt sich danach in den indirekten, abstrakteren Formen der Sozialsteuerung dar, also in Verfahrens- und Kontextsteuerungen. Demzufolge steht die Individualisierbarkeit der rechtlichen Verantwortung und Zurechenbarkeit im Recht nachrangig und kollektive Güter bzw. systematische Risiken werden hingegen im Rechtsbereich besonders berücksichtigt. Die Systemstatt der Daseinsvorsorge und die Systemregulierung bzw.-steuerung statt der Intervention werden zur Haupttechnik des Rechts (*Teubner*, *Willke*). Im Gegensatz zu den oben genannten Individuum diskriminierenden Rechtsfiguren konstituiert eine andere Rechtsfigur sich aufgrund der kommunikativen Rationalität. Sie ist

---

478 *Günther*, Kritik der Strafe II, S. 134. Ausführlich über den Zusammenhang zwischen Ausnahme und Sicherheit *Opitz*, Grenze des Rechts, S. 232 ff.

479 *Hesse*, JZ 1991, S. 746; *F. X. Kaufmann*, Staatsaufgaben, S. 35; *Grimm*, Wandel der Staatsaufgaben, 636.

prozeduralisiert, um die Aufgaben von sozialer Integration und Solidarität in sich zu tragen. Demnach gilt es als die Institutionalisierung von Verfahren und Kommunikationsvoraussetzungen für eine diskursive Meinungs- und Willensbildung. Der Mensch ist hier als Staatsbürger und Rechtsubjekt anerkannt, an demselben Verfahren teilzunehmen (*Habermas*).

Im sicherheitsbezogenen Kontext gegenwärtiger Gesellschaft nimmt das Recht unmittelbar Strategien von Inklusion und Exklusion auf, um das Einbeziehungskönnen des Einzelnen in die Gesamtgesellschaft festzuhalten. Das Recht schafft demjenigen, der die Sicherheit bedroht und als gefährlich markiert ist, einen Ausnahmezustand, um sein Recht zu disqualifizieren. Der Mensch fungiert in demselben Recht entweder als eine Person, die sich als Normadressat nur erwartungsgemäß verhalten dürfte, oder wird in eine negative Unperson und sogar in ein Figur des *homo sacer* niedergeschlagen, die auf den rechtlichen Exklusionsstatus und die rechtlichen Disqualifikation bezogen sind. Diese sollten die wesentlichen Grundlagen des Gefährdungsstrafrechts sein.

3. Kapitel: Entstehung und Charakterisierung des modernen Gefährdungsstrafrechts

A. Ausblick

Nach den bisherigen Überlegungen hat das Gefährdungsstrafrecht seine spezifischen Quellen aus gesellschaftlichen und staatlichen Faktoren und ist insofern ein Produkt der Modernisierung des Strafrechts. Vor allem aus der Unruhe und der Unsicherheit der Bürger, welche aufgrund der gesellschaftlichen Modernisierung und Globalisierung entstehen, folgt die Wandlung des Strafrechts vom liberalen zum sicherheitsorientierten Strafrecht, wobei das Kollidieren von Sicherheit und Freiheit immer vorliegt.[480] Um die Konzeption des Gefährdungsstrafrechts konkretisieren zu können, müsste zuvor die Modernisierung des Strafrechts expliziert werden. Dennoch bleiben der Umfang der Modernisierung des Strafrechts sowie die einschlägige Trennung des klassischen und modernen Strafrechts in den wissenschaftlichen Diskussionen immer noch umstritten. Eine Interpretation zum Thema Gefährdungsstrafrecht bedarf deshalb den vorherigen Antworten darauf, wie sich das Strafrecht modernisiert hat und in welchem Zusammenhang es mit dem Gefährdungsstrafrecht steht (B.). Dann ist weiter klarzustellen, wie das Gefährdungsstrafrecht sich in concreto darstellt und welche Konsequenzen aus dem Gefährdungsstrafrecht gezogen werden können (C.).

B. Modernisierung des Strafrechts

I. Modernisierungsphasen des Strafrechts

1. *Erste Phase: Entstehung des liberal-formalen Strafrechts*

Das moderne Strafrecht entstand in der Mitte des 18. Jahrhunderts und modernisierte sich danach einhergehend mit dem heftigen gesellschaftlichen und staatlichen Wandel ständig.[481] Parallel zur Entstehungsgeschichte des formalen Rechtsstaates übernahm das Strafrecht damals das liberale Gedankengut der naturrechtlichen Staatsvertragslehren und der Aufklärung in dem Zusammenhang mit dem aufgeklärten Absolutismus. Es stellte sich demnach erst als ein formaler Maßstab von der Strafbarkeit und der Sanktion des Verhaltens dar.[482] Seitdem ist das Strafrecht auf dem Ausschluss der Willkür des Staates begründet und ist zur *Magna Charta* des Verbrechers und zur

480 *Prittwitz*, Sicherheit und Freiheit, S. 235.

481 Kurze Geschichte *Stratenwerth*, Strafrecht in der Krise, S. 9 ff.

482 *Stratenwerth*, Strafrecht in der Krise, S. 9 f.; LK-*Dannecker*, § 1, S. 68 f.; *Schönke/ Schröder/ Eser/ Hecker*, StGB, § 1, Rdnr. 1.

unüberschrittenen Schranke der Kriminalpolitik geworden.[483] Das Strafrecht setzt demzufolge viele rechtsstaatliche Prinzipien wie das Gesetzlichkeitsprinzip bzw. das Schuldprinzip usw. voraus. Angesichts dieser Prinzipien ist das Strafrecht in erster Linie durch den Schutz individueller Interessen und die auf den Konditionalprogrammen gegründeten Struktur individueller Zurechnung gekennzeichnet.[484] Somit kann das Strafrecht beispielsweise die damalige Präventionslehre vermeiden, wonach die Gefährlichkeit des einzelnen Verbrechers lediglich als Kriterium der Strafgesetzgebung angesehen wurde. Es kann auch den uneingeschränkten Durchgang der außerstrafrechtlichen Perspektiven verhindern, also beispielsweise die Moral in das Strafrecht durchdringen zu lassen oder das Strafrecht unvermittelt an politische Erwartungen anzupassen.[485]

Bemerkenswert ist, dass diese damals ausgerichtete, liberale Figur des Strafrechts die Konzeption des Gefährdungsstrafrechts im Prinzip noch nicht brachte, denn bei dem damaligen Strafrecht, das von *Hassemer* als Urfassung des „klassischen Strafrechts“ angesehen wurde, war noch das Verletzungsdelikt als die Normalform von Tatbeständen angelegt.[486] Obwohl die liberale Figur des Strafrechts sicherlich im heutigen Strafrecht eine immanente Grenze zum Einsatz der Strafe setzt, bleibt sie später allerdings antiquarisch und kontraproduktiv und nicht mehr ununterbrochen.[487]

2. *Zweite Phase: Das soziale Strafrecht in der Risikogesellschaft*

Gerade vor dem krisenhaften Hintergrund des formalen Rechts, dass vom Staat die besondere Berücksichtigung der sozialen Gerechtigkeit und sozialen Risiken in der gesellschaftlichen Wirklichkeit verlangt wurde, lieferte der Trend der Materialisierung des Rechts den Gedanken der Rationalisierung in das Strafrecht. Danach tauchte die zweite Phase der Modernisierung des Strafrechts auf.[488] Nach *Weber* ersetzt seitdem die Rationalisierung des Rechts „im Kriminalrecht die Rache, für deren Bedürfnis der Erfolg im Vordergrunde steht, durch rationale, sei es ethische, sei es utilitarische ‚Strafzwecke‘ und trägt dadurch ebenfalls zunehmend unformale Momente in die Rechtspraxis hinein“.[489] Diese Rationalisierung des Strafrechts präsentierte sich beim kriminalpolitischen Gedanken des Marburger Programms 1882 von *v. Liszt* in concreto, wonach „die tatvergeltende Strafe durch die auf den Täter zweckmäßig

---

483 *Hassemer*, Strafrechtswissenschaft, S. 44; LK-*Dannecker*, § 1, S. 69; *Eicker*, Prozeduralisierung, S. 12 ff.

484 *Stratenwerth*, Strafrecht in der Krise, S. 11; *Hassemer*, Strafrechtswissenschaft, S. 43 f.

485 *Hassemer*, Strafrechtswissenschaft, S. 45.

486 *Hassemer*, ZRP 1992, S. 379.

487 Diese Fragstellung bei *Stratenwerth*, Strafrecht in der Krise, S. 14 ff.

488 Nach *Rüping* hatte der Zweckgedanke dagegen bereits seit dem 18. Jahrhundert seine ursprüngliche Wurzel im Strafrecht geschlagen, dazu *Rüping*, Formen staatlicher Strafe, S. 35 f.

489 *Weber*, Wirtschaft und Gesellschaft, S. 506. (Hervorhebung im Original.)

einwirkende, spezialpräventive Strafe" ersetzt sei.[490] An dieser Stelle reformiert sich das Strafrecht grundlegend in zwei verschiedenen, aber kontinuierlich miteinander zusammenhängenden Weisen: Zum einen ist das liberale Strafrecht zum sozialen Strafrecht geworden, sodass der Zugang der moralischen, sozialen, politischen oder ökonomischen Werte, deren Durchdringen das formale Strafrecht gerade abwehren mochte, in das Strafrecht ermöglicht worden ist.[491] Zum anderen hat das Strafrecht in der Auseinandersetzung mit dem risikoorientierten Gedanken sein Selbstverständnis verändert.[492] Infolgedessen erscheint dasselbe soziale Strafrecht als ein sowohl folgen- als auch risikoorientiertes Strafrecht und ist hinsichtlich des Wesens des Sozialen mit neuem Ziel, neuen Funktionen und neuen Fähigkeiten ausgestattet.

Der vorher bestimmten Figur des Rechts im Sozialstaat entsprechend geht das soziale Strafrecht auch von der Verrechtlichung aus, sich in erster Linie als ein Instrument der wohlfahrtsstaatlichen Politik zur rechtlichen Lösung sozialer Probleme zu präsentieren.[493] Im sozialen Strafrecht erscheint zunächst die Strafe nicht mehr nur als eine bloß punitive Sanktion. Sie ist eine punitiv-wohlfahrtstaatliche Institution, welche die *Resozialisierung des Täters* versprechen soll,[494] und zugleich eine *Institution der Daseinsvorsorge*, welche überwiegend auf die Kollektivgüter und Vermeidung der Risiken abzielt.[495] Aufgrund eines solchen Verständnisses der Strafe beherrschen die Zweckprogramme und die Folgenorientierung weiterhin das Konstruieren des gesamten Strafrechtssystems: Gemäß der Folgenorientierung nimmt das Strafrecht zahlreiche sozialwissenschaftliche Ergebnisse und gesellschaftliche Bedürfnisse auf, um die Eskalierung von seiner Leistung, Funktion und Kapazität zu rechtfertigen.[496] In der Zusammenwirkung von Zweckprogrammen und Folgenorientierung fungieren die Effektivität und die Prävention statt des Schuldprinzips als die herrschenden Prinzipien im Strafrecht.[497] Letztlich werden Risiko und Gefahr zu Hauptfaktoren, um die konkrete Strafrechtsdogmatik zu konstruieren.[498] Der Begriff des Risikos spielt seitdem die herausragende Rolle bei der Kriminalisierung und der strafrechtlichen Auslegung.[499] Die Form des Gefährdungs- bzw. sog. Risikodeliktes wird seitdem angesichts

490 *Naucke*, ZStW 94 (1982), S. 525; *Eicker*, Prozeduralisierung, S. 22 f.

491 *Hassemer*, ZRP 1992, S. 380. Einschätzung dieser Wendung zum zweckrationalen Strafrecht *Naucke*, ZStW 94 (1982), S. 533 ff.; *Eicker*, Prozeduralisierung, S. 21.

492 Ausführliche Einflussnahmen dazu *Prittwitz*, Strafrecht und Risiko, S. 167 ff.; *Eicker*, Prozeduralisierung, S. 26 ff.

493 *Prittwitz*, Strafrecht und Risiko, S. 264.

494 *Garland*, Kultur der Kontrolle, S. 81 ff.

495 *Herzog*, Gesellschaftliche Unsicherheit, S. 58 ff.

496 *Hassemer*, ZRP 1992, S. 380.

497 *Hassemer*, ZRP 1992, S. 380. Effizienz als die Legitimation des Strafrechts *Haffke*, FS-*Roxin* 2001, S. 956.

498 *Prittwitz*, Strafrecht und Risiko, S. 261 ff.; *Sieber*, NStZ 2009, S. 353 f.; *Eicker*, Prozeduralisierung, S. 26 ff.

499 *Prittwitz*, Strafrecht und Risiko, S. 172 ff.

der Anforderungen der Effektivität zum Rechtsgüterschutz statt des Verletzungsdeliktes zur Hauptform der strafrechtlichen Deliktstypen.[500]

Es ist offensichtlich, dass die grundlegende Figur des heutigen Strafrechts durch das soziale Strafrecht umfangreich und tiefgreifend charakterisiert ist. Gerade in diesem Zusammenhang mag das Gefährdungsstrafrecht verwurzelt sein, weil schon im sozialen Strafrecht zwecks des Ergreifens der Risiken sowie der Gefahren die Erweichung individueller Zurechnung und Verantwortung im Strafrechtssystem hervortritt.[501] Der Schutz der kollektiven Güter und Interessen, der sich angesichts der Krise des liberalen Strafrechts nicht mehr nur auf die individualisierten Rechtsgüter konzentriert, kann bereits im sozialen Strafrecht allerorts seine theoretischen und praktischen Entsprechungen finden.[502] Dementsprechend gerät das soziale Strafrecht allerdings in das Spannungsverhältnis zwischen individueller Verantwortung und Kontrolle des sozialen Verhaltens und begegnet dem gleichen Effektivitätsproblem wie der soziale Staat.[503] Es zeigt sich wiederum, dass vielerlei sozialstaatliche Prinzipien das Strafrecht beschädigen, statt ihm zu helfen.[504] Das Strafrecht benötigt daher dringend vor allem in Bezug auf die Krise des Sozialstaats einer erneuerten Umformulierung.

3. *Jetzige Phase: Sicherheitsstrafrecht in der Sicherheitsgesellschaft*

a. *Das Strafrecht zwischen Risiko- und Sicherheitsgesellschaft*

Wenn die gegenwärtige Gesellschaft bereits von einer Risikogesellschaft zu einer Sicherheitsgesellschaft geworden ist, ist die staatliche Bestrafung darin nicht mehr bloß mithilfe der Wohlfahrtsgründe einzubauen und zu legitimieren.[505] Soweit die „Bedeutung der Strafe als Teil eines sozialstaatlichen Sicherheitskonzeptes" verstanden wird,[506] mag es unnötig sein, das heutige Strafrecht trotz des Bezugs auf Sicherheitsstreben unter dem spezifischen Topos *Sicherheitsstrafrecht*

500 *Hassemer*, ZRP 1992, S. 381; *Herzog*, Gesellschaftliche Unsicherheit, S. 50 ff.; *Prittwitz*, Strafrecht und Risiko, S. 153 ff.; *Frehsee*, StV 1996, S. 227.

501 Analyse bei *Prittwitz*, Strafrecht und Risiko, S. 118 f., 131 f.; *Rüping*, Formen staatlicher Strafe, S. 38.

502 *Stratenwerth*, Strafrecht in der Krise, S. 17; *Lüderssen*, StV 2004, S. 99.

503 *Herzog*, Gesellschaftliche Unsicherheit, S. 73; *Frehsee*, Verbrechenskontrolle, S. 44 ff.; *Sieber*, NStZ 2009, S. 354. Nach *Eicker* gerät das Strafrecht in der dreifachen Krise, nämlich in der Gesetzvollzugs-, Rechtsstaatlichkeits- und Steuerungs-Krise. Dazu *Eicker*, Prozeduralisierung, S. 49 ff.

504 Mit Beispiel von Humanität bei *Rüping*, Formen staatlicher Strafe, S. 48.

505 Historische und theoretische Zurückführung bei *Duttge*, Menschengerechtes Strafen, S. 4 ff., vor allem S. 7 ff.

506 Solch ein Verständnis sieht man im Vorwort der Herausgeberin des Buches *Schumann, Eva* (Hrsg.), Das strafende Gesetz im sozialen Rechtsstaat: 15. Symposion der Kommission „Die Funktion des Gesetzes in Geschichte und Gegenwart", Berlin/ New York, 2010, S. VII.

einzuordnen.[507] Demgegenüber sieht beispielsweise *David Garland* eine wesentliche Umwandlung der modernen Strafjustiz in den USA und Großbritannien, wonach die Strafe Abschied von der wohlfahrtsstaatlichen Strafe nimmt und für sich wiederum Disziplin und Kontrolle erbringt.[508] Für Deutschland dürfte *Garlands* Analyse wohl auch zutreffend sein, weil die entscheidenden Faktoren seiner Analyse, nämlich die Zunahme der gesellschaftlichen Sicherheitsbedürfnisse und die Annahme der Umformung und Vermehrung von staatlicher Kontrolltechnik, in Deutschland ebenfalls geschehen.[509] Die Rangierung der Sicherheit in der vordersten Linie der staatlichen Aufgaben und die daraus folgende Ausdehnung und Verschärfung staatlicher Kontrolle stehen nunmehr im Zentrum der Kriminologie, Kriminalpolitik[510] und auch der Strafrechtswissenschaft.[511] Wie aber die Sicherheit durch das Strafrecht gelingen könnte, sei zwar kein aktuell dringendes Problem,[512] soll es jedoch weiter klargestellt werden, wie die Strafrechtswissenschaftler es vor dem Hintergrund der modernen Gesellschaft verorten und erörtern.

b. Konturen des Sicherheitsstrafrechts

Um das Sicherheitsstrafrecht zu verdeutlichen, sind zunächst drei Konturen des Sicherheitsstrafrechts vorzustellen, welche das Sicherheitsstrafrecht im Vergleich zu sporadischen Diskussionen vollständiger skizzieren. Während *Urs Kindhäuser* früher das Konzept des Sicherheitsstrafrechts vertritt, entwickeln später *Detlev Frehsee* und *Winfried Hassemer* demgegenüber jeweils aus verschiedenen Perspektiven ihre Kritik am Sicherheitsstrafrecht.

aa. Kindhäusers Umriss

Angesichts der Überwindung der Risikogesellschaft legt *Urs Kindhäuser* systematisch das Sicherheitsstrafrecht in einem groben Umriss dar. Dazu setzt er zuerst die Legitimation der abstrakten Gefährdungsdelikte auf die Vermittlung der Sicherheit um.[513] Mithin verfasst er das Sicherheitsstrafrecht, das die Sicherheit durch

---

507 Das Gefährdungsstrafrecht im Zusammenspiel von Sicherheits- und Sozialstaatsperspektive *Herzog*, Gesellschaftliche Unsicherheit, S. 50 ff.

508 *Garland*, Kultur der Kontrolle, S. 119 ff., 183 ff. Außerdem die Hinweise auf „die Rückkehr des repressiven Strafrechts" bei *Sack*, Strukturwandel, S. 12 ff.

509 *Günther/ Honneth*, Vorwort des Buches *Garland*, Kultur der Kontrolle, S. 11. Das „präventive Sicherungsstrafrecht" in Bezug auf Terrorismus *Sieber*, NStZ 2009, S. 355. Ausführliche Analyse *Singelnstein/ Stolle*, Soziale Kontrolle, S. 105 ff.

510 *Jung*, Kriminalsoziologie, S. 100 ff.; *H.-J. Albrecht/ Quensel/ Sessar*, NK 2013, S. 13.

511 *Eicker*, Prozeduralisierung, S. 31 ff. Das Verhältnis von der Sicherheitsgesellschaft und strafrechtlichen Steuerungsmodellen *Hefendehl*, NK 2013, S. 20 ff.

512 *Naucke*, KritV 2010, S. 129. Nach *Naucke* lag Sicherheitsstrafrecht schon seit *Hobbes* vor.

513 *Kindhäuser*, Gefährdung als Straftat, S. 20, 280 ff.; *Kindhäuser*, Universitas 1992, S. 228 f.

die Gefährdungsverbote beabsichtigt, als „eine der Stabilitätsbedingungen der Risikogesellschaft".[514] Unter diesem Verständnis des Sicherheitsstrafrechts werde der Mensch als einer der größten Risiko- und Unsicherheitsfaktoren erachtet, der durch Normen in die „Sicherheitsdisziplin" einbezogen werden solle.[515] Auch die kriminalpolitischen Beschränkungen aus dem liberal-rechtsstaatlichen Strafrecht sollten folglich allmählich abgelöst werden, weil sie mit der Sicherheitspolitik kaum reibungslos korrespondieren könnten. Aus diesen Gründen müssten sich die Straftheorie und die Straffunktionen verändern: Die strafrechtlich traditionellen Grundsätze wie das Gebot von subjektiven Elementen und der Schuldvorwurf würden entzogen und die grundsätzlichen Beziehungen des Strafrechtsschutzes mit dem Individuum, z. B. das Primat vom Individualrechtsgüterschutz und liberalen Menschenbild, würden logischerweise entfernt.[516]

bb. Frehsees Verständnis und Kritik

Frehsee geht bei seiner Betrachtung des Sicherheitsstrafrechts von der weiteren Vorverlagerung der Strafbarkeit der Kriminalität und der Kriminalitätsermittlung aus.[517] Er entfaltet seine Kontur des Sicherheitsstrafrechts deshalb jeweils in materiellen und prozessualen Linien: Das materielle Strafrecht stelle seinen Deliktsurtyp nicht mehr auf die Rechtsgüterverletzungen selbst, sondern weiter auf die weiteren Vorstufen der Rechtsgüterverletzungen, die gefahrenpotenziellen Handlungsbereichen und sogar die potenzielle Gefährlichkeit des Täters ab.[518] Dementsprechend baue das Strafprozessrecht die prozessualen Schutzgarantien der Beklagten ab und verlagere das Gewicht des Strafverfahrens vom Haupt- zum Ermittlungsverfahren, nämlich von den Gerichten zur Polizei, um die Kriminalität leichter und früher zu erkennen.[519] Das Sicherheitsstrafrecht gilt für *Frehsee* letztlich als ein generelles Überwachungsinstrument, ein „Feindstrafrecht", wobei es in erster Linie nicht mehr um den Schutz der Bürger, sondern um „die Kontrolle und die Zugriffsmöglichkeit auf die Gesamtheit der Bürger" geht.[520]

cc. Hassemers Verständnis und Kritik

Anknüpfend an sein Verständnis des modernen Strafrechts, in dem jenseits des klassischen Strafrechts das Präventionsparadigma herrscht, geht *Hassemer* bei der Diskussion von „Sicherheit durch Strafrecht" davon aus, dass das Strafrecht zurzeit aufgrund von der aus Prävention folgenden empirischen Empirie ein „Agent

514 *Kindhäuser*, Universitas 1992, S. 229.
515 *Kindhäuser*, Universitas 1992, S. 229.
516 *Kindhäuser*, Universitas 1992, S. 230.
517 *Frehsee*, Fehlfunktionen des Strafrechts, S. 23.
518 *Frehsee*, Fehlfunktionen des Strafrechts, S. 23 ff.
519 *Frehsee*, StV 1996, S. 225 f.; *Frehsee*, Fehlfunktionen des Strafrechts, S. 24.
520 *Frehsee*, Fehlfunktionen des Strafrechts, S. 25 f.

der bürgerlichen Sicherheit" ist.[521] Solch ein sicherheitsorientiertes Strafrecht bedeutet für *Hassemer* eine große kriminalpolitische Reaktion auf die Sicherheitsbedürfnisse. Es sei von dem Konzept der Prävention so tief geprägt, funktionalisiert und instrumentalisiert, dass es als eine effektivere Kontrolle für soziale Probleme fungiere. Insgesamt betrachtet, stelle es ein „Kampfinstrument" dar.[522] Von dieser kämpferischen Substanz aus verberge sich im sicherheitsorientierten Strafrecht in der Wirklichkeit ein „Gefahrenabwehrrecht". Die faktischen Einführungen dieses Gefahrabwehrrechts würden im materiellen Bereich durch die Verschärfung von Kontrolle und Sanktion, die Vielzahl der Einsätze abstrakter Gefährdungsdelikte und die Wahl und Schaffung kollektiver Rechtsgüter, im prozessualen Bereich durch das Absprachenverfahren ermöglicht.[523] Es sei also das Rechtskonzept, überwiegend auf die Sicherheit bedrohende Gefahrenszenarien und gefährliche Täter zu achten und diese unter Kontrolle bringen zu wollen. Dabei ist folglich die Sicherheit im Spannungsfeld von Freiheit und Sicherheit zu privilegieren.[524]

c. *Zusammenfassendes Verständnis des Sicherheitsstrafrechts*

Die große Konzeption des Sicherheitsstrafrechts nimmt sowohl in der Kriminalpolitik als auch im geltenden materialen und prozessualen Strafrecht umfangreichen Einfluss.[525] Unter dem Ziel der Sicherheit ist das Paradigma der Prävention nur der Anschein von Gefahrenabwehr sowie -kampf.[526] Um diese Gefahren immer früher zu entdecken und zu begreifen und die Angst der Gesellschaft vor Kriminalität frühzeitig zu beruhigen,[527] ist es als neue Steuerungstechnik einzuführen. Zudem sind neue Kollektivrechtsgüter zu schaffen, um die Verhaltensweisen im Vorfeld der Rechtsgutsverletzung zu kriminalisieren, Taten vor dem Verdacht zu ermitteln und möglichst schnell darauf zu reagieren, wobei aber die den uneingeschränkten Rechtsgüterschutz verhindernden rechtsstaatlichen Prinzipien nicht zugleich mit berücksichtigt sind.[528] Während das Strafrecht in der Risikogesellschaft noch ein sozial-rechtsstaatliches Strafrecht blieb, erscheint das Strafrecht in der Sicherheitsgesellschaft – anschließend an *Hassemers* Auffassung – vielmehr als ein reines *Gefahrenabwehrrecht.* Zusammenfassend ist das Sicherheitsstrafrecht im Strafrechtsbereich die Folge dessen, was das moderne Recht nach der Materialisierung des Rechts entsprechend der Tendenz der

---

521 *Hassemer*, Sicherheit durch Strafrecht, S. 102 f.

522 *Hassemer*, Sicherheit durch Strafrecht, S. 106 f.

523 *Hassemer*, Sicherheit durch Strafrecht, S. 113 ff. Eine ähnliche Figur des Sicherheitsstrafrechts auch *Sieber*, NStZ 2009, S. 357; *Naucke*, KritV 2010, S. 132 ff.

524 *Hassemer*, Sicherheit durch Strafrecht, S. 113.

525 *Eicker*, Prozeduralisierung, S. 35 ff.

526 Dazu auch *Frankenberg*, Staatstechnik, S. 237; *Eicker*, Prozeduralisierung, S. 35.

527 *Jung*, Kriminalsoziologie, S. 100; *Hefendehl*, NK 2013, S. 22.

528 Zusammenfassung der Charaktere des Sicherheitsstrafrechts *Eicker*, Prozeduralisierung, S. 46 f.

rechtlichen Sicherungsstrategien entwickelt hat.[529] Von daher übernimmt das Sicherheitsstrafrecht in der Regel die rechtliche Logik der Sicherheit und macht somit seine eigene Kriminalpolitik und Dogmatik aus.

Unmöglich und auch unnötig ist hier, den Topos „das moderne Strafrecht“ weiter zu erörtern und auszudifferenzieren.[530] Sicher ist jedoch, dass die Erscheinungsformen des modernen Strafrechts sich zum großen Teil mit denen des Sicherheitsstrafrechts überschneiden. Dass das Sicherheitsstrafrecht als die Denkart des modernen Strafrechts dient, resultiert gewiss aus der vorstehenden Konsequenz, dass Sicherheit im modernen Recht dominiert. Das moderne Strafrecht erscheint deshalb vor diesem Hintergrund als eine „kriterienlose Kompatibilisierung von Wertkomplexen“,[531] in welcher zwar die rechts- und sozialstaatliche Gefüge nachrangig verbleiben, das Sicherheitsstrafrecht aber stets im Zentrum steht, was letztlich das Gefährdungsstrafrecht zur Folge hat.

Um den Zusammenhang zwischen dem Sicherheitsstrafrecht und dem Gefährdungsstrafrecht zu erläutern, soll die Frage antwortet werden, warum der Terminus Sicherheitsstrafrecht in der modernen Gesellschaft wiederum in den Vordergrund tritt. Zu dieser Frage geht es um die seit der Risikogesellschaft ständig im Rechtsbereich einflussreichen Faktoren, die sich jeweils aus dem gesellschaftlichen und staatlichen Bereich ergeben.[532] An dieser Stelle soll anknüpfend an die in den vorherigen zwei Kapiteln angedeuteten Grundlagen untersucht werden, wie sich Sicherheit von einer gesellschaftlichen Wertidee zum Gegenstand des strafrechtlichen Schutzes transformiert hat und wie sie damit das Gefährdungsstrafrecht ausprägt.[533] Im Folgenden wird zunächst die kriminalsoziologische Grundlage der modernen Strafe festzuhalten sein, wobei die sicherheitsorientierten, sozialwissenschaftlichen Ergebnisse, die Wirklichkeit des Rechts und die Normativität der Strafe miteinander verbunden werden. Hierbei wird aufgezeigt werden, wie die Sicherungsstrategien im Strafrecht durchgeführt werden können (II.). Von der Grundlage der Strafe aus werden dann bestimmte straftheoretische und kriminalpolitische Umrisse abgeleitet, um die normative Legitimation der Strafe zu erklären (III.).

II. Kriminalsoziologische Grundlage des modernen Strafens

Die Strafe legitimiert sich nicht unmittelbar durch ihre gesellschaftlichen Funktionen. Die gesellschaftlichen Funktionen werden hingegen strafphilosophisch als die verborgenen Rechtfertigungen der Strafe[534] und kriminalsoziologisch als den veranlassenden

529 Auch in dieser Richtung zu betrachten *Eicker*, Prozeduralisierung, S. 31 ff.
530 Kursorische Versuche etwa bei *Hassemer*, ZRP 1992, S. 380 ff.; *Lüderssen*, StV 2004, S. 98 ff.
531 *Habermas*, Faktizität und Geltung, S. 526 f.
532 *Prittwitz*, Strafrecht und Risiko, S. 242 ff.
533 Ähnliche Argumentation *Herzog*, Gesellschaftliche Unsicherheit, S. 54.
534 *Günther*, Kritik der Strafe II, S. 131 ff.

Faktor der Strafe[535] angesehen, die den gesellschaftlichen oder politischen Strafbedürfnissen den Zugang ins Strafrecht verschaffen können. Sicherheit kann zwar bisher kein Strafziel und kein strafrechtliches Schutzrechtsgut sein,[536] sie darf aber als die gesellschaftliche Funktionserwartung ihren Einfluss auf die Straftheorien, Kriminalpolitik und Dogmatik ausüben. Die von *Sack* vertretene These, „dass die politische Instrumentalisierung von Kriminalität und Kriminalpolitik, die Renaissance des Strafrechts und die wachsende Punitivität der Gesellschaft Ausdruck und Reflex tief greifender struktureller und kultureller Wandlungen der Gesellschaft darstellen",[537] weist zutreffend sowohl auf die enge Beziehung zwischen dem modernen Strafrecht und dem gesellschaftlichen Wandel als auch auf die Notwendigkeit, bei der Untersuchung zur Entstehung vom Sicherheits- sowie Gefährdungsstrafrecht vorerst auf deren gesellschaftliche und staatliche Ursachen einzugehen, hin.

Anschließend an die Diskussionen bezüglich der Sicherheitsgesellschaft, des Steuerungsstaates und der rechtlichen Sicherungsstrategien werden die Strategien der Strafe nach Sicherheit sowie nach sozialer Kontrolle aufgefasst. Dazu wird zuerst dargestellt, wie der Sicherheitsgedanke in das Strafrecht durchdringen kann. Hier geht es also um die theoretische Grundlage für den Verlauf des Rekommunitarisierungsprozesses im Strafrecht (1.). Danach wird darauf hingewiesen, wie die Erfüllung der Kontrollbedürfnisse durch das Strafrecht sowohl hinsichtlich der gesellschaftlichen Realitäten (2.) als auch hinsichtlich der Operationen staatlicher Macht (3.) begründet werden können.

1. *Strafrechtlicher Rekommunitarisierungsprozess angesichts Versicherung der Solidarität*

Sicherheit als eine der klassischen politischen Legitimationsformen dringt bereits seit dem Sozialstaat durch die Vorstellung sozialer Gerechtigkeit in den Rechtsbereich durch. Der Ausdruck der Gerechtigkeitsvorstellung „Sicherheit für alle" bezieht sich demnach auf einen Ruf nach *Solidarität*, die sich mittels von Inklusion und Exklusion auf die Feststellung von *meinesgleichen* und *Homogenität* gründet.[538] Seither als normenwidrig und rechtswidrig markiert sind Handlungsweisen wie z. B. Steuerhinterziehung, Subventionsbetrug oder Schwarzarbeit usw., welche den kollektiven Interessen zuwiderlaufen.[539] Auch im Strafrecht ist der Gedanke der Solidarität vom Sozialstaat in den unterschiedlichen Formen der „Solidaritätspflichten" weiterzuentwickeln.[540] Hierbei ist jedoch nur von besonderer Bedeutung,

535 *Garland*, Punishment and modern society, S. 10 ff.
536 Einzige klare Ausnahme wohl bei *Kindhäuser*, dazu B. I. 3. b. aa. in diesem Kapitel.
537 *Sack*, Strukturwandel, S. 26. Allerdings zeigt *Sack* auch die Verschiedenheit der Interpretationen dieser Ursachen, siehe ebenda, S. 27 f.
538 Verhältnis von Sicherheit und Solidarität nochmals *F. X. Kaufmann*, Herausforderungen, S. 152.
539 *F. X. Kaufmann*, Herausforderungen, S. 154 f.
540 *Joerden*, Solidaritätspflichten und Strafrecht, S. 50.

wie der Rekommunitarisierungsprozess angesichts der Versicherung und des Wiederaufbaus der Solidarität in concreto im Strafrecht operiert. Dazu ist die Theorie *Emile Durkheims* zu betrachten.

a. Solidarität als Anhaltspunkt von Emile Durkheims Straf- und Kriminalsoziologie

Dass Solidarität bei der Straftheorie und bei dem Einsatz der Strafe eine vorrangige Rolle spiele, behauptet *Emile Durkheim*. Unter der Voraussetzung, dass das Band der sozialen Solidarität und Bestrafung in der Gesellschaft miteinander zusammenhängt, versteht er zuerst das Verbrechen nicht als eine sozial schädliche Handlung; das Verbrechen wird vielmehr von ihm verstanden als dasjenige Handeln, das „starke und bestimmte Zustände des Kollektivbewusstseins verletzt“ und „die Strafe bestimmt“.[541] Die Strafe sei demnach eine leidenschaftliche Reaktion auf das Verbrechen, die zwar in der Wirklichkeit noch als Rache der Gesellschaft bleibe,[542] deren Funktion aber darin bestehe, die vom Verbrechen verletzte kollektive Ordnung wiederherzustellen und somit das durch das Verbrechen beunruhigte Kollektivbewusstsein wieder zu stärken.[543] Das Gericht diene demnach als die staatliche Institution der Bestrafungsmacht zu seiner Selbstautorität und dazu, „das allgemeine Bewusstsein aufrechtzuerhalten“.[544]

Dieser Ansatz von *Durkheim* ist hoch bedeutsam sowohl für die Bestrafung in der damaligen Gesellschaft wie auch für das Verständnis der modernen Strafe und des modernen Strafrechts. Die von ihm skizzierte Verbindung zwischen dem Gericht und der Allgemeinheit bietet dem Staat und seiner Bestrafung eine stabile Unterstützung aus der Gesellschaft an,[545] sodass die Strafe die Funktion der Aufrechthaltung des sozialen Zusammenhalts entfaltet und dadurch das positive Strafrecht „die wesentlichsten sozialen Ähnlichkeiten“ ausdrückt.[546] In dieser Hinsicht dienen das Verbrechen und die Strafe zur Integration der Gesellschaft.[547] Das Strafrecht solle mithin ein Ausdruck der sozialen Solidarität sein, „die darauf zurückzuführen ist, dass eine gewisse Anzahl von Bewusstseinszuständen allen Mitgliedern einer und derselben Gesellschaft gemeinsam ist“.[548] Die Legitimation der Strafe liegt deshalb nach *Durkheim* nicht in der Funktion der Vergeltung, der Abschreckung für die Allgemeinheit oder der Besserung der Täter.

---

541 *Durkheim*, Über soziale Arbeitsteilung, S. 118 ff., insbesondere S. 129, 135; *Gephart*, Strafe und Verbrechen, S. 36 f.; *Garland*, Punishment and modern society, S. 29.
542 *Durkheim*, Über soziale Arbeitsteilung, S. 135 ff., 137, 140.
543 Ausführlichere Analyse *Gephart*, Strafe und Verbrechen, S. 107 ff., 120 ff., 124 f.
544 *Durkheim*, Über soziale Arbeitsteilung, S. 146, 155.
545 *Garland*, Punishment and modern society, S. 32.
546 *Durkheim*, Über soziale Arbeitsteilung, S. 155, 157, 158 f.; *Garland*, Punishment and modern society, S. 33 f.; *Günther*, Kritik der Strafe I, S. 127.
547 *Gephart*, Strafe und Verbrechen, S. 44, 129; *Günther*, Kritik der Strafe I, S. 127 f.
548 *Durkheim*, Über soziale Arbeitsteilung, S. 160. Auch *Gephart*, Strafe und Verbrechen, S. 57.

Ihr Sinn ist vielmehr sehr eng abhängig von ihrer Funktion als „Erhalt der emotiven Grundlagen sozialer Organisation".[549]

b. Entstehung des modernen Sicherheitsstrafrechts durch den Wiederaufbau der Solidarität

Das Verständnis von Verbrechen und Strafe in Hinsicht auf *Durkheims* Kriminalsoziologie ist sehr aufschlussreich und geeignet, um die Entstehung und Anwendung des modernen Sicherheitsstrafrechts zu interpretieren. Der Zusammenhang dazwischen bedarf einer detailliierten Formulierung:

aa. Solidarität ist durch das Integrationsprinzip, das die Personen paradoxerweise sowohl individueller als auch solidarischer werden lässt, bereits eine straftheoretische Grundlage des Sicherheitsstrafrechts geworden[550] und tangiert das Vorverständnis der Theorie der positiven Generalprävention.[551] Das in seiner Theorie entscheidende Kollektivbewusstsein ist zwar nicht ein unmittelbar ausschlaggebender Faktor für die betroffene Gesetzgebung und Rechtsprechung, es veranlasst aber überhaupt erst die emotionalen Response und die Sicherheitsbedürfnisse der Öffentlichkeit, damit die Bereitschaft des Kollektivs zur Integration möglich ist.[552] Die Funktion der Strafe neigt demzufolge nicht nur schlechthin entsprechend der instrumentalen Rationalität zu einem Instrument der Kriminalkontrolle, sondern auch zu einer Fähigkeit sozialer Integration und zu einer symbolischen Funktion, die Allgemeinheit zu pädagogisieren oder sie zu beruhigen.[553]

bb. Darüber hinaus wird Solidarität durch die Transformation zu konkreten Solidaritätspflichten, die „immer mit einer rechtlichen Zumutung für einen der Beteiligten verbunden" sind, in den Straftatbeständen, Rechtsfertigungs- oder Entschuldigungsgründen einbezogen,[554] obwohl diese strafrechtlichen Vorschriften damit ständig unter dem Legitimationsproblem leiden.[555]

cc. Der Rekommunitarisierungsprozess geht von der Versicherung der Solidarität im Strafrecht aus, wobei dies noch sehr weit darüber hinausgeht. Dadurch präsentiert er sich in zweierlei Weisen: Zunächst kommen mit der Strafbedrohung „die wesentlichsten sozialen Ähnlichkeiten" zum Ausdruck, wonach das Kriterium zur Entscheidung

---

549 *Gephart*, Strafe und Verbrechen, S. 128; *Günther*, Kritik der Strafe I, S. 127.

550 Z. B. *Kindhäuser* spricht sehr klar aus: „Das Strafrecht ist plötzlich nicht mehr Garant unabdingbaren sozialethischen Minimums, sondern Lehrbuch für soziale Verantwortung und Solidarität". Dazu *Kindhäuser*, Universitas 1992, S. 233.

551 *Günther*, Kritik der Strafe I, S. 128. Ausführliche Analyse *Müller-Tuckfeld*, Integrationsprävention, S. 147 ff.; *Funcke-Auffermann*, Symbolische Gesetzgebung, S. 73.

552 Ähnlich *Garland*, Punishment and modern society, S. 54, 66.

553 *Garland*, Punishment and modern society, S. 68.

554 *Seelmann*, Solidaritätsbegriff im Strafrecht, S. 35 f.; *Joerden*, Solidaritätspflichten und Strafrecht, S. 52 ff.

555 *Seelmann*, Solidaritätsbegriff im Strafrecht, S. 46 f.

der Homogenität, ob die Personen innerhalb oder außenhalb der Gemeinschaft stehen dürfen, ausgemacht wird. Weil der Prozess der Bestrafung für *Durkheim* eine leidenschaftliche Reaktion und ein Ritual zu dem Anlass und zur Äußerung der kollektiven emotionalen Gefühle ist, könnte der Rekommunitarisierungsprozess als solcher gefährlich sein. Damit können die emotional politischen Eigenschaften die Strafnomen besonders beeinflussen.[556] Schließlich könnte ein Ausnahmenzustand, welchen *Agamben* später mithilfe der Erklärung der früheren anomischen Feste als Schwelle der Indifferenz zwischen Anomie und Recht ansieht,[557] im Strafrecht vor allem aus dem von *Durkheim* betonten rituellen Charakter der Strafe ableiten.

Alles in Allem gestaltet die Kriminalsoziologie *Durkheims* durch die Solidaritäts- und Kollektivbewusstseinsorientierung von Verbrechen und Strafe eine grundlegende Konstruktion der Sicherheitsgemeinschaft und führt deswegen zu der Möglichkeit, eine neue Theorie von Strafzielen im modernen Strafrecht zu schaffen. Noch wichtiger ist, dass der Rekommunitarisierungsprozess zum Ziel der Sicherheit durch die gesellschaftlich orientierten Interpretationen von Verbrechen und Strafe die neuen gesellschaftlichen Kontrollbedürfnisse erfüllt und eine neue „punitive Gesellschaft“[558] im Strafrecht verwirklicht. Er formuliert daher dieselben Kontrollbedürfnisse mittels desjenigen Strafrechts, das eine Institution der staatlichen Strafgewalt ist und bezieht sich unmittelbar auf das engste Verhältnis von Sicherheitsgesellschaft, Steuerungsstaat und Sicherheitsstrafrecht. Dazu muss es noch kriminalsoziologisch ausführlicher klärt werden, warum Sicherheitsbedürfnisse der Gesellschaft durch das Strafrecht erfüllt werden müssen und in welcher Weise sie die Strafe beeinflussen können. Bei der ersten Frage geht es um die Kristallisierung der gesellschaftlichen Kontrollkultur. Bei der zweiten Frage geht es darum, wie das Strafrecht sowie das Strafen als die Ausübung politiksystematischer Kontrollmacht anzuwenden ist. Die beiden Fragen skizzieren zusammenwirkend die kriminalsoziologischen Gründe aus den gesellschaftlichen und staatlichen Hintergründen.[559]

---

556 *Gephart*, Strafe und Verbrechen, S. 62.

557 *Agamben*, Ausnahmezustand, S. 86 f.

558 Das Konzept „punitive Gesellschaft“ anschließend an *Hassemers* Denke *Sack*, Strukturwandel, S. 20 ff.

559 Damit möchte ich mich etwa gegenüber *Foucault* für die pluralistischen Hintergründe der Strafe aussprechen, wie *Garland* zutreffend an *Foucault* kritisiert: „But it is, however, a mistake to suppose that values and ethics are somehow reducible to the will to power. [...] powers and values always in practice coexist in an integral relationship [...] But once we move on from there to analyse the actual operation of forms of power in society, then a crucial question will always be: what values does this power serve? When he engages in this form of analysis, Foucault writes as if the only possible ends of power are power and more power, control and more control." Dazu *Garland*, Punishment and modern society, S. 169.

2. *Kriminalitätsunsicherheit als Ursache gesellschaftlicher Kontrollbedürfnisse*

Unter dem Konzept der Sicherheitsgesellschaft werden nicht nur eine allgemeine soziale Unsicherheit, sondern vor allem auch die *kriminalitätsbezogene* Unordnung und Unsicherheit suggeriert und produziert.[560] In diesem Sinne lässt sich die Sicherheitsgesellschaft vielmehr als eine von *Garland* entwickelte „High Crime Society" kennzeichnen, welche durch die Kontrollkulturen zu überwinden ist.[561] Das Strafrecht und die Strafe sind just in dieser Auseinandersetzung mit dem sozialen Wert *Sicherheit* verbunden und werden zum politischen Instrument, das der Sicherheitsordnung durch die Form der staatlichen Kontrolle dient.[562] Dabei ist *Garland*s kriminalsoziologische Theorie der Kontrollkulturen insbesondere vorzustellen und weiter anzuwenden.

Die Auffassung *Foucaults*, dass das Bestrafen bloß als ein der Instrumente der staatlichen Macht zur Disziplinierung gelte, akzeptiert *Garland* nicht. Er vertritt hingegen, dass die Bestrafung im Wesentlichen ein kulturelles Artefakt ist, deren Gestalt und Einschränkungen sowie deren genaue Tatbestände und Strafarten von den gegenwärtigen Kulturen entschieden werden müssten.[563] Dadurch zeigt sich deutlich, dass das Muster der Strafe mit dem Kulturmuster zusammenhänge. Während die Kulturen sich im Laufe der Zeit ändern, ändere sich der Inhalt der Strafe, wie z. B. das Konzept der Gerechtigkeit, mit.[564] Mit Hilfe dieses kulturellen Verständnisses der Strafe fungiere das Strafrecht nicht bloß als eine regulierende Institution vom Staat. Es liefere den bestimmten externen kulturellen Sinn der Strafe, welcher durch seine symbolisierenden Funktionen die Allgemeinheit auffordert, pädagogisiert und sogar zwingt, an die Unterscheidungen wie Gut und Böse, Gerechtigkeit und Ungerechtigkeit, Ordnung und Unordnung, Normal und Anormal zu denken und die daraus folgenden Kriterien des Handelns einzuhalten. Die Handlungen der Akteure könnten mithin in der Gesellschaft sowohl unmittelbar von dem Strafrecht als staatliche Institution als auch mittelbar von der Strafe als Vermittlungsmedium der kulturellen Werte reguliert werden.[565]

Aus *Garland*s Sicht enthält die Ausübung der Bestrafung verschiedene Bedeutungen: Zuerst konstruiere der Staat durch die strafende Institution seine öffentliche Figur, seine Realität und seine soziale Autorität, welche gemeinsam die Dimension der vom Staat monopolisierten Bestrafungsmacht präzise darstellen und die Beziehung zwischen den Wandlungen der Staatsaufgaben und der Strafe

---

560 *Garland*, High Crime Societies and Cultures of Control, S. 238.

561 *Garland*, Kultur der Kontrolle, S. 257 ff. Kurzer Zusammenfassung über den Zusammenhang zwischen High Crime Society und Kontrollkultur bei *Garland*, High Crime Societies and Cultures of Control, S. 239, 243 ff.

562 Das Strafrecht und die Bestrafung als die Hauptachse der Kontrollkulturen, *Garland*, Kultur der Kontrolle, S. 301 ff.

563 *Garland*, Punishment and modern society, S. 169, 195 f.

564 *Garland*, Punishment and modern society, S. 201 f., 205 ff.

565 *Garland*, Punishment and modern society, S. 251 ff.

erklären.[566] Zweitens verkörpere die strafende Institution die Figur der individuellen Subjektivität, die das Wesen der Person im Strafrecht reflektiere. Die im Strafrecht gezeigte Figur des Subjekts ist zwar seit langem auf die kulturelle These *Garlands* begründet, wonach das Individuum als ein freies Subjekt für seine eigene Handlungen verantwortlich ist, sie steht aber auch wegen des Auftauchens der neuen kulturellen Elemente stets im Wandel.[567] Letztlich verdeutliche die bestrafende Institution die Legitimation der sozialen Relation. Demgemäß standardisiere das Strafrecht die Kriterien des erlaubten und unerlaubten Verhaltens in der sozialen Relation; außerdem erhelle es im bestimmten gesellschaftlichen Kontext die legitimen Konstruktionsformen der sozialen Relation, die Quellen von Gefahren und Unordnung bzw. die Prinzipien der sozialen Inklusion und Exklusion.[568]

Die zuvor in dieser Arbeit ausgeführten Diskussionen über die Sicherheitsgesellschaft, die rechtlichen Sicherheitsstrategien und das Sicherheitsstrafrecht haben bereits die Einflussnahme der gesellschaftlichen Sicherheitsbedürfnisse im Recht und Strafrecht verdeutlicht. *Garlands* kulturelles Verständnis der Strafe und der bestrafenden Institution erklärt, warum es das gegenwärtige politische System im demokratischen Staat zulässt, seine Bestrafungsmacht zu der von der Öffentlichkeit erwünschten Sicherheit zu dienen. Sobald die Strafe nicht mehr als eine rein staatliche Macht angesehen wird, sollte sie zuerst als ein politisch regulierendes Instrument und ferner als Äußerung der kulturellen Werte und als Reaktion auf die gesellschaftlichen Erwartung erklärt werden.[569] D. h., dass in einer solchen Gesellschaft, deren höchstes Ziel Sicherheit ist, das Strafrecht dementsprechend als Mehrzweckinstitution dient: Es dient dazu, die Kriminalitätsunsicherheit der Bevölkerung zu beruhigen (die symbolische Funktion der Strafe) und diese beruhigende Funktion durch das politische System auszuführen (politische Reaktion auf gesellschaftlichen Kontrollbedürfnisse).[570] Dabei wird der Rekommunitarisierungsprozess als präzise Präsentation von Kontrollkulturen und -technik stets operieren.

---

566 *Garland*, Punishment and modern society, S. 266 f.

567 *Garland*, Punishment and modern society, S. 267 ff. Kriminalpolitischer Paradigmenwechsel von gesellschaftlicher zu individueller Verantwortung *Günther*, Ermächtigung und Disziplinierung, S. 133 ff.

568 *Garland*, Punishment and modern society, S. 271 ff.

569 Kritik an der aktuellen Betonung der Bestrafung einseitig als das Instrument der Verbrechenskontrolle *Garland*, Punishment and modern society, S. 287 ff.

570 Ähnliche Argumentation *Sack*, Strukturwandel, S. 25 ff. *Sack* spricht dazu von einer „punitiven Gesellschaft" und hält damit das Verhältnis von dem repressiven Strafrecht und der punitiven Gesellschaft für einen Reflex des strukturellen und kulturellen Wandels der modernen Gesellschaften, siehe ebenda, S. 20 ff., 25 ff.

3. *Modernes Strafrecht als Ausübungsfeld von Kontrollkulturen und Kontrollmacht*

Wie das Strafrecht auf die gesellschaftlichen Kontrollbedürfnisse reagiert, lässt sich noch nicht eindeutig beantworten. Die neue Kriminalpolitik kann hinsichtlich der Sicherheitspolitik nicht schlechthin mit Titelfeststellungen wie „Vom wohltätigen zum strafenden Staat" (*Loïc Wacquant*) oder „Vom Wohlfahrtsstaat zum Gefängnis" (*Zygmunt Bauman*) erklärt werden.[571] Sie erscheint derzeit vielmehr bei ihren grundsätzlichen Gedanken so differenziert und ambivalent, dass sie einer ausführlicheren Analyse bedarf. Hierbei wird sie überwiegend aufgrund der Theorien der Verbrechenkontrolle *Garland*s und *Foucault*s, aber entlang des ausgeführten Rekommunitarisierungsprozesses entwickelt.

Wie vorher mehrmals angedeutet wurde, operiert der Rekommunitarisierungsprozess zum Konstruieren der Sicherheitsgemeinschaften mittels solcher Strategien der Inklusion und Exklusion, wonach die homogenen Menschen von der heterogenen anderen unterschieden werden können. Während *Garland* die gegenwärtigen Handlungsmuster der Verbrechenskontrolle in den USA und Großbritannien zwischen der Anpassungsstrategie und Strategie souveräner Staatlichkeit unterscheidet,[572] ist der Rekommunitarisierungsprozess im Strafrecht hier demgegenüber vor allem von Strategien von Inklusion und Exklusion darzustellen. Somit entscheidet das Strafrecht, wer innerhalb oder außerhalb der Gemeinschaft bleiben darf.

a. *Strategien von Inklusion*

aa. Garlands Präventionspartnerschaft

Nach *Garland* haben sich die gegenwärtige Einrichtungen der Verbrechenskontrolle seit langem angesichts der Ambivalenz zwischen der faktischen Unfähigkeit der sozialstaatlichen Kriminalpolitik und der aus demokratischer Konstruktion folgenden populistischen Forderungen von „Null-Toleranz" der Kriminalität zur sog. „Präventionspartnerschaft" gewandelt.[573] Die Präventionspartnerschaft begründe sich auf die Unterscheidung „zwischen der *Bestrafung der Kriminellen*, die eine Sache des Staates bleibt (und wieder zu einen wichtigen Symbol staatlicher Macht wird), und der *Kontrolle der Kriminalität*, die in entscheidenden Punkten ‚jenseits des Staates' angesiedelt wird".[574] Daraus ergebe sich die Gemeinschaft als die Lösung der Verbrechenskontrolle.[575] Die Souveränität des Staates werde in erster Linie gemäß der Präventionspartnerschaft bei der Verbrechenskontrolle durch die Reform der staatlichen Institutionen

571 *Sack*, Strukturwandel, S. 26 f.
572 *Garland*, Kultur der Kontrolle, S. 258 ff.
573 *Garland*, Kultur der Kontrolle, S. 212 ff.
574 *Garland*, Kultur der Kontrolle, S. 225 f. (Hervorhebungen im Original.)
575 *Garland*, Kultur der Kontrolle, S. 229 f.

teilweise entzogen. Der Staat sei demgemäß nur in der Lage, die nichtstaatlichen Mechanismen der Verbrechenskontrolle zu veranlassen und sie ebenso zu lenken.[576]

Bei dieser Präventionspartnerschaft gehe es im Wesentlichen um eine „angebotsorientierte Kriminologie", „welche die Risiken verschiebt, die Kosten umverteilt und für Abschreckung sorgt"; sie versuche, Kontrollen in das Geflecht normaler Interaktion einzufügen.[577] Die Präventionspartnerschaft betont demnach die Strategie der Selbstführung, welche auf die Funktionen „der Anleitung zur Selbstregelung des eigenen Lebens und der eher subtilen und informellen Vermittlung von Verhaltensanforderungen" abziele.[578] Sie verlange deshalb eine Kooperation von Staat und Zivilgesellschaft, wonach „die formalen Grenzen des Feldes der Verbrechenskontrolle nicht mehr von den Institutionen des Strafjustizstaates markiert werden", und fordere daher, „situative Kontrollen einzurichten und das Verhalten von Versuchungen abzulenken".[579] Da sie nicht auf die direkte Fremdsteuerung der Menschen abzielt und im Wesentlichen die Anleitung zur Selbststeuerung ist, begründet sich diese neue Art der Kontrolle auf dem Verständnis des reflexiven Rechts. Die Präventionspartnerschaft bedeutet für *Garland* deshalb keinen unmittelbaren Verzicht auf die Kontrolle. Sie gehört hingegen zu einem Teil der neuartigen staatlichen Interventionen, die die größte Bedrohung der Stabilität der Gemeinschaft nicht in der Verletzung der Einzelnen, sondern in den Systemen sehen.[580] Damit ist auch die Abschreckungswirkung der Strafe auf der Ebene der staatlichen Regierung abzulehnen und es ist zugleich anerkannt, dass die Ordnung und die Konformität nur durch die normalen gesellschaftlichen Prozesse innerhalb der Institutionen der Zivilgesellschaft ermöglicht werden können.[581] Die Präventionspartnerschaft würde am Ende zu einer Strategie der Inklusion des Einzelnen in die Gemeinschaft geführt, welche sich in der Tat als die Disziplinierung der Bürger innerhalb der Gemeinschaft präsentiert.

Garland richtet zwar stets den Fokus auf die Kontrolle derjenigen potenziellen Verbrecher, welche sich als Kandidaten der Ausgeschlossenen der Gemeinschaften darstellen, und weist darauf hin, dass die individuelle Freiheit durch solch eine spätmoderne Kontrollkultur trotz der Bewahrung der Sicherheit nicht mehr zu opfern sein kann.[582] *Garland* übersieht jedoch, dass die individuelle Freiheit des Inkludierten der Gemeinschaft ebenso wie die der Exkludierten kaum möglich uneingeschränkt bleibt. Die Personen, die als Inkludierte in der Gemeinschaft seinen Aufenthalt legalisieren wollen, müssten vielmehr von der staatlichen Strafmacht kontinuierlich diszipliniert

---

576 *Garland*, Kultur der Kontrolle, S. 229 ff.

577 *Garland*, Kultur der Kontrolle, S. 239.

578 *Singelnstein/ Stolle*, Soziale Kontrolle, S. 112.

579 *Garland*, Kultur der Kontrolle, S. 258, 307 f.

580 Unter diesem Verständnis sei die Funktion des Strafrechts die „systematische Integration", siehe *Garland*, Kultur der Kontrolle, S. 326.

581 *Garland*, Kultur der Kontrolle, S. 234.

582 Deshalb ist diese Kultur nach *Garland* „eher ausschließend denn solidarisch", *Garland*, Kultur der Kontrolle, S. 344, 346 f.

sein.[583] Das Strafrecht und die Bestrafung sind daher als die regulierenden Instrumente der staatlichen Technik zur sozialen Kontrolle bzw. zur Disziplinierung der Gesellschaft dargelegt. Der Kern der Strategie von Inklusion ist eher die allmähliche Formulierung der sog. *Disziplinargesellschaft*, die aus *Foucaults* Sicht in der modernen Gesellschaft vornehmlich durch das Bestrafen ausgeführt wird.

bb. Foucaults Theorie von Strafe und Disziplinierung

Die Revolution der Bestrafung im 18. Jahrhundert wird nach *Foucault* dadurch charakterisiert, dass die brutalen Formen der Strafe wie die öffentliche peinliche Strafe durch die Bestrafungstechnik der milderen Regulierung z. B. das Gefängnis ersetzt wurde.[584] Der „Mensch" stellt sich seither als das Maß der Macht dar.[585] Mit diesem Charakter ist hier aufschlussreich zu erhellen, wie das Herrschaftsverhältnis zwischen der modernen Gesellschaft und dem Individuum aufwachsen kann.[586]

Für *Foucault* wird die Bestrafung als eine Art der Machtinstrumente und der politischen Taktiken verstanden. Sie habe mit den negativen repressiven Wirkungen gleichzeitig ihre positiven, nutzbringenden und produktiven Effekte und ziele auf eine politische Besetzung des menschlichen Körpers ab, also den Menschen strategisch zu beherrschen und zu adressieren.[587] Die oben genannte Revolution der Bestrafung im 18. Jahrhundert bedeute zwar ihrer äußeren Erscheinung nach eine Milderung der körperlichen Kontrolle, die Beseitigung des Schmerzes und schließlich die Einschränkung auf die von dem Souverän monopolisierte Macht,[588] sie sei aber faktisch vielmehr eine Folge der neuartigen besseren Strafmechanismen neuer Machttaktiken,[589] deren wirkliches Ziel die Gründung einer neuen „Ökonomie der Strafgewalt" sei.[590]

Nach *Foucault* veranlassen die neuartigen Strafmechanismen als die Präsentation der Macht mittels des Strafrechts einen Objektivierungsvorgang, in dem die souveräne Macht durch die Kontrolle der Ideen den menschlichen Körper unterwerfen kann.[591] Das Strafrecht als das Zeichen der Bestrafung habe demzufolge die Funktionen zur Bestimmung der Strafe auf das begangene Verbrechen und zu Steuerungsmechanismen. Mit diesen Funktionen lasse das Strafrecht zu, die Vorstellung der Strafe und ihre Nachteile in den Geist aller Leute eindringen zu lassen. Es lenke damit jedes

583 Andere Meinung, dass nur die Person, die die Normen verstößt, durch die Disziplinierung gebessert werde, siehe *Singelnstein/ Stolle*, Soziale Kontrolle, S. 115.
584 *Foucault*, Überwachen und Strafen, S. 14 f. Auch *Garland*, Punishment and modern society, S. 134 f.
585 *Foucault*, Überwachen und Strafen, S. 94 ff.
586 *Garland*, Punishment and modern society, S. 134; *Steinert*, Disziplin und Strafe, S. 241.
587 *Foucault*, Überwachen und Strafen, S. 34 ff.
588 *Foucault*, Überwachen und Strafen, S. 17 ff.; *Garland*, Punishment and modern society, S. 142.
589 *Foucault*, Überwachen und Strafen, S. 33.
590 *Foucault*, Überwachen und Strafen, S. 102 f., 104. Ausführliche Erklärung siehe auch ebenda S. 110 ff.
591 *Foucault*, Überwachen und Strafen, S. 130 f.

gesellschaftliches Handeln in Bezug auf die Wiederinkraftsetzung des Strafgesetzbuches und die kollektiven Festigung des Bandes zwischen dem Verbrechen und der Strafe.[592] Beim Strafrecht handle es sich folglich um die *Disziplinierung des Einzelnen* in der Gesamtgesellschaft, sodass der Einzelne die Fähigkeit hat, die strafrechtlichen Verbots- und Gebotsnormen zu befolgen. Mithin weist *Foucault* auch darauf hin, dass das Individuum in diesen Bestrafungsmechanismen, obwohl es durch diese Disziplinierungsfunktion des Strafgesetzbuches wieder zum Rechtssubjekt gemacht werden soll,[593] dennoch schicksalhaft zum Gehorsamssubjekt wird,[594] „das den allgemeinen und ausgeklügelten Prozeduren irgendeiner Macht unterworfen ist".[595]

Das Problem, wie das Individuum paradoxerweise im Laufe der Disziplinierung ein Rechtssubjekt und zugleich auch ein Gehorsamssubjekt sein kann, handelt von den Taktiken der Disziplinierung und dem darin bestehenden, zweiseitigen Menschenbild, welche zugleich als ein Hauptteil der Strategie von Inklusion fungieren. Unter dem Gesichtspunkt, dass Disziplin eine Mechanik der Macht sei, schafft die Disziplin bei *Foucault* das Verhältnis, „das in einen einzigen Mechanismus den Körper umso gefügiger macht, je nützlicher er ist, und umgekehrt". Aus dieser Sicht ist bei der Disziplinierung die „Politik der Zwänge" konzipiert, „die am Körper arbeiten, seine Elemente, seine Gesten, seine Verhaltensweisen kalkulieren und manipulieren".[596] Der Erfolg der Disziplinarmacht hänge allerdings von dem Einsatz ihrer Mittel der Abrichtung ab, also der hierarchischen Überwachung, der normierenden Sanktion und ihrer Kombination im Verfahren der Prüfung.[597] Mit Hilfe der Durchführung dieser Mittel müssten sich die einzelnen Taten, Leistungen und Verhaltensweisen der Gesamtheit der allgemein zu befolgenden Regel anpassen und jeder Mensch werde zu einem „Fall" gemacht, wonach er seinen zweiseitigen Charakter erhalte: Er habe zwar seine eigene Individualität, er sei jedoch auch ein Objekt, „das man zu adressieren oder zu korrigieren, zu klassifizieren, zu normalisieren, auszuschließen hat".[598] Die Disziplinarmacht suggeriert deshalb ein Mittel der Kontrolle und eine Methode der Beherrschung, welche gemeinsam die Bewertung der politischen Achse der Individualisierung herabsetzen. Damit kehren sie *Foucault* zufolge die Funktion bei den Disziplinen von der Bannung der Gefahren zur Vergrößerung der Nützlichkeit der Individuen, erweitern die Disziplinarinstitutionen und haben letztlich eine Disziplinargesellschaft zu Folge.[599] Genauer gesagt: Die Disziplinen fungierten früher als ein

592 *Foucault*, Überwachen und Strafen, S. 136, 141 ff.
593 *Foucault*, Überwachen und Strafen, S. 166.
594 Die in *Foucaults* Strafmechanismen vorliegende Ambivalenz zwischen der erwünschten Subjektivierung und der realisierten Objektivierung oder sogar Entmenschlichung vom Individuum auch *Garland*, Punishment and modern society, S. 145 f.
595 *Foucault*, Überwachen und Strafen, S. 167.
596 *Foucault*, Überwachen und Strafen, S. 176.
597 *Foucault*, Überwachen und Strafen, S. 220.
598 *Foucault*, Überwachen und Strafen, S. 236, 246.
599 *Foucault*, Überwachen und Strafen, S. 248 ff., 269 ff., 277, 279 ff.

„Gegenrecht", also als die dem Recht gegenüberstellten politischen Techniken des Ordnens menschlicher Vielfältigkeit, welche die Individuen verteilen, herum anordnen, untereinander hierarchisieren und sogar zu Invaliden disqualifizieren können. Im Gegensatz seien sie nunmehr in dieser Disziplinargesellschaft im gesetzlichen Strafrecht als ein wirklicher und institutionalisierter Inhalt des Rechts festgelegt. Infolgedessen beruhe „die Verallgemeinerung der Strafgewalt" dabei „nicht auf dem universellen Gesetzesbewußtsein der Rechtssubjekte, sondern auf dem endlos weit gespannten und unendlich eng geknüpften Netz der panoptischen Verfahren".[600]

cc. Techniken der Gouvernementalität als Ansatz[601]

Die moderne Strafe und die Sicherheitsnormen müssen auch hinsichtlich des Spannungsverhältnisses zwischen dem Menschenbild und dem neuen nichtrepressiven Bestrafungsstil aufgrund einer neuartigen regulatorischen Strategie der Politik, der von *Foucault* genannten „Gouvernementalität", umgestaltet werden.[602] Diese neuartige regulatorische Strategie der Politik wird von *Foucault* im Buch „Überwachen und Strafen" im Anschluss an die Disziplinartechniken erwähnt[603] und später im Namen von „Bio-Macht" untersucht.[604] Dort legt sich die Bio-Macht ergänzend als die Disziplinarmacht dar und versucht, „das Leben und die biologischen Prozesse der Menschgattung zu erfassen und nicht deren Disziplinierung, sondern deren Regulierung sicherzustellen".[605] Anschließend daran versteht *Foucault* die Konzeption von Gouvernementalität zum einen als „die Gesamtheit, gebildet aus den Institutionen, den Verfahren, Analysen und Reflexionen, den Berechnungen und den Taktiken, die es gestatten, diese recht spezifische und doch komplexe Form der Macht auszuüben, die als Hauptzielscheibe die Bevölkerung, als Hauptwissensform die politische Ökonomie und als wesentliches technisches Instrument die Sicherheitsdispositive hat". Zum weiteren versteht er unter Gouvernementalität „die Tendenz oder die Kraftlinie, die im gesamten Abendland unablässig und seit sehr langer Zeit zur Vorrangstellung dieses Machttypus, den man als ‚Regierung' bezeichnen kann gegenüber allen anderen – Souveränität, Disziplin – geführt und die Entwicklung einer ganzen Reihe spezifischer Regierungsapparate einerseits und einer ganzen Reihe von Wissensformen andererseits zur Folge gehabt hat".[606]

---

600 *Foucault*, Überwachen und Strafen, S. 279 f., 286 f.

601 Untertitel aus dem Buch *Singelnstein*, Diskurs und Kriminalität, S. 172.

602 *Foucault*, Überwachen und Strafen, S. 280 f.; *Garland*, Punishment and modern society, S. 174; *Garland*, Kultur der Kontrolle, S. 233; *Sack*, Strukturwandel, S. 33 f.; *Singelnstein*, Diskurs und Kriminalität, S. 180 f.

603 *Foucault*, Überwachen und Strafen, S. 279 ff.

604 *Foucault*, In Verteidigung der Gesellschaft, S. 286 ff. Verhältnis zwischen der Bio-Macht und der Gouvernementalität siehe *Singelnstein*, Diskurs und Kriminalität, S. 175.

605 *Foucault*, In Verteidigung der Gesellschaft, S. 291.

606 *Foucault*, Analytik der Macht, S. 171. (Hervorhebung im Original.)

Die Gouvernementalität ist also die Technik der Regierung, die sich als die Bedingungen der Inklusion[607] in erster Linie auf die Lenkung und Kontrolle von Individuen und Kollektiven abzielt. Sie mache „den Gehorsam zum Selbstzweck" von Individuen und veranlasse, dass das Individuum sich „aktiv selbst konstituiert".[608] Sie gehört nach *Foucault* zu einer der drei strategischen Ordnungen der Macht: Die „Souveränität, die Disziplin und die Regierung durch Sicherheitsdispositive", welche zusammen in den modernen Gesellschaftssystemen stets operieren.[609]

Das moderne Strafrecht hat sich dementsprechend verändert und angepasst, sodass die Kriminalisierung und die strafrechtliche Rechtsanwendung nun unvermeidlich in einem Wechselverhältnis von Souveränitätsmacht, Disziplinarmacht und Regierungsmacht stehen.[610] Dies stellt sich im Rahmen der Strategie von Inklusion vor allem als eine *Zusammenfügung von Disziplinarmacht und Regierungsmacht* dar:

(1) Das Strafen und das geltende Strafrecht wirken nicht mehr als eine Sanktion von Abweichung, sondern als eine Verhaltensführung von Individuen. Die Gebote aus Disziplinierung und Regulierung charakterisieren die Kriminalpolitik und die Vorschriften des Strafrechts, statt die souveränen Merkmale weiter aufzunehmen. Demzufolge soll das Strafrecht seinen Geltungsrahmen ausweiten, um jene Verhaltensweisen anzuleiten und jene der Disziplin und Regierung widersprechenden Verhaltensweisen, selbst wenn es hier nur um Bagatelle geht, aufzufangen.[611] Daraus ergibt sich zuerst die Verrechtlichung des Strafrechts, in welcher die bestimmten erlaubten und unerlaubten Verhaltensweisen angeleitet sind.

(2) Im Kontext der „Dispositive der Sicherheit" wird die individuelle Freiheit nachrangiger als die Interessen des Kollektivs.[612] Bei dem Strafrecht handelt es sich folglich nicht um den Freiheits- und Sicherheitsschutz von den kein Verbrechen begehenden Individuen. Es handelt sich vielmehr um eine zwar milder gewordene, aber möglichst situative, weitergehende, umfangreichere und verfeinerte soziale Kontrolltechnik für alle Individuen, um die von den kollektiven Werten abweichenden Handlungen im Vorfeld zu verhindern[613] und sodann die individuellen Handlungen auf die Gesamtheit zuzuordnen.[614]

---

607 *Krasmann/ Opitz*, Regierung und Exklusion, S. 134.

608 Ausblick und Zusammenfassung bei *Singelnstein*, Diskurs und Kriminalität, S. 174.

609 *Krasmann/ Opitz*, Regierung und Exklusion, S. 131.

610 *Foucault*, In Verteidigung der Gesellschaft, S. 293 ff. Ähnliche Meinung *Singelnstein*, Diskurs und Kriminalität, S. 181 f.

611 *Foucault*, Überwachen und Strafen, S. 230 f.

612 Die Regierung im Sinne der Gouvernementalität beziehe sich überwiegend auf der Ebene der Bevölkerung, *Krasmann/ Opitz*, Regierung und Exklusion, S. 134; *Singelnstein*, Diskurs und Kriminalität, S. 180 f.

613 *Singelnstein/ Stolle*, Soziale Kontrolle, S. 112 f.

614 *Foucault*, Überwachen und Strafen, S. 236.

dd. Zusammenfassung und Würdigung

Mittels der zusammenfassenden Betrachtung über *Garlands* Präventionspartnerschaft und *Foucaults* machtorientierte Theorie des Verhältnisses zwischen Strafe und Disziplinierung werden die Strategien von Inklusion und ihre gesellschaftliche Quellen vollkommener konstruiert:

(1) *Garlands* Präventionspartnerschaft dient als ein Ausganspunkt, die Funktionswendung der modernen Strafe von der traditionellen Prävention zur System- und Kontextsteuerung zu erklären.[615] Sie erklärt auch das Verhältnis zwischen dem Strafverständnis und dem gesellschaftlichen Wandel. Dabei fehlt aber der Verweis darauf, in welcher Lage das Individuum in der Gemeinschaft sein soll und in welcher Weise es sich verhalten soll, wenn die Strafe ein politisches Instrument staatlicher Regulierung ist.

(2) *Foucaults* Theorie von Disziplinarmacht und Gouvernementalität, die den Vorgang der Rationalisierung der Strafe und das Verständnis der Strafe als staatliche regierende Disziplinartaktiken beschrieben hat,[616] ist zu den sozialkriminologischen Theorien *Durkheims* und *Garlands* komplementär. Er macht deutlicher, dass die disziplinar-regierende Macht als der Komplex von Vergesellschaftung und sozialer Kontrolle über das Individuum nicht nur bloß die Kontrolle ausübt, sondern auch mehr oder weniger – zwar im Wesentlichen gesellschaftlich eingeschränkte – Freiheitsräume schafft.[617] Der Strategie von Inklusion nach bedeutet für das Sicherheitsstrafrecht jedes Individuum wegen der Entfaltungsmöglichkeiten seiner Individualität allerdings ein Verbrechenspotenzial, das kontinuierlich diszipliniert und reguliert werden muss, sodass es, sofern es in sicherer Gemeinschaft bleiben will, seine Homogenität mit Anderen möglichst halten und damit letztlich die Sicherheit in der Gemeinschaft nicht stören kann.

b. Strategien von Exklusion

Bei der Strategie von Exklusion beschränkt es sich zunächst darauf, wie die Kriminellen durch das Strafrecht aus der Gemeinschaft ausgeschieden werden und wie sie deswegen entqualifiziert werden. Die Disziplinarmacht wirkt sich auch hierbei aus, jedoch überwiegend im Strafvollzug,[618] welcher bei der Entstehung des Gefährdungsstrafrechts nur eine nachrangige Rolle spielt.

---

615 Berücksichtigung der Systemlogik der modernen Verbrechenskontrolle auch bei *Frehsee*, Verbrechenskontrolle, S. 54 ff.

616 Unter Gouvernementalität versteht *Foucault* gerade nicht als einen Zustand, sondern als einen dynamischen Vorgang zur Gouvernementalisierung. Dazu *Foucault*, Analytik der Macht, S. 171 f.

617 *Garland*, Punishment and modern society, S. 171; *Steinert*, Disziplin und Strafe, S. 241 f.

618 *Steinert*, Disziplin und Strafe, S. 239 f.

aa. Foucaults historische Analyse für die Umformung des Straftäters

Während das liberale und soziale Strafrecht den Straftäter noch bewusst schützen und verbessern wollte, nimmt das moderne Sicherheitsstrafrecht bei der Begegnung der Straftäter eine „Kriminologie des Anderen" auf.[619] Bereits bei *Foucault* ist die historische Idee der Kriminologie des Anderen aufgrund der allgemeinen Vertragstheorie angedeutet, wonach der Kriminelle als ein Feind der Gesamtgesellschaft angesehen war, weil er durch seine Straftat den Vertrag gebrochen hatte.[620] Der Kriminelle wurde dann zu einem rechtlich paradoxen Wesen objektiviert, also als das aus dem Gesellschaftsvertrag ausgefallene, moralische oder politische „Monster" und als das durch das Bestrafen wiederintegrierte „Rechtssubjekt" erachtet.[621] Als diese Idee ein Verschieben des Rechts der Strafe „von der Rache des Souveräns auf die Verteidigung der Gesellschaft" implizierte, veranlasste sie im 18. Jahrhundert nach *Foucault* dennoch die wesentliche Reform des Strafrechts, die Übermacht der Strafgewalt zurückzunehmen, ihr eine Grenze zu setzen und die „menschliche" Strafe zu verhängen.[622]

Von dieser Reform im 18. Jahrhundert aus bezog das Strafrecht sich *Foucault* zufolge aber nicht nur auf die Menschlichkeit, sondern auch auf die politische Machtoptimierung.[623] Damit sind folgende zwei Anhaltspunkte diese politische Machtoptimierung festzuhalten: Zuerst war die strafrechtliche Exklusion für die Kriminellen schon der ursprünglichen Vertragstheorie nach vorstellbar und wurde argumentiert.[624] Sie ist seither in der modernen Gesellschaft nicht gänzlich verschwunden, obwohl die Menschenwürde im modernen demokratischen Verfassungsstaat unantastbar ist (Art. 1 Abs.1 GG). Sie verbirgt sich vielmehr hinter dem Namen der modernen Zivilisation und kann wegen der politischen Bedürftigkeit zur sozialen Kontrolle nochmals auftauchen. Es handelt sich bei den Gewalten des Strafens – auch in der Hinsicht *Foucaults* – nicht ständig um die rechtlich orientierte, sondern überwiegend um die politisch orientierte Optimierung der neuen Machtstrategien.[625]

Später im 19. Jahrhundert wurde der Begriff des „gefährlichen Menschen" von der Kriminalanthropologie der italienischen Schule aufgeworfen, welcher die strafrechtliche Verantwortung auf die Gefahr des Einzelnen für die Gesellschaft bezog. Von diesem Standpunkt aus wurde die Strafe zum Schutzmechanismus der Gesellschaft

---

619 *Garland*, Kultur der Kontrolle, S. 251 f., 328 ff.

620 *Foucault*, Überwachen und Strafen, S. 114 f.

621 *Foucault*, Überwachen und Strafen, S. 114, 329.

622 *Foucault*, Überwachen und Strafen, S. 115 ff.

623 *Foucault*, Überwachen und Strafen, S. 117.

624 Auch bei der Ausführung der Disziplin für die Straftäter wirkt die Exklusion. Zusammenhang zwischen der Disziplin und der Exklusion siehe *Krasmann/ Opitz*, Regierung und Exklusion, S. 131 f.

625 Für *Foucault* ist die Ausschließung immerhin ein Merkmal der Machtform. Dazu *Foucault*, Überwachen und Strafen, S. 113 f.; *Garland*, Punishment and modern society, S. 223, 229; *Krasmann/ Opitz*, Regierung und Exklusion, S. 130.

umgeformt.[626] *Foucaults* Einschätzung nach war hier der Schwerpunkt der strafrechtlichen Verantwortung „von der tatsächlichen begangenen Tat hin zu der virtuellen Gefahr" verschoben. Dies veranlasste gerade, dass eine Neigung zu der „Haftung ohne Verschulden", welche hinsichtlich der Begriffe Risiko und Gefahr „nicht nur durch Disziplin, sondern auch durch Sicherheit geprägt war", erst im Zivilrecht, und dann im Strafrecht gefunden werden konnte.[627] Anschließend an die Idee von Haftung ohne Verschulden antwortete danach die Idee der *Défense sociale* auf die Frage, wie der Mensch durch sein bloßes Dasein eine strafrechtliche Gefahr darstellen kann. Sie führte darüber hinaus die Begriffe wie „Gefährdung" und „Gefährlichkeit" des Verbrechers in den strafrechtlichen Gefügen ein. Dementsprechend wurde „das Erkennen gefährlicher Menschen, der seltenen monströsen Figur des Monomanen" zum Kernproblem des Strafrechts.[628]

Mit diesen theoretischen Interpretationen versucht *Foucault* zu erklären, dass trotz des Grundsatzes des Tatstrafrechts der Begriff des gefährlichen Menschen bzw. seine anderen analogen Begriffe aus der forensischen Psychiatrie bereits im Strafrecht akzeptiert und angewendet wurden. Vor allem in der Praxis konzentriert sich das Gericht im Verfahren darauf, wie der Verbrecher ist.[629] An dieser Stelle wird verständlich, dass eine monströse Figur des Menschen, welche über das positive Strafrecht hinausgeht, überhaupt theoretisch und praxisnah festzuhalten sein könnte. Die Idee, dass der Täter als ein großes Monstrum erfasst wird, als ein Verbrecher ohne Vernunft und als solch ein Verbrecher, dessen Gefährlichkeit sich nicht aus der Tat, sondern aus ihm selbst ergibt, liefert ein Ausgangspunkt der Umformung des Menschenbildes im Strafrecht, das aufgrund der Sicherheit in einer Weise der Exklusion dem Schutz der Gesellschaft dient.[630] Als Beispiel wird die moderne Repräsentation dieser strafrechtlichen Exklusion für Kriminellen in folgender Analyse *Garlands* für die modernen Strategien der Verbrechenskontrolle vorgestellt.

bb. Garlands moderne Strategie der punitiven Segregation

In der spätmodernen gesellschaftlichen Wirklichkeit entsteht solch ein kriminologischer Gedanke, *Kriminologie des Anderen*, nach *Garland* zuerst aus der konservativen Idee, jenseits der Tendenz der Individualisierung die moralische Disziplin und

626 *Foucault*, Die Entwicklung des Begriffs des „gefährlichen Menschen", S. 582, 586 ff.; *Bock*, in: *Göppinger*, Kriminologie, S. 14 f. Historischer und gesellschaftlicher Zusammenhang des Menschenbildes mit der Spezialprävention *Rüping*, Formen staatlicher Strafe, S. 38.

627 *Foucault*, Die Entwicklung des Begriffs des „gefährlichen Menschen", S. 588 f.

628 *Foucault*, Die Entwicklung des Begriffs des „gefährlichen Menschen", S. 590 ff., 592; *Bock*, in: *Göppinger*, Kriminologie, S. 17.

629 *Foucault*, Die Entwicklung des Begriffs des „gefährlichen Menschen", S. 592 ff.

630 Zusammenhang der Gefährlichkeit des Täters mit der Rechtfertigung der Strafe, *Günther*, Kritik der Strafe II, S. 132 f. Das gefährliche Individuum in der Form des Anormalen zu exkludieren *Krasmann/ Opitz*, Regierung und Exklusion, S. 131.

Kontrolle wiederherzustellen. Dieser Gedanke ist aufgrund der gesellschaftlichen Verunsicherung und Feindseligkeit zwischen unterschiedlichen Gruppen vornehmlich auf einige bestimmte, besonders ausgewählte Gruppen z. B. die armen Individuen oder marginalisierten Gruppen anzuwenden und daher zu einer „Verhärtung der sozialen Trennlinien" geworden.[631] An dieser Stelle fokussiert die Kriminologie des Anderen „politisch" konsequent mehr Kontrolle und härtere Strafmaßnahmen, sodass die Kriminalpolitik „zu einer Form des Ausagierens" wird, welche angesichts des Verzichts auf *effektviere* Verbrechenskontrolle nach einer *expressiveren, vergeltungs*bezogenen Gesetzgebung bestrebt.[632]

Diese neue Tendenz der Kriminalpolitik gehört aus *Garlands* Sicht zu der gesellschaftlichen Grundlage der „Strategie der punitiven Segregation", welche die souveräne Staatlichkeit präsentierend, die explizite Bestrafung und Ausschließung betont.[633] Ihr theoretisches Fundament besteht darin, dass der Straftäter als ein vollkommen antisozialer Krimineller dargestellt werde, sodass die Mechanismen der Entmenschlichung darin operieren könnten und die Andersheit der Kriminellen somit auch noch unmittelbarer erkennbar, ausschließbar und kontrollierbar erscheine.[634] Hier läuft offensichtlich der Kernvorgang des Rekommunitarisierungsprozesses, die *Dichotomisierung zwischen dem meinesgleichen und dem nicht-meinesgleichen* oder sogar zwischen dem Ungefährlichen und Gefährlichen, aktiviert ab.[635]

Diese kriminalpolitische Strategie wird letztlich zu einer Kriminologie der Kontrolle, welche zur Sicherheit der Gemeinschaft mittels der Sprache von Krieg und Verteidigung der Gesellschaft sowohl die Straftäter als die Anderen in intensivere und strengere Kontrolle zu bringen versucht, als auch damit einhergehend deren Freiheit und Subjektivität entzieht.[636] Was das Individuum als Straftäter dabei betrifft, ist die Entindividualisierung und ferner auch die gemäß dem Code von „gefährlich/ ungefährlich" durchgeführte Exklusion aus der Gemeinschaft.[637] Demnach bedeutet dies dem Individuum vielmehr die Entmenschlichung, die Verlierbarkeit der Subjektivierung und schließlich die Ausschließung der „Feinde" im Strafrecht.[638] Als eine der Formen der Exklusion wird das Strafrecht,[639] um Homogenität aller Mitglieder innerhalb der Gemeinschaft anzustreben, im Laufe dieser Entwicklungen immer

---

631 *Garland*, Kultur der Kontrolle, S. 192 f., 194. Auch *Singelnstein/ Stolle*, Soziale Kontrolle, S. 113 f.

632 *Garland*, Kultur der Kontrolle, S. 243 ff., 247.

633 *Garland*, Kultur der Kontrolle, S. 259 f.

634 *Garland*, Kultur der Kontrolle, S. 250 ff.

635 *Garland*, Kultur der Kontrolle, S. 325.

636 *Garland*, Kultur der Kontrolle, S. 328 f., 350 f.

637 Zutreffend *Krasmann/ Opitz*, Regierung und Exklusion, S. 138.

638 *Sander*, Menschenwürde und „Exklusion", S. 256 ff.; *Sander*, Grenzen instrumenteller Vernunft, S. 38 ff.

639 Strafrecht als das Mechanismus der Exklusion *Sander*, Menschenwürde und „Exklusion", S. 255 ff.

„punitiver, expressiver und sicherheitsorientierter".[640] Damit kann es mittels der Betonung der strafenden Reaktionen für die Kriminellen und auf die vergeltungsnahe Aufrechterhaltung der strafrechtlichen Geltungen seine Funktion sozialer Kontrolle möglichst verschärfen. Folglich könnte die Sicherheit im Strafrecht okkupieren und durch die höchste Präsentation der souveränen Macht die Rechtsstaatlichkeit des Strafrechts außer Kraft setzen.[641] Dies ermöglicht den Ausnahmenzustand *im* Strafrecht, in dem Gefahren des Sicherheitsstrafrechts liegen, und es hat die begrenzte Kompatibilität von Sicherheit und Freiheit zur Folge.[642]

4. Zusammenfassung

Die oben erwähnte Gestalt des modernen Strafrechts, die kriterienlose Kompatibilisierung von Wertkomplexen, präsentiert sich auch in der kriminalsoziologischen Grundlage des modernen Strafens. Das Ziel des modernen Strafens ist die Sicherheit der Gemeinschaft. Dessen Funktion ist die Operation des sozialen Rekommunitarisierungsprozesses, die innere Solidarität zu beschwören und die Grenzen der Gemeinschaft zu stabilisieren. Trotzdem lässt sich die Frage noch nicht beantworten: Wie man im Strafrecht diejenige Strafe ausmacht, welche die mildere, situativ anleitende, disziplinierte und regulatorische Steuerung einerseits und die souveräne, punitive und repressive Segregation anderseits darstellt?[643]

Meine These dazu lautet, dass das Gefährdungsstrafrecht als eine realisierte Entsprechung mit denselben paradoxen kriminalsoziologischen Ideen gelten würde. Bevor diese These kriminalpolitisch und strafdogmatisch zu bestätigen ist, scheint es aber notwendig, zuallererst zu überlegen, in welchen straf- sowie strafrechtstheoretischen Grundlagen die beiden Strategien in den dogmatischen Bereich hineintreten dürften. Denn es scheint momentan allzu trivial, die moderne Strafrechtsdogmatik in erster Linie an die zweckmäßige Kriminalpolitik bzw. die Strafzwecktheorien zu binden.[644] Umgekehrt gilt dies auch, weil eine empirische kriminalpolitische Zielsetzung nur dann dogmatisch ermöglicht wäre, wenn sie durch eine Strafzwecktheorie normativ vermittelt würde. Dadurch ist auch der Anknüpfungspunkt des modernen Sicherheitsstrafrechts an der Ausgestaltung des Gefährdungsstrafrechts festzuhalten.

III. Wendung der Straftheorie: Übergang des Sicherheitsstrafrechts zum Gefährdungsstrafrecht

Die Ziele der Strafe, die sich vorher im Unterschied zu den Aufgaben des Strafrechts jeweils als die Vergeltung, die Abschreckung und die Resozialisierung präsentierten,

640 *Garland*, Kultur der Kontrolle, S. 314; *Singelnstein*, Diskurs und Kriminalität, S. 182.
641 *Krasmann/ Opitz*, Regierung und Exklusion, S. 138.
642 *Prittwitz*, Sicherheit und Freiheit, S. 227 f.
643 Analyse dieses Widerspruchsverhältnisses bei *Steinert*, Disziplin und Strafe, S. 238 ff., insbesondere S. 247 ff.
644 Statt vieler nur *Roxin*, AT I, § 7, Rdnr. 1, 75 ff.

sind nunmehr zur kriminalpolitischen Aufgaben des Strafrechts vereinigt oder mindestens dadurch begründet.[645] Diese normative Bewegung der Straftheorien berücksichtigt mehr kriminalpolitische Wirklichkeit und verkörpert sich im modernen Sicherheits- sowie Gefährdungsstrafrecht. Sie zeigt zugleich an, wie das Sicherheitsstrafrecht sich letztlich vorzugsweise durch die Form des Gefährdungsstrafrechts ermöglichen muss. Deshalb ist es sinnvoll, den Zusammenhang zwischen den bewegenden Richtungen von Straftheorien und kriminalpolitischen Aufgaben des Strafrechts hier zunächst überblicksweise zu betrachten.[646]

Im formal-liberalen Rechtsstaat stellte sich die Strafe aufgrund der Verallgemeinerung und Verstaatlichung des Strafanspruchs zuerst lediglich als die Vergeltung auf die Straftäter (die absolute Straftheorie), dann als die Abschreckung und Bedrohung auf die Allgemeinheit dar, die als potenzielle Straftäter gekennzeichnet sind (die negative Generalprävention).[647] Damals spielte das Strafrecht dementsprechend die Rolle des „Verbrechensbekämpfungsbegrenzungsrechts", dessen Funktion sich auf die Formalisierungs- und Begrenzungsfunktion der Staatsstrafmacht beschränkte und sich dadurch die Funktion der Freiheitsgarantien entfaltete.[648] Im materiell-sozialen Rechtsstaat war die Resozialisierung der Verurteilten hinsichtlich der Zweckrationalität des Rechts die Hauptstraftheorie geworden (die Spezialprävention).[649] Demzufolge bestrebte die sozialisierte Strafe, den Täter zu verbessern, oder sozusagen wieder in die Gemeinschaft zu inkludieren, anstatt ihn bloß zwecklos zu vergelten. Das soziale Strafrecht wurde vor allem vor dem Hintergrund der Risikogesellschaft eben von dieser Zweckorientierung des Strafens an zu einem Instrument der Sozialpolitik und setzte seine Hauptfunktion und seine Legitimation auf seine Effektivität oder Effizienz der Verbrechenkontrolle um.[650] Seitdem war die Rechtsstaatlichkeit eines liberalen, freiheitsgarantierenden Strafrechts wohl „zu delegitimieren, weil sie den Einsatz des Strafrechts ineffizient macht".[651] Folglich kennzeichnet die Einführung der Spezialprävention mit ihrem Zweckgedanken allein nur die irreversible Umformulierung des modernen Strafrechts vom Verbrechensbekämpfungsbegrenzungsrecht

645 *Hassemer*, Einführung, S. 324.

646 *Sieber*, NStZ 2009, S. 356 f.

647 Grundsätzliche Darstellung *Roxin*, AT I, § 3, Rdnr. 2 ff., 21 ff.; NK-StGB-*Hassemer/ Neumann*, Vor § 1, Rdnr. 266 ff. Kritische Vorstellung *Günther*, Kritik der Strafe I, S. 120 ff.

648 Siehe B. I. 1. in diesem Kapitel. Begrenzungsfunktionsorientierte Vorstellung der absoluten Straftheorie siehe nur *Prittwitz*, Strafrecht und Risiko, S. 204. Generalprävention als eine der Wurzeln des Gesetzlichkeitsprinzips *Roxin*, AT I, § 5, Rdnr. 22 f.

649 Grundsätzliche Darstellung *Roxin*, AT I, § 3, Rdnr. 11 ff.; NK-StGB-*Hassemer/ Neumann*, Vor § 1, Rdnr. 275 ff. Kritische Vorstellung *Günther*, Kritik der Strafe I, S. 124 ff. Zusammenhang zwischen dem sozialen Gedanken und der Spezialprävention *Naucke*, ZStW 94 (1982), S. 542 ff. und mit Verweis auf B. I. 2. in diesem Kapitel.

650 Wendungspunkt *Naucke*, ZStW 94 (1982), S. 558 f.; *Haffke*, FS-*Roxin* 2001, S. 956 ff. Anforderung nach Effektivität der Strafpflege siehe *Zipf*, Kriminalpolitik, S. 54 f.

651 *Haffke*, FS-*Roxin* 2001, S. 958, 965 ff.

zum Verbrechensbekämpfungsrecht und impliziert zugleich, wie die Wendung der Straftheorie dem Wandel der politischen und gesellschaftlichen Wirklichkeit entsprechend auftaucht.[652]

Es ist daher kein Wunder, dass aus dem Versagen des Gedankens des Sozialstaates und der Enttäuschungen der Spezialprävention wiederum eine neue Straftheorie erwächst. Unter diesen Enttäuschungen werden nicht nur ihre Effektivität von Behandlungsmaßnahmen und ihre kriminologischen Methoden empirisch bezweifelt, sondern auch ihre Legitimation in Bezug auf ihren Charakter, ihre Unbestimmtheit des Strafvollzugs und ihre Bedenken bezüglich Menschrechtsverletzungen normativ kritisiert.[653] Aus diesen Gründen und auch vor dem Hintergrund von dem faktischen Aufstieg der Sicherheits- und Kontrollbedürfnisse[654] kommt dem Sicherheitsstrafrecht schließlich die Straftheorie der positiven Generalprävention zu.[655] Nach dieser Theorie versuchen die Strafe und das Strafrecht gemeinsam als Instrument der sozialen Kontrolle auf die Allgemeinheit „positiv“ einzuwirken, anstatt sie abzuschrecken. Die Aufgabe der Strafe beschränkt sich darauf, „die Bevölkerung in Normanerkennung einzuüben und auf diesem Wege die Geltung der Normen in der Gesellschaft sicherzustellen“.[656]

Zugleich stellt das Sicherheitsstrafrecht angesichts derselben gesellschaftlichen Kontrollbedürfnisse bei seiner Funktion den Beginn einer neuen Epoche dar: Das symbolische Strafrecht.[657] Um die dogmatischen Bindungen und Begrenzungen des Strafrechts aufzulösen und das Strafrechtssystems mit der Empire zu verknüpfen,[658] wird der symbolische Charakter im modernen Sicherheitsstrafrecht stärker bekräftigt als die Zweckrationalität und die Effektivität oder Effizienz. Das Sicherheitsstrafrecht verzichtet deshalb nicht auf das Effizienzprinzip. Es liefert vielmehr mit Hilfe der Auswirkung positiver Generalprävention eine neue Interpretation der Effektivität oder Effizienz für die versprochene Verhaltenssteuerung und Sicherheitsgewährleistung.[659] Aus dieser Wechselwirkung von dem symbolischen Strafrecht und der

---

652 *Naucke*, ZStW 94 (1982), S. 564.

653 Systematische Betrachtung *Terlinden*, Von der Spezial- zur positiven Generalprävention, S. 49 ff. „Nothing works“-Krise über die Resozialisierungsfunktion der Strafe auch bei *Prittwitz*, Strafrecht und Risiko, S. 211 f.; *Müller-Tuckfeld*, Integrationsprävention, S. 81 ff.; *Garland*, Kultur der Kontrolle, S. 122 ff.; NK-StGB-*Hassemer/ Neumann*, Vor § 1, Rdnr. 276.

654 Vgl. B. II. 2. in diesem Kapitel.

655 Verweis auf der „passenden“ Straftheorie des Sicherheitsstrafrechts *Kindhäuser*, Universitas 1992, S. 232; *Hefendehl*, NK 2013, S. 22.

656 *Hassemer*, Einführung, S. 326; *Lüderssen*, StV 2004, S. 99. Dieses Modell überwiegend bei *Jakobs*, AT, 1/ 4 ff.

657 Dieser Wendungshintergrund *Kindhäuser*, Universitas 1992, S. 232 f.; *Hassemer*, FS-*Roxin* 2001, S. 1005.

658 *Kindhäuser*, Universitas 1992, S. 233; *Hassemer*, FS-*Roxin* 2001, S. 1004, 1013; *Haffke*, FS-*Roxin* 2001, S. 970 ff.

659 Zutreffend *Haffke*, FS-*Roxin* 2001, S. 974.

positiven Generalprävention könnte erst begründet werden, warum sich das Gefährdungsstrafrecht aus dem Sicherheitsstrafrecht ableitet. Um die These, dass das Gefährdungsstrafrecht das Instrument zur Ermöglichung des Sicherheitsstrafrechts wäre, zu untermauern, soll im Folgenden die gesamte Konzeption des Gefährdungsstrafrechtsweiter erhellt werden.

C. Konzeption des modernen Gefährdungsstrafrechts

I. Vorbemerkung

Die Neigung des modernen Strafrechts zur gefährdungs- sowie gefährlichkeitsorientierten Vorfeldkriminalisierung kann in erster Linie auf die vielfältigen Straftheorien der positiven Generalprävention zurückgeführt werden. Es ist verständlich, weil der allgemeine Zusammenhang zwischen der präventiven Straftheorie und einem risiko- oder gefährdungsorientierten Strafrecht in der Gegenwart wie eine Trivialität erscheint.[660] In der oben angedeuteten Diskussion des Sicherheitsstrafrechts wurde es auch schon auf der Dimension der Rechtswirklichkeit impliziert, dass das nach Sicherheit strebende, präventive Strafrecht sich folglich zum Gefahrenabwehrrecht verwandelt.[661] Es lässt sich deshalb zumindest in der gesellschaftlichen Wirklichkeit feststellen, dass das derartige Strafrecht bereits faktisch ein steuerndes Mittel zur Erfüllung der erhöhten Sicherheitsbedürfnisse in der modernen Gesellschaft ist.[662] Erklärungsbedürftig ist jedoch, wie die positiv-generalpräventiven Straftheorien das Gefährdungsstrafrecht unterstützen und inwieweit der Umfang des Gefährdungsstrafrechts hierbei gemeint ist. Im Anschluss wird das Gefährdungsstrafrecht rechtssoziologisch kritisch gewürdigt und somit ermittelt, woraus sich die unausweichliche Tendenz zur Reduzierung und Inaktivierung des Vorsatzes darin ableitet.

II. Positive Generalprävention als straftheoretische Grundlage des Gefährdungsstrafrechts

1. *Grundlegende Aussage der Theorie*

Obwohl die positive Generalprävention momentan als die dem modernen Strafrecht passende Straftheorie verstanden wird,[663] ist deren Idee keineswegs eine echte Produktion der Modernisierung des Strafrechts. Die Ursprünge des Konzepts der positiven Generalprävention kann man sehr früh auf die verschiedenen Ansätze im 18. Jahrhundert zurückführen, welche durch die staatliche Strafe die Wiederherstellung der

660 Eingehend *Wohlers*, Präventionsstrafrecht, S. 21 ff.
661 Vgl. B. I. 3. in diesem Kapitel.
662 *Herzog*, Gesellschaftliche Unsicherheit, S. 58; *Wohlers*, Präventionsstrafrecht, S. 22.
663 Zustand der Literatur *Müller-Tuckfeld*, Integrationsprävention, S. 7.

Normtreue von den Bürgern verlangten.[664] Schon seit der früheren Neuzeit wurden die öffentlichen Vollzüge der Bestrafung, vor allem der Todstrafe und ihrer einhergehenden Martern, inszeniert als eine gesellschaftliche Zeremonie, welche sowohl durch die strategische Arrangements der Staatsmacht die verletzte Souveränität wiederherstellte (*Foucault*)[665] als auch den das Recht suspendierenden Ausnahmezustand realisierte (*Agamben*)[666]. Später ließe die Strafe solch eine gesellschaftliche Funktion allgemein tragen, um das verletzte gesellschaftliche Kollektivbewusstsein und die verlorene soziale Solidarität wieder zu stabilisieren (*Durkheim*).[667] In diesem Sinne besagen die Strafe und das Strafrecht in diesem Zeitalter, dass die empirische Funktion der Strafe hoch skeptisch ist, keinerlei bloß eine inhaltsleere, funktionslose Symbolik. Sie erfüllen vielmehr die gesellschaftlichen und politischen Erwartungen,[668] den Rekommunitarisierungsprozess in sich verfeinerter und unwahrnehmbarer zu verwirklichen, indem die Theorie der positiven Generalprävention die Operationen von Inklusion und Exklusion konkret und exakt in das Strafrecht einpflanzt. Anders formuliert: Obwohl die Theorie der positiven Generalprävention viele alte Elemente aus dem traditionellen Strafverständnis aufnimmt, scheint sie auf der theoretischen Ebene nicht einfach wie alter Wein in einer neuen Flasche.[669] Sie versucht vielmehr zunächst diese traditionellen Elemente in sich zu internalisieren und entwickelt dann hinsichtlich der modernen Charaktere von Gesellschaft und Staat eine geeignete Straftheorie und Dogmatik.[670] Die daraus folgenden straftheoretischen und dogmatischen Erfolge stabilisieren mittels der Durchführungen von Inklusion und Exklusion Gemeinschaften und erhalten letztlich den Anspruch auf Sicherheit der Gemeinschaften aufrecht.

Bei den Einzelheiten der Theorien der positiven Generalprävention lassen sich zwar vielen Varianten erkennen, deren gemeinsame Kernidee im Wesentlichen nichts anderes als der Rekommunitarisierungsprozess ist. *Roxins* Analyse zufolge sind zunächst drei Effekte als Kernideen der positiven Generalprävention zugeschrieben: Lern-, Vertrauens- und Befriedungseffekte.[671] Nach der Rechtsprechung sind ebenso die „Erhaltung und Stärkung des Vertrauens in die Bestands- und Durchsetzungskraft

664 Nur *Funcke-Auffermann*, Symbolische Gesetzgebung, S. 73; *Terlinden*, Von der Spezial- zur positiven Generalprävention, S. 29.

665 *Foucault*, Überwachen und Strafen, S. 64. Zusammenhang zwischen der Inszenierung der Bestrafung und der Symbolisierung der Strafe *Müller-Tuckfeld*, Integrationsprävention, S. 19 ff.

666 *Agamben*, Ausnahmenzustand, S. 52. Vgl. auch 2. Kapitel. E. I. 3.

667 Siehe B. II. 1. in diesem Kapitel. Auch *Funcke-Auffermann*, Symbolische Gesetzgebung, S. 73.

668 Sie sind deshalb „sozialpolitisch wünschenswert". Dazu *Roxin*, AT I, § 3, Rdnr. 28.

669 Im Ergebnis zutreffend *Hassemer*, Variationen der positiven Generalprävention, S. 29.

670 Gesellschaftliche und staatliche Faktoren über die Entstehung der Theorie positiver Generalprävention siehe *Terlinden*, Von der Spezial- zur positiven Generalprävention, S. 369 ff.

671 *Roxin*, AT I, § 3, Rdnr. 27.

der Rechtsordnung" vom BVerfG und die „Erhaltung der Rechtstreue der Bevölkerung" vom BGH ausgesprochen.[672] Unter diesem Gesichtspunkt sei zwar die Strafe ein „Instrument der Durchsetzung strafrechtlicher Verbote und Gebote", sie fungiere aber zunächst als „ein Mittel normativer gesellschaftlicher Integration, das über die Übelszufügung gegenüber dem Straftäter organisiert ist": Die „Integrationsprävention".[673]

Gemäß dem Lerneffekt der Integrationsprävention soll die Strafe zuerst durch die Demonstration der Verbote und Gebote im BT des StGB gegenüber dem Bürger die Funktion der Verinnerlichung der Norm ausüben, damit alle Bürger die Normen bewusst befolgen und sodann rechtsgemäß handeln. Dies bezieht sich weiterhin auf die Herstellung der Rechtstreue.[674] In diesem Sinne „wird das Strafrecht als Medium gesellschaftlicher Kommunikation, die normative Integration leistet und als Vermittlung eines Normgefüges, an dem sich der Bürger orientieren kann, verstanden".[675] Das Strafrecht als ein Integrationsfaktor suggeriert jedem Bürger einen Lernprozess,[676] der die wegen des Individualisierungsschubes verflüchtigte Funktion der traditionellen sozialen Gemeinschaften, den gesamten gesellschaftlichen Verkehr zu bestimmen und gleichzeitig Sozial- und Systemintegration zu sichern, ersetzt.[677] Der Lerneffekt aus der Integrationsprävention als die Äußerung der Inklusion wirkt also beispielsweise im Fall des Straßenverkehrs erheblich besser als die Wirkung der Abschreckung[678] und bezieht sich immer auf die Vorfeldkriminalisierung[679] oder auf die Erhöhung der Kontrolldichte und -intensität[680]. Dies besagt aber folglich die Einseitigkeit der Vorschriften des BT und die Beseitigung des AT des StGB. D. h., – nach *Hassemers* Befund – Freiheitseinschränkung statt Freiheitsverbürgung steht im Zentrum der Theorie der Integrationsprävention.[681]

Die Theorie der positiven Generalprävention enthält jedoch nicht nur die positive integrativ-präventive Wirkung. Sie verspricht auch die negativ-abschreckende und repressive Wirkung. Inzwischen mehren sich die Stimmen in der Straftheorie, die Theorie der positiven Generalprävention sei im Grunde eine dualistische Straftheorie,

---

672 BVerfG 45, 187, 256; BGHSt 24, 64, 66. Auch *Zipf*, Kriminalpolitik, S. 84 ff.; *Hassemer*, Einführung, S. 325; *Prittwitz*, Strafrecht und Risiko, S. 214 f.

673 *Hassemer*, Variationen der positiven Generalprävention, S. 41. Diskussion über die gesellschaftliche Funktion des Strafrechts, der normativen Integration zu dienen, siehe auch *Müller-Tuckfeld*, Integrationsprävention, S. 1 ff.

674 *Joo*, Die positive Generalprävention, S. 72.

675 *Funcke-Auffermann*, Symbolische Gesetzgebung, S. 75. Auch *Jakobs*, AT, 1/ 14; *Joo*, Die positive Generalprävention, S. 72 f.

676 *Funcke-Auffermann*, Symbolische Gesetzgebung, S. 76.

677 Ähnliche Argumentationen bei *Hassemer*, Einführung, S. 320 f.; *Terlinden*, Von der Spezial- zur positiven Generalprävention, S. 369 ff.

678 *Joo*, Die positive Generalprävention, S. 105.

679 Die Neigung zur Vorfeldkriminalisierung im Hinsicht auf die positiven Generalprävention bei *Jakobs*, ZStW 97 (1985), S. 751 ff., insbesondere S. 775.

680 *Joo*, Die positive Generalprävention, S. 117 ff.

681 *Hassemer*, Variationen der positiven Generalprävention, S. 41 f.

in der die Strafe zweiteilige Effekte von Tadel aus moralischer Begründung und von Übelzufügung aus präventiven Bedürfnissen habe.[682] Dazu sind manche Autoren der Meinung, in der Theorie der positiven Generalprävention die Elemente der Vergeltungstheorie entdecken zu können.[683] Die anderen sprechen sogar dafür, dass die Theorie der positiven Generalprävention sich nicht von der Vergeltungstheorie unterscheide.[684] Unter diesem Verständnis wird der Versuch unternommen, die Gefahr der präventiven Wirkung zu vermeiden und die positiv-generalpräventive Strafe noch im Rahmen des Schuldprinzips einzuschränken.[685] Über dies hinausgehend ist aber einer funktionalistischen Vorstellung der positiven Generalprävention berücksichtigenswert zu folgen. Sie hat zunächst dank dem Verständnis von *Luhmann*s Systemtheorie, später noch unter Rekurs auf die Rechtstradition des sog. Naturzustandes von *Hobbes* über *Rousseau* zu *Kant*, das Strafkonzept und das gesamte Strafrechtssystem zuletzt völlig gemäß den Strategien von Inklusion und Exklusion funktionalisiert, wie im Folgenden gezeigt wird. Aufgrund dieser funktionalistischen Vorstellung der positiven Generalprävention ist folglich das Gefährdungsstrafrecht als Mittel des Sicherheitsstrafrechts hervorgerufen worden.

2. Funktionalistische Vorstellung der positiven Generalprävention Jakobs'

a. Einübung in Normanerkennung als Inklusionspflichten in der Rechtsgemeinschaft

Anschließend an *Luhmann*s systemtheoretisches Rechtsverständnis ist das Strafrechtssystem bei *Jakobs* als ein vor allem mit dem Politiksystem eng gekoppeltes Teilsystem des Gesellschaftssystems beschrieben, welches zwecks der Bestätigung der gesellschaftlichen Identität die Positivität und die Normgeltung des Strafrechts besonders bekräftigt.[686] Die Stabilisierung der eigenen Dynamik des gesellschaftlichen Subsystems und die der normativen Erwartungen stehen dementsprechend stets im Vordergrund des Strafrechtssystems *Jakobs*'.

---

682 *Hörnle/ von Hirsch*, Positive Generalprävention und Tadel, S. 91 ff., vor allem S. 98; *von Hirsch*, Tadel und Prävention, S. 104 f.; *Schünemann*, Stellenwert der positiven Generalprävention, S. 112, 120 f. Dieses Modell insbesondere bei *Jakobs*' Theorie vgl. C. II. 2. in diesem Kapitel.

683 Z. B. *Frisch*, Theorie der positiven Generalprävention, S. 139 ff. Analysen für diesen Meinungstand der Literatur bei *Müller-Tuckfeld*, Integrationsprävention, S. 27 ff.; *Joo*, Die positive Generalprävention, S. 74 f.

684 Dieses Ergebnis *Kalous*, Positive Generalprävention, S. 251 ff. Jüngste Verwirklichung und Systematisierung dieser These *Pawlik*, Das Unrecht des Bürgers, S. 77 ff., 82 ff.

685 *von Hirsch*, Tadel und Prävention, S. 105; *Schünemann*, Stellenwert der positiven Generalprävention, S. 120; *Frisch*, Theorie der positiven Generalprävention, S. 145.

686 *Jakobs*, ZStW 107 (1995), S. 844, 846; *Jakobs*, Strafrechtswissenschaft, S. 47, 49.

Entsprechend seinem Verständnis vom Verhältnis zwischen Norm und Person wird der Verbrecher von *Jakobs* verstanden als derjenige, der durch seine Straftat die Normen verletzt, indem er durch seine Straftat den Gegensatz der gesellschaftlichen Wirklichkeit zeigt und ihre Personalität erhalten bleibt.[687] Der Verbrecher mache die Gesellschaft durch seine Tat *inhomogen* und produziere auch dadurch den Widerspruch gegen die normative Struktur der Gesellschaft und gegen das Recht. Die Gesellschaft müsse folglich „den Widerspruch durch einen weiteren und zudem autoritativen Widerspruch" beseitigen, um diese gespaltene Wirklichkeit zu bewältigen.[688] Aus dieser Position werde die Lenkung von Motivation als latente Funktion der Strafe abgeleitet.[689]

Die Strafe bleibt für *Jakobs* deshalb – sowohl im Sinne der modernen Gesellschaft als auch im Sinne der Philosophie der Aufklärung – nicht zweckfrei.[690] Nach seiner ursprünglichen, auf der Systemtheorie begründeten Auffassung sollte sie die obengenannten Voraussetzungen der gesellschaftlichen Interaktion gewährleisten. Damit hätte sie eine *präventive* Aufgabe wahrzunehmen,[691] die weder in der Vermeidung von Güterverletzungen noch in der absoluten Sicherheit vor Verbrechen, sondern vielmehr in der Bestätigung und der Erhaltung der Normgeltung bestünde.[692] Bei der Strafe ginge es demnach zunächst um eine Reaktion als Widerspruch gegen das Verbrechen, damit „die Rechtsstreue als selbstverständliche Haltung der Mehrzahl aller Personen erhalten bleibt und potentielle Opfer deshalb gewiss sein können, ihre Rechte nicht nur ausüben zu dürfen, sondern auch unbeschadet ausüben zu können".[693] Angesichts dessen, dass die Normgeltung eine Beziehung zwischen Norm, potentiellen Tätern und potentiellen Betroffenen ist, seien die Adressaten der Strafe alle Personen, die rechtstreu handeln müssten,[694] sodass jeder das Normvertrauen in der Wirklichkeit möglichst weiter einzuüben kann.

Später unterscheidet *Jakobs* die Bedeutung der Strafe und den Zweck der Strafe, sodass er – hierbei anknüpfend an *Hegel* statt an *Luhmann* – die Strafe auf einer Seite als Widerspruch, eine kommunikative Art, und auf der anderen Seite als Zwang, als Schmerzzufügung durch den Vollzug der Strafe begreift.[695] Die Strafe gelte zwar

---

687 *Jakobs*, Strafrechtswissenschaft, S. 49; *Jakobs*, Norm, Person, Gesellschaft, S. 111.

688 *Jakobs*, Rechtszwang, S. 32; *Jakobs*, Norm, Person, Gesellschaft, S. 111 f.

689 *Jakobs*, Strafrechtswissenschaft, S. 50.

690 Sogar bei *Kant* geht es aus *Jakobs*' Sicht bei der Strafe auch um die Sicherung vor gefährlichen Individuen, die als rechtlich notwendige Verbrechensreaktion zwingend dargetan sei. Deshalb sei eine zweckfrei bestimmte schuldangemessene Strafe eine bloße Chimäre. Siehe *Jakobs*, Staatliche Strafe, S. 5, 12 f.

691 *Jakobs*, AT, 1/ 14.

692 *Jakobs*, AT, 1/ 11; *Jakobs*, Strafrechtswissenschaft, S. 49; *Jakobs*, Staatliche Strafe, S. 26, 31.

693 *Jakobs*, Staatliche Strafe, S. 31.

694 *Jakobs*, ZStW 97 (1985), S. 775; *Jakobs*, Staatliche Strafe, S. 31.

695 *Jakobs*, Staatliche Strafe, S. 24 ff.; *Jakobs*, Rechtszwang, S. 32 ff. Begriff des Zwangs bei *Jakobs*, *Jakobs*, Norm, Person, Gesellschaft, S. 80 ff.

durch die Erhaltung der Normgeltung als ein „Orientierungsmuster für sozialen Kontakt“,[696] sie bedürfe aber immer einer kognitiven Untermauerung.[697] Für diese kognitive Untermauerung genüge ausschließlich, dass jeder Adressat sich de facto in die Lage versetzen müsse, „sich an ihr als Person im Recht zu orientieren“.[698] Von daher erhalte die Strafe durch den Widerspruch gegen das Verbrechen nur ihre *Bedeutung*. Ihr Zweck, die Erhaltung der kognitiven Seite der Normgeltung, sei nur durch den Strafschmerz zu erreichen.[699] Die Strafe zugleich als Widerspruch und Zwang bewirke sowohl die Schadenersatzpflicht des Täters, wonach nur die den spezifisch vom Verbrecher angerichteten Schaden ausgleichende Strafe legitimierbar sei,[700] als auch verstärke die wirkliche Orientierung der Normgeltung[701] und das Normvertrauen: „Erst der den Widerspruch begleitende Schmerz begründet das Vertrauen, auch an sich Befolgungsunlustige würden sich zukünftig wohl rechtmäßig verhalten“.[702]

Alles in allem implizierten diese Aufgaben der Strafe, die von *Jakobs* zusammenfassend als die *Einübung in Normanerkennung* bezeichnet werden,[703] die Inklusionspflichten der Personen in der Rechtsgemeinschaft und die den Inklusionspflichten unbedingt gebrauchte kognitive Untermauerung ihrer Personalität.[704] Daher konzentriere sich die Norm darauf, *„wer als Person im Recht, als Bürger, ‚mitmachen‘ will, hat sich als kognitiv verlässlich darzustellen“*.[705] Umgekehrt heißt es, der als Vertreter des Gruppeninteresses definierte Gewalthaber müsse durch die die individuellen Interessen transzendierenden Normen „das Muster einer Welt gruppentauglicher Wesen aufprägen“.[706] Nach *Jakobs* wird die Gesellschaft nur dann entstehen, „wenn die Norm den die Kommunikation leitenden Maßstab abgibt“.[707] Die Norm diene zwar nicht unmittelbar dazu, Menschen und ihre Willen zu lenken, bewirke aber durch ihren Vollzug eine Funktion zur personalen Verhaltensleitung[708] und führe zur ungestörten Freiheit „im Sinn einer Freiheit zu institutionell garantierter, ungestörter Selbstverwaltung“[709] und letztlich zur Disziplinierung der einzelnen Verantwortung.[710]

---

696 *Jakobs*, AT, 1/ 11. Die Orientierungsfunktion der Strafe ist vielmehr eine Gemeinsamkeit von allen Varianten der positiven Generalprävention.

697 *Jakobs*, Staatliche Strafe, S. 40; *Jakobs*, HRRS 2006, S. 292; *Jakobs*, Rechtszwang, S. 42.

698 *Jakobs*, Staatliche Strafe, S. 41.

699 *Jakobs*, Staatliche Strafe, S. 29 f.; *Jakobs*, Rechtszwang, S. 33.

700 *Jakobs*, Staatliche Strafe, S. 30; *Jakobs*, Rechtszwang, S. 34. An dieser Stelle kommt das Element der Tatvergeltung in *Jakobs*’ Straftheorie zum Ausdruck.

701 *Jakobs*, Staatliche Strafe, S. 30.

702 *Jakobs*, Rechtszwang, S. 33.

703 *Jakobs*, AT, 1/ 15.

704 *Jakobs*, Rechtszwang, S. 43.

705 *Jakobs*, Rechtszwang, S. 43. (Hervorhebungen im Original.)

706 *Jakobs*, Norm, Person, Gesellschaft, S. 31.

707 *Jakobs*, Norm, Person, Gesellschaft, S. 51.

708 *Jakobs*, Norm, Person, Gesellschaft, S. 52 f.; *Pawlik*, Person, Subjekt, Bürger, S. 65.

709 *Jakobs*, ZStW 117 (2005), S. 261.

710 *Günther*, Ermächtigung und Disziplinierung, S. 128 f.

b. Exklusion des Feindes aus Rechtsgemeinschaft

Der Ansatz, die Strafe auch als Zwang zu sehen, dient nach *Jakobs* nicht bloß als eine Ergänzung seiner früheren Idee, die Strafe als Widerspruch zu sehen. Er dient vielmehr als ein Brückenkonzept der Inklusionsfunktion der Strafe zur Exklusionsfunktion der solchen,[711] nämlich zu einer Verbindung von der Selbstverwaltung zur Fremdverwaltung.[712]

Beim Zwang handelt es sich für *Jakobs* vielmehr noch um den Personenstatus des Gezwungenen und um seine Personalität.[713] Der Zwang wird von *Jakobs* außerdem allgemein angesehen als eine Übergangsfolge zur „De- oder Entpersonalisierung", die wirkt, wenn die Orientierungskraft der normativen Erwartungen an die Person wegen des Nicht-Erfüllens der Pflichten, nämlich wegen des Mangels der kognitiven Untermauerung, in die Brüche geht.[714] Denn „wer als Person behandelt werden will, muss seinerseits eine gewisse kognitive Garantie dafür geben, dass er sich als Person verhalten wird";[715] und umgekehrt, wer sich nicht als Person verhält, wird den Gesetzen der Natur unterworfen, d. h., er gerät gezwungenermaßen in einen vorrechtlichen Naturstand, in einen Ausnahmezustand des Rechts.[716] Der Gezwungene werde deshalb „depersonalisiert, [...] indem er verantwortlich den Zwangsgrund schafft". „Hält die Notwendigkeit von Zwang an, so wird die Person des Gezwungenen heftiger deformiert".[717]

Jakobs formuliert dadurch rechtlich eine grundsätzliche (partielle) *Exklusionsregel*: Wer seine Pflichten, Rechtsstreue verlässlich zu versprechen, nicht erfüllt, sich also nicht als Person verhält, steht nicht im Recht und wird gezwungen und *entpersonalisiert*. Er wird zu einer „Unperson",[718] die *Luhmann* zufolge ein unerwarteter Gegenstand der Kommunikation ist und deutungsgleich als ein negativer Rechtsstatus an den Exklusionsbereich geleitet ist.[719] Die durch Depersonalisierung rechtlich verlorene

---

711 Vor allem in seinen späteren Werken. Hier exemplarisch sind hauptsächlich seine drei Hauptwerke: Staatliche Strafe: Bedeutung und Zweck, 2004; Norm, Person, Gesellschaft: Vorüberlegungen zu einer Rechtsphilosophie, 3. Auflage, 2008; Rechtszwang und Personalität, 2008, und seine anderen vor allem nach dem 20. Jahrhundert erschienenen, einschlägigen Aufsätze. Zusammenfassung bei *Jakobs*, System der strafrechtlichen Zurechnung, S. 13 ff. Überblick dieser Wendung *Schünemann*, ZStW 126 (2014), S. 6 ff.

712 *Jakobs*, Norm, Person, Gesellschaft, S. 82.

713 *Jakobs*, Norm, Person, Gesellschaft, S. 81.

714 *Jakobs*, Staatliche Strafe, S. 40 f.; *Jakobs*, Norm, Person, Gesellschaft, S. 80.

715 *Jakobs*, Strafrechtswissenschaft, S. 51.

716 *Jakobs*, HRRS 2004, S. 92: „Der Naturzustand ist eben ein Zustand der Normlosigkeit, also exzessiver Freiheit wie exzessiven Kampfes". Auch *Jakobs*, Staatliche Strafe, S. 47; *Jakobs*, Norm, Person, Gesellschaft, S. 86.

717 *Jakobs*, Norm, Person, Gesellschaft, S. 81 f., 83.

718 Dieser Zusammenhang *Jakobs*, Strafrechtswissenschaft, S. 53; *Jakobs*, HRRS 2006, S. 293; *Jakobs*, Rechtszwang, S. 16 f.

719 Vgl. 2. Kapitel D. I., E. I. 1. und vor allem E. II. 1.

Personalität könne allerdings wieder vollkommen erreicht werden, „wenn die Erforderlichkeit von Zwang, also von Fremdverwaltung, entfallen ist",[720] d. h., wenn der Depersonalisierte danach seine Gesellschaftstauglichkeit wieder demonstrieren kann.[721] Für *Jakobs* ist Exklusion aus der Gemeinschaft folglich ein notwendiger Mechanismus der Gesellschaft, mit der zu bestimmen ist, „was denn die Mindestbedingungen sind, die erfüllt sein müssen, damit jemand Person sein kann".[722]

Diese Exklusionsregel und die Depersonalisierung als ihre Hauptwirkung werden *Jakobs* nach besonders passend eingesetzt in einer für den Einzelnen hochgradig anonymen, freiheitlichen Gesellschaft, weil in dieser Gesellschaft die zukünftigen Normbrüche einer Person von den anderen Personen schwer zu ermitteln sind.[723] Gemäß dieser spezifischen gesellschaftlichen Wirklichkeit werde die Strafe, die zuvor bei *Jakobs* bloß eine Reaktion auf geschehene Taten war, nunmehr eine präventive Aufgabe leisten, Person zu zwingen, „um sie davon abzuhalten, *zukünftig* fehlerhaft zu handeln".[724] Daraus folge dann eine „Gemeinschaftsaufgabe" zum Schutz ihrer Mitglieder, die davon ausgehe, „was von einer Person zukünftig zu erwarten ist".[725] Dazu entfalte allerdings die herkömmliche, rechtsstaatlich beschränkte Strafe für diese Gemeinschaftsaufgabe nicht genug positiv-generalpräventive Wirkung. Daher müssten die Rechtlichkeit und die Rechtsstaatlichkeit der Strafe zu dieser Wirkung eventuell ausgeschaltet werden.[726]

Diese Exklusionsregel gilt für *Jakobs* darüber hinaus insbesondere im Fall der Gemeinschaft, weil die Verwaltung der Sicherheit für die Gemeinschaft vorrangiger als die Normbestätigung ist.[727] Die Gemeinschaft bedürfe daher des Zwanges als Sicherung und den Gesetzen als Bekämpfung, wenn es dabei um ein menschliches Individuum als eine sich dauerhaft von den normativen Erwartungen abweichende „Gefahrenquelle" gehe, welche auf der „Obliegenheitsverletzung" beruhe.[728] Durch den Zwang werde die Personalität des „gefährlichen" Individuums, „wie bei einem wilden Tier", im Naturzustand entfallen; es werde hier rechtlich depersonalisiert.[729] Obwohl diese Depersonalisierung nur punktuell auf „den möglichen Fehlgebrauch von Freiheit" erfolgt und die Exklusionswirkung auf den Depersonalisierten ebenfalls

720 *Jakobs*, Rechtszwang, S. 16.

721 *Jakobs*, Theorie des Feindstrafrechts, S. 171.

722 *Jakobs*, ZStW 107 (1995), S. 855.

723 *Jakobs*, Norm, Person, Gesellschaft, S. 83.

724 *Jakobs*, Rechtszwang, S. 35.

725 *Jakobs*, Rechtszwang, S. 43.

726 *Jakobs*, Strafrechtswissenschaft, S. 50 f. Dazu auch *Opitz*, Grenze des Rechts, S. 364 f.: „Es muss das Recht ausschalten, damit das Recht funktioniert".

727 *Jakobs*, Staatliche Strafe, S. 43.

728 *Jakobs*, HRRS 2004, S. 88 f., 91; *Jakobs*, Staatliche Strafe, S. 41 ff.; *Jakobs*, Rechtszwang, S. 41 ff.

729 *Jakobs*, Staatliche Strafe, S. 42 f., 47.

nur partiell ausgeübt wird,[730] wird der Depersonalisierte aber von *Jakobs* als ein der Position des Bürgers gegenüberstellter „Feind“ verstanden, wobei es sich nicht um Recht, sondern um „Krieg“ handelt.[731] Dadurch begründet *Jakobs* die Legitimation seines Konzepts „Feindstrafrecht“[732] und realisiert im Grunde genommen eine Exklusionsstrategie in seiner Theorie der Strafe und seiner Dogmatik.[733]

3. *Auf dem Weg zum gefahrabwehrenden Strafrecht*

Zusammenfassend lässt sich feststellen, dass die Strafe für *Jakobs* sowohl präventiv und expressiv wie auch repressiv ist und durchaus als ein Komplex der bisherigen Straftheorien gilt,[734] wie das moderne Verständnis des Rechts sich übereinstimmend mit der modernen gesellschaftlichen und staatlichen Wirklichkeit präsentiert.[735] Unter der Theorie der positiven Generalprävention stellen sich die Strafe und das Strafrecht zwecks der Sicherheit als eine Kombination von dem Lösungsmittel der gesellschaftlichen Probleme und der Entfaltungserscheinung politischer Macht dar.[736] Um diese außerstrafrechtlichen Ziele und Aufgaben mehr oder weniger wahrzunehmen, wird durch *Jakobs*' Straftheorie klargestellt, dass eine rein positive Prävention, d. h. eine bloß gesellschaftlich integrative Prävention ohne Elemente aus der Tatvergeltung, nur schwer ermöglicht werden kann. Dazu ist bezüglich dieser These wiederum darüber nachzudenken, ob die „Prävention durch gerechte Vergeltung“ wirken muss.[737] Laut dem Befund aus der funktionalistischen Straftheorie von *Jakobs* scheint es aber doch ganz klar, „dass die Reaktionen auf ein unerwünschtes Ereignis ganz unterschiedlich ausfallen können. Sie können sich in Sicherungsmaßnahmen erschöpfen [...] Die Reaktionen können aber auch in Vorwürfen an die Adresse desjenigen bestehen, der für den Eintritt des betreffenden Ereignisses verantwortlich gemacht wird“.[738]

730 *Jakobs*, Staatliche Strafe, S. 43 f.: „Vergrößert der Feind seine Gefährlichkeit, nimmt freilich auch seine rechtliche Entpersonalisierung zu“. Außerdem *Jakobs*, HRRS 2006, S. 293 f.

731 *Jakobs*, Strafrechtswissenschaft, S. 51; *Jakobs*, HRRS 2004, S. 88 f., 92; *Jakobs*, Staatliche Strafe, S. 43; *Jakobs*, HRRS 2006, S. 292 ff.; *Jakobs*, Theorie des Feindstrafrechts, S. 179.

732 Demgegenüber hat er selbst früher eingewendet, dass „das Feindstrafrecht nur als ein ausnahmsweise geltendes Notstandsstrafrecht legitimierbar“ ist. Dazu *Jakobs*, ZStW 97 (1985), S. 784.

733 *Opitz*, Grenze des Rechts, S. 363.

734 *Kalous*, Positive Generalprävention, S. 51 ff. Eine Schwankung zwischen *Sollgeltung* und *Istgeltung* der Strafrechtsnorm *Schünemann*, ZStW 126 (2014), S. 9.

735 *Sacher*, ZStW 118 (2006), S. 613 ff.

736 *Jakobs*, ZStW 107 (1995), S. 846.

737 *Pawlik*, Person, Subjekt, Bürger, S. 38 f., 41; Renaissance der Vergeltungstheorie *Pawlik*, Das Unrecht des Bürgers, S. 87 ff.

738 Das ist auch *Pawliks* Verständnis. Dazu *Pawlik*, Person, Subjekt, Bürger, S. 63.

Mithilfe der Aufnahme der repressiv-zwingenden Elemente[739] ist das gesellschaftlich und staatlich geprägte Ziel der Strafe nach Sicherheit und Gefahrenabwehr von *Jakobs* in das Strafrecht theoretisch reibungslos angesiedelt. „Die Bestimmung der Aufgaben des Strafrechts“ bei *Jakobs* fließt demgemäß „in die Bestimmung der Aufgaben der Strafe“.[740] Das Strafrecht sei lediglich „eine Institution, die einer Gefährdung des gesellschaftlichen Bestands vorbeugen soll“.[741] Aus der Sicht von *Jakobs* besteht die Rechtfertigung des Strafrechts folglich nicht im „Rechtsgüterschutz des Einzelnen“, sondern in der „Erhaltung der durch die schuldhafte Tat in Gefahr gebrachten Normgeltung“; das Ziel des Strafrechts sei ausschließlich die Normgeltung als das eigentliche Strafrechtsgut.[742] Vor diesem Hintergrund ist es weniger überraschend, dass *Jakobs* einer neuen Systematisierung des Strafrechts benötigt,[743] welches den Weg des Strafrechts zu einem gefahrabwehrenden Strafrecht kennzeichnet. Von diesen straftheoretischen Grundlagen aus könnte dann der Umfang des modernen Gefährdungsstrafrechts nachfolgend in concreto festzuhalten sein.

III. Umfang des modernen Gefährdungsstrafrechts

Mit Blick auf die vorstehenden Diskussionen über die Hintergründe der Modernisierung des Strafrechts erweist sich bereits, dass zu unserem Betrachtungsgegenstand nur diejenige Konzeption des Gefährdungsstrafrechts gehört, die sich auf die Kontrollbedürfnisse der modernen Sicherheitsgesellschaft bezieht und sich als Bestrafungsmacht im Rahmen des freiheitlich-demokratischen Steuerungsstaates darstellt. Anschließend wird versucht, den Umfang der Terminologie dieses modernen Gefährdungsstrafrechts klarzustellen, sodass danach die kriminalpolitischen und dogmatischen Neigungen weitergehend erörtert und kritisch gewürdigt werden können.

1. Tatbestandliche Perspektive

Eine Bestimmung des Gefährdungsstrafrechts aus tatbestandlicher Perspektive im engsten Sinne besteht vielleicht in der systematischen Kritik von Anhängern der *Frankfurter Schule* an das Risiko- sowie Gefährdungsstrafrecht. Dabei wird im Grunde genommen nur die Deliktsform der *abstrakten Gefährdungsdelikte* kritisiert, die

739 *Kalous*, Positive Generalprävention, S. 56 ff.

740 *Hassemer*, Einführung, S. 323. Dieses Ergebnis bei *Jakobs*, ZStW 107 (1995), S. 844; *Kalous*, Positive Generalprävention, S. 52.

741 *Jakobs*, Rechtsgüterschutz, S. 28.

742 *Jakobs*, Rechtsgüterschutz, S. 20. Das Verbrechen nicht als Rechtsgutsverletzung zu verstehen *Pawlik*, Das Unrecht des Bürgers, 127 ff.

743 Überblick seines kompletten Strafrechtssystems *Jakobs*, System der strafrechtlichen Zurechnung, 2012, passim. Anschließend wohl auch *Pawlik*, Das Unrecht des Bürgers, 2012, passim.

von ihr als „Deliktsform der Moderne" gekennzeichnet ist.[744] Eine andere üblichere Definition, das Gefährdungsstrafrecht beziehe sich bloß auf die *Gesamtheit aller Gefährdungstatbestände* im geltenden Strafrecht,[745] bietet hingegen einen besseren Ausgangspunkt an, den Umfang des Gefährdungsstrafrechts anzuweisen. Aus dieser Sicht bedeutet das Gefährdungsstrafrecht einen Ansammlungsbegriff der Gefährdungstatbestände. Ähnlich verknüpfte sich das Konzept des Gefährdungsstrafrechts in den Diskussionen am Anfang des 20. Jahrhunderts ebenfalls mit den gesamten Gefährdungstatbeständen, die dem Verletzungsstrafrecht gegenüberstehen.[746] Dabei waren das objektiv und subjektiv orientierte Gefährdungsstrafrecht voneinander zu unterscheiden, wonach noch differenzierter festgehalten werden konnte, dass man damals in der Denkschrift des Preußischen Justizministers eigentlich nur von einem subjektiv orientierten Gefährdungsstrafrecht, d. h. von einem sog. *Willensstrafrecht*, sprechen mochte.[747] Darin hatte die subjektive Seite des Verbrechens nur eine solche Funktion, die objektive Gefährlichkeit des Täters zu kennzeichnen. Die aus der Schuld hergeleitete Schutzfunktion der subjektiven Zurechnung ging allerdings somit verloren.[748]

Tatbestandlich noch weiter betrachtet könnte auch das Gefährdungsstrafrecht pauschal als solche Strafnormtypen definiert werden, welche jedes *Verhalten der Rechtsgutsgefährdungen* bereits im Vorfeld einer Rechtsgutsverletzung unter Strafe stellen, sodass beispielsweise auch *verbotene Vorbereitungshandlungen* „wegen der Ausrichtung auf eine zukünftige Schädigungshandlung Besonderheiten innerhalb der abstrakten Gefährdungsdelikte aufweisen".[749] Im weitesten Sinne beschränkt sich das Gefährdungsstrafrecht nicht auf Gefährdungsdelikte, sondern erstreckt sich auf alle Vorfeldkriminalisierungen: Es verlegt einerseits das deliktische Verhalten vor die Rechtsgutsverletzung vor, indem das *Verhalten typischer Rechtsgutsgefährdungen* kriminalisiert wird; es verlegt andererseits die Rechtsgutsverletzung selbst vor, indem die *Verletzung neugeschaffter (Kollektiv-)Rechtsgüter* kriminalisiert wird.[750] Hier spricht man aus der formellen Perspektive zwar von Verletzungs- sowie Erfolgsdelikten

---

744 *Herzog*, Gesellschaftliche Unsicherheit, S. 1 ff.; *Hassemer*, ZRP 1992, S. 381. *Hassemers* Konzept des Gefahrenabwehrrechts siehe B. I. 3. b. cc. in diesem Kapitel. Eine ähnliche Meinung vertritt *Müller-Dietz*, FS-*R. Schmitt*, S. 104. Diese Perspektive kritisch bewertend *Hefendehl*, Kollektive Rechtsgüter, S. 164 ff.

745 *Wohlers*, Präventionsstrafrecht, S. 28 ff., 281 ff.

746 *Nick*, Gefahr und Gefährdungsvorsatz, S. 33. Dagegen aber *Metzger*, DJZ 1934, S. 103: „stellen Erfolgs- (Verletzungs-) und Gefährdungsstrafrecht keine prinzipiellen Gegensätze dar".

747 *Metzger*, DJZ 1934, S. 99 f.; *Nick*, Gefahr und Gefährdungsvorsatz, S. 34 f.; *Schroeder*, FS-*Wolter*, S. 251.

748 *M. Köhler*, FS-*Hirsch*, S. 69.

749 *Puschke*, Gefährdungsstrafrecht, S. 9.

750 *Jakobs* weist auf diese Kategorie hin und verbindet sie zwar nicht mit dem Gefährdungsstrafrecht, aber mit dem Feindstrafrecht. Dazu *Jakobs*, ZStW 97 (1985), S. 773 f.

gegen Kollektivrechtsgüter,[751] die aber im Grunde genommen auch zum Vorfeld der Gefährdung bzw. Verletzung der Individualrechtsgüter gehören könnten.[752]

Die Konzeption des modernen Gefährdungsstrafrechts scheint auf den ersten Blick tatbestandlich zunächst alle Gefährdungstatbestände zu beinhalten, da es bei ihr um den traditionellen Kern des Gefährdungsstrafrechts geht. Fraglich ist aber, ob und inwieweit der Umfang des Gefährdungsstrafrechts außerhalb der formellen Gefährdungstatbestände tatbestandlich noch begriffen werden kann und soll. Die als strafbar verfassten Verhaltensweisen vor der letztendlichen Rechtsgüterverletzung, beispielsweise die Formen von Versuch und Vorbereitungshandlungen, wären wegen seiner zukünftigen Beeinträchtigung eines Rechtsgutes dem objektiv orientierten Gefährdungsstrafrecht zuzuordnen. Sie würde aber nicht zu einem subjektiv orientierten Gefährdungsstrafrecht gehören, weil sie mit einem auf Rechtsgüterverletzung bezogenen Vorsatz ausgestattet sein müsste.[753] Problematisiert wird ebenfalls die erste Fallgruppe, die Rechtsgutsverletzung selbst vorzuverlegen, die sich auf die später entwickelten Theorien der kollektiven Rechtsgüter bezieht.[754] Diese Fallgruppe nimmt zwar der herkömmlichen Meinung nach Bezug auf die abstrakten Gefährdungsdelikte, jedoch könnten ihre Verhaltensweisen aber formell als die unmittelbaren Verletzungen eines kollektiven Rechtsgutes erscheinen:[755] „Geschützt werden soll sowohl vor einer zukünftigen Rechtsgutsschädigung als auch vor einer unmittelbaren Beeinträchtigung eines vorgelagerten kollektiven Rechtsgutes".[756] Ob diese problematische Fallgruppe zu dem Gefährdungsstrafrecht gehört, ist aus der tatbestandlichen Perspektive schwer zu entscheiden.

Außerdem ist eine *restriktive* Tendenz im Gefährdungsstrafrecht zu beachten. Einige Vertreter der Theorie der kollektiven Rechtsgüter halten die herkömmlichen Deliktstypen von den Verletzungs- und konkreten Gefährdungsdelikten bezüglich des Schutzes der kollektiven Rechtsgüter für ungeeignet und richten den Fokus auf die abstrakten Gefährdungsdelikte und den neuartigen Deliktstypus der Kumulationsdelikte. Die konkreten Gefährdungsdelikte, die als Deliktsform überwiegend zum Schutz der Individualrechtsgüter angesehen werden, würden aus dem Umfang des Gefährdungsstrafrechts ausscheiden.[757] Mit anderen Worten: Weil die konkreten Gefährdungsdelikte sich auf den Schutz der Individualrechtsgüter beziehen und somit de lege ferenda für präventive Ziele immer mehr

751 Am Beispiel der Gewässerverunreinigung (§ 324 StGB) und an die neuartige Deliktsform des Kumulationsdelikts *Hefendehl*, Kollektive Rechtsgüter, S. 153 f., 182 ff.

752 Vor allem unter dem Gesichtspunkt der personalen Rechtsgutslehre NK-StGB-*Hassemer/ Neumann*, Vor § 1, Rdnr. 137.

753 Wesen der Vorbereitungsdelikte *Puschke*, Gefährdungsstrafrecht, S. 11 f.

754 *Jakobs*, ZStW 97 (1985), S. 774, verfasst diese Fälle als die Zerlegung des Rechtsgutes.

755 *Müller-Dietz*, FS-*R. Schmitt*, S. 101; *Roxin* AT I, § 2, Rdnr. 68 ff.

756 *Puschke*, Gefährdungsstrafrecht, S. 14.

757 *Wohlers*, Präventionsstrafrecht, S. 28, 307 ff.; *Hefendehl*, Kollektive Rechtsgüter, S. 183 ff.; *Anastasopoulou*, Schutz kollektiver Rechtsgüter, S. 57 ff. Kritik daran bei *Roxin*, AT I, § 2, Rdnr. 79 ff.

nicht genügten, müssten sie hinsichtlich des *Zusammenspiels von Deliktstypen und Kollektivrechtsgüter* aus der Kategorie des Gefährdungsstrafrechts ausscheiden.[758] In dieser Hinsicht lässt sich eine Definition des Gefährdungsstrafrechts aus der tatbestandlichen Perspektive nicht mehr hinreichend begründen. Daraus ergeben sich die Notwendigkeit und die Geeignetheit eines Paradigmenwechsels, das Gefährdungsstrafrecht außerhalb der Kennzeichnung als formellen Ansammlungsbegriff von Gefährdungstatbeständen zu erfassen.

2. *Außertatbestandliche Perspektive*

a. Aus der außertatbestandlichen Perspektive ist das Gefährdungsstrafrecht folgenorientiert betrachtet als diejenige formelle oder materiale Vorverlagerung des Strafrechtsschutzes zu verstehen, welche als das Instrument des Sicherheitsstrafrechts vornehmlich die Gewährleistung der kollektiven Existenzzustände und -bedingungen bezweckt.[759] Es verfasst sich damit als Reaktion auf die stets aus der gesteigerten gesellschaftlichen Komplexität folgenden Sicherheitsbedürfnisse[760] und als eine verfeinerte Erscheinungsform politischer Macht, die die Systemvorsorge und die Systemsteuerung im Kontext des Steuerungsstaates in concreto durchführt.[761] Im Gegensatz zu *Kindhäusers* Ansatz, das abstrakte Gefährdungsdelikt schütze allein nur die Sicherheit der Güterverfügung,[762] schützt das hier verstandene moderne Gefährdungsstrafrecht die Sicherheit *nur mittelbar*. Von dieser Auffassung her kennzeichnet das Gefährdungsstrafrecht hinsichtlich der Sicherheitsgesellschaft und des Steuerungsstaats seine Modernität:[763] Während das frühere Gefährdungsstrafrecht schlechthin jeglichem Untertan den Willen von König oder Landesherr präsentierte, erscheint das moderne Gefährdungsstrafrecht vor dem Hintergrund

---

758 Dieser Hinweis vor allem *Hassemer*, Sicherheit durch Strafrecht, S. 113 ff. In dieser Richtung jüngst *Koriath*, GA 2001, S. 71 f.; *Wohlers*, Präventionsstrafrecht, S. 285 f., 307 f.; *Hefendehl*, Kollektive Rechtsgüter, S. 164, 168, hält sogar dafür, dass auch „das abstrakte Gefährdungsdelikt wie das Eignungsdelikt für den Schutz kollektiver Rechtsgüter (regelmäßig) nicht einsetzbar sind". Über Abschaffung der konkreten Gefährdungsdelikte de lege ferenda früher auch *Wolter*, Objektive und personale Zurechnung, S. 247 ff.

759 Siehe B. I. 3. b. in diesem Kapitel. Nochmals dieser Zusammenhang zwischen dem Gefährdungsstrafrecht und der Sicherheit *Müller-Dietz*, FS-*R. Schmitt*, S. 100; *Hefendehl*, Kollektive Rechtsgüter, S. 166.

760 *Herzog*, Gesellschaftliche Unsicherheit, S. 50 ff.; *Hefendehl*, Kollektive Rechtsgüter, S. 165 f.; *Puschke*, Gefährdungsstrafrecht, S. 14 f.

761 Das Gefährdungsstrafrecht staatstheoretisch zu betrachten, aber dagegen als – doch an Risikogesellschaft orientierte – „Daseinsvorsorge" durch Strafrecht *Herzog*, Gesellschaftliche Unsicherheit, S. 58 ff. Ausführliche gesellschaftliche und staatstheoretische Hintergründe des Gefährdungsstrafrechts siehe 1. Kapitel.

762 *Kindhäuser*, Gefährdung als Straftat, S. 280 ff.

763 Demgegenüber das Gefährdungsstrafrecht noch im Rahmen der Risikogesellschaft zu betrachten *Hefendehl*, Kollektive Rechtsgüter, S. 164 ff.

der Konvergenz von Staat und Gesellschaftals das politisch steuernde Instrument der Gesellschaft, das sich doch noch auf die freiheitlich-demokratischen Voraussetzungen der Willensbildungen im Verfassungsrecht beschränkt. Kurzum: Das frühere Gefährdungsstrafrecht war schlechthin totalitär, aber das moderne vermag ein Parasitismus des Totalitären in der freiheitlichen Demokratie zu sein,[764] welcher erst durch komplizierte Zusammenwirkungen von bestimmten gesellschaftlichen und staatherrschaftlichen Bedingungen entstehen könnte. Dies ist entscheidend, um das frühere und moderne Gefährdungsstrafrecht sowohl quantitativ als auch qualitativ voneinander zu differenzieren.[765]

b. In Anbetracht der oben skizzierten Figur bedeutet das Gefährdungsstrafrecht die gesetzgeberische und dogmatische Tendenz, Grenzen der Strafbarkeit des Verbrechens auf *Gefahr der Verhaltensweisen* vorzuverlegen und die Akzentuierung des Strafrechtsschutzes intendiert von der Individual- zur *Kollektiv*perspektive und von individuellen zu globalen Risiken zu verschieben.[766] Es will nur die negative Seite des Risikos, also Gefahr, begreifen und kann sowohl in der Form des Gefährdungs- als auch des Verletzungsdelikts in Erscheinung treten. Seine Aufgabe ist daher, diese Gefahr aus der Gemeinschaft auszuschließen. Zu dieser Tendenz ist *Kuhlens* Skizze, das Gefährdungsstrafrecht leiste dem Einzelnen nur seinen eigenen Gefährdungsbeitrag,[767] nur partiell zutreffend, weil Gefahr als regelmäßige Gegebenheit in der modernen Sicherheitsgesellschaft sich nicht nur auf eine konkrete Gefährdung des Verhaltens im konkreten Fall, sondern vielmehr noch auf die generelle Gefährlichkeit desselben bezieht.[768] Gemäß dieser Skizze mag die Konzeption des Gefährdungsstrafrechts auf einer funktionalistischen Vorstellung der positiven Generalprävention beruhen:[769] Sie befreit sich in der Regel durch das Ergreifen des Gefährlichkeitsmoments von dem Kausalzusammenhang zwischen Verhalten und Erfolg und verlangt nunmehr nur als eine abstrakte, generelle Steuerung, das individuelle Handeln nach sich anzuleiten. Demgegenüber bestraft sie repressiv, weil sie ebenfalls durch das Ergreifen des Gefährlichkeitsmoments die Nachweispflicht des Staates zu Ungunsten des Täters erleichtert. Hierbei geht sie zuerst davon aus, dass die Tat, die nur als gefährlich erscheint, auch „eine Tat sei, und ihr wird durch Strafe nicht vorgebeugt, sondern repressiv begegnet".[770] Dementsprechend enthält

---

764 Auch in dieser Richtung *Lüderssen*, ZStW 107 (1995), S. 878 f.

765 Die Meinung von *Schünemann*, dass die Qualifikation der abstrakten Gefährdungsdelikte als Deliktsform der Moderne nur quantitativ zutreffend sei (*Schünemann*, GA 1995, S. 212), übersieht vielmehr solchen Sinn des modernen Gefährdungsstrafrechts.

766 *Dencker*, StV 1988, S. 263; *Hefendehl*, Kollektive Rechtsgüter, S. 167.

767 *Kuhlen*, GA 1994, S. 363. Er argumentiert außerdem dafür, dass es nicht vom Grundsatz des Tatstrafrechts abweiche, ebenda, Fn. 36.

768 *Dencker*, StV 1988, S. 264.

769 *Kuhlen*, GA 1994, S. 364 ff.

770 So *Kuhlen*, GA 1994, S. 363, Fn. 36.

eine derartige Konzeption des Gefährdungsstrafrechts nicht nur die gesteigerten Annahmen der Gefährdungstatbestände, sie konzipiert hingegen eine Absicht im allen Deliktsbereichen, den Denkstil und das strafrechtliche Zurechnungs- sowie Verantwortungsmodell mithilfe des Akzentwerts auf die Gefährlichkeit zu verändern.[771] Diese Konzeption impliziert in der Gegenwart eigentlich kein *echtes* „an Gefährdung orientierte[s] Strafrecht“;[772] sie bedeutet nunmehr ein „Gefährlichkeitsstrafrecht“,[773] ein *unechtes Gefährdungs-Strafrecht*, wonach die Gefährlichkeitsvermutung statt der Tatschuld im Strafrecht fixiert ist.[774] Das Merkmal der Gefährlichkeit dominiert als der erneute Anhaltspunkt statt der existenten Gefährdungs- sowie Verletzungsmerkmale in die Kriminalisierung und Dogmatik.

c. Gemäß dieser Auffassung sollte das herkömmliche System des Gefährdungsstrafrechts sich auch umwandeln: Das konkrete Gefährdungsdelikt als der frühere Prototyp des Gefährdungsstrafrechts wird tendenziell durch die Entkopplung des Erfolgsmoments umgewandelt in eine Art des Gefährlichkeitsdelikts, welches substanziell mit dem abstrakten Gefährdungsdelikt identisch ist.[775] Darüber hinaus müssten die herkömmliche Kategorie der Gefährdungsdelikte und insbesondere das abstrakte Gefährdungsdelikt zerlegt werden, sodass das Strafrecht einer Uminterpretation und ausdifferenzierten Neukategorisierung der (abstrakten) Gefährdungsdeliktsgruppen bedürfte.[776] Die dadurch entstehenden neuen Deliktstypen können aus der Sicht der Gefährlichkeit folglich in die Konzeption des Gefährdungsstrafrechts eingeordnet werden:

aa. Die *abstrakten Gefährdungsdelikte* verlassen aufgrund der einseitigen Berücksichtigung der Verhaltensnorm ihren herkömmlichen Boden der Angriffsintensität zur Verletzungs- bzw. Gefährdungsrelevanz und dienen tendenziell ausschließlich zu dem Schutz der Kollektivgüter[777] bzw. zur Sicherheit der Güter[778].

---

771 Risiko und Gefahr als Grundelement auch im Bereich der Verletzungsdelikte *Schroeder*, FS-*Wolter*, S. 253.

772 Gefährdungsdelikte als Prototypen des Risikostrafrechts *Prittwitz*, Strafrecht und Risiko, S. 153 ff.

773 Etwas ähnlich bezeichnet *Herzog* das Gefährdungsstrafrecht als ein „Gefährlichkeitsbezichtigungsstrafrecht“, dazu *Herzog*, Gesellschaftliche Unsicherheit, S. VII, VIII. Und *Dencker*, StV 1988, S. 263, bezeichnet das „Gefährlichkeitsstrafrecht“ als ein gleichbedeutendes Konzept vom „Feindstrafrecht“.

774 So laut der Titel im Aufsatz von *Dencker* „Gefährlichkeitsvermutung statt Tatschuld?“, siehe *Dencker*, StV 1988, S. 262.

775 *Koriath*, GA 2001, S. 60, 74. Der Gefahrbegriff von *Koriath* siehe 7. Kapitel D. II. 2. a. cc. (3).

776 Solche Systematik *Wohlers*, Präventionsstrafrecht, S. 28 ff., 281 ff.

777 *Wohlers*, Präventionsstrafrecht, S. 308 f.; *Hefendehl*, Kollektive Rechtsgüter, S. 156 ff.; *Anastasopoulou*, Schutz kollektiver Rechtsgüter, S. 135 ff.

778 *Kindhäuser*, Gefährdung als Straftat, S. 279 ff., 287 ff.

bb. Die Begründung der sog. *Kumulationsdelikte* liegt im Grunde nicht in seiner geringfügigen unmittelbaren Beeinträchtigung eines geschützten (kollektiven) Rechtsgutes, sondern in seiner spezifisch *postulierten* Gefährlichkeit, dass ihre Verhaltensweisen „im Zusammenwirken mit anderen, gleichgerichteten Verhaltensweisen zu einer Beeinträchtigung führen können".[779]

cc. Die *Vorbereitungsdelikte* formulieren sich aufgrund des aus einem Vorverhalten des Handelnden oder aus der anderen Personen folgenden Risikopotentials, obwohl die davon erfassten Verhaltensweisen nur noch im Vorfeld der Beeinträchtigung eines kollektiven Rechtsguts bestehen.[780] Die Vorbereitungsdelikte sind also besonders durch eine legislatorisch vorgestellte *Gefährlichkeitsbeziehung* zwischen der Vorbereitungshandlung und einer zukünftigen Beeinträchtigungshandlung zu begründen.[781]

d. Ein von der Gefährlichkeit ausgehendes Strafrecht bleibt aber nicht nur ein objektiv gefährlichkeitsorientiertes Strafrecht. Ohne die Befreiung von den subjektiven Voraussetzungen und von dem Schuldprinzip kann das objektive Gefährdungsstrafrecht sein Ziel nicht erreichen. Es müsste sich auch auf ein solches Strafrecht erstrecken, das sich zuerst an der subjektiven Gefährlichkeit, also gegen böse Vorsätze oder Gesinnungen, und dann an der Gefährlichkeit der Täter selbst, also unmittelbar gegen die bösen Menschen, orientiert.[782] An dieser Stelle lässt sich weiterhin die Frage aufwerfen, ob die oben skizzierte Konzeption des modernen Gefährdungsstrafrechts das Konzept des Feindstrafrechts von *Jakobs* mit einbezieht.

3. Feindstrafrecht als Teil des Gefährdungsstrafrechts

Jakobs' Konzept des Feindstrafrechts ist von Anfang an diffus umrissen und unterscheidet sich schwer von anderen konkurrierenden Analysekonzepten wie z. B. Risikostrafrecht, Sicherheitsstrafrecht sowie Gefährdungsstrafrecht.[783] Die Definition des Feindstrafrechts ist deshalb schwierig, da *Jakobs* selbst in verschiedenen Zeitaltern sein Konzept unvereinbar skizziert hat:[784] Während das Feindstrafrecht anfangs deskriptiv als das Vorhandensein und die kritische Beschreibung der weiten Vorverlagerung der Strafbarkeit erfasst wurde,[785] ist es später von *Jakobs*

779 *Wohlers*, GA 2002, S. 19; *Wohlers*, Präventionsstrafrecht, S. 142 f., 318 ff. Auch *Hefendehl*, Kollektive Rechtsgüter, S. 183 ff.

780 *Wohlers*, GA 2002, S. 19; *Wohlers*, Präventionsstrafrecht, S. 142 f., 328 ff.

781 *Puschke*, Gefährdungsstrafrecht, S. 12.

782 *Dencker*, StV 1988, S. 263 f.; *Günther*, Ermächtigung und Disziplinierung, S. 135; *Schroeder*, FS-*Wolter*, S. 255.

783 *Saliger*, Feindstrafrecht, S. 113 f.

784 Hinweis auf die Unterscheidung des Konzepts Feindstrafrecht in verschiedenen Zeitaltern *Prittwitz*, Feindstrafrecht, S. 225; *Hamm*, Feindstrafrecht, S. 106 f.; *Hörnle*, GA 2006, S. 89; *Saliger*, Feindstrafrecht, S. 107 ff.

785 *Jakobs*, ZStW 97 (1985), S. 783 f.; *Jakobs*, Strafrechtswissenschaft, S. 51 f.

als der Gegensatz des Bürgerstrafrechts beschrieben worden, um die Normen gegen gefährliche Individuen zu verteidigen.[786]

Bereits von Anfang an versucht *Jakobs* ständig, die Vorverlagerungen von den Strafbarkeitsgrenzen durch das Feindstrafrecht generalisierend zu begründen. Bei der Vorverlagerung der Strafbarkeit ginge es für ihn um die präventiv-polizeilichen Argumente, die er später als „Vorpolizeilichung" nennt,[787] welche „die Grenzen des zur Prävention Erlaubten um das zur Repression Erlaubte" erweiterte.[788] Der Täter wurde dabei unter dem Prinzip des Rechtsgüterschutzes zum ersten Mal als „Feind des Rechtsguts" angesehen, der das Rechtsgut gefährden kann.[789] Dieser Aussage nach deckt sich das Feindstrafrecht mit einem Teil des Gefährdungsstrafrechts, denn das Feindstrafrecht kommt stets vermittelt durch die Vorfeldkriminalisierung vor und entspricht deswegen dem Gefährdungsstrafrecht im engsten Sinn aus der tatbestandlichen Perspektive: Das abstrakte Gefährdungsdelikt wäre hierbei anstelle von den Verletzungs- bzw. konkreten Gefährdungsdelikten der *Protodeliktstyp*.[790]

Die späteren Anhaltspunkte des Feindstrafrechts bestehen hingegen darin, dass manche Straftäter als Gefahrquelle und deshalb als Feinde bekämpft werden dürften.[791] Dort gehe es vielmehr um die Abwehr der zukünftigen Gefahren[792]. Zusammenfassend gesehen würden solche ausgewählten Straftäter als Feind im Vorfeld abgefangen und wegen ihrer Gefährlichkeit bekämpft.[793] Diese spätere Bedeutung des Feindstrafrechts entspricht dem Gefährdungsstrafrecht aus der außertatbestandlichen Perspektive teilweise, also dem Gefährlichkeitsstrafrecht.[794]

Insgesamt betrachtet gilt das Feindstrafrecht jedoch wegen seiner Anknüpfung an Gefährdungen, Gefahren und Gefährlichkeit nur als ein Teil des Gefährdungsstrafrechts. Es ist nicht das Ganze des solchen, weil, wie *Saliger* zutreffend erklärt, „der Begriff der Gefahr jenseits der *Jakobs*schen Terminologie nicht zwingend auf den Begriff des Feindes verweist und umgekehrt".[795] Es ist aber bemerkenswert und

---

786 Siehe C. II. 2., insbesondere b. in diesem Kapitel.

787 *Jakobs*, Rechtszwang, S. 36; *Jakobs*, Theorie des Feindstrafrechts, 172 ff. Ebenso bei *Frankenberg*, Staatstechnik, S. 247 f., zeigt den Zusammenhang zwischen dem Sonderpolizeirecht und Bekämpfungsrecht.

788 *Jakobs*, ZStW 97 (1985), S. 752.

789 *Jakobs*, ZStW 97 (1985), S. 752 f.

790 *Jakobs*, ZStW 97 (1985), S. 767 ff.; *Jakobs*, FS-*Hirsch*, S. 61.

791 *Jakobs*, HRRS 2004, S. 88; *Jakobs*, HRRS 2006, S. 293 ff., 296; *Jakobs*, Staatliche Strafe, S. 41.

792 *Jakobs*, Strafrechtswissenschaft, S. 51; *Jakobs*, HRRS 2004, S. 94.

793 *Jakobs*, HRRS 2004, S. 92; *Hörnle*, GA 2006, S. 81.

794 Die Frage, ob die drei konkurrierenden similären Analysekonzepte Risikostrafrecht, Gefährdungsstrafrecht sowie Feindstrafrecht miteinander übereinstimmen, ist kaum pauschal zu beantworten. Die Antwort muss vielmehr je nach den betroffenen Deliktsformen entschieden werden. Das Feindstrafrecht sei die fatale und unbedingt abzulehnende Konsequenz eines Risikostrafrechts *Prittwitz*, Feindstrafrecht, S. 218. Dagegen *Saliger*, Feindstrafrecht, S. 112 f.

795 *Saliger*, Feindstrafrecht, S. 112.

im Folgenden weiter auszuführen, dass der feindstrafrechtliche Gedanke *Jakobs'* bereits im ganzen modernen – sowohl echten als auch unechten – Gefährdungsstrafrecht mehr oder weniger verbreitet ist,[796] sodass die Abgrenzung zwischen dem Gefährdungs- und Feindstrafrecht allmählich verschwinden wird.[797]

4. Schluss zum Umfang des modernen Gefährdungsstrafrechts

Das moderne Gefährdungsstrafrecht soll nicht mehr bloß in Bezug auf die formellen Gefährdungstatbestände, sondern in Bezug auf die kriminalpolitische und dogmatische Wende der Modernisierung des Strafrechts zu verstehen sein. Das Gefährdungsstrafrecht aus der tatbestandlichen Perspektive kann diejenigen Deliktsgruppen nicht begreifen, die zwar lediglich mit dem Gefahrmoment umfasst sein können, aber formell nicht zu den Formen der traditionellen Gefährdungsdelikte gehören. Das moderne Gefährdungsstrafrecht aus der außertatbestandlichen Perspektive beruht dementsprechend darauf, dass das Strafrecht zwecks der Gewährleistung der kollektiven Zustände und Bedingungen, nämlich zwecks der Sicherheit, als Lösungen der Staatsmacht zu den gesellschaftlichen Problemen eingesetzt wird. In diesem Sinne ist das Gefährdungsstrafrecht ein sowohl objekt- als auch subjektbezogenes Gefährlichkeitsstrafrecht, zu dessen Teil das Feindstrafrecht ebenso gehört.[798] Es ist kein echtes Gefährdungsstrafrecht, sondern unechtes, also ein Gefährlichkeitsstrafrecht.

IV. Kritische rechtssoziologische Betrachtung des modernen Gefährdungsstrafrechts

Nachdem der Umfang des modernen Gefährdungsstrafrechts bestimmt wurde, soll im Folgenden kritisch verdeutlicht werden, wie die bis hierhin herausgearbeiteten Auseinandersetzungen mit den gesellschaftlichen, staatlichen und rechtlichen Hintergründen zur Entstehung des modernen Strafrechts die Ausprägung des modernen Gefährdungsstrafrechts beeinflussen. Zu diesem Ziel wird der rechtssoziologische Sinn des modernen Gefährdungsstrafrechts in zweifacher Weise dargestellt:

---

796 Zunahme des Feindstrafrechts in der kriminalpolitischen Aktualität *Hörnle*, GA 2006, S. 82 ff.

797 Zutreffend *Hamm*, Feindstrafrecht, S. 117: „Man kann sogar sagen, dass gerade die Adressaten des vorverlagerten Strafrechts am allerwenigsten prinzipiell rechtsfeindlich eingestellt sind". Auch *Hörnle*, GA 2006, S. 81, schildert die feindstrafrechtlichen Normen in Bezug auf die Kriminalisierung, die bezweckt, potenziell gefährliches Verhalten auch unter Strafe zu stellen. Dagegen gehe es beim Bürgerstrafrecht um die Verhaltensweisen, die mindestens Güter konkret gefährden. Dieser Meinung nach würden sich das Feind- und Gefährdungsstrafrecht miteinander identifizieren.

798 Angesichts seines weitergehenden Umfangs können alle dogmatischen Charakteristika im Rahmen dieser Arbeit kaum ausführlich diskutiert werden. Einige wichtigere Kennzeichnungen des Gefährdungsstrafrechts werden in den nächsten Kapiteln im Zusammenhang mit der Dogmatik des Gefährdungsvorsatzes punktuell erörtert.

Zunächst geht es um die Rolle des Gefährdungsstrafrechts in der modernen Gesellschaft (1.). Darüber hinaus geht es um die Frage, welche Rolle das menschliche Individuum im Gefährdungsstrafrecht übernimmt (2., 3.).

1. *Gefährdungsstrafrecht als spezifische totalitäre Erscheinungsform der Bestrafungsmacht im demokratischen Staat, Strategien des Rekommunitarisierungsprozesses im Strafrecht durchzuführen*

Die Erscheinungsform des modernen Gefährdungsstrafrechts, flächendeckende Vorfeldkriminalisierung, die die noch potentiell gefährlichen Verhaltensweisen bereits unter Strafe stellen, erzeugt nicht nur die Expansion des Strafrechts, sondern setzt auch die seit dem Sozialstaat entstehende Verrechtlichung fort.[799] Diese gefährdungsstrafrechtliche Verrechtlichung übernimmt zwar Charaktere aus dem sozialstaatlichen Recht, bezweckt aber angesichts der Charaktere von Sicherheitsgesellschaft und Steuerungsstaat etwas anderes als im Sozialstaat: Während die sozialstaatliche Verrechtlichung das Strafrecht als Steuerungsmedium der Interventionen und Kompensationen des Sozialstaates zur Kontrolle des ökonomischen Handlungssystems eingesetzt hat,[800] übt die steuerungsstaatliche Verrechtlichung zwecks der Sicherheit der Gemeinschaft die rechtlichen Sicherungsstrategien im Strafrecht aus.[801] Das Gefährdungsstrafrecht ist nun das Hauptinstrument zur Realisierung des Sicherheitsstrafrechts und erscheint in der Form eines *als Sonderpolizeirecht gekennzeichneten Bekämpfungsrechts* „zur Abwehr von Gefahren auf eine effektive Ordnungsbildung, die durch systematische Vorfeldausforschung und mitlaufende Abschreckung auf indirekte Verhaltenssteuerung ausgerichtet ist".[802] Damit bezieht es sich auf das reflexive Rechtsverständnis bei *Teubner* und *Willke*.[803] Es bleibt aber fraglich, warum der moderne Steuerungsstaat überwiegend durch das Gefährdungsstrafrecht nach Sicherheit strebt.

Wie oben gesagt wurde, muss die Gefahrenabwehr durch ein besonderes Bekämpfungsrecht erfüllt werden, das die mildere, nichtstaatliche, situativ anleitende, disziplinierte und regulatorische Steuerung einerseits,[804] aber anderseits die souveräne, punitive und repressive Segregation zugleich in sich selbst bewirkt. Außerdem muss solch ein Bekämpfungsrecht innerhalb der Schranken des modernen Steuerungsstaates verwirklicht werden, der stets freiheitlich, demokratisch und verfassungsmäßig handeln muss.[805] Wie kann solch ein Bekämpfungsrecht unter diesen gesellschaftlichen und staatlichen Bedingungen realisiert werden? Anders gesagt: Wie kann ein

799 Das Gefährdungsstrafrecht vor dem Hintergrund der Verrechtlichung siehe auch *Hefendehl*, Kollektive Rechtsgüter, S. 169.
800 Vgl. 2. Kapitel C.
801 Vgl. 2. Kapitel E. und B. I. 3. in diesem Kapitel.
802 Bekämpfungsrecht als Sonderpolizeirecht *Frankenberg*, Staatstechnik, S. 248.
803 Vgl. 2. Kapitel D. II.
804 Durchführung der Prozeduralisierung im Strafrecht *Eicker*, Prozeduralisierung, S. 166 ff.
805 Vgl. B. II. in diesem Kapitel.

freiheitlich-demokratischer Staat zum Ziel der Gefahrenabwehr die Entziehung der rechtsstaatlichen Rechtskontrollen scheinbar rechtfertigen? Die Antwort liegt auf der Hand: Das Gefährdungsstrafrecht gehört zum angemessenen *Sicherheitsdispositiv des Staates*, weil es den Bürgern milder und situativ anleitender als das Verletzungsstrafrecht erscheint, es aber doch seine repressiven und totalitären Charaktere enthält.[806]

Aus dieser Sicht ist das Gefährdungsstrafrecht weder nur ein die individuelle Verantwortlichkeit verdünnendes Symbolstrafrecht noch eine angemessene Reaktion auf die Risikogesellschaft.[807] Es ist im Ergebnis die die Sicherheitsgesellschaft bewahrende Staatstechnik, die sich als eine der Erscheinungsformen der freiheitlich-demokratischen Staatsmacht darstellt, deren Totalität nur mittels der Operationen von Strategien des Rekommunitarisierungsprozesses impliziert ist.[808] Das bedeutet, dass das Gefährdungsstrafrecht keine totalitäre Entscheidung des Souveräns schlechthin ist. Es hat die Strategien von Inklusion und Exklusion in der Gesetzgebung und Dogmatik des Strafrechts zu realisieren, sodass das Strafrecht zum Zwecke der Sicherheit kriminalpolitisch und dogmatisch die eigenen liberal-rechtsstaatlichen Grenzen unsichtbar übertreten kann. Am Beispiel abstrakter Gefährdungsdelikte zeigt sich dieser Charakter des Gefährdungsstrafrechts besonders deutlich. Nach der neuen Entwicklung ist das abstrakte Gefährdungsdelikt nicht mehr ein einziger Deliktstyp, es ist vielmehr ein Ansammlungsbegriff, der mittels der Neuschaffung kollektiver Rechtsgüter und der ausführlichen Normierungen der generellen gefährlichen Verhaltensweisen[809] der staatlichen Sicherheitsdispositive dient, das Handeln des Einzelnen zu steuern und seine eigene Subjektivität abzuschaffen, doch ohne die herkömmlichen rechtsstaatlichen Prinzipien des Strafrechts und die Daseinsberechtigung zu berücksichtigen. Hinsichtlich der Ausführungen der Strategien von Inklusion und Exklusion im Gefährdungsstrafrecht bedarf es weiteren Erklärungen.

2. *Gefährdungsstrafrecht als Vorgabe der Inklusionsbedingungen*

Zur Rechtfertigung des Gefährdungsdelikts bezieht sich *Koriath* ausdrücklich auf das zur Risikoethik gehörende, sog. *Maximin-Prinzip*. Er knüpft somit das Gefährdungsverbot schlechthin an eine sozial verstandene Unterlassungspflicht an:

806 Da das Problem einzig zum demokratischen Staat und nicht zum nichtdemokratischen sowie totalitären Staat gehört, prägen sich das Neue und Besondere des modernen Gefährdungsstrafrechts davon aus. Das Bedenken, ein autoritäres Regime werde die philosophisch wohlklingende Legitimation rechtsstaatwidrigen Straf- und Strafverfahrensrechts mit Begeisterung aufnehmen (*Prittwitz*, Feindstrafrecht, S. 226), ist hier nicht zu behandeln.

807 Das Gefährdungsstrafrecht als adäquate Verrechtlichung hinsichtlich der Risikogesellschaft *Hefendehl*, Kollektive Rechtsgüter, S. 170.

808 Ähnliche Analyse bei dem totalitären Charakter vom Feindstrafrecht *Saliger*, Feindstrafrecht, S. 114 ff.

809 Vgl. C. III. 2. in diesem Kapitel und 8. Kapitel C. II. 2. b. bb.

„Wenn ein Aktor weiß, dass, falls er die Handlung vollzöge, eine Verletzung eines Rechtsguts möglich oder wahrscheinlich wäre, er dies aber nicht will, und wenn er unsicher ist, ob er den möglichen Schaden intentional vermeiden kann, so wäre ihm nach dem Maximin-Prinzip zu raten, die Handlung zu unterlassen".[810]

Das Maximin-Prinzip als Vermeidungsstrategie bezweckt die Verhinderung der schlechtesten Folgen bzw. des größten Schadens. Somit begrenzt es die Handlungsalternative darauf, „deren schlechteste potentielle Konsequenz besser ist als jene aller anderen Alternativen".[811] So betont es insbesondere nur die gesellschaftlichen und kollektiven Güter, ohne die individuellen Grundgüter mit zu berücksichtigen.[812] Es gehört zu der neuen Risikoethik, die den Risikobegriff einseitig als negative Unsicherheit versteht und den Paradigmenwechsel von der Risiko- zur Sicherheitsgesellschaft veranlasst.[813] Eine derartige Rechtfertigung des Gefährdungsdelikts bezieht sich folglich auf die positiv-generalpräventiven Gründe im Strafrecht, die an die neue Risikoethik anschließen können.[814] Das gesamte Gefährdungsstrafrecht verlangt daher vornehmlich die positiv-generalpräventiven Auswirkungen und wird also zunächst aufgefordert, als ein Instrument der gesellschaftlichen Integration die Funktionen der situativen und indirekten Verhaltensanleitung sowie -steuerung zu trägen. Die Voraussetzungen der Gefährdungsdelikte werden dementsprechend ausgeprägt, dass der Einzelne ständig nach einer objektiven Maxime handeln muss.

Die Vorfeldkriminalisierung als Kern des Gefährdungsstrafrechts spielt bei der Ausübung positiv-generalpräventiver Effekte eine wichtige Rolle. Ohne sie ist der positiv-generalpräventive Effekt der Strafe, „dem Einzelnen die Orientierung an einem bestimmten, für das soziale Leben unverzichtbaren Normenbestand" zu geben, kaum zu realisieren.[815] Auch der positiv-generalpräventive Effekt der Vorfeldkriminalisierung hängt von der zunehmenden Tendenz zur Verrechtlichung angesichts des raschen Wandels von Gesellschaft und Staatsaufgaben notwendigerweise im Bereich des Strafrechts ab.[816] Der Lernprozess anhand der Integrationsprävention setzt daher voraus, dass strafrechtliche Vorschriften und die dementsprechenden Sanktionen zur Absicherung der Normbefolgung in erster Linie quantitativ ausreichend normiert werden, obwohl sie zum Teil sogar nur symbolische Wirkung

---

810 *Koriath*, GA 2001, S. 64.

811 *Rath*, Entscheidungstheorien der Risikoethik, S. 72.

812 *Rath*, Entscheidungstheorien der Risikoethik, S. 129.

813 Siehe 1. Kapitel B. III. 1. d. und e.

814 Für den Fall abstrakter Gefährdungsdelikte „Massenhandlungen" *Roxin*, AT I, § 11, Rdnr. 160.

815 Dies ist doch eine Gemeinsamkeit der Generalprävention. *Kalous*, Positive Generalprävention, S. 52. Im Fall des Straßenverkehrs *Joo*, Die positive Generalprävention, S. 108 f.

816 Insbesondere die Zunahme der zahlreichen rechtsgutgefährdungsbezogenen Vorschriften im Kern- und Nebenstrafrecht, die als „Hypertrophie des Strafrechts" gekennzeichnet ist. *Zipf*, Kriminalpolitik, S. 113 ff., 116.

haben.[817] Mit dem Ankündigen der gefährdungsstrafrechtlichen Normen sind den Bürgern die Bedingungen der Inklusion in der Gemeinschaft angewiesen, sodass die Bürger als Mitglieder der Gemeinschaft im Alltag diese Bedingungen der Inklusion erfahren und sie somit ständig einüben können. Allerdings scheint diese Funktion vielmehr das Gesamtstrafrecht auch leiten zu können. Dadurch würde jedoch die Frage aufgeworfen werden, worin die Besonderheit des Gefährdungsstrafrechts als Vorgabe der Inklusionsbedingungen besteht?

Die Besonderheit des Gefährdungsstrafrechts als Vorgabe der Inklusionsbedingungen liegt vielmehr in der neuartigen Staatstechnik zum Sicherheitsdispositiv, die durch den Schutz der vor allem neuzeitlich-universell-abstrakten Rechtsgüter[818] und die somit gefährliche Verhaltensweisen begreifenden Strafnomen durchgeführt wird. Unter Rekurs auf das in diesem Kapitel vorgestellte Konzept „Gouvernementalität" von *Foucault* bezieht sich solche Staatstechnik auf eine Bedeutungskomponente, welche „die Staatlichkeit als Handlungs- und Interventionsfeld sich überkreuzender Ziele und Techniken" einerseits und „die Bedeutung des Rechts als Form und Autorität der legitimen Ausübung von Macht" anderseits bekräftigt.[819] Diese Staatstechnik wirkt deshalb nicht bloß als eine Staatsmacht. Über ihre politische Bedeutung hinausgehend geht sie von dem Zusammenhang zwischen der gesellschaftlichen Wirklichkeit und den damit einhergehenden Staatsaufgaben aus.[820] Unter diesem Gesichtspunkt entfaltet das Strafrecht sich stets in einem Wechselverhältnis von Souveränitätsmacht, Disziplinarmacht und Regierungsmacht, woraus sich die Charakteristika des Gefährdungsstrafrechts herauskristallisieren.[821] Die Vorfeldkriminalisierung beim Gefährdungsstrafrecht bewirkt also in erster Linie nicht lediglich die Prävention zukünftiger Gefahren, sondern sie wird zum Sicherheitsdispositiv, das sich aus dem Zusammenhang von Sicherheitsgesellschaft und Steuerungsstaat ergibt. Mit dem Sicherheitsdispositiv werden Disziplinarmacht und Regierungsmacht verlangt, also auch Fremd- und Selbstführung der Individuen,[822] in den gefährdungsstrafrechtlichen Normen vermischt zu realisieren. Die gefährdungsstrafrechtlichen Bestrafungsnormen, die sowohl disziplinar als auch regulierend scheinen, können im Sinne der Handelsregeln von *Foucault* verstanden werden und somit die Strategie von Inklusion entfalten:[823]

> „[...] sie bezieht die einzelnen Taten, Leistungen und Verhaltensweisen auf eine Gesamtheit, die sowohl Vergleichsfeld wie auch Differenzierungsraum und zu befolgende

817 *Schünemann*, Stellenwert der positiven Generalprävention, S. 121; *Funcke-Auffermann*, Symbolische Gesetzgebung, S. 79; *Joo*, Die positive Generalprävention, S. 108 f.

818 *Eicker*, Prozeduralisierung, S. 167 f.

819 *Frankenberg*, Staatstechnik, S. 12, und vgl. B. II. 3. a. cc. in diesem Kapitel.

820 *Singelnstein*, Diskurs und Kriminalität, S. 174 f., 193.

821 Vgl. B. II. 3. in diesem Kapitel.

822 Zusammenhang zwischen der positiven Generalprävention und der Selbstdisziplinierung *Pawlik*, Person, Subjekt, Bürger, S. 35.

823 *Foucault*, Überwachen und Strafen, S. 229 ff., 236.

Regel ist. Die Individuen werden untereinander und im Hinblick auf diese Gesamtregel differenziert, wobei diese sich als Mindestmaß, als Durchschnitt oder als optimaler Annäherungswert darstellen kann. Die Fähigkeit, das Niveau, die ‚Natur' der Individuen werden quantifiziert und in Werten hierarchisiert. Hand in Hand mit dieser ‚wertenden' Messung geht der Zwang zur Einhaltung einer Konformität".[824]

Im Sinne dieser Handelsregeln wird das Gefährdungsstrafrecht zum funktionalisierten Veranlassungsmechanismus der Vergesellschaftung und richtet dessen Fokus folglich auf die Bedingungen der Inklusion, nämlich auf den Bestand der Gesellschaft, Interessen der Kollektiven und deren Systemstabilisierung.[825] In dieser Hinsicht sind Adressaten staatlicher Steuerung vielmehr die Systeme.[826] Das Menschenbild im Gefährdungsstrafrecht wendet sich vom liberal-individualisierten zum „überindividualisierten",[827] das erst nur innerhalb eines Systems betrachtet werden kann. Solch ein Menschenbild entspricht *Luhmanns* Auffassung der Individualisierung in der modernen funktional-differenzierten Gesellschaft und knüpft an das rollenorientierte Verständnis des Subjekts von *Jakobs* an:[828] Der Mensch sei zwar ein Individuum in der Welt, lebe aber vielmehr in der Gesellschaft als eine Person, die ein Subjekt sei, deren Subjektivität nur „gesellschaftlich vermittelt" werden könne, weil „es ohne funktionierende Gesellschaft nichts gibt als eine zufällige Anhäufung menschlicher Individuen".[829] *Jakobs* betont weiter: Und „die Wirklichkeit der Normen und damit der Gesellschaft kann nicht als Summe der individuellen Zustimmungen, sondern nur als eine Größe verstanden werden, die eigener Dynamik folgt, und deshalb lässt sich die Gesellschaft ihre Grenzen nicht durch individuelles Verhalten vorschreiben".[830]

Aus dieser Sicht gilt Subjektivität als eine Folge von Gesellschaftlichkeit und Staatlichkeit.[831] Beim Subjekt gehe es schließlich um Personen, die an Standards, an Rollen, an objektive Muster angeknüpft seien[832] und im Recht als Träger von Pflichten und Rechten allgemein anerkannt seien.[833] Die Person sollte daher in der Gesellschaft unter bestimmten Bedingungen personaler Kommunikation streben nach „Anerkennung als Gleicher", also Anerkennung als Inkludierte, die sich mit der Gesellschaft identifizieren.[834] Alle Bürger stehen als Personen nicht im Vordergrund der Gesellschaft. Sie

824 *Foucault*, Überwachen und Strafen, S. 236. (Hervorhebungen im Original.)
825 *Jakobs*, Rechtsgüterschutz, S. 28: „Strafrecht ist eine Institution, die einer Gefährdung des gesellschaftlichen Bestands vorbeugen soll".
826 *Eicker*, Prozeduralisierung, S. 57 ff.
827 *Kindhäuser*, Sicherheitsstrafrecht, S. 233.
828 *Lüderssen*, ZStW 107 (1995), S. 883. Über *Luhmanns* Konzept der Individualisierung vgl. 1. Kapitel B. II. 2.
829 *Jakobs*, ZStW 107 (1995), S. 850.
830 *Jakobs*, Rechtszwang, S. 31 f.
831 *Jakobs*, ZStW 107 (1995), S. 852. Auch *Jakobs*, Rechtsgüterschutz, S. 26 f.
832 *Jakobs*, ZStW 107 (1995), S. 860.
833 *Jakobs*, Strafrechtswissenschaft, S. 49.
834 *Jakobs*, ZStW 107 (1995), S. 867 f.

bleiben dabei schlechthin als Adressaten eines solchen Strafrechts, dessen Aufgabe nicht mehr in erster Linie im Rechtsgüterschutz, sondern vorerst in der Bewahrung von Identität der Gesellschaft vorliegt.[835] Sie stehen demgemäß unter der staatlichen Totalisierung „real in der Pflicht, die Sicherheitsproblematik zu lösen".[836]

3. *Gefährdungsstrafrecht als Normalisierung von Anerkennungen des Ausnahmezustandes und Exklusionsausführungen*

Während das Gefährdungsstrafrecht einerseits von allen Bürgern die Integrationspflicht verlangt, schließt es diejenigen aus, die sich durch Selbst- und Fremdführung nicht in die Gemeinschaft inkludieren können. Das Ausschließen des Gefährdungsstrafrechts versetzt den Straftäter in den rechtlich ausgenommenen Zustand, in dem die Rechtlichkeit und Subjektivität von ihm anders behandelt werden darf. Davon aus ist der totalitäre, souveräne Charakter des Gefährdungsstrafrechts hervorzuheben, wonach das Gefährdungsstrafrecht umschlägt in die Richtung zum reinen Bekämpfungsrecht, das die punitive Atmosphäre im Strafrecht hervorruft.[837] Der Kern der Exklusion vom Gefährdungsstrafrecht liegt im Feindstrafrecht, welches, wie ausgeführt wurde, Gesetze zur Bekämpfung von Verbrechen einzusetzen hat[838] und das Grundrechtssystem in ein „bekämpfungsrechtliches Sicherheitsdispositiv" umformt.[839] In Anlehnung an die exkludierende Auswirkung aus positiver Generalprävention und das vorgestellte Konzept vom Feindstrafrecht wird deswegen noch etwa kursorisch darauf eingegangen, wie der Feind durch das Gefährdungsstrafrecht exkludiert wird und in welcher Lage er sich sodann befindet.

Die Exklusion im Feindstrafrecht ist bei *Jakobs* von der Inklusionspflicht der Person ausgegangen. Wie oben bereits ausgearbeitet wurde, stehe jede Person, die Rechtsstreue nicht verlässlich verspricht, nicht im Recht und werde somit entpersonalisiert. Sie werde zu einer „Unperson", zu einem zu bekämpfenden Feind.[840] Davon ausgehend entsteht eine Dichotomie von Bürger/ Feind im Strafrechtsbereich, wie die analogen Dichotomien bei dem von *Carl Schmitt* entwickelten konstitutiven Kriterium des Politischen: Freund versus Feind, erscheinen.[841] Der Feind werde daher in der Regel vorläufig nicht als ein Mitglied der Gemeinschaft angesehen und seine Integrierbarkeit in die Gemeinschaft sei ebenso nicht bei der Verbüßung der Strafe berücksichtigt.[842]

835 *Jakobs*, Strafrechtswissenschaft, S. 50.
836 *Saliger*, Feindstrafrecht, S. 116.
837 *Frankenberg*, Staatstechnik, S. 240 f.
838 Vgl. C. III. 3. in diesem Kapitel. Außerdem Feindstrafrecht als Bekämpfungsrecht *Jakobs*, Staatliche Strafe, S. 41; *Jakobs*, HRRS 2006, S. 293, 296.
839 *Frankenberg*, Staatstechnik, S. 260 f.
840 Nochmals *Jakobs*, Strafrechtswissenschaft, S. 53.
841 Vgl. 2. Kapitel E. I. 2. Dennoch verweigert *Jakobs* die Relevanz des Feindstrafrechts mit dem *Schmitts* Konzept, *Jakobs*, HRRS 2006, S. 294.
842 *Hörnle*, GA 2006, S. 81.

Wer eigentlich Adressat des Feindstrafrechts ist und nach welchen Kriterien die Betroffenen des Feind- und des Bürgerstrafrechts zu entscheiden sind, bleibt aber völlig unklar.[843] Betroffen seien diejenigen, die „die Erwartung personalen Verhaltens dauerhaft enttäuscht" hätten und „die Bereitschaft zur Behandlung des Verbrechers als Person schwindet"; sie seien beispielsweise die Täter „bei der Wirtschaftskriminalität, beim Terrorismus, bei der organisierten Kriminalität, bei ‚Sexualdelikten und anderen gefährlichen Straftaten' sowie überhaupt bei ‚Verbrechen', wobei jeweils Individuen bekämpft werden sollen, die sich [...] vermutlich dauerhaft, zumindest aber entschieden vom Recht abgewandt haben".[844] Diese Tätergruppen, auf die *Jakobs* hingewiesen hat, entsprechen zwar den Tätergruppen in jüngerer Zeit beliebig fortgesetzten Sicherheitsgesetzen, die tendenziell weiterhin zu Gegenständen der neueren Sicherheitsgesetzgebung werden.[845] Diese Definition der Tätergruppen bleibt zwar unklar und maßlos, aber trifft *Jakobs* trotzdem mittels einer groben Dichotomie vom Bürger/ Feind die Entscheidung über Inklusion/ Exklusion: Wer Bürger ist, wird inkludiert. Und umgekehrt, wer Feind ist, wird exkludiert. Aber in welcher Lage befindet sich der Feind, wenn er exkludiert wird?

Mit der Dichotomie von Bürger/ Feind geht es natürlich nicht nur um die Definition der Homogenität. Damit ist auch eine Grenze der *rechtlich* ungleichen Behandlungen zu suggerieren. Analog dem Fall von Freund/ Feind aus *Schmitt* handelt es sich bei dem Feind nicht um Recht, sondern um Zwang und Krieg, da er noch als ein – gefährliches – Individuum im Naturzustand bleibt. Im Naturzustand bleibt dem Feind seine Personalität nicht erhalten und somit bleibt ihm gegenüber auch die Rechtlichkeit unanwendbar. Am Beispiel von der Sicherungsverwahrung erhellt *Jakobs* diese Lage des Feindes kurz aber ganz klar: „Man organisiert [...] die Sicherungsverwahrung nicht *im*, sondern *neben* dem Recht, also als Ausnahme, die der Verwahrte nicht als sein Recht akzeptieren muss".[846] Für den Feind ist also bei *Jakobs* ein Ausnahmezustand neben dem Recht zu schaffen, in dem das Recht und die Rechtlichkeit für ihn nicht gelten, sodass z. B. die Strafrahmen die weite Vorverlagerung der Strafbarkeit nicht proportionieren und die prozessuale Garantien vom Feind abbauen können.[847] In dieser Hinsicht wird der Feind in der Tat nur *rechtlich* aus der Gemeinschaft exkludiert. Das bedeutet, was bei ihm ausgeschlossen ist, sind eigentlich die hinsichtlich des Sicherheitsdispositives abgeschafften rechtsstaatlichen Rechtsgarantien. Das Feindstrafrecht als Ausnahmezustand *neben* dem Recht müsste auch paradoxerweise *nur in der Form des Strafrechts* zu bewirken sein. Dadurch zeigt sich die Ambivalenz von feindstrafrechtlicher Exklusion und der Logik des Ausnahmezustandes: Sie scheinen letztlich im Recht zu wirken, um das Recht zu suspendieren. Deshalb erklärt *Jakobs*, es

---

843 Diese Kritik auch bei *Hörnle*, GA 2006, S. 89 ff.; *Sander*, Menschenwürde und „Exklusion", S. 259.

844 Typische Erklärung *Jakobs*, HRRS 2004, S. 92. (Hervorhebungen im Original.)

845 *Sander*, Menschenwürde und „Exklusion", S. 257.

846 *Jakobs*, Rechtszwang, S. 41. (Hervorhebungen im Original.)

847 *Jakobs*, Strafrechtswissenschaft, S. 51 f. Konkret *Hörnle*, GA 2006, S. 81 ff.

gehe nur um die *partielle* Exklusion.[848] Aber wenn es nur um eine punktuelle, partielle Exklusion gehen könnte, lässt sich weiterhin die Frage aufwerfen, ob die Strategie von Exklusion wirklich nur noch ein Ausnahmefall ist.

Mit Blick auf die angedeuteten Ansätze *Agambens* von dem nackten Leben des *homo sacer* und vom Ausnahmezustand wird die strafrechtliche Strategie von Exklusion über die Theorie *Jakobs'* vom Feindstrafrecht hinausgehen und somit erweisen, dass sie bereits im Gefährdungsstrafrecht sehr üblich ist. *Agamben* zufolge wird das nackte Leben des *homo sacer* als Objekt einfach von der Souveränität entschieden, und doch ist diese souveräne Entscheidung durch das Recht zu verwirklichen. Dabei gehe es also nicht um einen bloß vor dem Recht gegebenen Naturstand, den *Jakobs* vertritt, sondern darum, dass ein politisch relevantes Leben als „Gegenstand der ausschließenden Einschließung in der Ausnahme" fungiere.[849] Für *Agamben* ist deshalb der Ausnahmezustand in der Gegenwart vielmehr zur Regel geworden, womit sich „die moderne Biopolitik" ausprägt, in deren Gefahren das Recht seine eigene Bedeutung verliert.[850] Im Ausnahmezustand im Sinn von *Agamben* zeigt sich schließlich die Normalisierung des Ausnahmezustandes in der modernen Gesellschaft. Diese Normalisierung als die Staatstechnik wird *im* Recht um das Sicherheitsdispositiv und die zunehmenden Kontrollbedürfnisse entwickelt und bedroht somit die eigene Rechtsstaatlichkeit des Rechts noch unwahrnehmbarer.[851] Darunter handelt es sich nicht um staatliche Zwangshandlungen neben dem Recht, sondern um

> „die Banalisierung und Verharmlosung außerordentlicher Maßnahmen, die durchgreifende Änderung der rechtsstaatlichen Topographie zu Lasten des Freiheitsschutzes und die Einfügung ausnahmerechtlicher Eingriffsermächtigungen in der Rechtsordnung in die Rechtsdogmatik der Normallage unter der Maske des Normalrechts. Von Fall zu Fall oder nach Bedarf wird das Undenkbare geregelt oder gedacht, das Nichtsubsumierbare subsumiert beziehungsweise das an sich den Rahmen der Normalität Sprengende normiert".[852]

Kurz gesagt: Die Normalisierung des Ausnahmezustandes bedeutet demgemäß den Vorgang der Implantierung außerordentlicher Rechtsgedanken in das Normalrecht. Mit solcher Staatstechnik dringt die feindstrafrechtliche Exklusion ebenfalls in das Strafrecht durch, welche die Gesamtkonzeption des modernen Gefährdungsstrafrechts ausgeprägt hat. Insbesondere bei dem Schwenk vom Tat- zum Gefährlichkeitsstrafrecht kann man viele Spuren wahrnehmen, dass die feindstrafrechtliche Exklusion, die sich auf die partielle und punktuelle Abschaffung rechtsstaatlicher Rechtsgarantien bezieht, in der Gefährdungskriminalisierung und -dogmatik bereits verwurzelt ist. Dabei ist zunächst die einschlägige Vorfeldkriminalisierung der

---

848 Vgl. C. II. 2. b. in diesem Kapitel.

849 Vgl. 2. Kapitel E. I. 3. Außerdem *Wittig*, FS-*Roxin* 2011, S. 119.

850 *Wittig*, FS-*Roxin* 2011, S. 127, 129.

851 *Frankenberg*, Staatstechnik, S. 236 ff. Darüber hinaus weist *Wittig*, FS-*Roxin* 2011, S. 123, Fn. 72, hin, dass die zunehmende Kontrolle über den Menschen in der modernen Gesellschaft *Agamben* nach auch ein Beispiel für den Ausnahmezustand ist.

852 *Frankenberg*, Staatstechnik, S. 236 f.

neuartigen (hypo-)gefährlichen Verhaltensweisen betroffen. Darunter sind nicht alle Inhalte vorfeldkriminalisierter Normen vom Feindstrafrecht zu fassen,[853] sie entfalten aber eine gleiche oder zumindest ähnliche Auswirkung wie beim Feindstrafrecht: Z. B. sind „die Ahnung einer vorwerfbareren Sozialschadensverursachung" und die Erfahrbarkeit des Rechtsgutes entweder durch die neue geschafften (Kollektiv-)Rechtsgüter oder durch die somit konstruierten neuen Deliktsformen ausgeschlossen.[854] Demnach ist auch die gesetzliche Strafe dieser Deliktsformen tendenziell von den bestimmten Strafrahmen der Delikte der personalen Rechtsgüterverletzung abweichend.[855] Darüber hinaus nehmen die Tendenzen der Einführungen der spezifischen Sanktionsmaßnahmen und der Gestaltungen des passenden Strafprozesses zu. Sie weichen vom rechtsstattlichen Prozess ab und sind für die gefährlichen Verurteilten und Beschuldigten nachteilig, aber sie tauchen nicht allein nur im Rahmen des Feindstrafrechts auf.[856] All diese erbringen ebenso die Verwischung der Grenzen zwischen dem Verletzungsstrafrecht, dem Gefährdungsstrafrecht bzw. dem Feindstrafrecht. Dort geht es nicht mehr nur um die zunehmende Identität vom Gefährdungs- und Verletzungsstrafrecht wie in der Risikogesellschaft,[857] sondern auch um die weitgehende Verbreitung des feindstrafrechtlichen Exklusionsgedankens im Gefährdungsstrafrecht, das sowohl in Form der Gefährdungstatbestände in Erscheinung tritt, als auch mit der Fassade der Verletzungstatbestände verkleidet ist.

4. Zusammenfassung

Es lässt sich am Ende festhalten, dass sich das Gefährdungsstrafrecht im rechtssoziologischen Sinn nicht nur einfach als eine von *Habermas* besorgte, durch die strafrechtliche Verrechtlichung die Freiheit gefährdende „Kolonialisierung der Lebenswelt" darstellt.[858] Es ist auch eine verfeinerte Staatstechnik von den liberal-demokratischen Staaten, die Strategien von Inklusion und Exklusion zu entfalten. Vor allem die Rechtsstrategien von Inklusion und Exklusion begründen das moderne Gefährdungsstrafrecht. Daher unterscheidet sich das moderne Gefährdungsstrafrecht substanziell vom Risikostrafrecht.

Die Betrachtung und Würdigung des Gefährdungsstrafrechts allein vor dem Hintergrund der Risikogesellschaft bzw. des Sozialstaats sind daher entweder defizitär oder irreführend. *Herzog* begründet seine kritische Würdigung des Gefährdungsstrafrechts zwar mit Recht ausgehend von den Sicherheitsbedürfnissen, er bewertet das Gefährdungsstrafrecht aber aus der Sicht der Leistungseffektivität im Kontext des

---

853 Analyse *Hörnle*, GA 2006, S. 82 ff., insbesondere S. 84.

854 *Dencker*, StV 1988, S. 264; *Lüderssen*, ZStW 107 (1995), S. 898 f.

855 Bezugnahme von Erhöhung der Strafe auf die Vorfeldkriminalisierung *Hörnle*, GA 2006, S. 84 ff.

856 *Dencker*, StV 1988, S. 264; *Hörnle*, GA 2006, S. 85 ff.

857 Dieses Ergebnis *Prittwitz*, Strafrecht und Risiko, S. 366.

858 Vgl. 2. Kapitel D. III. 1.

Vorsorgestaats als sozialcharakterisierende, staatliche Daseinsvorsorge, welche „von seinen eigenen Vollzugsdefiziten eingeholt wird".[859] Er hat nicht mit berücksichtigt, dass für das Gefährdungsstrafrecht als Teil der Rekommunitarisierung des Steuerungsstaates eine Leistungseffektivität im Sinne des Sozialstaats gerade uninteressant ist.[860] Im Gegensatz hierzu sieht *Hefendehl* das Gefährdungsstrafrecht etwa als „eine adäquate Reaktion des Strafrechts auf die soeben restriktiv definierte Risikogesellschaft" und legitimiert somit den Schutz kollektiver Rechtsgüter.[861] Von ihm wird übersehen, dass die kollektiven Grundwerte durch das Gefährdungsstrafrecht als Instrument von Inklusion und Exklusion einseitig hervorgehoben werden, und zwar auf Kosten der individuellen Freiheiten und der Subjektivität des Einzelnen, die im liberal-rechtsstaatlichen Strafrecht geschützt werden müssen.

Hinzu kommt, dass sich die strafrechtliche Dogmatik bereits an dieser Staatstechnik zur Entfaltung der Strategien von Inklusion und Exklusion und an solchen gesellschaftlichen Bedürfnissen orientiert. Darunter ist eine sowohl dem Gefährdungs- als auch dem Gesamtstrafrecht wichtige dogmatische Tendenz im Folgenden weiter zu untersuchen, wobei es etwa um den Funktionalismus und den Normativismus in der modernen Strafrechtsdogmatik geht, aus denen sich Verschwächung und Inaktivierung subjektiver Zurechnung ergeben.

D. Zwischenergebnis: Zwangsläufige Wendung der Vorsatzdogmatik in der Epoche der Sicherheitsgesellschaft

Eine kritische Gesamtbetrachtung des Gefährdungsstrafrechts ist angesichts der Vielfalt seiner Varianten und seiner weit ausgebreiteten Einflüsse hier schwer durchzuführen. Als Zwischenergebnis wird sich nachfolgend ausschließlich darauf konzentriert, weshalb das moderne Gefährdungsstrafrecht nur mittels der Auseinandersetzung mit dem Gefahr- und Vorsatzbegriff die Strategien von Inklusion und Exklusion entfalten könnte. Diese Konzentrierung des Anschauungsmaterials ist deshalb sinnvoll, weil die subjektive Zurechnung sich aufgrund des Gebots des Schuldprinzips, also ferner aufgrund der Anerkennung der Subjektivität, im Gegensatz zu der objektiven Zurechnung als die ständige rechtsstaatliche Begründung und Begrenzung der staatlichen Bestrafung ausprägt. Ein nach der Inklusion und Exklusion anstrebendes Gefährdungsstrafrecht wäre kaum möglich, ohne die Lockerung bzw. Befreiung von den subjektiven Voraussetzungen des Verbrechens durchzusetzen.

Diese Befreiung von den subjektiven Voraussetzungen hat ebenso ihre rechtssoziologische Grundlage. Als die Folgenorientierung seit dem Beginn der Materialisierung des Rechts in das Strafrecht durchgedrungen ist, wurde das Gefährdungsstrafrecht vielmehr von Anfang an rechtssoziologisch schicksalhaft entschieden, die subjektive

859 *Herzog*, Gesellschaftliche Unsicherheit, S. 72 f.
860 Eingehend siehe B. III. in diesem Kapitel.
861 *Hefendehl*, Kollektive Rechtsgüter, S. 170.

Seite von Verbrechen und die damit eng zusammenhängende Subjektivität umzustellen, weil – mit *Habermas*' Worten – „moderne Bewusstseinsstrukturen" erst in dieser Entwicklungsphase in einem Rechtssystem auftreten können.[862]

Im Kontext der strafrechtlichen Solidaritätspflichten aus *Durkheims* Theorie sind soziale Standards sowie die rechtliche Zumutbarkeit der Rolle als Mitglieder der Gesellschaft einbezogen,[863] wonach es zur Festlegung der Strafwürdigkeitskriterien nicht auf das Wissen und Wollen einer Person ankommt. Den subjektiven Unrechtselementen, welche nach *Durkheims* Theorie mit der eng zusammenhängenden Theorie der positiven Generalprävention zu konstruieren sind, wird sodann mit der Aufhebung gedroht.[864] Auch bei *Habermas* sind drei formale Merkmale des modernen Rechts wegen der Einflussnahmen der modernen Bewusstseinsstrukturen hervorgehoben: Positivität, Legalismus und Formalität.[865] Anhand dieser drei Merkmale definiert sich das moderne Recht als „ein Handlungssystem, in dem unterstellt wird, dass sich alle Personen strategisch verhalten, [...], dass die Rechtspersonen ihre private Autonomie zweckrational nutzen"; aus solchen Rechtsstrukturen, „in denen zweckrationales Handeln allgemein werden kann", ergibt sich *Habermas* nach die Systemfunktionalität.[866] Das systemfunktionale Verständnis des modernen Rechts bezieht sich wohl folglich auf subjektive Kriterien der Strafbarkeit, die tendenziell *objektiviert* werden, denn es unterstellt allen Rechtspersonen ausschließlich die Rolle eines generellen Rechtsgehorsams.[867]

Dieser rechtlichen Entwicklung der Systemfunktionalität zufolge erstreckt sich der Blickwindel des Strafrechts danach zwingend auf die Gegenstände aus den Sozialwissenschaften; die Folgenorientierung ist demgemäß zu einem strafrechtlich methodischen Gefüge geworden.[868] Diese hat im Strafrecht selbstverständlich zur Folge, dass die strafrechtlichen Wissenschaftler bei der Entwicklung der Dogmatik ihren Fokus auf Erfolge von Sozialwissenschaften richten müssen, sodass sie „die Auslegung der Strafgesetze und die strafrechtsdogmatische Regelbildung an den Bedürfnissen der Gesellschaft" orientieren.[869] Daraus ergibt sich der strafrechtliche (System-)Funktionalismus, unter welchem Rechte oder Interessen des Einzelnen nachrangig hinter der Stabilisierung des gesellschaftlichen Systems stehen.[870] In einem solchen systemfunktionalen Strafrechtssystem, wie beispielsweise von *Jakobs*, ist der Täter deshalb als Person zu begreifen, wobei der Sinn deren Subjektivität immer nur durch die Objektivität zu ermitteln sein kann.[871] Der aktuelle Kenntnisstand

---

862 *Habermas*, Theorie des kommunikativen Handelns, Bd. I, S. 351.
863 Vgl. B. II. 1. in diesem Kapitel und *Seelmann*, Solidaritätsbegriff im Strafrecht, S. 47.
864 *Gephart*, Strafe und Verbrechen, S. 130 f.
865 *Habermas*, Theorie des kommunikativen Handelns, Bd. I, S. 351.
866 *Habermas*, Theorie des kommunikativen Handelns, Bd. I, S. 352.
867 *Habermas*, Theorie des kommunikativen Handelns, Bd. I, S. 352.
868 *Hassemer*, ZRP 1992, S. 380; *Hassemer*, Strafrechtswissenschaft, S. 39 f.
869 *Neumann*, ZStW 122 (2010), S. 429.
870 *Schneider*, Einübung in Normanerkennung, S. 13 f.
871 *Jakobs*, ZStW 107 (1995), S. 859 f.; *Jakobs*, Norm, Person, Gesellschaft, S. 41.

des Subjekts als ein individualpsychischer Befund fällt also dabei kaum ins Gewicht in der strafrechtlichen Zurechnung.[872]

Diese soziologische Grundlage verbindet sich eng mit dem Gefährdungsstrafrecht, weil von ihr dem Handelnden eine Handlungsstrategie geboten wird, sich ständig objektiv rational zu verhalten, was nichts anderes als die Strategie von Inklusion beim Gefährdungsstrafrecht ist. Davon ausgehend könnte man sehen, dass eine dogmatische Tendenz zur Verdünnung und Normativierung der Vorsatzzurechnung auch im Gefährdungsstrafrecht unausweichlich stattfindet, wobei die Uminterpretation des Gefährdungsvorsatzes, der jedenfalls der subjektive Tatbestand der Gefährdungsdelikte ist, eine entscheidende Rolle spielt:[873] Ob das Ziel des Gefährdungsstrafrechts zur Befreiung von den subjektiven Voraussetzungen in der Tat erreicht wird, kommt überwiegend auf die dogmatische Bearbeitung des Gefährdungsvorsatzes an. Um diese These nachzuweisen, bedarf es einer kritischen Auseinandersetzung mit dem Zusammenhang zwischen Gefährdungsstrafrecht und Gefährdungsvorsatz in dem nächsten Kapitel.

872 *Jakobs*, ZStW 107 (1995), S. 861 f.

873 *M. Köhler*, FS-*Hirsch*, S. 70 ff., insbesondere S. 72, 76 ff. Darüber eingehend vgl. 4. Kapitel.

4. Kapitel: Auf der Suche nach dem Zusammenhang zwischen Gefährdungsvorsatz und Gefährdungsstrafrecht

A. Ausblick

Anschließend an das vorstehende Ergebnis im 3. Kapitel wurde bereits festgestellt, dass sogar die Vorsatzdogmatik im Gefährdungsstrafrecht auch zu einem Anhaltspunkt strategischen Kalküls von Inklusion und Exklusion gehören könnte. Sie leistet die Aufgabe, die Schranke liberaler Rechtsstaatlichkeit möglichst zu überwinden. Dabei könnte der Begriff des Gefährdungsvorsatzes eine wichtige Rolle spielen. Um dessen Zusammenhang mit dem Gefährdungsstrafrecht ausführlich zu verdeutlichen, soll in erster Linie untersucht werden, wie die Grundstrategien des Gefährdungsstrafrechts in concreto die gegenwärtige Vorsatzdogmatik beeinflusst haben (B.) und welche Rolle der Begriff des Gefährdungsvorsatzes darin spielt (C.). Zum Schluss wird diese Tendenz kritisch beurteilt (D.), woraus sich das Bedürfnis der dogmatischen Neuerklärung des Gefährdungsvorsatzes ergibt (E.).

B. Konstruktion des Vorsatzes primär nach präventiven Strafzwecken?

I. Gesellschaftliche Bedeutung des Vorsatzes und Vorsatz hinsichtlich des Gedankens staatlichen Strafens

Während sich das Verständnis des Schuldbegriffs entsprechend der Umwandlung der Gesellschaft stets verändert,[874] ist der Vorsatzbegriff als ein Merkmal des Unrechts und der Schuld ebenso häufig nach den gesellschaftlichen und staatlichen Strafbedürfnissen zu verstehen.[875] Die Konstruktion des Vorsatzes hat damit dogmatische, gesellschaftliche und auch staatstheoretische Bedeutung.

Der Vorsatz ist zunächst seit der Entstehung einer Risikogesellschaft nicht mehr gegenüber einem festen äußeren Verhaltensgehalt individuell-psychologisch zu bestimmen. Er ist gesellschaftlich zu verstehen aufgrund der positiven Einstellung des Vorsatztäters auf sein riskantes Verhalten, das aus der Perspektive sozialer Reziprozität immerhin potentielle Konflikte zwischen Rechtsgütern verschiedener Betroffener

874 Die Umwandlung der Gesellschaft als Hintergrund der Veränderung des Schuldbegriffs *Stratenwerth*, Schuldprinzip, S. 5 ff.

875 *M. Köhler*, FS-*Hirsch*, S. 65 ff.

ausmachen könnte.[876] Unter diesem Gesichtspunkt formulieren die Vorsätzlichkeit und die Nicht-Vorsätzlichkeit zuerst die entscheidenden Maßstäbe der strafrechtlichen Verhaltensnorm in der Gesellschaft, wonach der Vorsatz Freiräume des Individuums aus der Sicht einer gesellschaftlichen Gegenseitigkeit verschiedener Individuen begrenzen soll.[877] Von der Perspektive sozialer Reziprozität aus wird die gesellschaftliche Erwartung ferner vom Vorsatztäter besonders verletzt, weil er durch seine Vorsatztat gezeigt hat, Interessen von anderen zu ignorieren und seine Gestaltungsmacht in der Welt abweichend von den gesellschaftlichen Kriterien zu missbrauchen.[878] Hier wird bei der Konstruktion des Vorsatzes nicht die erhöhte Schuld, sondern *das gesellschaftliche Bedürfnis nach Standardisierung* immer wieder berücksichtigt. Der Vorsatz wird von einem individualisierenden zu einem standardisierenden Zurechnungskriterium umgestaltet, denn ein individuell zu bestimmender Vorsatz widerspricht der Pflicht und Freiheit bringenden Rollentrennung in der Gesellschaft und begünstigt den Täter.[879] Der Vorsatztäter ist demnach nicht als „das begreifend-handelnde Subjekt" anerkannt. Er wird vielmehr als „eine bloß zu bekämpfende Gegenwelt und ein Demonstrationsobjekt für andere – die Gesellschaft –" angesehen.[880]

Der Vorsatz könnte im Gegensatz zum Schutz vor der Überforderung des staatlichen Strafens auch als ein Instrument der Ausführungen der staatlichen Bestrafungsmacht fungieren. Er erfüllt demnach die gesellschaftlichen Strafbedürfnisse und entschärft den Konflikt zwischen Standardisierung und Individualisierung im sozialen Bereich.[881] Als Teil der Schuld ist der Vorsatz gezwungen, sich immer wieder funktional nach dem vom Bundesverfassungsgericht implizierten legitimen Ziel staatlichen Strafeinsatzes zu entfalten, um „die Gesellschaft vor sozialschädlichem Verhalten zu bewahren und die elementaren Werte des Gemeinschaftslebens zu schützen"; somit ist „zunächst von dem Wert des verletzten Rechtsguts und dem Maß der Sozialschädlichkeit der Verletzungshandlung" auszugehen.[882] Bei der Bestimmung des Vorsatzbegriffs muss folglich zu prüfen sein, ob diese Bestimmung bei dem Ziel des Rechtsgüter- sowie Gesellschaftsschutzes ein geeignetes und effektives Mittel ist. Es ist daher bei dem Vorsatzbegriff notwendig, sich ständig an der Aufgabe des Rechtsgüterschutzes mit den präventiven Strafzwecktheorien funktional zu orientieren.[883]

---

876 *Schroth*, Vorsatz als Aneignung, S. 11; SSW-StGB/ *Momsen*, §§ 15, 16, Rdnr. 2. Die subjektive Zurechnung nach den Attributionstheorien als ein Mittel gesellschaftlichen Handelns *Hassemer*, Einführung, S. 219 f.

877 *Schroth*, Vorsatz als Aneignung, S. 11.

878 *Schroth*, Vorsatz als Aneignung, S. 11; *Jakobs*, RW 2010, S. 283.

879 *Jakobs*, Aufgabe der subjektiven Deliktseite, S. 271 f., 274 f. Hintergrund bei *Jakobs*, FS-*Hirsch*, S. 57 f.

880 *M. Köhler*, FS-*Hirsch*, S. 65.

881 *Arth. Kaufmann*, Schuldprinzip, S. 266; *Jakobs*, Aufgabe der subjektiven Deliktseite, S. 271.

882 BVerfGE 45, 187 ff. Mit weiteren Nachweisen *Warneke*, Beteiligungsvorsatz, S. 75 und Fn. 49.

883 *Frisch*, Vorsatz und Risiko, S. 41 ff.; *Warneke*, Beteiligungsvorsatz, S. 77 ff.

II. Zweckrational orientierte Vorsatzkonzeptionen

1. Vorsatzkonzept hinsichtlich Spezialprävention

Ob und wie der Vorsatzbegriff nach dem Gedanken der reinen Spezialprävention formuliert wird, ist noch hochumstritten. Ein Vorsatzbegriff mit spezialpräventiven Zielsetzungen müsste sich zu einer den Täter resozialisierenden bzw. therapeutischen Funktion haben, „die dazu nötigt, den gesamten psychologischen Unterbau zur Erhellung der Persönlichkeitsstruktur des Täters in die strafrechtliche Betrachtung einzubeziehen".[884] Für den Vorsatztäter bedürfe wegen der Auswirkungen der Individualprävention deshalb einer erhöhten Strafe, weil die *von ihm* – also nicht von seiner begangenen Tat – *ausgegangene Gefahr und Gefährlichkeit* gegen das Rechtsgut in einem besonderen hohen Maß den Eintritt deliktischen Erfolgs verspreche.[885] Aus dieser Sicht wird der Vorsatz auf das „Wissenselement" reduziert, wobei das herkömmliche Wollenselement des Vorsatzes entweder gelöst[886] oder in das Wissenselement integriert werden muss[887]. Für den Vorsatz dergestalt genügt insoweit die *Gefahrvorstellung*.[888]

Nach der Auffassung *Kargls* widerspricht das spezialpräventiv orientierte Vorsatzkonzept dem Gedanken der Generalprävention nicht, sondern untermauert den generalpräventiv orientierten Vorsatz:[889] Wenn der Täter selbst als Quelle der Gefahr angesehen werde, begründe allein die für das Rechtsgut besonders gefährliche Gesinnung des Vorsatztäters sowohl nach der spezialpräventiven wie auch nach der (positiv) generalpräventiven Perspektive das Bedürfnis einer erhöhten Bestrafung.[890] Dieses spezialpräventiv orientierte Vorsatzkonzept ist aber mit Rücksicht auf den Schuldgrundsatz ohne weiteres normativ bedenklich, weil es auch in der Gestalt der Sicherung der Allgemeinheit, die allein die Bekämpfung gegen die gefährlichen Täter beabsichtigt, erfasst werden kann. Darin bekämpft sind bloß der gefährliche Wille und die zukünftige Gefahr des Täters selbst, während die sich aus der Schuld ergebende Schutzfunktion des Vorsatzes damit völlig verloren geht.[891]

---

884 *Krauss*, FS-*Bruns*, S. 25. Die Tendenz, das Strafrecht solle hinsichtlich der Spezialprävention therapeutische Funktion haben, siehe auch *Jäger*, MschrKrim 61 (1978), S. 302.

885 *Frisch*, Vorsatz und Risiko, S. 50 f.; *Küper*, GA 1987, S. 501; *Warneke*, Beteiligungsvorsatz, S. 80; *Stuckenberg*, Vorsatz und Irrtum, S. 423.

886 *Frisch*, Vorsatz und Risiko, S. 50.

887 *Kargl*, Vorsatz, S. 67 f.

888 *Kargl*, Vorsatz, S. 69 f.

889 Die These von *Kargl*, das kollektive Lernen im Sinne der Generalprävention sei auf die spezialpräventive Effektivität des Strafrechts aufgebaut, unterstützt wohl auch dies. *Kargl*, Vorsatz, S. 68 f.

890 *Frisch*, Vorsatz und Risiko, S. 52, Fn. 98; *Stuckenberg*, Vorsatz und Irrtum, S. 424 f.

891 Unvereinbarkeit von Schuld und Spezialprävention *Arth. Kaufmann*, Schuldprinzip, S. 266; *Stratenwerth*, Schuldprinzip, S. 35 f. Ebenso gegen das Vorsatzkonzept

2. *Vorsatzkonzept hinsichtlich Generalprävention*

Nach der überwiegenden Auffassung ist der Vorsatz hingegen tendenziell mehr oder weniger in Anlehnung an die Theorie der Generalprävention zu begreifen.[892] Die Straftheorien der Generalprävention nehmen ihren Einfluss auf die Vorsatzkonzeption in dem folgenden Perspektivenwechsel.

Zuerst ist der generalpräventiv orientierte Vorsatz nunmehr nach der Größe der Sozialschädlichkeit der Handlung gerichtet, wobei der Vorsatzbegriff hinsichtlich des Wertes des beeinträchtigten Rechtsguts und des Grades der Gefährdung für dasselbe Rechtsgut festzustellen sein soll.[893] Die Gefährlichkeit einer Tat ist demnach das entscheidende Kriterium, Vorsatz und Fahrlässigkeit voneinander zu unterscheiden. Der Vorsatz formuliert sich daher als ein *Gefahrmoment für das betroffene Rechtsgut*.[894] *Zweitens* wendet der generalpräventiv orientierte Vorsatzbegriff seinen Blick von einem Steuerungs- oder Verwirklichungswillen zum *Vermeidungswillen auf den verpönten Erfolg*.[895] Mithin begründet er sich letztlich auf dem Missbrauch der Tatmacht,[896] weil der Vorsatztäter nach dem präventiven Sanktionsbedürfnis eine offensichtlich höhere Vermeidemacht hinsichtlich der Realisierung der Gefahr beherrscht.[897] Dadurch wird die Vorsatzgrenze *verobjektiviert*, sodass die Feststellung des Vorsatzes nicht von den subjektiven Einstellungen des Täters abhängt,[898] sondern es allein auf *Zweckrationalität* und *Sanktionsbedürfnisse* ankommt.[899] So wird hier immer besonders darauf hingewiesen, dass der Vorsatztäter in der Rolle eines Normadressaten durch seine Tat sowohl das betroffene Rechtsgut wie auch die Rechtsordnung verletzt und die Rechtstreue breche.[900] Dies ist wohl der entscheidendste Anhaltspunkt, eine Normativierung

---

hinsichtlich der Spezialprävention SK-*Rudolphi/ Stein*, § 15, Rdnr. 20, weil die vom Täter ausgehende Gefährlichkeit nur vom Einzelfall abhänge.

892 Eingehend *Krauss*, FS-*Bruns*, S. 24; *Jäger*, MschrKrim 61 (1978), S. 302; *Frisch*, Vorsatz und Risiko, S. 48 f.; *Baurmann*, Zweckrationalität, S. 279; *Warneke*, Beteiligungsvorsatz, S. 80 f.; *Stuckenberg*, Vorsatz und Irrtum, S. 415 f., 422 f.; *Stein*, Vorsatz- und Fahrlässigkeitsstraftaten, S. 278 ff.; *Stein*, FS-*Wolter*, S. 527; SK-*Rudolphi/ Stein*, § 15, Rdnr. 21 f.

893 *Baurmann*, Zweckrationalität, S. 278.

894 *Warneke*, Beteiligungsvorsatz, S. 81; *Stuckenberg*, Vorsatz und Irrtum, S. 422.

895 Beispielsweise *Arm. Kaufmann*, ZStW 70 (1958), S. 73 f., 86.

896 *Jakobs*, Erfolgsdelikt, S. 114 f.; *Jakobs*, Aufgabe der subjektiven Deliktseite, S. 271; *Kindhäuser*, FS-*Hruschka*, S. 536, 540; *Kindhäuser*, GA 2007, S. 449 f.

897 *Jakobs*, Erfolgsdelikt, S. 116 f.; *Kindhäuser*, FS-*Eser*, S. 348 f., 354; *Pawlik*, Das Unrecht des Bürgers, S. 367 ff. Auch *Stuckenberg*, Vorsatz und Irrtum, S. 415 f.

898 *Arm. Kaufmann*, ZStW 70 (1958), S. 78; *Jakobs*, GS-*Arm. Kaufmann*, S. 272.

899 *Jakobs*, Erfolgsdelikt, S. 106 f.; *Jakobs*, FS-*Hirsch*, S. 55; *Stein*, Vorsatz- und Fahrlässigkeitsstraftaten, S. 281 ff.; *Stein*, FS-*Wolter*, S. 527.

900 *Frisch*, Vorsatz und Risiko, S. 48 f.; *Hassemer*, GS-*Arm. Kaufmann*, S. 296 f.; *Hsu*, Doppelindividualisierung, S. 129 ff.; *Stuckenberg*, Vorsatz und Irrtum, S. 426, 431 f.; *Kindhäuser*, FS-*Eser*, S. 354; *Kindhäuser*, FS-*Hruschka*, S. 536, 540; *Kindhäuser*, GA 2007, S. 456 ff., 468; *Zaczyk*, GA 2014, S. 86 f. Nicht ausdrücklich nach dem

des Vorsatzes zu bewirken: Das gesamte System subjektiver Zurechnung konzentriert sich nunmehr hinsichtlich einer positiv-generalpräventiven Auswirkung allmählich auf normative Typenbildung bezüglich der sozialen Fehlleistungen des Täters.[901] Davon ausgehend fungiert der Vorsatz als ein normativer Maßstab der Befolgungspflicht zur Verhaltensnorm.[902]

Folglich verlässt der generalpräventiv orientierte Vorsatz den Boden der herkömmlichen Vorsatzlehre, insbesondere das dem Vorsatz längst zu Grunde liegende Schuldprinzip,[903] und befasst sich hiermit präziser angesichts eines gefährdungsstrafrechtlichen Vorsatzbegriffs.[904] Mit dieser Tendenz erweist sich, dass es sich im modernen Gefährdungsstrafrecht sowohl um die Dominanz objektiven Gefahrmoments als auch um die Inaktivierung der Beschränkungsfunktion der subjektiven Verbrechenselemente handelt.[905] Wie diese gezielte Inaktivierung des Vorsatzes gelingen kann, bedarf einer eingehenden Betrachtung für die gefährdungsstrafrechtliche Vorsatzdogmatik.

C. Vorsatzdogmatik im Gefährdungsstrafrecht

Infolge des positiv generalpräventiven Vorsatzkonzepts ist der Vorsatz im Gefährdungsstrafrecht in drei Phasen zu unterteilen. Mithilfe der dogmatischen Bearbeitungen des Vorsatzes in diesen drei Phasen löst das Gefährdungsstrafrecht die aus dem liberal-rechtsstaatlichen Strafrecht folgende Beschränkung auf den staatlichen Handlungen auf.[906]

I. Erste Phase: Verwechslung von Gefährdungs- und Verletzungsvorsatz als Übergang der Vorsatzdogmatik zwischen Risiko- und Gefährdungsstrafrecht

Während der Vorsatz herkömmlicherweise als Wissen und Wollen der Tatbestandsverwirklichung angesehen wird,[907] lässt sich der Vorsatz in dieser Phase tendenziell so verstehen, dass die psychische Prämisse des Vorsatzes zunehmend auf die Wissensseite reduziert und die Abgrenzungsfunktion der Wollensseite durch objektive,

---

Gedanken der positiven Generalprävention, aber nach dem Gedanken der diesbezüglichen sog. „funktionalen Vergeltungstheorie“ (dazu *Stuckenberg*, Vorsatz und Irrtum, S. 432), *Pawlik*, Das Unrecht des Bürgers, S. 371 f.

901 Hinweis auf diese Tendenz *Krauss*, FS-*Bruns*, S. 26.

902 Ausführlich *Hsu*, Doppelindividualisierung, S. 120; *Jakobs*, RW 2010, S. 283 f.; *Jakobs*, System der strafrechtlichen Zurechnung, S. 20; *Pawlik*, Das Unrecht des Bürgers, S. 364 ff. Eingehend siehe unten C. III. 2. in diesem Kapitel.

903 *Baurmann*, Zweckrationalität, S. 278 f.

904 Kritisch *Küper*, GA 1987, S. 501.

905 Siehe 3. Kapitel D.

906 *Kindhäuser*, Sicherheitsstrafrecht, S. 230 f.

907 *Roxin*, AT I, § 12, Rdnr. 4.

mit Risiko oder Gefahr normierende Kriterien zu ersetzen ist.[908] Die Auffassungen, dass die risikobezogenen Begriffe wie „Risikoschaffung“ oder „Risikorealisierung“ die Kriterien objektiver und subjektiver Zurechnung konstruiere,[909] sind funktional orientierte Produkte des Risikostrafrechts.[910] Darüber hinaus legen diese dogmatischen Ansätze dabei nahe, Gefährdungs- und Verletzungsvorsatz zu identifizieren.[911] Diesen Ansätzen zufolge beschränkt sich der Vorsatz nur auf das *Wissen um Gefahr*, wobei die subjektive Verbindung des Täters mit dem endgültigen Verletzungserfolg irrelevant ist.

Diese Ansätze sind nicht nur ein dogmatischer Versuch, den Gesamtinhalt des Vorsatzes durch das Gefahrmoment zu erfassen, sondern kennzeichnen auch eine kriminalpolitische Neigung, das Risikostrafrecht allmählich zum Gefährdungsstrafrecht umzuwandeln. Es handelt sich dabei zwar hauptsächlich um das Ersetzen des Verletzungserfolgs durch das Risiko- sowie Gefahrmoment, dieses Ersetzen zählt aber bloß zu der einhergehenden Folge der Reduzierung objektiver Tatbestandsmerkmale. Die Absicht dabei ist, allen Normadressaten – nicht nur allein dem Täter – durch die Gleichstellung der *Verhaltensnormen* von Gefährdungs- und Verletzungstatbeständen eine weitere Verhaltenspflicht aufzuerlegen und somit die Maßstäbe des Vorsatzbegriffs nach diesen Verhaltensnormen normentheoretisch festzustellen und verringern.[912] Diese Ansätze könnten deshalb auch als eine der konkreten Durchführungen der sicherheitsgesellschaftlichen Strategien von Inklusion und Exklusion in der Vorsatzdogmatik erachtet werden. Es gehört zu der ersten Phase der gefährdungsstrafrechtlichen Vorsatzdogmatik, weil dabei die Umgestaltung des Vorsatzes noch nicht vollkommen im Zentrum steht.

II. Zweite Phase: Inkomplette Normativierung sowie Objektivierung des Vorsatzbegriffs

Ab der zweiten Phase kommt die Umgestaltung des Vorsatzes, also des Vorsatzes bezüglich Gefahr überhaupt, ins Zentrum des Gefährdungsstrafrechts. In dieser Phase ist vornehmlich die von *Puppe* entwickelte *Lehre von der Vorsatzgefahr* zu nennen. Sie führt sowohl zu der reinsten Ausprägung des kognitiven Normativismus,[913] der den

908 *Schünemann*, Chengchi Law Review, Vol. 50 (1994), S. 264; *Schünemann*, FS-*Hirsch*, S. 364 f.; *Roxin*, FS-*Rudolphi*, S. 243; *Vogel*, GA 2006, S. 386. Schwierigkeit vom Nachweis des Vorsatzes in der modernen Risikogesellschaft SSW-StGB/ *Momsen*, §§ 15, 16, Rdnr. 2.

909 Gemeint sind vor allem *Frisch*, Vorsatz und Risiko, S. 57 ff.; *Herzberg*, JuS 1986, S. 255 ff.; *Herzberg*, JuS 1987, S. 777 ff.; *Herzberg*, JZ 1988, S. 635 ff.

910 *Prittwitz*, Strafrecht und Risiko, S. 341 f. Überblick funktionaler Auffassung des Vorsatzbegriffs *Frischs Schneider*, Einübung in Normanerkennung, S. 177 ff., insbesondere S. 182 f.

911 Eingehend vgl. 5. Kapitel, C, II.

912 Siehe die Auffassung von *Stein* im 5. Kapitel C. II. 1. e.

913 *Roxin*, FS-*Rudolphi*, S. 250.

Vorsatzbegriff an dem Risikobegriff orientiertet,[914] als auch impliziert, die Momente des Vorsatzes nach dem gefährdungsstrafrechtlichen Gedanken darzulegen.

Unter Rekurs auf *Jakobs* geht *Puppe* bei der Erklärung des Vorsatzbegriffs davon aus, dass der Täter in der Rechtsgemeinschaft nicht als „Objekt psychischer Erlebnisse und Antriebe", sondern als eine „vernünftige, autonome Person, die nach Maximen handelt und dadurch kompetent ist, an jenem Kommunikationsprozess teilzunehmen, der über die Gültigkeit von Normen und Normerwartung entscheidet", angesehen ist. Das Wort „billigen" ist nach *Puppe* als ein *normatives Urteil* zu verstehen, „dass Gefährdung und Erfolg sein sollen oder mindestens sein dürfen".[915] Demgemäß sei der erste Maßstab des Vorsatzes „die wirkliche Vorstellung des Täters über Art und Ausmaß der Gefahr", d. h., der Täter müsse sich bewusst sein, „dass überhaupt eine Gefahr der Tatbestandsverwirklichung besteht".[916] Der zweite Maßstab liege also in einer objektiv und normativ „nach einer allgemeinen praktischen Regel zweckrationalen Handelns" qualifizierten Vorsatzgefahr, die „für sich betrachtet eine taugliche Methode zur Herbeiführung des Erfolges darstellt".[917] Damit müsse der Vorsatz teilweise nach dem Recht normativ festzulegen sein und hänge nunmehr nicht manipulierbar von der subjektiven Einstellung des individuellen Täters ab.[918]

Da bei der Lehre von der Vorsatzgefahr erst nur das Wollenselement zu objektivieren und somit zu normativieren ist,[919] geht es dabei zuerst um eine *eingeschränkte Objektivierung*,[920] die gerade gekennzeichnet ist als Ausgangspunkt dessen, dass der Täter bei der Vorsatzfeststellung auch nicht mehr das vom Recht zu verstehende Subjekt ist. Er wird demnach als ein Normadressat des präventiven Strafrechts, der sich stets *vernünftig* und *nach objektiven Maximen* verhalten muss, angesehen.[921] Weiterhin gilt diese Lehre auch als Anlass zum *Verzicht auf das individualisierende Wissenselement*, sodass der Vorsatz „nicht an das Wissen anknüpft, welches der individuelle Delinquent aktuell besaß, sondern an das, welches er vernünftiger- und zumutbarerweise *hätte haben müssen*".[922] Es zeigt sich, dass die neue Risikoethik und die Strategie von

914 Ausführlich *Prittwitz*, Strafrecht und Risiko, S. 355 ff.

915 *Puppe*, ZStW 103 (1991), S. 14. Auch NK-StGB-*Puppe*, § 15, Rdnr. 68.

916 NK-StGB-*Puppe*, § 15, Rdnr. 68, 70. Bemerkenswert ist, dass *Puppe* trotzdem Gefährdungs- und Verletzungsvorsatz differenzieren will, dazu 6. Kapitel A. II. 1. d.

917 NK-StGB-*Puppe*, § 15, Rdnr. 69.

918 *Puppe*, ZStW 103 (1991), S. 21 f.; NK-StGB-*Puppe*, § 15, Rdnr. 69. Auch *Roxin*, AT I, § 12, Rdnr. 47.

919 *Gaede*, ZStW 121 (2009), S. 244 f. Hier gemeint ist deshalb nicht vom „Wissen ohne Wollen", zutreffend auch *Bung*, Wissen und Wollen, S. 191.

920 *Schünemann*, Chengchi Law Review, Vol. 50 (1994), S. 265.

921 *Puppe*, Vorsatz und Zurechnung, S. 42. Zusammenfassung bei *Schünemann*, Chengchi Law Review, Vol. 50 (1994), S. 270; *Prittwitz*, FS-*Puppe*, S. 820.

922 *Pawlik*, Das Unrecht des Bürgers, S. 381. (Hervorhebungen im Original.)

Inklusion, welche den Einzelnen auffordert, stets vernünftig zu handeln,[923] bereits in die Vorsatzdogmatik durchschlägt.

III. Dritte Phase: Komplette Normativierung sowie Objektivierung des Vorsatzbegriffs

Zu der dritten Phase gehört die Vorsatzlehre *Jakobs*' und seiner Anhänger, namentlich *Hsu* und *Pawlik*, wonach der gesamte Inhalt des Vorsatzes vollkommen normativierend zu bestimmen ist.[924] Nach ihrer Meinung sind Vorsatz und Fahrlässigkeit „die subjektive Seite der Verhaltensbedeutung",[925] „die normativen Institutionen"[926] sowie „die juristisch-technischen Begriffe".[927] Bei *Jakobs* selbst lässt sich seinen Vorsatzbegriff in zwei verschiedene, aber miteinander zusammenhängende Linien entfalten, deren theoretische Grundlage seine Anhänger später auch befolgen.

1. Das frühere Vorsatzkonzept von Jakobs

In früheren Werken entwickelte *Jakobs* sein Vorsatzkonzept gesellschaftssystemorientiert und ging davon aus, dass die subjektive Tatseite der „Erhaltung von Normgeltung und in diesem Sinn positive[r] Generalprävention" dient.[928] In dieser Hinsicht orientierten sich die Funktion und Konstruktion der subjektiven Tatseite an der gesellschaftlichen Rolle der Täter und der an die Rolle gerichteten Erwartungen, wobei der Täter als der Urheber sozialer Störungen verstanden wird.[929] Beim Delikt als eine negative Stellungnahme gegen die Norm ging es nach *Jakobs* nur dann um den Vorsatz und die Fährlässigkeit, wenn dem Täter der Umstand unterstellt wird, „offenbar Unmaßgebliches, Falsches" zu sagen.[930] Bei der subjektiven Zurechnung wären in erster Linie „intellektuelle Leistungen" und „voluntative Leistungen" zu unterscheiden. Bei den intellektuellen Leistungen ginge es um die Erkenntnis von Normen, Wirklichkeit und Möglichkeit ihrer Harmonisierung; bei den voluntativen Leistungen ginge es hingegen um die dominante Motivation zur Normbefolgung. Nach dieser Unterscheidung entlasteten den Täter nach *Jakobs* regelmäßig nur die intellektuellen

---

923 Die neue Risikoethik siehe 1. Kapitel B. III. 1. d. und e.; deren Einfluss im Gefährdungsstrafrecht vgl. 3. Kapitel C. IV. 2.

924 *Jakobs*, ZStW 107 (1995), S. 861 f.; *Hsu*, Doppelindividualisierung, S. 120, 129 ff.; *Pawlik*, Das Unrecht des Bürgers, S. 371 f. Dieser Befund auch *Schünemann*, Chengchi Law Review, Vol. 50 (1994), S. 265 f.; *Schünemann*, FS-*Hirsch*, S. 365 f.; *Gaede*, ZStW 121 (2009), S. 246 ff.

925 *Jakobs*, System der strafrechtlichen Zurechnung, S. 53.

926 *Hsu*, Doppelindividualisierung, S. 129.

927 *Pawlik*, Das Unrecht des Bürgers, S. 364 ff.

928 *Jakobs*, ZStW 101 (1989), S. 516. Auch *Pawlik*, Das Unrecht des Bürgers, S. 367.

929 *Jakobs*, Aufgabe der subjektiven Deliktseite, S. 274 f., 284; *Jakobs*, ZStW 101 (1989), S. 518 f.

930 *Jakobs*, Aufgabe der subjektiven Deliktseite, S. 271 f.; *Jakobs*, ZStW 101 (1989), S. 519 f. Kritische Betrachtung *Schneider*, Einübung in Normanerkennung, S. 109.

Defekte. Die voluntativen Defekte hingegen entlasteten den Täter in der Regel *nicht*, weil voluntative „Unlust zur Normbefolgung" anhand des Bedürfnisses nach Standardisierung kein Milderungsgrund wäre.[931]

Obwohl *Jakobs*' frühere Vorsatztheorie noch versuchte, sich auf Individualität zu beziehen, bezog sich der wesentliche Faktor der Kenntnis damals bereits nicht mehr auf das psychische Faktum, sondern auf die normative Wertung dieses Faktums. Die Kenntnis gehörte für ihn „nur als Indikator für Rechtsuntreue zum Begriff des Verbrechens".[932] So wird es verständlich, dass die Art der Unkenntnis von den voluntativen Defekten nach *Jakobs* doch noch die Normbefolgungsbereitschaft enthalten und trotzdem die Vorsatzzurechnung bestätigen sollte.[933]

Ein weiteres Beispiel zum Unterschied zwischen Vorsatz und Fahrlässigkeit zeigte die vollständige normativierte Bewertung der Unkenntnis bei *Jakobs* noch deutlicher: Der bedingte Vorsatz läge vor, „wenn der Täter zum Handlungszeitpunkt urteilt, die Tatbestandsverwirklichung sei als Folge der Handlung nicht unwahrscheinlich". Und die Untergrenze der Wahrscheinlichkeit wäre durch die Entscheidungserheblichkeit des erkannten Risikos zu bestimmen, welches von der objektiv erfolgten Einschätzung des betroffenen Guts abhänge.[934] Demnach solle ein Täter im Fall gerichteter Fahrlässigkeit, obwohl er dieser Unkenntnis unterliegt, die mit seiner Gleichgültigkeit gegenüber dem fremden Rechtsgut zu erklären ist, trotzdem nicht milder als ein Fahrlässigkeits-, sondern als ein Vorsatztäter (dolus indirectus) behandelt werden.[935] In diesem Fall legte *Jakobs* es nahe, nicht durch jede Unkenntnis die Vorsatzstrafe auszuschließen und hierbei das Wissen durch ein Wissenmüssen zu ersetzen.[936] Schließlich ließe sich sein Vorsatzbegriff in einer kommunikativen Weise darstellen:

> „Der Vorsatztäter erklärt (mindestens, bei Nebenfolgen), das Risiko der Tatbestandsverwirklichung sei nach seiner, des Täters, Wertung entweder überhaupt nicht entscheidungserheblich oder doch nicht im Blick auf den aktuell vorliegenden Kontext. [...] Der gleichgültige Täter beschreibt ebenfalls die Situation unvollständig, aber nicht versehentlich, sondern mangels subjektiver Entscheidungserheblichkeit des nicht Erfassten".[937]

---

931 *Jakobs*, Aufgabe der subjektiven Deliktseite, S. 272, 276; *Jakobs*, ZStW 101 (1989), S. 523 f. „Normbefolgungswille" als Grundhaltung einer Person bei ihrer Handlung *Hsu*, Doppelindividualisierung, S. 129.

932 *Jakobs*, Aufgabe der subjektiven Deliktseite, S. 275 f.; *Jakobs*, ZStW 114 (2002), S. 586 f. Auch *Sacher*, Sonderwissen, S. 113; *Sacher*, ZStW 118 (2006), S. 586; *Gaede*, ZStW 121 (2009), S. 247.

933 *Jakobs*, Aufgabe der subjektiven Deliktseite, S. 272, 276; *Jakobs*, ZStW 101 (1989), S. 523 f.

934 *Jakobs*, AT, 8/ 23.

935 *Jakobs*, Aufgabe der subjektiven Deliktseite, S. 278; *Jakobs*, AT, 8/ 31; *Jakobs*, ZStW 101 (1989), S. 529 f. Jüngst *Jakobs*, System der strafrechtlichen Zurechnung, S. 57.

936 *Jakobs*, ZStW 107 (1995), S. 862 f.; *Jakobs*, ZStW 114 (2002), S. 588; *Jakobs*, ZStW 117 (2005), S. 259 f. Analyse bei NK-StGB-*Puppe*, § 15, Rdnr. 70; *Gaede*, ZStW 121 (2009), S. 256 ff.

937 *Jakobs*, ZStW 114 (2002), S. 594.

So konzentrierte *Jakobs* sich in seiner früheren Auffassung von der Formulierung seines Vorsatzbegriffs auf die Bewertung der Wissensseite, also die Kenntnis oder Unkenntnis der Vermeidung des Erfolgs sowie der Tatbestandsverwirklichung. Davon ausgehend begann er, die im Vorsatz unverwechselbare Verbindung zwischen Motivation und Erfolg zu „entpsychologisieren" und damit zu „lockern".[938]

2. *Das jüngste Vorsatzkonzept von Jakobs und seinen Anhängern*

In jüngerer Zeit formuliert *Jakobs* seinen Vorsatzbegriff vertiefender und weitergehender normativierend. Sein Vorsatzbegriff hängt nun enger von seinem Verständnis des Weltbildes der Gesellschaft ab. *Max Webers* Meinung zufolge, wonach die Welt der Moderne entzaubert sei, wird das Verbrechen bei *Jakobs* verstanden als Sinnausdruck des Täters in einer rechtlich strukturierten Gesellschaft, in der die rechtliche Bedeutung eines verbrecherischen Verhaltens nur durch rechtliche Struktur zu bestimmen ist.[939] Da sich die Bedeutung nicht als natürliches Ereignis, sondern „nur als von einer Person *gesetzte* Bedeutung" darstelle, solle der Vorsatz demnach als eine der subjektiven Seiten der Verhaltensbedeutung zu verstehen sein. Der Gegenstand des Vorsatzes sei nicht mehr das psychischen Meinen, Fühlen oder Werten usw. des Täters; er könne einfach durch „das Recht gemäß *seiner* Funktion" entschieden werden.[940]

Der Tatbestandsvorsatz bezieht sich nach *Jakobs* deshalb in erster Linie auf „die Kenntnis der Missachtung der normativen Struktur der Gesellschaft" und damit ist er „im Fall eines der klassischen Erfolgsdelikte oder eines konkreten Gefährdungsdelikts vom Unrechtsbewusstsein" nicht zu trennen.[941] An dieser Stelle versteht *Jakobs* Wissen und Wollen als „sinnhaft gestaltende Elemente", als Gestaltungsmächte, die nicht voneinander isoliert werden könnten und zu einem Begriff vereinigt werden müssten, also „wissendes Wollen":[942] So sei der Vorsatz das Wollen der Tatbestandsverwirklichung und das Wissen sei der Wollensinhalt.[943] Der oben skizzierten normativen Grundlage des Vorsatzes zufolge sei der Wollensinhalt nicht mehr psychologisierend zu bestimmen und daher „das präsente Material zur Orientierung". Das wissende Wollen bedeute mithin die „Kenntnis des Umfangs der zur Verfügung stehenden Gestaltungsmacht" und die Berücksichtigung der objektiven Gestalt des unerlaubten Verhaltens, welches man sich immer in der gesellschaftlichen Praxis aneignen kann.[944] Dies führt letztlich

---

938 Zutreffende Betrachtung *Günther*, Schuld und kommunikative Freiheit, S. 44.

939 *Jakobs*, RW 2010, S. 283 f.; *Jakobs*, System der strafrechtlichen Zurechnung, S. 20.

940 *Jakobs*, RW 2010, S. 289. (Hervorhebungen im Original.) Nochmals Betonung: „Nach dieser Lehre entscheidet nicht der Täter selbst, was sein Verhalten bedeutet, [...], vielmehr entscheidet die *Gesellschaft*". Ebenda, S. 291. (Hervorhebung im Original.)

941 *Jakobs*, System der strafrechtlichen Zurechnung, S. 53 f. (Hervorhebungen im Original.) Auch *Jakobs*, RW 2010, S. 299 ff.

942 *Jakobs*, RW 2010, S. 285 f., 289.

943 *Jakobs*, RW 2010, S. 290.

944 *Jakobs*, RW 2010, S. 290 ff. Hier scheint aber bei der Normativierung des *Jakobs*' Vorsatzbegriffs schillernd, weil er im Prinzip ein wertender Sinnausdruck sei, aber

dazu, dass der Vorsatz der Wille mit dem Inhalt sei, „eine entscheidungsrelevante Gefahr zu gestalten". Die hier *Jakobs* zufolge dem Vorsatz konstitutive Gefahr sei zwar ein Merkmal des objektiven Tatbestands, stehe aber „gegen die praktisch nicht mehr erfolgsbezogene, abstrakt bleibende Gefahr bloßer Verhaltensregelungen".[945]

Zur Klarstellung des Vorsatzkonzepts *Jakobs*' kann *Hsus* Ergänzung in Betracht kommen. *Hsu* vertritt die Ansicht, dass in der Vorsatzzurechnung allein die sog. abstrakte Kenntnis dominiert, welche „zum notwendigen Teil der normativen Verständigung einer Handlung gehört und etwas anders als die individuellen Annahmen des Handelnden ist".[946] Die aktuelle Kenntnis bzw. Unkenntnis um konkrete Umstände spielen für *Hsu* bei dem subjektiven Tatbestand überhaupt keine Rolle mehr.[947] Demzufolge sei sowohl der Verletzungs- wie auch der Gefährdungsvorsatz in herkömmlicher Gestaltung als die Mindestvoraussetzung des Gefährdungsdelikts vollkommen aufgelöst.[948] Alle Deliktstypen wandeln sich nach *Hsu* in die Pflichtverletzungsdelikte[949] um und befreien grundsätzlich von der bisher geläufigen Figur der subjektiven Voraussetzung des Verbrechens. Der Vorsatz erscheint gemäß dem Vorsatzkonzept *Jakobs*' und *Hsus* als ein „Spezialfall der objektiven Erkennbarkeit, bei dem es auf das Wissen des gedachten Dritten nicht mehr ankommt".[950]

Zusammenfassend ist dieser Vorsatzbegriff von *Jakobs* und seinen Anhängern sowohl normativiert als auch objektiviert. Er ist normativiert, weil es in ihm kein psychischer Befund und kein Individualisiertes Element mehr gibt. Beim Vorsatz sind allein nur normative und wertende Elemente sowie normatives Kenntnisgebot (das eher rechtlich postulierte Kennenmüssen) aufgenommen, sodass der Vorsatz nun für *Jakobs* mit dem Unrechtsbewusstsein identifiziert ist.[951] Er ist zugleich objektiviert, weil in ihm nur objektivierte und entsubjektivierte Elemente vorhanden sind. Diese Elemente beziehen sich auf die entscheidungsrelevante Gefahr, die das Merkmal des objektiven Tatbestands ist.[952] Schließlich ist der Vorsatz dergestalt nur noch durch „Pflichten der Rechtstreue" und „Rechtsfeindlichkeit" gekennzeichnet,

---

trotzdem noch eine empirische Grundlage habe. Zutreffend *Sacher*, ZStW 118 (2006), S. 612.

945 *Jakobs*, RW 2010, S. 297. Analyse bei *Vogel*, GA 2006, S. 388.

946 *Hsu*, Doppelindividualisierung, S. 147.

947 *Hsu*, Doppelindividualisierung, S. 140, 146 f.

948 Zu *Hsus* Verständnis vom Verletzungs- und Gefährdungsvorsatz siehe 6. Kapitel A. II. 1. c.

949 Auf diesen Versuch *Pawlik*, Das Unrecht des Bürgers, S. 82 ff.

950 Diese Einschätzung *Börgers*, Gefahrurteil, S. 78, 89, Fn. 362.

951 Jüngste Kritik *Schünemann*, ZStW 126 (2014), S. 16 f.

952 Unerforderlichkeit der Individualisierung im *Jakobs*' heutigen Vorsatzbegriff und Entsubjektivierung in seiner Strafrechtsdogmatik *Sacher*, ZStW 118 (2006), S. 582, 588 f., 619. So nennt *Schünemann* den *Jakobs*schen Vorsatzbegriff einmal als die „totale postmoderne Objektivierung", *Schünemann*, Chengchi Law Review, Vol. 50 (1994), S. 265, zum anderen als „die Alleszertrümmerung", *Schünemann*, ZStW 126 (2014), S. 14.

wobei es sich einerseits um „das Nichtanerkennen der Normgeltung", andererseits um „das Ausmaß der dem Täter anzulastenden Obliegenheitsverletzung" handelt.[953] Der Vorsatzbegriff in diesem Sinne ist nicht nur der *dolus indirectus* wie das frühere Vorsatzkonzept *Jakobs'* besagt, sondern auch nichts anderes als der *dolus malus*.[954]

IV. Zusammenfassung: Gefährdungsvorsatz als Kern der gefährdungsstrafrechtlichen Vorsatzdogmatik

Die Tendenz der Vorsatzdogmatik im Gefährdungsstrafrecht lässt sich wie folgt zusammenfassen, wobei die verfeinerten dogmatischen Bearbeitungen des Zusammenhangs zwischen Gefahr und Vorsatz stets im Mittelpunkt stehen. Diese Bearbeitungen haben allein hinsichtlich der neuen Risikoethik unterschiedliche Figuren des Gefährdungsvorsatzes ausgemacht.

1. In der ersten Phase ist der Verletzungsvorsatz augenscheinlich durch einen Gefährdungsvorsatz zu ersetzen. Der hier gemeinte Gefährdungsvorsatz ist aber im Grunde genommen nur ein Gefahr- bzw. Risikobewusstsein. Ihm kommt es zwar noch auf die vom Täter gekannten Umstände an, aber er verlangt an sich kein Wollenselement mehr. Das „Gefahr-Wollen" ist hier einfach aufgehoben.
2. In der zweiten Phase stellt sich die Gefahr als der einzige Bezugspunkt des Vorsatzes dar, und zwar in der Formulierung einer normativ festzustellenden Vorsatzgefahr. Der Vorsatztäter ist schon unter Strafe zu stellen, wenn er sich nur Art und Ausmaß der rechtlich qualifizierten Vorsatzgefahr vorstellt. Das „Gefahr-Wollen" ist nun ein normatives Urteil, das unabhängig von der subjektiven Einstellung des Täters ist. Der Vorsatz ist offenbar partiell beim Wollenselement normativiert.
3. In der dritten Phase gehört nicht die konkrete Gefahr, sondern eine gemäß bloßen Verhaltensregelungen vorhandene, nicht mehr erfolgsbezogene, abstrakte Gefahr zum Bezugspunkt der Vorsatzzurechnung. Der Vorsatz ist allein durch „die abstrakte Kenntnis" dieser Gefahr festzustellen, welche sich in einem kommunikativen Sinne nach der gesellschaftlichen Rolle des Täters entscheidet. Der Gefährdungsvorsatz ist hier ein Spezialfall der objektiven ex ante-Erkennbarkeit von Risiken. Das aktuelle Wissen und Nicht-Wissen spielen nunmehr bei der Vorsatzzurechnung keine Rolle mehr. Der Vorsatz ist nun ein rein normatives Produkt.

---

953 *Hsu*, Doppelindividualisierung, S. 133 f.; *Pawlik*, Das Unrecht des Bürgers, S. 375, 380.

954 *Jakobs*, System der strafrechtlichen Zurechnung, S. 57; *Pawlik*, Das Unrecht des Bürgers, S. 404 f.

D. Kritische Betrachtung und Würdigung: Gefährdungsvorsatz als Anhaltspunkt zur Reduzierung bzw. Inaktivierung der subjektiven Voraussetzungen des Verbrechens im Gefährdungsstrafrecht

I. Anwendung der Strategien von Inklusion und Exklusion in der gefährdungsstrafrechtlichen Vorsatzdogmatik

1. Inklusionsauswirkung des Vorsatzes

Die gefährdungsstrafrechtlichen Vorsatzkonzepte gewinnen im modernen Strafrechtsystem viel Anerkennung.[955] Sie sind zwar zunächst als ein dogmatischer Trend gekennzeichnet, lassen sich aber als eine konstitutive kriminalpolitische Entwicklung in ihrer Gemeinsamkeit erkennen, wobei die Strategien von Inklusion und Exklusion sich entfalten.

Die Gemeinsamkeit zwischen den Vorsatzbegriffen in den verschiedenen Phasen besteht zunächst darin, dass sie auf die Straftheorie der positiven Generalprävention und ferner auf die neue Risikoethik basieren. Die theoretische Grundlage aus der positiven Generalprävention bewirkt offensichtlich einen Paradigmenwechsel in der Ansetzung dogmatischer Kriterien des subjektiven Tatbestandes: Während die herkömmlichen Theorien bei der Auslegung des Vorsatzes auf die Täterperspektive und die individuelle Rechtsgutsverletzungen abstellen, eliminieren die Theorien des normativierenden Vorsatzbegriffs diese hingegen[956] und verschieben ihren Blickwinkel funktional und kommunikativ auf die objektiven Kriterien nach den Maximen des Rechts bzw. der gesellschaftlichen Werte oder gar nach der Rechtstreue, die sich überhaupt auf gesellschaftliche Bedeutung des Täterverhaltens konzentrieren.[957]

Mit den Besonderheiten der gefährdungsstrafrechtlichen Vorsatzkonzepte sind diese Inklusionsfunktionen des Vorsatzes impliziert, sodass die normative Vorsatzstrafe sowohl „an den rechtstreuen Bürger" adressiert ist[958] (nicht nur an die Delinquenten!), wie auch eine Funktion zur Entdifferenzierung oder gar Standardisierung strafrechtlicher Bewertung an die Adressaten bezweckt.[959] Genauer gesagt: Damit sich Inklusion in der subjektiven Zurechnung entfalten kann, sind alle Bürger in den Theorien der Normativierung der Vorsatzfeststellung Adressaten der Strafe und nicht als echtes Subjekt anerkannt. Unter diesem Gesichtspunkt ist der Einzelne vielmehr der reine Normadressat, welcher auf Individualisierung verzichten muss,[960] wobei er als

955 Mit weiteren Nachweisen *Gaede*, ZStW 121 (2009), S. 246, 248 ff.
956 *Schneider*, Einübung in Normanerkennung, S. 118.
957 Nur *Jakobs*, RW 2010, S. 295.
958 *Jakobs*, ZStW 101 (1989), S. 517.
959 Zutreffende Kritik *Gaede*, ZStW 121 (2009), S. 279 f.
960 *Jakobs*, Aufgabe der subjektiven Deliktseite, S. 276; *Jakobs*, ZStW 117 (2005), S. 259 ff.

vernünftiger Bürger stets rational handeln muss und verpflichtet ist, zu erkennen, dass er durch die Nichterfüllung der Verhaltensnormen „eine qualifiziert-unerlaubte Gefahr für die von der Verhaltensnorm geschützte Rechtsposition" herbeiführen kann.[961] Aus funktionaler Sicht geht es bei der subjektiven Zurechnung nicht mehr um die individualpsychische Kenntnis, sondern allein um die Erfüllung solch einer Erwartung, ob Personen durch ihre kognitive Untermauerung die Normgeltung bestätigen und bewahren oder nicht. Es gibt hier keine echte individuelle subjektive, sondern nur sog. „personale Zurechnung",[962] wobei den Adressaten möglicherweise ein potentieller Vorsatz bzw. das Wollensollen oder Wissenmüssen usw. zugeschrieben werden dürfte.

Die Kritik an der Objektivierung und Normativierung der Vorsatzkonzepte, wonach die Zuschreibung subjektiver Verantwortlichkeit je nach dem objektiven Grad der Gefahr dem Prinzip individueller Vorwerfbarkeit widerspreche,[963] scheint zwar zutreffend, aber letztlich erfolglos. Die Normativierung der Vorsatzfeststellung beabsichtigt eher dasselbe Prinzip zu beseitigen.[964] Sie gehört vielmehr zu der oben genannten Staatstechnik, welche durch die Entwicklung dogmatischer Methoden den Paradigmenwechsel vom alteuropäischen Schuldstrafrecht zu einem modernen funktional-differenzierten Gesellschaft entsprechenden Funktionalismus[965] verfeinerter und unwahrnehmbarer vollzieht. Sie verspricht von Anfang an, dass alle Bürger dem Staat gehorsam bleiben müssen, sodass die Sicherheit der Gemeinschaft möglichst abgesichert wird.

2. *Exklusionsauswirkung des Vorsatzes*

Eine Auswirkung der Exklusion im Sinne von der Abschaffung rechtsstaatlicher Rechtsgarantien verbirgt sich auch hinter den Theorien der gefährdungsstrafrechtlichen Vorsatzkonzepte.

Dass der subjektive Tatbestand der Erfolgsdelikte (einschließlich der Verletzungs- und der konkreten Gefährdungsdelikte) lediglich durch objektive risiko- oder gefahrenbezogene Elemente, wie z. B. die Vorsatzgefahr oder die entscheidungsrelevante Gefahr, zu konstruieren ist, ist normativ durchaus bedenklich. Ein Ersetzen des Verletzungsvorsatzes durch ein Risikowissen bzw. Gefahrbewusstsein wirft zunächst den Verdacht auf, gegen Art. 103 Abs. 2 GG sowie § 1 StGB zu verstoßen.[966] Diese Ansätze berücksichtigen zur Feststellung des Vorsatzes nur das reine Risikowissen sowie Gefahrbewusstsein, welche eigentlich für den Vorsatz in der klassischen

---

961 *Pawlik*, Das Unrecht des Bürgers, S. 380.

962 *Jakobs*, ZStW 107 (1995), S. 859 ff. Gleiche Einschätzung auch bei *Sacher*, Sonderwissen, S. 109 ff.; *Sacher*, ZStW 118 (2006), S. 584.

963 *Prittwitz*, Strafrecht und Risiko, S. 357.

964 NK-StGB-*Puppe*, § 15, Rdnr. 85. Die Beziehung der Objektivierung des Strafrechts mit der Umwandlung des Schuldbegriffs *Arth. Kaufmann*, Jura 1986, S. 228.

965 Diese Absicht bereits bei *Jakobs*, ZStW 107 (1995), S. 843 ff. und passim.

966 Bei der Anwendung des § 16 I 1 StGB *Vogel*, GA 2006, S. 388 f.; *Gaede*, ZStW 121 (2009), S. 262 ff.

Gestalt noch nicht genügen; sie verwechseln außerdem die Vorsatzfeststellung mit der Vorsatzzurechnung.[967] Insbesondere hat *Jakobs*' Vorsatzzurechnung dieses Defizit, wenn er behauptet, dass die Unkenntnis aus der Gleichgültigkeit nicht als Irrtum im Sinne des § 16 I 1 StGB gelte und trotz des Un-Kennens zur Vorsatzstrafe führe. Sie weicht erheblich vom Wortlaut des § 16 ab und schließt sich an die Lehre vom dolus indirectus an, die schon seit langem im deutschen Strafrecht keine Existenzberechtigung mehr hat.[968]

Hinzu kommt, dass der subjektiv-innere Zusammenhang des Täters zwischen Erfolg und Verhalten bei den Erfolgsdelikten, der vom Rechtsstaat stets als eine Voraussetzung strafrechtlicher Verantwortlichkeit in der Form der Konditionalprogramme gefordert wird, durch die objektiv nur risiko- oder gefahrenbezogenen Elemente beim subjektiven Tatbestand abgebaut wird. Der Kern des subjektiven Tatbestands lässt sich dadurch entleeren[969] und wird seit jeher zweckrational-orientiert bestimmt. Dies bedeutet, dass das Gefährdungsstrafrecht mittels seiner eigenen Vorsatzdogmatik vom Schuld- bzw. Tatstrafrecht Abschied nimmt.[970] Außerdem führt dies dazu, dass der Staat den Beweis zur Vorsatzstrafe zu Ungunsten des Täters leichter und zugänglicher macht. Seine Rechtsstaatlichkeit sowie die Rechtsgarantien des Täters gehen deshalb verloren.[971] Die gefährdungsstrafrechtlichen Vorsatzkonzepte als Machttechnik des Steuerungsstaates, die zwar formell von dem Verfassungsrecht eingeschränkt sind, sind folglich materiell verfassungsrechtlich nur schwer legitimierbar.

Darüber hinaus vollzieht sich eine grundsätzlich partielle Exklusion durch diese Vorsatzdogmatik für den Täter im Strafrecht und schafft für diesen einen Ausnahmezustand im Recht, sodass die herkömmliche, rechtsstaatlich begründete Regel der Vorsatzfeststellung für den Täter nicht mehr – zumindest nicht völlig – gilt.[972] Diese Umwertung des Vorsatzes widerspricht zunächst dem Gebot vom Schutz der Menschenwürde auf der verfassungsrechtlichen Ebene.[973] Ferner führt sie auch sowohl zu ihrer diffusen Verbindung mit der Vorverlagerung der Strafbarkeit als auch dazu, dass der dem Schuldbegriff hochrelevante Subjektbegriff hinter dem auf den gesellschaftlichen Strafbedürfnissen begründeten Personenbegriff zurücktreten muss.

---

967 Solche Kritik an *Puppes* Lehre der Vorsatzgefahr *Prittwitz*, FS-*Puppe*, S. 825.

968 *M. Köhler*, FS-*Hirsch*, S. 78 f.; *Roxin*, AT I, § 12, Rdnr. 97; *Gaede*, ZStW 121 (2009), S. 263; *Schünemann*, ZStW 126 (2014), S. 16. Eine Renaissance des dolus indirectus vor einem Jahrhundert, *Klee*, dolus indirectus, passim.

969 *Bung*, Wissen und Wollen, S. 96 f.

970 *Prittwitz*, FS-*Puppe*, S. 829.

971 *Bung*, Wissen und Wollen, S. 97. Daraus ergibt sich die Absage vom Schuldstrafrecht und Tatstrafrecht *M. Köhler*, FS-*Hirsch*, S. 81; *Prittwitz*, FS-*Puppe*, S. 829.

972 *Gaede*, ZStW 121 (2009), S. 263 f., beschreibt eine Differenzierung von *Jakobs*, dass die Art. 103 Abs. 2 GG nur für prinzipiell rechtstreue Bürger und nicht für dem Recht gegenüber prinzipiell Gleichgültige/ „Rechtsfeinde" gelten sollte.

973 *Duttge*, HRRS 2012, S. 362.

II. Entsubjektivierung und Gefährdungsstrafrecht

Nach den vorstehenden Diskussionen über die rechtssoziologischen Hintergründe der Entstehung des modernen Sicherheits- sowie Gefährdungsstrafrechts wird es verständlich, dass das Zurücktreten des Subjektbegriffs in der Tendenz zur Normativierung des Vorsatzbegriffs als Staatstechnik auftaucht.[974] Die Normativierung des Tatbestands könnte gewiss auf eine solche Umwandlung konstitutiver Gesellschaftsstruktur zurückzuführen sein, in welcher der Einzelne wegen des Rekommunitarisierungsprozesses als gesellschaftlicher Rollenträger, als Person verstanden wird. Dies hat zur Folge, dass der Einzelne als das Subjekt hinter dem sozialen System zurücktritt, sodass es bei der Verantwortungszuschreibung des Einzelnen nur um die Umformulierung des Subjekts und die „Fremdbeschreibung des Subjekts" geht.[975] Demnach steht der Mensch als Person am Rand des Rechts, welche ihre Individualität, Freiheit, Lust und Unlust unterdrücken muss und sich stets in einem depressiven Zustand befindet, weil dem Einzelnen ein normgemäßes Verhalten oft nicht rational und vorzugswürdig erscheint.[976] Der moderne Mensch ist daher eine Person, die sowohl ermächtigt als auch diszipliniert ist und immer ein Objekt im Ablauf der Strategien von Inklusion und Exklusion ist.[977] Das moderne Strafrecht ist ein weniger subjektanerkennendes Strafrecht, da sein subjektiver Tatbestand seit jeher nicht überwiegend davon abhängt, was eine Person wusste und wollte, sondern davon, was sie hätte wissen und wollen müssen.[978] Von diesem Gesichtspunkt der Entsubjektivierung im Strafrecht aus lässt sich die Frage aufwerfen, wie die Tendenzen zur Entsubjektivierung und zum Gefährdungsstrafrecht in der modernen Sicherheitsgesellschaft miteinander zusammenhängen.

Wie oben kurz erwähnt wurde, verband sich eine Art der Subjektivierung des Strafrechts, also das sog. Willensstrafrecht, schon in der NS-Zeit mit dem Gefährdungsstrafrecht. Obwohl eine Absicht zur „Umgestaltung des bisherigen Verletzungsstrafrechts zu einem Gefährdungsstrafrecht" in der Denkschrift des Preußischen Justizministers über ein Nationalsozialistisches Strafrecht 1933 namentlich deklariert wurde,[979] war diese Deklarierung wissenschaftlich überwiegend an einem „Unternehmensstrafrecht" oder an einem „durch Gefährdungsstrafrechtsgedanken eingeschränktes ethisierendes Willensstrafrecht" orientiert.[980] Der Grund dafür war, dass ein objektives Gefährdungsstrafrecht praktisch undurchführbar sei, weil es mangels des auf eine

---

974 Die jüngere Tendenz der Vorsatzdogmatik mit Blick auf moderne Philosophie *Bung*, Wissen und Wollen, S. 107 ff.

975 Untertitel im *Bung*, Wissen und Wollen, S. 30, aber in anderer Richtung.

976 *Jakobs*, ZStW 117 (2005), S. 259 ff., 266. Nochmals unter Rekurs auf *Luhmanns* systemtheoretisches Rechtsverständnis *Luhmann*, Das Recht der Gesellschaft, S. 515 ff., und vgl. 2. Kapitel D. I., E. I. 1. und II. 1.

977 *Günther*, Ermächtigung und Disziplinierung, S. 136 f.

978 *Bung*, Wissen und Wollen, S. 113.

979 *Kerrl*, Nationalsozialistisches Strafrecht, S. 27.

980 *Metzger*, DJZ 1934, S. 99 f.; *Nick*, Gefahr und Gefährdungsvorsatz, S. 35.

Verletzung gerichteten Willens des Täters gerade weitreichend unbestimmt wäre.[981] Aus dieser Sicht bedeutet die Verlagerung der Strafbarkeit im damaligen Gefährdungsstrafrecht die Verlagerung des Akzentes auf die Willensseite, wobei es sich freilich um „die nähere Ausgestaltung und Umgrenzung des Vorsatzes" handle: „Bestraft werden soll die Bestätigung eines ‚bestimmten' verbrecherischen Willensentschlusses".[982]

Diese rechtsgeschichtliche Entwicklung des Zusammenhangs zwischen dem Gefährdungsstrafrecht und Willensstrafrechts entspricht der Vermutung *Jakobs*', „dass die Vorverlagerungstendenz wiederum die Subjektivierungstendenz fördert, sodass sich beide zirkelhaft gegenseitig scheinbar stützen".[983] Dabei impliziert *Jakobs* eine innere Beziehung zwischen der Privilegierung des subjektiven Tatbestands und der Vorverlagerung des Strafrechtsschutzes dadurch, dass eine Berücksichtigung der Interna [...] den Bürger zum Feind" degradiere; damit sollte das Strafrecht eines freiheitlichen Staates allein nur um „eine Kontrolle der Externa" einschränken.[984] Insoweit könne ein Verhalten nur kriminalisiert werden, wenn seine abstrakte Gefährlichkeit ohne Berücksichtigung auf „die aktuelle Planungen des Täters", nämlich auf den internen Kontext des Verhaltens, nicht mehr toleriert werden könne. Wenn der interne Kontext berücksichtigt sei, führe dies zur „Bestrafung von gefährlichen Tätern, von Feind".[985]

Mit Blick auf *Jakobs* Ansatz wird festgestellt, dass eine in der modernen Gesellschaft fortgesetzte Vorverlagerung des Strafrechtsschutzes anhand der Normativierung des Vorsatzbegriffs eher nicht durch die Subjektivierung in der Form des Willensstrafrechts durchgeführt werden müsste, sondern hingegen durch die *Entsubjektivierung*, nämlich durch das objektiv orientierte Konzept des Gefährdungs- sowie Gefährlichkeitsstrafrechts.[986] Insofern ist das Konzept des traditionellen Schuldstrafrechts im modernen Gefährdungsstrafrecht inkompatibel und die zu dem Schuldstrafrecht passenden Kriterien der Vorsatzfeststellung sind auf die normativen Entscheidungen reduziert oder somit gar inaktiviert.[987] Letztendlich liegt dem Gefährdungsstrafrecht

---

981 *Metzger*, DJZ 1934, S. 99 f.

982 *Metzger*, DJZ 1934, S. 101. (Hervorhebung im Original.)

983 *Jakobs*, ZStW 97 (1985), S. 752. Siehe auch *Bung*, Wissen und Wollen, S. 118.

984 *Jakobs*, ZStW 97 (1985), S. 761.

985 *Jakobs*, ZStW 97 (1985), S. 771. Eingehend über *Jakobs*' Trennungsgedanke von Interna und abstraktem Gefährdungsverhalten vgl. 8. Kapitel B. II.

986 Zutreffend *Bung*, Wissen und Wollen, S. 113 f.

987 Mit gutem Beispiel vom Verkehrsstrafrecht ist der enge Zusammenhang zwischen einem objektivierten, also die aus der modernen Gesellschaft folgende Gefährdungshaftung in sich bezogenen Strafrecht und dem Verzicht auf subjektiven Vorsatzelementen zu ermitteln; nämlich „das Verkehrsstrafrecht vollständig zu objektivieren, die strafrechtliche Haftung ausschließlich an die gefährliche Handlung als solche anzuknüpfen, also auf Vorsatz, Fahrlässigkeit und Verbotskenntnis als Ahndungsvoraussetzungen ganz zu verzichten, und die objektive Übertretung der Vorschrift als Gegenstand der Ahndung genügen zu lassen", sind schon von *Bockelmann* als bedenklich beurteilt. Dazu *Bockelmann*, folgenlose Gefährdungsdelikte, S. 189 ff.; *Bockelmann*, DAR 1961, S. 186 f.

eine irrführende dogmatische Konsequenz nahe, dass der Vorsatz standardisiert und die Fahrlässigkeit hingegen individualisiert zu bestimmen sein müsse.[988]

Bei der Tendenz zum modernen Gefährdungsstrafrecht sowie zur Normativierung des Vorsatzbegriffs besteht im Grunde genommen immer eine soziologische Erwägung des Verhältnisses zwischen dem Einzelnen und der Gesellschaft und zwischen dem Funktionalismus und dem alteuropäischen Prinzipiendenken.[989] Der soziologische Geist des modernen Gefährdungsstrafrechts liegt demnach vielmehr darin, das moderne Gesellschaftssystem als das Ganze vorrangig zu privilegieren und die Anerkennung des Einzelnen als das Subjekt damit einhergehend zu verschwinden. Dieser Gedanke vernachlässigt jedoch gerade, dass das Strafrecht außerhalb des Sicherheitsstrebens sowohl faktisch als auch normativ dazu dienen muss, ungeachtet von der Heterogenität den Mensch als Subjekt anzuerkennen (Art. 1 Abs. 1 GG). Angesichts dieses Widerspruchs im Gefährdungsstrafrecht bleiben die Fragen offen, weshalb das Subjekt im Strafrecht hinsichtlich der gesellschaftlichen Sicherheitsbedürfnisse nur sekundäre Bedeutung hinter der Gesellschaft hat und weshalb nicht stattdessen zu betonen ist, dass das Subjekt die Gesellschaft ausmacht?[990]

E. Zwischenbilanz: Bedürfnis einer dogmatischen Auseinandersetzung des Begriffs „Gefährdungsvorsatz" hinsichtlich der Kehrseite des Gefährdungsstrafrechts

Die oben skizzierte Tendenz der gefährdungsstrafrechtlichen Vorsatzdogmatik nach der Entsubjektivierung begründet die Notwendigkeit der Neuinterpretation des Gefährdungsvorsatzes:

I. Es wird zunächst problematisiert, dass das moderne Gefährdungsstrafrecht offensichtlich von dem liberal-rechtsstaatlichen Schuldstrafrecht abweicht, welches sich auf die Berücksichtigung der Individualität und Subjektivität bezieht. Das moderne Gefährdungsstrafrecht, das den subjektiven Tatbestand schwächt und inaktiviert, unterscheidet sich kaum von anderen Normsystemen, weil die auf individueller Verantwortung begründete subjektive Zurechnung gerade der wesentliche Unterschied einer Straftat von anderen gegen Normen verstoßenden Verhaltens sein sollte.[991]

II. Es zeigt sich, dass in der modernen Gesellschaft die Objektivierung des subjektiven Tatbestands die Vorverlagerung der Strafbarkeit stützt und zugleich das Gesetzlichkeits- und Schuldprinzip verletzt. Dieses Ergebnis wirft den Gedanken auf, dass eine recht verstandene Berücksichtigung der subjektiven Tatseite

988 *Sacher*, Sonderwissen, S. 123 ff.
989 *Lüderssen*, ZStW 107 (1995), S. 878.
990 *Lüderssen*, ZStW 107 (1995), S. 883.
991 *Lüderssen*, StV 2004, S. 100; *Bung*, Wissen und Wollen, S. 102.

die Gefahr einer übermäßigen Ausdehnung der Strafbarkeit verhindern und somit die Rechtsstaatlichkeit des Strafrechts gewährleisten könnte.[992]

III. Das lediglich an Risiko, Gefahr sowie Pflichtverletzung orientierte Gefährdungsstrafrecht vernachlässigt die notwendige Relation zwischen den Straftaten und dem Erfolg. Damit werden die Kriterien der strafrechtlichen subjektiven Zurechnung allein auf schillernde, uferlose objektive Handlungsfaktoren abgestellt. Das Gefährdungsstrafrecht wird demnach zu einem objektivierten Strafrecht, wobei die richtungsweisende Funktion des Vorsatzes verloren geht. Daher ist der Vorsatz, welcher sich stets auf die individuelle Rechtsgutsbeeinträchtigung richtet, hierbei sinnvoll, weil nur mit ihm die Richtung und das Ziel der deliktischen Handlung des Täters im konkreten Fall deutlich nachgewiesen werden könnten.[993] Die Uferlosigkeit von mit der kollektiven Perspektive begründeten strafrechtlichen Haftungen könnte damit zu verhindern sein.[994]

IV. Nach der bisherigen Kritik und den angestellten Überlegungen wird festgestellt, dass die gefährdungsstrafrechtliche Vorsatzdogmatik eher auf der *illegitimen* Uminterpretation des Gefährdungsvorsatzes beruht. Sie verlässt den Boden des herkömmlichen Vorsatzverständnisses und hat zur Folge, dass der Vorsatz als solcher nicht mehr an seine herkömmliche Gestalt anknüpft und somit seinen Anwendungsbereich offensichtlich erweitert.[995] Dogmatisch betrachtet ist eine legitime Interpretation des Gefährdungsvorsatzes daher dringend erklärungsbedürftig, um die aus drei Phasen der gefährdungsstrafrechtlichen Vorsatzdogmatik folgenden Probleme zu lösen.

---

992 *Bung*, Wissen und Wollen, S. 116 f.

993 *Bung*, Wissen und Wollen, S. 120 f.

994 *Lüderssen*, StV 2004, S. 101.

995 Zutreffend *Ziegert*, Vorsatz, Schuld und Vorverschulden, S. 110 f.

Zweiter Teil: Zur Dogmatik Des Gefährdungsvorsatzes

5. Kapitel: Dogmengeschichte der Unselbstständigkeit des Gefährdungsvorsatzes

A. Vielfältige Positionierungsmöglichkeiten des Gefährdungsvorsatzes im Strafrechtssystem

Bevor zu ermitteln ist, ob und wie eine legitime Interpretation des Gefährdungsvorsatzes die Probleme der gefährdungsstrafrechtlichen Vorsatzdogmatik lösen kann, sollte man zuerst die vorliegende Dogmengeschichte des Gefährdungsvorsatzes überblicken. Zu prüfen ist, ob sie das Ziel zur Lösung der Probleme der gefährdungsstrafrechtlichen Vorsatzdogmatik erreichen kann.

Bei den bisherigen Versuchen zur Positionierung des Gefährdungsvorsatzes handelt es sich im Wesentlichen nur um die Frage, ob von einem selbstständigen Gefährdungsvorsatz im Strafrechtssystem überhaupt die Rede sein kann und soll. Daraus erstreckt sich die Fragestellung auf zwei große Meinungsgruppen: Verneint man die Selbstständigkeit des Gefährdungsvorsatzes, so zieht man seine Position in die Bereiche anderer subjektiver Tatbestände, also entweder in die bewusste Fahrlässigkeit[996] oder in den eventuellen Verletzungsvorsatz[997] (5. Kapitel). Bejaht

996 *Radbruch*, in: VDS, AT II, S. 227 ff.; *Mittermaier*, Strafrechtsschuld, S. 44 ff., insbesondere S. 52 ff.; *Kohlrausch*, in: *Aschrott/ von Liszt*, Reform, Bd. I, AT, S. 179 ff., 195 ff.; *Engisch*, Vorsatz und Fahrlässigkeit, S. 90 f., 187, 401 ff.; *Rabl*, Gefährdungsvorsatz, passim, insbesondere S. 26 ff.; *Nick*, Gefahr und Gefährdungsvorsatz, passim, insbesondere S. 9 ff.; *Noll*, SchwZSt 1954, S. 19 ff., 23 ff., 28 f.; *Schaffstein*, FS-OLG Celle, 1961, S. 175 ff., 180 f.; *Reinh. v. Hippel*, ZStW 75 (1963), S. 443 ff., 449; *Arth. Kaufmann*, JuS 1967, S. 145 ff., 150; *H. J. Hirsch*, ZStW 83 (1971), S. 140 ff., 153, Fn. 24; *Brehm*, Dogmatik des abstrakten Gefährdungsdelikts, S. 133 ff.; *Arth. Kaufmann*, Schuldprinzip, S. 140 ff., 153 ff.; *Arzt*, GS-*Schröder*, S. 119 ff., 139 ff.; *Hoyer*, Eignungsdelikte, S. 63 ff., 66 ff.; *Prittwitz*, JA 1988, S. 486; *Schünemann*, Chengchi Law Review, Vol. 50 (1994), S. 268, 272 f.; *Schünemann*, FS-*Hirsch*, S. 370, 374 f. Beschränkend auf den Gefährdungsvorsatz bei den Verletzungstatbeständen *Schneider*, Gefährdungsvorsatz, S. 35 ff.

997 *Busch*, Gefahr und Gefährdungsvorsatz, passim, insbesondere S. 33 ff.; *Miřička*, Formen der Strafschuld, S. 78 ff., 185 ff.; *Klee*, dolus indirectus, S. 47 ff.; *Schröder*, FS-*Sauer*, S. 226 ff.; *Binavince*, Fahrlässigkeitsdelikte, S. 154 ff.; *Jakobs*, Konkurrenz, S. 121 f.; *Zielinski*, Handlungs- und Erfolgsunwert, S. 156 ff.; *Horn*, Konkrete Gefährdungsdelikte, S. 204 ff.; *Wolter*, Objektive und personale Zurechnung, S. 209 ff.; *Ostendorf*, JuS 1982, S. 431; *Schmidhäuser*, FS-*Oehler*, S. 153 ff.; *Joerden*, Verantwortlichkeitsbegriff, S. 150 ff.; *Kindhäuser*, Gefährdung als Straftat, S. 215; *Zielinski*, AK-StGB I, §§ 15, 16, Rdnr. 81; *Jakobs*, AT, 6/ 79, 8/ 23; *Radtke*, Brandstiftungsdelikte, S. 305 ff.; *Radtke*, NStZ 2000, 88 ff.; *Laue*, Aussetzung, S. 45 ff.; *Stein*, Vorsatz- und

man sie hingegen, so muss man zumindest versuchen, den Gefährdungsvorsatz von der bewussten Fahrlässigkeit sowie dem eventuellen Verletzungsvorsatz begrifflich und inhaltlich zu unterscheiden[998] (6. Kapitel). Unstreitig scheint bei den beiden Meinungsgruppen deshalb, dass eine Untersuchung über den Gefährdungsvorsatz von der Abgrenzung von Gefährdungs-, Verletzungsvorsatz und bewusster Fahrlässigkeit ausgehen solle. Um diese Fragen zu beantworten, ob dieser Ausgangspunkt zutreffend ist und ob somit der Begriff des Gefährdungsvorsatzes zu Recht dargestellt ist, sollen zunächst die beiden Meinungsgruppen ausführlich erfasst und analysiert werden. Darüber hinaus gibt es noch andere Meinungen bezüglich des Begriffs des Gefährdungsvorsatzes, die zwar ihre Stellungnahme nicht ganz klar abgeben, aber für die weitere Interpretation des Gefährdungsvorsatzes nützlich sind;[999] diese werden im Folgenden ebenfalls mit betrachtet.

Fahrlässigkeitsstraftaten, S. 309, Fn. 122; NK-StGB-*Zieschang*, § 315, Rdnr. 47, § 315a, Rdnr. 37. (Bemerkenswert ist *Zieschang* hingegen bei *ders.*, Gefährdungsdelikte, S. 121 ff., für einen selbständigen Gefährdungsvorsatz.); *Stein*, FS-*Wolter*, S. 528 ff., 540; SK-*Wolters*, Vor § 306, Rdnr. 13 f.; MüKoStGB-*Radtke*, § 306a, Rdnr. 58. Anerkennung solcher Gleichsetzung in den Fällen, in denen über die Gefahr hinaus eine Verletzung entsteht, *Binding*, Normen, Bd. 4, S. 404 f.

998 *Stooß*, ZStW 15 (1895), S. 199 ff.; *von Liszt*, VDS, BT V, S. 152 ff.; *Rob. von Hippel*, VDS, AT III, S. 528 ff.; *A. Köhler*, Probleme der Fahrlässigkeit, S. 69 ff., 80 f.; *Binding*, Normen, Bd. 2, S. 872 ff., Bd. 4, S. 203 ff., 395 ff.; *Frank*, StGB, S. 184 f.; *Schneider*, Gefährdungsvorsatz, passim, insbesondere S. 23 ff., 35 ff.; *Bockelmann*, folgenlose Gefährdungsdelikte, S. 189 ff.; *Bockelmann*, DAR 1961, S. 185 ff.; AE-BT, § 108, S. 44 f.; *Küper*, NJW 1976, S. 546 und Fn. 27; *Weigend*, ZStW 93 (1981), S. 671 f., 687 ff.; *Schroeder*, ZStW Beiheft 1982, S. 9 f.; *M. Köhler*, Die bewusste Fahrlässigkeit, S. 283 ff.; *Frisch*, Vorsatz und Risiko, S. 290 ff.; *Feloutzis*, Aussetzung, S. 70 ff., 200 ff.; *Herzberg*, JuS 1986, S. 257; *Herzberg*, JuS 1987, S. 777 ff.; *Herzberg*, JZ 1988, S. 638 ff.; *Küpper*, ZStW 100 (1988), S. 758 ff., 768 ff.; *Schroth*, Vorsatz als Aneignung, S. 139 ff.; *Struensee*, in: das 6. Strafrechtsreformgesetz 1998, S. 40 ff.; *Zieschang*, Gefährdungsdelikte, S. 121 ff.; *Schroth*, Vorsatz und Irrtum, S. 55 f., 66; *Puppe*, AT[1], Bd. 1, § 16, Rdnr. 42 f.; LK-*Schroeder*[11], § 16, Rdnr. 95, 120; *Schroth*, JR 2003, S. 252 ff.; *Haft*, AT, S. 161; *Roxin*, FS-*Rudolphi*, S. 254 f.; LK-*Jähnke*[11], § 221, Rdnr. 36; *Anastasopoulou*, Schutz kollektiver Rechtsgüter, S. 45, 47; LK-*Vogel*[12], § 15, Rdnr. 129 ff., 291; LK-*König*[12], § 315c, Rdnr. 191 ff.; *Hsu*, Doppelindividualisierung, S. 140 ff.; *Weber*, in: *Arzt/ Weber/ Heinrich/ Hilgendorf*, BT, § 35, Rdnr. 96 ff.; *Otto*, *FS-Puppe*, S. 1258 f.; *Maurach/ Schroeder/ Maiwald*, BT 2, S. 10 f.; MüKoStGB-*Bosch*, § 113, Rdnr. 77; *Heinrich*, AT, S. 63; NK-StGB-*Puppe*, § 15, Rdnr. 86; BeckOK-StGB-*Eschelbach*, § 221, Rdnr. 22; *Gaede*, in: *Matt/ Renzikowski*, StGB, § 15, Rdnr. 7; *Schönke/ Schröder/ Sternberg-Lieben/ Schuster*, StGB, § 15, Rdnr. 98a; *Schönke/ Schröder/ Sternberg-Lieben/ Hecker*, StGB, § 315c, Rdnr. 37 f.; *Fischer*, StGB, § 15, Rdnr. 10; *Lackner/ Kühl*, StGB, § 15, Rdnr. 28.

999 Etwa *Exner*, Wesen der Fahrlässigkeit, S. 22 ff., 58 ff.; *Nowakowski*, JZ 1958, S. 338 f.; *Berz*, Formelle Tatbestandsverwirklichung, S. 70; *Schumann*, JZ 1989, S. 428, Fn. 6, S. 431 ff.; *Jescheck/ Weigend*, AT, S. 264, Fn. 41, S. 568 und Fn. 31; *Degener*, StV 2003, S. 332 ff.; *Roxin*, AT I, § 24, Rdnr. 72; *Stuckenberg*, Vorsatz und Irrtum, S. 291 und

B. Identifikation des Gefährdungsvorsatzes mit bewusster Fahrlässigkeit

Die ursprünglichen Versuche zur Verortung des Gefährdungsvorsatzes, die bis heute wohl als die überwiegende Auffassung erachtet werden können, finden die Position des Gefährdungsvorsatzes im Bereich der Fahrlässigkeitsdelikte. Nach diesen Auffassungen ist der Gefährdungsvorsatz mit der bewussten Fahrlässigkeit identisch. Es ist verständlich, dass der Vorsatz bezüglich einer Gefährdung mit der subjektiven Seite der Fahrlässigkeit übereinstimmen könne, weil die Fahrlässigkeits- und Gefährdungsdelikte in der Dogmatik eine engere Verwandtschaft haben und kriminalpolitisch teilweise durcheinander ersetzt werden können. Unter dieser gemeinsamen Richtung sind dennoch in Einzelheiten unterschiedliche Meinungsgruppen vorhanden.

I. Frühere Gefährdungstheorie im Bereich der Fahrlässigkeitsdelikte

1. Gefährdungstheorie vor dem 20. Jahrhundert

Die erste Meinungsgruppe, die zwar nicht als die herrschende Meinung, aber als ursprüngliche und wichtige Meinung über das Verhältnis von Gefährdungsvorsatz und Fahrlässigkeit betrachtet werden soll, hat eine längere Geschichte als die anderen Meinungsgruppen. Sie wurde als die sog. *Gefährdungstheorie* im Bereich der Fahrlässigkeit bezeichnet.[1000] Ihr Ziel war eigentlich nicht, den Gefährdungsvorsatz im Strafrechtssystem zu verorten, sondern die Harmonie der Fahrlässigkeit mit der (Willens)Schuld nachzuweisen. Daher ging sie davon aus, dass die Fahrlässigkeit ein Wollen der Gefahr eines Rechtsguts sei, also ein Gefährdungswille, und somit wurde das Fahrlässigkeitsdelikt als ein vorsätzliches Gefährdungsverbrechen konstruiert.[1001]

Bereits im 18. Jahrhundert vertrat z. B. *Gaetano Filangieri*, den Schuldcharakter der Fahrlässigkeit nach dem Gedanken der vorsätzlichen Gefährdung aufzubauen. Der fahrlässige Täter sei also von dem Täter mit dolus eventualis dadurch zu unterscheiden, dass er zwar die Möglichkeit der Gesetzverletzung riskiert, er sie aber nicht gewollt hat.[1002] Wenig später verstand auch *Christoph Carl Stübel* die culpa in ähnlicher Weise als die zweite Gattung des Vorsatzes. Mit dieser habe der Täter zwar nicht den Erfolg gewünscht, jedoch wissentlich eine gefährliche Rechtsverletzung als wahrscheinlich erwartet. Somit stand es bei *Stübel* fest, dass die culpa kein Gegensatz zum Vorsatz ist und ihre Widerrechtlichkeit nicht im – zufälligen – eintretenden

---

Fn. 1577; *Wielant*, Aussetzung, S. 229 ff.; *Wessels/ Hettinger*, BT 1, § 3, Rdnr. 205; *Kindhäuser*, AT, § 8, Rdnr. 21 f.

1000 *A. Köhler*, Probleme der Fahrlässigkeit, S. 69 ff.; *Exner*, Wesen der Fahrlässigkeit, S. 22 ff., 58 ff.

1001 *A. Köhler*, Probleme der Fahrlässigkeit, S. 69; *Exner*, Wesen der Fahrlässigkeit, S. 62, 64.

1002 *A. Köhler*, Probleme der Fahrlässigkeit, S. 70.

Erfolg, sondern in der vorsätzlichen Gefährdung besteht.[1003] Die Prüfung zur Bestrafung eines fahrlässigen Delikts lag dann für *Stübel* nur darin, ob eine vorsätzliche Gefährdungshandlung bezüglich des Eintritts des verbotenen Erfolgs seitens des Täters aufzufinden ist. An dieser Stelle ließe sich der Gefährdungsvorsatz letztlich von dem Verletzungsvorsatz differenzieren.[1004] Das Wesen des Gefährdungsvorsatzes sei demnach eine Erscheinungsform der Fahrlässigkeit, die in den dolus aufzulösen sei.[1005]

2. Nachfolger der Gefährdungstheorie am Anfang des 20. Jahrhunderts

Die Gefährdungstheorie im Bereich der Fahrlässigkeitsdelikte, welche eine Fahrlässigkeitsschuld in Bezug auf den Verletzungseintritt ausdrücklich ablehnt, ist mindestens bis zum Anfang des 20. Jahrhunderts noch lebendig. Zu den Vertretern gehören *Gustav Radbruch*, *Wolfgang Mittermaier*, *Eduard Kohlrausch* und *Arthur Kaufmann*.[1006] Sie ist mittlerweile aber vermutlich deshalb nicht mehr präsent geworden, weil sich die Gefährdungstheorie vom Bereich der Fahrlässigkeits- in den der Vorsatzdelikte verschoben hat. Die Gefahr für das Rechtsgut ist heutzutage nicht mehr der Gegenstand der Fahrlässigkeit, sondern ist eher der des Vorsatzes geworden.[1007]

a. Gustav Radbruch (1908)

Um im Bereich der Fahrlässigkeit die Erfolgshaftung einerseits zu beseitigen und sich andererseits der Schuldhaftung zu nähern,[1008] schlägt *Radbruch* vor, bei der Fahrlässigkeit keinen zufälligen Eintritt einer Rechtsgüterverletzung mehr zu berücksichtigen. Dann werde die fahrlässige Rechtsgüterverletzung „aus einem durch den Erfolg erst konstituierten zu einem durch den Erfolg nur qualifizierten Gefährdungsdelikt".[1009] Das durch den Erfolg qualifizierte Gefährdungsdelikt ist deshalb nach *Radbruch* kriminalpolitisch nichts anderes als das fahrlässige Verbrechen.[1010] Seine subjektive Gestalt solle sich ebenfalls in die Richtung vom „Erfordernis der Fahrlässigkeit" entwickeln.[1011]

1003 *Exner*, Wesen der Fahrlässigkeit, S. 22 f.

1004 *A. Köhler*, Probleme der Fahrlässigkeit, S. 71.

1005 *Exner*, Wesen der Fahrlässigkeit, S. 62.

1006 *A. Köhler*, Probleme der Fahrlässigkeit, S. 73 ff., und viele andere sehen *August Miřička* ebenso als einen Nachfolger der Gefährdungstheorie an. Diese Einordnung ist aber verfehlt, da *Miřička* tatsächlich vertritt, die subjektive Seite der Gefährdungsdelikte sei mit der der Verletzungsdelikte identisch. Dazu siehe *Miřička*, Formen der Strafschuld, S. 84 und insbesondere S. 185 ff. Vgl. auch C. I. 2. in diesem Kapitel.

1007 So die Gefährdungstheorie im Bereich des Vorsatzes *Jäger*, AT, S. 61 ff. Diese Entwicklung vgl. nur *Joerden*, Verantwortlichkeitsbegriff, S. 150 f.

1008 *Radbruch*, in: VDS, AT II, S. 227. Auch *A. Köhler*, Probleme der Fahrlässigkeit, S. 72.

1009 *Radbruch*, in: VDS, AT II, S. 229.

1010 *Radbruch*, in: VDS, AT II, S. 229. Auch *A. Köhler*, Probleme der Fahrlässigkeit, S. 72 f.

1011 *Radbruch*, in: VDS, AT II, S. 235.

b. Wolfgang Mittermaier (1909)

Anders als *Radbruch* erklärt *Mittermaier* das Wesen des Gefährdungsdolus bei dem Abgrenzungsversuch von dolus eventualis und culpa, und zwar in Richtung des Schuldzusammenhanges mit der Fahrlässigkeit. Bei ihm wird der dolus zum einen so festgestellt: „Wer eine Kausalität will unter Billigung der Erfolge, die er sich als mit ihr verbunden vorstellt, der verursacht diese Erfolge dolos".[1012] Zum anderen hält er aber eine Vorstellung der Verursachung der strafrechtlich relevanten inneren Beziehung zu dem Erfolg für ungenügend. Aus diesem Grund weist *Mittermaier* einen auf den Erfolg bezogenen Ausdruck bei der culpa ab und beharrt darauf, die Schuld könne auch bei der culpa nur in der „Billigung einer vorgestellten Kausalität" bestehen.[1013]

Infolgedessen findet er den engeren Zusammenhang zwischen der bewussten culpa und dem Gefährdungsdolus: Man könne bei der bewussten culpa leicht sehen, „dass der Täter die Gefährdung billigt". Dies wird ebenso von *Mittermaier* als der Gefährdungsdolus bezeichnet, denn der Täter sieht hierbei die Möglichkeit des Erfolges und handelt trotzdem.[1014] Damit steht für ihn fest, dass auch die Fahrlässigkeit ein „Wollensfehler" ist, womit der Täter nur die gefährliche Situation gewollt haben kann. Die Fahrlässigkeit als der „Mangel der Billigung des Erfolges" sei somit vom dolus zu unterscheiden und gelte als „die unterste auf der Stufenleiter der Strafbarkeit".[1015] Das Kriterium zur Abgrenzung von dem dolus eventualis und der Fahrlässigkeit liegt deshalb für *Mittermaier* auf der Hand: Zwar hätten sowohl dolus eventualis als auch die Fahrlässigkeit einen Gefährdungswillen, aber im dolus werde die Verletzung gebilligt, während dies bei der Fahrlässigkeit nicht der Fall sei.[1016]

c. Eduard Kohlrausch (1910)

Auch in Richtung des Schuldzusammenhanges mit der Fahrlässigkeit versucht *Kohlrausch*, das Begründungsproblem der bewussten Fahrlässigkeit mit der Schuldhaftung zu lösen, ohne dass das Schuldprinzip zu durchbrechen ist.[1017] Aus der Feststellung der Generalprävention als der Zweck der Strafe betont *Kohlrausch*, die „Willensbestätigung" sei ein Bestandteil einer strafrechtsrelevanten menschlichen Handlung. Das Wesen der Schuld liege daher allein in der pflichtwidrigen Willensbestätigung: Alle Schuld sei deshalb Willensschuld.[1018] Dadurch entsteht bei der Fahrlässigkeit jedoch das Problem, ob und wie die Fahrlässigkeit als die Schuld dem Schuldprinzip und der Schuldhaftung entsprechen kann.[1019]

1012 *Mittermaier*, Strafrechtsschuld, S. 52.
1013 *Mittermaier*, Strafrechtsschuld, S. 53.
1014 *Mittermaier*, Strafrechtsschuld, S. 53.
1015 *Mittermaier*, Strafrechtsschuld, S. 53.
1016 *Mittermaier*, Strafrechtsschuld, S. 54.
1017 *Kohlrausch*, in: *Aschrott/ von Liszt*, Reform, Bd. I, AT, S. 184, 195 ff.
1018 *Kohlrausch*, in: *Aschrott/ von Liszt*, Reform, Bd. I, AT, S. 184, 194.
1019 *Kohlrausch*, in: *Aschrott/ von Liszt*, Reform, Bd. I, AT, S. 195.

Während die Fahrlässigkeit der herrschenden Meinung nach mit Bezug auf das gleiche Objekt wie im Vorsatz in einer milderen Form abgestuft wird, sieht *Kohlrausch* diese Ausführung der Abstufung problematisch. In dieser Abstufung gehöre die Vorstellung einer Verletzung auch dann zu den Bestandteilen eines Willensschlusses, „wenn ihre Möglichkeit zwar erwogen, aber abgelehnt wird".[1020] Dieses Problem ist aber *Kohlrausch* nach sehr leicht zu lösen, da der Täter bei der bewussten Fahrlässigkeit nicht „schuldhaft verletzt", sondern „schuldhaft gehandelt" hat. D. h. der bewusst fahrlässige Täter habe nicht das Verletzungs-, sondern das Gefährdungsverbot schuldhaft übertreten. Dadurch wird nachgewiesen, dass sich die Schuld der bewussten Fahrlässigkeit ausschließlich auf die Gefährdung beziehe;[1021] der Verletzungseintritt sei hier kein Tatbestandsmerkmal, sondern nur eine Strafbarkeitsbedingung.[1022] Insoweit stehe der Täter stets aufgrund der bewussten Fahrlässigkeit unter Strafe, „wenn der Täter mit dem Bewusstsein der Gefährdung handelt, ohne Rücksicht auf den Eintritt oder Nichteintritt der Verletzung".[1023] Das Bewusstsein der Gefährdung stelle sich deshalb als das Wesen der bewussten Fahrlässigkeit und zugleich als die unterste Grenze der Schuldhaftung zwischen der bewussten und unbewussten Fahrlässigkeit dar. Zur Abgrenzung zwischen dem Vorsatz und der (bewussten) Fahrlässigkeit spielt für *Kohlrausch* das Wollen oder das Bewusstsein der Gefährdung eine besondere Rolle: „[...] zum Vorsatz [...] gehört das Wollen oder das Bewusstsein der Verletzung, zur Fahrlässigkeit das Wollen oder das Bewusstsein der Gefährdung des geschützten Rechtsguts".[1024] Die bewusste Fahrlässigkeit ist *Kohlrausch* zufolge im Wesentlichen ebenso eine Form des Vorsatzes, der sich aber lediglich auf die Gefährdung bezieht.

d. Arthur Kaufmann (1967, 1976)

Obwohl die Gefährdungstheorie im Bereich der Fahrlässigkeit nach der Zeit des zweiten Weltkriegs allmählich weniger vertreten worden ist, erhebt *Arth. Kaufmann* hingegen nochmals mithilfe der Feststellung seines Schuldbegriffs – anschließend an *Kohlrauschs* Schuldbegriff – das alte Problem, ob und wie man die Fahrlässigkeit überhaupt als Schuld rechtfertigen kann.[1025] Durch die Lösung dieses Problems erblickt er das Verhältnis und die Ähnlichkeit zwischen der bewussten Fahrlässigkeit und dem Gefährdungsvorsatz.

Während die Fälle der sog. Versari- oder Risikohaftung, in denen das Schuldprinzip nach dem Gesetz zu entscheiden ist, im geltenden Strafrecht und in der Praxis entstehen, beharrt *Arth. Kaufmann* hartnäckig darauf, dass das Schuldprinzip als Prinzip und Forderung des Gesetzes festzuhalten ist und somit nur die Willensschuld

1020 *Kohlrausch*, in: *Aschrott/ von Liszt*, Reform, Bd. I, AT, S. 195.
1021 *Kohlrausch*, in: *Aschrott/ von Liszt*, Reform, Bd. I, AT, S. 196.
1022 *Kohlrausch*, in: *Aschrott/ von Liszt*, Reform, Bd. I, AT, S. 197.
1023 *Kohlrausch*, in: *Aschrott/ von Liszt*, Reform, Bd. I, AT, S. 196 f.
1024 *Kohlrausch*, in: *Aschrott/ von Liszt*, Reform, Bd. I, AT, S. 197.
1025 *Arth. Kaufmann*, Schuldprinzip, S. 153.

als ein gerechtfertigter Schuldbegriff zu schildern ist.[1026] Die Schuld wird dementsprechend von *Arth. Kaufmann* als „die bewusste Willensentscheidung gegen das Veto“ verstanden, welche „sich in der Vorstellung von der sicheren oder möglichen Herbeiführung eines unerlaubten Erfolgs (im weitesten Sinne) ankündigt“.[1027] *Kohlrauschs* Befund, die bewusste Fahrlässigkeit könne eine Form des Vorsatzes und somit auch eine echte Schuld sein, wird von *Arth. Kaufmann* angenommen. Er ist der Meinung, dass in der Fahrlässigkeit ein als Willensschuld konstitutives Vorsatzelement bestehen kann.[1028] Unter diesem Gesichtspunkt ist der zufällige Erfolgseintritt hierbei, wie bei *Kohlrausch* gezeigt wurde, kein Tatbestandsmerkmal, sondern eine Strafbarkeitsbedingung. Die bewusste Fahrlässigkeit sei danach, im Anschluss an *Radbruch*, ein „vorsätzliches durch den Erfolg konstituiertes Gefährdungsdelikt“; das Wesen der bewussten Fahrlässigkeit sei daher nichts anderes als der Gefährdungsvorsatz.[1029] Die bewusste Fahrlässigkeit stellt sich im Ergebnis bei *Arth. Kaufmann* noch als eine echte sittliche Schuld dar und ihre Bestrafung entspricht ohne weiteres der Forderung des Schuldprinzips.[1030]

II. Gleiche Struktur von Gefährdungsvorsatz und Fahrlässigkeit

Als Erweiterung der traditionellen Gefährdungstheorie im Bereich der Fahrlässigkeit angesehen sein könnten wohl diejenige Auffassungen, die die Identifikation zwischen der bewussten Fahrlässigkeit und dem Gefährdungsvorsatz entweder angesichts der Strukturgleichheit vom Fahrlässigkeits- und Gefährdungsdelikt (1.) oder aufgrund der Bestandteilgleichheit deren subjektiven Elemente schlechthin (2., 3.) angenommen haben. Sie halten gemeinsam dafür, dass subjektive Elemente vom Gefährdungs- und Fahrlässigkeitsdelikt miteinander übereinstimmen können. Ihre Argumentationen gehören aber im Wesentlichen nicht zur traditionellen Gefährdungstheorie im Bereich der Fahrlässigkeit, da sie die Struktur von Fahrlässigkeit und Gefährdung wieder mehr oder weniger zur Verletzung heranziehen.

1. Identifikation aufgrund der Strukturgleichheit vom Fahrlässigkeits- und Gefährdungsdelikt: Wolfgang Brehm (1973)

Weil die Rechtswidrigkeit beim Gefährdungsdelikt nach *Brehm* als „Sorgfaltsverletzung“ anzusehen ist, ist dessen Rechtwidrigkeitsurteil, welches den möglichen Verletzungserfolg bei der Bestimmung der Sorgfaltspflicht berücksichtigt, das gleiche wie beim Fahrlässigkeitsdelikt.[1031] Auch bei der Schuld müsse beim Gefährdungsdelikt,

1026 *Arth. Kaufmann*, JuS 1967, S. 148; *Arth. Kaufmann*, Schuldprinzip, S. 143 ff., 149.
1027 *Arth. Kaufmann*, Schuldprinzip, S. 153.
1028 *Arth. Kaufmann*, Schuldprinzip, S. 154.
1029 *Arth. Kaufmann*, JuS 1967, S. 150; *Arth. Kaufmann*, Schuldprinzip, S. 154.
1030 *Arth. Kaufmann*, Schuldprinzip, S. 155.
1031 *Brehm*, Dogmatik des abstrakten Gefährdungsdelikts, S. 133.

ebenso wie beim Fahrlässigkeitsdelikt, geprüft werden, „ob dem Täter die Pflichtverletzung vorgeworfen werden kann, weil er nach seinem individuellen Können pflichtgemäß handeln könnte".[1032] Damit wird erwiesen, dass das Gefährdungsdelikt für *Brehm* nichts anderes als das Fahrlässigkeitsdelikt ist.[1033] So seien die subjektiven Elemente von beiden Delikten auch miteinander zu identifizieren. Vor allem bei den (Erfolgs-)Gefährdungsdelikten müsse „der Täter bei vorsätzlicher Tatbegehung wissen, dass seine Handlung einen Gefährdungserfolg herbeiführt", wobei „das Bewusstsein einer möglichen Rechtsgutverletzung" regelmäßig vorhanden sei.[1034] Derartiger Gefährdungsvorsatz ist folglich bei *Brehm* identisch mit der „bewussten Fahrlässigkeit bezüglich der Verletzung"[1035] und gilt wohl ebenso bei den abstrakten Gefährdungsdelikten.[1036]

2. *Identifikation bei der intellektuellen Seite*

Die Annahme, dass der Gefährdungsvorsatz die bewusste Fahrlässigkeit sei, könnte jedenfalls in erster Linie auf den Vergleich hinsichtlich ihrer intellektuellen Seite zu begründen sein. Hierbei wird das *Wissen der Gefahr* entscheidend.

a. Karl Engisch (1930)

Statt von dem Strukturvergleich zwischen Fahrlässigkeits- und Gefährdungsdelikt auszugehen, skizziert *Engisch* das Verhältnis des Verletzungsvorsatzes zum Gefährdungsvorsatz auf der Grundlage seiner Gleichgültigkeitstheorie, der zufolge sich der bedingte Vorsatz mittels der Gleichgültigkeit des Täters von der bewussten Fahrlässigkeit unterscheiden kann.[1037] Er ist zunächst mit der Konsequenz der herrschenden Lehre einverstanden, „in gewissen Grenzen die Möglichkeit vorsätzlicher Begehung auch bei Nichtbeabsichtigung des tatbestandsmäßigen Erfolgs und Ungewissheit

1032 *Brehm*, Dogmatik des abstrakten Gefährdungsdelikts, S. 134.

1033 *Brehm*, Dogmatik des abstrakten Gefährdungsdelikts, S. 137: „Man kann daher das Gefährdungsdelikt als eine Art fahrlässigen Versuch bezeichnen, [...] Die Verschiedenheit der Tatbestände besteht lediglich in einer unterschiedlichen Begrenzung der Haftung".

1034 *Brehm*, Dogmatik des abstrakten Gefährdungsdelikts, S. 134.

1035 *Brehm*, Dogmatik des abstrakten Gefährdungsdelikts, S. 134 f. Obwohl *Brehm* es für möglich hält, dass ein – nicht mit der bewussten Fahrlässigkeit und dem bedingten Verletzungsvorsatz gleichgesellter – selbständiger Gefährdungsvorsatz vorliegt, sieht er diese Unterscheidung aber praktisch als wertlos an, da eine solche Unterscheidung lediglich auf der emotionalen Einstellung des Täters gelungen sein könne, die aber schon bei der Abgrenzung von der bewussten Fahrlässigkeit und dem bedingten Vorsatz viele Schwierigkeiten geschaffen hat. Dazu ebenda, S. 135, Fn. 1.

1036 *Brehm*, Dogmatik des abstrakten Gefährdungsdelikts, S. 126 ff. Dazu eingehend siehe auch 8. Kapitel C. I. 1.

1037 *Engisch*, Vorsatz und Fahrlässigkeit, S. 186 f., 188 ff.

der Tatbestandsverwirklichung [...] anzuerkennen".[1038] Somit lehnt er solche Bedenken ab, wonach der dolus eventualis deshalb nicht zum Vorsatzbegriff gehöre, weil er nur ein Gefährdungsvorsatz sei.[1039] Für *Engisch* ist es vielmehr vertretbar, den dolus eventualis als Vorsatz gelten zu lassen und in ihm einen Gefährdungsvorsatz zu erkennen, weil „in diesem Gefährdungsvorsatz in gewissen Grenzen zugleich ein Verletzungsvorsatz zu erblicken ist": Soweit die Gefahr stets die nahe Möglichkeit einer Verletzung bedeute, habe dann der Gefährdungsvorsatz seinen Bezug auf die Verletzung, denn in diesem liege immer eine psychische Beziehung zur Verletzung vor.[1040] Der Verletzungsvorsatz schließt allerdings nach *Engisch* den Gefährdungsvorsatz nicht immer ein; umgekehrt braucht der Gefährdungsvorsatz – trotz seiner inneren psychischen Beziehung zur Verletzung – deshalb auch nicht ein Verletzungsvorsatz zu sein, weil „zum Verletzungsvorsatz besondere emotionale Beziehungen zur Verletzung als solcher gefordert wurden".[1041]

Das Verhältnis von Fahrlässigkeit und Gefährdungsvorsatz sieht bei *Engisch* hingegen ganz anders aus. Es ist erstaunlich, dass für *Engisch* in unbewusster Fahrlässigkeit möglicherweise ein Gefährdungsvorsatz vorhanden sein könnte. Der Gefährdungsvorsatz verbinde sich dann „mit einem Irrtum über andere Tatumstände als die Möglichkeit des Erfolgseintritts oder mit einem Irrtum über das rechtliche Verbotensein des Verhaltens".[1042] *Engisch* misst aber in diesen Fällen der Feststellung des Gefährdungsvorsatzes weniger Bedeutung zu als der Fahrlässigkeit, da bei unbewusster Fahrlässigkeit „die subjektive Beziehung des Täters zu einem wesentlichen Merkmal des gerade in Rede stehenden Verbrechens" fehlt. Kurzum: Soweit die unbewusste Fahrlässigkeit als ein reiner Irrtum bezeichnet wird, ist der Nachweis der Vorsatzmomente in ihr fehlgeschlagen.[1043]

Umgekehrt ist die Gleichsetzung von bewusster Fahrlässigkeit und Gefährdungsvorsatz für *Engisch* deshalb vertretbar, weil bei der bewussten Fahrlässigkeit „definitionsgemäß eine vorwurfsbegründende psychische Beziehung zu allen Merkmalen des Verbrechens vorliegt".[1044] Anders gesagt: Sofern die Gefahr als die Möglichkeit einer Rechtsgutsverletzung verstanden werde, so sei die Charakterisierung der bewussten Fahrlässigkeit als Gefährdungsvorsatz ohne weiteres annehmbar, weil der bewusst-fahrlässige Täter sich „die Möglichkeit des betreffenden Tatumstands oder der Rechtswidrigkeit" auch vorstelle und „sachlich" mit dem

---

1038 *Engisch*, Vorsatz und Fahrlässigkeit, S. 187.
1039 *Engisch*, Vorsatz und Fahrlässigkeit, S. 91, 187.
1040 *Engisch*, Vorsatz und Fahrlässigkeit, S. 187. So stellt sich nun die Frage, „wieweit diese Beziehung zur Verletzung hinreicht, um dem schwereren Schuldvorwurf als berechtigt erscheinen zu lassen". Dazu siehe ebenda, S. 187, 401.
1041 *Engisch*, Vorsatz und Fahrlässigkeit, S. 401. Er macht jedoch die Stellungnahme zu dieser Frage abhängig von der jeweiligen Auffassung von der „Reichweite des Verletzungsvorsatzes" und dem „Begriff, den man vom Gefährdungsvorsatz bildet".
1042 *Engisch*, Vorsatz und Fahrlässigkeit, S. 400.
1043 *Engisch*, Vorsatz und Fahrlässigkeit, S. 400 f.
1044 *Engisch*, Vorsatz und Fahrlässigkeit, S. 401.

gefährdungsvorsätzlichen Täter identisch sei.[1045] So liegt es nahe, dass *Engisch* auf der intellektuellen Seite die Identifikation von dem Gefährdungsvorsatz und bewusster Fahrlässigkeit akzeptiert, obwohl er sie letztlich praktisch als nicht sehr bedeutsam ansieht.[1046]

b. Friedrich Schaffstein (1961)

Eine ähnliche und ziemlich kurze Argumentation kann man bei *Schaffstein* finden. In seinem den Tatbestandsirrtum und Verbotsirrtum betreffenden Aufsatz äußert er seine Stellungnahme zur Frage nach dem Verhältnis von bewusster Fahrlässigkeit und Gefährdungsvorsatz. Für ihn ist es gerade der Fall der bewussten Fahrlässigkeit, dass der Täter von einer „aus seinem Wissen um die Gefährlichkeit der Situation kommende[n] Anregung zur Vorsicht" ausgeht. Es wird daher von ihm festgehalten, dass diese sich auf die Verletzung des Rechtsguts zu beziehende bewusste Fahrlässigkeit angesichts der Gleichheit der intellektuellen Seite zugleich der Gefährdungsvorsatz ist.[1047]

3. Identifikation bei der intellektuellen und voluntativen Seite

Die Auffassung, die Identifikation von bewusster Fahrlässigkeit und dem Gefährdungsvorsatz – meistens aufgrund der Einwilligungstheorie – hinsichtlich der Gleichheit ihrer intellektuellen und voluntativen Seiten anzunehmen, scheint bisher zu überwiegen. Dies liegt auf der Hand, wenn man dafür argumentiert, dass der Vorsatz sich erst sowohl durch ein intellektuelles als auch durch ein voluntatives Element von der Fahrlässigkeit unterscheiden kann. Aus der Anerkennung der Gleichsetzung auf der *Willensseite* von beiden ergibt sich die Annahme, dass der Gefährdungsvorsatz eine *schlimmste oder schwerste Fahrlässigkeit* sei.

a. Kurt O. Rabl (1933)

Wenn man annimmt, jedem Deliktstypus entspreche eine ganz bestimmte geartete Schuld, würde man auch annehmen, es gebe im Strafrecht eine bestimmte Vorsatzform, die zu den gesamten Gefährdungsdelikten gehört. Von diesem Gesichtspunkt aus stellt sich die Frage nach dem Inhalt des als eine Spielart der Gefährdungsschuld erscheinenden Gefährdungsvorsatzes, „in welcher Weise sich die Psyche des Täters denn auf den (Gefährdungs-)Tatbestand beziehen müsse".[1048] Dies ist der Ausgangspunkt von *Rabl* bei seiner Untersuchung über den Gefährdungsvorsatz.

Bei *Rabl* steht zuerst fest, dass das Gefahrurteil „das problematische Urteil über den zukünftigen Eintritt einer bestimmten Rechtsverletzung" ist, welches stets assertorisch ist. Da ein derartiges Gefahrurteil aber mit dem Inhalt des intellektuellen

1045 *Engisch*, Vorsatz und Fahrlässigkeit, S. 402 f.
1046 *Engisch*, Vorsatz und Fahrlässigkeit, S. 409 f.
1047 *Schaffstein*, FS-OLG Celle, 1961, S. 180.
1048 *Rabl*, Gefährdungsvorsatz, S. 25 f.

Elements beim Verletzungsvorsatz übereinstimme, müsse es sich auf der voluntativen Ebene vom Verletzungsvorsatz unterscheiden:[1049] Handle es sich um einen an den Eintritt der Verletzung geknüpften lustbetonten oder neutralen emotionalen Denkakt, könne nur vom Verletzungsvorsatz die Rede sein.[1050] Handle es sich dagegen um einen emotionalen Denkakt, welcher an den zukünftigen Gefahrzustand lustbetont oder neutral, aber an den zukünftigen Verletzungszustand „unlustbetont" geknüpft sei, liege ein Gefährdungsvorsatz vor, weil der Täter hierbei gerade die Gefahr bejahe und zu gleicher Zeit die Verletzung verneine.[1051]

Nach den oben genannten Ausführungen ist das Wesen des Gefährdungsvorsatzes bei *Rabl* immer psychologisch in kognitiver und emotionaler Hinsicht zu erblicken:[1052]

aa. In kognitiver Hinsicht enthalte der Gefährdungsvorsatz auf der positiven Seite das „assertorisch-positive Gefahrurteil", also das problematische Kausalitätsurteil bezüglich der Verletzung. Ihm sei das Bewusstsein der Gefährdung wesentlich, wofür das Wissen darum genüge, „sich für fremden Rechtsgüterstand schlechthin gefährlich zu verhalten".[1053] Auf der negativen Seite würden „das assertorisch-positive Kausalitätsurteil bezüglich der Verletzung", das „assertorisch-negative Kausalitätsurteil bezüglich des tatbestandsmäßigen Erfolgs" und damit auch „ein gleiches bezüglich des dahinterliegenden Verletzungserfolgs" über das Gefahrurteil hinausgehen. Sie sollten aus dem Gebiet des Gefährdungsvorsatzes herausfallen.[1054]

bb. In emotionaler Hinsicht enthalte der Gefährdungsvorsatz auf der positiven Seite das wahrgenommene Phänomen, Gefahr zu bejahen und zugleich Verletzung zu verneinen. Auf der negativen Seite seien die Fälle, in denen „die Verletzung bejaht wird", „schon die Gefährdung verneint wird" oder „vor Vornahme der Handlung überhaupt kein lückenloses Kausalitätsurteil zustande kam", aus dem Gefährdungsvorsatz ausgeschlossen.[1055]

Diesem Wesen entsprechend sollte der Gefährdungsvorsatz nach *Rabl* stets „ein Stück Verletzungsschuld" sein, da seine psychologischen Elemente sich gemäß der Relativität des Gefahrbegriffs immer auf die Begriffsrelation zur Verletzung beziehen müssten.[1056] Der Gefährdungsvorsatz als eine Verletzungsschuld kann daher seine Position entweder nur in dem Gebiet des Verletzungsvorsatzes oder in dem der Verletzungsfahrlässigkeit finden. Die Möglichkeit, dass der Gefährdungsvorsatz als Verletzungsschuld zum Gebiet des Verletzungsvorsatzes gehört, wird aber von *Rabl* ausdrücklich abgelehnt. Er argumentiert hingegen dafür, dass der sich aus der

---

1049 *Rabl*, Gefährdungsvorsatz, S. 41 f.
1050 *Rabl*, Gefährdungsvorsatz, S. 42 f.
1051 *Rabl*, Gefährdungsvorsatz, S. 46 f.
1052 *Rabl*, Gefährdungsvorsatz, S. 49 ff.
1053 *Rabl*, Gefährdungsvorsatz, S. 49 f.
1054 *Rabl*, Gefährdungsvorsatz, S. 50 f.
1055 *Rabl*, Gefährdungsvorsatz, S. 52 f.
1056 *Rabl*, Gefährdungsvorsatz, S. 54.

vorsätzlichen Gefährdung ergebende Verletzungserfolg zwar verschuldet ist, aber nicht vorsätzlich, sondern fahrlässig herbeigeführt wurde.[1057] Der Gefährdungsvorsatz sei also „ein Stück der bewussten Verletzungsfahrlässigkeit, doch nicht die bewusste Verletzungsfahrlässigkeit schlechthin"; er sei also gleichbedeutend mit ihr, aber „scheiden doch aus ihm alle Fälle des assertorisch-negativen Kausalitätsurteils aus". Der Gefährdungsvorsatz impliziert deshalb bei *Rabl* eine gesteigerte Schuldintensität im Bereich der bewussten Fahrlässigkeit und gilt als die „schlimmste Fahrlässigkeit".[1058]

b. Hans Herbert Nick (1937)

Schon von Anfang an steht bei *Nick* fest, dass es sich bei seiner Untersuchung über den Gefährdungsvorsatz nicht um eine neue dem Verletzungsvorsatz gegenüberstehende Vorsatzform handelt. Es handelt sich dabei nur um einen besonders gearteten Vorsatzinhalt, der sich auf den objektiven Tatbestand der Gefährdung bezieht. Ein selbstständiger Begriff des Gefährdungsvorsatzes, der z. B. wie bei *Stooß* als eine dritte Schuldform bzw. ein Mittelding zwischen dolus und culpa dargelegt,[1059] wird von *Nick* abgelehnt.[1060] So muss er seine Position in anderen subjektiven Tatbestandselementen finden.

Nick untersucht vom direkten Verletzungsvorsatz ausgehend, ob der Gefährdungsvorsatz mit dem Verletzungsvorsatz identisch sein kann. Für ihn bezieht sich der direkte Verletzungsvorsatz nicht auf den Verletzungserfolg des bedrohten Rechtsguts, sondern lediglich auf eine Gefahr desselben: Wer sich eine Gefahr für das geschützte Rechtsgut als Folge seiner Handlung sicher vorstelle und diese in seinen Willen aufnehme, der handle mit direktem Verletzungsvorsatz.[1061] Somit enthalte der Verletzungsvorsatz, dessen Bezugspunkt ein Gefahrerfolg sei, mithin immer einen Gefährdungsvorsatz, weil die Gefahr als eine zeitliche Vorstufe einer Verletzung anerkannt sei. Demgegenüber steht es aber nicht fest, dass „der Gefährdungsvorsatz immer den Verletzungsvorsatz in sich schlösse". Mache der Täter auf der voluntativen Seite Halt auf den Kausalverlauf der Gefährdung, so fehle bei ihm jeder Verletzungsvorsatz, auch einschließlich des dolus eventualis, aber es läge auf jeden Fall ein reiner Gefährdungsvorsatz sowie eine Gefährdungsabsicht vor.[1062] In dieser voluntativen Hinsicht unterscheidet sich der Gefährdungsvorsatz *Nick* nach ebenfalls von der Verletzungsabsicht und dem eventuellem Verletzungsvorsatz, weil er sich zwar den Eintritt der Verletzung wissentlich als sicher sowie wahrscheinlich vorstellt, er aber ihn willentlich überhaupt nicht aufnimmt.[1063] Das Verhältnis des Gefährdungsvorsatzes

1057 *Rabl*, Gefährdungsvorsatz, S. 62.
1058 *Rabl*, Gefährdungsvorsatz, S. 65.
1059 *Stooß*, ZStW 15 (1895), S. 199 ff.
1060 *Nick*, Gefahr und Gefährdungsvorsatz, S. 9.
1061 *Nick*, Gefahr und Gefährdungsvorsatz, S. 10.
1062 *Nick*, Gefahr und Gefährdungsvorsatz, S. 10.
1063 *Nick*, Gefahr und Gefährdungsvorsatz, S. 11, 13, 14 f.

zu der Verletzungsabsicht und zum eventuellen Verletzungsvorsatz erscheint bei *Nick* nichts anderes als der direkte Verletzungsvorsatz: Alle Verletzungsvorsatzformen und Gefährdungsvorsatz seien beim Vorstellungsmoment gleich und könnten sich nur im Hinblick auf die „Willensrichtung" voneinander unterscheiden.[1064]

Umgekehrt sieht *Nick* den Gefährdungsvorsatz und die bewusste Fahrlässigkeit sowohl auf der intellektuellen als auch auf der voluntativen Seite als ununterscheidbar an. Er ist der Ansicht, dass der Täter in beiden Fällen bei dem Willensmoment gleich mit der „Hoffnung auf den Nichteintritt des Verletzungserfolges" handelt. Darüber hinaus liege in beiden auch kein Unterschied bei dem Wissensmoment vor.[1065]

Im Ergebnis steht für ihn fest, dass der Gefährdungsvorsatz und die bewusste Verletzungsfahrlässigkeit übereinstimmen.[1066] Das durch den Gefährdungsvorsatz formulierte Gefährdungsgebot stellt demzufolge sein selbstständiges Unrechts- und Schuldgehalt anders dar als die Verletzungsnormen.[1067] Aus der dogmatischen Sicht verhalte sich der mit reinem Gefährdungsvorsatz handelnde Täter bezüglich des Verletzungseintritts immer bewusst fahrlässig. Er werde stets ohne Rücksicht auf den Erfolgseintritt milder bestraft, denn ihm könne immer nur der Gefahrerfolg zugerechnet werden.[1068]

c. *Peter Noll (1954)*

In Bezug auf die Klarstellung des subjektiven Tatbestands der Gefährdung des Lebens nach dem Art. 129 des Schweizerischen Strafgesetzbuches geht *Noll* davon aus, dass das Wesen des Gefährdungsvorsatzes abhängig von der genaueren Feststellung des Gefahrbegriffs ist, wonach sich seine Beziehung zum eventuellen Verletzungsvorsatz und zur Fahrlässigkeit auch bestimmen lassen kann. Dieses Problem ist nach ihm aber besonders schwer zu lösen, da der Gefahrbegriff sich von vornherein auf einen Erfolg hinsichtlich der hohen Wahrscheinlichkeit einer Verletzung, also einer Ungewissheit, bezieht.[1069] Aus dieser Sicht enthält der Gegenstand des Gefährdungsvorsatzes sowohl wissentlich als auch willentlich „die so als ernsthafte, konkrete Möglichkeit des Verletzungseintritts definierte Gefahr". Der mit Gefährdungsvorsatz handelnde Täter mache somit „subjektiv" nichts anderes, als dass er „eine zukünftige Entwicklung des von ihm geschaffenen Zustandes" beurteile.[1070] Es ist daher für *Noll* kaum möglich, auf der Vorstellungseite den Gefährdungs- und eventuellen Verletzungsvorsatz bzw. die bewusste Fahrlässigkeit zu unterscheiden, weil „das Wissen um die Gefahr notwendig das Wissen um den möglichen Verletzungseintritt in sich" schließt.[1071]

1064 *Nick*, Gefahr und Gefährdungsvorsatz, S. 13, 15.
1065 *Nick*, Gefahr und Gefährdungsvorsatz, S. 15.
1066 *Nick*, Gefahr und Gefährdungsvorsatz, S. 15.
1067 *Nick*, Gefahr und Gefährdungsvorsatz, S. 18.
1068 *Nick*, Gefahr und Gefährdungsvorsatz, S. 42.
1069 *Noll*, SchwZSt 1954, S. 19 f.
1070 *Noll*, SchwZSt 1954, S. 23.
1071 *Noll*, SchwZSt 1954, S. 23, 25.

Anders als auf der Vorstellungsseite kann der Gefährdungsvorsatz laut *Noll* jedoch auf der Willensseite vom eventuellen Verletzungsvorsatz differenziert werden.[1072] Der Täter könne deshalb einen gefährlichen Zustand ohne Billigung der dahinter stehenden Verletzung willentlich herbeiführen, weil für Gefährdungstatbestände – vor allem im Kontext von Lebensgefährdung nach dem Art. 129 des Schweizerischen Strafgesetzbuches – bereits eine ernsthafte Möglichkeit der Verletzung schon genüge.[1073] Dazu ergänzt *Noll*, dass der Täter beim Gefährdungsvorsatz und bei der bewussten Fahrlässigkeit die Verletzung nicht wollen kann, obwohl er die Möglichkeit der Realisierung der Verletzung kennt.[1074]

So erweist sich bei *Noll*, dass der Gefährdungsvorsatz mit der bewussten Fahrlässigkeit identisch sein kann. Dies beruht nach ihm besonders auf der Voraussetzung, dass „die Gefahr, auf welche der Täter nicht Rücksicht nimmt, nach seiner Vorstellung nicht nur eine weit abliegende, sondern eine ernsthafte Möglichkeit darstellt"; der Gefährdungsvorsatz sei daher eine grobe bewusste Fahrlässigkeit.[1075] Diese Identifikation führt nach *Noll* nicht zur Unsicherheit zwischen beiden in der Praxis, weil sich das Fahrlässigkeitsdelikt auf den Verletzungseintritt beschränkt. Sie entspreche außerdem einem stark praktischen Bedürfnis zwischen der Höhe und Lücke zwischen den Vorsatz- und den Fahrlässigkeitsdelikten.[1076]

d. Reinhard v. Hippel (1963)

Um nach einem Grund für das Absinken der Aufklärungsquote von Verkehrsdelikten in der Rechtsprechung zu suchen, wirft *Reinh. v. Hippel* das Problem der Forderung des Vorsatzes auch hinsichtlich der konkreten Gefahr auf.[1077] Der Vorsatz ausschließlich hinsichtlich der Gefahr ist bei ihm – in Hinsicht auf einen normativen Gefahrbegriff[1078] – nur dann möglich, wenn allein die konkrete Gefahr schon ein eigenständiger Erfolg ist. Der Unrechts- und der Schuldgehalt dieses Gefährdungserfolgs müssten unabhängig von dem Unrechts- und dem Schuldgehalt des Verletzungserfolgs zu bestimmen sein. Der Vorsatz könne sich daher allein auf den Gefährdungserfolg richten; „vorsätzliche Gefährdung" sei deshalb „nicht dasselbe [...] wie versuchte Verletzung".[1079]

Die vorsätzliche Gefährdung und die versuchte Verletzung sind bei *Reinh. v. Hippel* nicht nur dogmatisch, sondern auch kriminalpolitisch-funktionell zu unterscheiden. Er sieht die Verkehrsgefährdung trotz des Gefahrpotenzials noch als „alltägliches Massenphänomen" an: Im Fall der Verkehrsgefährdung sei die subjektive

---

1072 *Noll*, SchwZSt 1954, S. 25.
1073 *Noll*, SchwZSt 1954, S. 26.
1074 *Noll*, SchwZSt 1954, S. 26 f.
1075 *Noll*, SchwZSt 1954, S. 28.
1076 *Noll*, SchwZSt 1954, S. 29 f.
1077 *Reinh. v. Hippel*, ZStW 75 (1963), S. 447.
1078 *Reinh. v. Hippel*, ZStW 75 (1963), S. 454 f.
1079 *Reinh. v. Hippel*, ZStW 75 (1963), S. 447 f.

Einstellung des Täters ganz üblich, dass „der Täter die Gefahr in Kauf nimmt, in der mehr oder minder substantiierten Hoffnung, ‚es' werde letzten Endes schon noch einmal ‚gutgehen'". Durch dieses Wesen erfülle die Verkehrsgefährdung gerade die möglichen Schutzlücken aus diesen kriminalpolitischen Phänomenen, dass die meisten Verkehrsunfälle Fahrlässigkeitsfolgen waren und „eine Vorverlagerung der Schutzgrenze durch Versuchsbestimmungen wirkungslos wäre".[1080] Der Gefährdungsvorsatz stellt sich für *Reinh. v. Hippel* demnach so dar, „dass es gelingen werde, die Gefahr zu meistern, die Verletzung also zu vermeiden". Er sei – aufgrund der Einwilligungstheorie – durch die Billigung oder Inkaufnahme der Gefährlichkeit charakterisiert und sei deshalb identisch mit der bewussten Fahrlässigkeit.[1081]

III. Sonstige

Es gibt außer den oben angedeuteten Ansätzen noch solche, welche die Gleichsetzung vom Gefährdungsvorsatz und der bewussten Fahrlässigkeit befürworten und deren Argumentationen nicht in die jeweiligen Kategorien zuzuordnen sind.

1. Hans Joachim Hirsch (1971)

Bei *H. J. Hirsch* sind die bisherige Rechtsprechung, für die Leibesgefahr genüge „die bloße Kenntnis der Umstände, aus denen die Eigenschaft des gefährlichen Werkzeugs folgt",[1082] und diejenige Auffassung, „die das inhaltlich unscharfe Bewusstsein der besonderen Gefährlichkeit verlangt", angesichts ihrer unpräzisen Formulierungen des Vorsatzes der Leibesgefahr bedenklich. Demgegenüber fordert er eine präzise Formulierung der Gefahrkenntnis. Mithin hält er auch entgegen, „dies werde um den Preis unüberwindlicher Abgrenzungsschwierigkeiten zwischen Gefährdungsvorsatz und eventuellem Verletzungsvorsatz erkauft". Der Grund dafür ist, dass ansonsten die Unterscheidung von dolus eventualis und bewusster Fahrlässigkeit, „deren subjektive Seite auch die Fälle des Gefährdungsvorsatz umfasst", ebenso unmöglich wäre.[1083] So steht bei ihm auch fest, dass der dolus eventualis kein bloßer Gefährdungsvorsatz ist und dass die bewusste Fahrlässigkeit hingegen den Gefährdungsvorsatz umfasst.[1084]

1080 *Reinh. v. Hippel*, ZStW 75 (1963), S. 449. (Hervorhebungen im Original.)

1081 *Reinh. v. Hippel*, ZStW 75 (1963), S. 449. Die Argumentation von *Reinh. v. Hippel* scheint sich auf den ersten Blick der Gefährdungstheorie zu nähern. Hierzu gehört aber seine Auffassung deshalb nicht, weil für ihn jedoch die Identifikation von Gefährdungsvorsatz und bewusster Fahrlässigkeit nicht den Verzicht auf den Verletzungserfolg bei den Fahrlässigkeitsdelikten darstellt, sondern die dogmatische Gleichheit und die kriminalpolitische Komplementarität zwischen beiden entscheidend sind.

1082 BGHSt 19, 352.

1083 *H. J. Hirsch*, ZStW 83 (1971), S. 153, Fn. 24.

1084 *H. J. Hirsch*, ZStW 83 (1971), S. 157 f.

2. *Gunther Arzt (1978)*

In seinem Aufsatz über die Klarstellung des Begriffs Leichtfertigkeit im Vergleich mit dem ähnlichen amerikanisch-juristischen Begriff „recklessness“ bezieht *Arzt* den Gefährdungsvorsatz in den Umfang der Verletzungsfahrlässigkeit ein.

Die Handlungen mit Verletzungsfahrlässigkeit im amerikanischen Recht, deren Angriffsobjekte noch im Vorfeld des eigentlichen geschützten Rechtsguts liegen, sind durch die Schaffung der Auffangtatbestände mit dem Gefährdungsvorsatz als Vorsatzdelikt zu kriminalisieren. Im Gegensatz hierzu wird im deutschen Recht zunehmend davon Gebrauch gemacht, die Tatbestandsmerkmale der Verletzungsdelikte in die Erfassung der Gefährdung umzuformulieren und Verletzungsfahrlässigkeit als Gefährdungsvorsatz zu begreifen.[1085] Diese allgemeine Tendenz legt *Arzt* nach dem Sinn des Gefährdungsvorsatzes im deutschen Strafrecht nahe, dass durch die (gefährdungs-)vorsätzlichen Vorfeldtatbestände das verletzungsfahrlässige Verhalten faktisch unter Strafe stellen kann.[1086] Anders formuliert: Der Sinn des Gefährdungsvorsatzes liege insbesondere im „Vorfeld des ‚eigentlich‘ nur gegen vorsätzliche Angriffe geschützten Rechtsguts“, wenn der Gesetzgeber mit Hilfe der Selbstständigkeit der Rechtsgutsgefährdung „das Vorsatzerfordernis durch den Gefährdungsvorsatz bei bloßer Verletzungsfahrlässigkeit“ erfüllen wolle.[1087] Der Gefährdungsvorsatz stimme hier mit der Verletzungsfahrlässigkeit überein und sei praktisch die Ersetzung dieser.

3. *Andreas Hoyer (1987)*

Das Verhältnis des Gefährdungsvorsatzes zu der Fahrlässigkeit ist bei *Hoyer* im Zusammenhang zwischen Gefahrenursachenhandlungen und Fahrlässigkeitsvermittlungsfähigkeit zu erörtern. Bei ihm stellt sich zu allererst die Frage, „inwieweit einer Tathandlung, die im Einzelfall als Ursache einer konkreten Gefahr für das durch die Norm geschützte Rechtsgut aufgetreten ist, damit zugleich Eigenschaften innewohnen, deren Kenntnis (bzw. deren Kennen-müssen) ihrem Urheber notwendigerweise mindestens unerlaubte Fahrlässigkeit in Bezug auf eine Rechtsgutsverletzung vermittelt“.[1088] Da es ihm bereits feststeht, dass die Verwirklichung einer konkreten Gefahr angesichts des Gefahrbegriffs zugleich mindestens eine fahrlässige Handlung bezüglich der Verletzung bedeutet,[1089] bezieht diese Frage sich dann darauf, ob der Gefährdungsvorsatz sich stets mit dem „subjektiven Bezug in Richtung auf eine Rechtsgutsverletzung“ zusammenhängend darstellt. Er geht insoweit davon aus, das Wesen des Gefahrbegriffs und des Vorsatzes auseinanderzusetzen.[1090]

1085 *Arzt*, GS-*Schröder*, S. 139 f.
1086 *Arzt*, GS-*Schröder*, S. 140.
1087 *Arzt*, GS-*Schröder*, S. 142. (Hervorhebung im Original.)
1088 *Hoyer*, Eignungsdelikte, S. 63.
1089 *Hoyer*, Eignungsdelikte, S. 65.
1090 *Hoyer*, Eignungsdelikte, S. 66.

Aufgrund eines normativen Gefahrbegriffs stimmt *Hoyer* zunächst zu, dass eine gefahrbezogene Fahrlässigkeit immer auch eine verletzungsbezogene Fahrlässigkeit ist.[1091] Für ihn ist es verfassungsrechtmäßig, dass sich der Vorsatz bloß auf die Gefahr erstreckt und sich differenziert, „bezüglich einiger ausgewählter Tatbestandselemente (Herbeiführung einer Gefahr) Vorsätzlichkeit beim Täter zu fordern und nur im übrigen (Herbeiführung einer Verletzung) Fahrlässigkeit ausreichen zu lassen".[1092] Weiterhin ist der Vorsatz für *Hoyer* so zu bestimmen, dass der Täter so handelt, wenn er „aufgrund seiner Finalstruktur dessen letztliche Erfolgsursächlichkeit" subjektiv ernstlich für möglich hält und objektiv auch ernsthaft für möglich halten muss. Nach dieser Bestimmung kann der objektive Teil des Vorsatzes, wonach der Täter die letztliche Erfolgsschädlichkeit objektiv ernsthaft für möglich halten muss, mit der „individuellen Fahrlässigkeit" übereinstimmen.[1093] Daraus folgt sein Fazit: „Wer hinsichtlich einer konkreten Gefahr vorsätzlich handelt, verhält sich daher insoweit auch (individuell) fahrlässig, wer sich hinsichtlich einer Gefährdung fahrlässig verhält, tut dies stets hinsichtlich der dahinterstehenden Rechtsgutsverletzung".[1094]

4. *Bernd Schünemann (1994, 1999)*

Vor dem Hintergrund des Gedankens des typologischen Vorsatzkonzepts kritisiert *Schünemann* die aus der Objektivierung des Vorsatzes ergebende Gleichsetzung von Gefährdungs- und Verletzungsvorsatz[1095] und hält es für möglich, die beiden Vorsatztypen zu differenzieren.

Er geht davon aus, dass die Kriterien des Vorsatzes in Anbetracht des typologischen Vorsatzkonzepts einmal auf „das in verschiedener Intensität ausgeprägte Wissen um die Tatherrschaft" und zum anderen auf „die rechtgüterfeindliche Gesinnung" begründet sind.[1096] Nach diesen Kriterien ist es dann möglich, je nach der herabsetzbaren Intensität der Merkmalsausprägung „verschiedene Einzelzüge des Vorsatztypus neben der Einstellung des Täters zur Rechtsgutsverletzung (von absichtlich bis äußerst unerwünscht) und seiner Kenntnis von der Größe des Verletzungsrisikos (von

---

1091 *Hoyer*, Eignungsdelikte, S. 65.

1092 *Hoyer*, Eignungsdelikte, S. 66 f.

1093 *Hoyer*, Eignungsdelikte, S. 68 f. Jüngst auch *Hoyer*, FS-*Frisch*, S. 235 f.: „Bei der subjektiven Zurechnung geht es darum, ob der spezifische Vorsatz des Täters, sein Verhalten möge gerade in einer bestimmten Weise oder für ein bestimmtes Tatobjekt gefährlich sein, normativ gerade auf einer diesem Vorsatz entsprechenden individuellen Fahrlässigkeit seines Verhaltens aufbaut".

1094 *Hoyer*, Eignungsdelikte, S. 69.

1095 *Schünemann*, Chengchi Law Review, Vol. 50 (1994), S. 268 und Fn. 5; *Schünemann*, FS-*Hirsch*, S. 370.

1096 *Schünemann*, Chengchi Law Review, Vol. 50 (1994), S. 269 f.; *Schünemann*, FS-*Hirsch*, S. 371 f.

Sicherheit bis zu großer Unwahrscheinlichkeit)" auszuprägen.[1097] Dementsprechend sei die Unterscheidung zwischen Gefährdungs- und Verletzungsvorsatz durch die „Art und Stufe des Rechtsgüterschutzes" sowohl praktisch notwendig als auch theoretisch legitimierbar.[1098] *Schünemann* zufolge ist der Gefährdungsvorsatz also identisch mit der bewussten Fahrlässigkeit hinsichtlich der Verletzung und ist „durch insgesamt schwächere Merkmalsausprägung vom Verletzungsvorsatz" zu differenzieren.[1099]

IV. Kritische Würdigung

1. Widerspruch gegen das geltende Strafrecht

Die Ansichten, wonach der Gefährdungsvorsatz mit der bewussten Fahrlässigkeit identisch sei, hat zwar auf die enge kriminalpolitische Beziehung zwischen den beiden hingewiesen,[1100] verstößt aber erstens gegen das geltende Recht, da eine grundsätzliche Abgrenzung von Vorsatz und Fahrlässigkeit (§ 15 StGB) und die Abgrenzung nach den jeweiligen gesetzlichen Ausgestaltungen von Gefährdungsdelikten und Delikten der bewussten Fahrlässigkeit schon im Strafrecht gesetzlich festgestellt werden.[1101] Gemäß dem geltenden Strafgesetzbuch sind sogar die fahrlässige und vorsätzliche Gefährdung differenziert, sodass die bewusste Fahrlässigkeit selbst im Bereich des Gefährdungsdelikts auch unabhängig vorhanden ist.[1102] Wenn der Gefährdungsvorsatz stets mit der bewussten Fahrlässigkeit identisch wäre, wäre die fahrlässige Gefährdung dann die fahrlässig-bewusste Fahrlässigkeit, welche zweifellos ein dogmatisches Monstrum wäre. Darüber hinaus ist es bei der Subsumtion eines Gefährdungsdelikts – sogar ungeachtet des § 15 StGB – sowohl theoretisch als auch praktisch schwer möglich, die bereits entwickelten Merkmale der Fahrlässigkeit mit dem Gefährdungstatbestand reibungslos zu harmonisieren.[1103]

Gegen diese deutlichen Einwände verteidigt sich *Engisch* damit, dass Tatbestände von Gefährdungsdelikten und Delikten der bewussten Fahrlässigkeit sich überschneiden und sich somit nur in objektiver Hinsicht unterscheiden.[1104] Er gesteht aber letztlich ein, dass solch ein Verhältnis von Gefährdungsvorsatz und bewusster

1097 *Schünemann*, Chengchi Law Review, Vol. 50 (1994), S. 270 ff.; *Schünemann*, FS-*Hirsch*, S. 372 ff.

1098 *Schünemann*, Chengchi Law Review, Vol. 50 (1994), S. 273; *Schünemann*, FS-*Hirsch*, S. 374 f.

1099 *Schünemann*, Chengchi Law Review, Vol. 50 (1994), S. 273 f.; *Schünemann*, FS-*Hirsch*, S. 375.

1100 *Schünemann*, JA 1975, S. 435 f.; *Arzt*, GS-*Schröder*, S. 142; *Prittwitz*, JA 1988, S. 486.

1101 *A. Köhler*, Probleme der Fahrlässigkeit, S. 80; LK-*Schroeder*[11], § 16, Rdnr. 120; *Weber*, in: *Arzt/ Weber/ Heinrich/ Hilgendorf*, BT, § 35, Rdnr. 100. Mit Beispiel LK-*Vogel*[12], § 15, Rdnr. 291.

1102 LK-*Schroeder*[11], § 16, Rdnr. 120.

1103 Praktische Versuche bei den abstrakten Gefährdungsdelikten siehe 8. Kapitel C. I.

1104 *Engisch*, Vorsatz und Fahrlässigkeit, S. 408 f.

Fahrlässigkeit in der Praxis nicht sehr bedeutsam ist.[1105] Darüber hinaus erscheint *Engischs* Verteidigung deshalb als gescheitert, weil nach einer präzisen Bestimmung der beiden Begriffe die Darstellbarkeit der subjektiven Abgrenzung von beiden, wie im Folgenden gezeigt wird, sogar klarer als die Abgrenzung zwischen bedingtem Verletzungs- und Gefährdungsvorsatz wird.[1106]

2. Dogmatisches Bedenken

Weiterhin wird von vielen Kritikern darauf hingewiesen, dass sich der Begriffsinhalt des Gefährdungsvorsatzes von dem der bewussten Fahrlässigkeit detailliert unterscheiden kann, sowohl in der intellektuellen als auch in der voluntativen Hinsicht.[1107] Umgekehrt gibt es auch Fälle der bewussten Fahrlässigkeit hinsichtlich der Rechtsgutsverletzung, die überhaupt nicht mit dem Vorsatz einer konkreten Gefährdung gleichsetzt sind.[1108] Diese Schwäche ist vor allem bei dem Beispiel der Gefährdungstheorie der Fall, weil sie ausdrücklich betont, es gehe bei dem Wissenselement der bewussten Fahrlässigkeit sowie dem Gefährdungsvorsatz ausschließlich um eine Einstellung der Gefahr und somit sei der Erfolgseintritt nur eine Strafbarkeitsbedingung. Ihre Argumentation ist geradezu defizitär. Wenn der Erfolg wirklich eintritt und der bewusst-fahrlässige Täter diesen gerade kennt, liegt offensichtlich kein Gefährdungsvorsatz mehr vor.

Nicht selten wird vertreten, dass der Gefährdungsvorsatz und die bewusste Fahrlässigkeit sich bereits auf der intellektuellen Seite unterscheiden. Die intellektuelle Übereinstimmung ist besonders unannehmbar, wenn man die sog. Vorstellungstheorie befürwortet. Nach dieser Theorie ist die innerlich widersprüchliche Einstellung des Täters, dass er die konkrete Gefahr kennt, ohne zugleich um den Verletzungserfolg zu wissen, jedenfalls unmöglich; wenn der Täter die Gefahr kenne, handle er schon vorsätzlich, nicht nur fahrlässig.[1109] Hinzu kommt, dass an den Grad des Bewusstseins des Täters hinsichtlich des letztendlichen Verletzungserfolgs bei dem Gefährdungsvorsatz und bei der bewussten Fahrlässigkeit unterschiedliche Anforderungen gestellt werden; der erste solle höher gefordert werden als der letzte.[1110]

Nach einer allgemein anerkannten Meinung könnten der Gefährdungsvorsatz und die bewusste Fahrlässigkeit jedenfalls auf der voluntativen Seite differenziert werden. Zunächst ist in den Fällen, in denen sich der Täter die Gefahr zumindest als möglich vorstellt und trotzdem auf das Ausbleiben des Verletzungserfolgs hofft oder

---

1105 *Engisch*, Vorsatz und Fahrlässigkeit, S. 409.

1106 Zutreffend LK-*Vogel*[12], § 15, Rdnr. 291.

1107 *Maurach/ Schroeder/ Maiwald*, BT 2, S. 11.

1108 *Schroth*, Vorsatz als Aneignung, S. 144. Diese begriffliche Unterscheidung ist auch bei *Noll* ausdrücklich anerkannt, siehe *Noll*, SchwZSt 1954, S. 29 f.

1109 *Stein*, FS-*Wolter*, S. 537.

1110 *Feloutzis*, Aussetzung, S. 71, Fn. 228; *Struensee*, in: das 6. Strafrechtsreformgesetz 1998, S. 42; *Schroth*, JR 2003, S. 252; *Roxin*, AT I, § 24, Rdnr. 72.

vertraut, die bewusste Fahrlässigkeit gegeben, aber nicht zugleich ein Gefährdungsvorsatz.[1111] Anschließend daran hält ein Haupteinwand gegen die Gleichsetzung von Gefährdungsvorsatz und bewusster Fahrlässigkeit dafür, dass die Ansätze für die Gleichsetzung sowohl das Wollenselement als auch den Gefahrbegriff verkennen.[1112] Vertraue der Täter wirklich auf das Ausbleiben der Verletzung, habe er weder Verletzungs- noch Gefährdungsvorsatz. Wenn aber der Täter die Gefahr ernsthaft als zumindest möglich beurteile und nur diese wolle, so wolle er faktisch keine Verletzung und somit auch keine „wirkliche" Gefahr.[1113] Dadurch wird deutlich gemacht, dass sich die Gleichsetzung von Gefährdungsvorsatz und bewusster Fahrlässigkeit lediglich auf den Widerspruch zwischen intellektuellen und voluntativen Einstellung des Täters begründet, welcher doch dogmatisch unvereinbar erscheint.[1114]

Gegen die Gleichsetzung von Gefährdungsvorsatz und bewusster Fahrlässigkeit lassen sich schließlich noch mehrere Einwände erheben. Das objektive Gefahrurteil, worauf der Gefährdungsvorsatz sich begründe, bedeute nicht das subjektive Möglichkeitsurteil, worauf sich die bewusste Fahrlässigkeit begründe.[1115] Außerdem werden die Voraussetzungen des „verletzungserfolgsqualifizierten" Delikts dabei ebenso verkannt.[1116] Das präventive Wesen des Gefährdungsdelikts wird im Gegensatz zum verletzungserfolgsqualifizierten Charakter der bewussten Fahrlässigkeit völlig übersehen.[1117]

Aus diesen oben ausgeführten Gründen ist die Ansicht für die Gleichsetzung von Gefährdungsvorsatz und bewusster Fahrlässigkeit im Ergebnis nicht annehmbar.

C. Identifikation des Gefährdungsvorsatzes mit (eventuellem) Verletzungsvorsatz

Auffällig ist, dass die Ansicht, wonach der Gefährdungsvorsatz nicht mit der bewussten Fahrlässigkeit, sondern mit dem Verletzungsvorsatz identisch sei, nach dem Ende des 2. Weltkrieges immer häufiger vertreten wird. Diese im Schrifttum

1111 *A. Köhler*, Probleme der Fahrlässigkeit, S. 81; *Laue*, Aussetzung, S. 56 f. Dagegen *Engisch*, Vorsatz und Fahrlässigkeit, S. 45 f.

1112 *Horn*, Konkrete Gefährdungsdelikte, S. 209; *Wolter*, Objektive und personale Zurechnung, S. 211.

1113 *Horn*, Konkrete Gefährdungsdelikte, S. 209; *Wolter*, Objektive und personale Zurechnung, S. 211; *Ostendorf*, JuS 1982, S. 431; *Stein*, FS-*Wolter*, S. 537.

1114 *Feloutzis*, Aussetzung, S. 73. Zustimmung dieser Möglichkeit des Widerspruchs *Roxin*, AT I, § 24, Rdnr. 72; *Weber*, in: *Arzt/ Weber/ Heinrich/ Hilgendorf*, BT, § 35, Rdnr. 103.

1115 LK-*Schroeder*[11], § 16, Rdnr. 120; *Nowakowski*, JZ 1958, S. 339, Fn. 44a; *Jescheck/ Weigend*, AT, S. 568 und Fn. 31. Ausführlich *M. Köhler*, Die bewusste Fahrlässigkeit, S. 286, Fn. 3, S. 287 f.

1116 *Wolter*, Objektive und personale Zurechnung, S. 211, 214; *Schönke/ Schröder/ Sternberg-Lieben/ Schuster*, StGB, § 15, Rdnr. 98a.

1117 *Schneider*, Gefährdungsvorsatz, S. 33.

zunehmenden Meinungen versuchen, die Identifikation von Gefährdungs- und Verletzungsvorsatz überwiegend in der intellektuellen Hinsicht des Vorsatzes zu rechtfertigen. Zuerst wurde der Gefährdungsvorsatz aufgrund einer Dreiteilung der Schuldformen bei den früheren Ansichten als Mischung zwischen dolus und culpa erachtet (I.). Nach dem Ende des 2. Weltkrieges wird er dadurch mit dem Verletzungsvorsatz gleichgesetzt, dass allein die Vorstellung einer Gefahr schon für den Vorsatz genüge (II. 1.).[1118] Erstaunlich ist, dass manche Anhänger dieser Ansicht zu dem Ergebnis kommen, dass der Gefährdungsvorsatz in voluntativer Hinsicht nicht notwendigerweise stets identisch mit dem Verletzungsvorsatz ist (II. 2.). Dies besagt, dass die Selbstständigkeit des Gefährdungsvorsatzes vielmehr möglich ist, wenn sie sich auch in der voluntativen Hinsicht begründet.

I. Frühere Ansichten: Gefährdungsvorsatz als Grundform der Vorsatzschuld oder als Mischung zwischen dolus und culpa

1. Oskar Busch (1897)

Bei *Busch* ist zunächst die Frage zu prüfen, ob beim Gefährdungsvorsatz eine selbstständige Schuldform oder ein „eventuelles Wollen der Verletzung“ vorliegt.[1119] Er geht davon aus, dass beim Gefährdungsdelikt „ein bestimmter Grad der konkreten Möglichkeit der Verletzung zur Gefahr“ zu verlangen ist und dass das Gefährdungsdelikt nur durch solch eine konkrete Gefahr zu charakterisieren ist.[1120] Das Wesen des Gefährdungsvorsatzes ist für *Busch* auf der Basis des Gefahrenverständnisses auszumachen;[1121] eine vorsätzliche Gefährdung muss „den Gefahrerfolg in erster Linie bewusst gewollt“ haben.[1122] Wie diese vorsätzliche Gefährdung konkreter gemacht wird, lässt sich durch die weitere allgemeine Feststellung des Vorsatzes ausführen.

Es steht bei *Busch* zunächst fest, dass nur „die Tat des bewussten Willens“ zu den Gegenständen strafrechtlicher Beurteilung gehört, wonach der Vorsatz eine „Erscheinungsform des bewussten Willens“ ist. Da der Vorsatz nach ihm intellektuell auf eine Rechtswidrigkeit gerichtet wird, ist der Vorsatz auch ein „bewusst rechtwidriger Wille“, sodass er „im Verhältnis zu dem gegen Verletzung oder Gefährdung geschützten Rechtsgut“ steht.[1123] Der Vorsatz beim Gefährdungsdelikt wird nach dieser allgemeinen Definition des Vorsatzes in der intellektuellen und voluntativen Hinsicht verfeinert bestimmt werden.

1118 Gegenüber der Gefährdungstheorie im Fahrlässigkeitsbereich (vgl. B. I. 1. in diesem Kapitel) ist dies auch eine Gefährdungstheorie, und zwar im Vorsatzbereich. *Brammsen*, JZ 1989, S. 80.

1119 *Busch*, Gefahr und Gefährdungsvorsatz, S. 4 f.

1120 *Busch*, Gefahr und Gefährdungsvorsatz, S. 22, 26.

1121 *Busch*, Gefahr und Gefährdungsvorsatz, S. 33 ff.

1122 *Busch*, Gefahr und Gefährdungsvorsatz, S. 34.

1123 *Busch*, Gefahr und Gefährdungsvorsatz, S. 36, 39 ff.

In der intellektuellen Hinsicht enthalte der Gefährdungsvorsatz „die Vorstellung der konkreten Gefahr" und „das Bewusstsein von der Widerrechtlichkeit des Gefahrerfolges". Der Gefährdende stelle sich die Verletzung als in einer bestimmten kausalen Beziehung mit seiner Tätigkeit stehend vor, sodass „das bewusste Wollen der Verletzungsgefahr" gleichbedeutend mit dem „bewussten Wollen der eventuellen eintretenden Verletzung" bleibe.[1124] In der voluntativen Hinsicht erscheine der Gefährdungsvorsatz als eine Form des Gefährdungswillens. Dieser Wille sei der „in Tat umgesetzte Willensentschluss zu einer Handlung", obwohl der Täter sich bewusst sei, dass die Ausführung dieser Handlung konkrete Gefährdung bedeute.[1125]

Zusammenfassend ist der Gefährdungsvorsatz nach *Busch* ein „Mittelding zwischen dolus und culpa": Er stelle sich als „die allgemeinste, einfachste, häufigste und auch am leichtesten zu erweisende Erscheinungsform des verbrecherischen Vorsatzes" dar und sei in der Tat „der bewusst auf eine Rechtsgüterverletzung tendierende und somit das Wesen des Vorsatzes fixierende Wille".[1126] Darüber hinaus erhellt *Busch* das Verhältnis zwischen Verletzungs-, Gefährdungsvorsatz und Fahrlässigkeit allein auf ihren intellektuellen Seiten, also „nach der verschiedenen Stärke des Gefahrbewusstseins".[1127] Es besteht bei *Busch* deshalb kein materieller Unterschied zwischen Verletzungs- und Gefährdungsvorsatz, weil sich der Wille vorsätzlicher Gefährdung noch auf die Verletzung bezieht. Der Gefährdungsvorsatz sei demgemäß nichts anderes als der dolus eventualis.[1128] Der Gefährdungsvorsatz sei aber hingegen keine Luxuria, weil deren Merkmal nach *Busch* gerade in dem Mangel des Bewusstseins der Widerrechtlichkeit vorliegt, welches dem oben angedeuteten Wesen des Vorsatzes nicht entspricht. Darüber hinaus genüge für die Luxuria eine Vorstellung der bloßen Möglichkeit, während diese für den Vorsatz gerade nicht der Fall sei.[1129]

2. August Miřička (1903)

*Miřička*s Ansicht für den Gefährdungsvorsatz könnte als eine sehr frühe typische Argumentation dafür bezeichnet werden, dass der Gefährdungsvorsatz auch der Verletzungsvorsatz sei. Er geht entscheidend davon aus, das Wesen der Gefahr sei die „Möglichkeit eines schädlichen Erfolges", mithin also die „Möglichkeit einer Rechtsgüterverletzung".[1130] Wenn man den Gefahrbegriff so definiert und zugleich die Vorstellungstheorie vertritt, müsste man ebenfalls annehmen, dass der Vorsatz hinsichtlich der Gefährdung immer zwingend mit dem Vorsatz hinsichtlich einer Verletzung übereinstimme. Bei der Einordnung von *Miřička*s Ansicht in die

1124 *Busch*, Gefahr und Gefährdungsvorsatz, S. 45 ff.
1125 *Busch*, Gefahr und Gefährdungsvorsatz, S. 48 f.
1126 *Busch*, Gefahr und Gefährdungsvorsatz, S. 52 f.
1127 *Busch*, Gefahr und Gefährdungsvorsatz, S. 54.
1128 *Busch*, Gefahr und Gefährdungsvorsatz, S. 55 f., 58.
1129 *Busch*, Gefahr und Gefährdungsvorsatz, S. 54, 59.
1130 *Miřička*, Formen der Strafschuld, S. 78.

Auffassungsgruppe, wonach der Gefährdungsvorsatz mit der bewussten Fahrlässigkeit identisch sei, wird dieser entscheidende Syllogismus wohl übersehen.[1131]

Während nach *Miřička* das Wesen des Verletzungsvorsatzes durch die Relation der Psyche zum Verletzungserfolg gekennzeichnet ist, muss der Gefährdungsvorsatz auch durch eine psychologische Beziehung zum Gefahrerfolg charakterisiert sein.[1132] Soweit die Gefahr stets als „ein gewisses Vorstadium der Verletzung“ verstanden werde, habe der Gefährdungsvorsatz keine selbstständige Position, sondern könnte nur im bereits okkupierten Territorium seine Position finden.[1133] Aus dieser Sicht erschöpfe sich der Gefährdungsvorsatz, das Wissen und Wollen der Möglichkeit eines Verletzungserfolgs, in der intellektuellen und voluntativen Hinsicht sowohl im ganzen Gebiet des eventuellen Verletzungsvorsatzes als auch in dem der bewussten Fahrlässigkeit. Es könnte sich daraus allenfalls ergeben, dass der Gefährdungsvorsatz zugleich die beiden Gebiete von dem eventuellen Verletzungsvorsatz und der bewussten Fahrlässigkeit besitze.[1134] Dieses schillernde Ergebnis ist aber von *Miřička* nicht vollkommen aufgenommen, da es auf der Grundlage der herkömmlichen Schuldformen begründet ist.[1135]

Dazu entwickelt *Miřička* seine neue Theorie der dreiteiligen Schuldformen, wonach die als „bewusste Schuld“ gekennzeichnete „Wissentlichkeit“ zwischen der unbewussten Fahrlässigkeit und dem Vorsatz im Sinne von Absicht festzustellen ist.[1136] Erst mit dieser neuen Theorie führt *Miřička* eine Analyse der subjektiven Seite der Gefährdungsdelikte in Anbetracht der verschiedenen Relationen der Psyche zu der Gefahr durch.[1137] Damit steht für ihn zunächst fest, dass die Gefährdung immer die Möglichkeit eines Verletzungserfolgs bedeutet. Weiterhin lasse sich die Gefährdungsabsicht stets durch die Verletzungsabsicht in den Fällen konsumieren, in denen der Täter zur Herbeiführung einer Verletzung des bedrohten Rechtsguts gefährde.[1138] Das Wissen um die Gefahr sei insoweit stets dasselbe wie das um die Möglichkeit einer Verletzung. Die hier von *Miřička* behauptete, bewusste Schuld ist gerade durch das

---

1131 Anscheinend sieht es bei *Miřička* aber anders aus, als dass bei ihm zu vertreten sei, der Gefährdungsvorsatz sei die bewusste Fahrlässigkeit; wie oben erwähnt wurde, lässt dies sich aber oft ein Missverständnis bei der Einordnung von *Miřička*s Ansicht auftauchen. Über diese fehlerhafte Einordnung z. B. *Rob. von Hippel*, VDS, AT III, S. 532, Fn. 1; *A. Köhler*, Probleme der Fahrlässigkeit, S. 73 und Fn. 4; *Engisch*, Vorsatz und Fahrlässigkeit, S. 402. Kritik an derartigen Syllogismus siehe *Struensee*, in: das 6. Strafrechtsreformgesetz 1998, S. 42.

1132 *Miřička*, Formen der Strafschuld, S. 78 f.

1133 *Miřička*, Formen der Strafschuld, S. 78 ff., 84.

1134 *Miřička*, Formen der Strafschuld, S. 80 ff.

1135 *Miřička*, Formen der Strafschuld, S. 84.

1136 *Miřička*, Formen der Strafschuld, S. 101 ff.

1137 *Miřička*, Formen der Strafschuld, S. 185 ff.

1138 Dagegen tauchen nach *Miřička* die Fälle der reinen Gefährdungsabsicht, in denen der Täter zu einem anderen Zweck gefährdet, selten auf. *Miřička*, Formen der Strafschuld, S. 185 f.

Wissen um die Gefahr charakterisiert, sodass die subjektive Seite des Gefährdungsdelikts und dieselbe des Verletzungsdelikts stets identisch sind.[1139] Für *Miřička* steht schließlich aufgrund eines Vergleichs auf der intellektuellen Seite zwischen den beiden Begriffen fest, dass zwischen dem Gefährdungs- und Verletzungsvorsatz keinen Unterschied besteht.[1140]

3. *Karl Klee (1906)*

Die Tendenz, dass der Vorsatz bezüglich der Gefahr sowie Gefährdung als die Grundform des Vorsatzes statt als die schlimmste Art der Fahrlässigkeit angesehen wird, erscheint schon in *Klee*s Beitrag ganz klar. Dabei sieht er den dolus indirectus als Grundform der vorsätzlichen Schuld an und legt den Inhalt des Gefährdungsvorsatzes unverändert in den Inhalt des dolus indirectus an.[1141] Um seine solche Behauptung zu begründen, versucht er nachzuweisen, dass der dolus indirectus noch im geltenden Strafrecht vorliegt.[1142] Der dolus indirectus ist *Klee* nach in der strafrechtlichen Geschichte immer wieder entweder in der Form des „versari in re illicita" oder in der Form des Gefährdungsvorsatzes zu entwickeln.[1143]

Bei der dolus indirectus de lege ferenda geht es nach *Klee* zuerst um die Frage nach der neueren Verteilung der vorliegenden Schuldformen, also ob die Schuldform des dolus indirectus nur von den alten Schuldformen des Vorsatzes und der Fahrlässigkeit abhängt oder sie eine völlige selbstständige Schuldform ist.[1144] Ferner geht es aber um die noch entscheidendere Frage nach einem Verbrechensbegriff des künftigen Strafrechts.[1145] Aus der historischen Erörterung wird bei *Klee* zuerst angenommen, den Erfolg nicht mehr als eines der Zurechnungskriterien anzusehen; die Zurechnung des schwereren Erfolgs begründet sich dann lediglich auf den Grunddelikten des spezifischen Gefahrcharakters und auf ein damit entsprechendes allgemeines Gefahrbewusstsein.[1146] Angesichts dieser auf der Basis des dolus indirectus folgenden Unerheblichkeit des Erfolgs hat es bei *Klee* zu Folge, dass allein das Gefahrbewusstsein für die Erfolgszurechnung der Verletzungsdelikte genügt. Die bewusste Schuld sei seither durch die Voraussicht der Gefahr zu charakterisieren, wie es bei *Miřička* gezeigt wurde.[1147] Der Gefährdungsvorsatz wird an dieser

---

1139 So können die beiden nur beim Erfolgseintritt zu unterscheiden sein, dazu *Miřička*, Formen der Strafschuld, S. 186 f.

1140 So die Ansicht *Miřička*s zutreffend verstehend *Frank*, StGB, S. 185; *Binavince*, Fahrlässigkeitsdelikte, S. 156; *M. Köhler*, Die bewusste Fahrlässigkeit, S. 287 f., Fn. 5; *Struensee*, in: das 6. Strafrechtsreformgesetz 1998, S. 40.

1141 *Klee*, dolus indirectus, S. 40 ff.

1142 *Klee*, dolus indirectus, S. 2.

1143 *Klee*, dolus indirectus, S. 2 ff., 10, 11 f.

1144 *Klee*, dolus indirectus, S. 40, 41 ff.

1145 *Klee*, dolus indirectus, S. 43.

1146 *Klee*, dolus indirectus, S. 43 f., 48 f.

1147 *Klee*, dolus indirectus, S. 49.

Stelle von *Klee* anhand des Gedankens des dolus indirectus als die Grundform des Vorsatzes verankert und deckt sich nicht nur mit dem Verletzungsvorsatz, sondern auch sogar mit der Verletzungsabsicht. Die strafbegründende Funktion der Verletzung ist dabei aufgehoben; die Verletzung stelle sich daher nur als „eine durch den Verletzungserfolg qualifizierte Gefährdung" dar.[1148]

Klees Ansicht kennzeichnet deshalb einen historischen Wendungspunkt der Feststellung des Vorsatzes. Die Position von Gefahrbewusstsein sowie Wissen und Wollen um Gefährdung als Bezugspunkt der subjektiven Seite des Verbrechens bleibt demzufolge nicht mehr im Gebiet der Fahrlässigkeit sowie in der Mischung zwischen dolus und culpa. Es gehört nun nach *Klee* vielmehr allein zum herkömmlichen Gebiet des Vorsatzes und ersetzt den Inhalt des Vorsatzes in herkömmlicher Gestaltung.

II. Ansichten seit Nachkriegszeit: Gefährdungsvorsatz als allgemeine subjektive Seite des Vorsatzdelikts

1. Ansichten für vollständige Identifikation

a. Horst Schröder (1949)

Von der Möglichkeitstheorie ausgehend ist bei *Schröder* die Identität vom Gefährdungs- und Verletzungsvorsatz anerkannt. Zum Wesen des Vorsatzes gehört nach ihm nicht die Willensbeziehung zur Handlung und zum Erfolg, sondern allein nur das Wissensmoment vom Verbotensein der Tat.[1149] So habe der Vorsatz die einzige Aufgabe, „dem Täter durch die Vorstellung der einzelnen Tatumstände das Verbotensein seines Tuns zum Bewusstsein zu bringen"; für den Vorsatz sei vielmehr entscheidender, „dass der Täter in dem Bewusstsein, dass die Verwirklichung des Entschlusses verboten ist, trotzdem den Willen zur Tat zur Ausführung gebracht ist".[1150] Dem Täter werde somit bereits zumindest eventuell-vorsätzliches Verhalten zugerechnet, wenn er diejenigen Umstände, die sich auf das Verbotensein seiner Handlung bezögen, für möglich hielt.[1151]

Auf dieser Basis ist von *Schröder* die Grenze des Vorsatzbereichs mittels des dolus eventualis und somit auch des Gefährdungsvorsatzes zu bestimmen. Nach ihm enthält die strafrechtliche Norm der Verletzungsdelikte sowohl ein Verletzungs- als auch ein Gefährdungsverbot, sodass „neben der Verletzung auch die Möglichkeit der Verletzung strafrechtlich generell untersagt ist".[1152] Da die Gefährdung die Möglichkeit einer Verletzung und der dolus eventualis die Vorstellung möglicher Rechtsverletzung sei,

1148 *Klee*, dolus indirectus, S. 49 f.
1149 *Schröder*, FS-*Sauer*, S. 210 ff., 217.
1150 *Schröder*, FS-*Sauer*, S. 214 f.
1151 *Schröder*, FS-*Sauer*, S. 224.
1152 *Schröder*, FS-*Sauer*, S. 226.

so sei das Gefährdungsbewusstsein, welches nach *Schröder* den ganzen Gefährdungsvorsatz umfasst, identisch mit dem eventuellen Verletzungsvorsatz.[1153]

b. Diethart Zielinski (1973, 1990)

Während *Schröder* von der neueren Auseinandersetzung der Vorsatztheorie ausgeht, geht *Zielinski* hingegen von dem Unrecht und Handlungsunwert von Fahrlässigkeit und Gefährdungs- sowie Verletzungsvorsatz aus. Bei *Zielinski* wird erst festgestellt, dass das Unrecht der bewussten Fahrlässigkeit in der Risiko-Kenntnis des Täters, also in seinem Wissen um die Möglichkeit des Erfolgseintritts liegt. Dadurch stellt sich die wesentliche Frage, ob der Täter dabei nicht eigentlich mit dem Gefährdungsvorsatz handelt.[1154] Um diese Frage zu beantworten, geht er davon aus, dass die (Verletzungs-)Erfolgsdelikte in den typischen Bereichen fahrlässigen Verhaltens stets in der gesetzgeberischen Tendenz durch die von dem Gefährdungserfolg konstituierten Gefährdungsdelikte zu ersetzen sind.[1155] Die dogmatische Struktur der vorsätzlichen Gefährdungsdelikte könne daher nur durch die Zurückführung auf die eventuell-vorsätzlichen bzw. bewusst-fahrlässigen Verletzungsdelikte zu erfassen sein.[1156]

Im Vergleich der Bestandteile vom bewussten Fahrlässigkeits- und Gefährdungsdelikt liegt bei *Zielinski* nahe, dass die Bestandteile beider Delikte außerhalb des Erfolgssachverhalts vollkommen übereinstimmen. Der Gefährdungsvorsatz setze sich somit mit dem intellektuellen Moment der bewussten Fahrlässigkeit gleich.[1157] An dieser Stelle verlangt *Zielinski*, dass der Inhalt des Gefährdungsvorsatzes zumindest – ebenso verletzungsbezogen – „die Gefährdung des Rechtsguts im Sinn der Möglichkeit einer Rechtsgutsobjektsverletzung" beinhalten muss.[1158] Anders gesagt: Der Gefährdungsvorsatz umfasse durchaus das Verletzungsrisiko.[1159]

Bisher erweist es sich, dass die Identifikation vom bewussten Fahrlässigkeits- und Gefährdungsdelikt für *Zielinski* dogmatisch lediglich auf dem Handlungsunwert beruht. Dabei ist es aber überhaupt problematisch, wie man das vorsätzliche Gefährdungs- und Verletzungsdelikt auf der Ebene des Handlungsunwerts unterscheiden kann.[1160]

Dieses Problem löst *Zielinski* mittels des Verhältnisses zwischen der bewussten Fahrlässigkeit und dem eventuellen Verletzungsvorsatz.[1161] Er ist der Meinung, der Finalzusammenhang der Gefährdungshandlung schließe die Rechtsgutsobjektsverletzung

---

1153 *Schröder*, FS-*Sauer*, S. 226 f., 238 f.
1154 *Zielinski*, Handlungs- und Erfolgsunwert, S. 156.
1155 *Zielinski*, Handlungs- und Erfolgsunwert, S. 157.
1156 *Zielinski*, Handlungs- und Erfolgsunwert, S. 157 f., Fn. 25.
1157 *Zielinski*, Handlungs- und Erfolgsunwert, S. 158 f.
1158 *Zielinski*, Handlungs- und Erfolgsunwert, S. 157 f., Fn. 25.
1159 *Zielinski*, AK-StGB I, §§ 15, 16, Rdnr. 81.
1160 *Zielinski*, Handlungs- und Erfolgsunwert, S. 162.
1161 *Zielinski*, Handlungs- und Erfolgsunwert, S. 162 ff.

nur als Möglichkeit ein so wie derjenige der eventuell vorsätzlichen Verletzungshandlung.[1162] Demzufolge sei bewusste Fahrlässigkeit, die mit dem Gefährdungsvorsatz identisch sei, „auf der Ebene des Unrechts, d. h. ohne Rückgriff auf motivationale Elemente", auch eventueller Verletzungsvorsatz.[1163] So gehören bei *Zielinski* die bewusste Fahrlässigkeit, der Gefährdungsvorsatz und der bedingte Verletzungsvorsatz zu einer gleichen Unrechtskategorie, welche gedanklich sehr ähnlich wie *Miřičkas* und *Schröders* einheitliche Kategorie „der bewussten Schuld" ist.

c. *Eckhard Horn (1973) und seine Anhänger*

Die Ansichten über die Identifikation vom Gefährdungs- und Verletzungsvorsatz seit der Nachkriegszeit in der Literatur mögen auf den ersten Blick erstaunlich ähnlich erscheinen. Dank einer gleichen Definition vom Gefahrbegriff und der Ähnlichkeit der Behauptungen bei der Vorsatztheorie folgen vor allem *Horn* und seine Anhänger, namentlich *Jürgen Wolter* (1981), *Heribert Ostendorf* (1982), *Eberhard Schmidhäuser* (1985), *Jan C. Joerden* (1988), *Urs Kindhäuser* (1989), *Carsten Christoph Laue* (2002), *Ulrich Stein* (1993 [2009], 2013), *Frank Zieschang* (2013) und *Gereon Wolters* (2013), überwiegend dem sehr ähnlichen Syllogismus wie bei *Miřička* und *Schröder*.[1164] Diese Auffassungen gehören zu der ersten Phase der gefährdungsstrafrechtlichen Vorsatzdogmatik und sind daher als bedeutungsvoll ausführlich zu betrachten.[1165]

Eine scheinbar einhellige Meinung geht häufig davon aus, dass „derjenige, der eine Verletzung herbeiführen will, logisch zwangsläufig auch den Gefährdungsvorsatz habe".[1166] Diese logische Relation setzt denjenigen Gefahrbegriff voraus, wonach „jeder Verletzung ein Gefahrsachverhalt" vorausgehe bzw. dass Gefahr das Vorstadium einer Verletzung sei. So einfach wird festgestellt, dass „ein auf die Verletzung des Handlungsobjekts bezogener Vorsatz immer auch den entsprechenden Gefährdungsvorsatz" einschließe.[1167] Dadurch bleibt aber noch offen, ob der Täter, der mit dem Gefährdungsvorsatz handelt, umgekehrt logischerweise auch den Verletzungsvorsatz hat.

Dazu ist bei *Horn* und seinen Anhängern zusätzlich eine engere logische Relation zwischen Gefahr und Verletzung zu betonen, wonach die Gefahr und Verletzung, der Gefahr- und Verletzungserfolg, stets nur quantitativ und gradlinig zu unterscheiden

---

1162 *Zielinski*, Handlungs- und Erfolgsunwert, S. 162.

1163 *Zielinski*, Handlungs- und Erfolgsunwert, S. 168; *Zielinski*, AK-StGB I, §§ 15, 16, Rdnr. 81.

1164 Dieser Syllogismus *Struensee*, in: das 6. Strafrechtsreformgesetz 1998, S. 42. Alle jeweiligen betroffenen Auffassungen brauchen insoweit hier nicht detailliert aufgeführt zu werden, da sie den Syllogismus entweder nur noch ausführlicher entwickeln oder ihn bloß ergänzen oder korrigieren.

1165 Vgl. 4. Kapitel C. I.

1166 *Horn*, Konkrete Gefährdungsdelikte, S. 204.

1167 *Horn*, Konkrete Gefährdungsdelikte, S. 204; *Wolter*, Objektive und personale Zurechnung, S. 211; *Schmidhäuser*, FS-*Oehler*, S. 155; *Laue*, Aussetzung, S. 47; SK-*Wolters*, Vor § 306, Rdnr. 13.

sind.[1168] Es lässt sich daher logisch argumentieren, dass in Fällen, in denen der Täter mit dem Gefährdungsvorsatz handle, er notwendigerweise auch stets mit dem Verletzungsvorsatz handeln müsse.[1169] Der Grund dafür scheint in der Literatur vielfältig, im Grund genommen aber gleich. Sie begründet dies sowohl mit der *Ähnlichkeit zwischen der Gefährdung und Verletzung* wie auch mit einer *Reduzierung des Vorsatzmoments auf die Wissensseite*. Genauer gesagt:

aa. Soweit die Verletzungsgefahr einen verletzungsähnlichen Sachverhalt bedeute[1170] und mithin die Gefahr ohne weiteres eine Möglichkeit einer Verletzung bedeute[1171], sei das Bewusstsein um das Gefährdungsrisiko nichts anderes als ein solches um ein Verletzungsrisiko und um eine Möglichkeit der Verletzung.[1172] Damit ist die logische Relation und Ähnlichkeit zwischen Gefährdung und Verletzung aufgebaut.

bb. Zum weiteren wird die Möglichkeitstheorie bei *Horn* und seinen Anhängern allgemein vertreten. Die „Vorstellung der Möglichkeit der Verletzung" genüge dann für einen (eventuellen) Verletzungsvorsatz, ohne zugleich ein zusätzliches Wollenselement zu berücksichtigen.[1173] Der Vorsatz wird dadurch auf eine reine Wissensseite beschränkt.

cc. Das Ergebnis steht dadurch fest, dass allein die Vorstellung des Täters von der Möglichkeit der Verletzung, welche zugleich die Vorstellung der Gefahr sei, auf der intellektuellen Seite sowohl für den Gefährdungs- als auch für den eventuellen

---

1168 Typische Gefahrenketten bei *Joerden*, Verantwortlichkeitsbegriff, S. 144 ff. Hingegen hält *Laue*, Aussetzung, S. 45, dafür, dass bei dem Verletzungserfolg mit dem Gefährdungserfolg eine „qualitative" Annäherung hergestellt werde.

1169 Diesem Ergebnis zustimmend *Horn*, Konkrete Gefährdungsdelikte, S. 201 f.; *Wolter*, Objektive und personale Zurechnung, S. 209; *Ostendorf*, JuS 1982, S. 431; *Schmidhäuser*, FS-*Oehler*, S. 155; *Laue*, Aussetzung, S. 48, 56.

1170 *Horn*, Konkrete Gefährdungsdelikte, passim und insbesondere S. 197 ff. Dabei betont er: „Eine Handlung, die mögliche Ursache einer Verletzung ist, ist immer zugleich mögliche Ursache für die Ursachen einer Verletzung". (S. 197) und behauptet zusammenfassend, Gefährdungs- und Verletzungshandlungen seien voneinander in Struktur und Unwerthöhe nicht zu unterscheiden. (S. 203) Andere ähnliche Formulierung, das Gefährdungsrisiko sei auch ein Verletzungsrisiko *Wolter*, Objektive und personale Zurechnung, S. 209, 215 f.; *Zielinski*, AK-StGB I, §§ 15, 16, Rdnr. 81.

1171 *Schmidhäuser*, FS-*Oehler*, S. 155; *Joerden*, Verantwortlichkeitsbegriff, S. 148 f.; *Kindhäuser*, Gefährdung als Straftat, S. 215, Fn. 1.

1172 *Ostendorf*, JuS 1982, S. 431; *Laue*, Aussetzung, S. 48; SK-*Wolters*, Vor § 306, Rdnr. 14.

1173 Namentlich diesem Verständnis des Verletzungsvorsatzes folgend *Horn*, Konkrete Gefährdungsdelikte, S. 205, Fn. 15, S. 206; *Joerden*, Verantwortlichkeitsbegriff, S. 150; *Stein*, Vorsatz- und Fahrlässigkeitsstraftaten, S. 308; *Stein*, FS-*Wolter*, S. 524 f.

Verletzungsvorsatz genüge.[1174] Der Gefährdungs- und Verletzungsvorsatz identifizieren sich demnach miteinander.

Die Identifikation vom Gefährdungs- und Verletzungsvorsatz ist deshalb nach *Horn* und seinen Anhängern allein auf der Wissensseite schon hinreichend zu begründen. Es ist für die Annahme des Gefährdungsvorsatzes bei ihnen vielmehr in erster Linie entscheidend, dass es unabhängig von dem Willen des Täters ist, ob ein dahinterstehender Verletzungserfolg eintreten werde oder nicht. Kenne der Täter die Gefahr bereits und er wolle sie dennoch herbeiführen und gleichzeitig die Verletzung verhindern, habe er weder Verletzungsvorsatz noch Gefährdungsvorsatz. Die herkömmlichen Ansichten, der Gefährdungsvorsatz sei hinsichtlich der Gleichheit der Willensseite identisch mit der bewussten Fahrlässigkeit oder sei aus demselben Grund ein selbstständiger Vorsatzbegriff, ist deshalb für *Horn* und seine Anhänger nicht überzeugend.[1175]

Trotz des oben genannten Standpunkts gibt es noch einige Autoren, die zwar der Ansicht und der Argumentationslogik *Horns* folgen, aber in Einzelheiten und im Ergebnis etwa anders erscheinen. Hierzu gehören die Ansichten von *Joerden* und *Stein*, die hier noch kurz zu erwähnen sind.

d. Jan C. Joerden (1988)

Bei *Joerden* ist der Gefahrbegriff nach den Gliedern einer Gefahrenkette zu bestimmen: Die abstrakte Gefahr bedeute das Durchgangsstadium zur konkreten Gefahr und zugleich die Möglichkeit des Eintritts einer konkreten Gefahr, und die konkrete Gefahr bedeute das Durchgangsstadium bis zum Eintreffen des Erfolges.[1176] Die vorgestellte Struktur des Täters auf der Ebene der subjektiven Zurechnung parallelisiere diese Gefahrenkette: Wenn der Täter den Erfolgseintritt noch nicht für möglich halte, habe er bestenfalls nur die Vorstellung über die Möglichkeit des Entstehens einer konkreten Gefahr, nämlich nur die Vorstellung einer abstrakten Gefahr; ihm werde mithin noch kein Vorsatz zugerechnet. Stelle sich der Täter dagegen den Erfolgseintritt als möglich vor und handle er mit dem Bewusstsein um eine konkrete Gefahr für das Rechtsgut, so handle er schon mit dem dolus eventualis.[1177] Laut *Joerden* bedeutet dann diejenige Vorstellung, der Verletzungserfolg werde „möglich" eintreten, ebenso die Vorstellung,

---

1174 *Horn*, Konkrete Gefährdungsdelikte, S. 201 f. Dazu einschlagend auch *Ostendorf*, JuS 1982, S. 431; *Laue*, Aussetzung, S. 47, 56; *Stein*, Vorsatz- und Fahrlässigkeitsstraftaten, S. 309, Fn. 122; NK-StGB-*Zieschang*, § 315, Rdnr. 47, § 315a, Rdnr. 37; SK-*Wolters*, Vor § 306, Rdnr. 14.

1175 *Horn*, Konkrete Gefährdungsdelikte, S. 207 f.; *Wolter*, Objektive und personale Zurechnung, S. 212 f.; *Schmidhäuser*, FS-*Oehler*, S. 154 f.: Auf der Wollensseite zu unterscheiden sei ein „Rückfall in einen sonst überholten Vorsatz-Finalismus"; *Laue*, Aussetzung, S. 52 f.; NK-StGB-*Zieschang*, § 315, Rdnr. 47, begründet bezüglich eines normativen Gefahrbegriffs; SK-*Wolters*, Vor § 306, Rdnr. 14.

1176 *Joerden*, Verantwortlichkeitsbegriff, S. 148 f.

1177 *Joerden*, Verantwortlichkeitsbegriff, S. 151 f.

der Gefährdungserfolg werde „sicher" eintreten, welche von ihm als der direkte Gefährdungsvorsatz angesehen ist. Daher stimmt diese Definition des dolus eventualis von *Joerden* mit seiner Definition des direkten Gefährdungsvorsatzes überein.[1178] Sowohl der eventuelle Verletzungs- als auch der direkte Gefährdungsvorsatz genügen bei *Joerden* zugleich für den Tatvorsatz beim Verletzungsdelikt. Beim konkreten Gefährdungsdelikt seien anschließend der direkte und der eventuelle Gefährdungsvorsatz als Tatvorsatz zurechenbar. Hingegen sei der eventuelle Gefährdungsvorsatz bei Verletzungsdelikten nicht als Tatvorsatz zurechenbar und müsse dem Bereich der bewussten Fahrlässigkeit zugewiesen werden.[1179]

e. *Ulrich Stein (1993 [2009], 2013)*

Im Grunde genommen ist die Ansicht *Steins*, Gefährdungsvorsatz sei Verletzungsvorsatz, nichts anderes als diejenige von *Horn* und seinen Anhängern. Er hat aber diese Argumentation in den Richtungen von dem Vorsatzzweck und den in den jeweils betroffenen Tatbeständen vorliegenden Verhaltensnormen untermauert. Seine Ansicht muss daher notwendigerweise neben den Ansichten von *Horn* und seinen Anhängern kurz ergänzend vorgestellt werden.

Stein ist in erster Linie damit einverstanden, dass der Vorsatz „im Zusammenspiel zwischen der Funktion des Vorsatzbegriffs und den Verhaltensnormen, die den Straftatbeständen zugrunde liegen", normentheoretisch festzustellen ist.[1180] Nach ihm ist zum weiteren anzunehmen, dass in den Gefährdungstatbeständen gleiche Verhaltensnormen bestehen wie die in den Verletzungstatbeständen, welche sich stets auf die Verletzung eines Rechtsgutsobjekts beziehen. Die in diesen Verhaltensnormen bestehende Verhaltenspflicht begründe sich auf das „in bestimmter Weise geartete Risiko, dass das Verhalten eine solche Rechtsgutsobjektsverletzung herbeiführt".[1181] Bei *Stein* spielt dieser Bezugspunkt bei der Feststellung des Vorsatzes deshalb eine wichtige Rolle, weil der Vorsatzgegenstand daran anknüpfend nur „das jeweilige verhaltenspflichtbegründende Risiko des Verhaltens" einschließt; der zusätzliche Erfolgseintritt gehört demgemäß nicht mehr zum Vorsatzgegenstand.[1182] Angesichts dieses spezifischen Rahmens des Vorsatzgegenstands und der erhöhten Präventionsbedürftigkeit der vorsätzlichen Handlungen[1183] beschränkt

1178 *Joerden*, Verantwortlichkeitsbegriff, S. 154 f.
1179 *Joerden*, Verantwortlichkeitsbegriff, S. 155.
1180 *Stein*, FS-*Wolter*, S. 522, 532.
1181 *Stein*, FS-*Wolter*, S. 530.
1182 *Stein*, Vorsatz- und Fahrlässigkeitsstraftaten, S. 308; *Stein*, FS-*Wolter*, S. 524 f., 532, 540.
1183 *Stein*, FS-*Wolter*, S. 525, 527. Im Ergebnis übereinstimmend SK-*Rudolphi*/ *Stein*, § 16, Rdnr. 12, 28, und zwar in einer ganz anderen Richtung begründet. Dabei identifizieren sich Gefährdungsvorsatz und Verletzungsvorsatz deshalb miteinander, weil nicht der Eintritt des konkreten Gefahrerfolgs, sondern der Verletzungseintritt zu dem Vorsatzgegenstand eines konkreten Gefährdungsdelikts gehöre.

sich der Verletzungsvorsatz nach *Stein* logischerweise auf den Gefährdungsvorsatz und berücksichtigt allein nur das Wissen um den gleichen Gegenstand. Der Verletzungsvorsatz sei folglich mit dem Gefährlichkeits- und dem konkreten Gefährdungsvorsatz völlig identisch.[1184]

Die Ansicht *Steins* betont letztlich eine logische Beziehung zwischen der Gefährdung und Verletzung, und zwar in einer straftheoretischen Begründungsweise. So kann diese Ansicht zur Kategorie der Ansicht von *Horn* und seinen Anhängern gehören: Sie gilt als eine kriminalpolitische Begründung für die Ansichten in dieser Kategorie. Dadurch erweist sich auch, dass diese Ansicht als die erste Phase der gefährdungsstrafrechtlichen Vorsatzdogmatik kriminalpolitisch auf der präventiven Auswirkung und dogmatisch auf der personalen Unrechtslehre beruht.[1185]

2. Ansichten für partielle Identifikation

Bei manchen Ansichten für die Identifikation vom Gefährdungs- und Verletzungsvorsatz ist jedoch ausnahmsweise aufzunehmen, dass der Gefährdungsvorsatz ohne den Verletzungsvorsatz vorliegen kann. So ist hier die Identifikation von beiden nur partiell anerkannt und muss getrennt von einer vollkommenen Identifikation erörtert werden.

a. Emilio Binavince (1969)

Binavince geht zu Recht davon aus, dass die Ansicht für die Identifikation von Gefährdungsvorsatz und bewusster Fahrlässigkeit nur deshalb zutreffend sein kann, wenn sie – wie bei der Gefährdungstheorie im Fahrlässigkeitsdelikt gezeigt wurde – ausschließlich die Gefahr als den einzigen subjektiven Bezugspunkt der Fahrlässigkeit ansieht.[1186] Allerdings hält *Binavince* auch dafür, dass die Gefahr zum Zeitpunkt der Handlung noch keine Wirklichkeit ist, sondern lediglich ein Zustand, welcher sich nur auf ein zukünftiges mögliches Geschehen sowie seine besondere Potentialität zur Rechtsgutsverletzung bezieht. Es müsse daher anerkannt sein, dass immer dann, wenn die Gefahr dementsprechend eine Potentialität der Rechtsgutsverletzung einschließe und der Täter „wissentlich" und „willentlich" ein Rechtsgut gefährde, so solle er notwendigerweise auch um die Verletzung desselben Rechtsguts wissen und diese wollen.[1187] Der Gefährdungs- und Verletzungsvorsatz sind bei *Binavince* sowohl in der intellektuellen als auch voluntativen Hinsicht grundsätzlich anzunehmen.

Da *Binavince* auch auf der „voluntativen" Seite die Identifikation legitimiert, ist ihm erlaubt, in manchen Fällen, in denen der Täter davon ehrlich überzeugt war, „dass die Handlung nur diejenige Zustandsverwirklichung hervorrufen würde, die

1184 *Stein*, Vorsatz- und Fahrlässigkeitsstraftaten, S. 309, Fn. 122; *Stein*, FS-*Wolter*, S. 532, 540.
1185 Eingehende Auswirkung vgl. 7. Kapitel C. I. 2. b.
1186 *Binavince*, Fahrlässigkeitsdelikte, S. 155.
1187 *Binavince*, Fahrlässigkeitsdelikte, S. 155 f.

er durch die logischen und empirischen Daten begründet hat", die Identifikation von Gefährdungs- und Verletzungsvorsatz ausnahmeweise abzulehnen.[1188] In diesen Fällen werde die Potentialität des Verhaltens zur Rechtsgutsverletzung in der Handlungsgrundlage und -ausübung nicht von dem Täter berücksichtigt.[1189]

b. *Günther Jakobs (1967, 1993)*

Bei *Jakobs'* früherer Ansicht stellt sich die konkrete Gefahr als ein Erfolg dar, der nicht „der Vollzug einer Handlung bei bestimmter subjektiver Lage", sondern vielmehr „die Herstellung einer Gefahrenlage für ein bestimmtes, wirklich gegebenes Angriffsobjekt" ist.[1190] Darüber hinaus ist der dolus eventualis von *Jakobs* in einer intellektuellen Art zu erfassen, wonach es sich beim dolus eventualis lediglich um die Kenntnis handelt, „dass die Tatbestandsverwirklichung nicht unwahrscheinlich ist". Bei dieser Kenntnis sei deshalb ein „gültiges Urteil" des Täters über die Nicht-Wahrscheinlichkeit ausschlaggebend. Dieses Urteil könne diejenigen Fälle ausschließen, in denen der Täter nur ein bloßes Denken an die Möglichkeit des Erfolgs habe oder der Täter „zwischen einer Gefahrenvorstellung und der Erwartung, die Handlung werde folgenlos ausgehen", nicht entschieden habe.[1191] So habe der Täter, der das Gefahrurteil bei dem konkreten Gefährdungsdelikt nachvollziehe, den Gefährdungsvorsatz und zugleich dolus eventualis hinsichtlich der Verletzung, wenn die Gefahr von entscheidungsrelevanter Dichte sei. Wer also beispielsweise Lebensgefährdungsvorsatz oder Körperverletzungsvorsatz habe, habe grundsätzlich auch Tötungsvorsatz.[1192]

Bei *Jakobs* ist trotzdem ein Gefährdungsvorsatz ohne Verletzungsvorsatz im Ausnahmefall noch möglich, in dem „der Täter das objektive Gefahrenurteil kennt, ohne dass es für ihn einsichtig ist, oder wenn die Gefahr von nicht entscheidungsrelevanter Dichte ist".[1193]

c. *Henning Radtke (1998, 2000, 2014)*

Radtke geht vor dem Hintergrund des subjektiven Tatbestands von § 306 II StGB auf den Gefährdungsvorsatz ein. Dabei ist bei ihm zunächst erklärungsbedürftig, ob der Täter sich beim konkreten Gefährdungsdelikt vorsätzlich bezüglich konkreter Rechtsgutsgefahr verhalten kann, ohne vorsätzlich auch zumindest die Möglichkeit einer Rechtsgutsverletzung zu berücksichtigen.[1194] Dazu befürwortet er zunächst *Horns* Auffassung der Gleichsetzung von Gefährdungs- und Verletzungsvorsatz. Außerdem bejaht er aufgrund des normativen Gefahrbegriffs die innere Beziehung zwischen der

---

1188 *Binavince*, Fahrlässigkeitsdelikte, S. 156 f.
1189 *Binavince*, Fahrlässigkeitsdelikte, S. 157.
1190 *Jakobs*, AT, 6/ 79.
1191 *Jakobs*, AT, 8/ 23. Eingehend vgl. 4. Kapitel C. III. 1.
1192 *Jakobs*, AT, 6/ 79.
1193 *Jakobs*, Konkurrenz, S. 121 f.; *Jakobs*, AT, 6/ 79, 8/ 23. Diese Ansicht entspricht *Jakobs'* späterem Vorsatzkonzept jedoch nicht, vgl. 4. Kapitel C. III. 2.
1194 *Radtke*, Brandstiftungsdelikte, S. 306.

„Möglichkeitsvorstellung über den Eintritt einer Rechtsgutsverletzung“ und „dem auf Schaffung eines Zustandes konkreter Gefahr gerichteten Vorsatzes“.[1195] Nach ihm ist der eventuelle Verletzungsvorsatz „eine Voraussetzung eines auf die Herbeiführung konkreten Rechtsgutsgefahr gerichteten Vorsatzes“, der gleich ist mit einem solchen Gefährdungsvorsatz, bei dem der Täter „das objektive Gefahrurteil über den konkreten Gefahrerfolg kennt und nachvollzieht“.[1196]

Allerdings ist bei ihm unter Rekurs auf die Auffassungen *Frischs*, *Jakobs*‘, *Schünemanns* sowie *Roxins* ein Gefährdungs- ohne Verletzungsvorsatz ausnahmsweise anzunehmen, wenn der Täter ganz „irrational“ oder „dennoch normativ nicht berechtigt“ handelt, aber „auf einen guten Ausgang“ vertraut, wonach der Verletzungserfolg ausbleiben werde.[1197] So stellt *Radtke* im Ergebnis fest, dass der Gefährdungsvorsatz regelmäßig mit einem (wenigstens bedingten) Verletzungsvorsatz zusammenfallen wird, notwendig ist das aber nicht.[1198]

III. Kritische Würdigung

1. Widerspruch gegen das geltende Strafrecht

Die Ansichten für die Identifikation des Gefährdungsvorsatzes mit dem Verletzungsvorsatz sind hinsichtlich der gesetzlichen Deliktstypen bedenklich, weil Gefährdungs- und Verletzungsdelikte bereits im geltenden Strafrecht je nach verschiedener Intensität der Rechtsgutsbeeinträchtigung zu differenzieren sind.[1199] Wäre der Gefährdungsvorsatz stets mit dem Verletzungsvorsatz identisch, wäre der Typus des Gefährdungsdelikts gegenüber dem dasselbe Rechtsgut schützenden Verletzungsdelikt in der Praxis überflüssig. Das Gefährdungsdelikt hätte dann nur eine Klarstellungsfunktion, weil – ungeachtet des Eintritts des Verletzungserfolgs – das Verletzungsdelikt „nach den Regeln der Gesetzkonkurrenz die Strafbarkeit wegen eines entsprechenden Gefährdungsdelikts“ immerhin verdrängen würde.[1200] Daraus ergibt sich eine ambivalente Konsequenz, dass der Eigensinn des Gefährdungsdelikts gerade dabei übersehen wird, obwohl diese Ansichten immer wieder die Eigenständigkeit des Gefährdungsverbots betonen.

1195 *Radtke*, Brandstiftungsdelikte, S. 307. Siehe auch *Radtke*, NStZ 2000, S. 89; MüKoStGB-*Radtke*, § 306a, Rdnr. 58.

1196 *Radtke*, Brandstiftungsdelikte, S. 307, 331.

1197 *Radtke*, Brandstiftungsdelikte, S. 307; *Radtke*, NStZ 2000, S. 89; MüKoStGB-*Radtke*, § 306a, Rdnr. 58.

1198 *Radtke*, Brandstiftungsdelikte, S. 331; MüKoStGB-*Radtke*, § 306a, Rdnr. 58.

1199 *Schünemann*, Chengchi Law Review, Vol. 50 (1994), S. 268; LK-*Vogel*[12], § 15, Rdnr. 129; *Weber*, in: *Arzt/ Weber/ Heinrich/ Hilgendorf*, BT, § 35, Rdnr. 100.

1200 *Rabl*, Gefährdungsvorsatz, S. 60 f.; *Struensee*, in: das 6. Strafrechtsreformgesetz 1998, S. 41; LK-*Jähnke*[11], § 221, Rdnr. 36. Z. B. Aussetzung als eine reine Klarstellungsvorschrift *Laue*, Aussetzung, S. 68.

Allerdings genügt dieser Einwand für die Ablehnung der Identifikation des Gefährdungsvorsatzes mit dem Verletzungsvorsatz noch nicht, da eine Unterscheidung zwischen den beiden auch nicht im Subjektiven und allein im Objektiven liegen könnte.[1201] Zur Rechtfertigung der Kritik dieser Ansichten bedarf es also mehrerer dogmatischer Nachweise.

2. *Dogmatisches Bedenken*

Ein weiterer Haupteinwand ist auf die Differenzierbarkeit beim *Wissenselement* von Gefährdungs- und Verletzungsvorsatz aufgebaut. Zuerst wird klargestellt, dass das Erkennen einer konkreten Gefahr mit dem Erkennen der Realisierung derselben Gefahr, also des Verletzungseintritts, dogmatisch nicht gleichbedeutend sein muss.[1202] Nach geläufiger Meinung ist dieser Vorstellungsunterschied zwar immanent widersprüchlich, aber theoretisch noch möglich: Für den bedingten Verletzungsvorsatz genüge bereits die Einsicht, den Erfolgseintritt nur als möglich zu halten. Hingegen reiche aber für den Gefährdungsvorsatz erst eine höhere Stufe der Vorstellung aus, den Erfolgseintritt als sicher, wahrscheinlich oder naheliegend zu halten. Demnach ist gerade nachzuweisen, dass die geforderte Intensität der Vorstellung des Täters bezüglich des Erfolgseintritts unterschiedlich sein kann.[1203] Die Wissensintensität des Gefährdungsvorsatzes kann unterschiedlicher sein als die des Verletzungsvorsatzes.

An dieser Stelle erweisen sich diese Ansichten, wonach der Gefährdungsvorsatz bereits in der *intellektuellen* Hinsicht mit dem Verletzungsvorsatz identisch sei, aus zwei Gründen als verfehlt. Zum einen muss der bei diesen Ansichten ohne weiteres angenommene Grund, dass die Gefahr stets das Vorstudium bzw. die Möglichkeit einer Verletzung sei und somit das Erkenntnis der Gefahr ebenfalls das der Verletzung sei,[1204] abgelehnt werden. Dieser Grund ist wohl geeignet, nachzuweisen, der Verletzungsvorsatz enthalte stets den Gefährdungsvorsatz,[1205] er kann aber nicht umgekehrt zugleich legitimieren, der Gefährdungsvorsatz sei auch der (mindestens bedingte) Verletzungsvorsatz.[1206] Es ist zum anderen zu widersprechen, dass für den Vorsatz allein nur die Kenntnis der gefahrherbeiführenden Umstände schon ausreiche, ohne zusätzlich noch eine Vorstellung des möglichen Eintritts

---

1201 Zutreffend *Frisch*, Vorsatz und Risiko, S. 291.

1202 Zutreffend *Schroth*, JR 2003, S. 252.

1203 Typisch *Küpper*, ZStW 100 (1988), S. 769, 773 f. Auch in dieser Richtung *Berz*, Formelle Tatbestandsverwirklichung, S. 81 f.; *Schroth*, Vorsatz als Aneignung, S. 143; LK-*Schroeder*[11], § 16, Rdnr. 95; LK-*Vogel*[12], § 15, Rdnr. 129.

1204 Hinweis auf diese Relation *Frisch*, Vorsatz und Risiko, S. 297; *Berz*, Formelle Tatbestandsverwirklichung, S. 70; *Küpper*, ZStW 100 (1988), S. 772 f.

1205 Annahme dieses Ergebnisses *Schneider*, Gefährdungsvorsatz, S. 36; *Berz*, Formelle Tatbestandsverwirklichung, S. 70; LK-*Vogel*[12], § 15, Rdnr. 129.

1206 *Schneider*, Gefährdungsvorsatz, S. 36.

des Verletzungserfolgs zu verlangen.[1207] Dem Schuldprinzip widersprechend ist es schon schwer zu legitimieren, dem Täter noch den Verletzungsvorsatz zuzurechnen, obwohl er „mit der Herbeiführung der Gefahr die Einwirkungsmöglichkeit auf den Verlauf der zum Erfolg hinführenden Kausalkette aufgegeben hat".[1208] Gerade weil der Erfolg der Kern für den schweren Vorwurf bei Erfolgsdelikten ist und somit die Verhaltensnomen durchaus erfolgsbezogen umfasst sind, muss der Erfolg vom Vorsatz bei Erfolgsdelikten ergriffen werden.[1209]

Der letzte, aber wichtigste Einwand gegen die Identifizierung von Gefährdungs- und Verletzungsvorsatz lässt sich in der *voluntativen* Hinsicht des Vorsatzes erheben. Bei diesem Einwand steht fest, dass Gefährdungs- und Verletzungsvorsatz sich auf ihrer voluntativen Seite voneinander unterscheiden können, ungeachtet davon, ob sie sich auf der intellektuellen Seite identifizieren oder nicht. So ist der Gefährdungsvorsatz ohne den (bedingten) Verletzungsvorsatz in den Fällen möglich, in denen der Täter sich zwar den Eintritt des Verletzungserfolgs als zumindest möglich vorstellt, er aber keinen weiteren Verletzungserfolg will oder ernsthaft darauf vertraut, der weitere Verletzungserfolg werde nicht eintreten.[1210] Mit diesem Einwand wird vielmehr zutreffend gezeigt, dass eine völlige Identifikation von Gefährdungs- und Verletzungsvorsatz sehr leicht zerbrochen wird, wenn dabei noch ein Wollenselement mit in Betracht kommt.[1211] Der Versuch dieser Ansichten nach einer *Fiktion des Willenselements*, wer die Gefahr und somit die Möglichkeit der Verletzung kenne, wolle auch die über die Gefahr hinaus gehende Verletzung, erfüllt diese dogmatische Lücke deshalb nicht, weil sich kein Wille zur Verletzung aus der Kenntnis der Gefahr als Möglichkeit der Verletzung ergeben kann.[1212]

Zusammenfassend sind die Ansichten für die Identifikation von Gefährdungs- und Verletzungsvorsatz inhaltlich irreführend; außerdem dehnen sie den Umfang der Anwendung des Vorsatzes unzulässig über seinen eigenen Bereich hinaus aus. Sie haben übersehen, dass der Gefährdungsvorsatz eine eigene dogmatische Position braucht. Sie sind aus diesen Gründen auch nicht vertretbar.

1207 Aufhebung des (Verletzungs-)Erfolgseintritts als hier entscheidende Frage *Struensee*, in: das 6. Strafrechtsreformgesetz 1998, S. 41. Dazu ausführliche Argumentation *Stein*, FS-*Wolter*, S. 523 ff.

1208 *Schneider*, Gefährdungsvorsatz, S. 36 f.

1209 *Küpper*, ZStW 100 (1988), S. 778 f. Eingehend vgl. 7. Kapitel C. I. 2.

1210 *Feloutzis*, Aussetzung, S. 70 f.; *Küpper*, ZStW 100 (1988), S. 781; LK-*Vogel*[12], § 15, Rdnr. 129; *Weber*, in: *Arzt/ Weber/ Heinrich/ Hilgendorf*, BT, § 35, Rdnr. 103; *Maurach/ Schroeder/ Maiwald*, BT 2, S. 11; *Gaede*, in: *Matt/ Renzikowski*, StGB, § 15, Rdnr. 7; *Schönke/ Schröder/ Sternberg-Lieben/ Schuster*, StGB, § 15, Rdnr. 98a; *Fischer*, StGB § 15, Rdnr. 10; *Lackner/ Kühl*, StGB, § 15, Rdnr. 28.

1211 Notwendigkeit des Wollenselements hierbei *Küpper*, ZStW 100 (1988), S. 781.

1212 *Küpper*, ZStW 100 (1988), S. 769.

D. Zwischenergebnis: Keine geeignete Position für Gefährdungsvorsatz in den Bereichen von Fahrlässigkeit und Verletzungsvorsatz

I. Dogmatische Unangemessenheit der Positionierung des Gefährdungsvorsatzes in den Bereichen von Fahrlässigkeit und Verletzungsvorsatz

Nach den bisherigen Erläuterungen sind beide Meinungsgruppen bei der Positionierung des Gefährdungsvorsatzes in den Bereich der Fahrlässigkeit bzw. des Verletzungsvorsatzes nicht überzeugend zu begründen. Zur Begründung der Unselbstständigkeit des Gefährdungsvorsatzes haben sie die den heutigen Gefahrbegriff dominierende *Zufallskomponente*[1213] verfehlt interpretiert oder sie einfach vernachlässigt; der zufällige Erfolgseintritt wird hierbei überwiegend nicht als Tatbestandsmerkmal, sondern als eine bei der Ebene des Unrechts irrelevante Bedingung der Strafbarkeit angesehen, welche ebenfalls nicht vom Vorsatz oder von der Fahrlässigkeit erfasst ist. Die Situationen der Defizite sind aber in concreto bei beiden Ansichten unterschiedlich.

Die Ansichten für die Identifikation des Gefährdungsvorsatzes mit der bewussten Fahrlässigkeit haben zwar weniger rechtsstaatliches Bedenken, weil sie den Gefährdungsvorsatz analog einem milderen Deliktstyp interpretieren. Sie sind trotzdem noch irreführend, weil sie den dem Unrecht der Fahrlässigkeit konstitutiven *Verletzung*serfolg schlechthin als objektive Bedingung der Strafbarkeit ansehen oder gar übersehen.[1214] Anders gesagt: Die Ansichten, den Gefährdungsvorsatz mit der bewussten Fahrlässigkeit gleichzustellen, haben wohl kein fatales Begründungsproblem, weil sich der Deliktstyp des Gefährdungsdelikts gerade aus der kriminalpolitischen Schwäche der Fahrlässigkeitsdelikte ergibt und daher mit den Fahrlässigkeitsdelikten strukturelle Verwandtschaft hat. Sie haben jedoch das Subsumtionsproblem, weil die bei den Gefährdungsdelikten nicht positiv bewertete Zufallskomponente des *Verletzungserfolg*s gerade bei der Fahrlässigkeit miteinbezogen werden muss.[1215]

Im Gegensatz hierzu sind die Ansichten, den Gefährdungs- mit dem Verletzungsvorsatz gleichzustellen, sowohl zur Begründung als auch zur Subsumtion defizitär. Bei dem Subsumtionsproblem erweitern diese Ansichten den Deckungsbereich der Zufallskomponente erheblich zu groß. Sie sehen nicht nur den *Verletzung*serfolg, sondern auch den *Gefährdung*serfolg als Zufälliges an. Der im Gefährdungsbereich unrechtskonstitutive *Gefährdung*serfolg wird von ihnen ebenso als eine vom Unrecht abhängige, objektive Bedingung der Strafbarkeit erachtet und ist mithin nicht vom Vorsatz zu erfassen. Damit haben sie nicht nur bei der Subsumtion diese

1213 Dazu *Berz*, Formelle Tatbestandsverwirklichung, S. 62 ff.
1214 Hinweis dieses Defizits *Weber*, ZStW Beiheft 1987, S. 27 ff.
1215 Im Ergebnis übereinstimmend *M. Köhler*, Die bewusste Fahrlässigkeit, S. 286.

Zufallskomponente unrichtig bewertet, sondern auch dem Schuldprinzip widersprochen.[1216]

Als Fazit lässt sich festhalten, dass diese Zufallskomponente in den Bereichen der Fahrlässigkeit und des Verletzungsvorsatzes nur schwer vollkommen zu bewerten und zugleich richtig zu positionieren ist. Sie muss vielmehr in einem eigenständigen Sinne in Bezug auf den heutigen Gefahrbegriff dargestellt und so vom Gefährdungsvorsatz erfasst sein. Demnach geht es vielmehr um eine subjektive Einstellung des Täters zu einer etwa ungewissen Gegebenheit, welche nach den Konsequenzen aus der herkömmlichen Vorsatzdogmatik schwer in den traditionellen Bereichen von dolus eventualis und bewusster Fahrlässigkeit zu behandeln ist.

II. Tendenz zur Gefahr als Hauptbezugspunkt subjektiver Einstellung des Täters

Nach den oben vorgestellten verschiedenen Ansichten für den Gefährdungsvorsatz zeigt es sich eindeutig, dass die Gefahr bereits anstelle des Erfolgs bzw. der Verletzung zum entscheidendsten Bezugspunkt zur Feststellung der subjektiven Einstellung des Täters geworden ist. Während früher die Gefahr bzw. Gefährdung die bewusste Fahrlässigkeit konstruierte,[1217] wird sie nach der Kriegszeit überwiegend als der Gegenstand des Vorsatzes aufgenommen, entweder als der allgemeine Vorsatzgegenstand[1218] oder lediglich als der Gegenstand des Gefährdungsvorsatzes[1219]. Die Tendenz von der Gefahr als Hauptbezugspunkt der subjektiven Einstellung des Täters bedeutet nahezu den Wandel der Abgrenzungstheorien von Vorsatz und Fahrlässigkeit. Insbesondere sind die Ansichten für die Identifikation von Gefährdungs- und Verletzungsvorsatz auf einer Reihe von Wiederbelebungen der Vorstellungstheorie gegründet.[1220] Somit ist das Wollenselement des Vorsatzes als überflüssig angesehen worden und deshalb aufgehoben;[1221] das Wissen um Gefahr allein konstituiert das Wesen des Vorsatzes.[1222] Dies hat zur Folge, dass die Gefahr nicht nur das Substrat des Gefährdungsvorsatzes,

1216 Eingehende Kritik zuvor bei 4. Kapitel D.

1217 In diesem Kapitel B.

1218 In diesem Kapitel C.

1219 Vgl. 6. Kapitel.

1220 Hauptsächlich *Schröder*, FS-*Sauer*, S. 207 ff.; *Schmidhäuser*, GA 1957, S. 305 ff.; *Schmidhäuser*, GA 1958, S. 161 ff.; *Grünwald*, FS-*H. Mayer*, S. 281 ff.; *Jakobs*, Erfolgsdelikt, S. 117 ff.; *Schmidhäuser*, JuS 1980, S. 241 ff.; *Schmidhäuser*, FS-*Oehler*, S. 135 ff. Diese Grundlage und Entstehungsgeschichte *Rabl*, Gefährdungsvorsatz, S. 58; *Weigend*, ZStW 93 (1981), S. 668; *Küpper*, ZStW 100 (1988), S. 776 ff.; *Stein*, FS-*Wolter*, S. 523 ff.

1221 *Schröder*, FS-*Sauer*, S. 208 ff.; *Schmidhäuser*, GA 1957, S. 311; *Schmidhäuser*, GA 1958, S. 174; *Jakobs*, Erfolgsdelikt, S. 119; *Schmidhäuser*, JuS 1980, S. 249; *Schmidhäuser*, FS-*Oehler*, S. 139 ff.

1222 *Schröder*, FS-*Sauer*, S. 215; *Schmidhäuser*, GA 1957, S. 312; *Schmidhäuser*, GA 1958, S. 179; *Jakobs*, Erfolgsdelikt, S. 118.

sondern auch das des Verletzungsvorsatzes ist. Genauer formuliert: Die Kenntnis bzw. Voraussicht der (konkreten) Gefahr, welche vorher eigentlich zum Wesen des Gefährdungsvorsatzes gehörte, dominiert nunmehr auch in der Form des Bewusstseins der Möglichkeit einer Rechtsgutsverletzung den Verletzungsvorsatz in der Vorsatzdogmatik,[1223] sodass das eigentlich an den Verletzungserfolg angeknüpfte Wesen des Verletzungsvorsatzes verschwunden ist.

Diese seit der Risikogesellschaft entstandene Verwechselung von Gefährdungs- und Verletzungsvorsatz[1224] gehört also zu der Anfangsphase der Wiederentstehung des Gefährdungsstrafrechts und auch zur entscheidenden Grundlage einer spät auftauchenden Objektivierung bzw. Normativierung des Vorsatzbegriffs. In der Verwechselung folgt die Begründung des Gefahrbewusstseins als das Substrat des Vorsatzes aus dem sog. „Erfahrungswissen", demnach der Wille des Täters auch durch alltägliche Erfahrungen vom Täter zu unterstützen ist.[1225] Das Vorliegen des Vorsatzes ist mithin nicht aufgrund des Gewussten und Gewollten des Täters festzustellen, sondern auch aufgrund vom *Müssenwissen* mehr oder weniger zu postulieren. Diese dogmatische Tendenz der Pervertierung des Vorsatzbegriffs weist daher sehr sinnvoll nach, dass der Versuch nach der Selbstständigkeit des Gefährdungsvorsatzes vielmehr nicht nur der Sacherkenntnis und der Begriffsbildung vom Vorsatz verhelfen könnte, sondern auch die negativen Wirkungen des vom Schuldprinzip schon weit abweichenden Gefährdungsstrafrechts eliminieren könnte.

1223 *Schmidhäuser*, GA 1958, S. 179 f.; *Grünwald*, FS-*H. Mayer*, S. 288; *Schmidhäuser*, JuS 1980, S. 249.

1224 *Prittwitz*, Strafrecht und Risiko, S. 32.

1225 *Schmidhäuser*, GA 1957, S. 311.

6. Kapitel: Dogmengeschichte der Selbstständigkeit des Gefährdungsvorsatzes

A. Gefährdungsvorsatz als eine selbstständige Erscheinungsform des Vorsatzes

Während die oben angeführten Meinungsgruppen die Position des Gefährdungsvorsatzes im eigenen Bereich von Vorsatz oder Fahrlässigkeit finden, unternehmen die anderen Meinungsgruppen dagegen den Versuch, ihm eine eigene Position im Strafrecht zu geben. Allerdings erscheinen die früheren Ansichten vor dem Ende des 2. Weltkrieges die Selbstständigkeit des Gefährdungsvorsatzes etwas zögernd und zum Teil nur bezüglich einzelnen bestimmten gesetzlichen Gefährdungstatbestands zu billigen. Demgegenüber suchen die Ansichten der Nachkriegszeit (einschließlich der Rechtsprechung) für die Selbstständigkeit des Gefährdungsvorsatzes angesichts der zunehmenden Anzahl und Eigenständigkeit der Gefährdungstatbestände nach einer möglichen eigenständigen Definition.

I. Frühere Ansichten über die Selbstständigkeit des Gefährdungsvorsatzes

1. Bedingte Selbstständigkeit

Bemerkenswert wurde bei vielen früheren Ansichten die Selbstständigkeit des Gefährdungsvorsatzes eher distanziert betrachtet. Dabei wird der Gefährdungsvorsatz entweder als der Sammelbegriff von anderen subjektiven Elementen angesehen oder ist noch inhaltlich mit dem Verletzungsvorsatz verbunden, sodass andere subjektive Verbrechenselemente meistens mit dem Gefährdungsvorsatz einhergehen müssen. Diese hierbei vertretene Verbindung des Gefährdungsvorsatzes mit den anderen subjektiven Verbrechenselementen beruht auf einer unvollkommenen Unabhängigkeit der Gefahr von der Verletzung.

a. Robert von Hippel (1908)

Beim Begriffspaar Gefährdungs- und Verletzungsvorsatz handelt es sich bei *von Hippel* eigentlich nicht um Artverschiedenheit des Vorsatzes, sondern nur um Verschiedenheit des bezogenen objektiven Tatbestands.[1226] Er geht davon aus, dass der Gefährdungsvorsatz ohne Verletzungsvorsatz vorliegen kann. Weil die Gefährdung „eine zeitlich vorausliegende Stufe des Kausalverlaufs“ zur Verletzung sei, sei es

---

1226 *Rob. von Hippel*, VDS, AT III, S. 528 f.

möglich, dass der Täter nur diese vorgelagerte Stufe erreichen will. Dies sei vor allem dann der Fall, „wenn der Täter glaubt, das Fortschreiten des Verlaufs von der Gefährdung zur Verletzung durch aktives Eingreifen hindern zu können" und „wenn für den Täter die Annahme, dass die Verletzung nicht eintreten werde, entscheidendes Motiv der Tat war".[1227] Für *von Hippel* ist daher das Wollenselement entscheidend, um den Gefährdungs- und Verletzungsvorsatz zu unterscheiden.

Für ihn steht weiter fest, dass die Gefährdungsnorm einen viel weiteren Umfang belege als die Verletzungsnorm und dass sie beide – im Weg der Idealkonkurrenz in Betracht kommend – zusammentreffen könnten. So ergibt sich daraus logisch, wer die Verletzung wolle, wolle auch notwendig die Gefährdung, aber nicht umgekehrt.[1228] Demzufolge hält *von Hippel* die Ansicht für unrichtig, dass der Gefährdungsvorsatz der eventuelle Verletzungsvorsatz sei. Er sieht die anderen Ansichten auch dahingehend als unzutreffend an, dass Gefährdungs- und Verletzungsvorsatz zumindest bei dem Bereich des direkten Verletzungsvorsatzes nicht zusammentreffen könnten.[1229] Für diese Frage, wie weit der Gefährdungsvorsatz nach *von Hippel* über den Verletzungsvorsatz hinaus greift, ist das Problem entscheidend, ob der Gefährdungsvorsatz mit der bewussten Fahrlässigkeit identisch ist.

Für *von Hippel* scheint die Ansicht, dass der Gefährdungsvorsatz mit der bewussten Fahrlässigkeit identisch sei, zu weit zu gehen. Er weist zwar nicht ab, dass die beiden in den meisten Fällen zusammentreffen können. Er macht jedoch auch klar, dass die vorsätzliche Gefährdung trotzdem in manchen Fällen der bewussten Fahrlässigkeit fehle, in denen der Täter aufgrund eigener Beurteilung die geringe Möglichkeit des Erfolgseintritts für noch nicht gefährlich hielt, oder in denen der Täter die Möglichkeit des Erfolgseintritts kenne und trotzdem auf das Ausbleiben des Erfolgs hoffe.[1230]

Aus dieser Argumentationen lässt sich das Ergebnis bei *von Hippel* feststellen, dass der Gesetzgeber durch den Gefährdungsvorsatz die gesamten Fällen des vorsätzlichen Verletzung und die meisten Fällen der bewussten Fahrlässigkeit umfasst. Der Gefährdungsvorsatz erscheine als eine Zusammensetzung von verschiedenen Verbrechensfällen und bedeute wegen seiner „Verflachung des Strafrechts" einen „Kulturrückschritt".[1231] Der Ansicht *von Hippels* zufolge ist die Selbstständigkeit des Gefährdungsvorsatzes als abwertend anerkannt. Bei ihm deckt der Gefährdungsvorsatz letztlich den großen Teil der subjektiven Elemente und scheint als ein typischer Sammel- sowie Oberbegriff der meisten subjektiven Elemente.

b. Karl Binding (1916, 1919)

Auf der Grundlage, bei den Übertretungen von Normen seien die Übertretungen von Verletzungsverboten, Gefährdungsverboten und Verboten schlechthin zu

1227 *Rob. von Hippel*, VDS, AT III, S. 529 f.
1228 *Rob. von Hippel*, VDS, AT III, S. 530 f.
1229 *Rob. von Hippel*, VDS, AT III, S. 531.
1230 *Rob. von Hippel*, VDS, AT III, S. 532.
1231 *Rob. von Hippel*, VDS, AT III, S. 532.

differenzieren, stellt *Binding* die grundsätzliche Angrenzung zwischen dem Verletzungs- und Gefährdungsvorsatz fest. Während der Inhalt des bewussten Willens bei den Übertretungen von Verletzungsverboten im Falle der Vollendung stets vom Beginn der Verletzung bis zu deren von der Norm bestimmten Abschluss decken müsse, beschränke der Gefährdungsvorsatz bei den Übertretungen von Gefährdungsverboten seinen Gegenstand strikt auf die bewusste Gefährdung.[1232] So entsteht aber das wesentliche Problem, wie der Inhalt des Gefährdungsvorsatzes positiv zu bestimmen ist. Von einem notwendigsten Inhalt des Gefährdungsvorsatzes verlangt *Binding* – seinem Gefahr- und Gefährdungsbegriff entsprechend – denjenigen Willen, „ein bestimmtes Rechtsgut in concreto zu gefährden"; ein sog. „genereller" Gefährdungsvorsatz, welcher sich nur auf eine generelle Gefahr bezieht, wird daher von *Binding* abgelehnt.[1233] Wie diese Inhaltsforderung zu bestimmen ist, hängt aber nach *Binding* von der Normfassung ab: Verbiete die Norm deutlich die „Gefährdung durch dieses oder jenes Mittel", sei das Bewusstsein des Täters, die Gefährdung eines geschützten Rechtsguts werde durch seine Handlung verwirklicht, dem Gefährdungsvorsatz wesentlich. Verbiete aber die Norm hingegen unmittelbar eine genau geschilderte, als gefährlich betrachtete Handlung, liege der Gefährdungsvorsatz dann „genau in dem bewussten Vornehmen der von Norm als gefährlich bezeichneten Handlung" vor.[1234]

Zu allererst betrachtet *Binding* die Begriffe von Gefahr und Gefährdung als Bezugspunkt, wonach nicht nur der eigenständige Inhalt des Gefährdungsvorsatzes, sondern auch seine Abgrenzung zu der Fahrlässigkeit sowie zu dem Verletzungsvorsatz zu bestimmen ist.[1235] Zum einen stelle sich die Gefahr stets an die Verletzung anschließend als die Gefahr einer Verletzung für die geschützten Rechte und Rechtsgüter dar. Sie umfasse ihre Verursachung durch die menschliche Handlung als Gefährdung. Zum anderen müsse auch der Gefährdende nach dem Gefahrurteil den Umschlag der Gefahr in die Verletzung nicht nur für möglich halten. Der Gefährdende müsse schon befürchten, „dass ein angestoßener kausaler Verlauf sich zur Verletzung eines wertvollen Gutes entwickeln werde oder würde".[1236] Trotzdem hänge aber die Verletzung nicht von der Gefährdung ab. Die Gefährdung sei deshalb im Wesentlichen nicht gleich mit der Verletzung, weil nach *Binding* der Grad der Erschütterung der Daseinsgewissheit des Gutes bei der Gefährdung nicht so hoch wie bei der Verletzung erscheint.[1237] Angesichts des tiefen Unterschieds zwischen der Gefährdung und der Verletzung bei *Binding* müssten der Gefährdungs- und Verletzungsvorsatz sich deshalb ausschließen, weil

1232 *Binding*, Normen, Bd. 2, S. 873, 878 f.
1233 *Binding*, Normen, Bd. 2, S. 880. So seien auch generelle Gefährdungsverbrechen kriminelle Missbilligungen, dazu *Binding*, Normen, Bd. 4, S. 387. Dagegen *Schneider*, Gefährdungsvorsatz, S. 27.
1234 *Binding*, Normen, Bd. 2, S. 880.
1235 *Binding*, Normen, Bd. 4, S. 374.
1236 *Binding*, Normen, Bd. 4, S. 382 f., 385.
1237 *Binding*, Normen, Bd. 4, S. 401.

sie jeweils auf verschiedene Übertretungen von Normen begründet werden müssten. Darüber hinaus sei die Differenzierung von Gefährdungs- und Verletzungsvorsatz dem Schuldprinzip zufolge materiell selbstverständlich, weil dem Täter mit einem bewussten Willen, ein Rechtsgutsobjekt vollkommen zu beschädigen, schwerere Schuld zugeschrieben werden müsse als dem Täter, der nur mit demjenigen Willen handle, ein Rechtsgut zu gefährden.[1238] In dieser Hinsicht werden die Auffassungen, die für die Gleichsetzung von Gefährdungs- und Verletzungsvorsatz plädieren, auch ohne weiteres von *Binding* zurückgewiesen.[1239]

Später ändert *Binding* seine vorherige Meinung und bezweifelt erstaunlicherweise, ob ein echter Gefährdungswille wirklich vorliegen kann. Er hält in den Fällen, in denen sich aus der Gefahr die Verletzung entwickelt hat, dafür, „dass der Vorsatz aller echten Gefährdungsverbrechen einen eventuellen Verletzungsvorsatz zum Begleiter haben [muss]", weil „seine Verursachung des Erfolgs [...] dem Täter vollständig klar [ist], wenn der von ihm selbst befürchtete Umschlag der von ihm selbst geschaffenen Gefahr in die Verletzung eintritt".[1240] Nach dieser Ansicht scheint *Binding* bei der Anerkennung der Differenzierung von Gefährdungs- und Verletzungsvorsatz etwas zögernd und schillernd.

Die Abgrenzung des Gefährdungsvorsatzes zur (bewussten) Fahrlässigkeit erscheint hingegen bei *Binding* deutlicher als die zum Verletzungsvorsatz. *Binding* nimmt an, dass die bewusste Fahrlässigkeit bezüglich eines verkannten Gefahrbegriffs und die Verwandtschaft zwischen Fahrlässigkeit und Gefährdung die Abgrenzung dazwischen schwieriger gemacht haben.[1241] Trotzdem liegt es bei ihm in Anbetracht der oben ausgeführten Konsequenz, die bewusste Gefährdung bedeute die eventuelle Einwilligung in der Verletzung, nahe, dass das fahrlässige Verletzungsdelikt vom Täter als bewusste, aber nicht rechtswidrige kausale Gefährdung gewollt sein könne.[1242]

Wenn man die ganzen Argumentationen und ihre partielle Unvereinbarkeit zusammen betrachtet, kann sich die Ansicht von *Binding* nur ambivalent zusammenfassen lassen. Gefährdungs- und Verletzungsvorsatz unterscheiden sich nach *Binding* hinsichtlich desselben Rechtsgutes im Prinzip inhaltlich und begrifflich.[1243] Sie müssten

---

1238 *Binding*, Normen, Bd. 4, S. 402.

1239 *Binding*, Normen, Bd. 4, S. 402 f.

1240 *Binding*, Normen, Bd. 4, S. 404 f. Im Vergleich zu *Binding*, Normen, Bd. 2, S. 878, gesteht *Binding* hier (Normen, Bd. 4, S. 405, Fn. 14) die Unvereinbarkeit von seiner vorherigen und gegenwärtigen Ansichten ein und begründet dies im weiteren Text jedoch wörtlich und inhaltlich verschwommen. Ob er auf seine vorherige Ansicht gegen die Gleichsetzung verzichtet, bleibt anscheinend unklar, weil er im gleichen Abschnitt einerseits andere Ansichten für Gleichsetzung von Gefährdungs- und Verletzungsvorsatz ablehnt (Normen, Bd. 4, S. 402 f.) und andererseits sie befürwortend zitiert (Normen, Bd. 4, S. 405 f., Fn. 16) sowie mit weitergehenden Fällen nachweist (Normen, Bd. 4, S. 406 f.).

1241 *Binding*, Normen, Bd. 2, S. 879, Fn. 22; *ders.*, Normen, Bd. 4, S. 392 f.

1242 *Binding*, Normen, Bd. 4, S. 408 f., 410.

1243 Dieses Resultat auch *Miřička*, Formen der Strafschuld, S. 90.

aber überwiegend mit Rücksicht auf das Wissenselement des Vorsatzes immer in den Fällen, in denen eine Verletzung über die Gefahr hinaus entsteht, konkurrierend auftauchen.[1244] Der Gefährdungsvorsatz ist folglich bei *Binding* als Vorsatz bezüglich „konkreter" Gefahr zumindest dort vom Verletzungsvorsatz zu differenzieren, wo der Gesetzgeber „den Tatbestand auf die vorsätzliche Gefährdung" abstellt.[1245] Wenn der Gefährdungsvorsatz teilweise vom Verletzungsvorsatz und vollkommen von der Fahrlässigkeit unterschieden werden kann, ist bei *Binding* seine Selbstständigkeit erhalten geblieben.

c. *Reinhard Frank (1931)*

Bei der Begriffsbestimmung des Vorsatzes geht *Frank* davon aus, auf welche Art von Tatumständen, die zum gesetzlichen Tatbestand gehören, der Vorsatz sich beziehen muss. Dementsprechend gehört zum Vorsatz beim konkreten Gefährdungsdelikt dasjenige Bewusstsein der Gefährdung, das als der sog. Gefährdungsvorsatz bezeichnet wird.[1246] Bei *Frank* liegt zunächst die Annahme nahe, dass der Gefährdungsvorsatz isoliert auftreten kann. Er unterscheide sich vom Verletzungsvorsatz dadurch, dass der Täter mit dem Verletzungserfolgseintritt rechne und ihn innerlich ablehne.[1247] So wird die Selbstständigkeit des Gefährdungsvorsatzes von *Frank* grundsätzlich angenommen, allerdings nicht komplett. Er ist jedoch zugleich der Ansicht, dass beide Vorsätze sich auch verbinden könnten „und zwar zunächst so, dass der Täter in erster Linie eine Gefährdung voraussieht, aber auch mit einer eventuell eintretenden Verletzung einverstanden ist".[1248]

Die Frage, ob der Gefährdungsvorsatz trotzdem stets als etwas Selbstverständliches mit dem Verletzungsvorsatz verbunden ist, wird deshalb von *Frank* grundsätzlich bejaht, weil der Verletzung ihm zufolge notwendigerweise eine Gefährdung vorausgeht und somit das Bewusstsein oder der Wille der ersteren auch das Bewusstsein oder den Willen der zweiten umfasst.[1249] Daraus ergibt es sich bei *Frank* letztlich, dass der Verletzungsvorsatz regelmäßig den Gefährdungsvorsatz in sich einschließt, aber nicht umgekehrt.[1250] Weil *Frank* die Selbständigkeit des Gefährdungsvorsatzes annimmt und ihn stets als einen Teil des Verletzungsvorsatzes ansieht, gehört seine Ansicht zur Kategorie für die bedingte Selbstständigkeit des Gefährdungsvorsatzes.

1244 Zutreffender Hinweis, dass solche Ansicht *Binding*s nur dann richtig sein kann, wenn allein die Wissensseite zu berücksichtigen ist, *Noll*, in: SchwZSt 1954, S. 23 f. Dagegen ist *Binding*s Ansicht dort unmittelbar als eine der Ansichten der Gleichsetzung von Gefährdungs- und Verletzungsvorsatz angesehen, *Frank*, StGB, S. 185.

1245 Dieser Hinweis *Binding*, Normen, Bd. 4, S. 405.

1246 *Frank*, StGB, S. 184.

1247 *Frank*, StGB, S. 184.

1248 *Frank*, StGB, S. 184 f.

1249 *Frank*, StGB, S. 185.

1250 *Frank*, StGB, S. 185.

2. *Gefährdungsvorsatz als selbstständige Mischungsform zwischen dolus und culpa*

Eine früher weit verbreitete Ansicht für die Selbstständigkeit des Gefährdungsvorsatzes wird häufig darauf begründet, dass sich der Gefährdungsvorsatz als die Mischung zwischen dolus und culpa darstellt. Dort erfüllt der Gefährdungsvorsatz entweder die dogmatische und kriminalpolitische Lücke zwischen eventuellem Vorsatz und bewusster Fahrlässigkeit, oder er bezweckt als die dritte Schuldform den effektiveren Rechtsgutsschutz mittels der Gefährdungstatbestände.

a. *Carl Stooß (1895)*

Typischerweise teilt *Stooß* eine solche Ansicht, wonach „vorsätzliche Gefährdung von Leib und Leben" die gesetzgeberische Aufgabe als die Mischung zwischen dolus und culpa übernimmt. Er bezweifelt, dass dem Täter der (zumindest eventuelle) Vorsatz in den Fällen zuzurechnen ist, in denen er zwar gehandelt hat, aber den aus seinem Verhalten folgenden (Schädigungs-)Erfolg nicht gewollt hat. In diesen Fällen sieht *Stooß* die Zurechnung zum dolus eventualis als eine Fiktion zur Billigung des Täters an, weil der Täter dabei faktisch den Erfolg keineswegs und auch nicht eventuell will; sein Wollen bezieht sich nicht auf den Vorsatz zum Erfolg.[1251] Habe der Täter aber umgekehrt in den Fällen vorsätzlicher Gefährdung von Leib und Leben das Bewusstsein, dass an seinem Verhalten notwendigerweise eine Gefahr für Leib oder Leben des Menschen angeknüpft werde, gefährde er wissentlich und willentlich, also jedenfalls vorsätzlich.[1252] Diese vorsätzliche Gefährdung könne für den Verletzungsvorsatz nicht ausreichen und sei doch mehr als Fahrlässigkeit. So müsse eine solche vorsätzliche Gefährdung eine selbstständige Art dritter Schuldform außerhalb von eventuellem Verletzungsvorsatz und bewusster Fahrlässigkeit sein und sich von diesen unterscheiden.[1253]

b. *Franz von Liszt (1905)*

Ähnlich wie bei *Stooß* gezeigt wurde, schlägt *von Liszt* auch bezüglich der Delikte der Lebensgefährdung vor, den Gefährdungsvorsatz als eine Mischung zwischen dolus und culpa anzusehen.[1254] Bei ihm ist das Gattungsdelikt der Lebensgefährdung ein Mittelweg der Gesetzgebung zwischen der Lebensgefährdung und der Körperverletzung. Demnach beschränke sich dessen Tatbestand nicht eng auf die Herbeiführung der „Todesgefahr", aber schließe auch nicht jede Gefährdung der leiblichen Unversehrtheit ein.[1255] Dieser Tatbestand stelle sich als ein reines Gefährdungsdelikt dar und beschränke somit seine subjektive Beziehung auf die „vorsätzliche Gefährdung",

---

1251 *Stooß*, ZStW 15 (1895), S. 200.
1252 *Stooß*, ZStW 15 (1895), S. 201.
1253 Diese Anmerkungen auch *Busch*, Gefahr und Gefährdungsvorsatz, S. 35, 58, Fn. 2.
1254 *von Liszt*, VDS, BT V, S. 154 f.
1255 *von Liszt*, VDS, BT V, S. 151 f.

wonach der Täter wissen müsse, dass sein Verhalten die Gefahr des Erfolgseintritts verursache. Dieser direkte Gefährdungsvorsatz beziehe sich nur auf die Möglichkeit des Erfolgseintritts und unterscheide sich deshalb von dem eventuellen Verletzungsvorsatz, welcher sich auf die Wirklichkeit des Erfolgseintritts beziehe.[1256] Der Gefährdungsvorsatz als die Mischung sowie eine dritte Schuldform zwischen dolus und culpa ist für *von Liszt* daher eine zweckmäßige Weise, die dazwischen bestehende Lücke im StGB zu füllen.[1257]

c. *Walter Schneider (1934)*

Schneider geht davon aus, dass der Gefährdungsvorsatz eine Schuldform bei denjenigen Delikten ist, bei deren Tatbestandserfolg der Gefahreintritt bereits von Bedeutung ist. Er wird dabei generell als eine „subjektive Beziehung des Täters zu einem Verletzungserfolge mit vorsätzlicher Gefährdung" erachtet.[1258] Zum Wesen des Gefährdungsvorsatzes differenziert *Schneider* zwei Erscheinungsformen vom Gefährdungsvorsatz bei den Gefährdungs- und bei den Verletzungstatbeständen aus.

Das Wesen des Gefährdungsvorsatzes bei den Gefährdungstatbeständen bezieht sich nach *Schneiders* Ansicht auf die geltenden Gefährdungstatbestände, sodass der mit dem Gefährdungsvorsatz handelnde Täter grundsätzlich das „Bewusstsein einer Gefahr" hat. So kommt es bei dem Problem der Inhaltsbestimmung des Gefährdungsvorsatzes entscheidend darauf an, wie man den Vorsatz feststellen kann, der sich auf den Gefährdungserfolg bezieht.[1259] Der herrschenden Meinung gegenüber sei es richtig, dass es beim Verletzungs- und Gefährdungsdelikt um „einen gleichbleibenden psychischen Tatbestand" gehen müsse. So liegt bei *Schneider* schnell das Ergebnis nahe, dass das Wesen des Gefährdungsvorsatzes anhand der Gleichgültigkeitstheorie in der „verbrecherischen Gleichgültigkeit gegenüber der erkannten Gefahr" liegt, ohne „die für den Verletzungsvorsatz angewandte Methode auf den Gefährdungsvorsatz zu übertragen".[1260]

Bei *Schneider* ist ein solches Gefahrverständnis weiter anzunehmen, wonach die Gefahr als tatbestandsmäßiger Erfolg der Gefährdungsdelikte „kein fassbares, sinnfälliges Ereignis" ist und „in gewisser Beziehung zu der Verletzung" steht. Demgemäß wird festgestellt, dass für den Gefährdungsvorsatz das „Bewusstsein einer weniger großen Wahrscheinlichkeit einer Verletzung" schon genüge, d. h. dafür bereits die „Vorstellung einer – sachlich begründeten – generellen Gefahr" genüge.[1261] Somit werden diejenigen Ansichten, die annehmen, nur die Vorstellung einer konkreten Gefahr reiche für den Gefährdungsvorsatz aus und es gebe deshalb noch

1256 *von Liszt*, VDS, BT V, S. 152.
1257 *von Liszt*, VDS, BT V, S. 155.
1258 *Schneider*, Gefährdungsvorsatz, S. 23.
1259 *Schneider*, Gefährdungsvorsatz, S. 25 f.
1260 *Schneider*, Gefährdungsvorsatz, S. 26.
1261 Dieser Versuch scheitert nach *Horn* aber daran, „dass heute allgemein das Fürmöglichhalten der Verletzung als ausreichend – hinsichtlich der intellektuellen

einen sog. eventuellen Gefährdungsvorsatz, von *Schneider* abgelehnt.[1262] Auch die psychologisch-emotionale Beziehung zur Gefährdungsschuld, die allenfalls nur zu der Möglichkeit der Verletzung gerechnet werden könne, ist bei *Schneider* ebenso unvertretbar. Für ihn liegt deshalb nahe, dass das Wesen des Gefährdungsvorsatzes, der in der Gefährdungsschuld eine selbständige Bedeutung haben muss, allein in der „bewussten Herbeiführung einer Gefahr" liegt, obwohl sein Schuldurteil sich mit dem der bewussten Fahrlässigkeit deckt.[1263] „Die Gefährdungsdelikte mit dem darauf bezogenen Vorsatz können daher keine dritte Schuldform bilden: es handelt sich hier vielmehr um eine besondere Gattung von Delikten".[1264]

Ähnlich wie *Binding* neigt *Schneider* zum weiteren aber dazu, den besonderen Sinn des Gefährdungsvorsatzes bei den Verletzungstatbeständen zu verneinen. Er lokalisiert von Anfang an die Besonderheit des Gefährdungsvorsatzes „innerhalb der Verletzungsschuld nur in einem differenzierten Schuldvorwurf" und findet seine Position nur noch in den vorliegenden Verletzungsschuldformen.[1265] Das Verhältnis von Gefährdungs- und Verletzungsvorsatz wird dann so bestimmt, dass dem mit dem Gefährdungsvorsatz handelnden Täter der Verletzungserfolg nicht zum Verletzungsvorsatz gerechnet werden dürfe, „weil er mit der Herbeiführung der Gefahr die Einwirkungsmöglichkeit auf den Verlauf der zum Erfolg hinführenden Kausalkette aufgegeben hat".[1266] Dies bedeutet, dass die Kenntnis einer konkreten Gefahr nicht notwendig aus der Furcht des Verletzungserfolgseintritts folge.[1267] So – im Ergebnis ganz anders als *Binding* – scheine der Gefährdungsvorsatz gegenüber dem Verletzungsvorsatz keinesfalls dasselbe zu sein; im Vergleich zum Verletzungsvorsatz sei der Gefährdungsvorsatz eine mildere Schuld. Im Bereich des Verletzungsdelikts belege der Gefährdungsvorsatz daher keinen eigenen Platz.[1268] Hingegen könne er aber bezüglich des Verletzungserfolgs mit der bewussten Fahrlässigkeit zu identifizieren sein, da er sich gerade nicht bei der Verletzung, sondern bei der Gefahr abstelle.[1269]

Obwohl die Selbstständigkeit des Gefährdungsvorsatzes teilweise von *Schneider* im Anschluss an die Gefährdungstheorie im Fahrlässigkeitsbereich zu verneinen ist, verdient es seine Ansicht noch zu der Kategorie der Anerkennung der Selbstständigkeit des Gefährdungsvorsatzes zu gehören. Er strebt es an, den Gefährdungsvorsatz als die dritte Schuldform zu schildern und mithin einen erhörten Rechtsgutsschutz zu erreichen, welchen allein der Gefährdungsvorsatz im Bereich

---

Seite – schon für den Verletzungsvorsatz angesehen wird". Dazu *Horn*, Konkrete Gefährdungsdelikte, S. 205, Fn. 15.

1262 *Schneider*, Gefährdungsvorsatz, S. 27.
1263 *Schneider*, Gefährdungsvorsatz, S. 28 f., 32, 33 f.
1264 *Schneider*, Gefährdungsvorsatz, S. 35.
1265 *Schneider*, Gefährdungsvorsatz, S. 35 f.
1266 *Schneider*, Gefährdungsvorsatz, S. 36 f.
1267 *Schneider*, Gefährdungsvorsatz, S. 39.
1268 *Schneider*, Gefährdungsvorsatz, S. 37, 40.
1269 *Schneider*, Gefährdungsvorsatz, S. 40 ff.

der Gefährdungsdelikte durch die „Aufstellung von Gefährdungstatbeständen" ermöglichen kann.[1270]

II. Ansichten über die Selbstständigkeit des Gefährdungsvorsatzes seit Nachkriegszeit

1. *Selbstständigkeit lediglich aufgrund des Unterschiedes bei der intellektuellen Seite*

Interessanterweise tauchen nach der Kriegszeit des 2. Weltkriegs die Ansichten auf, die den Gefährdungs- und Verletzungsvorsatz allein aufgrund der Unterscheidung der intellektuellen Seite differenzieren, während die vorher angedeuteten Ansichten[1271] hingegen die Identifikation von beiden Vorsätzen ebenfalls ausschließlich auf der intellektuellen Seite rechtfertigen. Hier ist die Frage entscheidend, „ob der Vorsatz in Bezug auf die konkrete Gefahr erfordert, dass wenigstens die Möglichkeit der Rechtsgutsverletzung bzw. des Eintritts des tatbestandsmäßigen Erfolgs vom Handelnden vorgestellt worden ist, oder ob die Kenntnis der gefahrbegründenden Umstände ausreicht".[1272] Die Unterscheidungen werden dabei aber entweder zusätzlich durch einen dem Wollenselement ähnelnden Faktor oder durch die noch verfeinerte Bearbeitung des Gefahrbegriffs schwierig gemacht, wodurch gerade die Notwendigkeit eines Wollenselements bei der Unterscheidung impliziert bekräftigt wird.[1273]

a. Wolfgang Frisch (1983)

Frischs Ansicht zählt zu den ausführlichsten im Bereich der Ansichten, die den Versuch unternehmen, aufgrund der Vorstellungstheorie bei der intellektuellen Seite des Vorsatzes den Gefährdungs- und Verletzungsvorsatz zu differenzieren. Es wird bei *Frisch* bezweifelt, ob es deshalb wirklich so selbstverständlich ist, das Ziel zur Unterscheidung vom Gefährdungs- und Verletzungsvorsatz nur durch ein „voluntatives" Element zu erreichen.[1274] *Frisch* will hingegen durch die intellektuellen Elemente im Hinblick auf die gesetzliche Unterscheidung zwischen vorsätzlichem Gefährdungs- und vorsätzlichem Verletzungsdelikt auf die Hauptfrage eingehen, „ob derjenige, der weiß, dass sein Verhalten zu einer ‚Gefährdung' genannten Situation führt (oder

1270 *Schneider*, Gefährdungsvorsatz, S. 43 f.
1271 Vgl. 5. Kapitel C. II. 1.
1272 *Struensee*, in: das 6. Strafrechtsreformgesetz 1998, S. 41. So ist z. B. der schwere Fall vom Widerstand gegen Vollstreckungsbeamte im Sinn von § 113 II 2 StGB ausgeschlossen, wenn der Widerstandsleistende ohne Gefährdungsbewusstsein gehandelt hat. Dazu MüKoStGB-*Bosch*, § 113, Rdnr. 77. Für das Aussetzungsdelikt genüge auch allein die Vorstellung einer konkreten Gefahr des Opfers, *Wessels/ Hettinger*, BT 1, § 3, Rdnr. 205.
1273 Dazu *Küpper*, ZStW 100 (1988), S. 781; *Schroth*, JR 2003, S. 252.
1274 *Frisch*, Vorsatz und Risiko, S. 291.

führen kann), damit nicht zugleich auch den Verletzungsvorsatz hat".[1275] Er geht davon aus, die Klarheit über den Gefährdungsvorsatz vornehmlich durch den im Bereich des Objektiven liegenden „Gegenstand des Vorsatzes" der Gefährdungsdelikte zu formulieren. Der Gefährdungsvorsatz sei durch das als Vorsatzgegenstand bezeichnete, sich gewiss und objektiv auf den Erfolg konkreter Gefahr beziehende Verhalten zu begreifen.[1276]

An dieser Stelle wird von *Frisch* die Bestimmung des Gefährdungsvorsatzes sowohl auf „das Wesen des tatbestandsmäßigen Verhaltens der konkreten Gefährdungsdelikte" als auch auf „sein spezifisches Verständnis des Vorsatzes" begründet.[1277] So würden die in den konkreten Gefährdungsdelikten normierten gefährlichen Handlungen ermittelt, welche aufgrund des normativen Gefahrbegriffs „ein nicht mehr toleriertes Risiko der Schaffung eben jener Situationen in sich bergen". Weil der Vorsatz „das Verhalten in seiner tatbestandsmäßigen Dimension" begreifen müsse, sei das psychische Substrat des Gefährdungsvorsatzes sei gleichermaßen „ein Für-sich-Wissen des Gefährdungsvorsatzes", also „ein Für-sich-Ausgehen von diesem".[1278] Aus diesen Gründen lässt sich der Gefährdungsvorsatz nach *Frisch* so bestimmen:

> „Der Täter muss also *für sich* davon *ausgehen*, dass sein Verhalten *jenes spezifische Risiko* in sich birgt, auf das es gerade in den konkreten Gefährdungsdelikte ankommt: das – objektiv nicht mehr tolerierte – Risiko, dass es zu einer Situation kommt, die ‚konkrete Gefahr' heißt".[1279]

Gemäß diesem Inhalt sei der Gefährdungsvorsatz ein Beurteilungsergebnis anhand „bestimmter Bewertungsmaßstäbe", für die aber ein „laienhaftes Erfassen" genüge: Der mit dem Gefährdungsvorsatz handelnde Täter müsse also nur „die objektive Einstufung jener Situation, von deren möglicher Herbeiführung er für sich ausgeht", erfassen, ohne diese Situation in Hinblick auf ihre Weiterentwicklung selbst in bestimmter Weise einzuschätzen. Das bedeutet, dass der Täter sein Verhalten zwar als die mögliche Herbeiführung einer Gefährdungslage, aber jedenfalls nicht als dasjenige Verletzungshandeln verstehe, das aus seiner Sicht für das Risiko der Verletzung geeignet sei.[1280] Umgekehrt fehle es am Gefährdungsvorsatz im Sinne des Vorsatzes der konkreten Gefährdungsdelikte jedoch dann, wenn der Täter „aus rationalen Gründen die Möglichkeit der Entstehung einer solchen Situation ablehnt oder irrational-

1275 *Frisch*, Vorsatz und Risiko, S. 290, 292. (Hervorhebung im Original.)
1276 *Frisch*, Vorsatz und Risiko, S. 292.
1277 *Frisch*, Vorsatz und Risiko, S. 295.
1278 *Frisch*, Vorsatz und Risiko, S. 293 f., 295.
1279 „Diese Ausführungen [...] basieren auf der [...] Annahme, dass das tatbestandmäßige Verhalten der Verletzungs- und Gefährdungsdelikte *formal* schon deshalb *unterscheidbar sei*, weil das eine über das dem Verhalten eignende *Risiko der Verletzung*, das andere dagegen über das *Risiko der Herbeiführung einer Gefahrsituation* definiert ist". *Frisch*, Vorsatz und Risiko, S. 295 f. und Fn. 142. (Hervorhebungen im Original.)
1280 *Frisch*, Vorsatz und Risiko, S. 296 f., 298.

unbegründet einfach darauf vertraut, dass es zu einer solchen Situation schon nicht kommen werde".[1281]

Durch eine Auseinandersetzung zwischen dem Vorsatzgegenstand und dem Wesen konkreter Gefährdungsdelikte ist es bei *Frisch* auf den ersten Blick gelungen, allein auf der Wissensseite des Vorsatzes hinsichtlich der jeweils unterschiedlichen tatbestandsmäßigen Verhaltensweisen zu differenzieren.[1282]

b. Rolf Dietrich Herzberg (1986, 1987, 1988)

Obwohl es laut *Schünemann* unvermeidlich ist, dass sich eine Gleichsetzung vom Gefährdungs- und Verletzungsvorsatz aus *Herzbergs* Vorsatzkonzept ergibt und somit eine scharfe Trennung von beiden nur als gescheitert erachtet werden kann,[1283] bemüht sich *Herzberg* darum, beide Vorsätze in seinem eigenen Vorsatzkonzept möglichst zu differenzieren.

Für *Herzberg* ist die Vorsatzdefinition bekanntermaßen keine Frage nach den reinen geistigen, subjektiven Gegebenheiten des Täters mehr, sondern eine Frage nach der Entsprechung der Risikosicht des Täters mit der objektiven Risikobeschreibung. Demzufolge sei es bei der Feststellung des Vorsatzes entscheidend, „das Risikowissen des Täters und die Frage der Gefahrqualität zu klären".[1284] Die Abgrenzung von Vorsatz und bewusster Fahrlässigkeit gelte also als ein Problem des objektiven Tatbestands, welches allein durch das Vorliegen der „Erkenntnis (oder auch irrige Vorstellung) des qualifizierten Risikos der Tatbestandserfüllung" zu lösen sein könnte. Damit komme es für den Vorsatz nicht darauf an, „dass der Täter eine erkannte Gefahr ernstgenommen, sondern dass er eine ernstzunehmende Gefahr erkannt hat".[1285] Aus diesem Grund steht fest, dass allein nur diejenige Vorstellung des Täters, die der sog. „unabgeschirmten Gefahr" entspreche, (mindestens eventuell) vorsätzlich zurechenbar sein könne. Diejenige Vorstellung des Täters, die also nur der „abgeschirmten Gefahr" oder der „unabgeschirmten, aber entfernten Gefahr" entspreche, müsse hingegen allenfalls fahrlässig zugerechnet werden.[1286]

Es wird aber bei *Herzberg* von Anfang an problematisiert, ob eine sog. „unabgeschirmte Gefahr" sich überhaupt von dem herkömmlichen Terminus „konkrete

---

1281 „Aus dem Bereich der Verletzungsdelikte bleibt hier dann allenfalls ein abstraktes Gefährdungsdelikt". Dazu *Frisch*, Vorsatz und Risiko, S. 297.

1282 *Frisch*, Vorsatz und Risiko, S. 299 f., 302 f. Auch in dieser Richtung *Struensee*, in: das 6. Strafrechtsreformgesetz 1998, S. 40, 42. Dieser Versuch aufgrund des Verzichts auf das Wollenselement ist gescheitert, weil die von *Frisch* angewendeten Begriffe, wie „Von-Sich-Ausgehen" bzw. „Auf-Ausbleiben-Vertrauen", bereits die Wollenselemente sind. Zutreffende Kritik *Küper*, GA 1987, S. 507.

1283 *Schünemann*, Chengchi Law Review, Vol. 50 (1994), S. 268; *Schünemann*, FS-*Hirsch*, S. 370.

1284 *Herzberg*, JuS 1986, S. 254 f.

1285 *Herzberg*, JuS 1986, S. 262. Auch *Herzberg*, JuS 1987, S. 779 ff.; *Herzberg*, JZ 1988, S. 638 ff.

1286 *Herzberg*, JuS 1986, S. 254 ff.; *Herzberg*, JZ 1988, S. 639 ff.

Gefahr" unterscheiden kann. *Herzberg* zufolge liegt eine unabgeschirmte Gefahr in den Fällen vor, in denen niemand sich damit beruhigen kann, „dass nach Durchbrechung des rechtlichen Risikoverbots [...] menschliche Aufmerksamkeit noch einen faktischen Reserveschutz leistet".[1287] Daraus ergibt sich anscheinend zwar die Deckungsgleichheit von beiden Gefahren, sie wird aber letztlich von *Herzberg* zurückgewiesen, da er dafür hält, dass auch schon die unabgeschirmte Gefahr eine „konkrete Gefahr im Sinne des Erfolges der konkreten Gefährdungsdelikte" sei: Beide Gefahrqualitäten könnten von der „Risikosicht des Erzeugers der Gefahr" zutreffend umfasst werden und seien nur in Bezug auf die verschiedenen Perspektiven der Gefahrsituation zu unterscheiden.[1288] So scheint für *Herzberg* ganz offensichtlich, dass der Umfang konkreter Gefahr weiter als die unabgeschirmte und abgeschirmte Gefahr sei; die konkrete Gefahr schließe beide Gefahren in sich ein. Das Problem der scheinbaren Gleichsetzung zwischen dem Gefährdungs- und dem Verletzungsvorsatz löst sich bei *Herzberg* daher allein auf der Ebene des Wissenselements: „Die Vorstellung einer abgeschirmten konkreten Gefahr bedeutet bloßen Gefährdungsvorsatz, die einer unabgeschirmten konkreten Gefahr Verletzungsvorsatz".[1289] Er ergänzt weiter, dass dabei lediglich ausschlaggebend sei, wie sich der Täter die Gefahr intellektuell vorstellt und ob er diese als eine „konkrete" erkennt.[1290] Aus dieser Sicht scheint *Herzberg* das Problem der Trennung von Gefährdungs- und Verletzungsvorsatz mithilfe eines Willensmoments deshalb nur als eine Scheinlösung.[1291]

c. *Yu-An Hsu (2007)*

Zur Konkretisierung des Inhalts der Kenntnis bei dem Irrtumsproblem geht *Hsu* von der Differenzierung von abstrakter und konkreter Kenntnis aus: Die abstrakte Kenntnis sei hinsichtlich genereller Eigenschaften eines Gegenstands als Mindestkenntnis einer vernünftigen Person festgelegt und somit die Grundlage der Vorsatzzurechnung. Im Gegensatz dazu habe die konkrete Kenntnis etwas Konkretes zum Gegenstand, was von der Vorsatzzurechnung nicht verlangt werde.[1292] Diese Vordifferenzierung ist für *Hsu* deshalb von Bedeutung, weil er dadurch eine besondere Regel der Vorsatzzurechnung bestimmt: „Der Erfolg, der nach der abstrakten Kenntnis gewiss oder regelmäßig durch eine Handlung herbeigeführt wird, ist vom Tatwillen umfasst".[1293]

Davon ausgehend kann nach *Hsu* zunächst bei abstrakten Gefährdungsdelikten noch vom Gefährdungsvorsatz gesprochen werden, weil der Gesetzgeber hierbei

1287 *Herzberg*, JuS 1986, S. 255.
1288 *Herzberg*, JuS 1986, S. 257; *Herzberg*, JZ 1988, S. 642.
1289 *Herzberg*, JZ 1988, S. 642.
1290 *Herzberg*, JuS 1987, S. 781.
1291 *Herzberg*, JuS 1986, S. 254, 257.
1292 *Hsu*, Doppelindividualisierung, S. 140 ff.
1293 *Hsu*, Doppelindividualisierung, S. 146. Mit anderen Worten: „Der Vorsatz liegt trotz der abweichenden Realisierung des Erfolgs vor, wenn diese nach der abstrakten Kenntnis mehr als möglich, nämlich regelmäßig ist". Ebenda, S. 150.

bereits eine generelle, abstrakte Beschaffenheit in der Handlungsweise angesetzt hat, „die regelmäßig oder notwendig eine Gefahr verursacht"; entscheidend sei vielmehr, dass der Gefährdungsvorsatz ausgeschlossen werde und sodann der Verletzungsvorsatz bereits vorliege, „wenn wegen einer willentlichen Handlung ein Verletzungserfolg nach der abstrakten Kenntnis regelmäßig oder notwendig eintritt".[1294] Bei den konkreten Gefährdungsdelikten spielt die abstrakte Kenntnis für *Hsu* auch eine Rolle, weil der Gefährdungsvorsatz bei ihm trotz der Unkenntnis der konkreten Gefahr noch vorliege, „wenn die bewusste Handlung des Täters nach abstrakter Kenntnis einen Verletzungserfolg schon aber auch höchstens möglicherweise (also noch nicht regelmäßig oder notwendig) herbeiführen kann".[1295]

So scheint der Gefährdungsvorsatz für *Hsu* je nach dem Deliktstyp differenziert festzuhalten zu sein: Während der Gefährdungsvorsatz des abstrakten Gefährdungsdelikts nur den Inhalt der Handlung begreife, umfasse der des konkreten Gefährdungsdelikts die abstrakte Kenntnis um die höchste Möglichkeit des Verletzungserfolgs. Alles in allem erfasst der Gefährdungsvorsatz nach *Hsu* allerdings keineswegs die durch die Handlung herbeigeführte konkrete Gefahr, denn es geht dabei um eine Zurechnungsregel und um eine völlige normative Struktur,[1296] nicht um eine Feststellung des Gefährdungsvorsatzes, welche sich im Wesentlichen auf den Subsumtionsschluss von Wirklichkeit und rechtlicher Bewertung bezieht.[1297]

d. Ingeborg Puppe (2013)

Um den Einwand zu entkräften, dass der Verletzungsvorsatz wegen ihrer Lehre der Vorsatzgefahr mit dem Gefährdungsvorsatz identisch sein müsse,[1298] versucht *Puppe* zu erklären, wie beide Vorsätze sich aus ihrer Sicht noch unterscheiden können.

Ebenso wie ihr allgemeines Vorsatzkonzept kann der Gefährdungsvorsatz nach *Puppe* bloß mithilfe der Wissensseite des Vorsatzes zu umfassen sein. Bei *Puppe* ist daher diejenige widersprüchliche Darstellung des Gefährdungsvorsatzes ausgeschlossen, wonach beim Täter die Vorstellung der Eintrittsmöglichkeit des konkreten Gefährdungserfolgs und die Nichtakzeptanz der Möglichkeit der Verletzung innerlich zusammenspielen. Diese Darstellung kann laut *Puppe* nur auf der Wollensseite des Vorsatzes zu begründen sein.[1299] So ist der Ausweg der Unterscheidungsmöglichkeit von beiden Vorsätzen in der intellektuellen Hinsicht nur eingeschränkt auf einer verfeinerten Bearbeitung des Gefahrbegriffs möglich, wie bei *Herzberg*

1294 *Hsu*, Doppelindividualisierung, S. 147.

1295 *Hsu*, Doppelindividualisierung, S. 148.

1296 Grundlage dazu schon bei 4. Kapitel C. III.

1297 Jüngste Kritik an das Vorsatzkonzept, welches die Wirklichkeit nicht berücksichtigt, *Schünemann*, ZStW 126 (2014), S. 17.

1298 *Roxin*, FS-*Rudolphi*, S. 254 f.

1299 *Puppe*, AT[1], Bd. 1, § 16, Rdnr. 43: Eine solche Unterscheidung sei „nur auf der emotionalen Ebene denkbar, denn das Gefühl ist im Gegensatz zum Verstand an die Logik nicht gebunden".

angedeutet wurde. Während bei *Herzberg* die konkrete Gefahr sich anscheinend qualitativ in abgeschirmte und unabgeschirmte Gefahr spaltet, differenziert sie sich bei *Puppe* nur noch quantitativ in verschiedene Grade: Nach ihr fängt die konkrete Gefahr im Sinne der konkreten Gefährdungsdelikte „auf einem sehr viel niedrigeren Niveau als die Vorsatzgefahr" an.[1300] Der Grund dafür ist einfach: Die konkrete Gefahr im Sinne des Gesetzes sei genauer dadurch charakterisiert, dass „die Faktoren einer im Tatbestand erschöpfend beschriebenen abstrakten Gefahr vorhanden sind und dass ein Rechtsobjekt dergestalt in den Einflussbereich dieser Faktoren geraten ist, dass seine Verletzung aufgrund dieser Kausalfaktoren möglich erscheint".[1301]

Schließlich sind der Gefährdungs- und Verletzungsvorsatz nach *Puppe* dadurch zu unterscheiden, dass die konkrete Gefahr im Sinn der konkreten Gefährdungsdelikte, welche nur besagt, dass „seine Verletzung nicht außerhalb jeder Wahrscheinlichkeit liegt", noch keine Verletzungsmethode bedeute.[1302] Sie weist aber nicht darauf hin, wie dies in concreto gelingen könnte.

2. *Selbstständigkeit (überwiegend) aufgrund des Unterschiedes bei voluntativer Seite*

Nach der nahezu überwiegenden Meinung können der Gefährdungs- und Verletzungsvorsatz allein auf der voluntativen Seite des Vorsatzes zu differenzieren sein,[1303] weil dabei oft besonders betont wird, dass die beiden Vorsätze sich auf der Wissensseite kaum voneinander unterscheiden.[1304] In solchen Argumentationen wird das Wollenselement verfeinert in unterschiedlichen ähnlichen Formulierungen wie das „Auf-Nichteintreten-Vertrauen", „Sich-Distanzieren" bzw. „Sich-Abfinden" usw. bearbeitet, sodass der voluntative Abstand des Täters nur auf der Ebene der Gefährdung deutlicher gemacht werden kann.[1305]

a. Frank Zieschang (1998)

Nach der früheren Ansicht *Zieschangs*[1306] kann der Gefährdungsvorsatz sich vom Verletzungsvorsatz deshalb unterscheiden, weil die Wollensseiten von beiden nicht

---

1300 NK-StGB-*Puppe*, § 15, Rdnr. 86.

1301 *Puppe*, AT[1], Bd. 1, § 16, Rdnr. 44.

1302 NK-StGB-*Puppe*, § 15, Rdnr. 86.

1303 Grundsätzlich LK-*König*[12], § 315c, Rdnr. 191.

1304 So betont *Feloutzis*, Aussetzung, S. 70 f. Wohl auch in dieser Meinung *Roxin*, FS-*Rudolphi*, S. 255.

1305 Das Verhältnis von Willenselement und Abgrenzungsmethode mache den Gefährdungsvorsatz als Zwischenstufe der Substantiierung des Risikos möglich, siehe *Schumann*, JZ 1989, S. 428, Fn. 6.

1306 Nach seiner jüngeren Ansicht ist die Identifikation von beiden Vorsätzen notwendig. Dazu NK-StGB-*Zieschang*, § 315, Rdnr. 47, § 315a, Rdnr. 37. Auch vgl. 5. Kapitel C. II. 1. c.

miteinander übereinstimmen. Sie ist wohl die ausführlichste aller Argumentationen in dieser Kategorie, die unabhängig ausgestellt werden soll.

Bei *Zieschang* wird von der Frage ausgegangen, ob der Vorsatz einer konkreten Gefährdung sich hinsichtlich der objektiv erforderlichen naheliegenden Wahrscheinlichkeit eines Schadenseintritts nicht mit dem Verletzungsvorsatz identifiziert.[1307] Eine ständige Identifikation von beiden Vorsätzen wird von ihm von Anfang an abgelehnt, denn sonst wäre der Deliktstyp der vorsätzlichen konkreten Gefährdung des Lebens gegenüber dem Deliktstyp der Verletzung des Lebens sinnlos und überflüssig. Bei *Zieschang* wird die Frage nach der „Wollensseite des vorsätzlichen Gefährdenden" gestellt, ob der Täter „immer auch gleichzeitig ein bestimmtes Rechtsgutsobjekt verletzen will".[1308] Hier ist es entscheidend, ob die „Schaffung des konkret gefährlichen Zustands" die „unmittelbare Vorstufe einer Verletzung" bedeutet. Dazu wird festgestellt, der konkret gefährliche Zustand könne nur dann gegeben sein, wenn – aufgrund des normativen Gefahrbegriffs – zugleich oder nach der Handlungsausführung eine Rettungsursache sowie -maßnahme objektiv vorliege. Dementsprechend ist der Gefährdungsvorsatz dann bei *Zieschang* denkbar, wenn der Täter zwar einen konkret gefährlichen Zustand bewusst geschaffen hat, aber „im Einzelfall darauf vertraut, dass es zwar nicht von seiner Seite, aber von dritter Seite aus im weiteren Geschehensablauf zum Eingreifen von Rettungsursachen kommt, also keine konkrete Gefahr oder ein Schaden eintreten werde".[1309] Dass der Gefährdungs- und Verletzungsvorsatz übereinstimmen, sei letztlich zwar – hinsichtlich der Möglichkeitstheorie vom dolus eventualis – möglich, aber auf keinen Fall zwingend.[1310]

b. Sonstige

Es gibt darüber hinaus noch vielen Autoren, die die Selbstständigkeit des Gefährdungsvorsatzes ausschließlich auf der Basis der Annahme eines voluntativen Vorsatzelements befürworten. Bei diesen Ansichten ist häufig zu sehen, dass bei den Wissenselementen vom Gefährdungs- und Verletzungsvorsatz kaum Unterschiede bestehen.[1311] Das „Vertrauen auf das Ausbleiben des Schadens" oder ähnliche Faktoren werden dabei gemeinhin einerseits als ein verletzungsvorsatzausschließendes Element und andererseits als das Wesen des Gefährdungsvorsatzes angesehen.[1312]

1307 *Zieschang*, Gefährdungsdelikte, S. 122.

1308 *Zieschang*, Gefährdungsdelikte, S. 123.

1309 *Zieschang*, Gefährdungsdelikte, S. 123 f.

1310 *Zieschang*, Gefährdungsdelikte, S. 124 f.

1311 *Stuckenberg*, Vorsatz und Irrtum, S. 291, Fn. 1577; *Weber*, in: *Arzt/ Weber/ Heinrich/ Hilgendorf*, BT, § 35, Rdnr. 103; *Schönke/ Schröder/ Sternberg-Lieben/ Schuster*, StGB, § 15, Rdnr. 98a.

1312 *Frisch*, Vorsatz und Risiko, S. 296; *Zieschang*, Gefährdungsdelikte, S. 124; *Haft*, AT, S. 161; *Stuckenberg*, Vorsatz und Irrtum, S. 291, Fn. 1577; *Weber*, in: *Arzt/ Weber/ Heinrich/ Hilgendorf*, BT, § 35, Rdnr. 103; *Otto*, *FS-Puppe*, S. 1258; *Schönke/ Schröder/ Sternberg-Lieben/ Schuster*, StGB, § 15, Rdnr. 98a.

Während die Billigung der Verletzung zur Bejahung des (mindestens eventuellen) Verletzungsvorsatzes führe, schließe das Vertrauen auf das Ausbleiben der Verletzung zwar den Verletzungsvorsatz aus, lasse aber den Gefährdungsvorsatz verbleiben.[1313]

3. *Selbstständigkeit aufgrund des Unterschiedes bei der intellektuellen und voluntativen Seite*

Es wäre auf jeden Fall überzeugender, die Differenzierung des Gefährdungsvorsatzes von anderen subjektiven Tatbeständen sowohl auf der intellektuellen als auch auf der voluntativen Ebene zu rechtfertigen. Hierbei wird die Differenzierung zwischen Gefährdung und Verletzung noch deutlicher gemacht, sodass nicht nur das voluntative, sondern auch das intellektuelle Vorsatzelement sich lediglich auf die Gefahr sowie Gefährdung beziehen kann.[1314] Diese Ansichten könnten als die Mischung von den beiden oben ausgeführten Ansichten erachtet werden.

a. Thomas Weigend (1981)

Damit das Problem der Abgrenzung zwischen Vorsatz und Fahrlässigkeit gelöst werden kann, ist der amerikanische strafrechtliche Begriff „recklessness" *Weigend* zufolge bei der Neupositionierung des Begriffs „Leichtfertigkeit", die von ihm als Gefährdungsvorsatz gekennzeichnet ist, in einer rechtsvergleichenden Hinsicht sehr aufschlussreich. Nach seiner ausführlichen Auseinandersetzung sind immer noch Defizite zur klaren Unterscheidung zwischen Vorsatz und Fahrlässigkeit vorhanden, sowohl bei der Vorstellungstheorie als auch bei der Willenstheorie der Vorsatzlehre.[1315] Er beklagt insbesondere bei der Möglichkeitstheorie von *Schröder*, dass sie den Verletzungs- und Gefährdungsvorsatz unzulässig verwechselt. Dies verteidigt er damit, dass sich der Sinn der aus dem differenzierten Handlungsunwert folgenden Unterscheidung von Verletzung und Gefährdung im geltenden Strafrecht auch bei der Feststellung der subjektiven Tatbestände reflektieren müsse.[1316] Es sei daher möglich und notwendig, das Bewusstsein, das sich lediglich auf eine konkrete Gefahr bezieht, als eine Mischung zwischen dem Vorsatz und der Fahrlässigkeit festzustellen.[1317]

1313 Solche Formel *Weber*, in: *Arzt/ Weber/ Heinrich/ Hilgendorf*, BT, § 35, Rdnr. 103.

1314 So – teilweise auch an die Rechtsprechung anschließend – könne der Täter beispielsweise nur Gefahr und Gefährdung für möglich halten und sich damit abfinden, siehe *Maurach/ Schroeder/ Maiwald*, BT 2, S. 10 f.; BeckOK-StGB-*Eschelbach*, § 221, Rdnr. 22; *Gaede*, in: *Matt/ Renzikowski*, StGB, § 15, Rdnr. 7; *Fischer*, StGB, § 15, Rdnr. 10; *Lackner/ Kühl*, StGB, § 15, Rdnr. 28; *Schönke/ Schröder/ Sternberg-Lieben/ Hecker*, StGB, § 315c, Rdnr. 38.

1315 *Weigend*, ZStW 93 (1981), S. 661 ff.

1316 *Weigend*, ZStW 93 (1981), S. 670 ff.

1317 *Weigend*, ZStW 93 (1981), S. 669, Fn. 43.

Bevor der Inhalt solch eines Bewusstseins in Bezug auf den Begriff der Leichtfertigkeit bestimmt wird, wendet *Weigend* seinen Blick zuerst auf den amerikanischen Begriff „recklessness". Für ihn steht fest, dass „recklessness" eine niedrigere Stufe des Vorsatzes sei[1318] und weder dem Deliktsversuch noch der „negligence" entspreche.[1319] Sie liege erst dann vor, „wenn der Täter über die allgemeine Gefährlichkeit seiner Handlungsweise hinaus die besonderen risikoerhöhenden Umstände kennt, die sich letztlich im Erfolgseintritt niederschlagen".[1320] Ihr Unterbegriff „recklessness endangerment", welcher sich auf „die konkrete, unter den Voraussetzungen der recklessness begangene Gefährdung der körperlichen Unversehrtheit" bezieht, sei also in der Form des Gefährdungsdelikts als ein Auffangtatbestand gefasst worden für diejenigen Fälle, in denen der Verletzungsvorsatz sowie die Verletzungsabsicht nicht mit Sicherheit nachgewiesen werden könne.[1321] Dieses subjektive Merkmal der „recklessness" sei also bei der feinen Abschichtung der unterschiedlichen Schwergrade dogmatisch und kriminalpolitisch sehr bedeutungsvoll.[1322]

In Hinblick auf „recklessness" schlägt *Weigend* deshalb vor, durch den „recklessness" entsprechenden umdefinierten Begriff der Leichtfertigkeit eine neue, dritte Möglichkeit der subjektiven Einstellung des Täters zur Tat zwischen Vorsatz und Fahrlässigkeit zu schildern, welche sich „anhand kognitiver Kriterien" bestimmen lasse, ohne dass ihre vorsätzliche Kontur verloren gehe.[1323] Die Leichtfertigkeit dergestalt umfasst nach *Weigend* daher die Fälle des dolus eventualis bei der Möglichkeitstheorie, in denen „der Täter die konkrete Gefahr für das Handlungsobjekt erkennt, ohne den Eintritt des Erfolges als sicher vorherzusehen".[1324] Bei der Leichtfertigkeit seien in erster Linie die Merkmale wie „die aktuelle Kenntnis des Täters von dem Risiko", „das bewusste Eingehen eines unerlaubten Risikos" sowie „das Aufsichnehmen der konkreten Gefahr für das rechtlich geschützte Handlungsobjekt" fundamental, die nach *Weigend* durch den Gefährdungsvorsatz charakterisiert sind.[1325] Dahingegen werde die Leichtfertigkeit wegen der subjektiv fehlenden Beherrschbarkeit der Gefahr ausgeschlossen, weil dabei der Täter zwar die Gefahr erkenne, er aber sicher annehme, dass sie sich nicht verwirklichen werde. Der Täter in diesem Fall erkenne kein konkretes, sondern nur das abstrakte Risiko und könne nur als ein unbewusst

1318 *Weigend*, ZStW 93 (1981), S. 677, 683.
1319 *Weigend*, ZStW 93 (1981), S. 676 f.
1320 *Weigend*, ZStW 93 (1981), S. 685.
1321 *Weigend*, ZStW 93 (1981), S. 679 f.
1322 *Weigend*, ZStW 93 (1981), S. 682.
1323 *Weigend*, ZStW 93 (1981), S. 687.
1324 *Weigend*, ZStW 93 (1981), S. 688 f. und S. 694, Fn. 124: Da „es Fälle gibt, in denen der Täter weiß, dass das geschützte Rechtsgut in eine nur durch Zufall abwendbare Verletzungsgefahr gerät, in denen er aber nicht weiterdenkt, die Verletzung selbst also nicht in sein Vorstellungsbild aufnimmt. Es ginge zu weit, dem Täter auch hier Verletzungsvorsatz zu unterstellen".
1325 *Weigend*, ZStW 93 (1981), S. 690.

fahrlässig Handelnder angesehen werden.[1326] Daraus ergeben sich bei *Weigend* die Kriterien zur Abgrenzung zwischen Leichtfertigkeit und bewusster Fahrlässigkeit: Der bewusst Fahrlässige vertraue „in einfühlbarer Weise auf seine eigene Kraft, Erfahrung oder Geschicklichkeit“, „dass er die Situation im konkreten Fall für beherrschbar, eine echte Gefahr nicht für gegeben erachtet“; im Gegensatz dazu stütze der Leichtfertige „seine Hoffnung dagegen auf das Verhalten Dritter oder allgemein auf sein Glück‘“.[1327] So wird die Leichtfertigkeit von *Weigend* als die Mischung zwischen (Verletzungs-) Vorsatz und (unbewusster) Fahrlässigkeit angesehen und bedeutet im Wesentlichen nichts anderes als den Gefährdungsvorsatz.

b. *Michael Köhler (1982)*

Zur Unterscheidung zwischen Gefährdungs- und Verletzungsvorsatz geht *M. Köhler* davon aus, dass das Verletzungsgeschehen tatbestandlich auf subjektiver Ebene noch verfeinert ausdifferenziert werden kann. Die Fahrlässigkeit sowie der Leichtsinn bedeuten für ihn als affirmativ gegensätzliche Verletzungsurteile dem Vorsatz gegenüber nur „das Daseinsurteil gleichgültig-abstrakter Verletzungsallgemeinbedingung, d. h. erfahrungsgesetzlich unvermittelt-zufälligen Eintretens des Verletzungsgeschehens“.[1328] Demzufolge könne ein „ähnliches Herabsetzen des je wesentlichen Reflexionsurteils mit dem (abstrakten) Inhalt des Verletzens“ in unterschiedlichen Deliktstypen tatbestandlich festgelegt werden. Das „Verletzen“ könne daher subjektiv „in ein affirmatives Reflexionsurteil mit dem bloßen Inhalt ‚konkret gefährden‘ herabgesetzt werden“. Der weitere Verletzungserfolg werde nur als „zufällig-gleichgültiges Geschehen, also in der Form des affirmativen Daseinsurteils“ erachtet.[1329] Infolgedessen ist bei *M. Köhler* das eigenständige Vorliegen des Gefährdungsvorsatzes in diesen Fällen möglich, in denen

> „der Handelnde wohl die konkrete Gefährdung schon wegen des instrumentellen Charakters des Gefahreinsatzes (Fluchtabsicht o. ä.) regelmäßig in der dargelegten Urteilskategorialität vorsätzlich wollen [wird], während er den weiteren Erfolg des Körperverletzens oder Tötens eines anderen als konkret allgemeines Reflexionsurteil leichtsinnig negieren und deshalb nur in der Form eines affirmativen Daseinsurteils (gleichgültig-zufällig) nachvollziehen mag“.[1330]

So wird der Gefährdungsvorsatz nach *M. Köhler* weder nach dem Verhältnis zum weiteren Verletzungserfolg ausgemacht noch mit dem Verletzungsleichtsinn identifiziert. Es handle sich dabei vielmehr um unterschiedliche objektive Gegenstände des subjektiven Vollzugs, nämlich um den subjektiven Bezug der „je selbständigen, auch *gegeneinander* bestimmten Verletzungsbedeutung der (konkreten) Gefahr

---

1326 *Weigend*, ZStW 93 (1981), S. 695.

1327 *Weigend*, ZStW 93 (1981), S. 669, Fn. 43, S. 695 f. Im Ergebnis übereinstimmend *Schroth*, Vorsatz als Aneignung, S. 144. Dagegen *Laue*, Aussetzung, S. 55 f.

1328 *M. Köhler*, Die bewusste Fahrlässigkeit, S. 283.

1329 *M. Köhler*, Die bewusste Fahrlässigkeit, S. 285. (Hervorhebungen im Original.)

1330 *M. Köhler*, Die bewusste Fahrlässigkeit, S. 286.

und des weiteren Verletzungserfolges", weil bei *M. Köhler* die konkrete Gefahr im Wesentlichen anders als der weitere Verletzungserfolg ist.[1331] Die Identifikation des Gefährdungsvorsatzes mit dem Verletzungsvorsatz oder die mit der bewussten Fahrlässigkeit sind *M. Köhler* zufolge deshalb zwar möglich, aber nicht begrifflich gesetzt. Die Ansichten, nach denen sich Gefährdungs- und Verletzungsvorsatz miteinander identifizieren würden, sind aus der Sicht von *M. Köhler* nicht zutreffend. Diese Ansichten basierten nach ihm einerseits auf einem „der Praxisstruktur nicht genügenden Begriff gegenstands-vorstellenden Wissens"; anderseits sei es bei der Vorstellung von konkreten gefährlichen Verläufen zuzulassen, „dass der Handelnde die weitere objektive Erfahrungsmöglichkeit des Verletzens allenfalls in der Form eines bloßen affirmativen Daseinsurteils (als zufällig) nachvollzieht, sich also praktisch davon distanziert".[1332] Umgekehrt seien die Ansichten dafür, Gefährdungsvorsatz und Luxuria seien miteinander identifizierbar, ebenso verfehlt. Aufgrund eines „praktischen Wissens in intersubjektiv gültiger konkreter Reflexionsallgemeinheit" unterscheide sich der Gefährdungsvorsatz „im Sinne vernünftiger Einsicht in den Gefahrsachverhalt von der leichtsinnig-nichtvorsätzlichen Neigung der weiteren Verletzungsbedeutung".[1333]

M. Köhler zufolge ist die Selbstständigkeit des Gefährdungsvorsatzes mithilfe des von ihm entfalteten Begriffs des praktischen Wissens anerkannt. Das praktische Wissen stellt sich aber nicht nur als das Wissen in herkömmlicher Gestaltung dar, sondern zieht auch ein Wollenselement an sich heran. Dies bedeutet, dass der Begriff des Willens in die subjektive Zurechnung ernst zu nehmen ist und somit der Vorsatz weiterhin als Verwirklichungswille anzusehen sein sollte.[1334] Für *M. Köhler* ist es für den Verletzungsvorsatz folglich zwingend, sich von dem Gefährdungsvorsatz zu unterschieden, weil der Gefährdungsvorsatz sein eigentliches Gewicht im Verbrechensbegriff behält.[1335]

c. *Georg Küpper (1988)*

Küpper setzt die Diskussion vom Gefährdungsvorsatz in erster Linie im Vergleich zu dem dolus eventualis und zu der bewussten Fahrlässigkeit. Er geht von dem Verständnis aus, dass ein voluntatives Element bei Vorsatzbestimmung notwendig ist, weil auch die Varianten der Möglichkeitstheorie zur Vermeidung der Einbeziehung der gesamten Fahrlässigkeit in den Vorsatz erheblich mithilfe der voluntativen Faktoren ihre Vorsatzkonzepte formulieren.[1336] Aus dieser Sicht kommt das Wollenselement ebenso bei der Feststellung des Gefährdungsvorsatzes von *Küpper* zum Einsatz.

1331 *M. Köhler*, Die bewusste Fahrlässigkeit, S. 286 f. (Hervorhebung im Original.)
1332 *M. Köhler*, Die bewusste Fahrlässigkeit, S. 287 f.; *M. Köhler*, FS-*Hirsch*, S. 77.
1333 *M. Köhler*, Die bewusste Fahrlässigkeit, S. 287 f.
1334 *M. Köhler*, FS-*Hirsch*, S. 77.
1335 *M. Köhler*, FS-*Hirsch*, S. 79.
1336 *Küpper*, ZStW 100 (1988), S. 758 ff., 763.

Bei *Küpper* lässt sich das Wesen des Gefährdungsvorsatzes auf das Gefahrurteil begründen, wobei es sich darum handelt, den Vorsatzgegenstand bezüglich des Gefahrbegriffs zu konkretisieren.[1337] Die Gefahr ist nach der jüngeren normativen Gefahrtheorie eine naheliegende Möglichkeit sowie eine Wahrscheinlichkeit eines konkreten Schadens, dessen Eintritt oder Nichteintritt vom Zufall abhängt. Dementsprechend muss der Gefährdungsvorsatz *Küpper* zufolge diesen Gefahrbegriff in sich einschließen und sich dadurch von dolus eventualis oder bewusster Fahrlässigkeit unterscheiden.[1338]

Beim Verhältnis des Gefährdungsvorsatzes zum dolus eventualis wird daher bei *Küpper* zunächst befürwortet, dass eine Differenzierung zwischen Verletzung und Gefährdung sowohl auf der objektiven als auch auf der subjektiven Seite möglich sein sollte.[1339] Die Wissensseite des Gefährdungsvorsatzes bezüglich des oben ausgeführten Gefahrbegriffs, also die Vorstellung einer naheliegenden Möglichkeit (Wahrscheinlichkeit) eines konkreten Schadens, entspreche dann nicht der Wissensseite des (eventuellen) Verletzungsvorsatzes, weil die in der Theorie hoch umstrittene bestehende Möglichkeitsvorstellung „eben *nicht* als Wahrscheinlichkeit angesehen wird".[1340] Der Gefährdungsvorsatz und der dolus eventualis unterscheiden sich bei *Küpper* deswegen im Wesentlichen schon auf der intellektuellen Ebene. Auf der voluntativen Ebene scheint der Unterschied zwischen beiden Vorsätzen nach *Küpper* deutlicher: Während der dolus eventualis stets ein Wollenselement bezüglich des Erfolgseintritts habe, sei der Gefährdungsvorsatz mit Blick auf den normativen Gefahrbegriff charakterisiert durch die Einschätzung, „dass Eintritt oder Ausbleiben des Schadens vom Zufall abhängig sind"; der mit Gefährdungsvorsatz handelnde Täter werde deswegen „eher mit einem glücklichen Ausgang rechnen".[1341] Im Ergebnis steht fest, dass der Gefährdungsvorsatz eigenständig sei, obwohl beide Vorsätze miteinander verbunden werden könnten.

Küpper differenziert den Gefährdungsvorsatz und die bewusste Fahrlässigkeit ebenfalls in der intellektuellen und voluntativen Hinsicht. Für ihn liegt der Inhalt der bewussten Fahrlässigkeit darin, den Erfolgseintritt auf der intellektuellen Seite bloß für möglich zu halten und auf der voluntativen Seite auf den Nichteintritt des Erfolgs hochgradig zu vertrauen.[1342] Sie werde demnach durch den „Grad der Erfolgsvorstellung (Möglichkeit/ Wahrscheinlichkeit)" und „die Unsicherheit der Ausbleibenserwartung (Vertrauen/ Hoffen)" vom Gefährdungsvorsatz unterschieden:

1337 *Küpper*, ZStW 100 (1988), S. 769.

1338 *Küpper*, ZStW 100 (1988), S. 772.

1339 *Küpper*, ZStW 100 (1988), S. 772.

1340 *Küpper*, ZStW 100 (1988), S. 773 f. (Hervorhebung im Original.) Dazu zustimmend *Schroeder*, ZStW Beiheft 1982, S. 9 f.; LK-*Schroeder*[11], § 16, Rdnr. 95; LK-*Vogel*[12], § 15, Rdnr. 129.

1341 *Küpper*, ZStW 100 (1988), S. 774. Außerhalb der Differenzierung bei der Wissensseite lässt der Gefährdungsvorsatz ebenso durch das „Vertrauen auf das Ausbleiben des Schadens" konstituieren, siehe auch LK-*Vogel*[12], § 15, Rdnr. 129.

1342 *Küpper*, ZStW 100 (1988), S. 774 f.

Der bewusst Fahrlässige habe bezüglich der „Gefährlichkeit der Handlung“ nur das Bewusstsein der Möglichkeit des Erfolgseintritts und vertraue auf das guten Ausgang. Hingegen sei sich der vorsätzlich Gefährdende bezüglich eines konkreten Gefahrerfolgs bewusst, dass das Rechtsgut bereits wegen seiner Gefährdungshandlung in eine Existenzkrise geraten werde; er könne nur darauf hoffen, die Verletzung werde nicht eintreten.[1343]

So lässt sich als Fazit bei *Küpper* feststellen, dass der Gefährdungsvorsatz unabhängig von dem dolus eventualis und der bewussten Fahrlässigkeit ist. Sie sind dabei je nach verschiedenen Graden der jeweiligen Wissens- und Wollensseite im Strafrecht einzustellen. Ob diese Kriterien der nahezu nur quantitativ bestimmten Differenzierung wirklich anwendbar sind, bleibt aber zweifelhaft.[1344]

d. Ulrich Schroth (1994, 2003)

Der Ansicht *Schroths* nach ist der Vorsatz an den Tatbestand anschließend zu verstehen, sodass der Vorsatzbegriff also stets hinsichtlich unterschiedlicher Deliktstypen und verschiedenen Weisen des Rechtsgüterschutzes ausgemacht werden muss.[1345] Demnach sei diejenige Differenzierung jedenfalls erhalten geblieben, „wann eine subjektive Disposition besteht, die hervorgehobene Verantwortlichkeit hinsichtlich der Verletzung begründet und wann nur eine subjektive Disposition vorliegt, die das Individuum ‚nur‘ hinsichtlich des Gefährdungstatbestandes in hervorgehobener Weise verantwortlich erscheinen lässt“.[1346] Ein Vorsatz bezüglich Gefahr sowie Gefährdung wird deshalb von *Schroth* angenommen.

Auf der Basis seines Vorsatzkonzepts, den Vorsatz als Aneignung der Unrechtskonstitutionsbedingungen zu formulieren,[1347] nimmt *Schroth* den normativen Gefährdungsbegriff auf als denjenigen, auf den sich das Aneignungsverhalten des vorsätzlich Gefährdenden beziehen muss.[1348] Dadurch steht fest, dass der Vorsatzgegenstand beim Gefährdungsdelikt sich auf den gefährlichen Zustand beziehe, der eine dem normativen Gefahrbegriff entsprechende Verletzungsmöglichkeit herbeiführen könne. Der Gefährdungsvorsatz setze davon ausgehend voraus, dass der Täter mindestens „wissentlich“ für möglich halten müsse, dass durch sein Verhalten „eine naheliegende Möglichkeit eines schädigenden Ereignisses für das Rechtsgut“ eintreten könnte.[1349]

1343 *Küpper*, ZStW 100 (1988), S. 775.

1344 Kritik z. B. *Jakobs*, AT, 6/ 79, Fn. 167: „Das ist ebenso theorielos wie unpraktikabel“.

1345 *Schroth*, Vorsatz als Aneignung, S. 8. Ähnlich *Gaede*, in: *Matt/ Renzikowski*, StGB, § 15, Rdnr. 7.

1346 *Schroth*, Vorsatz als Aneignung, S. 8 f. (Hervorhebung im Original.)

1347 *Schroth*, Vorsatz als Aneignung, S. 64 ff.

1348 *Schroth*, Vorsatz als Aneignung, S. 139, 141; *Schroth*, JR 2003, S. 250.

1349 *Schroth*, Vorsatz als Aneignung, S. 142. Der Gefährdungsvorsatz hinsichtlich konkreter Gefahr einer schwerwiegenden Gesundheitsschädigung sei also, „dass der Täter (zumindest als möglich) erkannt hat, dass eine kritische Situation gegeben

Im Hinblick auf eine solche wissentliche Maxime und das Element vom Nur-Gefährdung-Wollen kann der Gefährdungsvorsatz sich *Schroth* nach – ebenso wie beim Verletzungsvorsatz – in verschiedenen Formen darstellen: Die Absicht im Sinn der konkreten Gefährdungsdelikte sei dann gegeben, wenn der Täter „eine naheliegende Möglichkeit eines schädigenden Ereignisses" will, „sogar auch wenn es dem Täter auf die Verletzung ankommt". Darüber hinaus sei die Wissentlichkeit im Sinn der konkreten Gefährdungsdelikte dann gegeben, wenn der Täter sicher „nur" die Gefahr herbeiführen wolle, oder zumindest „wenn sich der Täter vorstellt, dass er eine Situation herbeiführt, bei der er die Gefahr für ein Rechtsgut nicht mehr steuern kann, bei der der Eintritt bzw. Nichteintritt der Verletzung eine Frage des Zufalls ist".[1350] Gleichfalls sei der Gefährdungsvorsatz in der Form des dolus eventualis anzunehmen, wenn „der Täter sieht, dass durch sein Handeln eine unkalkulierbare Gefahr entstehen kann und dieser Gefährdungsmöglichkeit in absoluter Gleichgültigkeit gegenüber steht".[1351]

Durch dieses spezifische, intellektuelle und voluntative Umfangen des Gefährdungsvorsatzes ist der Gefährdungsvorsatz bei *Schroth* bereits auf der Wissensseite von dem Verletzungsvorsatz und der bewussten Fahrlässigkeit zu unterscheiden. Die Wissensseite des Gefährdungsvorsatzes sei anders als die Voraussicht der Verletzungsmöglichkeit beim Verletzungsvorsatz und mehr als die Voraussicht abstrakter Verletzungsmöglichkeit bei der bewussten Fahrlässigkeit.[1352] Außerdem ist für *Schroth* das Wollenselement dem Gefährdungsvorsatz entscheidend. Nach ihm ist der Gefährdungsvorsatz dann ausgeschlossen, wenn der Täter sich zwar den Gefahrzustand vorstellt, er sich aber sicher ist, durch seine Fähigkeit den Gefahrerfolg zu verhindern, denn „das Vermeiden-können eignet sich das Erkennen der naheliegenden Möglichkeit einer Verletzung nicht an".[1353]

4. Selbstständigkeit aufgrund kriminalpolitischer Gründe

Es gibt einige Autoren, die außerhalb der dogmatischen Auseinandersetzung einzig oder zumindest überwiegend aus kriminalpolitischen Gründen die Selbstständigkeit des Gefährdungsvorsatzes anerkennen.

Am häufigsten vertreten führt die materiell-rechtliche Abschichtung zwischen Gefährdungs- und Verletzungsvorsatz zu den kriminalpolitischen Konsequenzen: Der volle Nachweis des Gefährdungsvorsatzes könne in der Praxis den dringenden Verdacht des Verletzungsvorsatzes nahezu ersetzen. Der Gefährdungsvorsatz beim

---

war, in der es eine Frage des Zufalls ist, ob eine erhebliche Gesundheitsschädigung durch seine Handlung eintritt oder nicht". Dazu *Schroth*, JR 2003, S. 252.

1350 *Schroth*, Vorsatz als Aneignung, S. 142 f.; *Schroth*, JR 2003, S. 252.

1351 *Schroth*, JR 2003, S. 252. Auch *Schroth*, Vorsatz als Aneignung, S. 143.

1352 *Schroth*, Vorsatz als Aneignung, S. 144.

1353 *Schroth*, Vorsatz als Aneignung, S. 144.

Gefährdungsdelikt werde daher als ein Auffangtatbestand des schwerer zu beweisenden Verletzungsvorsatzes angesehen.[1354] Dazu spricht *Weigend* aus:

> „Zum einen würde der gegenüber dem Täter erhobene Vorwurf auch der Formulierung nach mit dem übereinstimmen, was ihm tatsächlich nachgewiesen werden kann, nämlich die bewusste Eingehung eines unerlaubten Risikos; zum anderen könnte eine mittelschwere Strafdrohung den Gerichten eine schuldangemessene Sanktionierung erlauben, ohne dass der großzügige Umgang mit dem Grundsatz ‚in dubio pro reo' bei der Bejahung des Vorsatzes durch Strafrahmenmanipulationen bei der Strafzumessung wettgemacht werden müsste".[1355]

An dieser Stelle wird vielmehr noch gesagt, dass das Abstufungsverhältnis zwischen Gefährdungs- und Verletzungsvorsatz, also beim Verletzungsdelikt den Verletzungsvorsatz und beim Gefährdungsdelikt den Gefährdungsvorsatz zu fordern, dem Schuldprinzip entspricht.[1356] So scheint der Gefährdungsvorsatz für *Bockelmann* besonders notwendig zu sein, wenn man fragt, „ob es möglich ist, von den subjektiven Voraussetzungen für die Anwendung der Gefährdungstatbestände des Verkehrsrechts etwas zu streichen? [...] kann man auf die Schuldfähigkeit, kann man auf den Vorsatz, kann man auf die Fahrlässigkeit verzichten".[1357] In einem zunehmend objektivierten (Verkehrs-)Strafrecht, das sich auf die aus der modernen Gesellschaft folgende Gefährdungshaftung bezieht, begründet die Forderung des Gefährdungsvorsatzes gerade den sozialethischen Vorwurf des Verkehrsdelikts.[1358]

III. Kritische Würdigung

Sobald man die Selbstständigkeit des Gefährdungsvorsatzes erkennt, entsteht das Problem, wie man den Gefährdungsvorsatz begrifflich und inhaltlich differenziert von anderen subjektiven Elementen formulieren kann. Dazu lehnen viele Einwände die Selbstständigkeit des Gefährdungsvorsatzes ab, weil eine logische Relation zwischen Gefahr und Verletzung dabei immer anerkannt ist: Wenn Gefahr sowie Gefährdung immer ein Durchgangsstadium einer Verletzung seien und somit der Gefährdungszustand stets die Verletzungsgefährlichkeit impliziere,[1359] so gehöre

1354 *Küper*, NJW 1976, S. 546 und Fn. 27; *Weigend*, ZStW 93 (1981), S. 691 f.; *Anastasopoulou*, Schutz kollektiver Rechtsgüter, S. 45; *Weber*, in: *Arzt/ Weber/ Heinrich/ Hilgendorf*, BT, § 35, Rdnr. 104.

1355 *Weigend*, ZStW 93 (1981), S. 692. (Hervorhebungen im Original.)

1356 So ausgesprochen auch AE-BT, § 108, S. 45.

1357 *Bockelmann*, folgenlose Gefährdungsdelikt, S. 189, 192 f. Auch *Bockelmann*, DAR 1961, S. 185, 187.

1358 *Bockelmann*, folgenlose Gefährdungsdelikt, S. 189 f., 192 f.; *Bockelmann*, DAR 1961, S. 186 f.

1359 *Horn*, Konkrete Gefährdungsdelikte, S. 204; *Wolter*, Objektive und personale Zurechnung, S. 209; *Joerden*, Verantwortlichkeitsbegriff, S. 148, 151 f.; *Zielinski*, AK-StGB I, §§ 15, 16, Rdnr. 81; *Stein*, FS-*Wolter*, S. 538 f.

der Gefährdungsvorsatz jedenfalls zur Verletzungsschuld und könne keineswegs ein selbstständiger Begriff sein.[1360] Anders gesagt: Da die Nicht-Herbeiführung der Gefährdung zur Verletzung nur eine Frage der Bedingungen im Geschehensablauf sei, sei deshalb die Unterscheidung von Gefährdung und Verletzung zwar denkbar, existiere aber in der Wirklichkeit nicht.[1361]

In dieser Hinsicht der logischen Relation zwischen Gefahr und Verletzung wird zuerst die Wissensseite des Gefährdungsvorsatzes heftig bestritten. Man kritisiert, dass das wissentliche Kriterium des Gefährdungsvorsatzes, soweit allein nur die Vorstellung des Für-Möglich-Haltens für den letzteren schon genüge, nichts anders als das des bedingten Verletzungsvorsatzes sei.[1362] Hinzu kommt, dass die Vorstellung der Gefährdung und die der Verletzung deshalb dasselbe seien, weil – aufgrund eines normativen Gefahrbegriffs – der Täter sich den als Zufall gekennzeichneten Verletzungserfolg nicht vorstellen könne.[1363] Dass dieser Einwand letztlich nicht überzeugend ist, liegt auf der Hand. Soweit von dem Gefährdungsvorsatz bei der Wissensseite ein anderes Kriterium wie z. B. das Für-Sicher-Halten oder etwas anderes gefordert wird, löst dies die Aussagekraft dieses Einwands sofort auf. So liegt der Haupteinwand gegen Selbstständigkeit nicht auf der Wissensseite, sondern auf der Wollensseite.

Angesichts der Wollensseite beklagen die Kritiker an der Selbstständigkeit, dass die Rechtfertigung des Gefährdungsvorsatzes durch das Wollenselement den Rückfall in einen überholten Vorsatz-Finalismus bedeute.[1364] Zunächst kritisieren sie, dass sich der Gefährdungs- und Verletzungsvorsatz angesichts der logischen Relation zwischen Gefahr und Verletzung auf der Wollensseite auch nicht unterscheiden könnten. Sie rechtfertigen ihren Einwand damit, dass der mit Gefährdungsvorsatz handelnde Täter zwar in negativer Hinsicht die Verletzung nicht wolle, er sich aber in positiver Hinsicht – wie beim mit bedingtem Verletzungsvorsatz handelnden Täter – eine Chance einräume, „durch entsprechende Vorkehrungen (die Realisierung der Gefahr in) einer Verletzung abwenden zu können".[1365] Hinzu kommt, dass das nur nach dem Gefährdungserfolg strebende Wollen gleichbedeutend mit dem Wollen der Verletzung sei in solchen Fällen, „in denen der Täter seine Handlung trotz erkannter ‚äußerster Gefährlichkeit' vornimmt, „ohne auf einen glücklichen Ausgang vertrauen zu können, und wenn er es dem Zufall (!) überlässt, ob sich die von ihm erkannte Gefahr verwirklicht oder nicht".[1366] So beziehen sich all diese Einwände darauf, dass das hier entscheidende Wollenselement „Auf-Nichteintreten-Vertrauen" den Gefährdungsvorsatz praktisch nicht rechtfertige. Sie bezweifeln weiterhin, ob das Vermeiden der Verletzung in der Tat wirklich nur den Verletzungswillen ausschließt,

---

1360 *Rabl*, Gefährdungsvorsatz, S. 54 f.
1361 *Schmidhäuser*, FS-*Oehler*, S. 154; *Zielinski*, AK-StGB I, §§ 15, 16, Rdnr. 81.
1362 *Horn*, Konkrete Gefährdungsdelikte, S. 201 f., 205 und Fn. 15; *Laue*, Aussetzung, S. 47 f.
1363 SK-*Wolters*, Vor § 306, Rdnr. 14.
1364 *Schmidhäuser*, FS-*Oehler*, S. 154.
1365 *Horn*, Konkrete Gefährdungsdelikte, S. 206.
1366 SK-*Wolters*, Vor § 306, Rdnr. 14. (Hervorhebungen im Original.)

ohne den Gefährdungswille ebenfalls auszuscheiden.[1367] Sie hinterfragen auch, ob der Täter wirklich auf das Ausbleiben des Erfolgseintritts vertrauen kann, wenn er die Gefahr aufnimmt, also die Verletzung eventuell in Kauf nimmt.[1368] Darüber hinaus ist es auch bedenklich, wie man das Vertrauensverhältnis unter dem Gesichtspunkt eines momentan herrschenden normativen Gefahrbegriffs umfassen kann, wenn es zugleich zur Abgrenzung von bedingtem Vorsatz und bewusster Fahrlässigkeit eingesetzt wird.[1369] Der Inhalt des Gefährdungsvorsatzes kann sich wohl nur in einer sehr (zumindest anscheinend) widersprüchlichen Form erfassen lassen, was bedeutet, sich die Verletzungswahrscheinlichkeit vorzustellen und zugleich auf das Ausbleiben des Verletzungserfolgs zu vertrauen.[1370]

Angesichts der logischen Relation zwischen Gefahr und Verletzung wird trotz der anerkannten Selbstständigkeit des Gefährdungsvorsatzes verbreitet angenommen, dass der Verletzungsvorsatz den Gefährdungsvorsatz in sich enthalte.[1371] Die Differenzierung von Gefährdungs- und Verletzungsvorsatz scheint nach der vorliegenden Meinung daher nicht in einer qualitativen, sondern zwingend nur in einer quantitativen Hinsicht zu gelingen. All diese Einwände lassen die bisherigen Begründungen der Selbstständigkeit des Gefährdungsvorsatzes als noch nicht zufriedenstellend erscheinen. In Anbetracht dieser Einwände wird es darüber hinaus verständlich, dass die klare Unterscheidung zwischen Gefährdungs- und Verletzungsvorsatz nur dann anzunehmen ist, wenn der Gefahrbegriff als selbstständig von der Verletzung entkoppelt wird. Die legitime Figur des Gefährdungsvorsatzes soll aufgrund der Anerkennung eines selbständigen Gefahrbegriffs gestaltet werden.

B. Standpunkt der Rechtsprechung

Gegenüber der Vielfalt des Wissenschaftsstands wird der Gefährdungsvorsatz im Grundsatz in der Rechtsprechung angenommen und ist im Bereich der Gefährdungsdelikte anzuwenden. Von diesem Geschichtspunkt aus entwickelt sich der Gefährdungsvorsatz in der Rechtsprechung entlang sehr unterschiedlicherer Fragestellungen als in der Literatur. Während in der Literatur die Selbstständigkeit des Gefährdungsvorsatzes in den Fokus gerückt wird, versucht die Rechtsprechung längst, auf den konkreten Inhalt und eigenen Raum des Gefährdungsvorsatzes hinsichtlich vielfältiger gesetzlicher Gefährdungstatbestände in konkreten Fällen einzugehen.

1367 *Wolter*, Objektive und personale Zurechnung, S. 212 f.

1368 NK-StGB-*Zieschang*, § 315, Rdnr. 47.

1369 Ausführliche Kritik *Degener*, StV 2003, S. 335.

1370 Das Problem zutreffend *Feloutzis*, Aussetzung, S. 73; *Degener*, StV 2003, S. 335.

1371 *Feloutzis*, Aussetzung, S. 76; *Haft*, AT, S. 161; LK-*Vogel*[12], § 15, Rdnr. 129; *Gaede*, in: *Matt/ Renzikowski*, StGB, § 15, Rdnr. 7; *Berz*, Formelle Tatbestandsverwirklichung, S. 81 f.

I. In der Rechtsprechung erschienene Anschauungen vom Gefährdungsvorsatz

1. *Grundsätzliche Annahme des Gefährdungsvorsatzes beim „konkreten" Gefährdungsdelikt*

Die Differenzierung des Gefährdungsvorsatzes vom Verletzungsvorsatz und ihre strafrechtliche eigene Bedeutung sind seit langem in der Rechtsprechung grundsätzlich anerkannt. Die Anwendung des Gefährdungsvorsatzes beschränkt sich nach der Rechtsprechung allein auf die konkreten Gefährdungsdelikte.[1372] Die Rechtsprechung entwickelt allerdings keine neue Methode für Gefährdungsvorsatz; sie konzentriert sich bei der Feststellung des Gefährdungsvorsatzes vielmehr darauf, die für den Verletzungsvorsatz gefundene Konsequenz auf den Gefährdungsvorsatz zu übertragen. So werden sowohl das Wissen als auch das Wollen bei der Vorsatzbestimmung eines konkreten Gefährdungsdelikts gefordert. Die beiden Vorsatzmomente beziehen sich nach der Rechtsprechung stets auf eine bestimmte normierte Gefahr in dieser üblichen Sprachweise: „Mit Gefährdungsvorsatz [...] handelt, wer die Umstände kennt, welche die Schädigung eines [...] Rechtsgutes als naheliegende Möglichkeit erscheinen lässt und den Eintritt der Gefahrenlage zumindest billigend in Kauf nimmt".[1373] Der Gefährdungsvorsatz unterscheide sich deshalb vom Verletzungsvorsatz, weil letzterer keine bloße Steigerung des ersteren mehr sei und somit der strafrechtliche Eigensinn des ersteren anerkannt werden müsse.[1374] Der Gefährdungsvorsatz unterscheide sich auch von der bewussten Fahrlässigkeit, weil bei ihm die erforderliche Vorstellung, ein Kollektivrechtsgut zu beeinträchtigen und zugleich die konkrete Gefahr eines Individualrechtsguts herbeizuführen, stärker sei als die bei der bewussten Fahrlässigkeit.[1375] Die Einzelheiten von der Anwendung des Gefährdungsvorsatzes sowie von der Auslegung

---

1372 Hauptsächlich BGH, NJW 1953, 1070; OLG Celle, NJW 1954, 612 f.; OLG Celle, NJW 1955, 1331; BayObLG, NJW 1955, 1448; OLG Köln, NJW 1960, 1213, 1214; BGHSt 22, 67 = BGH, NJW 1968, 1244; BayObLG, NJW 1969, 565; BGHSt 26, 176 = NJW 1975, 1934; OLG Düsseldorf, NJW 1982, 1111; BGH, NStZ 1983, 407; BGH, NStZ 1984, 19; OLG Hamburg, NJW 1985, 1232; BGH, NJW 1989, 3027; LG München I, NStZ 1993, 188; OLG Düsseldorf, NZV 1994, 486; OLG Köln, NZV 1994, 365; BGH, NZV 1995, 495; BGH, NStZ-RR 1996, 97; OLG Hamburg, NZV 1997, 237, 239; BGH, NZV 1998, 211; BGH, NZV 1999, 172; BGH, NJW 1999, 3131; OLG Koblenz, BeckRS 2001, 30171640; BGH, NJW 2002, 2043; BGH, NStZ 2003, 264; BGHSt 48, 233; BGH, NStZ-RR 2004, 140; BGH, BeckRS 2004, 00459; BGHSt 51, 100; BGH, NStZ 2007, 704; BGH, NStZ-RR 2007, 307; BGH, NStZ-RR 2008, 309; OLG Hamm, Beschluss vom 20.02.2014, Az. 1 RVs 15/ 14.

1373 BGHSt 22, 67, 73 f. = BGH, NJW 1968, 1244, 1245, Leitsätze 1. Ähnliche Äußerung auch bei BGH, NJW 1953, 1070; OLG Celle, NJW 1954, 612, 612 f.

1374 BGH, NJW 1953, 1070. Siehe auch OLG Hamburg, NZV 1997, 237, 239; BGH, NStZ-RR 2008, 309, 309 f.

1375 OLG Hamburg, NZV 1997, 237, 239.

seines intellektuellen und voluntativen Elements in der Rechtsprechung scheinen aber mehr oder weniger unvereinbar und bedürfen daher weiteren Betrachtungen.

2. Anforderung bei der intellektuellen Seite

a. Grundlage

Es ist in der Rechtsprechung übereinstimmend anerkannt, den Gefährdungsvorsatz sowohl auf der intellektuellen als auch auf der voluntativen Seite festzuhalten, sodass er sich bereits auf der intellektuellen Seite vom Verletzungsvorsatz unterscheiden kann. Daher verlangt der BGH in erster Linie, dass sich der Vorsatz beim (konkreten) Gefährdungsdelikt auf „die konkrete Gefahr" beziehe. Somit müsse für die intellektuelle Seite des Gefährdungsvorsatzes nicht die Voraussicht einer abstrakten, sondern mindestens die „Voraussicht einer konkreten Gefahrensituation" ausreichen.[1376] Allgemein formuliert: Der Gefährdungsvorsatz „muss zwar nicht den Eintritt eines Schadens umfassen; erforderlich ist jedoch, dass der Täter die Umstände kannte, die zu einer bestimmten Gefährdung geführt haben, die also die Schädigung als naheliegende Möglichkeit erscheinen ließen".[1377] So genüge beispielsweise allein die Nichtbefolgung der Weisung für den Vorsatz bei einem Verstoß gegen Weisungen während der Führungsaufsicht im Sinne von § 145 a StGB nicht. Es reiche dafür erst dann, wenn „der Täter damit rechnet, daß er den an ihn herantretenden Versuchungen ohne Befolgung der Weisung voraussichtlich wieder erliegen könnte, gleichwohl aber der gerichtlichen Anordnung nicht nachkommt".[1378]

b. Konkretisierung der Vorstellung konkreter Gefahr

Wie und in welchem Maß eine Vorstellung des Täters für das Wissen um konkrete Gefahr in dem Einzelfall des Gefährdungsdelikts ausreicht, ist aber in der Rechtsprechung nicht immer nach den gleichen Kriterien festzustellen. Hierbei liegt zum einen eine spezifische Meinung bei den Fällen des gefährlichen Eingriffs in den Straßenverkehr vor, wonach der Gefährdungsvorsatz auch die Beeinträchtigung des Kollektivrechtsguts mit umfassen müsse. Zum anderen hat der BGH im Fall des schweren Raubes den Hinweis zur subjektiven Vorstellung der Gefahr einer schweren Gesundheitsbeschädigung abgegeben.

aa. Vorstellung in Fällen vom Durchbrechen einer Polizeisperre

Nach der Meinung des BGH ist der Täter bei den Fällen vom Durchbrechen einer Polizeisperre erst dann im Sinne von § 315 b StGB strafbar, wenn er „die Umstände kannte, die zu der bestimmten Gefährdung geführt haben, die also die Schädigung

1376 BGH, NZV 1995, 495; BGH, NZV 1998, 211; BGH, NJW 1999, 3131, 3131 f.; OLG Koblenz, BeckRS 2001, 30171640.
1377 OLG Koblenz, BeckRS 2001, 30171640, Leitsatz.
1378 OLG Hamburg, NJW 1985, 1232, 1233.

eines der in § 315 b Abs. 1 StGB genannten Rechtsgüter als eine naheliegende Möglichkeit erscheinen ließen. Hierzu genügt es, daß die gefährdenden Umstände – ohne den Eintritt einer plötzlichen Wendung, etwa durch eine Schutzmaßnahme des Bedrohten – auf einen unmittelbar bevorstehenden Unfall hindeuteten".[1379] Als Ergänzung (oder gar Einschränkung) dieser Meinung des BGH sind Urteile vom OLG Düsseldorf und OLG Hamburg besonders von Bedeutung, weil sie gemeinsam beim Gefährdungsvorsatz hinsichtlich des Charakters des Gefährdungsdelikts verlangen, dass sich der Täter „den doppelten Erfolg des Verkehrsdelikts", also „die Beeinträchtigung der Verkehrssicherheit und die daraus folgende konkrete Gefahr für Leib oder Leben eines anderen bzw. für Sachen von bedeutendem Wert", vorstellen müsse.[1380] Dies hat danach zur Folge, dass der BGH später bei den Fällen des gefährlichen Eingriffs in den Straßenverkehr die Beeinträchtigung des Kollektivrechtsguts, Sicherheit des Straßenverkehrs, bei der Bestimmung des Gefährdungsvorsatzes in Betracht zieht.[1381]

bb. Wissen um individuelle Gefahrensituationen im Fall des schweren Raubes

Im Fall des schweren Raubes weist der BGH für die Vorstellung der konkreten Gefahr darauf hin, dass die „Gefahr einer schweren Gesundheitsbeschädigung außer den Risiken, die generell für jeden Betroffenen von der Raubhandlung ausgehen, auch die konkreten Gefahren umfasst, denen das Opfer allein wegen seiner individuellen Schadensdisposition ausgesetzt ist".[1382] Davon ausgehend verlangt er, dass diese objektiv gesetzlich konkreten Gesundheitsgefahren subjektiv im Vorsatz des Täters beinhaltet sein müssten. Dabei ist insbesondere zu prüfen, ob der Täter „eine individuelle Schadensdisposition des Opfers und die gegebenenfalls erst hieraus resultierende Gefahr einer schweren Gesundheitsschädigung erkannt hat".[1383] Dieser Hinweis des BGH zum Wissen um individuelle Gefahrensituationen ändert nichts daran, das intellektuelle Element vom Gefährdungsvorsatz weiterhin

1379 BGHSt 22, 67, 74 = BGH, NJW 1968, 1244, 1245. Siehe auch BGHSt 26, 176, 179 = NJW 1975, 1934. Der Gefährdungsvorsatz sei deshalb ausgeschlossen, wenn der Täter jedoch „mit keinem Gedanken an diese Möglichkeit gedacht" habe, „weil nach der konkreten Situation eine Schutzmaßnahme in diesem Sinne nicht erforderlich war und der Plan der Angeklagten eigentlich nur dann reibungslos funktionierte, wenn eine Verletzungsfolge gerade nicht eintrat". Dazu LG München I, NStZ 1993, 188.

1380 OLG Düsseldorf, NZV 1994, 486; OLG Hamburg, NZV 1997, 237.

1381 BGH, NZV 1999, 172: „Bei einvernehmlich absichtlich herbeigeführten (‚gestellten') Unfällen kommt eine Verurteilung wegen gefährlichen Eingriffs in den Straßenverkehr nämlich nicht in Betracht, soweit sich die Gefährdung und der Gefährdungsvorsatz auf die Beschädigung der beteiligten Fahrzeuge beschränken, weil dann eine Gefährdung der Sicherheit des Straßenverkehrs nicht gegeben ist". (Hervorhebungen im Original.)

1382 BGH, NJW 2002, 2043, Leitsatz.

1383 BGH, NJW 2002, 2043, 2044.

mit der „Wissensintensität" festzustellen.[1384] Der BGH hält aber fest, dass bei der Erfassung der gefahrbegründenden Umstände ein „ontologisches Wissen", ein sog. „Erfahrungswissen",[1385] stets erforderlich ist. Demnach stelle der Täter „in seiner Vorstellung den Zusammenhang zwischen den genannten Ausgangsdaten und dem Drohen der hochgradigen Gefahr einer schweren Gesundheitsschädigung" her.[1386]

3. *Anforderung bei voluntativer Seite*

a. *Grundlage*

Da es betont wird, dass die Vorstellung einer konkreten Gefahr nicht gleichbedeutend mit dem Wollen oder der Billigung der Gefährdung ist, muss das Wollen einer konkreten Gefahr in der Praxis unabhängig vom Wissen festgestellt werden.[1387] Dementsprechend begründen manche Urteile die Unterscheidung zwischen dem Gefährdungs- und Verletzungsvorsatz überwiegend durch das Wollenselement. Der willentliche Abstand des Täters wird daher in diesen Urteilen besonders betont: „Darin liegt aber noch nicht das Einverständnis damit, daß diese Gefahr in einen wirklichen Schaden an Leben oder Leib umschlage. Dagegen gehört zum Vorsatz der Körperverletzung wenigstens in bedingter Form der Wille, einen anderen körperlich zu mißhandeln oder an der Gesundheit zu schädigen. Dieser Wille ist dem Vorsatz der Aussetzung nicht wesentlich";[1388] oder, „was er nicht will, ist die Ausweitung der Gemeingefahr zur tatsächlichen Schädigung eines anderen oder seiner selbst".[1389] Ebenso ist außerhalb des Wissenselements die Notwendigkeit des Wollenselements des Gefährdungsvorsatzes ständig von der Rechtsprechung hinsichtlich der übertragenen Verletzungsvorsatzmethode ausdrücklich wiederholt: „Vorsatz ist Wissen und Wollen der zum gesetzlichen Tatbestand gehörenden Merkmale. Zur Anwendung des § 315 a StGB auf das Verhalten des Angekl. muß in diesem Sinne das Begriffsmerkmal der Gemeingefahr vom Vorsatz umfaßt sein. [...] Der Angekl. mußte darüber hinaus auch den Eintritt dieser gefährlichen Situationslage billigen oder zumindest bewußt in Kauf nehmen".[1390] Allerdings lassen sich bei der

1384 Zutreffend *Degener*, StV 2003, S. 335.

1385 Siehe BGH, NStZ-RR 1996, 97.

1386 *Degener*, StV 2003, S. 335 f., sieht die Anforderung des ontologischen Wissens bedenklich und problematisch. Dagegen sieht *Schroth* das Urteil als überzeugend an, „da eben § 250 Abs. 1Nr. 1c StGB vor gefährlichen Durchführungen des Raubes schützen will" und die Zurechnungsregeln des Gefährdungsvorsatzes gerade daraus folgen könnten, dazu *Schroth*, JR 2003, S. 251, 252 f.

1387 BGH, NJW 1953, 1070; OLG Celle, NJW 1955, 1331, Leitsatz.

1388 BGH, NJW 1953, 1070.

1389 OLG Celle, NJW 1954, 612, 612.

1390 OLG Köln, NJW 1960, 1213, 1214. Siehe auch BGHSt 22, 67, 67 = BGH, NJW 1968, 1244, 1244, Leitsätze; BGH, NStZ 1984, 19; BGH, NStZ-RR 1996, 97, Leitsätze; OLG Hamburg, NZV 1997, 237, 239; OLG Koblenz, BeckRS 2001, 30171640; BGH, NStZ-RR 2004, 140; BGH, NStZ 2007, 704, Leitsatz; BGH, NStZ-RR 2007, 307.

Bestimmung des gefährdungsvorsätzlichen Wollens noch einzelne bestimmte Zurechnungsregeln und Unterschiede in der Rechtsprechung ausmachen. Mit diesen bestimmten Zurechnungsregeln ist eine Objektivierung des Wollensmoments in der Rechtsprechung mehr oder weniger impliziert.

b. Besondere Zurechnungsregeln auf der voluntativen Seite

aa. Nicht-Wollen der Fremdgefährdung wegen Selbstgefährdung

In den früheren Urteilen mancher Oberlandgerichte kam ein „Erfahrungssatz" bei der Prüfung des gefährdungsvorsätzlichen Wollens in den Fällen des Straßenverkehrs in Betracht:[1391] Der Täter werde „nach der allgemeinen Lebenserfahrung den Eintritt der Gemeingefahr regelmäßig schon deshalb nicht billigen [...], weil er selbst von dieser Gefahr mitbetroffen wird".[1392] So sei der Fall, in denen „der Täter trotz eigener Gefährdung die Gefährdungslage im Sinne des § 315 a StGB für andere gebilligt haben soll", stets nur ein Ausnahmefall.[1393] Dieser Erfahrungssatz verstößt aber gegen die Meinung des BGH und wird in den jüngeren Urteilen selten vertreten.[1394]

bb. Feststellung des Gefährdungswillens bei Einsetzen der Gefahr als Mittel

Um die subjektive Tatseite des Täters, ob sich das Wollen des Täters in den Fällen vom Durchbrechen einer Polizeisperre nur auf die Gefährdung oder gar auf die dahinterstehende Verletzung beziehen soll, festzustellen, entwickelte der BGH früher solch eine Regel: „Wer die von ihm verursachte, einen anderen bedrohende Gefahr bewußt als Mittel einsetzt, um den anderen zum Ausweichen oder einer ähnlichen Schutzmaßnahme zu nötigen, gefährdet vorsätzlich".[1395] So sei diese Handlungsweise, absichtlich auf einen Halt gebietenden Polizeibeamten zuzufahren, um diesen zur Freigabe der Fahrbahn zu nötigen, „allgemein und unabhängig vom Einzelfall (‚abstrakt') ebenso gefährlich wie die in § 315 b Abs. 1 Nr. 1 und 2 StGB bezeichneten verkehrsfremden Eingriffe von außen"; hierbei ist das Kraftfahrzeug nach dem BGH nicht als übliches Fortbewegungsmittel, sondern „zweckfremd und verkehrsfeindlich als Mittel zur Bedrohung eines Menschen" verwendet worden.[1396] Daraus folgt die einfache Konsequenz, dass der Täter sich mit dem Verletzungserfolg abfinde und deshalb nur die Gefahr wolle, weil er die Gefahr nur als Mittel einsetze. Diese Konsequenz aus der früheren Rechtsprechung ändert sich aber in den jüngeren Urteilen.[1397]

1391 Ausführliche Anmerkung mit weiteren Nachweis *Dahs*, NJW 1955, S. 1450.

1392 BayObLG, NJW 1955, 1449. Ebenso diese Behauptung OLG Celle, NJW 1954, 612; OLG Köln, NJW 1960, 1213, 1214.

1393 OLG Köln, NJW 1960, 1213, 1214.

1394 Dazu *Dahs*, NJW 1955, S. 1450.

1395 BGHSt 22, 67, 67 = BGH, NJW 1968, 1244, 1244, Leitsätze.

1396 BGHSt 26, 176, 176 f. = NJW 1975, 1934, 1934. (Hervorhebung im Original.)

1397 BGHSt 48, 233; BGH, BeckRS 2004, 00459. Vgl. B. I. 4. b. bb. in diesem Kapitel.

cc. Niedrigere Hemmschwelle vor Gefährdungsvorsatz als vor Verletzungsvorsatz

Um das Wollenselement des Gefährdungsvorsatzes, welches sich lediglich nur auf die konkrete Gefährdung beziehen muss, klarzustellen, entwickelt der BGH seine bekannte, aber viel umstrittene „Hemmschwellentheorie". Diese Theorie wird zunächst hauptsächlich zur Abgrenzung zwischen dem bedingten (Tötungs-)Vorsatz und der bewussten Fahrlässigkeit zum Einsatz gebracht,[1398] aber auch zur Abgrenzung zwischen Verletzungs- und Gefährdungsvorsatz.

Nach dieser Theorie legt der BGH einen solchen Erfahrungssatz nahe, wonach der Täter – bei den Fällen vom Durchbrechen einer Polizeisperre – „um ihres Zieles willen zwar auch eine Gefährdung der Polizeibeamten in Kauf [nimmt], in der Regel aber nicht ihre Tötung; denn vor dem Tötungsvorsatz steht eine erheblich höhere Hemmungsschranke als vor dem Gefährdungsvorsatz. [...] Das Erfahrungswissen des Angekl. aus dieser Tat – die zur Verurteilung wegen gefährlichen Eingriffs in den Straßenverkehr in Tateinheit mit Fahren ohne Fahrerlaubnis und Nötigung geführt hat – stützt allerdings in erster Linie die Annahme des Gefährdungsvorsatzes, nicht ohne weiteres auch die eines Tötungsvorsatzes des Angekl".[1399] Anschließend daran macht das OLG Hamburg seine Argumentation noch deutlicher, dass der Gefährdungsvorsatz sich durch die in ihm bestehende niedrigere Hemmschwelle gerade von bewusster Fahrlässigkeit und von dem Verletzungsvorsatz unterscheiden kann, sodass „es möglich ist, daß jemand ein und dieselbe Person zwar in konkrete Lebensgefahr versetzen, sie aber nicht töten will". Dabei sei zwar der bedingte Tötungsvorsatz, nicht aber der Gefährdungsvorsatz ausgeschlossen, weil es nach ständiger Rechtsprechung ausreichend sei, dass „der Täter die Umstände kannte, die zu der Gefährdung geführt haben, und daß er den Eintritt der Gefahrenlage zumindest billigend in Kauf genommen hat".[1400]

Mittels der Unterscheidung von der höheren oder niedrigeren Hemmschwelle in der innerlichen Einstellung des Täters versucht die Rechtsprechung ständig, vor allem das Wollenselement des Gefährdungsvorsatzes präzise festzustellen.[1401] Angesichts der Frage, ob die Hemmschwellentheorie ihr Ziel erreichen kann, bleibt diese spezifische Argumentation des BGH bisher noch problematisch.[1402] In einem jüngeren Urteil vollzieht der BGH eine Kehrtwende, wonach „sich die ‚Hemmschwellentheorie' in einem Hinweis auf § 261 StPO und die danach insbesondere bei der Prüfung des Tötungsvorsatzes erforderliche vorsichtige Gesamtwürdigung [erschöpft]".[1403] Ob

1398 Hier siehe nur BGH, NStZ 1983, 407; BGH, NStZ 1984, 19; BGH, NJW 1989, 3027; BGH, NStZ-RR 2007, 307. Ausführlich *Rissing-van Saan*, FS-*Geppert*, S. 497 ff.

1399 BGH, NStZ-RR 1996, 97.

1400 OLG Hamburg, NZV 1997, 237, 239.

1401 Zutreffend *Rissing-van Saan*, FS-*Geppert*, S. 500 f.

1402 *Rissing-van Saan*, FS-*Geppert*, S. 504 ff.

1403 BGH, HRRS 2012 Nr. 435, Leitsätze und Rdnr. 42. (Hervorhebung im Original.)

diese Kehrtwende ebenso in der Unterscheidung zwischen Verletzungs- und Gefährdungsvorsatz gilt, bleibt noch offen.

4. *Sonstige*

a. *Annahme bedingten Gefährdungsvorsatzes*

Nach der ständigen Rechtsprechung wird der Gefährdungsvorsatz auch in der Form des dolus eventualis ausdrücklich angenommen,[1404] obwohl er in der Literatur hoch umstritten ist. Der bedingte Gefährdungsvorsatz liege demnach in dem Fall vor, in dem der Täter die Umstände kennt, die zu der Gefährdung geführt haben, und den Eintritt des Gefahrenzustands „zumindest" billigend in Kauf genommen hat.[1405] Diese in der Rechtsprechung nahezu einheitliche Konsequenz, die in der Praxis meistens gar nicht begründet wird, ist leicht verständlich, wenn man dabei berücksichtigt, dass die im Verletzungsvorsatz geltende Konsequenz von der Rechtsprechung entsprechend auf den Bereich vom Gefährdungsvorsatz übertragen wird.

b. *Inkongruenz zwischen objektivem und subjektivem Tatbestand beim Gefährdungsdelikt*

In der Praxis zeigt sich eine – zumindest anscheinend – widersprüchliche Möglichkeit, dass für das Gefährdungsdelikt nicht immer der Gefährdungsvorsatz schon genüge, und dass umgekehrt auch er für das Verletzungsdelikt schon genügen könnte.

aa. Uneinheitliche Anwendung des Gefährdungsvorsatzes bei Betrug und Untreue

Weil nach der jüngeren Rechtsprechung anzunehmen ist, dass eine schadensgleiche Vermögensgefährdung als vollendeter Schadenseintritt bei den Fällen von Betrug und Untreue angesehen wird,[1406] also ihr objektiver Tatbestand vom Verletzungs- zum konkreten Gefährdungstatbestand herabgestürzt wird,[1407] soll ihr subjektiver Tatbestand dementsprechend vom Verletzungs- zum konkreten Gefährdungsvorsatz abgestuft werden[1408]. So wird dem BGH festgestellt, dass statt des Verletzungsvorsatzes nur ein Vorsatz hinsichtlich einer schadensgleichen Vermögensgefährdung beim Betrugsvorsatz verlangt werde.

> „Dabei reicht es für den Betrugsvorsatz bereits aus, daß der Täter die schadensbegründenden Umstände kannte. [...] Die Feststellung, daß der Angeklagte die Anleger über das Verlustrisiko getäuscht hat, ist an sich geeignet, die Annahme eines Schädigungsvorsatzes

---

1404 OLG Celle, NJW 1954, 612; BGHSt 22, 67, 73 f. = BGH, NJW 1968, 1244, 1245; OLG Düsseldorf, NJW 1982, 1111, 1112; OLG Hamburg, NZV 1997, 237, 239.

1405 OLG Hamburg, NZV 1997, 237, 239.

1406 Dazu siehe nur *Fischer*, StGB, § 263, Rdnr. 94, § 266, Rdnr. 81.

1407 *Weber*, ZStW Beiheft 1987, S. 2 f.

1408 *Fischer*, StGB, § 263, Rdnr. 106a f., § 266, Rdnr. 77b ff.

> im Sinne eines Gefährdungsvorsatzes zu tragen. Wer einem anderen eine sichere Kapitalanlage vorspiegelt, obwohl er tatsächlich mit der Möglichkeit eines Totalverlustes rechnet, kann eine täuschungsbedingte Gefährdung des eingesetzten Geldes des Getäuschten billigen".[1409]

Dadurch erscheint es folglich als ambivalent, dass es sich zwar im Wesentlichen nach der gesetzlichen Ausgestaltung des Betrugstatbestands um ein Verletzungsdelikt handelt, aber der Betrugsvorsatz nach der Rechtsprechung jedoch nur mit einem Gefährdungsvorsatz ausgestattet wird.

Umgekehrt fordert der BGH erstmals im Urteil BGHSt 51, 100 für Vermögensgefährdungen bei der Untreue von § 266 StGB nicht ein der objektiven Vermögensgefährdung entsprechendes, sondern ein über sie hinausgehendes Wollenselement, also „die Billigung der Realisierung der Gefahr".[1410] An dieser Stelle bezweckt der BGH ausdrücklich eine Einschränkung der Anwendung der Untreue:

> „Nach Ansicht des Senats ist der Tatbestand der Untreue in Fällen der vorliegenden Art im subjektiven Bereich dahingehend zu begrenzen, dass der bedingte Vorsatz eines Gefährdungsschadens nicht nur Kenntnis des Täters von der konkreten Möglichkeit eines Schadenseintritts und das Inkaufnehmen dieser konkreten Gefahr voraussetzt, sondern darüber hinaus eine Billigung der Realisierung dieser Gefahr, sei es auch nur in der Form, dass der Täter sich mit dem Eintritt des ihm unerwünschten Erfolgs abfindet. Nur unter dieser Voraussetzung erscheint in enger als bisher begrenzten Fallgruppen die Annahme der Tatvollendung schon bei Eintritt einer konkreten Gefahr des Vermögensverlustes als rechtsstaatlich unbedenkliche Vorverlagerung der Strafbarkeit wegen Untreue".[1411]

Diese Ansicht wird danach im Beschluss des BGH vom 25. Mai 2007[1412] fortgeführt und ist hinsichtlich des Bestimmtheitserfordernisses aus Art. 103 Abs. 2 GG verfassungsrechtlich nicht zu beanstanden.[1413] Im Grunde genommen geht es bei dieser Ansicht nicht um die Feststellung des reinen Gefährdungsvorsatzes, sondern um die rechtliche Auslegung des Vorsatzes einer schadensgleichen Vermögensgefährdung im Tatbestand der Untreue.[1414] Diese Auslegung versucht, die objektive Vorverlagerung der Strafbarkeit der Untreue durch die strengere Auslegung des subjektiven Tatbestands zu begrenzen.[1415] Sie kann sich daher selbstverständlich nur auf die Anwendung der Untreue beschränken und sich praktisch nicht auf alle

1409 BGH, NStZ 2003, 264.
1410 So betrachtet *Weber*, in: *Arzt/ Weber/ Heinrich/ Hilgendorf*, BT, § 35, Rdnr. 103a.
1411 BGHSt 51, 100, Rdnr. 63.
1412 BGH, NStZ 2007, 704 f.
1413 BVerfG, NJW 2009, 2370, 2373, Rdnr. 40, 43.
1414 *Fischer*, StGB, § 266, Rdnr. 78 ff.
1415 Zutreffend betrachtet BVerfG, NJW 2009, 2370, Rdnr. 34, 40.

Gefährdungsdelikte erstrecken.[1416] Sie verhilft aber dazu, darüber nachzudenken, wo der Gefährdungsvorsatz seine eigene systematische Position finden soll.

bb. Nichtausreichen eines Gefährdungsvorsatzes für das konkrete Gefährdungsdelikt

Ähnlich wie die in seinem Urteil BGHSt 51, 100 versuchte Einschränkung durch die Rechtsauslegung bei der Untreue verlangt der BGH abermals bei dem Eingriff in den Straßenverkehr von § 315 b StGB von dem Täter einen über den Gefährdungsvorsatz hinaus gehenden (mindestens bedingten) „Schädigungsvorsatz".[1417] Er begründet damit:

> „Ein bloß vorschriftswidriges Verkehrsverhalten fällt dagegen grundsätzlich nicht unter § 315 b StGB, sondern [...] nur unter § 315 c StGB. [...] dass zu dem bewußt zweckwidrigen Einsatz eines Fahrzeugs in verkehrsfeindlicher Einstellung hinzukommen muß, daß das Fahrzeug mit (mindestens bedingtem) Schädigungsvorsatz – etwa als Waffe oder Schadenswerkzeug (vgl. BGH VRS 94, 213, 214) – mißbraucht wird. [...] Mit dieser Einschränkung stellt der Senat nicht in Frage, daß für den subjektiven Tatbestand des § 315 b Abs. 1 StGB Gefährdungsvorsatz ausreicht [...]; er konkretisiert hierdurch lediglich die schon bisher geforderte ‚Absicht', den Verkehrsvorgang zu einem Eingriff in den Straßenverkehr zu ‚pervertieren'".[1418]

Nach dieser Meinung der Rechtsprechung scheint die bei § 315 b StGB geforderte, über den Gefährdungsvorsatz hinausgehende Absicht wieder einmal dem Grundsatz der vollständigen Kongruenz zwischen objektivem und subjektivem Tatbestand zu widersprechen. Es handelt sich zwar bei § 315 b StGB nach der gesetzlichen Ausgestaltung des Tatbestands eigentlich um ein konkretes Gefährdungsdelikt, dafür wird aber in der Praxis kein entsprechender reiner Gefährdungsvorsatz, sondern ein sich auf den Verletzungserfolg beziehender Schädigungsvorsatz gefordert.[1419] Mit dieser jüngeren Meinung des BGH werden mehrere Probleme geschaffen. Zum einen bleibt die Inkongruenz zwischen objektivem und subjektivem Tatbestand beim Gefährdungsdelikt im Sinne von § 315 b StGB problematisch.[1420] Zum anderen erschwert sich dadurch die Unterscheidung zwischen Gefährdungs- und Verletzungsvorsatz auf der voluntativen Seite des Vorsatzes.[1421] Obwohl diese neue Meinung in der Literatur mehr Ablehnung als Zustimmung findet,[1422] wird sie doch in der Praxis

---

1416 Im Ergebnis zutreffend *Weber*, in: *Arzt/ Weber/ Heinrich/ Hilgendorf*, BT, § 35, Rdnr. 103a.

1417 BGHSt 48, 233. Dieser Rechtsprechungswandel *König*, NStZ 2004, S. 175 ff.; *ders.*, FS-*Geppert*, S. 259 ff.

1418 BGHSt 48, 233. (Hervorhebungen im Original.)

1419 *König*, FS-*Geppert*, S. 263.

1420 *König*, FS-*Geppert*, S. 263.

1421 *König*, NStZ 2004, S. 178.

1422 Mit weiteren Nachweisen *Seier*, NZV 2003, S. 490 f.; *König*, FS-*Geppert*, S. 263.

noch weiter fortgeführt oder zumindest nicht ausdrücklich verneint.[1423] Dieses Urteil kann trotzdem bei der Bestimmung der Position des Gefährdungsvorsatzes sehr sinnvoll sein, weil es gerade – wenn auch negativ – nachgewiesen hat, dass nicht der Verletzungsvorsatz, sondern der Gefährdungsvorsatz als ein ausreichender und geeigneter Gradmesser zwischen Verkehrsverhalten und verkehrsfremdem Verhalten fungiert.[1424]

II. Kritische Würdigung

Da die Selbstständigkeit des Gefährdungsvorsatzes in der Rechtsprechung aufgrund der Übertragung der Methode des Verletzungsvorsatzes angenommen wird, ist dieser Standpunkt der Rechtsprechung zwar im Ergebnis als zutreffend und praktikabel zu bewerten,[1425] es fehlt aber offensichtlich an einer einheitlichen Begründung, die hier besonders systematisch zu kritisieren ist. Es kann nur feststehen, dass den Auffassungen der Rechtsprechung über den Gefährdungsvorsatz alle erhobenen Einwände bei den Ansichten der Selbstständigkeit des Gefährdungsvorsatzes begegnen würden.[1426] Sie würden auch in die Schwierigkeit des begrifflichen und inhaltlichen Abgrenzungsproblems des Gefährdungsvorsatzes von anderen subjektiven Tatbeständen geraten.[1427]

Anders als bei der Literatur ist allerdings, dass die Rechtsprechung den Begriff des Gefährdungsvorsatzes im Einzelfall anknüpfend an die jeweiligen Tatbestände und Tatumstände entwickelt hat und dafür eine Reihe der Zurechnungsregeln im

---

1423 Diese neue Meinung des BGH wurde danach fortgeführt, siehe nur BGH, HRRS 2004 Nr. 98; BGH, HRRS 2005 Nr. 740. Bis OLG Hamm, Beschluss vom 20.02.2014, Az. 1 RVs 15/ 14, ist sie noch nicht ausdrücklich verneint. Bemerkenswert ist diese Meinung in seinem Beschluss vom 9. Februar 2010 auch nicht verneint: „Der Senat stellt vielmehr klar, dass ein vorschriftswidriges Verkehrsverhalten bei sog. Inneneingriffen im fließenden Verkehr grundsätzlich nur dann von § 315 b Abs. 1 StGB, erfasst wird, wenn der Fahrzeugführer nicht nur mit Gefährdungsvorsatz, sondern mit zumindest bedingtem Schädigungsvorsatz handelt. Eine Differenzierung der Fälle danach, ob der Täter seine Fahrt nach dem gefährlichen Eingriff fortsetzen will oder nicht, würde nicht nur zu Abgrenzungsschwierigkeiten, sondern auch zu schwer nachvollziehbaren unterschiedlichen Ergebnissen bei gleichem Unrechtsgehalt der Tat führen“. Dazu siehe BGH, HRRS 2010 Nr. 271, Rn. 9. Andere Urteile siehe *König*, FS-*Geppert*, S. 264.

1424 Zutreffend *König*, FS-*Geppert*, S. 266. Auch *Seier*, NZV 2003, S. 491: „Die Frage, ob der Täter darüber hinaus mit Schädigungsvorsatz handelte, spielte also bei § 315 b StGB keine Rolle, und ihr wurde in den einschlägigen Entscheidungen auch nicht mit Blick auf versuchte Tötungsverbrechen oder Körperverletzungsdelikte nachgegangen“.

1425 *Schünemann*, Chengchi Law Review, Vol. 50 (1994), S. 273; *Schünemann*, FS-*Hirsch*, S. 375; *Struensee*, in: das 6. Strafrechtsreformgesetz 1998, S. 42.

1426 Vgl. A. III. in diesem Kapitel.

1427 *Laue*, Aussetzung, S. 47.

Sinne von *Schroth* ausgemacht hat. Dies macht es auf einer Seite deutlich, dass ein automatischer und einheitlicher Schluss von Art und Maß des Gefährdungsvorsatzes ohne Rücksicht auf den einzelnen Gefährdungsumständen schwer zu bestimmen ist.[1428] Auf der anderen Seite zeigt sich jedoch, dass auch der BGH mittels dieser Zurechnungsregeln den Gefährdungsvorsatz mehr oder weniger verobjektiviert hat; der Gefährdungsvorsatz wird danach hinsichtlich der objektiv bestimmten Zurechnungsregeln mehr oder weniger unabhängig von der realen subjektiven Einstellung des Täters festgestellt.[1429] Darüber hinaus tendiert die jüngere Rechtsprechung bemerkenswerterweise dazu, den Inhalt des Vorsatzes bei manchen konkreten Gefährdungsdelikten strenger festzustellen, sodass er in den Verletzungsvorsatz umgeschlagen ist. Ob diese strengere Anforderung den Verzicht des reinen Gefährdungsvorsatzes bedeutet, bleibt zwar offen, ist aber sinnvoll weiter zu betrachten.

C. Zwischenbilanz: Schwächen der Methode der vorliegenden Ansichten trotz Anerkennung der Identifikation des Gefährdungsvorsatzes

Mithilfe der gesamten Betrachtung der Dogmengeschichte wird deutlich, dass alle Auffassungen zur Selbstständigkeit des Gefährdungsvorsatzes im Strafrechtssystem dogmatisch nicht zufriedenstellend sind. Sie alle positionieren den Gefährdungsvorsatz überwiegend im Kontext der herkömmlichen Vorsatztheorie, aber systematisieren ihn weniger angesichts des spezifischen Verhältnisses zwischen dem Wesen des Vorsatzes und der tatbestandlich vorgegebenen, unterschiedlichen Intensitäten der Rechtsgutsverletzung sowie -gefährdung. Genauer gesagt: Obwohl manche Autoren damit begonnen haben, den Gefährdungsvorsatz tatbestandsbezogen zu umfassen,[1430] stellen ihn noch viele Autoren mit der Methode fest, Wissen und Wollen je nach mehr oder weniger Intensität zu unterscheiden, die bereits bei der Abgrenzung von dolus eventualis und bewusster Fahrlässigkeit ausgenutzt wurde. Zusätzlich mit dem Anhaltspunkt, Gefahr als „Möglichkeit einer Rechtsgutsverletzung" genüge für den Vorsatz schon, müssten der Gefährdungsvorsatz, der eventuelle Vorsatz und die bewusste Fahrlässigkeit zwingend stets zusammen in einem *Stufenverhältnis* stehen.[1431] Sie müssten miteinander verglichen werden, sodass der Gefährdungsvorsatz nur dadurch festzustellen ist, wie hoch oder niedrig das Gefährdungsbewusstsein und der Gefährdungswille sein sollen.

Dieses Defizit folgt offensichtlich aus der Methodenschwäche der herkömmlichen Vorsatzdogmatik. Blickt man in die vorliegenden herkömmlichen Vorsatzlehren

---

1428 Zutreffend *Schroth*, JR 2003, S. 252 f.; *Krumm*, SVR 2011, S. 76.

1429 *Schroth*, JR 2003, S. 252.

1430 *Schroth*, Vorsatz als Aneignung, S. 8; *Gaede*, in: *Matt/ Renzikowski*, StGB, § 15, Rdnr. 7.

1431 Stufenverhältnis von Vorsatz und Fahrlässigkeit sieht nur *Roxin*, AT I, § 24, Rdnr. 79.

hinein, gewinnt man außerdem sofort den Eindruck, dass sie sich bloß auf den einzigen und einfacheren Deliktstypus, also auf das vorsätzliche (Verletzungs-)Erfolgsdelikt, beziehen. Angesichts dieses Defizits bei den meisten Vorsatzlehren befürwortet *Vogel* daher, dass das Vorsatzverständnis als der Kern der subjektiven Zurechnung im AT auch die einzelnen konkretisierten Deliktsmerkmale im BT mit einbezieht. Das bedeutet, dass die Lehre des Vorsatzes sowohl nach der Strafzwecken im AT als auch nach dem Prinzip des Rechtsgutsschutzes im BT zu entwickeln ist.[1432] Dieser Auffassung *Vogels* ist hinsichtlich der Besonderheit des Gefährdungsvorsatzes zuzustimmen. Es scheint deshalb zumindest in der Gefährdungsvorsatzdogmatik durchaus notwendig, den Vorsatz aufgrund der im AT festgelegten Kriterien weiter in Bezug auf die im BT jeweils vorliegenden Deliktstypen und Tatbestände, und ferner auch in Bezug auf die darin geschützten Rechtsgüter hin zu verstehen.[1433]

In der Gefährdungsvorsatzdogmatik wäre die Frage zutreffend, ob die Bestimmung des Gefährdungsvorsatzes anhand eines unabhängigen Gefahrbegriffs die oben bestimmten Probleme der gefährdungsstrafrechtlichen Vorsatzdogmatik lösen kann. Oder positiv gesagt, ob sie angesichts des Zwecks der gesetzgeberischen Differenzierung von Gefährdungs- und Verletzungstatbestand etwa selbstständig und anders als der Verletzungsvorsatz bleiben kann. Ferner muss die Bestimmung des Gefährdungsvorsatzes die Kernprobleme des modernen Gefährdungsstrafrechts, die aus der Abweichung des Schuldprinzips folgende *Entsubjektivierung* und *Entindividualisierung*, lösen können, weil ihre Entfaltung und Auswirkung gerade von den illegitimen Uminterpretationen des Gefährdungsvorsatzes abhängen. Um diese in der Gefährdungsvorsatzdogmatik noch nicht gelösten Probleme zu überwinden, braucht man bei der Untersuchung des Gefährdungsvorsatzes neue Methoden und neue dogmatische Perspektiven. Es bedarf deshalb im nächsten Kapitel einer erneuten dogmatischen Erörterung und Systematisierung des Gefährdungsvorsatzes.

1432 Zutreffend LK-*Vogel*[12], Vor § 15, Rdnr. 50 f.

1433 LK-*Vogel*[12], Vor § 15, Rdnr. 51, § 15, Rdnr. 31, 49; *Schroth*, Vorsatz als Aneignung, S. 8 f. Dagegen *Kindhäuser*, FS-*Eser*, S. 354.

7. Kapitel: Zur Rekonstruktion des Gefährdungsvorsatzes

A. Ausblick

An die oben gestellten Fragestellungen anschließend werden die Legitimation der Selbstständigkeit und die genaue Konstruktion des Gefährdungsvorsatzes im Folgenden eingeräumt. Damit die Selbstständigkeit des Gefährdungsvorsatzes begründet werden kann, ist zunächst zu prüfen, worin ihre Legitimation liegt. Hier stellt sich die Frage, ob die Selbstständigkeit des Gefährdungsvorsatzes der Ratio der Vorsatzstrafe zufolge im Strafrecht überhaupt legitimierbar ist (B.). Soweit die Selbstständigkeit festgestellt ist, ist weiter zu ermitteln, wie sich der Vorsatz mit Rücksicht auf die Ratio der Vorsatzstrafe dogmatisch in concreto formuliert, wonach der Gefährdungsvorsatz sich darstellen kann (C.). Anschließend wird eine legitim verstandene Konzeption des Gefährdungsvorsatzes behandelt, die sich aus dem Zusammenhang zwischen dem vertretenen Vorsatz- und dem Gefahrbegriff ergibt (D.).

B. Legitimation der Selbstständigkeit des Gefährdungsvorsatzes

I. Formelle Legitimation: Gesetzliche subjektive Differenzierung von Gefährdungs-, Verletzungs- und Fahrlässigkeitsdelikten

Da es sich beim Gefährdungsvorsatz in erster Linie um die bestimmte Vorsatzform der Gefährdungstatbestände handelt,[1434] liegt der erste Grund für die Differenzierung von Gefährdungs-, Verletzungsvorsatz und bewusster Fahrlässigkeit im geltenden Strafrecht: Die Vorsatzregelungen von §§ 15, 16 I 1 StGB und die gesetzliche Ausgestaltung der Gefährdungstatbestände bestimmen gemeinsam das Gebot, dass Gefährdungs-, Verletzungsvorsatz und die bewusste Fahrlässigkeit nicht übereinstimmen dürfen.

1. *Differenzierung des Gefährdungsvorsatzes von der bewussten Fahrlässigkeit*

Die Unterscheidung von Gefährdungsvorsatz und Fahrlässigkeit wird durch den Regelungsgehalt von § 15 StGB festgestellt. Gemäß § 15 StGB ist grundsätzlich nur vorsätzliches Handeln strafbar, sofern keine ausdrückliche Bestimmung zur Strafbarkeit des fahrlässigen Handelns im BT liegt. Diese Vorschrift besagt zum weiteren

1434 Dieser Ausgangspunkt *Rabl*, Gefährdungsvorsatz, S. 25 f.

das gesetzliche Verbot zur Anwendung von Vorsatz und Fahrlässigkeit: Wenn eine Strafvorschrift die Fahrlässigkeit nicht erwähnt, ist es ausgeschlossen, die Anwendung dieser Vorschrift anhand dogmatischer Auslegungen auf Fahrlässigkeit zu erstrecken.[1435] So ist bei der Anwendung der Gefährdungstatbestände, in denen die Fahrlässigkeit nicht ausdrücklich mit Strafe bedroht ist, nur derjenige *echte* Vorsatz hinsichtlich der Gefährdung zu prüfen, welcher nach § 16 I 1 StGB und der Vorsatzlehre festgestellt werden muss und nicht nach den Kriterien der Fahrlässigkeit bestimmt werden darf. Die Ansicht, den Gefährdungsvorsatz als die Fahrlässigkeit anzusehen, widerspricht dem Regelungsgehalt von § 15 StGB. Sie führt nur zur Anwendungsunsicherheit und -kompliziertheit des Gefährdungsvorsatzes in der Praxis,[1436] weil die Merkmale des Gefährdungsvorsatzes mithilfe der Merkmale der bewussten Fahrlässigkeit gesetzlich und strukturell kaum vorstellbar oder nur sehr schwierig zu prüfen sind. Diese Ansicht könnte nur angesichts der Verwandtschaft von Gefährdungsdelikten und Fahrlässigkeitsdelikten bestenfalls mehr oder weniger Hinweise geben und dazu verhelfen, das Wesen des Gefährdungsvorsatzes dogmatisch zu interpretieren. Die Hauptschwierigkeit der Selbstständigkeit des Gefährdungsvorsatzes liegt daher m. E. grundsätzlich in dessen Differenzierung von dem Verletzungsvorsatz.

2. Differenzierung des Gefährdungsvorsatzes von dem Verletzungsvorsatz

Die Differenzierung vom Gefährdungs- und Verletzungsvorsatz basiert hingegen nicht auf § 15 StGB, sondern erst auf § 16 I 1 StGB.[1437] Zur formellen Unterscheidung von Gefährdungs- und Verletzungsvorsatz kommt es ausschließlich auf den Zusammenhang des § 16 I 1 StGB und der gesetzlichen Differenzierung von Gefährdungs- und Verletzungsdelikte an. Somit handelt es sich dabei vielmehr darum, ob bei den Gefährdungs- und Verletzungsdelikten von unterschiedlichen Vorsatzgegenständen die Rede sein kann. Der Gesetzgeber selbst definiert den Vorsatzbegriff zwar nicht, lässt aber die Gegenstände des Vorsatzes durch § 16 I 1 StGB generell negativ vorgeben, wonach sich die Gegenstände des Vorsatzes weiterhin je nach den im BT vorgegebenen Deliktstatbeständen richten.[1438] Mit anderen Worten: Differenziert der Gesetzgeber im BT je nach der unterschiedlichen Intensität der

1435 NK-StGB-*Puppe*, § 15, Rdnr. 11.

1436 Siehe 5. Kapitel B. IV. Gegen Anwendungsunsicherheit in der Praxis *Noll*, SchwZSt 1954, S. 29 f.

1437 Differenzierung vom Gefährdungs- und Verletzungsvorsatz als der Ausgangspunkt des StGB LK-*Vogel*[12], § 15, Rdnr. 129. Hingegen ist *Weber* der Meinung, dass der Gesetzgeber deshalb für einen selbstständigen Gefährdungsvorsatz plädiere, weil sonst auf die Strafbedrohung des Versuchs verschiedener konkreter Gefährdungsdelikte verzichtet werden können hätte. Dazu *Weber*, ZStW Beiheft 1987, S. 22.

1438 *Roxin*, AT I, § 12, Rdnr. 133 f.; LK-*Vogel*[12], Vor § 15, Rdnr. 50, § 15, Rdnr. 29; *Schönke/ Schröder/ Sternberg-Lieben/ Schuster*, StGB, § 15, Rdnr. 7.

Beeinträchtigung des geschützten Rechtsguts die (objektiven) Gefährdungs- und Verletzungstatbestände,[1439] muss der Vorsatz sich gemäß § 16 I 1 StGB zwangläufig auf jene normierte Gefährdung oder Verletzung eines Rechtsguts beziehen.[1440] Aufgrund der sich zwingend aus § 16 I 1 StGB ergebenden „Spiegelbildfunktion" des Vorsatzes muss der Vorsatzgegenstand die im Tatbestand bestehenden, sämtlichen unrechtsbegründenden Merkmale erfassen.[1441] Aus dieser Sicht liegt es auf der Hand: Die Tatumstände, welche vom Vorsatz des Täters einer Gefährdungstat erfasst sein müssen, beziehen sich *nicht* auf den über die Gefährdung hinausgehenden Verletzungserfolg, sondern nur auf den bei den (konkreten) Gefährdungsdelikten als Tatbestandsmerkmal gekennzeichneten und somit unrechtskonstitutiven Gefahrerfolg.[1442] Der Gefährdungs- und der Verletzungsvorsatz müssen sich von Anfang an aufgrund des Regelungsgehalts von § 16 I 1 StGB und der gesetzlichen Differenzierung zwischen Gefährdungs- und Verletzungsdelikten unterscheiden und dürfen nicht miteinander verwechselt werden. Diese auf dem geltenden Strafrecht begründete Ansicht ist sowohl bereits überzeugend wie auch schwer zurückzuweisen. Manche Autoren, die ausschließlich Risiko bzw. Gefahr als Bezugspunkt des Vorsatzes ansehen und trotzdem den Gefährdungs- und Verletzungsvorsatz unterscheiden wollen, können daher entweder im Vorsatzbereich die betroffene Gefahr bei den Gefährdungsdelikten von der Gefahr bei den Verletzungsdelikten

1439 *Schroeder*, ZStW Beiheft 1982, S. 3; *Baumann/ Weber/ Mitsch*, AT, § 8, Rn. 42; *Stratenwerth/ Kuhlen*, AT, § 8, Rdnr. 14; *Heinrich*, AT, Rdnr. 161. Die Gefährdungs- und Verletzungsdelikte nach der Verletzung oder nur der Gefährdung eines Handlungsobjekts zu differenzieren *Jakobs*, AT, 6/ 78 f.; *Roxin*, AT I, § 10, Rdnr. 123; *Krey/ Esser*, AT, Rdnr. 221. Diese Auffassung verwirrt sich doch bei der Differenzierung von „Schutzobjekt" und „Handlungsobjekt" und ist hier nicht zuzustimmen. Kritik bei *Anastasopoulou*, Schutz kollektiver Rechtsgüter, S. 57; *Stratenwerth/ Kuhlen*, AT, § 8, Rdnr. 14.

1440 *M. Köhler*, Die bewusste Fahrlässigkeit, S. 283, betont ebenso die „Entsprechung der tatbestandlichen Ausdifferenzierung des Verletzungsgeschehens auf subjektiver Ebene". Auch in dieser Hinsicht *Küpper*, ZStW 100 (1988), S. 772. Darüber hinaus weist *Weigend* zutreffend darauf hin, dass die Identifikation vom Gefährdungs- und Verletzungsvorsatz nur dann sinnvoll ist, „wenn das Gesetz die Verletzung und die Gefährdung eines Rechtsguts mit dem gleichen Unwerturteil belege". Dazu *Weigend*, ZStW 93 (1981), S. 670 f.

1441 *Maurach/ Zipf*, AT 1, S. 304 f.; *Schroth*, Vorsatz und Irrtum, S. 1; *Safferling*, Vorsatz und Schuld, S. 118 f.

1442 *Weber*, in: *Arzt/ Weber/ Heinrich/ Hilgendorf*, BT, § 35, Rdnr. 99; *Heinrich*, AT, Rdnr. 163; *Schönke/ Schröder/ Sternberg-Lieben/ Schuster*, StGB, § 15, Rdnr. 98a. Sämtliche objektive Gefährdungstatbestände als Bezugspunkt des Gefährdungsvorsatzes *Rob. von Hippel*, VDS, AT III, S. 528 f.; *Schneider*, Gefährdungsvorsatz, S. 24. Hingegen nur das tatbestandsmäßige Verhalten der konkreten Gefährdungsdelikte als Bezugspunkt des Gefährdungsvorsatzes *Frisch*, Vorsatz und Risiko, S. 295.

differenzieren,[1443] oder sie müssen die geforderte Intensität der Gefahrvorstellung verdünnen.[1444]

Allerdings ist die aus der strengen Spiegelbildfunktion resultierende Legitimation der Differenzierung von Gefährdungs- und Verletzungsvorsatz nicht völlig unstreitig, weil die Durchführung einer strengen Spiegelbildfunktion aus § 16 I 1 StGB nach manchen Meinungen kriminalpolitisch bedenklich bleibt: Sie verhindere den als primäre Aufgabe angesehenen Rechtsgüterschutz und müsse somit etwas aufgeweicht werden.[1445] Dabei geht es in erster Linie um das Spannungsverhältnis zwischen den Aufgaben der subjektiven Zurechnung, „konkrete Haftungsmaßstäbe zu benennen und Verantwortungsbereiche voneinander abzugrenzen“, und der sich aus der Relation zwischen Verhalten und Rechtsgüterbeeinträchtigungen resultierenden, möglichst genauen Differenzierung bei unterschiedlichen Vorsatzformen.[1446] Ferner geht es vielmehr um die Ratio der Vorsatzstrafe, wonach zu entscheiden ist, warum und inwieweit ein Handeln überhaupt vorsätzlich zurechenbar sein kann und soll.[1447] Zur Selbstständigkeit des Gefährdungsvorsatzes bedarf es deshalb mehreren materiellen Gründen außerhalb des geltenden Strafrechts.

1443 Exemplarisch sind die Auffassungen von *Frisch*, *Herzberg* und *Puppe*. Dazu siehe 6. Kapitel A. II. 1. a., b., d. Für *Frisch* ist die Differenzierung von Verletzungs- und Gefährdungsvorsatz noch deshalb selbstverständlich, wenn er den das „tatbestandsmäßige“ Verhalten als den einzigen Bezugspunkt des Vorsatzes bestimmt, *Frisch*, Vorsatz und Risiko, S. 74 ff. Kritik an das Spannungsverhältnis zwischen Verletzungs- und Gefährdungsvorsatz in *Frisch*s Lehre *Ziegert*, Vorsatz, Schuld und Vorverschulden, S. 120.

1444 Exemplarisch ist die Auffassung von *Hsu*. Dazu siehe 6. Kapitel A. II. 1. c.

1445 *Frisch*, Vorsatz und Risiko, S. 56 ff.; *Schroth*, Vorsatz und Irrtum, S. 1; *Safferling*, Vorsatz und Schuld, S. 119.

1446 SSW-StGB/ *Momsen*, §§ 15, 16, Rdnr. 3.

1447 Tendenziell wird der Vorsatz häufig nach der Ratio der Vorsatzstrafe konstruiert, wobei vielfältige Straftheorien ihre Einflussnahme belegen können und damit ein Spannungsverhältnis zwischen den Stellungnahmen von unterschiedlichen Straftheorien vorhanden ist. Eingehend *Jakobs*, Erfolgsdelikt, S. 104 ff.; *Krauss*, FS-*Bruns*, S. 23 ff.; *Frisch*, Vorsatz und Risiko, S. 32 ff.; *Jakobs*, Aufgabe der subjektiven Deliktseite, S. 277 f.; *Baurmann*, Zweckrationalität, S. 278 ff.; *Ziegert*, Vorsatz, Schuld und Vorverschulden, S. 117 ff.; *Hassemer*, GS-*Arm. Kaufmann*, S. 294 ff.; *Warneke*, Beteiligungsvorsatz, S. 69 ff.; *Sacher*, Sonderwissen, S. 155 ff.; *Hsu*, Doppelindividualisierung, S. 99 ff.; *Stuckenberg*, Vorsatz und Irrtum, S. 406 ff.; *Stein*, Vorsatz- und Fahrlässigkeitsstraftaten, S. 278 ff.; *Hantschel*, Untreuevorsatz, S. 186 ff.; *Pawlik*, Das Unrecht des Bürgers, S. 364 ff.; *Stein*, FS-*Wolter*, S. 525 ff.

II. Materielle Legitimation: Subjektive Differenzierung von Gefährdungs- und Verletzungsdelikten nach der Ratio der Vorsatzstrafe

Zur Unterscheidung zwischen vorsätzlichen und fahrlässigen Handlungen spricht *Michael Baurmann* ausdrücklich für den Vorrang des zweckrationalen Gedankens und die Überflüssigkeit des Schuldprinzips. Er begründet dies dadurch, dass „erst die Orientierung an rechtspolitischen Prinzipien eine Ausdehnung der Kriminalisierung durch ein ‚großzügig' interpretiertes Schuldprinzip verhindert".[1448] Danach zeigt sich bereits deutlich, dass die präventiv orientierte Tendenz der Vorsatzdogmatik gerade die feste Bindung des Vorsatzes mit dem Schuldprinzip löschen will. Ferner mit Blick auf die präventiv orientierte Tendenz der Vorsatzdogmatik im Gefährdungsstrafrecht wird bei der Differenzierung zwischen unterschiedlichen Vorsatzformen ebenfalls festgestellt, dass der Vorsatz dabei schlechthin einseitig nach einer einzelnen ausgewählten Ratio zu bestimmen ist, ohne ihn auf seine normative Wurzel, also auf das Schuldprinzip, zurückzuführen. Diese Behauptungen sind jedoch problematisch, weil sie selten über die entscheidendste Funktion des Schuldprinzips sprechen, den Täter vor staatlicher willkürlicher Strafe zu schützen, die eigentlich ebenfalls zur Ratio der Vorsatzstrafe gehören soll. Es ist durchaus anerkannt, dass man erst nach der recht verstandenen Ratio der Vorsatzstrafe die Frage richtig beantworten kann, ob die subjektiven Seiten von Gefährdungs- und Verletzungsdelikte differenziert werden müssen. Hierzu kommen außerhalb der Präventionswirkungen das Schuldprinzip und der Schuldbegriff in Betracht.

1. Versuche der Integration der Prävention in den Schuldbegriff

Der Weg zur Inaktivierung des Vorsatzes im Gefährdungsstrafrecht ist nicht eine äußerlich gewaltige Verdrängung, bei der das Schuldprinzip einfach durch die Prävention ersetzt wird, sondern eine strategische Integration der Prävention in den Schuldbegriff.[1449] Die Schuld, die sich traditionell überwiegend auf die vergangenen Taten bezieht, wird tendenziell zu einer mehr an den zukunftsbezogenen Schuldmerkmalen orientierten „Vorsorgeschuld" verwandelt.[1450] Dabei wurde mehrfach der Versuch unternommen, die längst im Schuldbegriff implizierte Individualisierung mehr oder weniger zu verwischen. Es wird als die Objektivierung der Schuld bezeichnet.[1451]

1448 *Baurmann*, Zweckrationalität, S. 279 f. (Hervorhebung im Original.)

1449 *Stratenwerth*, Schuldprinzip, S. 8, 10 ff.

1450 *Lampe*, Strafphilosophie, S. 255.

1451 *Arth. Kaufmann*, Jura 1986, S. 228. In Bezug auf die Objektivierung des Schuldbegriffs *Jakobs*' auch *Schünemann*, Chengchi Law Review, Vol. 50 (1994), S. 275 ff.

a. Roxin

Bereits bei *Roxin* wird die Frage nach der Feststellbarkeit der Schuld im Sinne individuellen Anderhandelnkönnens im Tatzeitpunkt aufgeworfen.[1452] Um das Schuldprinzip wiederum mit dem präventiven Zweck des Strafrechts in Einklang zu bringen, schlägt er vor, das Strafrecht als Verhaltensnorm in der Gesellschaft und somit die Schuld als eine gesellschaftliche Zuschreibung anzusehen, wobei es nicht mehr um das Problem einer Willensfreiheit geht.[1453] Die Schuld ist nach ihm durch das generalpräventive Strafbedürfnis zu ergänzen.[1454] An dieser Stelle werde bei der Schuld die traditionelle Bestimmungsfunktion weggenommen und es bleibe nur noch die Begrenzungsfunktion. Schuld und Prävention würden demnach „in ein Verhältnis wechselseitiger Beschränkung“ zueinander treten: „Die Schuld setzt den staatlichen Präventionsbedürfnissen eine Grenze, aber die Präventionsbedürfnisse ihrerseits begrenzen auch die Schuldstrafe“.[1455]

Ein anhaltender Einwand gegen den Vorschlag *Roxins* liegt darin, dass die Begrenzungsfunktion und die Begründungs- sowie Bestimmungsfunktion der Schuld ständig miteinander zusammenhängen und kaum trennbar sind. Es ist von Anfang an unmöglich, dass die Schuld das Präventionsstrafrecht begrenzt, ohne zugleich ihre konstituierenden Voraussetzungen zu begründen.[1456] Als die Obergrenze darf sich die Schuld auch nicht aus dem präventiven Strafbedürfnis ergeben, sonst ginge ihre Begrenzungsfunktion auf das Präventionsstrafrecht verloren.[1457] Soweit man das Schuldprinzip als ein liberal-rechtsstaatliches Erfordernis zur Begrenzung des staatlichen Strafeinsatzes ansieht, ist die wesentliche Unterscheidung von Zweck und Grenze der Strafe sowohl sachgemäß als auch notwendig.[1458]

b. Jakobs

Das Schuldverständnis von *Jakobs* wird schon im Rahmen seiner funktionalistischen Vorstellung der positiven Generalprävention geäußert, da es aus den Bedürfnissen der positiven Generalprävention folgt und im Grunde genommen nichts anderes als jene ist.[1459] Diese enge Beziehung zwischen Schuld und Prävention wird auch deutlich bei seiner jüngsten Definition der Schuld. Die Schuld stellt sich nach *Jakobs*

1452 *Roxin*, ZStW 96 (1984), S. 643.
1453 *Roxin*, ZStW 96 (1984), S. 651 f.; *Achenbach*, Individuelle Zurechnung, S. 150.
1454 *Schünemann*, Schuldprinzip, S. 169 f.
1455 *Roxin*, ZStW 96 (1984), S. 654 f.; *Achenbach*, Schuldlehre, S. 220 f.; *Achenbach*, Individuelle Zurechnung, S. 150 f.; *Schünemann*, Schuldprinzip, S. 195. Dazu jüngere *Roxin*, AT I, § 19, Rdnr. 1 ff.
1456 *Arth. Kaufmann*, Jura 1986, S. 228; *H. J. Hirsch*, ZStW 106 (1994), S. 757; *Safferling*, Vorsatz und Schuld, S. 105.
1457 *Stratenwerth*, Schuldprinzip, S. 31; *H. J. Hirsch*, ZStW 106 (1994), S. 757.
1458 *Arth. Kaufmann*, Jura 1986, S. 229.
1459 So *Schneider*, Einübung in Normanerkennung, S. 121. Die funktionalistische Vorstellung der positiven Generalprävention von *Jakobs* siehe 3. Kapitel C. II. 2.

als „ein Zurückbleiben hinter einem aus Stabilisierungsgründen objektiv zu verlangenden Maß an Rechtstreue" dar und bezieht sich ferner ebenso auf die Bedürfnisse und Möglichkeiten der Gesellschaft.[1460]

Die Absicht, das Schuldprinzip völlig präventiv orientierend umzuinterpretieren und trotzdem den Terminus „Schuld" beizubehalten, ist bei *Jakobs* offensichtlich.[1461] Dies ist aber im Wesentlichen nichts anderes, als komplett auf das Schuldprinzip in klassischer Gestalt zu verzichten. Durch die präventiv orientierte Interpretation wird nur solch ein formeller Schuldbegriff ausgemacht, dessen Inhalt folglich beliebig je nach den gegenwärtigen Bedürfnissen der Gesellschaft ausfüllt werden kann.[1462] Folglich hat dieser Schuldbegriff als ein bloßes Derivat der Prävention weder Begründungs- noch Begrenzungsfunktion, sodass die im traditionellen Schuldprinzip vorliegende, wesentliche Wertstruktur und ihre Schutzfunktion des liberal-rechtsstaatlichen Strafrechts vollkommen zerstört werden.[1463]

c. Mängel des präventiv orientierten Schuldbegriffs an einem wertrationalen Maßstab für Vorsatz

Offenbar ist ein präventiv orientierter Schuldbegriff ebenso wenig als der wertrationale Maßstab des Vorsatzes geeignet, da der Gedanke der Prävention stets vorrangig dahinter steht.[1464] Ein derartiger Schuldbegriff bewirkt ebenso wenig eine Begrenzungsfunktion wie Begründungsfunktion bei einem präventiv orientierten Vorsatzbegriff: Er fungiert vielmehr als die Grundlage eines zweckrationalen Vorsatzkonzepts und verwirklicht den Vorsatz „zur Disposition des präventiven Kalküls";[1465] er legt dem Strafrecht auch keinen materiellen dogmatischen Maßstab an, den Vorsatz inhaltlich zu gestalten,[1466] weil er die auf das Schuldurteil basierenden, begangenen rechtswidrigen Taten nicht berücksichtigt.[1467] Letztlich führt das zweckrationale Ziel der positiven Generalprävention, individualisierende Faktoren

---

1460 *Jakobs*, System der strafrechtlichen Zurechnung, S. 61 f. Angesichts des Rahmens der Arbeit sind hier weitere Zitierungen für *Jakobs*' Schuldverständnis nicht mehr ausgeführt. Ähnlich ist Rechtstreue in dem Schuldprinzip angesetzt und somit ist der Vorsatz hinsichtlich des Vermeidbarkeitsgedankens konstruiert *Kindhäuser*, FS-*Eser*, S. 348 f. Bemerkenswerterweise ist *Safferling* der Meinung, dass das Schuldprinzip zwar stets vorliege, aber dessen Grund in der multikulturellen Gesellschaft und im demokratischen Staate nicht derselbe zu sein brauche; insofern sei das Schuldprinzip nach der gesellschaftlichen Strafbedürfnissen im Sinne der Generalprävention ausgemacht. Dazu *Safferling*, Vorsatz und Schuld, S. 268.

1461 *Schünemann*, Schuldprinzip, S. 170.

1462 *Arth. Kaufmann*, Jura 1986, S. 229 f.; *H. J. Hirsch*, ZStW 106 (1994), S. 753.

1463 *Schünemann*, Schuldprinzip, S. 170 und 171, Fn. 36; *Arth. Kaufmann*, Jura 1986, S. 229 f.; *H. J. Hirsch*, ZStW 106 (1994), S. 753; *Safferling*, Vorsatz und Schuld, S. 105.

1464 *H. J. Hirsch*, ZStW 106 (1994), S. 756.

1465 *Stratenwerth*, Schuldprinzip, S. 31.

1466 *H. J. Hirsch*, ZStW 106 (1994), S. 753.

1467 *M. Köhler*, FS-*Hirsch*, S. 72; *Papathanasiou*, Irrtum, S. 256 f.

in den Bereichen von Vorsatz und Schuld möglichst zu verwischen, dazu, das zuzurechnende Subjekt entgegen Art. 1 GG bloß als Objekt zu behandeln.[1468] Um den Vorsatz wertrational orientiert richtig zu formulieren, muss der Vorsatzbegriff gemäß dem Schuldprinzip in herkömmlicher Gestaltung rekonstruiert werden.[1469]

2. *Schuldprinzip als Maßstab der Wertrationalität der Vorsatzkonstruktion*

Nach der herkömmlichen Auffassung beruht die Bedeutung des Schuldgedankens noch auf der persönlichen Zurechnung einer Tat in seiner wertrationalen Gestalt.[1470] So muss der Vorsatzbegriff als eine Strafvoraussetzung mit der Funktion zur individuellen Zurechnung noch von dem klassischen Schuldprinzip (nulla poena sine culpa) ausgeprägt sein,[1471] welches nicht nur kriminalpolitisch und dogmatisch maßgeblich ist, sondern auch verfassungsrechtlich aus dem (liberalen) Rechtsstaatsprinzip und dem Übermaßverbot (Art. 1. Abs. 1, Art. 2 Abs. 1 GG) folgt.[1472]

a. *Vorsatzkonzeption in Bezug auf Begrenzungsfunktion des Schuldprinzips*

Gemäß der *Schuldidee*, welche die erste Ausprägung des Schuldprinzips ist, setzt jede Strafe Schuld voraus. Das Schuldprinzip in diesem Sinne fungiert „als aus der Verfassung (dem Rechtsstaatsprinzip) abgeleitetes, der gesamten Strafrechtsgestaltung zugrunde liegendes Strukturprinzip“.[1473] Die Schuld dient infolgedessen zur Legitimation und Grenze eines staatlichen Strafeinsatzes.[1474] Die Schuldidee betrifft insoweit die *wertrationale* Hinsicht der Strafe, wonach es sich dabei um die Frage handelt, „warum und inwieweit überhaupt Strafe“ sein soll.[1475] Insbesondere hat die Schuldidee im präventiven Strafrecht zumindest noch eine ausschlaggebende Legitimationsfunktion, dem Täter den Vorwurf individuell zu machen und das maßlose

1468 *Schünemann*, Schuldprinzip, S. 171; *Safferling*, Vorsatz und Schuld, S. 105; *Papathanasiou*, Irrtum, S. 257.

1469 Dagegen begründet *Frisch* den Vorsatz in der wertrationalen Hinsicht auf eine „typischerweise erhöhte personale Fehlleistung des Täters“ und „die erhöhte Vermeidemacht“, *Frisch*, Vorsatz und Risiko, S. 51 ff., 103.

1470 *Stratenwerth*, Schuldprinzip, S. 46 f.; *H. J. Hirsch*, ZStW 106 (1994), S. 764.

1471 *Krauss*, FS-*Bruns*, S. 23. Schuldgehalt vorsätzlicher Begehung ist regelmäßig schwerer als die fahrlässige und somit ist der Vorsatz „nach den Wertungsprinzipien der Schuld inhaltlich auszugestalten“. *Ziegert*, Vorsatz, Schuld und Vorverschulden, S. 139 f.

1472 BVerfG 20 323, 331; 109 133, 171. *Arth. Kaufmann*, Schuldprinzip, S. 270; LK-*Vogel*[12], Vor § 15, Rdnr. 45, § 15, Rdnr. 4; *Papathanasiou*, Irrtum, S. 247 f. Schuldprinzip als Gerechtigkeitsregeln *Lampe*, Strafphilosophie, S. 246 ff.

1473 *Zipf*, Kriminalpolitik, S. 59.

1474 *Achenbach*, Schuldlehre, S. 3; *Zipf*, Kriminalpolitik, S. 59; *Lampe*, Strafphilosophie, S. 246 ff.

1475 *Achenbach*, Schuldlehre, S. 5.

Anstreben der zweckrationalen Nützlichkeit der Strafe zu begrenzen.[1476] Die Schuldidee in diesem Sinne ist in der Epoche vom Gefährdungsstrafrecht zunächst von besonderer Bedeutung: Dem Strafrecht ist es nach der Schuldidee geboten, die Würde des Bestraften zu schützen, und es ist ihm verboten,[1477] den Täter bloß als Gefährdungspotential oder Objekt der Zweckstrafe zu behandeln.[1478] Weitere Bedeutung hat das – sogar im Gefährdungsstrafrecht unentbehrliche – Schuldprinzip ebenfalls noch: Das Strafrecht darf den Täter nicht schlechthin aus der Rechtsgemeinschaft exkludieren.[1479] Es darf alle Einzelnen nicht schlechthin als solche Normadressaten ansehen,[1480] welche sich zum Aufenthalt in der Rechtsgemeinschaft ständig disziplinieren und von der Staatstechnik unter Kontrolle bringen lassen. Das Schuldprinzip in diesem Sinne bedeutet vielmehr, dass der Täter im Rechtsbereich stets als ein handelndes Subjekt anerkannt wird, dessen Handlung aufgrund des freiheitlichen Rechtsprinzips stets „eine objektiv schwere und subjektiv zurechenbare Negation des rechtlichen Anerkennungsverhältnisses enthalten muss".[1481]

Unter dem Gesichtspunkt der Schuldidee darf der Vorsatzbegriff nicht uferlos funktionalisiert und präventiv orientierend zu interpretieren sein.[1482] Der Vorsatz ist davon ausgehend als eine Forderung an den individuellen subjektiven Bezug des Täters zu seiner Tat zu beschreiben; er kann als ein rechtsstaatlich kennzeichnendes Verbrechensmerkmal die allein aus den gesellschaftlichen Strafbedürfnissen folgenden, sozial- bzw. kollektivpsychologischen Interpretationen im Strafrecht verhindern.[1483] Durch die Forderung an den Vorsatz muss im Strafrecht zuerst generell

---

1476 *Zipf*, Kriminalpolitik, S. 60, 65 ff.; *Frisch*, Vorsatz und Risiko, S. 51 f.; *Schünemann*, Schuldprinzip, S. 168, 174 ff.

1477 *Lampe*, Strafphilosophie, S. 225.

1478 *Stratenwerth*, Schuldprinzip, S. 40; *Papathanasiou*, Irrtum, S. 248, 257.

1479 So z. B. erachtet *Arth. Kaufmann* die Schuld als Idee der Resozialisierung und die Strafe nicht als Repression gegen den Täter, sondern als eine Hilfe für ihn, wieder in die Rechtsgemeinschaft zu kommen. Dazu *Arth. Kaufmann*, Jura 1986, S. 231. Auch *Lampe* fordert die Bestrafung unter dem Gesichtspunkt des Schuldprinzips darauf auszurichten, „den Täter in die Rechtsgemeinschaft zu reintegrieren". *Lampe*, Strafphilosophie, S. 252 ff. Ebenso in dieser Hinsicht verlangt *Stratenwerth* bei der Bedeutungsänderung des Schuldprinzips, an die Verantwortung der Mitmenschen nachzudenken, *Stratenwerth*, Schuldprinzip, S. 49. Diese Auffassungen indizieren zwar zugleich eine präventive Leistung, dokumentieren aber offensichtlich ein anderes Menschenbild in sich als das bei *Roxin* und *Jakobs*. Dazu *Günther*, Schuld und kommunikative Freiheit, S. 84 ff.

1480 Der Einzelne als Inklusionsrolle in einem systemtheoretischen Schuldbegriff *Günther*, Schuld und kommunikative Freiheit, S. 57 ff.

1481 Diese Grundlage *M. Köhler*, FS-*Hirsch*, S. 69.

1482 Hingegen behandelt *Frisch* die wertrationale Hinsicht stets auf der präventiven Ebene und schlägt somit vor, den Inhalt des Vorsatzes schlechthin funktional zu erfüllen. *Frisch*, Vorsatz und Risiko, S. 51 ff., 102 ff.

1483 *Jäger*, MschrKrim 61 (1978), S. 305. Rechtsstaatlichkeit als Aufgabe des Vorsatzbegriffs *Nau*, Bewußtseinsform, S. 65.

ausgeschlossen sein, dem Täter wegen eines äußeren eingetretenen Geschehens, das nicht in der individuellen subjektiven Einstellung des Täters vorlag, wegen präventiven Gründen unter Strafe zu stellen. Der Vorsatz gehört im Anschluss an das Schuldprinzip in concreto zu dem Vermeidungsgefüge der Regelungsmöglichkeiten von der Erfolgshaftung bzw. Schuldvermutung im Sinne von Vorsatzvermutung, die zu Ungunsten des Täters angesetzt wird.[1484] So müssen diejenigen Vorsatzformen, die anhand des Gedankens der Erfolgshaftung nur den objektiven Kausalzusammenhang zwischen Handlung und Erfolg berücksichtigen, ohne die individuellen subjektiven Einstellungen des Täters miteinzubeziehen,[1485] wie z. B. versari in re illicita oder dolus indirectus, hinsichtlich des Schuldprinzips abgelehnt werden.[1486]

Weiterhin sind die Menschen als Subjekt nur durch einen auf den individuellen subjektiven Bezug des Täters berücksichtigenden Vorsatzbegriff anzuerkennen, weil derselbe Vorsatzbegriff nach der freiheitlich begründeten Schuldidee die Bedeutung hat, Möglichkeiten zur Individualisierung grundsätzlich zu akzeptieren. Insofern kann die Subjektivität von allen Einzelnen, die in einem präventiv orientierten Vorsatzbegriff verloren geht, bei einer derartigen Feststellung des Vorsatzes wiederherzustellen sein.[1487]

b. Ausprägung des Vorsatzes anhand der Begründungsfunktion des Schuldprinzips

Obwohl die Begründungsfunktion des Schuldprinzips in der Literatur noch umstritten bleibt, ist sie nach der überwiegenden Meinung unabhängig von der Begrenzungsfunktion anerkannt.[1488] Der Grund dafür ist klar, wie oben bereits erwähnt wurde: Wenn man für eine Begrenzungsfunktion des Schuldprinzips argumentiert, muss man zugleich seine Begründungsfunktion annehmen, weil nur derjenige Schuldbegriff, der die die Strafe konstruierenden Voraussetzungen enthält, die Strafe begrenzen kann. Aus der Sicht einer Strafbegründungsschuld umfasst das

---

1484 *Arth. Kaufmann*, JuS 1967, S. 426 f.; *Arth. Kaufmann*, Schuldprinzip, S. 217 ff.; *Schünemann*, Schuldprinzip, S. 175 f.; *Jakobs*, Aufgabe der subjektiven Deliktseite, S. 271, 273; *H. J. Hirsch*, ZStW 106 (1994), S. 747.

1485 Erfolgshaftung nicht einfach als Verursachungshaftung zu verstehen *Arth. Kaufmann*, Schuldprinzip, S. 218; *Jakobs*, Aufgabe der subjektiven Deliktseite, S. 273.

1486 *Arth. Kaufmann*, Jura 1986, S. 228; LK-*Vogel*[12], Vor § 15, Rdnr. 18, 20. Sie seien aber nicht unbedingt verfassungswidrig, dazu LK-*Vogel*[12], Vor § 15, Rdnr. 47.

1487 Durch die Gestaltung subjektiver Zurechnung das Recht der Subjektivität anzuerkennen, *M. Köhler*, FS-*Hirsch*, S. 74 f., 81. Ähnliche Position, dass die Vorsatzlehre hinsichtlich des Schuldprinzips auf das Individuum als den konkreten Normadressaten abstelle, *Papathanasiou*, Irrtum, S. 254 ff.

1488 *Arth. Kaufmann*, JuS 1967, S. 426; *Arth. Kaufmann*, Schuldprinzip, S. 148, 183 ff.; *Stratenwerth*, Schuldprinzip, S. 40; *Arth. Kaufmann*, Jura 1986, S. 227, 230; *H. J. Hirsch*, ZStW 106 (1994), S. 748; *Lampe*, Strafphilosophie, S. 249 ff. Eingehend mit weiteren Nachweisen *Papathanasiou*, Irrtum, S. 251 ff. Vorsatz- und Irrtumslehre hinsichtlich der Strafbegründungsschuld *Burchard*, Irren ist menschlich, S. 202 ff.

Schuldprinzip dann nicht nur das Maß der Strafe, sondern auch die gesamten Kriterien der strafrechtlichen Zurechnung, wobei es sich um die Frage handelt, „unter welchen Voraussetzungen und in welchem Grade jemand für einen strafrechtlich relevanten Geschehensablauf verantwortlich gemacht werden kann".[1489]

In dieser Hinsicht könnte sich die Strafbegründungsschuld jedoch vielfältig entwickeln: *Achenbach* versteht sie im weiteren Sinne als „wesentliches Moment des Anknüpfungstatbestandes für die Strafverhängung, dessen einzelne Merkmale herkömmlich in der Figur des Verbrechens oder besser: der Straftat zusammengefaßt werden".[1490] *H. J. Hirsch* geht dabei hingegen von der subjektiven Verbindung des Täters zur Tat aus, welche die individuelle Vermeidbarkeit der Tat enthält und somit ihre Figur in der üblichen „Formel vom grundsätzlichen Andershandelnkönnen der Menschen" skizziert.[1491] *Arth. Kaufmann* befürwortet dann die Übereinstimmung zwischen Unrecht und Schuld und fordert somit, dass Schuld als das strafbegründende und strafbegrenzende materielle Verbrechensmerkmal alle bestimmten, konkreten Unrechtsmerkmale der Tat umfassen muss.[1492] *Lampe* plädiert letztlich ähnlich sowohl in der Begrenzungs- als auch in der Begründungsfunktion der Schuld für den Ausgleich zwischen der Größe von Unrecht der Tat und Schuld.[1493] Mit all diesen Auffassungen ist nachgewiesen, dass die Begrenzungs- und Begründungsfunktion des Schuldprinzips eng zusammengefasst und bei den strafrechtlichen Argumentationen kaum getrennt werden können. Daraus ergibt sich, dass Unrechtsmerkmale vielmehr abhängig von der Strafbegründungsschuld zu skizzieren sein sollten.

Anschließend ist weiterhin anerkannt, dass der Vorsatz sowohl als subjektiver Tatbestand als auch als Schuldform von der Strafbegründungsschuld aus dogmatisch konstruiert werden muss.[1494] Umgekehrt fungiert üblicherweise eine erhöhte Schuld auch als die Ratio der Vorsatzstrafe, um zu rechtfertigen, dass die Strafe des Vorsatzes von der der Fahrlässigkeit zu differenzieren ist.[1495] Die Feststellung des Vorsatzbegriffs knüpft deshalb in erster Linie an die Tatschuld an, weil das Strafrecht als ein Schuld- und Tatstrafrecht bei der Strafbegründung vom Prinzip der

---

1489 *Stratenwerth*, Schuldprinzip, S. 40. Strafbegründungsschuld in diesem Sinne *Achenbach*, Schuldlehre, S. 4.

1490 *Achenbach*, Schuldlehre, S. 4. Siehe auch *Roxin*, AT I, § 19, Rdnr. 54.

1491 *H. J. Hirsch*, ZStW 106 (1994), S. 749, 751.

1492 *Arth. Kaufmann*, JuS 1967, S. 426; *Arth. Kaufmann*, Jura 1986, S. 227 f.

1493 *Lampe*, Strafphilosophie, S. 246 f., 250.

1494 Eingehend *Burchard*, Irren ist menschlich, S. 246 ff. Außerdem befürwortet *Küper*, GA 1987, S. 502, in Anlehnung an die Kritik an *Frisch*s Vorsatzkonzeption, dass die Vorsatzfeststellung deshalb unvermeidlich auf Unrechts- und Schuldgeschichte zurückführen muss, weil allein Zweckrationalität den Vorsatz nicht ausmachen kann.

1495 *Roxin*, JuS 1964, S. 58 f.; *Jakobs*, Erfolgsdelikt, S. 106; *Krauss*, FS-*Bruns*, S. 23; *Frisch*, Vorsatz und Risiko, S. 34; *Warneke*, Beteiligungsvorsatz, S. 69 f.; *Stuckenberg*, Vorsatz und Irrtum, S. 408 ff.

„Einzeltatschuld“ ausgehen muss.[1496] Infolgedessen muss sich der Vorsatz ständig auf die bestimmte, konkrete Tat beziehen, denn dem Täter darf nur dann der Vorwurf vorsätzlichen Handelns gemacht werden, wenn die einzelne rechtswidrige Straftat ein „konkretes, exakt umgrenzbares Geschehnis“ ist.[1497] So bezieht sich die Schuld auf eine bestimmte subjektive Einstellung zur Verletzung oder Gefährdung eines Rechtsguts und ferner zum Unrecht; vom Vorsatz im Unrechtsbereich wird demzufolge eine subjektive Beziehung des Täters zur Verwirklichung einer Tat verlangt, die für die Rechtsgutsbeeinträchtigung relevant ist.[1498] Aus dieser Sicht muss die Feststellung des Vorsatzbegriffs stets die Angemessenheit zwischen der Schwere der individualisierenden Tatschuld, dem Wert des Rechtsguts und Art und Maß von dessen Beeinträchtigung berücksichtigen.[1499] Der Vorsatz richtet sich daher nicht auf eine künftige Sozialschädlichkeit eines Rechtsguts, sondern auf das eingetretene Tatgeschehen des Schadens eines Rechtsguts.[1500] Der nun nahezu überwiegenden Meinung zur Kurzformel des Vorsatzes, der Vorsatz sei die Entscheidung gegen das Rechtsgut,[1501] ist hiernach im Prinzip zuzustimmen. Eine derartige Vorsatzformel präsentiert trotz ihrer inhaltlichen Schwäche zumindest durch den Terminus „Entscheidung“ die Schuldrelevanz des Vorsatzes[1502] und bezieht das rechtsgutsrelevante

---

1496 Tatschuld und Strafbegründung *Roxin*, AT I, § 19, Rdnr. 62. Nur Tatschuld als strafrechtliche Schuld *Arth. Kaufmann*, Schuldprinzip, S. 199.

1497 *Zipf*, Kriminalpolitik, S. 62. Auch *Arth. Kaufmann*, JuS 1967, S. 426 f.; *Arth. Kaufmann*, Jura 1986, S. 228. Gegen Gleichsetzung von Tatbezogenheit und Schuldvergeltung *Baurmann*, Zweckrationalität, S. 274 f.

1498 Auffassungen zu dieser Beziehung zwischen Schuld und Vorsatz sind zwar im Grundsatz übereinstimmend, aber detailliert noch sehr unterschiedlich. Dazu *Arth. Kaufmann*, Schuldprinzip, S. 148, 153; *Arth. Kaufmann*, Jura 1986, S. 232; *M. Köhler*, FS-*Hirsch*, S. 74 f. Hinsichtlich der Doppelstellung des Vorsatzes *Roxin*, AT I, § 12, Rdnr. 26; *Krey/ Esser*, AT, Rdnr. 691; NK-StGB-*Puppe*, § 15, Rdnr. 3.

1499 *Roxin*, JuS 1964, S. 58.

1500 Gegen diese Angemessenheit *Baurmann*, Zweckrationalität, S. 269 ff.

1501 *Roxin*, JuS 1964, S. 59; *Hassemer*, GS-*Arm. Kaufmann*, S. 295 f., 304 ff.; *Nau*, Bewußtseinsform, S. 66; *Roxin*, FS-*Rudolphi*, S. 251, 257; *Roxin*, AT I, § 12, Rdnr. 6, 30 ff.; *Warneke*, Beteiligungsvorsatz, S. 71, 73 f.; *Burchard*, Irren ist menschlich, S. 251 ff.; *Hantschel*, Untreuevorsatz, S. 195 f.; *Stratenwerth/ Kuhlen*, AT, § 8, Rdnr. 66; *Kühl*, AT, S. 82 f. Bemerkenswert kommt *Frisch* ausschließlich in Hinsicht auf die präventive Perspektive zu dem Ergebnis, dass der Vorsatz eine Entscheidung gegen das Rechtsgut sei. Dazu *Frisch*, Vorsatz und Risiko, S. 98, 111 ff. Ähnlich vertritt *Ziegert*, Vorsatz, Schuld und Vorverschulden, S. 142 ff., insbesondere S. 144, 158, der Vorsatz sei zuerst Entscheidung für die Verletzung der *Rechtsnorm* und begründe sich dann im Unrechtsbereich durch die Entscheidung gegen das geschützte Rechtsgut. Außerdem behautet *Bung*, Wissen und Wollen, S. 167 ff., das Wesen des Vorsatzes liege in der Entscheidung für die *Handlung*, nicht für die Rechtsgutsverletzung. Eingehende Kritik an die Entscheidungstheorie *Kargl*, Vorsatz, S. 40 ff.; *Pawlik*, Das Unrecht des Bürgers, S. 404 f. und insbesondere Fn. 879.

1502 *Roxin*, JuS 1964, S. 58 f.; *Ziegert*, Vorsatz, Schuld und Vorverschulden, S. 96 f.

Tatgeschehen in den Bezugspunkt des Vorsatzes ein. Der Vorsatz als Entscheidung gegen das Rechtsgut kann sich im vorgegebenen Rahmen des Schuldprinzips begründen und begrenzen. Darüber hinaus leistet er trotzdem zugleich eine präventive Aufgabe des Rechtsgutsschutzes, wenn sich sein Bezugspunkt stets auf das relevante Tatgeschehen einer Rechtsgutsbeeinträchtigung richtet. Bei diesem Vorsatz geht es dann nicht nur um einen Rückblick auf die begangene schuldrelevante Tat und ihren Vorwurf, sondern auch durch diesen Rückblick *mittelbar* um eine präventive Auswirkung zur Verhinderung einer künftigen Rechtsgutsbeeinträchtigung.[1503]

3. *Selbstständigkeit des Gefährdungsvorsatzes anhand einer zweck- und wertrationalen Vorsatzkonzeption*

Anhand der oben angedeuteten an dem Schuldprinzip orientierten Vorsatzkonzeption wird die Differenzierung der subjektiven Seite zwischen Gefährdungs- und Verletzungsdelikten legitimiert:[1504] Dass Gefährdungs- und Verletzungstatbestände je nach der unterschiedlichen Intensität der Rechtsgutsbeeinträchtigung zu verstehen sind, beruht auf dem jeweiligen unterschiedlichen Unrechts- und Schuldgehalt hinsichtlich der Rechtsgutsbeeinträchtigung. Derjenige Vorsatz, der nur Gefahr begreift, genügt sicherlich nur für die Tatbestände, die durch die Gefährdungshandlungen und Gefahren konstruiert werden, und nie für diejenigen, die eine darüber hinausgehende Verletzung mit umfassen. Im Gegensatz hierzu ist ein Verletzungstatbestand insoweit nicht vollkommen verwirklicht, wenn der Täter des Verletzungsdelikts die dem Tatbestand wesentliche Verletzung nur mit einem Gefährdungsvorsatz verwirklicht.[1505] Andernfalls würde ein derartiger Vorsatz dem Schuldprinzip widersprechen und wäre zu einer Art der Vorsatzvermutung geworden.

Gegen diese wertrationale Begründung lässt sich selbstverständlich einwenden, dass das Unrecht beim Gefährdungsverhalten anhand des Gedankens der Verhaltensnormen nichts anderes als das Unrecht beim Verletzungsverhalten sei. Aus dieser Sicht liege nur das verhaltenspflichtbegründete sowie tatbestandsmäßige Verhalten im Rahmen des Gegenstands des Vorsatzes; das Erfolgsmoment sei somit aus dem Umfang des Vorsatzgegenstands ausgeschlossen.[1506] Diese Einwände aus der sog. personalen Unrechtslehre sind jedoch nicht überzeugend. Sie kollidieren zwar scheinbar nicht mit dem Schuldprinzip, weil bei ihnen der Vorsatz doch die das Gefährdungs- und Verletzungsunrecht kennzeichnende Gefährdungshandlung bereits umfasst. Aber sie übersehen offensichtlich – zwecks einer präventiven

---

1503 Damit ist außerdem impliziert, dass sich die präventiven Auswirkungen der Strafe vielmehr nur aufgrund der im Schuldprinzip geforderten individuellen Zurechnung entfalten können. Dazu *Stratenwerth*, Schuldprinzip, S. 42 ff.; *Günther*, Schuld und kommunikative Freiheit, S. 80 ff.

1504 So auch AE-BT, § 108, S. 45.

1505 Zutreffend *Binding*, Normen, Bd. 4, S. 402; *M. Köhler*, FS-*Hirsch*, S. 77.

1506 *Frisch*, Vorsatz und Risiko, S. 74 ff.; *Stein*, FS-*Wolter*, S. 532 ff., 540. Die personale Unrechtslehre als Grundlage vgl. C. I. 2. b. in diesem Kapitel.

Auswirkung –, dass der Erfolg dem Unrecht vom Erfolgsdelikt konstitutiv ist, auf den sich die Verhaltensnorm auch unbedingt beziehen muss.[1507] Nur ein derartiger Vorsatz, der sich zugleich auf die Handlung und den Erfolg der Rechtsgutsbeeinträchtigung bezieht, entfaltet die wichtige Funktion aus dem Schuldprinzip, präventive Wirkungen des Strafrechts zu begrenzen und die maßlose Vorverlagerung des Rechtsgutsschutzes zu verhindern.[1508] Darüber hinaus verkennen die Einwände das Wesen der Gefährdungsdelikte. Soweit das Gefährdungsdelikt als Vorverlagerung des Rechtsschutzes angesehen wird, wobei zugleich das Kollektiv- und das damit relevante Individualrechtsgut geschützt werden, sind dessen Unrecht und Schuld nicht nur auf ein unmittelbar geschütztes Kollektivrechtsgut, sondern auch auf das geschützte Individualrechtsgut ausgerichtet.[1509] Soweit der Vorsatz allein hinsichtlich der gefährlichen Handlung nach den Einwänden bereits für den Schutz der Verletzung des Rechtsgutsguts genüge, ist das im Gefährdungstatbestand implizierte Verhältnis zwischen dem Kollektiv- und Individualrechtgut gerade vernachlässigt. Dies würde nichts anderes als Ineffektivität des präventiven Rechtsgutsschutzes bedeuten, die diese Einwände gerade korrigieren wollten. Dieses Problem der doppelten Schutzrechtgüter bei den Gefährdungsdelikten, das durchaus zu dem Wesen des Gefährdungsvorsatzes gehört, haben sowohl die Einwände als auch alle vorliegenden dogmatischen Diskussionen über den Gefährdungsvorsatz eher nicht gelöst.[1510]

Nach den bisherigen Überlegungen ist die Selbstständigkeit des Gefährdungsvorsatzes unter dem Gesichtspunkt des Schuldprinzips legitimiert festgestellt. Darin ist aber in concreto noch nicht zu ermitteln, welche Anforderungen an den exakten Inhalt des Gefährdungsvorsatzes zu stellen sind. Zur Lösung der übrigen Probleme in der gefährdungsstrafrechtlichen Vorsatzdogmatik ist es daher notwendig, das Wesen des Vorsatzes und des Gefährdungsvorsatzes noch weiter zu betrachten.

1507 *Küpper*, ZStW 100 (1988), S. 779. Ausführlich C. I. 2. c. in diesem Kapitel.

1508 In diesem Sinne auch *Lüderssen*, StV 2004, S. 100; *Bung*, Wissen und Wollen, S. 117. *Frischs* Vorsatzkonzept, allein nur das tatbestandsmäßige Verhalten gehöre zum Vorsatzgegenstand, begründet sich zwar in Bezug auf zweck- und wertrationale Hinsichten. Bei ihm ist aber nicht geklärt, wie man die beiden Hinsichten in concreto zusammensetzen kann. Dazu *Schneider*, Einübung in Normanerkennung, S. 195.

1509 Das grundsätzliche Verständnis der Bezogenheit der Kollektiv- auf die Individualrechtsgüter statt vieler nur *Roxin*, AT I, § 2, Rdnr. 11; NK-StGB-*Hassemer/Neumann*, Vor § 1, Rdnr. 132 f., 138.

1510 Dieses Problem scheint sich auch nicht zu lösen, wenn man umgekehrt vertritt, ein an der Rechtsgutsverletzung orientiertes Strafrecht könne für den Schutz der als Zwischen-Rechtsgüter angesehenen Kollektivrechtsgüter sorgen. Dazu *Lüderssen*, StV 2004, S. 100.

C. Die für Rekonstruktion des Gefährdungsvorsatzes relevanten Grundlagen des allgemeinen Vorsatzbegriffs

Der Vorsatzbegriff wird häufig als „Wissen und Wollen der Tatbestandsverwirklichung“[1511] bzw. als „Wissen und Wollen der zum gesetzlichen Tatbestand gehörenden objektiven Merkmale“[1512] dargestellt. Diese Definitionen des Vorsatzbegriffs sind aber bei der Feststellung des Gefährdungsvorsatzes nur wenig nützlich.[1513] Auch die hierzu zustimmende inhaltliche Kurzformel des Vorsatzes selbst, der Vorsatz sei die Entscheidung gegen das Rechtsgut, ist bei der Rekonstruktion des Gefährdungsvorsatzes weniger brauchbar, weil ihr Inhalt vielmehr noch erklärungsbedürftig zu bleiben scheint. Um das Wesen des Gefährdungsvorsatzes zu verdeutlichen, soll im Folgenden der Vorsatzbegriff als Grundlage untersucht werden. Hier beschränken sich die zu skizzierenden Themen auf diejenigen Richtungen, welche sich auf die Maßstäbe zur Rekonstruktion des Gefährdungsvorsatzes beziehen. Betroffen sind hauptsächlich die Fragen, wie sich der Vorsatz auf eine Rechtsgutsbeeinträchtigung bezieht und welche einschlägigen Faktoren damit vom Vorsatz berücksichtigt werden müssen.[1514]

I. Bezogenheit des Vorsatzes auf Rechtsgüterbeeinträchtigung

1. *Ausrichtung des Vorsatzes auf Rechtsgutsbeeinträchtigung*

Zum Gegenstand des Vorsatzes gehören zwar gemäß § 16 I StGB diejenigen Umstände, welche sich auf den gesetzlichen objektiven Tatbestand beziehen, dabei mangelt es aber ohne Rücksicht auf einzelne Tatbestände im BT offensichtlich an dem Maßstab, wonach der Vorsatz inhaltlich ausgerichtet werden soll. Die geläufige Ansicht, den Vorsatz als eine bestimmte Einstellung des Täters der Tatbestandsverwirklichung zu verstehen, leidet auch unter denselben Schwächen. Diese Definitionsmethoden besagen jedoch zumindest, dass der Vorsatz sich nach den betroffenen Tatbeständen ausrichten muss, welche die inhaltliche Qualität strafbaren Handelns

1511 *Kühl*, AT, S. 80; *Heinrich*, AT, Rdnr. 264; LK-*Vogel*[12], § 15, Rdnr. 75; SSW-StGB/*Momsen*, §§ 15, 16, Rdnr. 7.

1512 *Jescheck/ Weigend*, AT, S. 293; *Roxin*, AT I, § 12, Rdnr. 4; *Schönke/ Schröder/ Sternberg-Lieben/ Schuster*, StGB, § 15, Rdnr. 9.

1513 Zutreffend *Schroth*, Vorsatz und Irrtum, S. 4. Einwände gegen diese Kurzformel des Vorsatzes *Bung*, Wissen und Wollen, S. 155 ff.

1514 Angesichts des umfangreichen Rahmens der Diskussionen über die Notwendigkeit von Wissens- und Wollensseite des Vorsatzes ist es kaum möglich, hier die Streite zwischen der Vorstellungs- und Einwilligungstheorie mit einzubeziehen. Im Folgenden wird diese nur in Bezug auf das Wesen des Gefährdungsvorsatzes dargelegt, vgl. D. III. 2. in diesem Kapitel.

und dessen Unrecht kennzeichnen.[1515] Daraus ergibt sich, dass sich der Vorsatz zwar formell hinsichtlich den Umständen über die Tatbestandsverwirklichung, aber im Wesentlichen hinsichtlich des durch Tatbestände gekennzeichneten materiellen Unrechts bzw. einer Rechtsgutsbeeinträchtigung bestimmen muss, weil, wie *Roxin* mit Recht erklärt, die Tatbestandsverwirklichung bedeutet, dass „der Rechtsgutsträger in deliktstypischer Weise handgreiflich geschädigt ist".[1516] Dadurch wird zugleich deutlich, dass beim Vorsatz sowohl die zum gesetzlichen Tatbestand gehörenden als auch die unrechtskonstitutiven Umstände berücksichtigt werden.[1517] Wenn das Rechtsgut als Schutzobjekt und das tatsächliche Handlungs- bzw. Tatobjekt sich voneinander unterscheiden,[1518] wird es noch verständlicher: Beispielsweise weiß ein Diebstahlstäter nicht nur, dass er „eine fremde bewegliche Sache" als Handlungsobjekt wegnimmt, er weiß vielmehr durch seine Handlung auch, dass er das Eigentum eines anderen und die damit verbundene Verfügungsbefugnis verletzt, sonst hätte er gar keine Zueignungsabsicht gemäß § 242 I StGB.[1519] In den Fällen der Delikte zum Schutz der Kollektivrechtsgüter tritt das Rechtsgut in der Tatbestandsverwirklichung sogar nicht in Erscheinung und auch dabei ist das Tatobjekt nur angesichts der betroffenen Rechtsgütern zu bestimmen.[1520] Wenn sich der Vorsatz dabei nicht auf rechtsgutsrelevante Umstände, sondern nur auf das Handlungsobjekt bezöge, ginge die das Unrecht kennzeichnende Bedeutung des Vorsatzes völlig verloren. Aus diesen Gründen ist es überzeugend, dass die Rechtsgutsbeeinträchtigung, also die Verletzung bzw. Gefährdung eines Rechtsguts, als maßgeblicher Bezugspunkt zum Gegenstand des Vorsatzes fungiert. Gegenstand des Vorsatzes sind deshalb

---

1515 *Schroth*, Vorsatz und Irrtum, S. 47; *Burchard*, Irren ist menschlich, S. 132. Dazu auch SSW-StGB/ *Momsen*, §§ 15, 16, Rdnr. 3, 9.

1516 *Roxin*, FS-*Amelung*, S. 271. Auch *Burchard*, Irren ist menschlich, S. 132, argumentiert ähnlich die herausragende Rolle des Rechtsgutsbegriffs im Vorsatzbereich.

1517 So ist der Vorsatz nach der Ansicht *Schroths*, Vorsatz sei Aneignung der unrechtskonstitutiven Elemente, ungeachtet der Differenzierung des benutzten Terminus in der Tat ebenso nach der tatbestandsrelevanten Rechtsgüter ausgerichtet. Dies gilt ebenso, wenn er trotzdem den Vorsatzgegenstand noch auf „das Tatobjekt eines Tatbestands" beschränkt, welches von einem Tatbestand geschützt wird. Dazu *Schroth*, Vorsatz als Aneignung, S. 64 ff., insbesondere S. 65 f.; *Schroth*, Vorsatz und Irrtum, S. 11 ff., 49, 50 f. Außerdem legt *Sacher*, Sonderwissen, S. 160 ff., den Vorsatz auf die Steuerung der Sozialschädlichkeit und mithin auf die Herbeiführung der Rechtsgutsverletzung an.

1518 Grundsätzliche Differenzierung *Roxin*, AT I, § 2, Rdnr. 65. Eingehende Diskussionen je nach unterschiedlichen Rechtsgütern *Wohlers*, Präventionsstrafrecht, S. 223; *Anastasopoulou*, Schutz kollektiver Rechtsgüter, S. 55 f.

1519 *Schroth*, Vorsatz und Irrtum, S. 51. Auch SSW-StGB/ *Kudlich*, § 242, Rdnr. 3 f., 38 f., 40 f.; *Schönke/ Schröder/ Eser/ Bosch*, StGB, § 242, Rdnr. 44 ff.

1520 Dort ist der Erfolg deshalb nur der Indikator der Rechtsgutsverletzung. Zutreffend *Anastasopoulou*, Schutz kollektiver Rechtsgüter, S. 56.

diejenigen Umstände, welche für die Verletzung bzw. Gefährdung eines Rechtsguts relevant sind.[1521]

Umgekehrt ist hervorzuheben, dass *nur* eine Rechtsgutsbeeinträchtigung den Gegenstand des Vorsatzes ausmachen dürfte. Denn das Rechtsgut ist nach der nahezu allgemeinen Meinung nicht eine reine normative Institution, sondern eine soziale Realität, die gefährdet und verletzt werden kann.[1522] Auch die Rechtsgutsbeeinträchtigung als „der eindeutigste, weil greifbarste Unrechtserfolg" stellt sich besser als der maßgebliche Faktor dafür dar, den Umfang des Vorsatzgegenstands festzuhalten, und ist somit geeignet für ein am Rechtsgüterschutz orientiertes Strafrecht.[1523] Darüber hinaus entspricht der auf eine Rechtsgutsbeeinträchtigung bezogene Vorsatz wegen der Forderung einer „realen Verletzungskausalität" zwischen Tathandlung und Rechtsgut[1524] dem oben vertretenen Prinzip der *Einzeltatschuld*, weil er durch diese reale Verletzungskausalität seinen Fokus stets auf ein vergangenes, konkretes, exakt umgrenzbares Geschehnis richtet. D. h., dass es dem Täter nur dann vorsätzlich zugerechnet werden darf, wenn er zumindest „die rechtsgutsrelevante Verletzungsbedeutung des Geschehens tatsächlich nachvollzogen habe (und nicht nur hätte nachvollziehen können)".[1525] Diese subjektive Einstellung der Rechtsgutsbeeinträchtigung ist daher die Grundbedingung für den Täter, die Gesamttat steuern zu können, und ist somit eine wichtige Begründung für den Vorsatzvorwurf.[1526] Ein Vorsatzbegriff, welcher sich hinsichtlich des Gedankens des zukünftigen Rechtsgutsschutzes ausschließlich auf die Berücksichtigung der Sozialschädlichkeit einer Handlung richte,[1527] ist unter diesem Gesichtspunkt unzulässig. Ebenso verfehlt ist auch ein positiv-präventiver Vorsatzbegriff, der schlechthin angesichts der Stabilisierung des Gesellschafts- und Rechtssystems dem Täter sowie allen Normadressaten zur Pflicht mache, das Einhalten der Rechtstreue des Verhaltens kennen zu müssen.[1528] Derartige Vorsatzbegriffe gehen über die hier vertretene, zugleich am

---

1521 Bereits seit *Engisch*, Vorsatz und Fahrlässigkeit, S. 177, wird festgestellt, dass der Vorsatz eine Einstellung zu der Rechtsgüterwelt sei. Danach wurde auch vielfach – unabhängig von dem Standpunkt der vertretenen Vorsatzlehre – behauptet, dass allein Rechtsgut sowie Rechtsgutsverletzung der Bezugspunkt zum Gegenstand des Vorsatzes sind. Mit weiteren Nachweisen *Hassemer*, GS-*Arm. Kaufmann*, S. 295; *Roxin*, AT I, § 12, Rdnr. 21 ff.

1522 *Homann*, Rechtsgut der Umweltdelikte, S. 114 f.; *Hefendehl*, GA 2002, S. 23; *Hefendehl*, kollektive Rechtsgüter, S. 149; *Roxin*, AT I, § 2, Rdnr. 66; *Roxin*, FS-*Amelung*, S. 271.

1523 *Anastasopoulou*, Schutz kollektiver Rechtsgüter, S. 44. Ähnlich *Burchard*, Irren ist menschlich, S. 133.

1524 Diese Forderung *Hefendehl*, kollektive Rechtsgüter, S. 148 f.

1525 *Duttge*, HRRS 2012, S. 361.

1526 Zutreffend *Schneider*, Einübung in Normanerkennung, S. 118 f.

1527 Vorsatzkonzept hinsichtlich Generalprävention vgl. 4. Kapitel B. II. 2.

1528 Das komplette normativierte Vorsatzkonzept vgl. 4. Kapitel C. III. *Jakobs* bestreitet auch, unter dem Aspekt des Rechtsgüterschutzes spiele sogar die Unterscheidung von Vorsatz und Fahrlässigkeit keine Rolle. *Jakobs*, FS-*Samson*, S. 50.

Rechtsgüterschutz und Schuldprinzip orientierte Vorsatzkonzeption hinaus und implizieren somit sowohl die Erhebung der Gesellschaft über den Einzelnen wie auch die Diskriminierung der Subjektivität des Einzelnen.[1529]

2. *Rechtsgutsbeeinträchtigungsrelevanter Erfolg als Gegenstand des Vorsatzes*

a. Grundsatz

Das Verständnis, den Vorsatz als subjektive Einstellung des Täters zur Rechtsgutsbeeinträchtigung zu begreifen, expliziert noch nicht, ob sowohl die Kenntnis eines tatbestandsmäßigen Verhaltens als auch die des Erfolgseintritts dabei gefordert sind. Mit anderen Worten: Die Frage, ob der Erfolgseintritt bei den Erfolgsdelikten ebenfalls zum Vorsatzgegenstand gehört, ist noch nicht durch das oben vertretene Vorsatzverständnis genau zu beantworten.

Der herrschenden Meinung nach müsste der tatbestandsmäßige Erfolg bei den Erfolgsdelikten zweifellos zu dem objektiven Tatbestandsmerkmal gehören und somit zumindest von der Wissensseite des Vorsatzes erfasst sein.[1530] Denn obwohl der Erfolg ein zum Zeitpunkt der Tathandlung noch nicht eingetretener Umstand ist und deswegen nicht ex ante gewusst werden kann, fungiert er als ein strafbarkeitsbegründendes Kriterium, das „außerhalb des Täterverhaltens liegende, straftatbestandlich ‚ausgestanzte' rechtsgutsverletzende Wirkung" entfaltet.[1531] Darüber hinaus bezieht das Wissenselement jedoch eine bloße Kenntnis und das Vorstellen bzw. die Voraussicht mit ein. So ist das Wissen um Erfolg, wobei es sich um die Prognose zukünftiger Ereignisse handelt, in der Vorsatzfeststellung möglich und notwendig.[1532] In dieser Hinsicht kann und muss der Vorsatztäter sowohl die Umstände kennen, welche sich auf die vergangene und gegenwärtige Tatbestandsver-

---

1529 Dies wird hauptsächlich durch die sog. „Entindividualisierung des Rechtsgutsbegriffs" durchgeführt. Dazu *Burchard*, Irren ist menschlich, S. 142. Eingehend über die Entindividualisierung sowie Materialisierung des Rechtsgutsbegriffs *Roxin*, AT I, § 2, Rdnr. 107 ff. Wie *Homann* zutreffend angedeutet hat, gehe es ferner noch um die Frage, „welche Relevanz einer Rechtsgutsbeeinträchtigung, also einer Rechtsgutsverletzung oder -gefährdung, im Hinblick auf das Wesen des Verbrechens zukommt", *Homann*, Rechtsgut der Umweltdelikte, S. 118. Auf diese Frage kann aber hier angesichts des Umfangs der Arbeit nicht eingegangen werden.

1530 *Schroth*, Vorsatz und Irrtum, S. 100; LK-*Vogel*[12], § 15, Rdnr. 32; *Safferling*, Vorsatz und Schuld, S. 154; *Kühl*, AT, S. 84; *Heinrich*, AT, Rdnr. 264; SSW-StGB/ *Momsen*, §§ 15, 16, Rdnr. 10; NK-StGB-*Puppe*, § 15, Rdnr. 110; *Schönke/ Schröder/ Sternberg-Lieben/ Schuster*, StGB, § 15, Rdnr. 16.

1531 Eingehende Diskussion über die strafbarkeitsbegründende Rolle des Erfolgs im Strafrecht *Degener*, ZStW 103 (1991), S. 357, 361. (Hervorhebung im Original.)

1532 *Küper*, GA 1987, S. 503; *Brammsen*, JZ 1989, S. 81; *Schroth*, Vorsatz und Irrtum, S. 100; LK-*Vogel*[12], Vor § 15, Rdnr. 57, § 15, Rdnr. 35; *Kühl*, AT, S. 81; *Safferling*, Vorsatz und Schuld, S. 154.

wirklichung beziehen, wie sich auch die Umstände des vom Tatbestand geforderten Erfolgseintritts vorstellen bzw. sie voraussehen.[1533] Der Erfolgseintritt gehört demnach zum Vorsatzgegenstand.

b. *Vorsatz ohne Bezug zum Erfolg?*

Entgegen dieser Feststellung entstehen aber immer mehr Einwände, wonach allein nur die Tathandlung zum Vorsatzgegenstand gehöre und der Erfolg nicht. Bei *Frisch* liegt das Ergebnis nahe, dass der Erfolg nicht zum Vorsatzgegenstand gehöre, weil die Forderung eines eingetretenen Erfolgs trotz der Bestimmung des § 16 StGB mit der – von ihm selbst skizzierten – Ratio des Vorsatzstrafe nicht vereinbar sei.[1534] Aufgrund einer wesentlichen Differenzierung von *Verhaltensnorm*, welche hinsichtlich der zukünftigen Handlungssteuerungen ex ante bestimmt werden müsse, und *Sanktionsnorm*, welche hinsichtlich der Reaktionen auf die vergangenen Taten ex post bestimmt werden müsse, behauptet *Frisch*, dass der erst nach der Tat eintretende, also nur ex post zu bestimmende Erfolg mit dem zwecks Rechtsgüterschutzes ex ante zu bestimmenden Wissen kollidiere. Vereinfachter gesagt: Das Eintreten oder Nicht-Eintreten des Erfolgs könne man zum Zeitpunkt der Vornahme der Handlung nicht ex ante wissen und somit gehöre es nur zu der ex post betrachteten Sanktionsnorm.[1535] Damit wird *Frisch* festgestellt, dass zum Vorsatzgegenstand nur das tatbestandsmäßige Verhalten gehöre. Das Wissen um das tatbestandsmäßige Verhalten wird von ihm auch verstanden als das Wissen um den Risikobezug zum Erfolg, welches faktisch lediglich das Wissen um konkrete Gefahr ist.[1536] Unter diesem Gesichtspunkt ist im Grunde genommen für *Frisch* der ganze Vorsatzbegriff durch eine Art des Gefährdungsvorsatzes zu erfüllen; somit wird die Grenze zwischen dem Verletzungs- und Gefährdungsvorsatz von ihm verwischt, obwohl er sich danach bemüht zu versuchen, die beide trotzdem klar zu unterscheiden.[1537]

Eine Reihe anderer Auffassungen, die vertreten, dass Verletzungs- und Gefährdungsvorsatz übereinstimmen, begründen sich ähnlich mit dieser Hypothese, die Unrechtsrelevanz des Erfolgs zu vernachlässigen und ausschließlich die Gleichheit des Handlungsunrechts zwischen Gefahr und Verletzung zu berücksichtigen.[1538] Daraus folgt, dass die Verbannung des Erfolgs aus dem Unrechtsbereich gewiss bei der Identifizierung vom Verletzungs- und Gefährdungsvorsatz eine dogmatisch entscheidende Rolle spielt, auf dessen dogmatischen Hintergrund weiterhin eingegangen werden muss.

1533 *Jescheck/ Weigend*, AT, S. 294.

1534 *Frisch*, Vorsatz und Risiko, S. 57 ff.

1535 *Frisch*, Vorsatz und Risiko, S. 58 f., 62 f. Dazu jüngst auch *Rudolph*, Korrespondenzprinzip, S. 111 f.; *Seher*, FS-*Frisch*, S. 211; *Hoyer*, FS-*Frisch*, S. 225 f.; *Schmoller*, FS-*Frisch*, S. 238 f., 242.

1536 *Frisch*, Vorsatz und Risiko, S. 73, 84. Auch LK-*Vogel*[12], § 15, Rdnr. 33.

1537 Vgl. 6. Kapitel A. II. 1. a.

1538 Siehe 5. Kapitel C. II. 1. Außerdem *Jakobs*, AT, 8/ 43, Fn. 91.

Die Verbannung des Erfolgs aus dem Unrechtsbereich und die neue Einordnung des Erfolgs in den Schuldbereich fundieren normtheoretisch auf der differenzierten Betrachtung der Begriffe von Verhaltensnorm und Sanktionsnorm. Dadurch ist eine kriminalpolitisch effizientere, generalpräventive Auswirkung zu verlangen,[1539] wonach die Verhaltensnorm die Begründung des Handlungsunwerts ist und sie den Normadressaten die rechtlich bestimmten erlaubten Handlungsweisen aufzeigt, sodass Raum und Grenze von Freiheit der Handlungen vorhersehbar gemacht werden.[1540] Dieser dogmatische Einfluss des Verhaltensnormbegriffs kann zurückgeführt werden auf eine sog. „monistisch-subjektive Richtung", welche den Tatbestand allein nur gemäß dem Handlungsunwert konstituiert und somit den Erfolg vom strafrechtlichen Unrecht entkoppelt. Demzufolge sei nicht der Erfolg, sondern ausschließlich die Handlung das entscheidende unrechtskonstitutive Element; der Prototyp im Strafrecht sei nicht mehr das vollendete Erfolgsdelikt sowie das Verletzungsdelikt, sondern der Versuch sowie die Deliktstypen, welche sich ausschließlich auf das gefährliche Verhalten beziehen.[1541]

Aufgrund des Verbannens des Erfolgsunwerts aus dem strafrechtlichen Unrechtsbereich vertritt *Jakobs* seit langem bereits bei der Vorsatzzurechnung, dass die von der h. M. behauptete, beim Vorsatz erforderliche Erfolgsprognose dem Vorsatzbegriff hinsichtlich der Vermeidbarkeit des Erfolgs nicht konstitutiv sei.[1542] Er untermauert dies darüber hinaus mithilfe seiner ebenfalls seit langem vertretenen These, das Strafrecht schütze kein Rechtsgut, sondern die Normgeltung.[1543] Er bezweifelt zunächst, ob der Wissensgegenstand wirklich aus den Begriffen „vollkommenes Wissen von einer Rechtsgutsverletzung" oder „potenziell vollkommenes Wissen von einer Rechtsgutsverletzung" zu bestimmen sein könne. Denn er ist der Meinung, dass niemand den Weltverlauf auf einer Seite perfekt prognostizieren könne und der Erfolgseintritt daher nicht von der Vorhersehbarkeit des Täters abhänge.[1544] An

---

1539 *Schünemann*, JA 1975, S. 511; *Wolter*, Objektive und personale Zurechnung, S. 48; *Degener*, ZStW 103 (1991), S. 365; *Roxin*, AT I, § 10, Rdnr. 95. Unlängst *Zaczyk*, GA 2014, S. 74.

1540 *Schmoller*, FS-*Frisch*, S. 239.

1541 Beschränkend auf den dogmatischen Hintergrund der Übereinstimmung vom Gefährdungs- und Verletzungsvorsatz hauptsächlich bei *Zielinski*, Handlungs- und Erfolgsunwert, S. 128 ff., insbesondere S. 143 f. Anschließend setzen auch *Horn*, Konkrete Gefährdungsdelikte, S. 78 ff. und *Wolter*, Objektive und personale Zurechnung, S. 46 ff., 68 ff., diese dogmatische Betrachtung fort. Im Ergebnis für diese Trennung von Handlung und Erfolg jüngst *Schmoller*, FS-*Frisch*, S. 238 f., 245, 251 f. Zur Dogmengesichte grundsätzlich *Roxin*, AT I, § 10, Rdnr. 94. Ausführlich *Schünemann*, JA 1975, S. 443; *Degener*, ZStW 103 (1991), S. 364 ff.; *Seher*, FS-*Frisch*, S. 214 f.; *Zaczyk*, GA 2014, S. 75 ff.

1542 *Jakobs*, Erfolgsdelikt, S. 117 ff.

1543 So geht es für *Jakobs* bei dem Streit der Zugehörigkeit des Erfolgs zum Unrecht auch um Stabilisierung der Erwartungen, *Jakobs*, GS-*Arm. Kaufmann*, S. 278 f.; *Jakobs*, AT, 6/ 69.

1544 *Jakobs*, FS-*Samson*, S. 46 ff.

dieser Stelle ist die Schuld *Jakobs* zufolge „das Manko an Rechtstreue", nicht aber die Rechtsgutsbeeinträchtigung; somit handelt es sich schon bei der Verhaltensvornahme um einen schuldhaften und somit unrechtsrelevanten Versuch und ferner um eine Zurechenbarkeit der Obliegenheitsverletzung.[1545] Ob der Erfolg eintritt oder nicht, beeinflusse die vorliegende Obliegenheitsverletzung letztlich nicht; er sei in diesem Sinne also nur schuldkonstitutiv.[1546] Daraus ergibt es sich schließlich, mangels Vorhersehbarkeit eines Schadens scheide ein Verletzungsdelikt aus, aber ein Ungehorsamsdelikt, ein abstraktes Gefährdungsdelikt, sei nach *Jakobs* schon verwirklicht gewesen.[1547] Dazu ergänzt *Pawlik* anschließend, dass bereits das verhaltensnormwidrige Verhalten dem Täter deshalb als „Pflichtverletzung" zurechenbar sei.[1548] Der Vorsatz sei deshalb der Ausdruck der Rechtsfeindlichkeit, die dadurch gekennzeichnet sei, dass der Täter sich nicht zur Erfüllung der Verhaltensnorm motiviert habe, „obgleich er vernünftiger- und zumutbarerweise erkennen mußte, dass er dadurch eine qualifiziert-unerlaubte Gefahr für die von der Verhaltensnorm geschützte Rechtsposition schuf".[1549]

Aufgrund der theoretischen Uminterpretation der Verhaltensnorm stehen nun die vom Erfolg entkoppelten, nur generell gefährlichen Handlungsweisen im Mittelpunkt des heutigen Gefährdungsstrafrechts. Sodann tendiert es dazu, die vom Schuldprinzip abweichenden Gefährdungsdelikte uferlos auszudehnen.[1550] Der unrechtsbegründende Unterschied zwischen Gefährlichkeit, Gefahr und Erfolg ist verwischt, woraus sich zugleich das an Risiko und Gefahr orientierte Vorsatzkonzept und die Übereinstimmung zwischen Gefährdungs- und Verletzungsvorsatz zwingend ergeben müssten.[1551]

1545 *Jakobs*, GS-*Arm. Kaufmann*, S. 283; *Jakobs*, AT, 6/ 72; *Jakobs*, FS-*Samson*, S. 53; *Jakobs*, System der strafrechtlichen Zurechnung, S. 69 f. Das verhaltensnormwidrige Verhalten sei dem Täter deshalb als „Pflichtverletzung" zurechenbar, *Pawlik*, Das Unrecht des Bürgers, S. 371 f., 375.

1546 *Jakobs*, FS-*Samson*, S. 53 f. *Jakobs* sah früher den Erfolg als Ergänzung des Versuchsunrechts zum Vollendungsunrecht; demnach sei die erfolgreiche Handlung schon vor dem Erfolgseintritt gelungene Objektivation eines Vorsatzes gewesen. Der Erfolg schiene damals für *Jakobs* noch wenig unrechtskonstitutiv. Dazu *Jakobs*, AT, 6/ 73, 75.

1547 *Jakobs*, FS-*Hirsch*, S. 61.

1548 *Pawlik*, Das Unrecht des Bürgers, S. 371 f.

1549 *Pawlik*, Das Unrecht des Bürgers, S. 380.

1550 Zutreffend *Ostendorf*, JuS 1982, S. 432 f.; *Degener*, ZStW 103 (1991), S. 366, 383; *Lüderssen*, FS-*Herzberg*, S. 119 f.; *Zaczyk*, GA 2014, S. 79.

1551 Dieses Ergebnis angesichts der Lehre der Vorsatzgefahr *Puppe*s siehe *Roxin*, FS-*Rudolphi*, S. 255. Bemerkenswert spricht *Hoyer*, FS-*Frisch*, S. 235 f., aufgrund der Betrachtung der Verhaltensnorm für die Identifikation des Gefährdungsvorsatzes mit Fahrlässigkeit.

c. *Kritische Würdigung*

Die Uminterpretation des Begriffs der Verhaltensnorm und die daraus folgende Verbannung des Erfolgs aus dem strafrechtlichen Unrecht sind sowohl normtheoretisch als auch dogmatisch verfehlt und unzulässig. Ihre Folge bei der Vorsatzdogmatik, der Erfolg gehöre dann nicht mehr zum Vorsatzgegenstand, scheint ebenso wenig plausibel.

aa. Normtheoretische Kritik

Normtheoretisch wird zunächst die Frage gestellt, ob die Verhaltensnorm möglicherweise völlig ohne Bezug auf den Handlungserfolg sowie auf die Sanktionsnorm zu verstehen sein kann.[1552] *Ziegert* weist bereits zutreffend darauf hin, dass die Sanktionsnorm nicht mit der Verhaltensnorm zusammenhangslos formuliert werden könne. Sie fungiert sowohl als die Sanktionsvoraussetzung einerseits wie auch als Verhaltensmodell anderseits;[1553] die Sanktionsnorm ist jedenfalls unrechtskonstitutiv.[1554] Daraus folgt, dass umgekehrt die Folge eines verbotenen Verhaltens von vornherein in der Verhaltensnorm impliziert ist und dass somit die Bestimmung der Gefährlichkeit ohne Bezug zu dem ex ante möglichen Erfolg kaum fassbar ist.[1555] Nur ein so verstandener Verhaltensnormbegriff, in dem der Erfolg endgültiger Gefährdungs- oder Verletzungszustand ständig enthalten bleibt, ist deshalb rechtsstaatlich legitimierbar, weil er einen für alle Bürger klar erkennbaren geschützten Gegenstand in sich miteinbezieht.[1556] Nur ein erfolgsbezogener Verhaltensnormbegriff entspricht deshalb dem Schuldprinzip und dem Willen des Gesetzgebers. Denn das Verständnis einer Verhaltensnorm ohne Bezug zum Erfolg würde ansonsten dazu führen, Verletzungs- in Handlungs- oder Gefährdungsverbote und somit Verletzungs- in Tätigkeits- oder Gefährdungsdelikte umzuformulieren. Dadurch verwandelt sich das liberale, auf Rechtsgutsbeeinträchtigung bezogene Strafrecht folglich in das reine Gefährlichkeitsstrafrecht, das allein die Gefährlichkeit einer Handlung in den Mittelpunkt stellt.[1557] Zuletzt kann nur ein erfolgsbezogener Verhaltensnormbegriff das Ziel der generalpräventiven Auswirkung möglichst erreichen, denn der Erfolg nimmt seinen sozialpsychologischen Einfluss in der Praxis.[1558] Eine vom Erfolg und von der Sanktionsnorm getrennte Verhaltensnorm bezweckt zwar, das Verhalten der Menschen theoretisch anzuleiten, aber die von ihr bezweckte Anleitungsfunktion der Handlungsweisen kann gegenüber den Normadressaten faktisch nur sehr

---

1552 *Seher*, FS-*Frisch*, S. 208.

1553 *Ziegert*, Vorsatz, Schuld und Vorverschulden, S. 116.

1554 *Zaczyk*, GA 2014, S. 83.

1555 *Küpper*, ZStW 100 (1988), S. 779; *Seher*, FS-*Frisch*, S. 215.

1556 *Seher*, FS-*Frisch*, S. 219, 221.

1557 *Schünemann*, JA 1975, S. 512; *Küpper*, ZStW 100 (1988), S. 778; *Degener*, ZStW 103 (1991), S. 363, 366; LK-*Vogel*[12], Vor § 15, Rdnr. 15; *Burchard*, Irren ist menschlich, S. 159; *Seher*, FS-*Frisch*, S. 213 f.

1558 *Degener*, ZStW 103 (1991), S. 386 ff.; *Lüderssen*, FS-*Herzberg*, S. 121.

geringfügig wirken, weil das Risiko zur Rechtsgüterbeeinträchtigung in einer solchen Situation, die sich nicht auf den Erfolg bezieht, allenfalls sehr generell und abstrakt abgeschätzt werden kann. Demnach ist die erwartete generalpräventive Aufgabe nur schwerlich erledigt und es ist somit nachzuweisen, dass die Sanktionsnorm gerade mit dem Unrecht der Tat eng zusammenhängt.[1559]

In der jüngeren Zeit kritisiert *Zaczyk* auch den von der Sanktionsnorm völlig getrennten Verhaltensnormbegriff und den darin bestehenden Freiheitsbegriff. Er geht davon aus, dass die so zu verstehende Verhaltensnorm schließlich zum Instrument einer positiv-präventiven Auswirkung wie Anreiz, Lenkung, Steuerung oder sogar Manipulation des menschlichen Verhaltens wird. Die darin skizzierte Freiheit, deren bestimmter Inhalt nur von außen vorgegeben wird, wird danach inhaltsleer.[1560] Demzufolge kann ausschließlich die Geltung der Norm besonders zu betonen und zu verselbstständigen sein, woraus sich die Funktionalisierung des Normbegriffs ergibt, wie bei *Jakobs*' Strafrechtssystem gezeigt wurde: Das Vorliegen des Widerspruchs der Normgeltung, das statt des Zustands von Verletzung oder Gefährdung der Rechtsgüter als Grund der Sanktion angesehen werde, endlich nur „je nach dem aktuellen Gefühls- und Erregungszustand der Gesellschaft" zu bestimmen sein muss.[1561] Am Ende können die Person und die mit ihr eng zusammenhängenden Begriffe von Freiheit und Handlung nur immer in der sozialen Hinsicht zu verstehen sein, sodass im Strafrecht eine „a-personale" Unrechtslehre entsteht, die mit einem freiheitlichen Rechtsverständnis nicht vereinbar ist.[1562]

bb. Dogmatische Kritik

Aufgrund der oben angedeuteten normtheoretischen Kritik wird – wie bei *Seher* anschließend an die Rechtsstaatlichkeit der Verhaltensnorm zutreffend – zum weiteren gefragt, ob „eine Handlungsfolge, die dem Handelnden als ‚Taterfolg' strafbegründend oder strafschärfend zugerechnet wird, *vor der Tat* einer rechtsstaatlich hinreichenden Fixierung [nicht bedarf; C.-W. C.]"?[1563] Die Antwort auf diese Frage liegt auf der Hand: Dass Verhaltens- und Sanktionsnorm miteinander zusammenhängend zu betrachten sind, besagt auf der dogmatischen Ebene eine wechselseitige Bezogenheit von Handlungsunwert und Erfolgsunwert im strafrechtlichen Unrechtsbereich.[1564] Rechtsstaatlich und verfassungsrechtlich unbedenklich ist infolgedessen nur, dass der Erfolgsfaktor bereits vom Handlungsunrecht mit einzubeziehen ist.[1565] Mit anderen Worten: Die Trennung von Handlung und Erfolg und die Betrachtung

1559 *Schünemann*, JA 1975, S. 512. Ähnlich auch *Zaczyk*, GA 2014, S. 83.
1560 *Zaczyk*, GA 2014, S. 82.
1561 *Zaczyk*, GA 2014, S. 83 ff., insbesondere S. 85 f.
1562 *Zaczyk*, GA 2014, S. 83 ff., insbesondere S. 73, 89 f.
1563 *Seher*, FS-*Frisch*, S. 208. (Hervorhebungen im Original.)
1564 *Degener*, ZStW 103 (1991), S. 368, 370.
1565 Dies gilt *Seher* nach auch bei den konkreten Gefährdungsdelikten. *Seher*, FS-*Frisch*, S. 216 und Fn. 46.

des Handlungsunwerts ohne die des Erfolgsunwerts sind weder sachgemäß noch normlogisch, denn die Bestimmung der Gefährlichkeit eines Verhaltens ist nur dann möglich, wenn sie sich von vornherein auf einen möglichen Erfolg bezieht.[1566] Durch diese Erfolgsbezogenheit einer Handlung belegt der Erfolgsunwert eine spezifische unrechtskonstitutive, also die Handlung erzeugende Bedeutung,[1567] die sich nicht allein in der Handlungsvornahme des Täters erschöpfen kann.[1568] Deshalb soll der tatbestandsmäßige Erfolg zumindest vor oder bei der Tat, also ex ante, gedanklich hinreichend bestimmt formuliert werden, sodass sich die konkreten Beeinträchtigungen der Schutzobjekte des Strafrechts, also der geschützten Rechtsgüter, folgerichtig schon in der Eigenschaft des Verhaltens erweisen können.[1569]

d. Fazit

Nicht nur weil der Vorsatz auf eine Beeinträchtigung der Rechtsgüter ausgerichtet sein soll, muss er deshalb zugleich auf den Erfolg ausgerichtet sein. Die Behauptung, der Vorsatz umfasse überhaupt keinen Erfolg, widerspricht den in den strafrechtlichen Tatbeständen vorliegenden Erfolgsvorgaben deutlich[1570] und ist aus den weiteren Gegengründen bedenklich. Der tatbestandsmäßige Erfolg wird vielmehr bei den Erfolgsdelikten als der Gegenstand einer unrechtskonstitutiven und tatcharakterisierenden Angriffsrichtung bezeichnet, „welche die vorzuwerfende Tat individualisierbar macht und aus der Masse der denselben Tatbestände verwirklichenden Taten heraushebt".[1571] Der vom Täter ex ante vorgestellte Erfolg als ein Bestandsteil des unrechtsrelevanten Finalzusammenhangs erfüllt daher die Funktion, sich an der subjektiven Handlungsherrschafts- bzw. Angriffsrichtung zu orientieren, und muss unbedingt vom Vorsatz umfasst werden.[1572]

Für einen Vorsatzbegriff hinsichtlich eines derartigen Erfolgs kommt es deshalb auf die individuelle Vorstellung und Einschätzung des Erfolgseintritts an. Er entspricht sodann den Regeln individueller Vorwerfbarkeit, wonach es dem Vorsatz verboten ist, sich lediglich auf eine objektivierte Rechtsmaxime auszurichten und sich somit als eine vollkommen normativierte, von dem menschlichen vorfindbaren psychischen Befund unabhängige Rechtsinstitution darzustellen. Diejenigen

1566 Dazu eingehend *Roxin*, AT I, § 10 Rdnr. 97 ff.; *Seher*, FS-*Frisch*, S. 215 ff. Die Untrennbarkeit von Handlung und Erfolg bei den Erfolgsdelikten unter dem Gesichtspunkt der Handlungskontrolle *Kindhäuser*, ZStW 96 (1984), S. 20.

1567 *Kindhäuser*, ZStW 96 (1984), S. 21; *Roxin*, AT I, § 10, Rdnr. 97; *Burchard*, Irren ist menschlich, S. 148; *Lüderssen*, FS-*Herzberg*, S. 115; *Seher*, FS-*Frisch*, S. 217.

1568 *Lüderssen*, FS-*Herzberg*, S. 116.

1569 *Seher*, FS-*Frisch*, S. 218. Nur unter diesen Bedingungen könnte die Verhaltensnorm der legitime Maßstab des Verbotenseins sein. Umgekehrt hat die Verhaltensnorm ohne Bezug zum Erfolg deshalb die besondere Funktion, die Rechtsgutslehre zu marginalisieren. Dazu *Zaczyk*, GA 2014, S. 79.

1570 *Roxin*, FS-*Rudolphi*, S. 254 f.

1571 *Burchard*, Irren ist menschlich, S. 165.

1572 *Küpper*, ZStW 100 (1988), S. 778; *Nau*, Bewußtseinsform, S. 65.

Auffassungen, die vertreten, ein bloßes Wissen um *Risiko* oder *Gefahr*, wobei es allein um seine Handlungsrelevanz, aber gar nicht um den weiteren Handlungsfolgen geht, genüge schon für den Vorsatz, sind ersichtlich verfehlt. Aus ihnen folgt unausweichlich dasjenige Vorsatzkonzept, wonach der Vorsatz allein mit der Handlungs- bzw. Gefahrrelevanz, also ohne Erfolgsrelevanz, nur generalisierend nach einem anderen äußeren Maßstab wie Gesellschafts- bzw. Rechtsmaximen manifestiert ist.[1573] Letztlich weicht der Vorsatzbegriff dergestalt vom Schuldprinzip in der oben angedeuteten Gestaltung ab, weil er sich nicht auf der inneren Einstellung des Täters begründet[1574] und er die wesentliche Differenz im Handlungsunwert zwischen Gefährdung und Verletzung übersieht.[1575]

II. Bezogenheit des Vorsatzes auf Ausübung einer rechtsgüterbeeinträchtigenden Tatherrschaft

1. Vorsatz hinsichtlich Kausalzusammenhang

Enthält der Vorsatzgegenstand schließlich nicht nur die Handlung, sondern auch den davon herbeigeführten Erfolg, ist es denkbar, eine individuelle Kenntnis des Verwirklichungszusammenhangs zwischen Handlung und Erfolg auch vom Vorsatz mit einzubeziehen. Sodann wird gefragt, wie und inwieweit sich der Vorsatz weiter auf die Verwirklichung einer Rechtsgüterbeeinträchtigung bzw. eines tatbestandsmäßigen Erfolgs bezieht. Es geht hierbei dann um die strittige Frage, ob der Vorsatztäter bei der Entscheidung über eine Rechtsgüterbeeinträchtigung einen Kausalzusammenhang zwischen Handlung und Erfolg bzw. die objektive Zurechnung des Erfolgs kennen muss.

Zu dieser Frage ist nach der momentan üblichen Meinung allgemein anerkannt, dass der Kausalverlauf und ggf. auch die objektive Zurechnung zum Vorsatzgegenstand gehören.[1576] Dazwischen besteht noch eine Kontroverse über die Einzelheiten darüber, was der Vorsatztäter in Bezug auf einen bestimmten Kausalzusammenhang zwischen der Handlung und Erfolg tatsächlich wissen soll.[1577] Während nach

---

1573 So sind die Vorsatzbegriffe *Puppe*s und *Jakob*s hier nicht anzunehmen. Dazu LK-*Vogel*[12], Vor § 15, Rdnr. 69 f. Gegen den hier vertretenen individualisierten und für einen generalisierten Vorsatzbegriff auch *Pawlik*, Das Unrecht des Bürgers, S. 392 ff.

1574 *Hassemer*, GS-*Arm. Kaufmann*, S. 305, betont deswegen, dass es sich beim Vorsatz nicht um die objektive Qualität der Gefahr, sondern um die vom Täter erkannte Gefahr handelt; der wesentliche Teil des Vorsatzes liegt stets im Innen des Täters.

1575 *Weigend*, ZStW 93 (1981), S. 672.

1576 *Jakobs*, AT, 8/ 44; *Maurach/ Zipf*, AT 1, S. 316 f.; *Jescheck/ Weigend*, AT, S. 294; *Roxin*, AT I, § 12, Rdnr. 154; *Kühl*, AT, S. 85; SSW-StGB/ *Momsen*, §§ 15, 16, Rdnr. 11; *Schönke/ Schröder/ Sternberg-Lieben/ Schuster*, § 15, Rdnr. 54 f. Mit weiteren Nachweisen *Schroth*, Vorsatz und Irrtum, S. 94 und Fn. 290.

1577 *Kindhäuser*, FS-*Hruschka*, S. 528; *Benítez*, Die Gefahrverwirklichung im Erfolg, S. 29.

manchen Autoren nur die Umrisse des Kausalzusammenhangs der Vorsatzgegenstand seien,[1578] wird von anderen Autoren allmählich angenommen, die sich auf die Bedingungen objektiver Zurechnung beziehenden Umstände allein oder zumindest zugleich vom Vorsatz des Täters zu begreifen.[1579] In den Lehrbüchern wie in den Kommentaren wird es häufig so formuliert, dass sowohl die Kausalität wie auch die objektive Zurechnung gleich zu den Vorsatzbezugspunkten sind.[1580]

Bemerkenswerterweise unternimmt *Kindhäuser* den Versuch, den Kausalzusammenhang und die objektive Zurechnung versöhnend in den Vorsatzgegenstand zu integrieren. Er sieht den Erfolg und den mit dem Erfolg zusammenhängenden, etwa prognostizierten Kausalverlauf als den Vorsatzgegenstand an und verbindet dies mit einem „Risikozusammenhang", dessen Urteil zum Erfolgseintritt sich einzig auf diejenigen Umstände bezieht, „die das vom Täter geschaffene Risiko zu einem unerlaubten machen".[1581] Demzufolge lasse der Vorsatz sich ausschließlich auf das aus der Sicht des Täters entschiedene Risiko des Täterverhaltens begründen und dadurch sei dem Täter der Erfolg zum Vorsatz zuzurechnen.[1582] Nach dem Ansatz *Kindhäusers* beinhaltet der Vorsatz zwar noch die individuelle Kenntnis des Risikos, aber er berücksichtigt angesichts der Schwierigkeit der Vorhersehbarkeit des exakten Kausalverlaufs keine tatsächliche Vorstellung des Erfolgs mehr; der Erfolgseintritt werde in die Kategorie einer ex post bestimmten Zurechnung zum Vorsatz umgeordnet. Der Vorsatz richtet sich *Kindhäuser* zufolge endlich nach einem objektiven Maßstab, wonach der Täter „als rechtstreuer und rational entscheidender Bürger um der Erfolgsvermeidung willen unterlassen müsste".[1583] Der Vorsatzbegriff *Kindhäusers* als eine reine Zurechnungsregel berücksichtigt die in der Tätervorstellung bevorstehende Erfolgsprognose nicht mehr[1584] und ist somit nichts anderes als derjenige, der nach *Puppes* Lehre von der Vorsatzgefahr dargestellt ist.

Demgegenüber verzichtet *Roxin* auf einer Seite unmittelbar darauf, die Kenntnis des Kausalverlaufs in den Gegenstand des Vorsatzes einzuordnen, und verlangt von dem Täter die Kenntnis über die für die objektive Zurechnung relevanten Umstände, dass „er eine unerlaubte Gefahr für das Rechtsgut geschaffen hat".[1585] Auf der anderen Seite bezeichnet er zugleich eine sog. *Planverwirklichung* als das Wesen des Vorsatzes: „Ein Erfolg ist als vorsätzlich herbeigeführt anzusehen, wenn und weil

1578 *Maurach/ Zipf*, AT 1, S. 316 f.; *Jescheck/ Weigend*, AT, S. 294.

1579 *Jakobs*, AT, 8/ 44; *Roxin*, AT I, § 12, Rdnr. 154.

1580 *Kühl*, AT, S. 85; SSW-StGB/ *Momsen*, §§ 15, 16, Rdnr. 11; *Schönke/ Schröder/ Sternberg-Lieben/ Schuster*, StGB, § 15, Rdnr. 54 f.

1581 *Kindhäuser*, FS-*Hruschka*, S. 537.

1582 *Kindhäuser*, FS-*Hruschka*, S. 540 f.

1583 *Kindhäuser*, FS-*Hruschka*, S. 540.

1584 *Kindhäuser*, GA 2007, S. 458, 468.

1585 *Roxin*, AT I, § 12, Rdnr. 154. Ähnlich *Jakobs*, AT, 8/ 44: „[...] insbesondere muss der Täter ein Risiko von solcher Höhe erkennen, dass der Rahmen des erlaubten Risikos überstiegen wird".

er bei objektiver Bewertung dem Plan des Täters entspricht".[1586] Mit dem Kriterium der Planverwirklichung sei der Vorsatz nicht mehr nur als eine Entscheidung für die Rechtsgutsverletzung, sondern als „planverwirklichender Handlungswille" angesehen.[1587] Die Zurechnung zum Vorsatz begründe sich daher auch auf „die Entsprechung zum Merkmal der Gefahrverwirklichung als den Zurechnungsmaßstab für den objektiven Tatbestand".[1588] Der Versuch von *Roxin*, den Begriff der Planverwirklichung als Zusammenfassung aller Vorsatzformen darzustellen, scheint ebenso nicht überzeugend und etwas schillernd, da er das Vorsatzkriterium der Planverwirklichung wiederum auf einer objektiven Bewertung entwickelt, sodass sein Vorsatzkriterium folglich nichts anderes als sein Kriterium der objektiven Zurechnung ist. Demzufolge führen die Gefahrverwirklichung als Maßstab der objektiven und die Planverwirklichung als das der subjektiven Zurechnung bei *Roxin* in der Regel zum selben Ergebnis; die innere Tätereinstellung und das subjektive Urteil des Täters, die *Roxin* nach nur indizielle Bedeutung haben,[1589] sind entkräftet.[1590] Davon ausgehend könnte die tatsächliche Tätervorstellung zum Erfolg beim Vorsatz faktisch keine Rolle mehr spielen.[1591] Es würde nach *Roxins* Ansicht zu dem Ergebnis kommen, dass nur diejenige in dem Täterplan enthaltene vorhersehbare Gefahr für das Rechtsgut, nicht aber der Erfolg als Risiko- sowie Gefahrenrealisierung zum Vorsatzgegenstand gehören würde und der Vorsatz demnach nichts anderes als Wissen und Wollen dieser Gefahr wäre.[1592]

In dieser Hinsicht wird vielmehr das Bedenken deutlich gemacht, dass nicht der Erfolg, sondern die strukturell ausschließlich ex post bewertende objektive Zurechnung dem Wesen eines auf der Tätervorstellung beruhenden Vorsatzbegriffs widerspricht.[1593] Der Vorsatz kann hingegen nur eine subjektive Verbindung zwischen der kausalen Beziehung von Handlung und Rechtsgutsverletzung verlangen[1594] und kann den Täter auch nur so auffordern, in den wesentlichen Zügen oder zumindest grob zu erkennen, auf welche Weise sein Verhalten den Erfolg herbeiführt.[1595] Dem Ausgangspunkt *Kindhäusers*, dass zum Vorsatzgegenstand auch der vom Täter durch sein Verhalten auf den Erfolg richtete und prognostizierte Kausalverlauf gehört, ist insoweit zuzustimmen, denn diese Erfolgsprognose ist gerade dem Unrecht des vorsätzlichen Erfolgsdelikts wesentlich.[1596] Umgekehrt muss

---

1586 *Roxin*, AT I, § 12, Rdnr. 6.
1587 *Roxin*, AT I, § 12, Rdnr. 24.
1588 *Roxin*, AT I, § 12, Rdnr. 155.
1589 *Roxin*, AT I, § 12, Rdnr. 156.
1590 *Burchard*, Irren ist menschlich, S. 299.
1591 Diese Kritik eingehend *Schroth*, Vorsatz und Irrtum, S. 105 f.
1592 *Benítez*, Die Gefahrverwirklichung im Erfolg, S. 30, 32.
1593 *Frisch*, Vorsatz und Risiko, S. 68.
1594 *Nau*, Bewußtseinsform, S. 65.
1595 *Maurach/ Zipf*, AT 1, S. 316 f.; *Jescheck/ Weigend*, AT, S. 294. Auf den Irrtum des Kausalverlaufs kann hier nicht eingegangen werden.
1596 *Schroth*, Vorsatz und Irrtum, S. 94.

der Vorsatztäter diesen vorrechtlich sachgemäßen Kausalverlauf zwischen seinem Verhalten und dem Erfolg erkennen und sich vorstellen, womit der Täter im Voraus einschätzen kann, ob durch sein Verhalten ein Tatbestand verwirklicht wird und somit eine kritische Situation für das Rechtsgut verursacht wird. Zutreffend weist schon *Hassemer* daraufhin, „[...] nicht ob und wie riskant ein Handeln tatsächlich ist, nicht wie nahe ein Schaden objektiv lag, entscheidet über den Vorsatz, sondern erst, wir riskant und gefährlich das Handeln in den Augen des Handelnden war".[1597] Bei der Vorsatzfeststellung handelt es sich zwar um den Tatplan des Täters, dieser soll aber vorrangig nach dem subjektiven Urteil des Täters zu bestimmen sein, da es das Substrat der Wissensseite des Täters zur weiteren Ausführung der Straftat ist.[1598] Anschließend bleibt noch die Frage, in welcher Weise diese Kenntnis des Kausalzusammenhangs im Vorsatzbegriff genauer gestaltet werden soll.

2. Vorsatz hinsichtlich Steuerbarkeit einer Rechtsgüterbeeinträchtigung

Die Annahme, dass der Kausalverlauf zwischen Verhalten und Erfolg ebenso zum Vorsatzgegenstand gehört, erweist sodann, dass der Vorsatz nie bloßes Wissen und Wollen des Täters bedeutet, sondern ein entscheidender innerer Handlungsfaktor für den rechtsgüterbeeinträchtigenden Geschehensverlauf ist. Der Vorsatz besagt deshalb „eine höhere Stufe innerer Beteiligung am äußeren Unrechtsgeschehen", durch die der Täter zeigt, eine individuelle Fähigkeit zur Verwirklichung von Gefahr oder Verletzung der Rechtsgüter zu haben.[1599] Ähnlich versteht *Kindhäuser* die Vorsätzlichkeit unter dem Gesichtspunkt der Handlungskompetenz als die aktuelle Kontrolle.[1600] Die Bejahung des Vorsatzes begründe sich somit für ihn „hinsichtlich der die Handlungskontrolle kennzeichnenden epistemischen Haltung des Täters" auf den Ausgangspunkt des Täters, dass der Erfolg durch seine Handlung eintrete. Mit diesem Ausgangspunkt werde das „theoretische" Wissen mit dem „praktischen" Wissen verbunden und beziehe die Einschätzung der eigenen Fähigkeit zur Herbeiführung oder Verhinderung des Erfolgs in den Vorsatz mit ein.[1601] Abgesehen davon, mit welchem Element der Vorsatz solch subjektives Urteil über diese

1597 *Hassemer*, GS-*Arm. Kaufmann*, S. 302.

1598 Wissen als notwendige Voraussetzung der Entscheidung *Hassemer*, GS-*Arm. Kaufmann*, S. 299 f.

1599 So ist der Vorsatz als ein hervorgehobener Modus des „Dafür-Könnens" bezeichnet. *Hassemer*, GS-*Arm. Kaufmann*, S. 296; *Hassemer*, Einführung, S. 218. Ähnlich auch *Sacher*, Sonderwissen, S. 160 ff., definiert den Vorsatz durch Kenntnis der Steuerung der Sozialschädlichkeit.

1600 *Kindhäuser*, ZStW 96 (1984), S. 17 ff., 24 f.

1601 *Kindhäuser*, ZStW 96 (1984), S. 25. So hängt das Vorsatzkonzept *Kindhäusers* mithilfe von dem *Davon-Aus* Wissen und Können zusammen und sieht diesen Zusammenhang als Vorsatz an. Ganz ähnlichen Vorschlag kann man auch bei *Frischs* Ansatz, Wissen als *Für-sich-Ausgehen* zu kennzeichnen, erfahren. Dazu *Frisch*, Vorsatz und Risiko, S. 192 ff., 341.

Handlungskontrolle leisten kann,[1602] läuft der Aspekt des Vorsatzes hinsichtlich der Kontrolle vom Geschehensverlauf schon darauf hinaus, dass der Vorsatz folgerichtig den subjektiven Impuls zur Tatherrschaft betrifft.[1603] Der Vorsatz kann deshalb je nach den verschiedenen Kontrollkapazitäten für die Verwirklichung der Rechtsgüterbeeinträchtigung noch verfeinert z. B. als Verletzungs- oder Gefährdungsvorsatz ausdifferenziert werden.[1604] Der Vorsatztäter muss sodann die Kenntnis aller die eigene Herrschaft begründenden Faktoren haben, um erst gemäß § 25 StGB als der Täter die Herrschaft über das gesamte Geschehen (einschließlich der Beherrschbarkeit des Erfolgseintritts) ausüben zu können.[1605]

Den Vorsatz hinsichtlich einer Herrschaft über die Rechtsgüterbeeinträchtigung könnte man zunächst positiv nach einem kausalen Modell als „Steuerbarkeit bzw. Beherrschbarkeit des rechtsgüterbeeinträchtigenden Geschehens sowie Erfolgs" beschreiben. Hingegen könnte man ihn aber auch negativ nach einem pflichtübernehmenden Modell als „Missbrauch der Vermeidbarkeit desselben" beschreiben.[1606] Doch wie oben angedeutet wurde,[1607] hängt der Vorsatzbegriff in Bezug auf die – sowohl ontologische wie auch normative – Vermeidbarkeit des Erfolgs allerdings sehr eng mit dem präventiven Ziel des Strafrechts zusammen und zerstört deshalb die nach dem klassischen Schuldprinzip ausgestaltete Vorsatzkonstruktion. Er wird darüber hinaus immer kritisiert, dass die Bestimmung der Vermeidbarkeit auf dem situativen Kontext der Tat beruhen muss.[1608] Unter diesem Aspekt wird

---

1602 Dieses sog. praktische Wissen führt oft dazu, das Wollenselement des Vorsatzes sei dadurch ersetzt und somit unnötig. *Kindhäuser*, ZStW 96 (1984), S. 22 f., 28 f.; *Frisch*, Vorsatz und Risiko, S. 255 ff., 300 ff. Die Frage, ob das an das individuelle Können anknüpfende Wissenserfordernis wirklich das Wollenselement ersetzen kann, bleibt hier vorläufig offen.

1603 *Sacher*, Sonderwissen, S. 160.

1604 Zutreffend *Schünemann*, Chengchi Law Review, Vol. 50 (1994), S. 269 f., 273 f.; *Schünemann*, FS-*Hirsch*, S. 371 f., 374 f. Ähnlich auch bei *Weigend*, ZStW 93 (1981), S. 670 ff. Auch *Sacher*, Sonderwissen, S. 161: „Darüber hinaus ergibt sich aus dieser zweck- und wertorientierten Begründung der Schwererbewertung des Vorsatzes, dass die *Risikoanforderungen* wiederum beim Unrecht des Vorsatz- und des Fahrlässigkeitsdelikts *unterschiedlich anzusetzen sind* und dass damit die Untergrenzen der Strafbarkeit bzw. der Zurechnungskriterien unterschiedlich zu ziehen sind". (Hervorhebungen vom Autor.)

1605 LK-*Schünemann*[12], § 25, Rdnr. 37. Dies entspricht der Ansicht *Roxins*, dass ein Täterwille ohne Vorsatz nicht denkbar ist. Dazu *Roxin*, Täterschaft und Tatherrschaft, S. 323.

1606 *Schünemann*, Chengchi Law Review, Vol. 50 (1994), S. 269 f.; *Schünemann*, FS-*Hirsch*, S. 371; *Stuckenberg*, Vorsatz und Irrtum, S. 415 f. Vermeidungswille als Begründung der Identität vom Gefährdungs- und Verletzungsvorsatz *Horn*, Konkrete Gefährdungsdelikte, S. 208.

1607 Vgl. B. II. 2. b. in diesem Kapitel.

1608 *Ziegert*, Vorsatz, Schuld und Vorverschulden, S. 112; *Stuckenberg*, Vorsatz und Irrtum, S. 416.

die Vorsatzstrafe zum einen zu eng, weil ein Individuum somit geringer belastet erscheint „als eine Person, die weniger voraussieht, motivational aber nicht in Not ist";[1609] der Täter kann daher durch „das verbrecherisch-strategische Kalkül" den Vorsatz ausschließen.[1610] Zum anderen wird er zu weit, da er – insbesondere in den Fällen der Tatsachenblindheit – durch das Element der Vermeidbarkeit, das als eine Art der Sorgfaltspflichten eigentlich zum Merkmal der Fahrlässigkeit gehört, die Vorsatzstrafe auf den Bereich der Fahrlässigkeit erstreckt.[1611] Aus diesen Gründen ist der Vorsatzbegriff in Bezug auf die Vermeidbarkeit des Erfolgs unhaltbar. Hier wird nur solch ein Vorsatzbegriff angenommen, wonach sich der Vorsatz als ein Herrschaftsfaktor auf die steuerbare Herbeiführung der Rechtsgüterbeeinträchtigung bezieht.[1612]

III. Fazit: Vorsatz als der bewusste Wille zur Ausübung einer rechtsgüterbeeinträchtigenden Tatherrschaft

Nach den oben ausgeführten Auseinandersetzungen ist die Kurzformel des Vorsatzes, der Vorsatz sei die Entscheidung gegen das Rechtsgut, deutlicher gemacht worden. Demzufolge lässt sich der Vorsatz in erster Linie auf Rechtsgüterbeeinträchtigung ausrichten und muss alle Umstände umfassen, welche sich auf Rechtsgüterbeeinträchtigungen beziehen und somit unrechtskonstitutiv sind. Zum Vorsatzgegenstand gehören daher sowohl das Täterverhalten als auch der daraus herbeigeführte oder zu herbeiführende tatbestandsmäßige Erfolg und der dazwischen bestehende Kausalverlauf. Es wird festgestellt, dass der Vorsatz als Entscheidung gegen das Rechtsgut nichts anderes ist als der Wille zur Rechtsgüterbeeinträchtigung, welcher auf einer wissentlich tatherrschenden Einschätzung und Einkalkulierung beruht. Des Weiteren wird anhand dieses Vorsatzbegriffs das Wesen des Gefährdungsvorsatzes erläutert.

D. Wesen des Gefährdungsvorsatzes

I. Ausblick

Nach der oben durchgeführten Definition des Vorsatzes kann man nun sehr oberflächlich sagen, dass der Gefährdungsvorsatz der bewusste Wille zur Ausübung einer *rechtsgütergefährdenden* Tatherrschaft ist. Diese Definition erläutert zwar, dass der Gefährdungsvorsatz ein Produkt der Zusammenwirkung von Gefahr und Vorsatz, sie besagt im Grunde aber noch nicht, was man dem Gefährdungsvorsatz in

1609 *Ziegert*, Vorsatz, Schuld und Vorverschulden, S. 112.

1610 *Hassemer*, GS-*Arm. Kaufmann*, S. 291 f.

1611 *Schneider*, Einübung in Normanerkennung, S. 120. Ähnliche Meinung *Stuckenberg*, Vorsatz und Irrtum, S. 416.

1612 Im Ergebnis übereinstimmend *Sacher*, Sonderwissen, S. 160, 176 ff., insbesondere S. 179 f.

concreto verlangt und wie man ihn praktisch feststellen kann. Bevor das Wesen des Gefährdungsvorsatzes nach den bisherigen Überlegungen näher verdeutlicht wird, bedarf es zunächst einer Verortung des Gefährdungsvorsatzes und einer Feststellung über dessen Gegenstand (II.). An die Feststellung des Gegenstands anschließend ist weiter zu ermitteln, wie und inwieweit der Gefährdungsvorsatz sich wissentlich und willentlich auf diesen Gegenstand beziehen müsste, sodass er sich begrifflich von dem Verletzungsvorsatz unterscheiden kann (III.). Letztlich lässt sich feststellen, ob es möglich ist, dass der Gefährdungsvorsatz analog dem Verletzungsvorsatz in den verschiedenen Formen von Gefährdungsabsicht, direktem oder eventuellem Gefährdungsvorsatz in Erscheinung treten kann (IV.).

II. Verortung und Gegenstand des Gefährdungsvorsatzes

1. Verortung des Gefährdungsvorsatzes innerhalb der Gefährdungstatbestände

Obwohl der konkrete Inhalt des Gefährdungsvorsatzes noch höchst streitig bleibt, ist es im Prinzip bislang bereits anerkannt, dass er davon ausgehen müsste, sich auf eine Rechtsgutsgefährdung zu beziehen. Von dieser Sicht aus richten die meisten Ansätze über den Gefährdungsvorsatz den Fokus auf den Vorsatzbegriff hinsichtlich der Rechtsgutsgefährdung, deren Beziehung zur Rechtsgutsverletzung noch erklärungsbedürftig ist.[1613] Der Gefährdungsvorsatz ist deshalb in erster Linie in dem Bereich der Gefährdungstatbestände anwendbar und wird dort geprüft. Es geht dabei um den Vorsatz innerhalb der Gefährdungstatbestände, welcher inhaltlich auf einen Rechtsgutsverletzungswillen verzichtet hat und mithin nicht auf denselben

1613 *Busch*, Gefahr und Gefährdungsvorsatz, S. 4 f., 33 f.; *Miřička*, Formen der Strafschuld, S. 78 ff.; *Binding*, Normen, Bd. 2, S. 877 ff.; Bd. 4, S. 374 ff.; *Frank*, StGB, S. 184; *Rabl*, Gefährdungsvorsatz, S. 15 ff., insbesondere S. 26; *Schneider*, Gefährdungsvorsatz, passim, insbesondere S. 23 ff.; *Binavince*, Fahrlässigkeitsdelikte, S. 156; *Zielinski*, Handlungs- und Erfolgsunwert, S. 157 f.; *Horn*, Konkrete Gefährdungsdelikte, S. 201 f.; *Weigend*, ZStW 93 (1981), S. 670 f.; *Schroeder*, ZStW Beiheft 1982, S. 3; *Frisch*, Vorsatz und Risiko, S. 292; *Feloutzis*, Aussetzung, S. 70; *Joerden*, Verantwortlichkeitsbegriff, S. 154 f.; *Küpper*, ZStW 100 (1988), S. 769 ff.; *Zielinski*, AK-StGB I, §§ 15, 16, Rdnr. 81; *Schünemann*, Chengchi Law Review, Vol. 50 (1994), S. 272 f.; *Schroth*, Vorsatz als Aneignung, S. 7 f., 139; *Zieschang*, Gefährdungsdelikte, S. 122; *Radtke*, Brandstiftungsdelikte, S. 305; *Schroth*, Vorsatz und Irrtum, S. 55 f., 66; *Struensee*, in: das 6. Strafrechtsreformgesetz 1998, S. 40; *Schünemann*, FS-*Hirsch*, S. 374 f.; *Schroth*, JR 2003, S. 252; *Anastasopoulou*, Schutz kollektiver Rechtsgüter, S. 45, 47; *Weber*, in: *Arzt/ Weber/ Heinrich/ Hilgendorf*, BT, § 35, Rdnr. 100; *Kindhäuser*, AT, § 8, Rdnr. 21; *Heinrich*, AT, S. 63; NK-StGB-*Zieschang*, § 315, Rdnr. 47; *Schönke/ Schröder/ Sternberg-Lieben/ Schuster*, StGB, § 15, Rdnr. 98a; *Schönke/ Schröder/ Sternberg-Lieben/ Hecker*, StGB, § 315c, Rdnr. 38; *Lackner/ Kühl*, StGB, § 15, Rdnr. 28.

ausgerichtet werden muss.[1614] Umgekehrt beschränkt der Gefährdungsvorsatz seinen Anwendungsbereich auch lediglich innerhalb der Gefährdungstatbestände, denn, wie oben angedeutet wurde, befasst ein Vorsatz hinsichtlich einer Rechtsgutsgefährdung nach dem das Unrecht begründenden und begrenzenden Schuldgedanken keine Rechtsgutsverletzung und darf nicht darüber hinaus als Anhaltspunkt des Verletzungsvorsatzes dienen.[1615] Der Gefährdungsvorsatz wird also hier zunächst als ein *Vorsatzurtypus* im Gefährdungsstrafrecht verstanden, dessen Gegenstand und Konkretisierung des Inhaltes sowohl den obigen Überlegungen des Vorsatzkonzepts als auch dem Substrat der Gefährdungstatbestände zufolge vom Verletzungsvorsatz differenzierend zu bestimmen sind.[1616]

2. *Gegenstand des Gefährdungsvorsatzes: konkrete Gefährdung des Individualrechtsguts*

Soweit der Inhalt des Gefährdungsvorsatzes gemäß dem Substrat der Gefährdungstatbestände konkretisiert werden muss, lässt sich dann fragen, aufgrund welcher Gefährdungstatbestände er sich formulieren muss. Nach der überwiegenden Meinung stellt der Gefährdungsvorsatz ausschließlich auf die konkreten Gefährdungsdelikte ab, sodass er sich als eine bestimmte subjektive Beziehung zu der sog. konkreten Gefahr eines Rechtsguts darstellt.[1617] Diese Darstellung erklärt jedoch nicht umgekehrt, ob der Gefährdungsvorsatz im Bereich abstrakter Delikte anwendbar ist. Um den Gegenstand des Gefährdungsvorsatzes sowohl angemessen als auch gerechtfertigt festzulegen und somit die in Frage stehende Anwendungsmöglichkeit des Gefährdungsvorsatzes im Bereich abstrakter Delikte zu beantworten,[1618] soll zuerst der das konkrete Gefährdungsdelikt charakterisierende, schillernde Gefahrbegriff näher betrachtet werden.

1614 *Weber*, ZStW Beiheft 1987, S. 21; *Anastasopoulou*, Schutz kollektiver Rechtsgüter, S. 45.

1615 Vgl. B. II. in diesem Kapitel.

1616 *Frisch* geht daher zutreffend davon aus, dass der Inhalt des Gefährdungsvorsatzes durch Gegenstand des Vorsatzes *im Bereich der Gefährdungsdelikte* zu ermitteln sein muss. *Frisch*, Vorsatz und Risiko, S. 292.

1617 Der Gegenstand des Gefährdungsvorsatzes ausdrücklich vom Gefahrbegriff ausgehend *Rob. von Hippel*, VDS, AT III, S. 529; *Nick*, Gefahr und Gefährdungsvorsatz, S. 1 ff., 10; *Noll*, SchwZSt 1954, S. 20; *Schaffstein*, FS-OLG Celle, 1961, S. 180; *Reinh. v. Hippel*, ZStW 75 (1963), S. 449; *H. J. Hirsch*, ZStW 83 (1971), S. 153, Fn. 24; *Frisch*, Vorsatz und Risiko, S. 292; *M. Köhler*, Die bewusste Fahrlässigkeit, S. 285 f.; *Herzberg*, JuS 1986, S. 255, 257; *Hoyer*, Eignungsdelikte, S. 63 f.; *Jakobs*, AT, 6/ 79; *H. J. Hirsch*, Strafrechtliche Probleme, S. 632; *Laue*, Aussetzung, S. 45; *Puppe*, AT[1], Bd. 1, § 16, Rdnr. 43; NK-StGB-*Puppe*, § 15, Rdnr. 86.

1618 Vgl. 8. Kapitel.

a. *Meinungsvielfalt vom Gefahrbegriff und Gefahrerfolg*

aa. Fragestellung zum Gefahrbegriff

Das konkrete Gefährdungsdelikt ist allgemein anerkannt als ein Erfolgsdelikt, dessen Tatbestandsmerkmale sowohl eine gefährliche Handlung als auch einen Gefahrerfolg und den verbindenden Kausalzusammenhang enthalten.[1619] Zur Bejahung der Verwirklichung eines konkreten Gefährdungsdelikts muss dementsprechend im Einzelfall nachgewiesen werden, dass der Täter durch seine gefährliche Handlung[1620] einen Gefahrerfolg, der „in der ‚konkreten Verunsicherung' eines geschützten Rechtsgutsobjekts besteht", tatsächlich herbeigeführt hat.[1621] Problematisch dabei ist aber, worauf *Roxin* zu Recht hingewiesen hat, „wie dieser konkrete Gefahrerfolg beschaffen sein und festgestellt werden soll".[1622] Es handelt sich demzufolge bei dem Begriff des konkreten Gefahrerfolgs detailliert um zwei grundsätzliche Fragen: Zum einen fragt man danach, welche wesentliche Figur der Gefahr verkörpert ist; darin steht immer das hautenge Verhältnis der konkreten Gefahr zur Verletzung desselben Rechtsguts. Zum anderen beschäftigt man sich damit, wie man die Gefahr beurteilt; es geht hier vielmehr um eine bestimmte Betrachtungsweise der Gefahr, also ein Gefahrurteil darüber, welche relevanten Umstände mit einbezogen werden sollen. Erst durch die beiden Dimensionen der konkreten Gefahr wird der Gegenstand des Gefährdungsvorsatzes festgelegt.

1619 Statt vieler nur *Lackner*, Das konkrete Gefährdungsdelikt, S. 7; *Schröder*, ZStW 1969 (81), S. 7 f.; *Gallas*, FS-*Heinitz*, S. 176; *Schünemann*, JA 1975, S. 793; *Ostendorf*, JuS 1982, S. 428; *Jakobs*, AT, 6/ 79; *Jescheck/ Weigend*, AT, S. 263; *Zieschang*, Gefährdungsdelikte, S. 50 f.; *H. J. Hirsch*, Strafrechtliche Probleme, S. 625; *Baumann/ Weber/ Mitsch*, AT, § 8, Rn. 41 f.; *Roxin*, AT I, § 11, Rdnr. 147; LK-*König*[12], § 315, Rdnr. 50; *Krey/ Esser*, AT, Rdnr. 243; SK-*Wolters*, Vor § 306, Rdnr. 4; NK-*Kargl*, Vor §§ 306 ff., Rdnr. 19; *Wessels/ Beulke/ Satzger*, AT, Rdnr. 28. Außerdem betont *Anastasopoulou*, Schutz kollektiver Rechtsgüter, S. 47, dass nur solch ein Verständnis des konkreten Gefährdungsdelikts als Erfolgsdelikt mit dem Wort „dadurch" in der Strafvorschrift vereinbar sein kann. Gegen das konkrete Gefährdungsdelikt als Erfolgsdelikt *Koriath*, GA 2001, S. 58 ff.

1620 Ob für das konkrete Gefährdungsdelikt allein nur eine abstrakt gefährliche Handlung bereits genügt, braucht hier nicht beantwortet zu werden, da es sich um die umfangreichen Interpretationen des neuen Systems der Gefährdungstatbestände handelt. Dazu aber bemerkenswert *Ostendorf*, JuS 1982, S. 431: „Wenn das Schwergewicht heutiger Unrechtszuschreibung auf dem Handlungsunrecht liegt, so muss beim konkreten Gefährdungsdelikt nicht nur der Erfolg, sondern auch die Tathandlung konkret gefährlich, d. h. auf den Gefährdungserfolg angesetzt sein, jetzt allerdings aus einer ex-ante-Sicht".

1621 *Schünemann*, JA 1975, S. 793. (Hervorhebungen im Original.)

1622 *Roxin*, AT I, § 11, Rdnr. 148.

bb. Gefahrbegriff in der früheren Literatur und Rechtsprechung

Der Gefahrbegriff wurde vorher in dem früheren Schrifttum vornehmlich als ein deskriptiver Begriff verstanden und schwankte dazwischen, sich als Urteil oder Zustand darzustellen.[1623] Während die Gefahr nach der sog. *subjektiven Theorie* auf einer subjektiven Prognose beruht und damit eher ein subjektives Gefahrurteil über Ungewissheit bedeutet, wird sie der *objektiven Theorie* zufolge hingegen als ein objektiv gegebener Zustand einer drohenden Situation angesehen, wonach die Gefahr auf einer Diagnose äußerer Verhältnisse beruhend beurteilt werden soll.[1624] Die Gefahr im Sinne einer subjektiven Prognose wurde aber deshalb aufgehoben, weil sie und ihre Beurteilung sehr eng von den unterschiedlichen Subjektivierungsgraden abhängen müssen und stets in eine hohe begriffliche Unbestimmtheit geraten.[1625] Dieser Gefahrbegriff bietet am Ende angesichts der eingeschränkten Erkenntnisfähigkeit bestenfalls nur eine Wahrscheinlichkeitsberechnung eines Schadens an.[1626] Demgegenüber mag der objektive Gefahrbegriff bislang noch lebhaft sein. Seine Definition, die Gefahr sei eine konkrete bzw. nahe Möglichkeit (Wahrscheinlichkeit) eines Verletzungserfolgs und sei eine objektiv Gegebene,[1627] nimmt noch Einfluss auf den heutigen Gefahrbegriff in Anspruch,[1628] wonach seine Beurteilung ex ante gefällt und aufgrund der Durchschnittserfahrungen erworben werden müsse.[1629]

Dieser Ansicht folgend verstand die frühere Rechtsprechung die Gefahr als den tatsächlichen Zustand, bei dem der Eintritt des Schadens wahrscheinlicher sei als dessen Ausbleiben, und beurteilte diesen Zustand nach einer objektiv-nachträglichen

---

1623 *Horn*, Konkrete Gefährdungsdelikte, S. 31 ff.

1624 *Busch*, Gefahr und Gefährdungsvorsatz, S. 12, 20; *Horn*, Konkrete Gefährdungsdelikte, S. 36, 44; *Demuth*, Gefahrbegriff, S. 54 ff., 58 ff.; *Triantafyllou*, Das Delikt der gefährlichen Körperverletzung, S. 95 f.

1625 Beispiel bei *Klee*, dolus indirectus, S. 47, wobei die Zurechnung der Gefahr auch abhängig von der subjektiven Seite zu entscheiden war. Überblick solcher subjektiven Theorie *Busch*, Gefahr und Gefährdungsvorsatz, S. 12; *Demuth*, Gefahrbegriff, S. 56 f.; *Triantafyllou*, Das Delikt der gefährlichen Körperverletzung, S. 96.

1626 *Horn*, Konkrete Gefährdungsdelikte, S. 43; *Demuth*, Gefahrbegriff, S. 55; *Burchard*, Irren ist menschlich, S. 440.

1627 *Busch*, Gefahr und Gefährdungsvorsatz, S. 22; *Miřička*, Formen der Strafschuld, S. 78; *Klee*, dolus indirectus, S. 23; *Schneider*, Gefährdungsvorsatz, S. 25; *Nick*, Gefahr und Gefährdungsvorsatz, S. 3 f., 6; *Horn*, Konkrete Gefährdungsdelikte, S. 44; *Demuth*, Gefahrbegriff, S. 58 f.; *Triantafyllou*, Das Delikt der gefährlichen Körperverletzung, S. 96 f.

1628 Das Kriterium einer Wahrscheinlichkeitsberechnung des Schadenseintritts ist noch im heutigen normativen Gefahrbegriff vorhanden. Zusammenfassung des heutigen Gefahrbegriffs siehe nur *Zieschang*, Gefährdungsdelikte, S. 40, 49; *Radtke*, FS-*Geppert*, S. 466.

1629 *Busch*, Gefahr und Gefährdungsvorsatz, S. 20 f.; *Schneider*, Gefährdungsvorsatz, S. 25.

Prognose in Bezug auf das Erfahrungswissen.[1630] Diese von der objektiven Theorie ausgehende Wahrscheinlichkeitsformel ist zwar gedanklich möglich, gewinnt aber in der Praxis weniger Bedeutung. Sie gerät ebenfalls wie der subjektive Gefahrbegriff folglich in die Unbestimmtheit, weil eine nur quantitativ ergreifbare Wahrscheinlichkeitsberechnung des Schadenseintritts von Anfang an eine exakte Feststellung ausschließen muss[1631] und sodann an den generellen Kriterien und gar an der tatrichterlichen Würdigung orientiert werden kann.[1632] Außerdem verwirrt sie das Verhältnis zwischen der Gefahr selbst und dem subjektiven Gefahrbeurteilung, woraus allenfalls eine vage Figur bzw. Leerformel für den Gefährdungsvorsatz abgeleitet wird.[1633] Der Sinn des konkreten Gefährdungsdelikts geht folglich völlig verloren. So leuchtet es ein, dass der Gefahrbegriff und das Gefahrurteil sich hingegen sowohl wertend und normativ als auch in einer ex-post- Betrachtungsweise erneuert begründen müssen.[1634]

cc. Wende des Gefahrbegriffs

(1) Gefahrurteil gemäß ex-post-Betrachtung

Eine erhebliche Wendung zur Bestimmung der konkreten Gefahr findet zuerst in der Betrachtungsweise eines Gefahrurteils statt.[1635] *Lackner* befürwortet die ex ante Betrachtung damit, dass dem Richter nur diese nachträgliche Prognose der Gefahr abverlangt werde, die sich ausschließlich auf den vergangenen gefahrrelevanten Zustand beziehe. Die nachträglichen Erkenntnismöglichkeiten würden nach *Lackner* beim Gefahrurteil ausgeschlossen.[1636] Demgegenüber kritisiert *Schröder* diese ex ante-Betrachtung und vertritt, dass das Gefahrurteil erst auf den nach der Vornahme der gefährlichen Handlung geschaffenen Erkenntnismöglichkeiten beruhen dürfe.[1637] Danach stimmt *Gallas* auch zu, das Gefahrurteil ex post zu begründen; um den Erfolgsunwert der gefährlichen Handlung mit einzubeziehen und den faktisch

---

1630 BGHSt 8, 31; 11, 164; 13, 70; 18, 272. Zusammenfassung der früheren Rechtsprechung *Lackner*, Das konkrete Gefährdungsdelikt, S. 16, 18; *Schröder*, ZStW 1969 (81), S. 8 f.; *Demuth*, Gefahrbegriff, S. 120 ff.; *Triantafyllou*, Das Delikt der gefährlichen Körperverletzung, S. 104; *Roxin*, AT I, § 1, Rdnr. 40, 147 f.; *Radtke*, FS-*Geppert*, S. 466.

1631 *Demuth*, Gefahrbegriff, S. 127 ff.; *Triantafyllou*, Das Delikt der gefährlichen Körperverletzung, S. 104; *Koriath*, GA 2001, S. 55.

1632 *Lackner*, Das konkrete Gefährdungsdelikt, S. 20 f.; *Schröder*, ZStW 1969 (81), S. 9; *Demuth*, Gefahrbegriff, S. 135, 142, behauptet deswegen, der Wahrscheinlichkeitsgrad diene nur zu einem negativen Abgrenzungskriterium.

1633 Z. B. *Schneider*, Gefährdungsvorsatz, S. 26, behauptet letztlich, der Gefährdungsvorsatz sei gegeben, wenn der Täter das Bewusstsein einer Gefahr gehabt haben.

1634 *Lackner*, Das konkrete Gefährdungsdelikt, S. 21.

1635 Hinweise zu dieser Wendung *Triantafyllou*, Das Delikt der gefährlichen Körperverletzung, S. 97 ff.

1636 *Lackner*, Das konkrete Gefährdungsdelikt, S. 18.

1637 *Schröder*, ZStW 1969 (81), S. 14.

eingetretenen Gefahrerfolg eines Rechtsguts zu bestimmen, dürfe die Feststellung einer konkreten Gefahr *Gallas* nach auch auf „ex post gewonnenen Kenntnissen und Erkenntnissen" basieren.[1638] Ganz bedeutungsvoll unterscheidet *Gallas* hier die *Prognose im Sinne eines Verhaltensmaßstabes* (ex ante Betrachtung) und *die im Sinne einer Lagebeurteilung* (ex post Betrachtung). Dadurch weist er zutreffend auf einen für das konkrete Gefährdungsdelikt eigentümlichen „Dualismus von ex-ante- und ex-post-Beurteilung" hin, „je nachdem, ob es sich um den Ablauf des prognostizierten Geschehens oder die Basis der Prognose handelt".[1639] Mit diesem Dualismus ist impliziert, dass das Gefahrurteil auf dem Standpunkt vom Handelnden und dem des Beobachters notwendigerweise voneinander zu differenzieren ist. Demgemäß dürften Gefahrbegriff und Gefährdungsvorsatz sich in unterschiedlicher Betrachtungsweise jeweils aufbauen lassen. Bevor eine solche Differenzierung der unterschiedlichen Betrachtungsweisen bei Gefahrbegriff und Gefährdungsvorsatz durchgeführt wird, bedarf der Gefahrbegriff allerdings einer näheren Auseinandersetzung.

(2) Horns naturwissenschaftliche Gefahrerfolgstheorie

Die Wendung des Gefahrbegriffs in eine ex-post-Betrachtung knüpft zwar verschiedentlich an den normativen Gefahrbegriff an, sie besagt aber nicht schlechthin, dass die Gefahr sich nur an einer normative Perspektive orientieren darf.[1640] Zur näheren Präzisierung des Gefahrbegriffs geht *Horn* erheblich von einer ex-post-Betrachtung aus, wenn er die Gefahr durch die (Nicht-)Ursache endgültiger Rechtsgutsverletzung zu verstehen versucht.[1641] Die Gefahr wird von ihm letztlich in der positiven Hinsicht als die verletzungsähnliche Verletzungsgefahr und in der negativen Hinsicht als die Nicht-Ursache einer Rechtsgutsverletzung umfasst.[1642] So komme zur Gefahr immer die Ambivalenz, dass sie solch ein „Sachverhalt [ist; C.-W. C.], der erfahrungsgemäß zu einer Rechtsgutsverletzung führt, in concreto nicht zu einer Rechtsgutsverletzung geführt hat".[1643] Die Interpretation dieser Ambivalenz in dem Gefahrbegriff beruht nach *Horn* nicht auf einem axiologischen Ansatz,[1644] sondern auf einem naturwissenschaftlich begründeten Erfahrungsgesetz. Demzufolge sei die

1638 *Gallas*, FS-*Heinitz*, S. 177 f.
1639 *Gallas*, FS-*Heinitz*, S. 178 f.
1640 Nur *Triantafyllou*, Das Delikt der gefährlichen Körperverletzung, S. 99. Eingehende Diskussion über die ex-post-Betrachtung im normativen Gefahrbegriff wird nachfolgend durchgeführt.
1641 *Horn*, Konkrete Gefährdungsdelikte, S. 51 ff. Auch *Triantafyllou*, Das Delikt der gefährlichen Körperverletzung, S. 99.
1642 *Horn*, Konkrete Gefährdungsdelikte, S. 106 ff.
1643 *Horn*, Konkrete Gefährdungsdelikte, S. 117. Dieser Ambivalenz zustimmend auch *Hoyer*, Eignungsdelikte, S. 64.
1644 Ablehnung eines axiologischen Ansatzes *Horn*, Konkrete Gefährdungsdelikte, S. 160 f.

Gefahr derjenige Sachverhalt, „angesichts dessen sich die Naturwissenschaft außerstande sieht, die Nichtursachenqualität dieser Sachverhalte auch zu erklären".[1645]

In dieser Richtung, Gefahr sei eine verletzungsähnliche Verletzungsgefahr, folgt *Horn* ausdrücklich dem Ansatz der personalen Unrechtslehre,[1646] welche oben aufgrund des Verhaltensnormbegriffs durch die monistisch-subjektive Richtung gekennzeichnet wird.[1647] Diesem Ansatz entsprechend stellt er das Unrecht des Gefährdungsdelikts auch allein auf den Handlungsunwert ab, sodass der tatbestandsmäßige Gefährdungserfolg ebenfalls von ihm als eine Strafbarkeitsbedingung verstanden wird.[1648] Der Gefährdungserfolg habe dann nur die Funktion wie bei dem Verletzungserfolg, Unwertempfindungen im Täter zu wecken; der Gefährdungserfolg habe nämlich nur noch eine präventive Funktion zum Rechtsgutsschutz: „Es wird erwartet, dass der Täter um der Einsicht in den eingetretenen Gefahr-Erfolg willen in besonderer Weise befähig wird, von entsprechend verbotenen Handlungen künftig Abstand zu nehmen (und damit Rechtsgüter zu ‚schützen')".[1649] Aus dieser Sicht wird es verständlich, dass *Horn* weiter behauptet, dass für den vorsatzbezogenen Erfolg nicht ein konkreter Erfolg, sondern „der abstrakte, im jeweiligen Tatbestand beschriebene Erfolg ausreichen" kann.[1650] Der Gefährdungserfolg sei somit „immer ein notwendiges Durchgangstadium eines Verletzungsgeschehens"; umgekehrt sei eine Handlung, die bezogen auf den Gefährdungserfolg „mögliche Gefahr-Ursache" ist, immer zugleich mögliche Verletzungsursache.[1651] „Gefährdungs- und Verletzungshandlungen sind voneinander in Struktur und Unwerthöhe nicht zu unterscheiden".[1652]

1645 *Horn*, Konkrete Gefährdungsdelikte, S. 159. Dieser Meinung grundsätzlich folgend SK-*Wolters*, Vor § 306, Rdnr. 6.

1646 *Horn*, Konkrete Gefährdungsdelikte, S. 97 ff. Außerdem *Demuth*, Gefahrbegriff, S. 145 ff.; *Kindhäuser*, Gefährdung als Straftat, S. 190.

1647 Vgl. C. I. 2. b in diesem Kapitel.

1648 *Horn*, Konkrete Gefährdungsdelikte, S. 104.

1649 *Horn*, Konkrete Gefährdungsdelikte, S. 105 f. (Hervorhebung im Original.)

1650 *Horn*, Konkrete Gefährdungsdelikte, S. 196 f.

1651 *Horn*, Konkrete Gefährdungsdelikte, S. 198.

1652 *Horn*, Konkrete Gefährdungsdelikte, S. 203. Von einem ähnlichen auf Wirkungen der Generalprävention abzielenden Standpunkt, das Gefährdungsrisiko sei zuerst auch ein Verletzungsrisiko, ausgehend, vertritt *Wolter* die sog. „modifizierte normative Gefahrerfolgstheorie", wonach das Gefahrurteil eine Kombination von Prognose ex ante, Prognose ex post und weitreichender Diagnose ex post ist: Zuerst werde „ex ante vom Standpunkt des beendeten Gefährdungsversuchs" prognostiziert, ob der Täter ein adäquates Gefährdungsrisiko geschaffen hat. Zum zweiten werde dann ex post bestimmt, ob es keine ernsthaft Rettungsaussicht in der Realisierung des Gefährdungsrisiko in einem konkreten Gefahrerfolg besteht. Dazu *Wolter*, Objektive und personale Zurechnung, S. 224, 226 ff. Obwohl diese Gefahrerfolgstheorie teils unterschiedlich mit der *Horn*s Theorie, sie hat jedoch gleich wie *Horn* die Identifikation vom Gefährdungs- und Verletzungsvorsatz zur Folge. Eine ausführliche

Horns naturwissenschaftliche Gefahrerfolgstheorie wird nicht nur dogmatisch heftig kritisiert, sondern ist auch kriminalpolitisch hoch bedenklich. Der von *Horn* mithilfe eines „Unmöglichkeitsgesetzes“ umfasste Gefahrbegriff ist offensichtlich unpraktikabel, denn, wie *Horn* selbst auch zugestanden hat, zwingt dessen Inhalt die Gerichte zu komplizierten Konkretisierungsprozessen.[1653] Außerdem lässt er sich abhängig von den stets veränderten naturwissenschaftlichen Erkenntnissen entscheiden und gerät daher begrifflich in große Unsicherheiten.[1654] Darüber hinaus wollte *Horn* zwar durch diesen dogmatischen Ansatz der konkreten Gefahr diese kriminalpolitische Ohnmacht aufzeigen, dass die im geltenden Strafrecht vorliegende Gestaltung der konkreten Gefährdungsdelikte die massenhafte vorkommende Verstöße, also die sog. Risikodelikte, nur sehr ineffizient erfassen kann.[1655] Daraus, dass das konkrete Gefährdungsdelikt sein Schwergewicht auf die gefährliche Handlung abstellen müsse, ergibt sich jedoch zwangsläufig die kriminalpolitisch bedenkliche Konsequenz, dass sogar diejenigen Fälle ebenfalls damit erfasst werden, „bei denen der Betroffene zwar nicht in den Wirkungsbereich der gefährlichen Handlung bzw. ihrer Folgen gerät, in denen jedoch das Ausbleiben der Rechtsgutsverletzung letztlich einem Zufall zu verdanken ist“.[1656] Nach dieser Konsequenz schlägt die konkrete in eine abstrakte Gefahr um[1657] und das Ausbleiben oder Eintreten eines konkreten Gefährdungserfolgs wird dabei als zufällig verstanden, sodass es für den Gefährdungsvorsatz nicht auf den Gefährdungserfolg ankommt.[1658] Durch diese dogmatischen und kriminalpolitischen Schwächen zeigt sich schon deutlich, dass ein derartiger Gefahrbegriff *Horns* nicht zulässig ist, den Gegenstand des Gefährdungsvorsatzes festzulegen.

(3) Der normative Gefahrbegriff

Während *Horns* naturwissenschaftliche Gefahrerfolgstheorie den Gefahrbegriff durch die empirisch wahrgenommenen Situationsfaktoren begreifen wollte, unternimmt die Lehre des normativen Gefahrbegriffs demgegenüber den Versuch, dieselben Faktoren aus dem Gefahrbegriff auszuschließen. So lässt sich die Gefahr

---

Vorstellung von *Wolters* Gefahrerfolgstheorie braucht hier nicht durchgeführt zu werden.

1653 *Horn*, Konkrete Gefährdungsdelikte, S. 212. Diese Kritik auch *Schünemann*, JA 1975, S. 795; *Demuth*, Gefahrbegriff, S. 157; *Schroth*, Vorsatz als Aneignung, S. 141.

1654 *Demuth*, Gefahrbegriff, S. 159 f., 221; *Roxin*, AT I, § 11, Rdnr. 150.

1655 *Horn*, Konkrete Gefährdungsdelikte, S. 213 ff. Dazu auch *Demuth*, Gefahrbegriff, S. 158.

1656 *Wolter*, Objektive und personale Zurechnung, S. 248 f.

1657 *Demuth*, Gefahrbegriff, S. 224.

1658 *Horns* Zufallsaspekt, dass man die Existenz des verwirklichten Umstandes nicht erklären kann, ist mit diesem Ergebnis ohne Zweifel vereinbar. *Horn*, Konkrete Gefährdungsdelikte, S. 173. Hingegen vertritt *Weber*, dass im Prinzip nur beim abstrakten Gefährdungsdelikt das Ausbleiben der konkreten Gefährdung als ein glücklicher Zufall angesehen werden darf. Dazu *Weber*, ZStW Beiheft 1987, S. 29.

demnach als ein Gegenstand der Wertung begreifen, dessen Momente überwiegend normativierend zu verstehen sind.[1659]

Im Gegensatz zu *Horns* naturwissenschaftlichem Unmöglichkeitsgesetz hält *Schünemann* zuerst dafür, dass die Aufgabe des konkreten Gefahrbegriffs angesichts des Vertrauensgrundsatzes in weiterem Sinne darin liegt, „dass man (die wirklichen oder nicht ausschließbaren) Rettungsursachen *bewertet* und alle die *unberücksichtigt* lässt, auf deren Eingreifen nach der engeren Ordnung des betreffenden Lebensgebietes *nicht vertraut* werden kann".[1660] So gewinnt der Begriff „Rettungsursache" bei der Konkretisierung des normativen Gefahrbegriffs, vor allem bei dem Begriff *zufälliges Ausbleiben der Verletzung*, an Bedeutung. Demnach kommt *Schünemann* zu dem Ergebnis, dass die konkrete Gefahr normativ von der Verletzung abzugrenzen sei durch die folgenden Maßstäbe: (1) Das Vorhandensein einer tatbestandsmäßigen *Handlung* bzw. eines dessen Gefährdung in Frage stehenden *Rechtsgutsobjekts*; (2) Die Erscheinung der *naheliegenden Möglichkeit der Verletzung*, die „aufgrund der verfügbaren Wahrscheinlichkeitsgesetze die Verletzung des individuellen Rechtsgutsobjekts als eine adäquate Folge der Handlung" angesehen werden kann; (3) Ein *Zufallsaspekt*, demzufolge die strafrechtliche Haftung des konkreten Gefährdungsdelikts bestätigt wird, wenn alle Rettungsursachen bestehen, „die nicht bereits in den normalen Ablauf eingeplant sind, sondern auf einer außerordentlichen Geschicklichkeit des Bedrohten oder einer unbeherrschbaren, glücklichen Verkettung anderer Umstände beruhen und in diesem Sinne ‚Zufall' sind".[1661]

Ähnlich wie *Schünemann* setzt *Demuth* dem Gefahrbegriff einen *vertrauenerweckenden* Wertungsaspekt voraus.[1662] Entscheidend ist seinem Gefahrbegriff auch nicht die ontologische Aufklärbarkeit des Nichteintritts der Rechtsgutsverletzung, sondern vielmehr das Zufallsmoment.[1663] Er sieht die konkrete Gefahr zunächst als die akute Krise des Rechtsguts an, die als eine soziale Realität in Erscheinung tritt.[1664] Der Gefahrbegriff unterscheide sich mithin *qualitativ* von einer bloßen Wahrscheinlichkeitsberechnung und einer darauf beruhenden Gefahrprognose. Die Gefahr bedeutet für *Demuth* dann, die Bedrohung des Rechtsguts habe bereits einen bestimmten Grenzwert überschritten, welcher die Linie zwischen einer einfachen Schadensmöglichkeit im Alltagsleben und der konkreten krisenhaft zugespitzten Situation zeige.[1665] Der Grad konkreter Gefahr sei erst dann erreicht, wenn „in den Geschehensablauf eingeplante Mittel nicht mehr ausreichen, die Situation zu beherrschen, und stattdessen zu außergewöhnlichen, aus der Not geborenen Mitteln gegriffen werden muss

---

1659 *Küpper*, Grenzen der normativierenden Strafrechtsdogmatik, S. 133 f.
1660 *Schünemann*, JA 1975, S. 796. (Hervorhebungen im Original.)
1661 *Schünemann*, JA 1975, S. 796 f. (Hervorhebungen im Original.)
1662 *Demuth*, Gefahrbegriff, S. 217.
1663 *Demuth*, Gefahrbegriff, S. 184 f., 197 f.
1664 *Demuth*, Gefahrbegriff, S. 201. Gefahr als soziale Realität ursprünglich bei *Gallas*, FS-*Heinitz*, S. 176.
1665 *Demuth*, Gefahrbegriff, S. 202 ff.

(bzw. müsste)".[1666] Als eine weitere Voraussetzung der Gefahr verlangt *Demuth* außerdem, eine nötige „Nähe" des bedrohten Rechtsguts zu der in Frage stehenden Gefahrquelle dadurch festzustellen, ob das Rechtsgut in den Wirkungsbereich der Schadenbedingungen gelangt ist: Ist das Rechtsgut nicht in diesen Gefahrenbereich gelangt, wird das Vorliegen eines konkreten Gefährdungserfolgs ausgeschlossen.[1667] Letztlich komme für den Gefahrbegriff das Zufallsmoment in Betracht, das jedoch anhand der Maßstäbe von der *generellen Beherrschbarkeit* und dem *Eingeplantsein* von den normalen Rettungsursachen weiter präzisiert werden müsse.[1668] Zusammenfassend lässt sich die Gefahr bei *Demuth* so definieren: „Gefahr ist eine Situation, die sich äußerlich als nicht mehr mit normalen Mitteln beherrschbare Bedrohung eines Rechtsguts darstellt und bei der auch rückschauend ein Unsicherheitsgefühl erhalten bleibt, weil das Ausbleiben der Verletzung nicht auf normale schadenverhütende Maßnahmen zurückgeführt werden kann".[1669]

Nach den Ansätzen *Schünemanns* und *Demuths* liegen zwei Grundthesen beim Gefahrbegriff auf der Hand. Zum einen genüge allein die bloße Wahrscheinlichkeitsberechnung für die konkrete Gefahr nicht mehr; zur Feststellung der konkreten Gefahr solle zusätzlich die *Zufallsabhängigkeit der Rechtgutsverletzung* als die Schwelle zwischen Gefahr und Verletzung liegen.[1670] Zum anderen spiele die aus dem Zufallsaspekt folgende *generelle Beherrschbarkeit des Geschehensablaufs* im normativen Gefahrbegriff eine ausschlaggebende Rolle.[1671] Die Perspektive einer generellen Beherrschbarkeit wird danach von anderen Autoren mehrfach in einer umgekehrten Weise befolgt. Bei *Ostendorf* genügt zwecks besseren Rechtsgutsschutzes ein Wahrscheinlichkeitsurteil nicht für die Feststellung des konkreten Gefährdungserfolgs; nach ihm stellt das Wesen des auf Handlungs- und Erfolgsunrecht bezogenen Gefährdungsunrechts auf die *Unbeherrschbarkeit des Gefährdungsverlaufs* ab.[1672] Für *Kindhäusers* praktischen Gefahrbegriff ist ebenfalls weder die Ursache noch die Wahrscheinlichkeit eines Schadens entscheidend, sondern „die Unfähigkeit, die Schadensrelevanz des ursächlichen Ereignisses abzuschirmen",[1673] die aus „einem als Pflichtverletzung zurechenbaren Verstoß gegen eine Sicherheitsnorm" folgt.[1674] So sei die Gefährdung als mit dieser Unfähigkeit verbunden zu verstehen und sei insoweit gegeben, „als mit der Unfähigkeit zur Existenzsicherung des Gutes dessen

1666 *Demuth*, Gefahrbegriff, S. 208.
1667 *Demuth*, Gefahrbegriff, S. 209 f.
1668 *Demuth*, Gefahrbegriff, S. 216 f. (Hervorhebung im Original.)
1669 „Oder kürzer: Gefahr ist die mit normalen schadensverhütenden Mitteln nicht mehr beherrschbare Bedrohung eines Rechtsguts". Dazu *Demuth*, Gefahrbegriff, S. 218.
1670 Siehe auch *Zieschang*, Gefährdungsdelikte, S. 40; *Radtke*, FS-*Geppert*, S. 467.
1671 *Schünemann*, JA 1975, S. 797; *Demuth*, Gefahrbegriff, S. 217. Dazu außerdem *Radtke*, FS-*Geppert*, S. 471.
1672 *Ostendorf*, JuS 1982, S. 430.
1673 *Kindhäuser*, Gefährdung als Straftat, S. 202, 208.
1674 *Kindhäuser*, Gefährdung als Straftat, S. 222.

Wert als Mittel zur freien Entfaltung des einzelnen gemindert wird".[1675] Schließlich lehnt *Koriath* auch ab, dass allein das Wahrscheinlichkeitskriterium für den Maßstab des Gefahrbegriffs schon genügt.[1676] Der Gefahrbegriff, der sich bei *Koriath* in der Tat nur auf die Gefährlichkeit einer Handlung bezieht, setzt vielmehr darüber hinaus „die praktische Fähigkeit eines Aktors" voraus, „die Realisierung der wahrscheinlichen schlimmen Folgen intentional zu vermeiden".[1677]

Obwohl die ex post Bestimmung des normativierenden Gefahrbegriffs bisher in der Literatur und Rechtsprechung sehr weit ausgebreitet und angenommen ist,[1678] wird er an anderer Stelle noch weiterhin kritisiert. Die sog. Normativierung des Gefahrbegriffs sei deshalb überflüssig, weil er wie alle anderen Tatbestandsmerkmale einen faktischen Kern besitze und dessen normativierenden Momente, z. B. wie „Existenzkrise" bzw. „Zufall", durch die empirisch feststellbaren Faktoren wie „Adäquanzurteil" bzw. „Indiz für wirkliche Gefahr" reibungslos ersetzt werden könnten.[1679] Hinzu kommt, dass Inhalte von den unterschiedlichen Lehren des normativen Gefahrbegriffs im Detail noch hochdifferenziert und kontrovers bleiben.[1680] Trotz dieser Mängel zeigt dieser normative Gefahrbegriff deutlich, dass es zumindest auf der normativen Seite möglich ist, den Gefährdungs- und Verletzungserfolg, und somit den diesbezüglichen Gefährdungs- und Verletzungsvorsatz, durchsichtiger zu unterscheiden.[1681]

b. Konsequenzen für Gefahrbegriff bzw. Gefährdungserfolg

Um den konkreten Gefährdungserfolg fortab als Gegenstand des Gefährdungsvorsatzes festzulegen, bedarf es einer Zusammenfassung und Stellungnahme zu den bisherigen Meinungen. Angesichts des individuell feststellbaren Charakters der konkreten Gefährdung ist diese Zusammenfassung allerdings nicht auf der Suche nach einer ewigen „Zauberformel" für die Feststellung des Gefahrbegriffs,[1682] sondern nur nach einer geeigneten Skizze, um den Gegenstand des Gefährdungsvorsatzes auszuleuchten.[1683] Die Grundlage hierfür ist der Gedanke des normativen

1675 *Kindhäuser*, Gefährdung als Straftat, S. 210.
1676 *Koriath*, GA 2001, S. 55 f.
1677 *Koriath*, GA 2001, S. 57.
1678 *Jakobs*, AT, 6/ 79; *Roxin*, AT I, § 11, Rdnr. 151; LK-*König*[12], § 315, Rdnr. 52 ff.; NK-*Kargl*, Vor §§ 306 ff., Rdnr. 22 f.; *Schönke/ Schröder/ Heine/ Bosch*, StGB, Vor §§ 306 ff., Rdnr. 3; MüKoStGB-*Radtke*, Vor §§ 306 ff., Rdnr. 7. Zumindest teilweise zustimmend *Zieschang*, Gefährdungsdelikte, S. 37 ff.; *Radtke*, FS-*Geppert*, S. 466 ff. Jüngere Rechtsprechung, die die Ideen des normativen Gefahrbegriffs angenommen haben, NJW 1995, 3131; NStZ 1996, 83 f.; NZV 2000, 213; NStZ-RR 2010, 120 f.; NStZ-RR 2012, 123 f.; NStZ-RR 2012, 252; NStZ 2014, 86.
1679 Eingehend *Küpper*, Grenzen der normativierenden Strafrechtsdogmatik, S. 134 ff.
1680 *Jakobs*, AT, 6/ 79.
1681 Zutreffend *Schroth*, Vorsatz als Aneignung, S. 142.
1682 LK-*König*[12], § 315, Rdnr. 55.
1683 Methodisch zutreffend *Frisch*, Vorsatz und Risiko, S. 294.

Gefahrbegriffs, denn der naturalistische Gefahrbegriff, Gefahr sei das Vorstadium der Verletzung, leugnet schon die Eigenständigkeit des Gefährdungsvorsatzes.[1684] In Bezug auf Handlungs- und Erfolgsunrecht kann nur solch ein Gefahrbegriff, der die konkrete Gefahr nicht einfach als „Vorstufe einer Folge", sondern als „spezifischer Taterfolg" ansieht,[1685] die Selbstständigkeit des Gefährdungsvorsatzes ermöglichen.[1686] Die gemeinsamen Komponenten des Gefahrbegriffs können anhand der oben angedeuteten Meinungen folgendermaßen betrachtet werden.

aa. Erste Komponente des Gefahrbegriffs: Zustand zur Wahrscheinlichkeit eines Schadenseintritts

Nach den oben ausgeführten Diskussionen ist zu der ersten Komponente der konkreten Gefahr bisher kaum umstritten, dass sie nicht mehr als Urteil, sondern als Zustand zu verstehen ist, dessen Vorliegen als etwas objektiv Gegebenes ex post betrachtet und festgehalten werden muss.[1687] Dieser Zustand wird in erster Linie auf die naheliegende Möglichkeit, also die Wahrscheinlichkeit eines Schadenseintritts bzw. einer Rechtsgutsverletzung abgestellt.[1688] Dem Wahrscheinlichkeitsurteil des Schadenseintritts liegt „die Sachverhaltsannahme einer ‚bestimmten normativen Erwartungen entsprechenden Maßstabsperson' in der konkreten Situation" zugrunde.[1689] Demzufolge ist mit dem Wahrscheinlichkeitsurteil zuerst und auch nur die generelle Gefährlichkeit einer Handlung zur Rechtsgutsverletzung festzuhalten:[1690] Einerseits ist damit grundsätzlich zu bestimmen, dass das Verhalten wirklich das geschützte Rechtsgutsobjekt gefährden kann; andererseits sind dadurch diejenigen Tatsachen und Erfahrungssätzen ausgeschlossen, die der objektive Dritte gar nicht kennt.[1691] Als Beispiel zu nennen ist die Vorfeststellung der im § 224 I 5 StGB vorgeschriebenen „das Leben gefährdenden Behandlung", welche notwendigerweise vorerst ganz allgemein, also aufgrund des Wahrscheinlichkeitsmaßstabs, zu entscheiden ist.[1692]

Obwohl der Wahrscheinlichkeitsmaßstab seit dem früheren Stand von der Literatur und Rechtsprechung bei der Feststellung des Gefahrbegriffs noch mehr oder

---

1684 *Reinh. v. Hippel*, ZStW 75 (1963), S. 454 f.

1685 LK-*König*[12], § 315, Rdnr. 50. *Burchard*, Irren ist menschlich, S. 447 f., hält dies aus der Sicht der entzauberten Welt für selbstverständlich, weil in dieser Welt „bereits die nahe liegende Möglichkeit einer Verletzung die Freiheitsentfaltung des einzelnen Mitmenschen in wirkliche Mitleidenschaft zieht".

1686 *M. Köhler*, Die bewusste Fahrlässigkeit, S. 286 f.

1687 Dazu außerhalb der oben zitierten Literatur auch *Berz*, Formelle Tatbestandsverwirklichung, S. 56; *Hoyer*, Eignungsdelikte, S. 64; *Triantafyllou*, Das Delikt der gefährlichen Körperverletzung, S. 111.

1688 LK-*König*[12], § 315, Rdnr. 51.

1689 *Börgers*, Gefahrurteil, S. 35. (Hervorhebungen im Original.)

1690 *Meyer*, Gefährlichkeitsdelikte, S. 194 ff.

1691 *Meyer*, Gefährlichkeitsdelikte, S. 199 ff.; *Börgers*, Gefahrurteil, S. 51.

1692 *Schröder*, ZStW 1969 (81), S. 19 f.

weniger dominiert,[1693] ergibt sich allein aus dem Wahrscheinlichkeitsmaßstab noch keine hinreichende Erklärung zum konkreten (Kausal-)Zusammenhang zwischen Tathandlung und Gefährdungserfolg, da dieser Maßstab sich vielmehr auf eine Erklärung zum (Kausal-)Zusammenhang zwischen Tathandlung und – dem faktisch wohl nicht eingetretenen – Verletzungserfolg bezieht. Er weist deshalb immer bestenfalls nur darauf hin, dass die Gefahr im Zuge der Handlung zur Verletzung steht und sie sich als eine geeignete Vorstufe der Verletzung darstellt.[1694] Die Spezialität des Gefährdungserfolgs und seines Kausalzusammenhangs mit der Tathandlung werden durch den Wahrscheinlichkeitsmaßstab nicht besonders herausgestellt. Die weiteren Komponenten im Gefahrbegriff bzw. konkreten Gefährdungserfolg sind erforderlich.[1695]

bb. Zweite Komponente des Gefahrbegriffs: Erfordernis des Hineingelangens des Rechtsgutsobjekts in den Wirkungsbereich des Täterverhaltens

Den Gefahrbegriff allein mit dem Wahrscheinlichkeitsmaßstab zu erfassen ermöglicht es außerdem, eine konkrete Gefährdung selbst dann schon anzunehmen, wenn der Erfolgseintritt wahrscheinlich ist. Dabei ist aber die zusätzliche Erwägung nicht notwendig, ob der Eintritt des Rechtsgutsobjekts in den Wirkungsbereich des Täterverhaltens gelangt ist oder nicht, weil der Erfolg trotzdem wahrscheinlich eintreten könnte. Diese Konsequenz führt jedoch offensichtlich dazu, dass der Sinn des konkreten Gefährdungsdelikts, im Einzelfall noch einen faktisch eingetretenen, konkreten Gefährdungserfolg nachweisen zu können, verloren geht und dessen Anwendungsbereich durch die Verwandlung der konkreten in eine nur typischerweise abstrakte Gefahr weitgehend ausgedehnt ist.[1696] Mit anderen Worten: allein der Wahrscheinlichkeitsmaßstab legt die zum Gefährdungserfolg benötigte Handlungsbeherrschbarkeit noch nicht hinreichend dar. Er impliziert nur eine höhere Möglichkeit des über die Gefährdung hinausgehenden Eintritts der Rechtsgutsverletzung. Aus diesen Gründen wird seit der jüngeren Literatur außerhalb des Wahrscheinlichkeitsmaßstabs „eine nötige Nähe des bedrohten Rechtsguts zu der in Frage stehenden Gefahrquelle“ beim Gefahrbegriff überwiegend gefordert. Somit ist nachzuprüfen, ob das tatbestandlich geschützte Rechtsgutsobjekt in den Wirkungsbereich der tatbestandsmäßigen Tathandlung während der Dauer deren Vornahme gelangt ist: Befindet sich das Rechtsgut *nicht* in diesen Gefahrenbereich, ist der konkrete Gefährdungserfolg *nicht* vorhanden.[1697]

1693 Vgl. D. II. 2. a. bb. in diesem Kapitel.

1694 *Triantafyllou*, Das Delikt der gefährlichen Körperverletzung, S. 111.

1695 Den Gefahrbegriff allein mit der Spezialität des Gefährdungserfolgs und seines Kausalzusammenhangs mit der Tathandlung festzustellen, *Triantafyllou*, Das Delikt der gefährlichen Körperverletzung, S. 113 ff.

1696 Ausführliche Kritik *Zieschang*, Gefährdungsdelikte, S. 37 ff.

1697 *Demuth*, Gefahrbegriff, S. 209 f.; *Küpper*, Grenzen der normativierenden Strafrechtsdogmatik, S. 134; *Triantafyllou*, Das Delikt der gefährlichen Körperverletzung, S. 112; *Zieschang*, Gefährdungsdelikte, S. 40 f.; *Radtke*, FS-*Geppert*, S. 468 f.

Allerdings ist ein vollendetes konkretes Gefährdungsdelikt *noch nicht* dann anzunehmen, wenn der Eintritt der Rechtsgutsverletzung wahrscheinlich ist und sich das Rechtsgutsobjekt zugleich in dem Wirkungsbereich der tatbestandsmäßigen Tathandlung befindet.[1698] Da die oben genannten Komponenten nur die Mindestvoraussetzungen des Gefahrbegriffs darstellen, bedarf die Bejahung des konkreten Gefährdungsdelikts noch weiterer Voraussetzungen.[1699] Mithilfe des Erfordernisses des Hineingelangens des Rechtsgutsobjekts in den Wirkungsbereich des Täterverhaltens ist also nur vorläufig indiziert, dass die Handlungsbeherrschbarkeit zum Gefährdungserfolg im konkreten Fall bereits möglicherweise vorliegt. Es erklärt aber nicht zugleich die für den normativen Gefahrbegriff entscheidende Unbeherrschbarkeit zwischen dem Gefährdungs- und dem Verletzungserfolg, die erst anhand eines Zufallsaspekts auseinanderzusetzen sein kann.[1700]

cc. Dritte Komponente des Gefahrbegriffs: Zufallsabhängigkeit der Rechtsgutsverletzung

(1) Grundlage

Wie die konkrete Gefährdung so eng neben der Möglichkeit einer Rechtsgutsverletzung steht und zugleich ihre eigenständige Unwertigkeit behält, lässt sich nach dem Gedanken des normativen Gefahrbegriffs überwiegend von diesem Zufallskriterium entscheiden, „ob *bei gegebener Zuspitzung der Krisensituation das Ausbleiben der Verletzung auf Zufall beruht*".[1701] In dieser Hinsicht spricht der BGH immerhin von einem „Beinahe-Unfall":[1702]

> „Die Tathandlung muß aber jedenfalls über die ihr innewohnende latente Gefährlichkeit hinaus im Hinblick auf einen bestimmten Vorgang in eine kritische Situation geführt haben; in dieser Situation muß – was nach der allgemeinen Lebenserfahrung aufgrund einer objektiv nachträglichen Prognose zu beurteilen ist – die Sicherheit einer bestimmten

---

1698 Dies ist auch jüngst vom Urteil des BGH bestätigt: „Allein der Umstand, dass sich Menschen in enger räumlicher Nähe zur Gefahrenquelle befinden, genügt noch nicht zur Annahme einer konkreten Gefahr". Dazu BGH NJW 1995, 3131; BGH NStZ 2014, 86.

1699 *Zieschang*, Gefährdungsdelikte, S. 40, 42 f.

1700 Sofern man die konkrete Gefahr ex ante versteht, genügt dann die Prüfung des Vorliegens konkreter Gefährdung nur bis zu diesem Schritt und ist somit ein weiterer Zufallsaspekt abzulehnen. Dieser Einwand *Frisch*, Vorsatz und Risiko, S. 126.

1701 LK-*König*[12], § 315, Rdnr. 61. (Hervorhebungen im Original.) Außerdem *Berz*, Formelle Tatbestandsverwirklichung, S. 63; *Zieschang*, Gefährdungsdelikte, S. 44 f., 48 f.; *Radtke*, FS-*Geppert*, S. 467, 469 f. Auch in dieser Richtung *M. Köhler*, Die bewusste Fahrlässigkeit, S. 286 f. Gegen Zufallskriterium und sein Subkriterium *Triantafyllou*, Das Delikt der gefährlichen Körperverletzung, S. 113 ff.

1702 Zusammenfassung jüngerer Rechtsprechung *Radtke*, FS-*Geppert*, S. 468 f.

Person oder Sache so stark beeinträchtigt worden sein, daß es nur noch vom Zufall abhing, ob das Rechtsgut verletzt wurde oder nicht".[1703]

Infolgedessen steht dann fest, dass auch die Rechtsprechung vornehmlich durch das Zufallsmoment hinsichtlich einer nachträglichen objektiven Prognose eine hinreichend gefährliche Lage für das betroffene Rechtsgut bestimmt.[1704]

(2) Subkriterium: Nicht-Besitzen genereller Beherrschbarkeit des Geschehensablaufs zum Verletzungserfolg

Gegenüber dem Abstellen der Rechtsprechung auf den Beinahe-Unfall tendieren die wissenschaftlichen Ansätze doch immer wieder dazu, den Zufall durch die Stellung der Frage zu bestimmen, „welcher Art denn die Umstände sein müssen, die ohne Zufall zu sein [...] den Eintritt der Verletzung schließlich doch verhindert haben".[1705] Um diese Frage zu beantworten wird ein wichtiges Kriterium vom Zufallsaspekt überwiegend auf das *Kriterium genereller Beherrschbarkeit des Geschehensablaufs zum Gefährdungserfolg* herangezogen.[1706] Damit wird in unterschiedlichen Weisen gefragt, „ob der Täter die Auswirkungen der Lage aus objektiver Sicht beherrschen konnte, in die er das Opfer gebracht hat".[1707] Laut dieses Kriteriums bedeutet dann die Beherrschbarkeit „das nicht zufällige Ausbleiben des Schadenseintritts" und die Unbeherrschbarkeit „das zufällige Ausbleiben des Schadenseintritts"; dieses Subkriterium bezieht sich deshalb allgemein auf „die Möglichkeit eines steuerbaren, eines beherrschbaren Eingriffs in den ansonsten zur Rechtsgutsverletzung führenden Geschehensablauf".[1708] In einer negativen Form spricht man häufig von der „normalen schadensverhütenden Mitteln nicht mehr beherrschbare Bedrohung eines Rechtsguts" (*Schünemann, Demuth*) oder von der „Unbeherrschbarkeit oder Unfähigkeit des Gefährdungsverlaufs" (*Ostendorf, Kindhäuser, Koriath*). Zusammenfassend

---

1703 Grundlegend BGH NJW 1995, 3131. Außerdem etwa BGH NStZ 1996, 83 f.; BGH NStZ-RR 2010, 120 f.; BGH NStZ-RR 2012, 123 f.; BGH NStZ-RR 2012, 252; BGH NStZ 2014, 86.

1704 *Roxin*, AT I, § 11, Rdnr. 147; LK-*König*[12], § 315, Rdnr. 61; *Radtke*, FS-*Geppert*, S. 468.

1705 Zutreffend *Geppert*, NStZ 1985, S. 266.

1706 *Geppert*, NStZ 1985, S. 266; LK-*König*[12], § 315, Rdnr. 61; *Radtke*, FS-*Geppert*, S. 468.

1707 LK-*König*[12], § 315, Rdnr. 61. Das Kriterium genereller Beherrschbarkeit des Geschehensablaufs in der Rechtsprechung siehe nur *Radtke*, FS-*Geppert*, S. 472 f.

1708 *Radtke*, FS-*Geppert*, S. 475, ergänzt: „Das Ausbleiben der Rechtsgutsverletzung trotz Hineingelangens eines Rechtsgutsobjekts in den Wirkungsbereich der Tathandlung als zufällig angesehen, wenn dieses Ausbleiben auf Umständen beruht, auf deren Eintreten der *Täter* nicht normativ berechtigt vertrauen durfte". (Hervorhebung vom Autor.) Das von *Radtke* hier entwickelte Kriterium des „normativ berechtigten Vertrauens in das Ausbleiben des Rechtsgutsverletzungserfolgs", die objektive Gefahr von dem subjektiven Einstellung des Täters abzuhängen, gehört m. E. doch nicht zu dem Inhalt des Gefahrbegriffs, sondern zu dem der Wollensseite des Gefährdungsvorsatzes und wird im Folgenden weiter erörtert. Dazu vgl. D. III. 4. b. bb. in diesem Kapitel.

betrachtet wird eine normativ materielle Schwelle zwischen Gefährdungs- und Verletzungserfolg mittels dieses entscheidenden Subkriteriums gebildet.

dd. Zusammenfassende Darstellung der konkreten Gefahr

Für den Gefahrbegriff genügt allein die Tathandlung nicht; auch der dadurch kausal herbeigeführte Gefährdungserfolg ist erforderlich. Die konkrete Gefährdung bedeutet die krisenhaft zugespitzte Situation eines Rechtsguts. Sie beruht zuerst auf der Wahrscheinlichkeit einer Rechtsgutsverletzung und ist erst dann gegeben, wenn das Rechtsgutsobjekt sich im Wirkungsbereich des Täterverhaltens befindet und das (Nicht-)Ausbleiben der Rechtsgutsverletzung nur von dem Zufall abhängt, wonach die Handlungsbeherrschbarkeit zum Gefährdungserfolg indiziert ist. Ob das (Nicht-)Ausbleiben der Rechtsgutsverletzung im Einzelfall faktisch nur vom Zufall abhängt, kommt weiter darauf an, ob es ein Beinahe-Unfall vorhanden ist und ob der Täter objektiv keine generelle Beherrschbarkeit des Geschehensablaufs zum Gefährdungserfolg mehr besitzt. Der konkrete Gefährdungserfolg unterscheidet sich daher qualitativ und quantitativ von dem Verletzungserfolg; die Schaffung des konkret gefährlichen Zustands bedeutet dann keine unmittelbare Vorstufe einer Verletzung. Die Ansätze, Gefährdungs- und Verletzungserfolg gleichzustellen, überschreiten offensichtlich die Grenze zwischen beiden Wortlauten und verstoßen mithin gegen Art. 103 Abs. 2 GG.[1709]

c. *Zwischenergebnis und Stellungnahme zu Einwänden*

aa. Zwischenergebnis: Konkrete Gefährdung des Rechtsguts als einziger Gegenstand des Gefährdungsvorsatzes

Nach dem oben skizzierten Gefahrbegriff muss der Gefährdungsvorsatz von der konkreten Gefährdung ausgehend herausgefunden werden. Die konkrete Gefährdung eines Rechtsguts gehört zum Tatumstand konkreter Gefährdungsdelikte und muss vom Vorsatz vollkommen umfasst sein.[1710] Darüber hinaus entspricht nur ein derartiger Vorsatz in Bezug auf die konkrete Rechtsgutsgefahr dem oben vertretenen Vorsatzbegriff, sich auf die Ausübung einer *das Rechtsgutsobjekt gefährdenden Tatherrschaft* zu richten.[1711] Ausführlicher gesagt: Wie oben bereits angedeutet wurde, fordert es das konkrete Gefährdungsdelikt als ein Erfolgsdelikt, das Vorliegen eines konkreten Gefahrerfolgs im Einzelfall nachzuweisen. Es ist daher für die Qualifikation des Gefährdungsvorsatzes entscheidend, eine notwendige subjektive Beziehung zu diesem Gefahrerfolg zu fordern. Dies ist in zweierlei Hinsichten von Schuldprinzip und Prävention begründbar.

1709 *Börgers*, Gefahrurteil, S. 63.

1710 *Schroth*, Vorsatz und Irrtum, S. 55 f.

1711 Ähnliche Argumentation und daher den generellen Gefährdungsvorsatz ablehnend *Binding*, Normen, Bd. 2, S. 880.

bb. Gründe aus Schuldprinzip

Dem *Schuldprinzip* entsprechend darf das Wesen des Gefährdungsvorsatzes nur an diejenigen Umstände anknüpfen, die sich auf die faktische rechtsgütergefährdende Tatherrschaft beziehen. Angesichts der ersten spezifischen Funktion des Gefahrerfolgs, die ausschließt, nur abstrakt gefährlichen Handlungen unter Strafe zu stellen,[1712] darf sich erst eine Tathandlung mit derartigem Gefährdungsvorsatz als ein handlungs- und erfolgsunrechtliches Gefährdungsverhalten qualifizieren. Mit diesem qualifizierten Unrechtsgehalt ist es legitimierbar unter eine höhere Strafe zu stellen als diejenige mit nur generellem Risikowissen bzw. abstraktem Gefahrbewusstsein. Dies erweist deutlich, dass allein nur eine abstrakte Gefahr oder ein generelles Risiko für den Gegenstand des Gefährdungsvorsatzes gar nicht ausreicht.[1713] Dabei hat auch der BGH jedenfalls Recht, wenn er ausdrücklich behauptet: „Vorsätzliche Herbeiführung der Gefahr i.S. des § 315c I StGB muß sich nicht nur auf eine abstrakte, sondern auf eine konkrete Gefahrensituation beziehen".[1714]

Die Ansätze der Vorsatzlehre aus der personalen Unrechtslehre, die den Vorsatz allein auf die Gefährlichkeit bzw. das Risiko der Handlung anlegen, sind unter dem Gesichtspunkt des Schuldprinzips unzulässig:

(1) Weil sie die schuldgrundsätzliche Funktion vom Gefährdungserfolg übersehen und allein nur eine Präventionsauswirkung bei dem Handlungsunrecht betonen, müssten sie folglich die Identifikation vom Gefährdungs- und Verletzungsvorsatz aufnehmen.[1715] Demnach erschöpfe sich der Gegenstand des Gefährdungsvorsatzes im Risiko eines Verletzungseintritts.[1716] Diesen Ansätzen ist deshalb zu widersprechen, weil aus der oben genannten Sicht der Verletzungs- und Gefährdungserfolg überhaupt nicht legitim gleichzustellen sind, obwohl z. B. *Horn* und *Wolter* im Hinblick auf Auswirkungen der Generalprävention ihre Ähnlichkeit und engere Kausalverbindung betonen. Ihre These, den Verletzungsvorsatz durch die Wissensseite des Gefährdungsvorsatzes zu ersetzen, gerät vor allem bei den Verletzungsdelikten letztlich in die Nähe des versari in re illicita, welches erheblich dem Schuldprinzip widerspricht.

(2) Die anderen Ansätze, soweit sie die beiden Vorsätze trotzdem unterscheiden wollen, müssten einen niedrigeren Gefahrgrad bei dem Gefahrbegriff als den hinreichenden Gefahrgrad bei der Verletzung ansehen. Es scheint z. B. bei *Frisch*

1712 So trägt das konkrete Gefährdungsdelikt sein Erfolgsunwert und seine höhere Strafwürdigkeit. Dazu *Lackner*, Das konkrete Gefährdungsdelikt, S. 11, 14 f.; *Demuth*, Gefahrbegriff, S. 185; *Berz*, Formelle Tatbestandsverwirklichung, S. 67; *Weber*, ZStW Beiheft 1987, S. 29.

1713 Zutreffend LK-*König*[12], § 315c, Rdnr. 192.

1714 BGH NStZ-RR 1998, 150.

1715 Vgl. 5. Kapitel C. II. 1. c. Auch *Reinh. v. Hippel*, ZStW 75 (1963), S. 454 f., zeigt, aufgrund eines naturalistischen Gefahrbegriffs liegt es auf der Hand, die Eigenständigkeit des Gefährdungsvorsatzes zu leugnen.

1716 Diese Behauptung ausdrücklich SK-*Rudolphi/ Stein*, § 16, Rdnr. 12, 28.

als ein „nicht mehr toleriertes Risiko der Schaffung der konkreten Gefahr“, bei *Puppe* „auf einem sehr viel niedrigeren Niveau als die Vorsatzgefahr“ oder bei *Hsu* „die abstrakte Kenntnis um den Inhalt der Handlung bzw. die um die höchste Möglichkeit des Verletzungserfolgs[1717]. Diese Ansätze sind für den Gegenstand des Gefährdungsvorsatzes irreführend, weil sie einen niedrigeren Gefahrgrad als den gemäß § 16 I 1 StGB fordern[1718] und durch die an der Figur eines rationalen Menschen orientierten objektiven Kriterien diese Gefahr beurteilen.[1719] Um diese Defizite zu beseitigen, versucht *Frisch* darzulegen, dass ein spezifischer Erfolgsunwert bei dem konkreten Gefährdungsdelikt ergänzend zu fordern ist, worauf sich sodann der Gefährdungsvorsatz beziehen muss. Somit meint er, dass für den Vorsatz allein eine abstrakte Kenntnis des Verhaltens nicht genüge, sondern eine konkrete Kenntnis dessen erforderlich sei.[1720] Dieser Versuch ändert trotz der Forderung eines spezifischen Erfolgsunwerts die obigen Defizite nicht, weil der Vorsatz nach *Frisch* seinen Fokus stets nur auf die Dimension des Verhaltens richten muss.

cc. Gründe aus Präventionsfunktion

Ein entscheidender Grund dafür, dass für den Gefährdungsvorsatz ein niedrigerer Gefahrgrad als der konkrete Gefährdungserfolg genüge, liegt darin, die Auswirkungen der Generalprävention noch effizienter zu erreichen. Diese Begründung hat jedoch übersehen, dass der konkrete Gefährdungserfolg, wie der Verletzungserfolg, ebenfalls eine Präventionsfunktion entfalten kann. Auf den generalpräventiven Vorteil des Einsatzes des konkreten Gefährdungsdelikts hat *Lackner* bereits sehr klar hingewiesen, dass es kriminalpolitisch so zu der Mischung zwischen abstraktem Gefährdungs- und Verletzungsdelikt dienen könne. Das konkrete Gefährdungsdelikt ermögliche maßvolle Vorverlegung der strafrechtlichen Verteidigungslinie, „ohne [...] zu einer Vielstraferei und zu einer Abstempelung sozial eingeordneter Bürger als Kriminelle zu führen“; damit weist es jedem Bürger an, „dass hier mehr passiert ist als der bloße Verstoß gegen eine Ordnungsnorm. Die erhöhte Strafwürdigkeit eines konkreten Gefährdungsdelikts wird deshalb wahrscheinlich leichter verstanden und in der Bevölkerung auch leichter als verbindliches Recht und nicht nur als bloßer Machtanspruch des Staates angenommen“.[1721] Ähnlich ist bei *Demuth* zuzustimmen, dass das Feststellen am Gefahrerfolg dem nicht zu leugnenden „erfolgsstrafrechtlichen Denken in der Bevölkerung Rechnung“ trägt und dadurch eine

1717 Vgl. 6. Kapitel A. II. 1. a., c. und d. So tritt der Inhalt des Gefährdungsvorsatzes in alle Phasen der gefährdungsstrafrechtlichen Vorsatzdogmatik ein.

1718 *Börgers*, Gefahrurteil, S. 79.

1719 *Sacher*, Sonderwissen, S. 174 f.

1720 *Frisch*, Vorsatz und Risiko, S. 159 f., 294 ff., insbesondere Fn. 137.

1721 *Lackner*, Das konkrete Gefährdungsdelikt, S. 10 f., 14 f. Diesem Vorteil zustimmend auch *Berz*, Formelle Tatbestandsverwirklichung, S. 67 f.; *Weber*, ZStW Beiheft 1987, S. 29.

„stärkere Internalisierung der Norm“ herbeigeführt werden kann.[1722] Zusammenfassend ist nicht zu leugnen, dass das konkrete Gefährdungsdelikt ein angemessener und legitimer Deliktstyp ist, um individuelle Güter und kollektive Bedürfnisse von der Sicherheit zugleich zu berücksichtigen. So wird ausgeleuchtet, dass ein auf den Gefahrerfolg bezogener Gefährdungsvorsatz das generalpräventive Ziel nicht verhindert, sondern vielmehr besser erreichen kann als ein nur auf Gefährlichkeit einer Handlung gerichteter Vorsatz.

dd. Zusammenfassung

Nach bisherigen Überlegungen steht es fest, dass der Gegenstand des Gefährdungsvorsatzes nur auf die konkrete Gefährdung eines Rechtsguts abstellen darf. In Anbetracht des Schuldprinzips und der Präventionsfunktion umfasst der Gefährdungsvorsatz weder den Verletzungserfolg noch allein die abstrakte Gefahr. Die konkrete Gefährdung gehört zum objektiven Tatbestandsmerkmal des Gefährdungsdelikts, das trotz seiner teilweisen Normativierung vom Gefährdungsvorsatz ohne weiteres erfassbar ist wie andere normativen Tatbestandsmerkmale.[1723] Wie man eine konkrete Gefährdung wissen und wollen kann, gehört zum Bereich des Gefährdungsvorsatzes.

III. Wissen und Wollen des Gefährdungsvorsatzes

1. Gefährdungsvorsatz als subjektives ex-ante-Gefahrurteil

a. Grundlage

Stellt der Gegenstand des Gefährdungsvorsatzes auf die konkrete Gefahr ab, ist das Wesen des Gefährdungsvorsatzes schlechthin Wissen und Wollen um dieselbe. Die Methode der üblicherweise auf den Verletzungsvorsatz bezogenen Vorsatzlehre darf aber nicht unmittelbar auf das Gebiet des Gefährdungsvorsatzes übertragen werden, da das Substrat des Gefährdungserfolgs keinen faktisch vorliegenden Schaden in der Außenwelt wie der Verletzungserfolg erfasst. Der Vorsatz hinsichtlich konkreter Gefährdung stellt sich vielmehr als die Kenntnis sowie die Entscheidung für die Herbeiführung eines ungewisseren Zustandes in der objektiven Außerwelt dar, bei dessen Feststellung es sich deswegen um die Betrachtungsweisen von *Risikoentscheidung* und *Gefahrurteil* handelt. Demnach ist dem gemeinsamen Ausgangspunkt der nahezu allgemeinen Meinung zuzustimmen, dass der Gefährdungsvorsatz nicht auf das Verletzungsurteil, sondern auf eine Art des Gefahrurteils oder gar schlechthin als Gefahrurteil angelegt ist.[1724] Der Gefährdungsvorsatz als Gefahrurteil ist also

1722 *Demuth*, Gefahrbegriff, S. 193 ff.

1723 Zutreffend *Küpper*, ZStW 100 (1988), S. 772.

1724 Statt vieler nur *Rabl*, Gefährdungsvorsatz, S. 41 f.; *Binding*, Normen, Bd. 4, S. 382 f., 385; *Horn*, Konkrete Gefährdungsdelikte, S. 208; *Schroeder*, ZStW Beiheft 1982, S. 7; *Küpper*, ZStW 100 (1988), S. 769. Gefahrurteil statt Gefahr als Gegenstand

grundsätzlich eine Prognose des konkreten Gefährdungserfolgs,[1725] durch die der Täter das Vorliegen des Zustands einer konkreten Gefährdung beurteilen kann. Genauer gesagt: Durch diese Prognose schätzt der Täter ein, dass er durch seine Handlung einen Gefährdungserfolg herbeiführen könne.[1726]

b. Gefahrurteil hinsichtlich präventiv orientierter Risikoethik

Unter dem Oberbegriff Gefahrurteil bleibt aber noch das Problem hoch kontrovers, in welcher Betrachtungsweise man die konkrete Gefährdung, etwas Ungewisses, einschätzen muss. Dieser Streit kann zwar in erster Linie auf das neue Verständnis des Gefahrbegriffs, ferner aber auch auf den Zusammenhang zwischen Ethik der Risikoentscheidung[1727] und Rechtsfertigung der Gefährdungsverbote zurückzuführen sein.[1728] Vor diesem Hintergrund wurde der Risikovorsatz kraft der Präventionsauswirkung mehrfach an eine äußere, nicht vom Täter ausgehende Maxime orientiert.[1729] Darüber hinaus hat *Philipps* bereits darauf hingewiesen, den Vorsatz hinsichtlich der Risikoentscheidung nicht allein nach der innerlichen Einstellung des Täters festzuhalten, sondern nach „der umfassenden Entscheidungssituation mit all ihren faktischen und normativen Aspekten" zu verstehen.[1730] So ist bei ihm eine Risikoentscheidung als dolus eventualis nur dann angenommen, „wenn der Handelnde sich bewusst für ein Verhalten entscheidet, das mit einer in der Rechtsordnung geltenden Risikomaxime unverträglich ist", deren Voraussetzungen sowohl die Wertmaßstäbe wie auch die „Regeln des Verhaltens zum Risiko" enthalten müssten.[1731] Zwar wollte *Philipps* diese Risikomaximen nicht in allen Fällen der Risikoentscheidung anwenden und somit nicht alle individuellen Fehlentscheidungen ausschließen.[1732] Dabei erweist sich aber noch einmal, dass seit dem Risikostrafrecht bei der subjektiven Zurechnung nicht die tatsächlichen Reaktionen des Täters auf riskante Situationen, sondern die risikoethisch rationalen Maßstäben eine Rolle spielen. Dadurch ist der Risikoentscheider seitdem aufgefordert, ständig an die zukünftig schlechtesten Folgen bzw. die externen Effekte der Entscheidungen zu

---

des Gefährdungsvorsatzes *Jakobs*, AT, 6/ 79; *Radtke*, Brandstiftungsdelikte, S. 307, 331; MüKoStGB-*Radtke*, § 306a, Rdnr. 58.

1725 LK-*Vogel*[12], § 15, Rdnr. 34.

1726 *Brehm*, Dogmatik des abstrakten Gefährdungsdelikts, S. 134. Auch *Burchard*, Irren ist menschlich, S. 444: Bezugspunkt eines Gefährdungsurteils sei nicht allein nur die Handlung, sondern die Kausalentwicklung, d. h. die Auswirkung eines gefährlichen Verhaltens.

1727 Vgl. 1. Kapitel B. III. 1. d.

1728 *Koriath*, GA 2001, S. 64 und Fn. 106.

1729 Überblick dieses Themas *Prittwitz*, JA 1988, S. 490 ff. Außerdem vgl. 3. Kapitel C. IV. 2. und 4. Kapitel C.

1730 *Philipps*, ZStW 85 (1973), S. 27 ff., 35.

1731 *Philipps*, ZStW 85 (1973), S. 40.

1732 *Philipps*, ZStW 85 (1973), S. 42.

denken und sich sodann rational zu verhalten.[1733] Dieser Risikoethik zufolge ist das Gefahrurteil nun geläufig aus der Perspektive der *ex post*-Betrachtungsweise zu verstehen und hängt überwiegend nicht von der individuellen Einstellung des Täters zur Gefährdung ab.[1734]

Aus dieser Sicht ist die Frage nach dem Vorliegen der Gefahr hinsichtlich der Notwendigkeit einer standardisierenden Betrachtungsweise und den Bedürfnissen der Generalprävention „im Zusammenhang mit der Wahrnehmung bestimmter sozialer Rollen“ zu beantworten.[1735] Auch der Vorsatz um Gefahr ist dabei ex post nach der kognitiven Fähigkeit des Täters zu bestimmen.[1736] Die objektive Gegebenheit der Gefahr und das Gefahrurteil bzw. der Gefährdungsvorsatz werden sich bezüglich ihrer gleichen Maßstäbe der Rechtsmaximen nahezu kaum unterscheiden. Die Kenntnisse des Täters von faktischen Umständen, die sich auf die konkrete Gefahr beziehen und eigentlich zum subjektiven Tatbestand gehören, spielen demzufolge nur als „Sonderwissen“ im objektiven Tatbestand eine untergeordnete Rolle.[1737] Der Vorsatz kann danach nicht mehr nach dem *Erkannt-Haben* des Täters festzustellen sein. Das bedeutet, dass er jedenfalls nicht von der „Kongruenz zwischen (ex-post festgestelltem) tatsächlichem Geschehen und diesbezüglicher Kenntnis des Täters“, sondern vom *Erkennen-Müssen* der Rolle des Handelnden abhängt.[1738] Dieses auf die Risikoethik begründete subjektive Zurechnungsmodell der Risikoentscheidung bzw. des Gefahrbewusstseins könnte zwar die strafrechtliche Verantwortung der Entscheider erweitern, sie ist allerdings nicht völlig mit der schuldstrafrechtlichen Zurechnungsstruktur vereinbar und auch nicht unbedingt kriminalpolitisch nützlich.[1739] Das herkömmliche Strafrechtssystem, in dem objektive und subjektive Tatbestände und jeweilige Zurechnungen klar getrennt wurden, ist von diesem verobjektivierten subjektiven Zurechnungsmodell zerstört und wird deshalb zu einem

1733 Dieser Zusammenhang zutreffend *Prittwitz*, JA 1988, S. 498. Diese Anforderung in Bezug auf das Maximin-Prinzip siehe auch 3. Kapitel C. IV. 2.

1734 *Schröder*, ZStW 1969 (81), S. 14; *Gallas*, FS-*Heinitz*, S. 177; *Horn*, Konkrete Gefährdungsdelikte, S. 51 ff.; *Demuth*, Gefahrbegriff, S. 210 f.; *Schroeder*, ZStW Beiheft 1982, S. 6; *Ostendorf*, JuS 1982, S. 429; *Frisch*, Vorsatz und Risiko, S. 128 f.; *Rudolph*, Korrespondenzprinzip, S. 48 und Fn. 4; *Börgers*, Gefahrurteil, S. 30, 57. Gefahr teilweise ex post zu beurteilen *Wolter*, Objektive und personale Zurechnung, S. 226.

1735 *Frisch*, Vorsatz und Risiko, S. 129, 135.

1736 Mit Beispiel des *Jakobs*' Vorsatzkonzepts *Rudolph*, Korrespondenzprinzip, S. 99 f.

1737 Nach der überwiegenden Meinung ist das Sonderwissen bei der objektiv-nachträglichen Gefahrprognose zu berücksichtigen, siehe *Greco*, ZStW 117 (2005), S. 521 f. Nach der Meinung von *Jakobs* ist es hingegen ein „Spezialfall der objektiven Erkennbarkeit“, dessen Rechtsfolge „nach der Rolle in der Gesellschaft“ zu entscheiden ist. Dazu *Jakobs*, RW 2010, S. 309 ff. Kritisch *Greco*, ZStW 117 (2005), S. 527 ff.; *Börgers*, Gefahrurteil, S. 78, 89, Fn. 362; *Schünemann*, ZStW 126 (2014), S. 11 f.

1738 *Rudolph*, Korrespondenzprinzip, S. 21, 112, 119. Siehe auch Vorsatzkonzept *Jakobs*' und seiner Anhängers im 4. Kapitel C. III. Kritik an die Umgestaltung der Vorsatzfeststellung in eine Vorsatzzurechnung im Risikostrafrecht *Prittwitz*, JA 1988, S. 496 f.

1739 *Philipps*, ZStW 85 (1973), S. 44; *Prittwitz*, JA 1988, S. 502.

objektivierten Gefährdungsstrafrecht, in dem der Mensch in erster Linie sowohl als risikorationale als auch pflichteinsichtige Person handeln muss.[1740]

c. Mit dem Schuldprinzip vereinbarende Risikoethik

Bei dem Gefährdungsvorsatz als Gefahrurteil handelt es im Wesentlichen um die Risikoentscheidung, welche noch nach einer Risikoethik getroffen werden muss. Dementsprechend soll die ausgewählte Risikoethik in der Wissens- und Wollenskomponente durchgeführt werden. Eine Risikoethik, welche sich stets nur mit Blick auf die negativen potenziellen Risikokonsequenzen an einer äußeren, nicht vom Täter ausgehenden Maxime (das Maximin-Prinzip usw.) orientiert, wie oben bereits teilweise gezeigt wurde, widerspricht dem Schuldprinzip und ist somit mit dem Wesen des Vorsatzes unvereinbar. Sie schildert den Vorsatz immer noch als Teil der Inklusionsbedingungen und lässt nur geringen Raum für die Willensverwirklichung des Einzelnen in Richtung der positiven potenziellen Risikokonsequenzen zu. Dadurch, dass jeder Einzelne nur gleiche Handlungsweisen vornehmen darf, sind zwar Standardisierung und Disziplinierung gelungen, aber die Subjektivität wird hierbei erstickt.[1741]

Hingegen ist nur diejenige Risikoethik angesichts des Schuldprinzips anzunehmen, welche hinsichtlich des Verzichts auf die starren negativorientierten Entscheidungsmaßstäbe die individuelle Subjektivität des Einzelnen anerkennt und daher von der individuellen Einstellung eines Einzelnen ausgeht.[1742] Für eine derartige Risikoethik kommt es somit auf die „individuellen Fähigkeiten" und die „individuelle Ausstattung" an: In der Hinsicht der Freiheit ist es zu vertreten, dass der Einzelne aus der lebensweltlichen Perspektive mit dem notwendigen *Wissen eigener Fähigkeiten* und *der konkreten Risikosituation* die bestmögliche Entscheidung treffen müsste, sodass alle möglichen verschiedenen Aspekte der Risikosituation mit einzubeziehen sind.[1743] Das Wesen dieser Risikoethik beruht folglich auf jeweils individuellen Einstellungen und nicht bloß auf Eintrittswahrscheinlichkeiten. Demnach spielen die Eintrittswahrscheinlichkeiten zwar bei der Risikobewertung eine Rolle, für deren Bedeutung kommt es allerdings stets auf die individuelle Einstellung zum Risiko an.[1744]

d. Gefahrurteil hinsichtlich am Schuldprinzip orientierter Risikoethik

Um das vorliegende objektivierte Gefährdungsstrafrecht und den darin verarbeiteten Gefährdungsvorsatz dem Schuldgrundsatz zu nähern, ist gemäß der oben entwickelten Risikoethik richtigerweise vielmehr allenfalls *nur das Vorliegen konkreter*

1740 Diese Kritik schon zum Teil bei *Hassemer*, GS-*Arm. Kaufmann*, S. 302; *Prittwitz*, Strafrecht und Risiko, S. 374 f. Eingehende Kritik siehe auch 4. Kapitel D.

1741 *Rath*, Entscheidungstheorien der Risikoethik, S. 328 f.

1742 Basierend auf *Raths* Skizze eines „libertären Risikoethischen Kontraktualismus" *Rath*, Entscheidungstheorien der Risikoethik, S. 329 f., 335 f.

1743 *Rath*, Entscheidungstheorien der Risikoethik, S. 337 f., 349.

1744 *Rath*, Entscheidungstheorien der Risikoethik, S. 339.

Gefahr als objektiv gegebener, beurteilter Zustand ex post festzuhalten und daher von dem Gefahr*urteil* wesentlich zu unterscheiden.[1745] Das Gefahrurteil als Oberbegriff enthält sodann, wie bei *Gallas* und *Schroeder* zu Recht unterschieden wurde, das objektive und subjektive Gefahrurteil.[1746] *Gallas* betrachtet die die Fällung des Gefahrurteils betreffende Urteilbasis jeweils als „Prognose im Sinne eines Verhaltensmaßstabs" und „Prognose im Sinne einer Lagebeurteilung": Während die konkrete Gefahr bei der Prognose im Sinne eines Verhaltensmaßstabs aus der „dem Täter erkennbaren Schädigungsaussicht" nur anhand dem ex ante gegebenen Material zu bestimmen sei, sei sie hingegen bei der Prognose im Sinne einer Lagebeurteilung in Bezug auf „ex post gewonnene Kenntnisse und Erkenntnisse" und somit auf „die inzwischen gewonnenen Kenntnisse und Erkenntnisse" zu stützen.[1747] Somit vertritt *Gallas* einen „Dualismus von ex-ante- und ex-post-Beurteilung" für das konkrete Gefährdungsdelikt, welches von ihm als „unvermeidliche Folge von Erfolgs- und Gefahrbegriff, von Realität und Potentialität" angesehen ist.[1748] Eine derartige grundsätzliche Differenzierung besteht wohl auch in *Frisch*s Argumentation. Nach *Frisch* unterscheidet sich das objektive Gefahrurteil, das „nicht auf die zufällige tatsächliche Einschätzung, sondern allein auf die Möglichkeit der Einschätzung ankommen kann", von einer subjektiven Gefahreinschätzung, die nur „im Rahmen einer zusätzlichen Voraussetzung der Sanktionsnorm relevant" ist.[1749] Mit anderen Worten: Das Gefahrurteil differenziert sich als das objektive ex-post-Gefahrurteil bzw. Gefahrzurechnungsurteil und als die subjektive ex-ante-Gefahreinschätzung.[1750] Das objektive ex-post-Gefahrurteil als Zurechnungsprüfung ist für den Rechtsanwender zuständig und liefert allen Bürgern durch die „externe, vom Täterspychischen unabhängige Perspektive des objektiven Tatbestands" die Grenzen der äußeren Freiheit.[1751] Demgegenüber geht die subjektive ex-ante-Gefahreinschätzung von dem Standpunkt des Täters zum Zeitpunkt der Handlungsvornahme aus, wonach die individuelle Freiheit des Täters vor der Übermäßigkeit des ersten objektiven Gefahrzurechnungsurteils geschützt wird.[1752]

1745 Diese Differenzierung auch *H. J. Hirsch*, Strafrechtliche Probleme, S. 626.

1746 *Gallas*, FS-*Heinitz*, S. 178; LK-*Schroeder*[11], § 16, Rdnr. 120.

1747 *Gallas*, FS-*Heinitz*, S. 178.

1748 *Gallas*, FS-*Heinitz*, S. 179.

1749 *Frisch*, Vorsatz und Risiko, S. 128 f.

1750 Diese Differenzierung eingehend bei *Rudolph*, Korrespondenzprinzip, S. 48; *Börgers*, Gefahrurteil, S. 57 ff.

1751 *Greco*, ZStW 117 (2005), S. 537.

1752 Grundsatz dieses Standpunkts *Prittwitz*, Strafrecht und Risiko, S. 103 ff.; *Prittwitz*, FS-*Puppe*, S. 825 f. Vorsatz ex ante zu bestimmen *Brammsen*, JZ 1989, S. 82. Ex-ante-Prüfung im subjektiven Tatbestand als Ergänzung der objektiven ex-post-Gefahrprüfung *Börgers*, Gefahrurteil, S. 87, 90. Auch *Greco*, ZStW 117 (2005), S. 537, sieht subjektive Gegebenheiten auch als Voraussetzung der objektiven Zurechnung, und er behauptet, anders als hier vertretene Unterscheidung zwischen Objektivem und

Bisher liegt es nahe: Bei der Prognose, also bei der Kenntnis und Vorstellung des Täters für den Ablauf des Geschehens handelt es sich um eine *subjektiv ex-ante-Gefahreinschätzung*. Das als Substrat des Gefährdungsvorsatzes verstandene Gefahrurteil kann daher stets nur das ex ante erfassbare *Gewusst-Haben* und *Gewollt-Haben* sichern und im Grunde genommen nicht das ex post feststellbare *Wissen-Müssen* betreffen.[1753] Die Feststellung des Gefährdungsvorsatzes in der ex ante-Betrachtungsweise kann deshalb dogmatisch die Auslegung der objektiv-ex post festgestellten Gefahr beschränken,[1754] weil es zum Gefährdungsvorsatz ausschließlich darauf ankommt, ob der Täter denjenigen Geschehensablauf, dass er durch sein Verhalten einen bestimmten Gefährdungserfolg herbeigeführt hat, wirklich gewusst und gewollt hat. Diese reale psychologische Beziehung zur Tat als Gegenstand der Bewertung ist beim Vorsatz gewiss unverzichtbar, denn ansonsten ginge der ontologische Gegenstand des Vorsatzes verloren und würde die Vorsatzzuschreibung immerhin zum „normativen Zirkel".[1755]

Nach den bisherigen Überlegungen steht fest, soweit der Gefährdungserfolg sich als ein vom Verletzungserfolg unabhängiger, spezieller Erfolg und somit als Gegenstand der Gefahrbeurteilung darstellt, bedürfen Wissens- und Wollenselemente des Gefährdungsvorsatzes als Einzelheiten dieser Gefahrbeurteilung einer anderen Erörterung.

2. *Fundament des Wissens und Wollens*

Anhand der Maßstäbe des oben vertretenen Gefahrurteils und der subjektbezogenen Risikoethik werden die Wissens- und Wollenskomponente vom Vorsatz bzw. Gefährdungsvorsatz im Folgenden entwickelt.

a. Wissenskomponente

Ungeachtet des Streits zwischen Vorstellungs- und Einwilligungstheorie steht das Bewusstsein im Vorsatzbereich ohne weiteres im Mittelpunkt. Für den Vorsatz ist deshalb das Wissen darüber erforderlich, „was dem Täter zum Zeitpunkt der Tat aktuell bewusst war".[1756] Allerdings besteht doch bislang – vor allem in der Entscheidungstheorie – scheinbar Einigkeit darüber, dass das Wissen nicht an beliebiges Bewusstsein geknüpft ist und nicht nur ein bloßes „Gegenstandswissen" bzw. „Oberflächenwissen" zum betroffenen Gegenstand umfasst; es muss vielmehr die hinreichende Basis der

---

Subjektiven, subjektive Gegebenheiten bzw. Kenntnisse bereits in dem objektiven Tatbestand mit zu berücksichtigen.

1753 Idee zur Rekonstruktion von ex-ante-Einstellungen gegenüber Risiken *Prittwitz*, Strafrecht und Risiko, S. 386. Dazu auch *Börgers*, Gefahrurteil, S. 45, 87.

1754 Dieses Ergebnis übereinstimmend *Ostendorf*, JuS 1982, S. 429; *Börgers*, Gefahrurteil, S. 90.

1755 *Sacher*, Sonderwissen, S. 178.

1756 LK-*Vogel*[12], Vor § 15, Rdnr. 58.

Entscheidung anbieten, wonach der Täter angesichts der Verwirklichung einer Tatherrschaft eine einschlägige Gefahrsituation beurteilen bzw. einschätzen kann.[1757] Daraus ergibt sich, dass das erforderliche Wissen beim Vorsatz ein besonderer „Aneignungsakt" sein muss, welcher die hinreichende Information der möglichen Tatherrschaft zur Grundlage der Entscheidung macht.[1758] Es bezieht sich daher sowohl auf das Erfahrungswissen als auch auf die Kenntnis individueller Fähigkeiten, deren Zusammentreffen die konkrete und individuelle Beherrschbarkeit des einzelnen Geschehensablaufs unterstützen können.[1759]

Genauer gesagt: Das qualifizierte Tatwissen muss zwar noch keinen Verwirklichungswillen in sich enthalten, es genügt aber nicht nur eine abstrakte Kenntnis von den erfahrungsmäßigen Kausalzusammenhängen.[1760] Allein das Mitbewusstsein, an das der Täter nicht besonders denkt, genügt für den Vorsatz dann noch nicht, wenn es für die Tatbeherrschung gar nicht relevant ist.[1761] Die Vorkenntnisse zum Tatgeschehen, namentlich das sog. allgemeine Lebenserfahrungswissen bzw. erfahrungsmäßige abstrakte Kenntnis, begründen für den Täter nur die allgemeine Möglichkeit und Erkennbarkeit des Könnens der Tatbeherrschung;[1762] sie erweisen aber nicht unmittelbar, ob dem Täter der individuelle Geschehensablauf und die darin bestehende Tatherrschaft wirklich innerlich bekannt und bewusst sind.[1763]

1757 *Frisch*, Vorsatz und Risiko, S. 197; *Ziegert*, Vorsatz, Schuld und Vorverschulden, S. 147; *Küper*, GA 1987, S. 508; *Hassemer*, GS-*Arm. Kaufmann*, S. 297; *Kargl*, Vorsatz, S. 39 f., 46. Die Selbstständigkeit des Gefährdungsvorsatzes hinsichtlich eines *praktischen Wissens* zu ermöglichen *M. Köhler*, Die bewusste Fahrlässigkeit, S. 287 f.; *M. Köhler*, FS-*Hirsch*, S. 77 ff.

1758 *Ziegert*, Vorsatz, Schuld und Vorverschulden, S. 147.

1759 Wissen in diesem Sinne *Kargl*, Vorsatz, S. 39.

1760 *Küper*, GA 1987, S. 508: Wissen als „Übersetzung der subjektiven Gefahreinschätzung in die praktische Handlungsentscheidung des Täters" und „mehr als ein nur erkenntnismäßiges Gefahrurteil" und weniger als ein „Verwirklichungswille"; *Kargl*, Vorsatz, S. 39 f., 46. Einwand gegen konkrete Kenntnis sowie Detailkenntnis vom Kausalzusammenhang als Vorsatz *Hsu*, Doppelindividualisierung, S. 144, 146.

1761 So ist das Mitbewusstsein nicht vollkommen ausgeschlossen, wenn es zumindest für Tatumstände relevant ist. Kritik an Mitbewusstsein *Schroth*, Vorsatz und Irrtum, S. 90 f.; *Roxin*, AT I, § 12, Rdnr. 123 ff.

1762 Diese begründen vielmehr nur die Voraussetzungen der *Pflicht*, nicht aber die der Handlungssteuerung. Dazu *Rudolph*, Korrespondenzprinzip, S. 73.

1763 In diesem Sinne verneint *Frisch* die Vorsätzlichkeit des Erfolgsdelikts, wenn der Täter „allein das seinem Verhalten abstrakt, nicht aber das nach den konkreten Umständen ihm eignende Risiko kennt". *Frisch*, Vorsatz und Risiko, S. 160. *Hsu* sieht die allgemeine Lebenserfahrung nicht als abstrakte Kenntnis an und lehnt ab, die allgemeine Lebenserfahrung als Zurechnungskriterium zu sehen. *Hsu*, Doppelindividualisierung, S. 148.

b. Wollenskomponente

Vom Standpunkt der Entscheidungstheorie aus reicht das Wissen der Tatherrschaft für den Vorsatz nicht aus, weil der Täter sich mit dem konkreten Tatwissen nur der Beherrschung des Geschehensverlaufs bewusst ist, die die Grundlage der weiter getroffenen Entscheidung ist.[1764] Die Sicherung der Kognition allein dient nur zu der Entstehungsmöglichkeit der Entscheidungssituation und führt noch nicht unmittelbar zum Handlungsentschluss.[1765] Der Vorsatz als Entscheidung muss daher notwendigerweise eine bestimmte *Stellungnahme* beinhalten, durch die sich der Täter vorerst auf sein bestimmtes Handeln und dessen Tatbeherrschung festlegt.[1766] In dieser Stellungnahme liegt dann der Kern der Entscheidung, dass der Täter als Subjekt anhand des erworbenen Tatwissens seine Tatherrschaft für den Geschehensablauf überlegend anerkannt durchführt.[1767]

Damit erreicht die Wollenskomponente des Vorsatzes eine neue Dimension, worauf *Wolff* zum Teil mit Recht hingewiesen hat: Sie ist nicht mehr bloß durch einen natürlichen Willen des Menschen auf der emotionalen Seite charakterisiert, sondern vielmehr durch den „Willen des Gesamtzusammenhangs", welcher als Wille des Subjekts „immer mit Rücksicht auf die anderen gebildet" wird.[1768] Mit diesem Willen ist es dem Einzelnen möglich, angesichts der Realität den „Grad der Möglichkeit, Güter zu erreichen oder zu verletzen", sinnvoll zu beurteilen.[1769] Denn der Einzelne als Subjekt „prüft die Allgemeinentscheidung ständig, auch durch Stellungnahme zu den Aktionen Dritter, die er etwas als zu überängstlich oder als zu waghalsig ablehnt. Er bildet sie so ständig in seine Handlungsstruktur ein".[1770] Aus dieser Sicht ist eine Beschreibung der reinen emotionalen Einstellung des Täters für die Wollenskomponente aufgehoben und es wird hierbei ein *gegenseitig beurteilender Einpassungswille* in einer handlungsrelevanten Weise verlangt,[1771] der als Ausdruck einer *bestimmten intuitiven Beurteilung und Stellungnahme* zu dem Gesamtzusammenhang fungiert.[1772]

1764 *Ziegert*, Vorsatz, Schuld und Vorverschulden, S. 142 ff.; *Hassemer*, GS-*Arm. Kaufmann*, S. 297; *Kargl*, Vorsatz, S. 45 ff.; *Bung*, Wissen und Wollen, S. 164 ff.

1765 *Ziegert*, Vorsatz, Schuld und Vorverschulden, S. 149. Auch *Brammsen*, JZ 1989, S. 79.

1766 *Ziegert*, Vorsatz, Schuld und Vorverschulden, S. 143; *Kargl*, Vorsatz, S. 39 f. Demzufolge begründet *Kargl* den Willen auf das Wissen und vertritt, Wissen und Wollen als Einheit zu begreifen. Ebenda, S. 45 ff., 59. Die These, das Wissens- und Wollenselement nicht getrennt zu betrachten, bleibt hier offen und es braucht nicht darauf eingegangen zu werden.

1767 Vgl. *Kargl*, Vorsatz, S. 46.

1768 *Wolff*, FS-*Gallas*, S. 214 ff.

1769 *Wolff*, FS-*Gallas*, S. 218 f.

1770 *Wolff*, FS-*Gallas*, S. 220.

1771 *Bung*, Wissen und Wollen, S. 165.

1772 *Wolff*, FS-*Gallas*, S. 220 f.

Es geht dabei aber nicht um Gebote der rationalen Entscheidungen, sondern um die „tatsächlich in Handlungssituationen getroffenen Entscheidungen“,[1773] denn es handelt sich beim Einpassungswillen nicht um eine Standardisierung des Willens, sondern vielmehr darum, wie der Handelnde sich auf die Beschränktheit seines Handlungsbereichs einrichtet.[1774] Ebenso ist deshalb eine Differenzierung des Bezugspunkts zwischen Wissen und Wollen, dass also der Bezugspunkt des Wissens allein Handlung und Gefahr sei und der des Wollens der Erfolg sei,[1775] nicht zutreffend, denn was von einem derartigen Willen beurteilt wird, ist der von dem Wissen umfasste Gesamtgeschehensablauf einschließlich des Erfolgs.[1776] Ein Wille ohne kognitiven Bezug auf die gesamte Tatherrschaft zur Rechtsgutsbeeinträchtigung wäre unter diesem Gesichtspunkt nur ein bloßer Wunsch des Einzelnen, der wiederum eine bloße emotionale Äußerung ist und zwar die *Täter*gefährlichkeit zeigt, aber keine *Tat*gefährlichkeit für das Rechtsgut begründet.[1777]

Eine komplette Stellungnahme zu dem deliktischen Erfolg im Sinne des Vorsatzes begründet sich deshalb auf diejenige willentliche Entscheidung, die auf einer bewussten Beurteilung beruht. Diese Willenskomponente erhält durch die überlegte Stellungnahme zu deliktischem Erfolg den Unrechts- und Schuldgehalt. Ein derartiger Vorsatz sieht die Person folglich nicht schlechthin als Normadressat, sondern vielmehr als Staatsbürger, welcher als Rechtssubjekt und Teilnehmer der Normbildungen die Fähigkeit hat, „sich von Handlungen und Äußerungen zu distanzieren und kritische Stellung nehmen zu können“.[1778] Die Person kann daher „die Gründe, auf welche sie ihre kritische Stellungnahme zu eigenen Äußerungen und Handlungen stützt“, argumentativ überprüfen; das bedeutet, „dass sie überlegen kann“.[1779] Die Zuschreibung der Vorsatzschuld ist dementsprechend nur dann gerechtfertigt, wenn die Person diese Fähigkeiten besitzt und sich überlegend entscheidet, diese Fähigkeiten im Kontext der konkreten Situationen davon Gebrauch zu machen.[1780]

3. *Gefährdungswissen: Affirmatives Gefahrurteil der Tatherrschaft zu konkreter Gefährdung*

a. *Grundsatz*

Die Forderung der ausreichenden Wissensintensität an – zumindest – eine konkrete Kenntnis zum tatherrschaftsrelevanten Geschehensablauf gilt ebenso in den Fällen

---

1773 *Prittwitz*, Strafrecht Risiko, S. 362.

1774 *Wolff*, FS-*Gallas*, S. 221.

1775 Beispiele bei *Brammsen*, JZ 1989, S. 80; LK-*Vogel*[12], Vor § 15, Rdnr. 61.

1776 Zutreffend *Bung*, Wissen und Wollen, S. 164.

1777 Vgl. *Weber*, ZStW Beiheft 1987, S. 6.

1778 Dieses Konzept der Person und Schuld *Günther*, Schuld und kommunikative Freiheit, S. 245 f.

1779 *Günther*, Schuld und kommunikative Freiheit, S. 247.

1780 Vgl. *Günther*, Schuld und kommunikative Freiheit, S. 247 f.

des Gefährdungsvorsatzes. Das Tatwissen des Gefährdungsvorsatzes muss demnach die Beurteilung des Täters für seine Tatherrschaft zum Eintritt des konkreten Gefährdungserfolgs hinreichend begründen. Ist der Gefährdungserfolg als ein vom Verletzungserfolg unabhängiger, spezieller Erfolg anerkannt, dient der Gefährdungsvorsatz wissentlich sodann nur zur Beurteilung und Einschätzung des Täters über den durch seine Handlung herbeigeführten Eintritt dieses Gefährdungserfolgs.[1781] Die Wissensseite des Gefährdungsvorsatzes ist deshalb ein *affirmatives Gefahrurteil hinsichtlich eines konkreten Gefährdungserfolgs*, in dem das mögliche einhergehende Mitdenken eines weiteren möglichen Verletzungserfolgs allenfalls als irrelevant nachvollzogen werden kann.[1782] Diejenigen Ansätze, wonach der Gefährdungsvorsatz in der kognitiven Hinsicht ein – problematisches oder assertorisch-positives – Kausalitätsurteil bezüglich der Verletzung sei,[1783] sind daher unpräzise, weil sie die Selbstständigkeit der konkreten Gefahr und deren Vorsatz gerade nicht erklären. Der Inhalt des Gefährdungswissens soll in Bezug auf den oben vertretenen konkreten Gefahrbegriff erhellt werden.[1784]

b. Wissen um konkrete Gefahr

Nach der oben vertretenen Darstellung sind der konkreten Gefahr drei Komponenten zu entnehmen: Das Vorliegen des Zustands zur Wahrscheinlichkeit eines Schadenseintritts, das Hineingelangen des Rechtsgutsobjekts in den Wirkungsbereich des Täterverhaltens und die Zufallsabhängigkeit der Rechtsgutsverletzung. Dementsprechend liegt die Wissensseite des Gefährdungsvorsatzes im Bewusstsein und Urteil des Täters darüber, ob die diese drei Komponenten bezogenen Umstände zum Zeitpunkt der Tat vorhanden sind.

aa. Subjektive Wahrscheinlichkeitsprognose als Kenntnis der Steuerungsmöglichkeit

Während das Vorliegen konkreter Gefahr objektiv durch den Wahrscheinlichkeitsmaßstab bezüglich der Perspektive einer Maßstabsperson bzw. eines objektiven

---

1781 *Börgers*, Gefahrurteil, S. 45.

1782 Ähnlich ist der weitere Verletzungserfolg bei *M. Köhler*, Die bewusste Fahrlässigkeit, S. 285 f., „nur als zufällig-gleichgültiges Geschehen, also in der Form des affirmativen Daseinsurteils“ definiert. Der Wortlaut „Daseins*urteils*“ mag aber zu schillernd sein, denn die Frage, ob der Täter den weiteren Verletzungserfolg beurteilt hat, führt außerhalb des Gefährdungsvorsatzes zu weiteren unterschiedlichen Rechtsfolgen: Dem Täter kann entweder eventuell-vorsätzlich oder bewusst-fahrlässig zugerechnet werden, je nachdem, ob er den Verletzungserfolg anhand dieses Urteils gebilligt oder auf dessen Ausbleiben vertraut hat.

1783 Typischerweise *Rabl*, Gefährdungsvorsatz, S. 49 f. Diese Ansätze bestehen weitgehend im Schrifttum, wobei die Selbstständigkeit des Gefährdungsvorsatzes verneint wird. Dazu 5. Kapitel passim.

1784 Auch davon ausgehend *Küpper*, ZStW 100 (1988), S. 772.

Drittens festzuhalten ist, legt die Wahrscheinlichkeitsprognose im Gefahrurteil des Täters für das Vorliegen konkreter Gefahr die *hohe Möglichkeit* und *Erkennbarkeit* eines Schadenseintritts nahe und ist somit mit konkreten Kenntnissen der eigenen Fähigkeiten verbunden.[1785] Für das Wissen um eine konkrete Gefährdung ist es zuerst entscheidend, dass der Täter seine individuelle Fähigkeit kennt und weiß, dass durch sein Verhalten ein Schadenseintritt sehr wahrscheinlich herbeigeführt werden kann. Das Gefahrurteil des Täters setzt im ersten Schritt ein *Gefährlichkeitsurteil* aus der Sicht des Täters voraus: Dass der Täter die begründenden Vorkenntnisse zum Schadenseintritt, das allgemeine Lebenserfahrungswissen bzw. die erfahrungsmäßige abstrakte Kenntnis, gekannt und diese in seinem Gefahrurteil miteinbezogen hat,[1786] sodass diese subjektiv beurteilte Wahrscheinlichkeit der objektiven Wirklichkeit entsprechen kann und nicht aus einem Unverstand folgt.[1787] Diese intellektuelle Wahrscheinlichkeitsprognose zum Schadenseintritt ist folglich nicht weit entfernt von dem Vorsatzkonzept der Wahrscheinlichkeitstheorie, nach dem der Vorsatz gegeben ist, wenn der Täter den Erfolgseintritt für wahrscheinlich hält.[1788] Der Täter weiß deswegen – nur –, dass sein Verhalten erfahrungsgemäß den Verletzungserfolg herbeiführen könnte.[1789] Mit dieser subjektiven Wahrscheinlichkeitsprognose kann aber der Täter noch nicht sicher wissen, ob und inwieweit sein Verhalten dem im konkreten Einzelfall bestehenden Objekt wirksam wird.[1790]

bb. Kenntnis der Tatherrschaft zur konkreten Gefährdung des Rechtsgutsobjekts

Die subjektive Wahrscheinlichkeitsprognose bezeichnet aus dem Gesagten nur ein alltägliches Risikowissen, welches sich der Einzelne als vernünftige und sorgfältige Person im gesellschaftlichen Lebensumfeld aneignen kann. Dabei handelt es sich zwar um eine Beurteilungsgrundlage aus der allgemeinen Lebenserfahrung, aber noch nicht um konkrete Kenntnis oder Unkenntnis der Gefährdung. Entsprechend der

---

1785 Vgl. *Rudolph*, Korrespondenzprinzip, S. 50, Fn. 7, S. 52, 55 f.; *Börgers*, Gefahrurteil, S. 45, 56.

1786 *Börgers*, Gefahrurteil, S. 45, 87. Außerdem siehe BGH, NStZ-RR 1996, 97 und vgl. 6. Kapitel B. I. 2. b. bb.

1787 Dieser Beschreibung entsprechend *Meyer*, Gefährlichkeitsdelikte, S. 207: „Das Gefährlichkeitsurteil ist auf die Tathandlung bezogen unter Berücksichtigung aller Umstände als Prognose ex ante zu fällen. Die dabei heranzuziehenden Erfahrungssätze müssen zum Zeitpunkt der Tathandlung bereits entdeckt sein. Die Prognose muss die Verletzung eines Rechtsguts als über das allgemeine Lebensrisiko hinausgehend wahrscheinlich erscheinen lassen". Das Erfahrungswissen als Grundlage des individuellen Gefährdungswissens in der Rechtsprechung vgl. 6. Kapitel B. I. 2. b. bb.

1788 Überblick über die Wahrscheinlichkeitstheorie *Roxin*, AT I, § 12, Rdnr. 45 f.

1789 Siehe die abstrakte Kenntnis bei *Hsu*, Doppelindividualisierung, S. 146.

1790 Dieses Problem wurde bereits in der vorherigen Diskussion des Gefahrbegriffs gezeigt. Siehe D. II. 2. c. bb. in diesem Kapitel.

zweiten Komponente der konkreten Gefährdung wird von dem mit Gefährdungsvorsatz handelnden Täter die konkrete Kenntnis darüber benötigt, dass das tatbestandlich geschützte Rechtsgutsobjekts in den Wirkungsbereich seiner Tathandlung während der Dauer deren Vornahme gelangt ist. Die subjektive Wahrscheinlichkeitsprognose und diese Kenntnis der Handlungswirkung auf das Rechtsgutsobjekt indizieren also gemeinsam in erster Linie eine konkrete „Steuerungsmöglichkeit über den in Gang gesetzten Geschehensablauf" im Einzelfall und gewährleisten eine Minderqualität der Kenntnis der Gefährdungsbeherrschung.[1791] Um die Wissensseite des Gefährdungsvorsatzes zu präzisieren und somit von der Wissensseite des Verletzungsvorsatzes zu unterscheiden, muss diese Kenntnis sich weiter auf *die tatsächliche Beherrschung des Geschehensverlaufs zwischen der Gefährdungshandlung und -erfolg* zum einen und auf *Unvorhersehbarkeit und Unbeherrschbarkeit von dem möglichen weiteren Kausalzusammenhang zwischen Gefährdungs- und dem Verletzungserfolg* zum anderen beziehen.[1792]

Genauer gesagt: Der mit Gefährdungsvorsatz handelnde Täter muss in intellektueller Hinsicht neben der Wahrscheinlichkeitsprognose weiterhin wissen, dass sein Verhalten im *Einzelfall* das Rechtsgutsobjekt *konkret gefährdet hat.* Diese Kenntnis bezieht sich daher nicht nur auf eine Voraussicht einer abstrakten, sondern mindestens auf eine aktuelle Voraussicht einer konkreten Gefahrsituation.[1793] Auf der Wissensseite des Gefährdungsvorsatzes ist es also erforderlich, „dass der Täter die Umstände kannte, die zu einer bestimmten Gefährdung geführt haben, die also die Schädigung als naheliegende Möglichkeit erscheinen ließen".[1794] Anders gesagt: Der Gefährdungsvorsatz muss auf der Wissensseite aufgrund des Ergebnisses seiner Wahrscheinlichkeitsprognose eine aktuelle Bedrohung des Rechtsguts, „eine nötige Nähe des bedrohten Rechtsguts zu der in Frage stehenden Gefahrquelle" umfassen. Diese positive Kenntnis für die *Zuspitzung der Krisensituation des Rechtsgutsobjekts* bedeutet seitens des Täters dann nichts anderes als die *Kenntnis der Grenzen seiner Tatbeherrschung*: Der Täter muss positiv kennen, dass sein Verhalten nur von der aktuellen Geschehenssteuerung bis hin zum vorgestellten Gefährdungserfolg wirkt.[1795]

Darüber hinaus weiß der Täter, dass für ihn ein nach dem Gefährdungserfolg weiter fortgesetzter Geschehensablauf bis hin zum Eintritt des Verletzungserfolgs *unbeherrschbar bzw. unbeherrscht* ist und es damit nur noch auf *Zufall* ankommt.[1796] Dies sei die Kenntnis dessen, dass die Krisensituation des Rechtsgutsobjekts bereits in einer Lage ist, bei der der Schadenseintritt des Geschehensverlaufs durch normale schadensverhütende Mittel nicht mehr verhindern werden kann. Die *Unvorhersehbarkeit* bzw. *Unnachvollziehbarkeit* des weiteren Verletzungserfolgs

---

1791 *Brammsen*, JZ 1989, S. 80.

1792 Zutreffend *Weigend*, ZStW 93 (1981), S. 688 f., 694 f.

1793 *Brammsen*, JZ 1989, S. 80 f. Auch BGH, NZV 1995, 495; BGH, NZV 1998, 211; BGH, NJW 1999, 3131, 3131 f.; OLG Koblenz, BeckRS 2001, 30171640.

1794 OLG Koblenz, BeckRS 2001, 30171640, Leitsatz.

1795 *Brammsen*, JZ 1989, S. 81.

1796 *Weigend*, ZStW 93 (1981), S. 688 f., 694, Fn. 124, S. 695; *Schroth*, Vorsatz als Aneignung, S. 142 f.; *Schroth*, JR 2003, S. 252.

bezeichnet deshalb auf der negativen Hinsicht den *hemmenden Faktor der Tätererkenntnis* für den Zusammenhang von konkreter Gefährdung zur Verletzung. Der Ausschnitt des Geschehensverlaufs vom Eintritt des Gefährdungs- bis zu dem des Verletzungserfolgs ist für den Täter ein Zufall und somit eine unvorhersehbare oder eine unnachvollziehbare Gegebenheit,[1797] die daher unmöglich zum Gegenstand des Gefahrurteils des Täters gehört.

cc. Sog. „Sonderwissen" der konkreten Gefahr

Wie oben schon angesprochen wurde, spielt das sog. „Sonderwissen" seit jüngerer Zeit bei der Beurteilung der Gefahr eine Rolle. Vom Sonderwissen wird gesprochen, wenn der Täter sich Kenntnisse aneignet, „die das überschreiten, was die Maßfigur kennt".[1798] Nach der bisherigen Darstellung wird festgestellt, dass die Wissensseite des Gefährdungsvorsatzes ein Gefahrurteil der Tatherrschaft zu konkreter Gefahr ist, bei der es immer auf das, was der Täter über den beherrschten Geschehensverlauf konkreter Gefährdung ex ante kannte, ankommt. Das individuelle Sonderwissen, mit dem der Täter über Vorliegen und Beherrschung einer konkreten Gefährdung mehr als eine objektive Durchschnittsperson wissen kann und somit die Tatherrschaft zum Gefährdungserfolg intensiver als solche sichert, gehört ohne weiteres zum Teil des Gefährdungsvorsatzes und muss immer bei der Bestimmung der Strafbarkeit des vorsätzlichen Gefährdungsdelikts miteinbezogen werden.[1799] Mit anderen Worten: Soweit ein Sonderwissen vom *Nichtvorliegen einer konkreten Gefahr* dem Täter bei der Vornahme der Handlung zur Verfügung steht, ist auch das Gefährdungswissen wegen der sicheren *Un*gefährlichkeit bei der Geschehensbeherrschung nicht vorhanden und somit fehlt es dem Täter am Gefährdungsvorsatz. In diesem Sinne hat das Sonderwissen eine für den Täter *entlastende* Bedeutung.[1800] Wenn aber der Täter demgegenüber das Sonderwissen über das Vorliegen einer konkreten Gefahr hat und er somit den Geschehensverlauf bis zur konkreten Gefährdung sicher beherrscht, wird dieses Sonderwissen bei der Feststellung des Gefährdungsvorsatzes zwar berücksichtigt, es wird aber nicht besonders als zusätzliche *belastende* Strafbarkeitsvoraussetzung bewertet. Dieses Sonderwissen über Gefährdung gehört von

---

1797 Über Kontrollkriterium und Tätervorstellung in Bezug auf dolus eventualis *Rudolph*, Korrespondenzprinzip, S. 120 ff. Diese Argumentation entwickelt sich im Rekurs auf das Konzept des dolus eventualis *Joerden*s und *Schmidhäuser*s und nähert sich im Grunde genommen auf ein mit dem dolus eventualis identifizierten Gefährdungsvorstellung. Eingehend auch siehe 5. Kapitel C. II. 1.

1798 *Greco*, ZStW 117 (2005), S. 531; *Börgers*, Gefahrurteil, S. 41.

1799 *Sacher*, Sonderwissen, S. 170, 245 ff., 261.

1800 Eigenständige Bedeutung des Sonderwissens als Strafbarkeitseinschränkung *Greco*, ZStW 117 (2005), S. 549 f.

Anfang an zu denjenigen Daten von Kenntnis und Unkenntnis, die das Wissen des Gefährdungsvorsatzes begründen.[1801]

4. *Gefährdungswollen: Überlegte Entscheidung über Tatherrschaft zu konkreter Gefährdung*

a. Grundsatz

Soweit das Gefährdungswissen als ein affirmatives Gefahrurteil der Tatherrschaft zu konkreter Gefahr festgelegt ist, ist der Täter sich dadurch allenfalls sicher bewusst, dass er Tatherrschaft zur konkreten Gefahr hat. Anschließend an die oben vertretene Wissens- und Wollenskomponente reicht allein diese kognitive Kenntnis jedoch bei weitem nicht aus, um den Gefährdungsvorsatz festzuhalten, wenn man ihn als *Entscheidung* für die Rechtsgutsgefährdung, als eine bestimmte innerliche *Stellungnahme* des Täters zu dem deliktischen Gefährdungserfolg, ansieht. Das Wissen um Gefährdungsbeherrschung als solches besagt daher noch keinen Willen um dieselbe. Dies liegt vor allem dort auf der Hand, wo berücksichtigt wird, dass der Mensch naturgemäß nicht immer rational und perfekt, sondern auch irrational und fehleranfällig handeln kann.[1802] Für die Feststellung des Gefährdungsvorsatzes ist deshalb neben dem Gefährdungswissen noch das Gefährdungswollen erforderlich, weil der Gefährdungsvorsatz sich durch die Willensausrichtung nur auf eine konkrete Gefährdung von dem Verletzungsvorsatz leichter differenziert. Hier zeigt sich ein solider Grund dafür, die Differenzierung von Verletzungs- und Gefährdungsvorsatz im Schrifttum überwiegend oder zumindest in der willentlichen Hinsicht zu begründen.[1803]

b. Wollen und Nicht-Wollen der Tatherrschaft zum konkreten Gefährdungserfolg

aa. Positives Element: Entscheidung über Tatherrschaft zum konkreten Gefährdungserfolg

Theoretisch kann man ohne Zweifel behaupten, dass Verletzungs- und Gefährdungsvorsatz in willentlicher Hinsicht voneinander differenzierbar sind: Während der Täter beim Verletzungsvorsatz die Verletzung wolle, wolle er beim Gefährdungsvorsatz

1801 Im Ergebnis übereinstimmend *Frisch*, Vorsatz und Risiko, S. 135. Streit über belastende Wirkung des Sonderwissens *Sacher*, Sonderwissen, S. 188 ff. Jüngst gegen das Sonderwissen als Kenntnis oder Unkenntnis der Gefährdung bzw. Verletzung als relevanter Faktor des Vorsatzkriteriums *Jakobs*, RW 2010, S. 309 ff. *Jakobs*' Einordnung des Sonderwissens in die objektive Kategorie widerspricht aber offensichtlich dem geltenden Strafrecht, dazu *Schünemann*, ZStW 126 (2014), S. 12.

1802 Umgekehrte Betrachtungsweise aber im Ergebnis teils übereinstimmend bei *Burchard*, Irren ist menschlich, S. 453 f.

1803 Viele Ansätze, allein auf intellektueller Hinsicht Gefährdungs- und Verletzungsvorsatz zu unterscheiden, implizieren mehr oder weniger Wollenselement im Wissen. Dazu vgl. 6. Kapitel A. II.

nur die Gefährdung und keine Verletzung.[1804] Oder mit anderen Worten: Der Gefährdungsvorsatz bedeute in emotionaler Hinsicht die Bejahung der Gefahr und zugleich die Verneinung der Verletzung.[1805] Bereits *Puppe* hat darauf hingewiesen, dass der Gefährdungsvorsatz nur in einer Erscheinungsform der *widersprüchlichen* Emotion des Täters zum Erfolg beschrieben werden kann.[1806] Ferner tritt aber diese Erscheinungsform auch sehr häufig bei der Beschreibung der Risikoentscheidung bzw. des dolus eventualis in Erscheinung.[1807] Die Schwäche dieser Erscheinungsform ist allerdings erheblich: Das Gefährdungswollen mit der *innerlich widersprüchlichen* Einstellung ist kaum präzise zu beschreiben, weil es in der Gestaltung des bloßen *Gefühls* oder *Erwünschens* des Täters nicht mehr von den exakten Kriterien wie Erkennbarkeit und Beherrschbarkeit abzugrenzen ist; das Gefühl hat einfach keine Grenze und Logik und somit auch keine präzise Beschreibung.[1808] Aus dieser Schwierigkeit ergeben sich dann die dogmatischen Konsequenzen, entweder die Wollenskomponente aus dem Gefährdungsvorsatz auszuscheiden[1809] oder sie nach einem objektiven Maßstab festzuhalten.[1810] Diese Konsequenzen übersehen jedoch offensichtlich die Legitimation des Daseins einer Wollenskomponente im Vorsatz, wie vorher bereits argumentiert wurde:[1811] Für den Vorsatz als Entscheidung gegen das Rechtsgut genügt die Wissenskomponente allein nicht.

Eine Wollenskomponente ist deshalb beim Gefährdungsvorsatz noch notwendiger als beim Verletzungsvorsatz, denn worauf er sich bezieht, ist etwas Ungewisses in der Außerwelt, dessen Vorliegen unausweichlich erst mit einer Handlungsintension des Menschen exakt zu bestimmen sein kann. Das Gefährdungswollen spielt hier daher eine herausragende Rolle, weil es die Richtungen der bewussten Handlungen weisen und erklären kann, wie und inwieweit der Täter tatsächlich die Güter der anderen beeinträchtigen wollte. Es bezeichnet sich durch den Einpassungswillen, welcher es dem Handelnden zulässt, in einem bestimmten Handlungsbereich Gefahr

---

1804 Üblich in der Rechtsprechung BGH, NJW 1953, 1070: „Darin liegt aber *noch nicht das Einverständnis* damit, daß diese Gefahr in einen wirklichen Schaden an Leben oder Leib umschlage". Oder OLG Celle, NJW 1954, 612, 612: „was er *nicht will*, ist die Ausweitung der Gemeingefahr zur tatsächlichen Schädigung eines anderen oder seiner selbst". (Hervorhebungen vom Autor.)

1805 *Rabl*, Gefährdungsvorsatz, S. 52 f.

1806 *Puppe*, AT[1], Bd. 1, § 16, Rdnr. 43.

1807 *Philipps*, ZStW 85 (1973), S. 27: „Es ist nicht eben selten, dass jemand bewusst das Risiko eingeht, einen anderen rechtswidrig zu verletzen, obwohl ihm die Verletzung als solche nicht erwünscht ist". Ähnlich auch *Kargl*, Vorsatz, S. 32. Darüber hinaus *Wolff*, FS-*Gallas*, S. 220: „[...] dass es ein Handeln in Kenntnis der Verletzungsmöglichkeit geben kann, ohne doch ein willentliches Verletzen zu sein".

1808 Ähnliche Meinung *Puppe*, AT[1], Bd. 1, § 16, Rdnr. 43.

1809 Dazu siehe 5. Kapitel C. II. Insbesondere *Horn*, konkrete Gefährdungsdelikte, S. 208 f., in Rekurs auf *Klee*, dolus indirectus, S. 27.

1810 Diese Meinung überwiegend bei *Puppe* und *Jakobs*. Vgl. 4. Kapitel C. II., III. und 6. Kapitel A. II. 1. d.

1811 Vgl. D. III. 2. b. in diesem Kapitel.

zu beurteilen, sie für richtig zu halten und damit seine Handlungswirkungen in dem Verletzungsbereich willentlich zu sperren.[1812] Aus diesem Grund zeigt sich, dass eine Wollenskomponente, welche zwar die Rechtsgemeinschaft durch Gefährdungsverbote beeinflussen kann, aber nach der subjektiv innerlichen Entscheidung des Täters zu bestimmen ist,[1813] für den Gefährdungsvorsatz nicht nur erforderlich ist, sondern ihn auch berechtigt.

Auch in diesem Sinne muss die positive Seite des Gefährdungswollens, anstatt eine innerlich widersprüchliche Einstellung des Täters zu beschreiben, angesichts einer *begrenzten Beherrschung des Geschehensablaufs* umfasst werden und ihr Hauptaugenmerk auf die konkrete Gefahr ausrichten. Dieses emotionale Element des Gefährdungsvorsatzes wird häufig dadurch gekennzeichnet, dass entweder der Täter „mit der Herbeiführung der Gefahr die *Einwirkungsmöglichkeit* auf den Verlauf der zum Erfolg hinführenden Kausalkette *aufgegeben* hat“[1814] oder dass der Täter *davon ehrlich überzeugt* war, „dass die Handlung *nur* diejenige Zustandsverwirklichung hervorrufen würde, die er durch die logischen und empirischen Daten begründet hat“.[1815] Mit diesen Ansätzen gewinnt der Maßstab des Gefährdungswollens zwar mehr Exaktheit, aber die Spezialität der konkreten Gefahr ist dabei nicht mit einzubeziehen. D. h., dass sie sich noch auf den Geschichtspunkt abstellen, Gefahr als Vorstufe der Verletzung anzusehen. Im Gegensatz dazu deutet *Frisch* an, dass der mit Gefährdungsvorsatz handelnde Täter *für sich* davon *ausgehen* muss, „dass sein Verhalten *jenes spezifische Risiko* in sich birgt, auf das es gerade in den konkreten Gefährdungsdelikte ankommt: Das [...] Risiko, dass es zu einer Situation kommt, die ‚konkrete Gefahr‘ heißt“.[1816] Somit hat er mit Recht darauf hingewiesen, dass die Erhellung des Gefährdungswillens ohne Bezug auf die Besonderheit der konkreten Gefährdung kaum möglich ist.

Bisher steht fest, dass bei diesem Problem, wie das Gefährdungswollen angesichts einer *begrenzten Beherrschung des Geschehensablaufs* positiv zu umfassen ist, wiederum entscheidend ist, Begriffe von Wollen und konkreter Gefährdung wechselseitig zu berücksichtigen. Das Gefährdungswollen als solches bedeutet die Entscheidung bzw. Stellungnahme über die Tatherrschaft zur konkreten Gefährdung des Rechtsgutsobjekts, welche sich mit dem subjektiven Gefahrurteil des Täters begründet und sodann trifft. Die Gegenstände dieser Gefährdungsentscheidung sind ebenso wie beim Gefährdungswissen die jeweiligen Faktoren der konkreten Gefährdung: Ein Zustand der Wahrscheinlichkeit eines Schadenseintritts, das Hineingelangen des Rechtsgutsobjekts in den Wirkungsbereich des Täterverhaltens

---

1812 *Wolff*, FS-*Gallas*, S. 221.

1813 In diesem Sinne *Wolff*, FS-*Gallas*, S. 221, Fn. 69. So ist ein emotionales Moment im Willen erlaubt, und zwar „in der praktischen Mitbejahung des Ereignisses, das möglicherweise eintritt, weil es mit der erstrebten Veränderung in einem äußerlich festliegenden Zusammenhang steht“. Ebenda, S. 222.

1814 *Schneider*, Gefährdungsvorsatz, S. 36 f. (Hervorhebungen vom Autor.)

1815 *Binavince*, Fahrlässigkeitsdelikte, S. 156 f. (Hervorhebung vom Autor.)

1816 *Frisch*, Vorsatz und Risiko, S. 295 f. (Hervorhebung im Original.)

und die Zufallsabhängigkeit der Rechtsgutsverletzung. Der mit Gefährdungsvorsatz handelnde Täter verwirklicht willentlich die *tatsächliche Beherrschung des Geschehensvorlaufs zwischen der Gefährdungshandlung und dem Gefährdungserfolg* und will auch nur dieselbe; d. h., dass der endgültige Schadenseintritt nur auf den Zufall ankommt. Gegenüber den Erkenntnisgrenzen der Tatbeherrschung in intellektueller Hinsicht bleibt aber das Gewollte der *Zuspitzung der Krisensituation des Rechtsgutsobjekts* wegen der grundsätzlichen Unbegrenzbarkeit des Wollens nach wie vor schwer positiv festzuhalten. Denn soweit der Täter sich über die Tatherrschaft zur konkreten Gefährdung bewusst entscheidet und die Handlung vornimmt, befindet sich das Rechtsgutsobjekt aus der Sicht des Täters dann im Wirkungsbereich der Tathandlung und die Beherrschbarkeit ist bis zum Gefährdungserfolg dadurch auch ermöglicht. Dann könnte die weitere Verletzung doch gar in einer abgrenzbaren tatsächlichen Situation bei unbeeinflusstem Geschehensablauf noch ernsthaft zu erwarten sein.[1817] Dieser Zweifel, warum man allein nur Gefährdung wollen kann, ohne zugleich Verletzung zu wollen, muss deshalb durch eine negative Beschreibung gelöst werden, die mit dem Zufallsaspekt des Gefahrbegriffs verbunden ist.

bb. Negatives Element: Berechtigtes Vertrauen des Täters auf Ausbleiben des Verletzungserfolgs

(1) Grundformel

Der Maßstab für die Differenzierung der Entscheidung über Gefahr und Verletzung setzt wiederum voraus, dass die konkrete Gefährdung normativ in der Regel nicht schlechthin das Vorstadium einer Verletzung ist,[1818] sodass er nur aus dem spezifischen Wollenselement zu entnehmen ist. Es ist daher nicht verwunderlich, dass das Wollenselement des Gefährdungsvorsatzes vorher mithilfe der „Hoffnung auf den Nichteintritt des Verletzungserfolges" zu bestimmen war.[1819] Auch stellt es nun nach der heute nahezu allgemeinen Meinung überwiegend auf das Vertrauen bezüglich des Ausbleibens des Schadens ab, welches ein Produkt der Zusammenbetrachtung von Wollen und Gefahr ist und somit als ein geläufiges verletzungsvorsatzausschließendes Element fungiert.[1820] So ist der Gefährdungsvorsatz demgemäß in der Regel anzunehmen, wenn der Täter ganz „irrational" oder „dennoch normativ nicht berechtigt", „auf einen guten Ausgang, die Auflösung dieser Situation ohne Verletzungserfolgseintritt

---

1817 *Radtke*, FS-*Geppert*, S. 476.

1818 *Frisch*, Vorsatz und Risiko, S. 296, Fn. 142; *M. Köhler*, Die bewusste Fahrlässigkeit, S. 286 f.; *Zieschang*, Gefährdungsdelikte, S. 124 f.

1819 *Nick*, Gefahr und Gefährdungsvorsatz, S. 15.

1820 *Weigend*, ZStW 93 (1981), S. 669, Fn. 43, S. 695 f.; *Frisch*, Vorsatz und Risiko, S. 296 ff.; *Zieschang*, Gefährdungsdelikte, S. 124; *Haft*, AT, S. 161; *Stuckenberg*, Vorsatz und Irrtum, S. 291, Fn. 1577; *Weber*, in: *Arzt/ Weber/ Heinrich/ Hilgendorf*, BT, § 35, Rdnr. 103; *Otto, FS-Puppe*, S. 1258; LK-*Vogel*[12], § 15, Rdnr. 129; *Schönke/ Schröder/ Sternberg-Lieben/ Schuster*, StGB, § 15, Rdnr. 98a. Außerdem eingehend vgl. 6. Kapitel A. II. 2. ff.

vertraut".[1821] Oder noch genauer gesagt: Der Gefährdungsvorsatz ist gegeben und der Verletzungsvorsatz hingegen ausgeschlossen, wenn der Täter „von dem *Eingreifen von Rettungsursachen* ausgeht", nämlich wenn er „im Einzelfall *darauf vertraut,* dass es zwar nicht von seiner Seite, aber *von dritter Seite aus* im weiteren Geschehensablauf zum Eingreifen von Rettungsursachen kommt, also keine konkrete Gefahr oder ein Schaden eintreten werde".[1822] Ähnlich behauptet *Küpper* auch, dass der vorsätzlich Gefährdende sich bezüglich einem konkreten Gefahrerfolg bewusst war, dass das Rechtsgut bereits wegen seiner Gefährdungshandlung in eine Existenzkrise gerät und er kann nur darauf hoffen, die Verletzung werde nicht eintreten.[1823] Dem negativen Wollenselement „Vertrauen auf Ausbleiben des Verletzungserfolgs" als Faktor für die Feststellung einer entgegensetzenden Stellungnahme bzw. Gegenentscheidung zur Tatherrschaft ist hier grundsätzlich zuzustimmen. Allerdings ist dieser Faktor zugleich ein geläufiger Differenzierungsfaktor zwischen dolus eventualis und bewusster Fahrlässigkeit.[1824] Daher ist es notwendig, die Wirkungen dieses Faktors zwischen Verletzungs-, Gefährdungsvorsatz und bewusster Fahrlässigkeit einer konkreten Gefährdung eingehend zu differenzieren.[1825]

(2) Unberechtigtes Vertrauen als verletzungsvorsatzausschließendes Wollenselement

Während die Unvorhersehbarkeit bzw. Unnachvollziehbarkeit des weiteren Verletzungserfolgs beim Gefährdungswissen als hemmender Faktor der Tätererkenntnis vom Zusammenhang konkreter Gefährdung zur Verletzung angesehen wird, wird das vom Zufallsaspekt abhängende Vertrauen auf das Ausbleiben des Verletzungserfolgs beim Gefährdungswollen als *hindernder Faktor* erachtet. Das Vertrauen auf das Ausbleiben des Verletzungserfolgs ist also in diesem Sinne die Entscheidung des Täters dagegen, den vom Täter beherrschten Geschehensverlauf über die konkrete Gefährdung hinausgehend zur Verletzung zu entwickeln.[1826] Sicherlich ist nicht jedes Vertrauen als Nicht-Wollen des Verletzungseintritts anzunehmen. Die

---

1821 *Frisch*, Vorsatz und Risiko, S. 297, ergänzt bemerkenswert auf der Wissensseite das negative Moment des Gefährdungsvorsatzes; *Radtke*, Brandstiftungsdelikte, S. 307; *Radtke*, NStZ 2000, S. 89; MüKoStGB-*Radtke*, § 306a, Rdnr. 58.

1822 *Zieschang*, Gefährdungsdelikte, S. 123 f. (Hervorhebung im Original.)

1823 *Küpper*, ZStW 100 (1988), S. 775.

1824 *Roxin*, AT I, § 12, Rdnr. 29, Fn. 37; *Krey/ Esser*, AT, Rdnr. 396; *Wessels/ Beulke/ Satzger*, AT, Rdnr. 216.

1825 Einwand gegen das Vertrauensmoment als Faktor des Gefährdungsvorsatzes *Degener*, StV 2003, S. 335.

1826 Bei der Rechtsprechung ist das Vertrauen im Rahmen des § 224 I 5 StGB dann ausgeschlossen, „wenn nach dem vorgestellten Geschehensablauf der tödliche Ausgang so nahe lag, dass ihn nur ein glücklicher Zufall verhinderte". Dazu SSW-StGB/ *Momsen/ Momsen-Pflanz*, § 224, Rdnr. 34. Dieser Standpunkt der Rechtsprechung, das Gefährdungswollen einfach durch das Gefährdungswissen zu verneinen, scheint aber verwirrend.

Nur-Gefährdung-Entscheidung als überlegte Entscheidung muss aufgrund einschlägigen Gefährdungswissens, dass die Krisensituation des Rechtsgutsobjekts nach dem Gefahrurteil des Täters bereits in der Lage ist, den Schadenseintritt des Geschehensverlaufs durch normale schadensverhütende Mittel nicht mehr zu retten, zu treffen sein. Wenn der Täter anhand seines subjektiven Gefahrurteils weiß, dass der Verletzungserfolgseintritt nicht mehr von ihm selbst verhindert werden kann, er aber dennoch darauf vertraut, der Verletzungserfolgseintritt werde trotz seiner eigenen Unbeherrschbarkeit noch *von dem unnormalen Mittel der anderen oder von der Naturkraft* verhindert, ist dieses Vertrauen trotz seiner Beurteilung noch bloß subjektiv, irrational und somit normativ nicht berechtigt. Mit diesem unberechtigten Vertrauen wird nur das Verletzungswollen ausgeschlossen, während das Gefährdungswollen bestehen bleibt.

Genauer gesagt: In diesem Fall sind die Möglichkeiten der selbstrettenden Maßnahmen vom Täter ausgeschlossen und somit ist er davon überzeugt, dass die Reichweite seiner Beherrschung den Verletzungserfolg nicht deckt.[1827] Dieses Vertrauen ist für den Verletzungsvorsatz nur eine bloß subjektive Überschätzung, weshalb es sich objektiv als irrational und normativ unberechtigt erweist. Hingegen ist es aber für den Gefährdungsvorsatz als die Gegenentscheidung über die Verletzungsbeherrschung qualifiziert und kann somit den Willen zur weiteren Verletzung ausschließen. Das hier gemeinte normativ unberechtigte Vertrauen auf das Ausbleiben des Verletzungserfolgs fungiert demzufolge als ein *verletzungsvorsatzausschließendes Wollenselement*. Diese Einwirkung gilt beispielhaft im Polizeisperre-Fall: Brach der Täter eine Polizeisperre durch und war er sich der die Polizisten gefährdenden Situation bewusst, hatte er insoweit kein Verletzungs-, sondern nur Gefährdungswollen, wenn er aus dem Fluchtgrund darauf vertraute, die gefährdeten Polizisten würden selbst die Schutzmaßnahmen vornehmen.[1828]

(3) Berechtigtes Vertrauen als vorsatzausschließendes Wollenselement

Im Gegensatz zu dem normativ unberechtigten Vertrauen kann auch das Vertrauen auf das Ausbleiben des Verletzungserfolgs normativ berechtigt sein. Zum Maßstab dessen, ob es normativ berechtigt ist, kommt es auf die Sonderfähigkeit und das Sonderwissen, nämlich wiederum auf die Beherrschungsfähigkeit des Täters, an.[1829] Davon aus darf der Täter nur dann normativ berechtigt auf das Ausbleiben der Rechtsgutsverletzung, also auf die den Schadenseintritt vermeidenden Umstände vertrauen, wenn „deren Eingreifen er selbst gezielt einsetzen kann oder mit denen allgemeinen gerechnet werden darf".[1830] In diesem Fall hat der Täter damit weder Verletzungs- noch

1827 *Weigend*, ZStW 93 (1981), S. 669, Fn. 43, S. 695 f. Im Ergebnis übereinstimmend *Schroth*, Vorsatz als Aneignung, S. 144.

1828 Im Ergebnis den Ausschluss des vorsätzlich-versuchten Totschlags zu bejahen *Krey/ Esser*, AT, Rdnr. 400.

1829 Vgl. *Radtke*, FS-*Geppert*, S. 475.

1830 *Radtke*, FS-*Geppert*, S. 477.

Gefährdungswollen, denn dabei vertraut der Täter in der Tat nicht nur auf das Ausbleiben des Verletzungserfolgs, sondern auch darauf, die Gefahr sei nicht gegeben; er handelt hier daher nur bewusst fahrlässig im Sinne des Verletzungs- bzw. konkreten Gefährdungserfolgsdelikts.[1831] Mit anderen Worten: Soweit der Täter sich bewusst ist, dass ihm noch *überdurchschnittliche Sonderfähigkeiten* bzw. *überdurchschnittliches Sonderwissen* für die Vermeidung des Schadenseintritts in der konkreten Situation zur Verfügung zu stehen, d. h., dass er zur Vermeidung der Verletzung und Gefährdung noch keinen Einfluss von unnormalen Mittel der anderen oder von Naturkraft verlangt und selbst die Verletzung sowie Gefährdung vermeiden kann, darf er noch normativ berechtigt auf die daraus folgende tatsächliche Beherrschbarkeit über den Gesamtgeschehensablauf vertrauen.[1832] In diesem Sinne schließt dieses Vertrauen den Verletzungs- und auch das Gefährdungswollen aus, denn der Täter akzeptiert die in seinen Augen bestehende konkrete Gefahr wegen dieses Vertrauens auf die Beherrschbarkeit des gesamten Geschehensablaufs noch nicht; die objektiv wohl gegebene Gefahr bedeutet für ihn noch ein triviales Risiko zu bleiben. Das normativ berechtigte Vertrauen auf das Ausbleiben des Verletzungserfolgs begründet sich daher nicht nur auf das subjektive, sondern auch auf das objektive Gefahrurteil und fungiert daher als ein *vorsatzausschließendes Wollenselement.*[1833] Wenn dieses Vertrauen verfehlt und der Verletzungs- oder Gefährdungserfolg trotzdem eintritt, wird dieser dem Täter als bewusst fahrlässig im Sinne des Verletzungs- oder konkreten Gefährdungserfolgsdelikts zugerechnet.

Im *Wilhelm Tell*-Schauspiel von *Friedrich Schiller*, das vielfach genannte Beispiel für den Gefährdungsvorsatz,[1834] ist dies gerade der Fall: *Tell* schoss auf den Apfel, der sich auf dem Kopf seines Sohnes befand. Er traf den Apfel. In dieser konkreten Situation hatte er weder Verletzungs- noch Gefährdungswollen für seinen Sohn, nicht weil er einfach darauf vertraute, der Tod seines Sohnes würde wegen seines Schusses nicht eintreten, sondern weil er eine spezifische Schusskunst hatte und aufgrund derer er sich bewusst war, den Erfolg noch unter seiner Handlungsbeherrschbarkeit

---

1831 Vgl. *Roxin*, AT I, § 24, Rdnr. 72: „der Täter *sorglos* darauf vertraut, die von ihm als möglich erkannte Gefahr sei doch nicht gegeben". (Hervorhebung vom Autor.)

1832 *Weigend*, ZStW 93 (1981), S. 695 f.; *Radtke*, FS-*Geppert*, S. 477 f. Wenn beispielsweise der Täter das Sonderwissen über die Person des Opfers mit überdurchschnittlichen Erfolgsabwendungsfähigkeiten hat, kann er darauf berechtigt vertrauen. Ebenda, S. 478. Auch wenn z. B. der Täter sich bewusst ist, als Profifahrer eine bessere Geschicklichkeit beim Fahren *als Durchschnitt* zu haben, und darauf vertraut, mit dieser überdurchschnittlichen Geschicklichkeit in der konkreten Situation im Straßenverkehr den Schadenseintritt zu vermeiden. Dazu auch vgl. LK-*König*[12], § 315, Rdnr. 63.

1833 Die Differenzierung, das Vertrauen nur Gefährdungswollen oder gar Verletzungswollen auszuschließen, entspricht im Prinzip dem Konzept der Entscheidungstheorie. Dazu vgl. *Roxin*, AT I, § 12, Rdnr. 31.

1834 Z. B. *Schmidhäuser*, FS-*Oehler*, S. 154; *Weber*, in: *Arzt/ Weber/ Heinrich/ Hilgendorf*, BT, § 35, Rdnr. 102.

zu kontrollieren. So durfte er anhand dieses Wissens berechtigt darauf vertrauen, sowohl Gefährdung als auch Verletzung würden ausbleiben. Träfe sein Schuss aber hingegen schließlich seinen Sohn, so wäre ihm dies weder verletzungs- noch gefährdungsvorsätzlich, sondern nur bewusst fahrlässig zuzurechnen.

(4) Sinn der Wirkungsausdifferenzierung des Vertrauenselements

Auf diesem Standpunkt muss die Differenzierung der vorsatzausschließenden Gründe zwischen Sonderwissen selbst und Vertrauen auf Sonderwissen noch klar erörtert werden. Es ist für das oben skizzierte Konzept der überlegten Entscheidung von Bedeutung, wenn das gefährdungsvorsatzausschließende Vertrauen im Anschluss an das Sonderwissen über eigene Beherrschbarkeit festzuhalten ist. Es erweist sich zum einen, dass sich das Gefährdungswollen, also eine Entscheidung über die konkrete Gefährdung, nicht unmittelbar aus dem sicheren Gefährdungswissen ergibt, weil das Wissen zwar eine wichtige Grundlage des Wollens ist, es aber psychologisch und normativ noch kein Wollen ist.[1835] Die Forderung an das Element des Vertrauens auf das Sonderwissen besagt daher, dass das Gefährdungswollen unabhängig vom Gefährdungswissen zu bestimmen sein muss. Weiterhin soll das Gefährdungswollen stets bezüglich der real-individuellen subjektiven Tätereinstellung über eigene Beherrschbarkeit und den konkreten Geschehensablauf und nicht einheitlich nach einer von der Täterpsyche unabhängigen allgemeinen Maxime der Entscheidung festzuhalten sein. Die individuelle Entscheidung kann demzufolge nur dann als überlegt angesehen werden, wenn sie voraussetzt, dass das handelnde Subjekt trotz des sicheren Wissens im konkreten Fall noch eine Fehlentscheidung treffen und sodann auf seine eigene Kenntnis und Entscheidung vertrauen kann. Zum Gefährdungswollen kommt es schließlich nicht einfach auf bestimmte objektive Zurechnungsregeln an.

Dies ist auch bei dem Streit über der sog. *Verdrängungsbereitschaft* des Handelnden der Fall;[1836] es gilt umso mehr bei der Feststellung des Gefährdungswollens, soweit sie nicht als „Verdrängung der Gefahr aus dem Bewusstsein", sondern als „das Fehlen der Übernahme einer Vorstellung als eigenes Bild" zu verstehen ist.[1837] So ist der Ansatz, dass nicht der Täter, sondern das Recht entscheiden muss, „ob eine Gefahr ernst zu nehmen ist",[1838] bei der Feststellung des Gefährdungswollens irrführend. Demgegenüber kommt es auch viel zu vereinfacht zu der Bestrafung der Fahrlässigkeit, ohne zugleich die Struktur der bewussten Fahrlässigkeit zu berücksichtigen, wenn z. B. *Prittwitz* nahelegt, „wer Gefahren so verdrängt, dass sie für ihn nicht

1835 Idee, Wissen und Wollen gegenseitig zu kompensieren bei *Schünemann*, Chengchi Law Review Vol. 50 (1994), S. 270 ff.; *Schünemann*, FS-*Hirsch*, S. 372 ff. Dieser Idee folgend *Sacher*, Sonderwissen, S. 176.

1836 *Sacher*, Sonderwissen, S. 181 f.

1837 Zutreffend *Frisch*, Vorsatz und Risiko, S. 192, Fn. 112. Beziehung der Verdrängungsbereitschaft mit dem Vertrauen auf das Ausbleiben des Erfolgs *Sacher*, Sonderwissen, S. 181.

1838 NK-StGB-*Puppe*, § 15, Rdnr. 64.

handlungsrelevant sind, der nimmt sie nicht vorsätzlich in Kauf".[1839] An dieser Stelle gelten die besonders vom BGH entwickelten generalisierten Regeln für den Gefährdungsvorsatz auch nicht in jedem Einzelfall als zutreffend: Die Möglichkeit der Selbstgefährdung schließt das Fremdgefährdungswollen nicht unbedingt aus.[1840] Es geht beim Fremdgefährdungswollen nur darum, ob der Täter sich anhand von Gefährdungswissen über die Beherrschung des konkreten Gefährdungserfolgs entschied und ob er auf das Ausbleiben des Gefährdungs- bzw. Verletzungserfolgs vertraute. Die Möglichkeit der Selbstgefährdung ist für das Gefährdungswollen insoweit nicht relevant, wenn sie das – normativ berechtigte – Vertrauen nicht begründen kann. Die Regel der *Hemmschwelle* vor dem Tötungsvorsatz, eine instinktive Verdrängung des Todeseintritts aus dem Bewusstsein, besagt auch nicht regelmäßig, dass der Täter nur ein Gefährdungswollen hatte, wenn er nicht anhand Gefährdungswissens mit der Hemmschwelle sein Vertrauen auf das Ausbleiben des Todeseintritts schaffte.[1841]

5. Zwischenergebnis: Feststellung der Selbstständigkeit des Gefährdungsvorsatzes hinsichtlich dessen Wissens- und Wollensseite

Die vorstehenden Überlegungen zeigen, dass die Unterscheidungen zwischen Verletzungs- und Gefährdungsvorsatz sowohl auf der intellektuellen als auch auf der voluntativen Seite liegen. Der wesentliche Unterschied liegt in den unterschiedlichen Vorsatzgegenständen: Während der Verletzungsvorsatz den Gesamtgeschehensablauf von der Handlung bis zum Verletzungserfolgseintritt umfassen müsste, könnte der Gefährdungsvorsatz aber nur den von der Handlung bis zum Gefährdungserfolgseintritt umfassen. Der Umfang der Kongruenz vom Gefährdungsvorsatz erfasst nicht den weiteren Geschehensablauf von Gefährdungs- bis zum Verletzungserfolg, der im Begriff der konkreten Gefährdung als Zufall angesehen wird.

Es steht auch fest, dass nur derjenige, der Gefährdungswissen und -wollen in der oben skizzierten Gestaltung hat, mit dem Gefährdungsvorsatz handelt und für die Folgen im Sinne des Gefährdungsdelikts verantwortlich ist. Wer die Verletzung kennt und zugleich nur die Gefährdung will, handelt höchstens bewusst fahrlässig im Sinne des Verletzungsdelikts (soweit dieses vorhanden ist); wer dagegen nur die Gefährdung kennt aber die Verletzung will, handelt sich gemäß § 16 I StGB mit Irrtum über Tatumstände im Sinne des Verletzungsdelikts. Ob der Täter in beiden Fällen einen Gefährdungstatbestand mit verwirklicht, muss hinsichtlich

---

1839 *Prittwitz*, FS-*Puppe*, S. 830. Diese Vereinfachung gilt in den Ansätzen der Identifikation von Gefährdungsvorsatz und bewusster Fahrlässigkeit. Ähnliche Kritik *M. Köhler*, Die bewusste Fahrlässigkeit, S. 285.

1840 LK-*König*[12], § 315c, Rdnr. 193.

1841 *Sacher*, Sonderwissen, S. 183 f., beurteilt angesichts des hochrangigen Rechtsguts die Tätereinstellung trotz dieser Hemmschwelle noch als eine die Vorsatzhaftung begründende unerträgliche Rechtsgüterfeindlichkeit. Wäre der Deliktstyp der Aussetzung nach diesem objektiven Maßstab des Wollenselements dann nicht anwendbar?

dieses einzelnen Tatbestands zu prüfen sein. Derjenige, der Verletzung kennt und will, handelt ohne weiteres mit dem Verletzungsvorsatz und muss für die Folgen im Sinne des Verletzungsdelikts verantwortlich sein; wenn der Verletzungserfolg eventuell nicht eintritt, versucht er im Sinne des § 22 StGB.

IV. Anerkennung verschiedener Formen des Gefährdungsvorsatzes, insbesondere eventuellen Gefährdungsvorsatzes

Wenn man den Verletzungs- und Gefährdungsvorsatz als parallele Gestaltungen ansieht, ist es dann selbstverständlich anzunehmen, dass der Gefährdungsvorsatz je nach der Intensität der Wissens- und Wollenskomponente wie der Verletzungsvorsatz verschiedene Erscheinungsformen hat. Davon ausgehend weist *Schroth* zutreffend darauf hin, dass der Gefährdungsvorsatz sich als Gefährdungsabsicht, direkter und eventueller Gefährdungsvorsatz darstellen dürfte.[1842] Nach der nahezu überwiegenden Meinung und der Rechtsprechung ist auch der Gefährdungsvorsatz in der Form des dolus eventualis anzunehmen.[1843] Hingegen sprechen einige dagegen,[1844] dass der mit dem eventuellen Gefährdungsvorsatz handelnde Täter sich eine zu niedrige Gefahr zur Verletzung vorstellt, welche letztlich bestenfalls als doppelte Abschwächung der Gewissheit der Verletzungseintritt wie z. B. „Wahrscheinlichkeit des wahrscheinlichen Eintritts der Verletzung" (*Nick*), „Möglichkeit einer Möglichkeit der Verletzung" (*Noll*), „Möglichkeit der Wahrscheinlichkeit der Verletzung" (*Schneider*) bzw. „Möglichkeit des Eintritts konkreter Rechtsgutsgefahr" (*Radtke*) in Erscheinung tritt.

Gegen diese Behauptung lässt sich bei *Feloutzis* bereits zutreffend einwenden, dass sich das Urteil bei der Wissenskomponente des dolus eventualis und das bei der des Gefährdungsvorsatzes von vornherein nicht aufeinander beziehen und somit nicht zu einem Urteil von geringem Möglichkeitsgrad zusammengezogen werden dürfen.[1845] Die Differenzierung der Wissensseite zwischen dolus eventualis und Gefährdungsvorsatz liegt außerdem auf der Hand, wie oben festgestellt wurde, wenn die konkrete Gefährdung als Gegenstand des Gefährdungsvorsatzes aus der normativen

---

1842 *Schroth*, Vorsatz als Aneignung, S. 142 f.; *Schroth*, JR 2003, S. 252.

1843 *Binding*, Normen, Bd. 4, S. 407, Fn. 18; *Feloutzis*, Aussetzung, S. 75 f.; *Joerden*, Verantwortlichkeitsbegriff, S. 155; *Küpper*, ZStW 100 (1988), S. 775 f.; *Schroth*, Vorsatz als Aneignung, S. 142 f.; *Schroth*, JR 2003, S. 252; LK-*Schroeder*[11], § 16, Rdnr. 95; LK-*Jähnke*[11], § 221, Rdnr. 36; LK-*Vogel*[12], § 15, Rdnr. 130; MüKoStGB-*Bosch*, § 113, Rdnr. 77; BeckOK-StGB-*Eschelbach*, § 221, Rdnr. 22; *Schönke/ Schröder/ Sternberg-Lieben/ Schuster*, StGB, § 15, Rdnr. 98a; *Schönke/ Schröder/ Sternberg-Lieben/ Hecker*, StGB, § 315c, Rdnr. 38; *Fischer*, StGB, § 15, Rdnr. 10; *Lackner/ Kühl*, StGB, § 15, Rdnr. 28. Rechtsprechung vgl. 6. Kapitel B. I. 4. a.

1844 *Schneider*, Gefährdungsvorsatz, S. 27; *Nick*, Gefahr und Gefährdungsvorsatz, S. 18 f.; *Noll*, SchwZSt 1954, S. 30 f.; *Wolter*, Objektive und personale Zurechnung, S. 212; *Radtke*, NStZ 2000, S. 89 f.

1845 *Feloutzis*, Aussetzung, S. 75 f.

Sicht im Wesentlichen gar keine einfache Wahrscheinlichkeitsberechnung mehr ist und sich damit auch sachgemäß nicht mehr mit dem dolus eventualis oder bewusster Fahrlässigkeit vergleichen kann. Würden dolus eventualis, Gefährdungsvorsatz und bewusste Fahrlässigkeit sich auf einer gleichen Dimension der Wissenskomponente miteinander vergleichen, käme es dann, wie z. B. bei *Küpper* aufgezeigt wurde, zu dem absurden Ergebnis, dass der Gefährdungsvorsatz auf der Wissensseite mehr gefordert ist als der Verletzungsvorsatz: Während – nach der Möglichkeitstheorie – vom Verletzungsvorsatz nur die Vorstellung der Möglichkeit des Schadenseintritts gefordert ist, wird hingegen von dem Gefährdungsvorsatz ein höhere Vorstellung der Wahrscheinlichkeit des Schadenseintritts verlangt![1846] Aus dieser Sicht ist vielmehr zu bejahen, dass dolus eventualis, Gefährdungsvorsatz und bewusste Fahrlässigkeit nicht miteinander vergleichbar sind, weil der Gefährdungsvorsatz sich wegen seines unterschiedlichen Gegenstands immer auf die Gegenüberstellung von dem Verletzungsvorsatz abstellt, wobei es keinen Platz für Fahrlässigkeit gibt.

E. Zusammenfassung des Kapitels

Aus den bisherigen Überlegungen ergeben sich die wichtigsten Konsequenzen zur Rekonstruktion des Gefährdungsvorsatzes wie folgt:

I. Die Legitimation der Selbstständigkeit des Gefährdungsvorsatzes liegt sowohl in den Vorschriften der §§ 15, 16 StGB als auch in der Ratio der Vorsatzstrafe. Die formelle Differenzierung des Gefährdungsvorsatzes zur Fahrlässigkeit erfolgt gemäß § 15 StGB und zum Verletzungsvorsatz erfolgt sie gemäß § 16 StGB. Angesichts der Ratio der Vorsatzstrafe wird die materielle Selbstständigkeit legitimiert durch eine zweckrationale und wertrationale, also zugleich am Rechtsgüterschutz und Schuldprinzip orientierte Vorsatzkonzeption. Der Verletzungsvorsatz darf daher nicht durch den Gefährdungsvorsatz zu ersetzen sein.

II. Eine den Gefährdungsvorsatz unterstützende Vorsatzkonzeption richtet sich auf Rechtsgüterbeeinträchtigung aus, deren gesamte relevante Umstände einschließlich des Erfolgs zum Vorsatzgegenstand gehören. Der Vorsatz ist demnach der bewusste Wille zur Ausübung einer rechtsgüterbeeinträchtigenden Tatherrschaft.

III. Der einzige Gegenstand des Gefährdungsvorsatzes ist die konkrete Gefährdung; eine abstrakte Kenntnis der generellen Gefährlichkeit genügt dafür nicht. Dementsprechend fungiert der Gefährdungsvorsatz als das subjektive ex-ante-Gefahrurteil, dessen Wissenskomponente ein affirmatives Gefahrurteil der Tatherrschaft zu der konkreten Gefährdung und dessen Wollenskomponente eine überlegte Entscheidung über Tatherrschaft zur konkreten Gefährdung ist. Für seine Feststellung kommt es daher noch auf die subjektiven Tätereinstellungen an. Weil der Gefährdungsvorsatz in diesem Sinne eine parallele Gestaltung des Verletzungsvorsatzes ist, ist er in der Form des dolus eventualis hier anerkannt.

1846 *Küpper*, ZStW 100 (1988), S. 773 f.

8. Kapitel: Gefährdungsvorsatz als gemeinsamer subjektiver Tatbestand im Vorsatzbereich des Gefährdungsstrafrechts

A. Ausblick

Im 7. Kapitel wurde gezeigt, wie der Gefährdungsvorsatz richtigerweise auf das konkrete Gefährdungsdelikt abstellen und sich von einer konkreten Gefährdung ausgehend ausprägen soll. Im Folgenden wird entgegen der h. M. und der Tendenz des Gefährdungsstrafrechts etwas provokativ erläutert, ob die oben skizzierte Konzeption des Gefährdungsvorsatzes im ganzen Vorsatzbereich des Gefährdungsstrafrechts gilt, d. h., ob man auch von dem Täter des abstrakten Gefährdungsdelikts verlangen soll, einen Gefährdungsvorsatz zu haben. Hier wird beantwortet, ob vor allem das abstrakte Gefährdungsdelikt mithilfe einer zusätzlichen Anforderung des Gefährdungsvorsatzes seine Daseinsberechtigung hinreichend begründet. Letztlich ist zu diskutieren, ob die Anwendung der neuen Konstruktion des Gefährdungsvorsatzes sich auf den ganzen Vorsatzbereich der herkömmlichen Gefährdungsdelikte erstrecken darf.

B. Keine Berücksichtigung der Interna beim abstrakten Gefährdungsdelikt

I. Stand der h. M.: Ohnmacht des Gefährdungsvorsatzes beim abstrakten Gefährdungsdelikt

Die Forderung des subjektiven Tatbestands beim abstrakten Gefährdungsdelikt ist nach der h. M. deutlich anders als beim konkreten Gefährdungsdelikt, weil das Gefahrmoment, das bei dem abstrakten Gefährdungsdelikt nur als das gesetzgeberische Motiv angesehen wird, nicht vom Vorsatz des abstrakten Gefährdungsdelikts zu umfasst sein braucht. Anschließend an diese Argumentation scheint es auf den ersten Blick ebenso selbstverständlich, dass der Gefährdungsvorsatz beim abstrakten Gefährdungsdelikt vollkommen ohnmächtig ist.[1847] Diese grundlegende Forderung des subjektiven Tatbestands ist zwar mit Rücksicht auf das Dasein des abstrakten

---

1847 *Arth. Kaufmann*, JZ 1963, S. 432; *Jescheck/ Weigend*, AT, S. 264; *H. J. Hirsch*, Strafrechtliche Probleme, S. 632; *Weber*, in: *Arzt/ Weber/ Heinrich/ Hilgendorf*, BT, § 35, Rdnr. 99; *Kindhäuser*, AT, § 8, Rdnr. 22. Anderes als die h. M. lehnt *Joerden*, Verantwortlichkeitsbegriff, S. 156, bei abstrakten Gefährdungsdelikten angesichts eines zu geringen, dem strafrechtlichen Vorwurf nicht angemessenen Vorstellungsgrad zum Verletzungseintritt eine subjektive Beziehung zur Gefahr ab.

Gefährdungsdelikts widerspruchslos; sie hat jedoch damit nicht erklärt, warum von dem Täter dabei keine subjektive Beziehung zur Gefahr verlangt werden dürfe und ob dies nicht mit dem Schuldprinzip kollidieren würde.[1848] Hieraus resultiert *Arth. Kaufmanns* Analyse nach entweder die Variante des Grundsatzes *versari in re illicita*, also der Vorsatz decke sich nur mit einem Teil der Unrechtselemente des abstrakten Gefährdungsdelikts, oder die *Vorsatzpräsumtion*, also die Gefährlichkeit der Tat und deren Vorsatz würden nur vermutet.[1849] Die Strafbarkeit des abstrakten Gefährdungsdelikts wird aus dieser Sicht immer ein Stück der Erfolgshaftung und widerspricht dem Schuldprinzip.[1850]

Der pessimistische Befund *Arth. Kaufmanns* für das abstrakte Gefährdungsdelikt scheint heute nach wie vor zu gelten. Wegen der Entstehung des Gefährdungsstrafrechts nimmt es zu und steht seit langem bereits im Fokus des Gesetzgebers, obwohl das Problem seiner Daseinsberechtigung noch keine befriedigende Lösung hat.[1851] Vor dem Hintergrund des Gefährdungsstrafrechts läuft die dortige Folge zur Inaktivierung der subjektiven Verbrechensvoraussetzungen schicksalhaft auch auf dessen Ohnmacht im Bereich des abstrakten Gefährdungsdelikts hinaus:[1852] Während der Gefährdungsvorsatz beim konkreten Gefährdungsdelikt sich letztlich hinsichtlich der gefährdungsstrafrechtlichen Vorsatzdogmatik unzulässig mit einer Form der nur objektiven ex ante-Erkennbarkeit von Risiken verkleidet, platziert er sich infolgedessen beim abstrakten Gefährdungsdelikt schlechthin gar nicht. Es handelt sich daher wiederum um eine Operation der Staatstechnik, welche auf die im Gefährdungsstrafrecht immer beschworene Dichotomie vom Bürger- und Feindstrafrecht zurückgeführt werden kann.

1848 Diese Fragestellung in Bezug auf das Delikt der Volltrunkenheit *Arth. Kaufmann*, JZ 1963, S. 425.

1849 *Arth. Kaufmann*, JZ 1963, S. 426 f., 430, 432. *Cramer*, Vollrauschtatbestand, S. 106 f., hält dafür, dass der Täter die Gefährlichkeit bzw. Eignungen des Vollrauschs kennen müsste. Diese Kenntnis der Gefährlichkeit ist nach *Arth. Kaufmann* nichts anderes als Vorsatzvermutung.

1850 *Arth. Kaufmann*, JZ 1963, S. 433. Auch *Lackner*, Das konkrete Gefährdungsdelikt, S. 8. Gleiches Ergebnis in Bezug auf das faktische Nicht-Vorhandensein der Gefahr im Einzelfall *Roxin*, AT I, § 11, Rdnr. 153. Verfassungsrechtliches Bedenken *Meyer*, Gefährlichkeitsdelikte, S. 209.

1851 Statt vieler nur *Brehm*, Dogmatik des abstrakten Gefährdungsdelikts, S. 53 ff.; *Schünemann*, JA 1975, S. 435; *Herzog*, Gesellschaftliche Unsicherheit, S. 1 ff.; *Meyer*, Gefährlichkeitsdelikte, S. 154 ff.; *Triantafyllou*, Das Delikt der gefährlichen Körperverletzung, S. 120 ff.; *Zieschang*, Gefährdungsdelikte, S. 349 ff.; *Anastasopoulou*, Schutz kollektiver Rechtsgüter, S. 79 ff.; *Puschke*, Gefährdungsstrafrecht, S. 1 f. Überblick der Problematik im Rahmen der strafrechtlichen Bekämpfung gegen Terrorismus *Sieber*, NStZ 2009, S. 353 ff., insbesondere S. 357 ff.

1852 Dazu vgl. 3. Kapitel D. und 4. Kapitel.

II. Jakobs' Trennungsgedanke von Interna und abstraktem Gefährdungsverhalten

Zur Begründung der Differenzierung vom Bürger- und Feindstrafrecht geht *Jakobs* davon aus, dass das Prinzip *cogitationis poenam nemo patitur*, also wegen bloßer Gedanken erleidet niemand Strafe, das Maximum des Internen bereits formuliert: In Bezug auf den Verzicht auf den naturalistischen Subjektbegriff umfasst er die interne bürgerliche Sphäre dem Staat gegenüber als Teil des Bürgers, nämlich als Subjekt. „Wenn der Staat in den Privatbereich eindringt, endet die Privatheit und damit die Subjektstellung".[1853] Demnach bedeutet für *Jakobs* das Prinzip cogitationis poenam nemo patitur, dass nur die Interna eines Subjekts nicht sozial gestört werden kann. Die Grenze zwischen Externum und Internum komme daher auf eine von sinnfälligen Zusammenhängen abhängende Gesellschaft an.[1854] *Jakobs* verbindet die Vorverlagerung von Strafbarkeit letztlich mit dem Subjektbegriff und plädiert für eine Grenze dazwischen, sodass die Vorverlagerung von Strafbarkeit *nicht* in die gesamte Privatsphäre eindringen darf, da ansonsten der Subjektstatus disqualifiziert würde und stattdessen der betroffene Mensch degradiert und als Feind behandelt würde.[1855] Das Strafrecht eines freiheitlichen Staates kontrolliere deshalb keine Interna einschließlich der Motive, sondern nur die Externa: „Ein Verhalten muss demnach, [...], unabhängig von der subjektiven Seite und [...] überhaupt unabhängig von dem Verhalten des Täters in seinem Privatbereich als Störung verstanden werden".[1856]

Dieses Prinzip gilt *Jakobs* nach zuerst bei der Vorverlagerung vom Verletzungsverhalten zum *Planungsverhalten*, welches sich zum Zeitpunkt der Handlung bereits auf einen – objektiven und subjektiven – Planungszusammenhang ausrichtet. Hier gehe es nicht darum, ob sich ein Verhalten zu einem subjektiven Kontext anpassen lässt, sondern darum, „ob es ein externes Verhalten erlaubt, den Täter auf seinen subjektiven Kontext festzunageln"; also „nur über das anmaßende externe Verhalten wird das subjektiv Gemeinte verbindlich".[1857] Demzufolge seien nur die Bestrafungen der materiellen Vorbereitungen legitimierbar, weil „der Täter schon bei der Vorbereitung in signifikanter Weise in einem fremden Organisationskreis agiert".[1858] Die subjektive Tatseite ist hierbei bereits nur von geringer Bedeutung. Ebenso gilt das Prinzip *Jakobs* zufolge umso mehr bei den mit der Vorverlagerung der Strafbarkeit verbundenen *abstrakten Gefährdungsdelikten*, wobei das abstrakte Gefährdungsverhalten vollkommen vollgezogen worden ist und es dann nicht um ein vorsätzliches oder unvorsätzliches Ermöglichen eines zukünftigen Delikts geht.[1859] Diese Deliktsart betrifft von *Jakobs*' Verständnis aus noch keine Tatplanung bzw. keine externe

1853 *Jakobs*, ZStW 97 (1985), S. 754 f.
1854 *Jakobs*, ZStW 97 (1985), S. 755.
1855 *Jakobs*, ZStW 97 (1985), S. 756, 761.
1856 *Jakobs*, ZStW 97 (1985), S. 761.
1857 *Jakobs*, ZStW 97 (1985), S. 764 f.
1858 *Jakobs*, ZStW 97 (1985), S. 765.
1859 *Jakobs*, ZStW 97 (1985), S. 769.

Störung von der Realisierung der Gefahr. Die Kriminalisierung dieses Vorfelddelikts könne insoweit nur dann legitimiert werden, wenn das Verhalten „ohne Blick auf die aktuellen Planungen des Täters", also nicht wegen seines internen Kontextes, per se bereits störe; sonst würde diese Kriminalisierung zur „Bestrafung von gefährlichen Tätern, von Feinden", die von *Jakobs* das Zugreifen auf die Privatheit verstanden ist.[1860]

Durch diese Argumentation steht bei *Jakobs* fest, dass das Verhalten der abstrakten Gefährdungsdelikte ohne Rücksicht auf den dolus des Täters abstrakt ausreichend gefährlich sein müsse. Die Erkundung der Interna des Täters bei den abstrakten Gefährdungsdelikten sei zur Vermeidung des Feindstrafrechts stets zu vermeiden und für das Strafrecht eines freiheitlichen Staates verboten.[1861] Ihm ist es auch scheinbar gelungen, den Vorsatz hinsichtlich der zukünftigen Realisierung der Gefahr der h. M. entsprechend aus den abstrakten Gefährdungsdelikten auszuscheiden, indem er das Prinzip cogitationis poenam nemo patitur verwirklicht. Aber die Probleme, ob er dieses Prinzip richtig bewertet und ob eine solche Interpretation wirklich dem Strafrecht eines freiheitlichen Staates entspricht, bleibt weiterhin umstritten, weil dies alle vorher geübten Kritiken[1862] an das Gefährdungsstrafrecht ebenfalls hinnehmen müssen.

III. Kritische Würdigung

Das Prinzip cogitationis poenam nemo patitur gilt es nun besonders in der Vorfeldkriminalisierung zu betrachten.[1863] Dass niemand wegen bloßer Gedanken Strafe erleidet, ist vielmehr auch im Verbot des Willensstrafrechts impliziert, welches sich durch den Tatstrafrechtsgrundsatz und das Schuldprinzip im Strafrecht entfaltet.[1864] Das Schuldprinzip verbietet gerade, dass der Täter vom Staat bestraft werden darf, ohne Schuld, also Vorsatz oder Fahrlässigkeit, mit einzubeziehen. Im Sinne des Schuldprinzips folgt aus dem Blick auf die Interna des Täters bei der Bestrafung nicht die Degradierung, sondern die Privilegierung des Täters; demnach ist der Täter gerade nicht als Feind, sondern als Bürger zu verstehen.[1865] So gilt das Prinzip cogitationis poenam nemo patitur ohnehin im Strafrecht, aber es verbietet dem Strafrecht grundsätzlich nicht, den Gedanken des Täters zu dessen Gunsten zu

1860 *Jakobs*, ZStW 97 (1985), S. 770 ff.

1861 *Jakobs*, ZStW 97 (1985), S. 772 f.

1862 Vgl. 4. Kapitel D.

1863 NK-StGB-*Zaczyk*, § 22, Rdnr. 2.

1864 Vgl. *Jescheck/ Weigend*, AT, S. 54 f., 407 f.; *Roxin*, AT I, § 6, Rdnr. 1 f.; *Kühl*, AT, S. 364 f.; NK-StGB-*Hassemer/ Kargl*, § 1, Rdnr. 8. Historische Betrachtung zwischen Willens-, Täters- und Gesinnungsstrafrecht und deren Zusammenhang mit dem Tatstrafrecht und dem Gesetzlichkeitsgrundsatz *Vormbaum*, Einführung in die moderne Strafrechtsgeschichte, S. 186 ff.

1865 Davon aus sieht *Günther*, Schuld und kommunikative Freiheit, S. 1, 245 ff., die Person als Staatsbürger an.

ermitteln. Verboten ist jedoch, dass es zur Bestrafung allein auf den Gedanken des Täters ankommt.[1866]

Und soweit – *Jakobs* teilweise folgend – zuzustimmen ist, den Privatbereich des Täters als Subjektstatus von einem Bürgerstrafrecht gewährleisten zu müssen und somit den Täter von einer illegitimen Vorfeldkriminalisierung zu befreien, ist diese Interpretation des Zusammenhangs von beiden Prinzipien gerade der Fall. Denn es scheint bei den abstrakten Gefährdungsdelikten kaum möglich zu sein, die hinreichende abstrakte Gefährlichkeit des Verhaltens lediglich objektiv ermitteln zu können, ohne zugleich die mögliche Herbeiführung eines äußeren Schadenseintritts zu berücksichtigen. Es ist daher ebenfalls schwer möglich, die Interna und somit den Privatbereich des Täters im Strafrecht ohne Blick auf seinen aktuellen Gedanken zu umgrenzen und dann zu schützen. Mit anderen Worten: Es gibt seit der Entstehung der Risikogesellschaft gewiss viele Verhaltensweisen im Alltagsleben der Menschen, in denen das Verhalten allgemein und abstrakt riskant und gefährlich sein könnte, aber nicht auf jeden Fall weiter verschlechtert wird. Bei diesen Verhaltensweisen ist vielmehr eine Erkundung der Intentionsrichtung des Handelnden entscheidend. Erst damit kann festgestellt werden, ob dieses Verhalten für das strafrechtliche Unrecht relevant ist oder nicht. Zudem ist weiterhin zu bestimmen, ob das Strafrecht mit den abstrakten Gefährdungsdelikten nicht die Grenze des Privatbereichs des Handelnden überschreitet. Dies bedeutet, dass man bei beiden abstrakten Gefährdungsdelikten die Interna des Täters besonders zu erkunden braucht, um die Verschlechterung der postulierten abstrakten Gefahr in der Wirklichkeit zu bestätigen und damit seinen echten Privatbereich zu gewährleisten. Ohne dies wäre der Deliktstypus der abstrakten Gefährdungsdelikte eine reine Staatstechnik, in der die dem Subjektstatus ausschlaggebende Handlungsentscheidung des Handelnden nicht mehr respektiert wird und der Handelnde schlechthin ein von objektiven Maximen und Handlungsregeln zu steuerndes und zu disziplinierendes Objekt ist.

Unter diesem Gesichtspunkt aus dem Schuldprinzip lässt sich zusammenfassen, dass für die Legitimation der abstrakten Gefährdungsdelikte nicht entscheidend ist, ob das Strafrecht die Interna des Täters berücksichtigen darf, sondern vielmehr unter welchen Bedingungen und zu welchem Ziel das Strafrecht die Interna des Täters berücksichtigen kann und muss. Um das Willens- bzw. Gesinnungsstrafrecht zu vermeiden, müsste die Berücksichtigung der Interna in den abstrakten Gefährdungsdelikten voraussetzen, dass der Täter durch die Vornahme der objektiven deliktischen Handlung seinen Gedanken aus seinem *forum internum* oder seinem Privatbereich herausgezogen hat und dass sich eine zugunsten des Täters limitierende Funktion daraus ergeben könnte.[1867] Die Anforderung an eine subjektive

1866 *Jescheck/ Weigend*, AT, S. 225, 509.

1867 *Jescheck/ Weigend*, AT, S. 225, 509; *Sieber*, NStZ 2009, S. 360. M. E. führt die Berücksichtigung der Interna bei den abstrakten Gefährdungsdelikten meistens zur Einschränkung der Strafbarkeit. Die durch Anforderung an eine subjektive Beziehung zwischen Handlung und Erfolg limitierende Funktion, Grenzlosigkeit von mit

Beziehung zur Gefahr scheint bei den abstrakten Gefährdungsdelikten nicht nur angesichts deren Anwendungseinschränkung notwendig, sondern auch zu deren strafrechtlichen Unrechtsbegründung unentbehrlich.[1868] Wie und in welcher Art die Anforderung an eine subjektive Beziehung zur Gefahr bei den abstrakten Gefährdungsdelikten dogmatisch möglich sein könnte, ist noch erklärungsbedürftig.

C. Erfordernis subjektiver Beziehung zur Gefahr bei abstrakten Gefährdungsdelikten

I. Subjektive Limitierung abstrakter Gefährdungsdelikte anhand Fahrlässigkeitskriterien

Versuche, die eine subjektive Beziehung zur Gefahr bei den abstrakten Gefährdungsdelikten dogmatisch *zusätzlich* anfordern, sind dem Strafrecht keineswegs fremd. Von ihnen beabsichtigt ist aber nicht in erster Linie die Harmonierung der abstrakten Gefährdungsdelikte mit dem Schuldprinzip. Sie zielen vielmehr ganz oft auf den Ausschluss des bedeutungslosen Rechtsgüterschutzes ab und schließen die Anwendung der abstrakten Gefährdungsdelikte in den Fällen (überwiegend in den Fällen des § 306 StGB), in denen eine Gefahr (des menschlichen Lebens) tatsächlich nicht vorhanden ist, aus. Die einschlägigen Ansätze, die gemeinsam mittels der Elemente der *Fahrlässigkeit*, also der Elemente der *Sorgfaltspflichtverletzung*, den Anwendungsbereich der abstrakten Gefährdungsdelikte zu beschränken, sollen verdeutlicht werden.[1869]

1. *Brehms Ansatz*

Brehm geht davon aus, dass das Gefährdungsdelikt als eine Art *fahrlässiger Versuch* anzusehen ist.[1870] Er sieht daher zuerst die Eignung zur Rechtsgutsverletzung als das Wesen der abstrakten Gefährdungsdelikte an und versteht deren Urteil als „Prognose von den wirklich vorliegenden Bedingungen“; demgemäß sei es möglich, dass der Täter im konkreten Einzelfall die *Sonderkenntnisse* hat, die diesem Eignungsurteil

kollektiven Rücksichten begründeten strafrechtlichen Haftungen einzuschränken, auch bei *Lüderssen*, StV 2004, S. 100 f.

1868 Dazu bemerkenswert *Lüderssen*, StV 2004, S. 101, will durch die Anforderung der subjektiven Beziehung, welche sich auf „die Lehre von der Straftat als Rechtsgutsverletzung“ begründet, die abstrakten Gefährdungsdelikte berechtigen: „Die Abstraktheit der Gefährdung ist eine Metapher für den Angriffsweg, nicht für das Rechtsgut. Die Pönalisierung *abstrakter* Gefährdungen ist eine besonders weit ausgreifende Blockierung von Angriffswegen, über die man zwar streiten kann, die ihre Legitimation aber so lange behält, wie die subjektive Beziehung zum jeweiligen Rechtsgut des Einzelnen noch erkennbar ist“. (Hervorhebung im Original.)

1869 *H. J. Hirsch*, Strafrechtliche Probleme, S. 634.

1870 *Brehm*, Dogmatik des abstrakten Gefährdungsdelikts, S. 137.

nicht zugrunde gelegt werden.[1871] Das Problem, wie aber diese Sonderkenntnisse des Täters bei der ex ante-Feststellung der Verletzungseignung berücksichtigt sind, lässt sich *Brehm* nach im Rahmen des Rechtswidrigkeitsurteils der Fahrlässigkeitstaten erwägen und sodann mit dem individuellen Können bzw. einer „Erkundungspflicht" des Täters verbinden.[1872] Es gehe bei den abstrakten Gefährdungsdelikten um die Konkretisierung des allgemeinen Rechtsverletzungsverbots und ferner um die weiteren Möglichkeiten des Andershandelskönnens. Demnach würde die Rechtswidrigkeit der Handlung im Sinne des § 306 StGB dann ausgeschlossen, wenn der Täter Sonderkenntnisse habe. Dies bedeutet, dass außerhalb der Nicht-Befolgung der vorgeschriebenen Verhaltensweisen auch die Missachtung des Tötungsverbots vom § 306 umfasst werden müsste.[1873] Obwohl *Brehm*s Ansatz zur Strafbarkeitseinschränkung der abstrakten Gefährdungsdelikte üblicherweise in die Kategorie der objektiven Sorgfaltswidrigkeit im Sinne der Fahrlässigkeit eingeordnet wird,[1874] sind für das Rechtswidrigkeits- bzw. Schuldurteil von § 306 die Sonderkenntnisse des Täters dort im Wesentlichen entscheidend. Insoweit behauptet *Brehm* hierfür: „Wenn der Täter aufgrund besonderer Information von vornherein wüsste, dass seine Handlung nicht geeignet war, Menschenleben zu gefährden, trifft ihn auch nicht der Vorwurf einer Sorgfaltsverletzung".[1875] Obwohl er bei dem Vorsatz der abstrakten Gefährdungsdelikte dahingehend Halt macht, dass Kenntnisse der Handlungseignung zur Verletzung nicht erforderlich seien, so sind diese Sonderkenntnisse noch in die Maßstäbe des weiteren Schuldurteiles abgeleitet.[1876]

2. *Schünemanns Ansatz*

Für *Schünemann* geht sein Versuch der Einschränkung der abstrakten Gefährdungsdelikte nicht ausschließlich von der Versöhnung mit dem Schuldprinzip aus; angesichts des Vorrangs der präventiven Gründe soll nach ihm nur eine der drei Gruppen der abstrakten Gefährdungsdelikte auf der subjektiven Seite beschränkt werden.[1877] Bei ihm kommt es für die Strafbarkeitseinschränkung der Delikte mit einer „vergeistigten Zwischenrechtgut" lediglich auf „eine restriktive Tatbestandsauslegung Minimalverstöße" an. Außerdem sei die Strafbarkeitseinschränkung der Delikte mit der Massenhandlung wegen der Gebote der „ausnahmenlosen Normbefolgung aus der lerntheoretischen Gründen" nicht zu berücksichtigen. Nur bei der restlichen Gruppe (namentlich bei § 306 StGB) kämmen Bedenken hinsichtlich des Schuldprinzips in Betracht. Dem fahrlässigen Versuch entsprechend sei diese Gruppe der abstrakten

1871 *Brehm*, Dogmatik des abstrakten Gefährdungsdelikts, S. 126 f.
1872 *Brehm*, Dogmatik des abstrakten Gefährdungsdelikts, S. 128 f.
1873 *Brehm*, Dogmatik des abstrakten Gefährdungsdelikts, S. 130.
1874 Diese Einordnung statt vieler nur *Schünemann*, JA 1975, S. 798; *Roxin*, AT I, § 11, Rdnr. 155.
1875 *Brehm*, Dogmatik des abstrakten Gefährdungsdelikts, S. 132.
1876 *Brehm*, Dogmatik des abstrakten Gefährdungsdelikts, S. 135 f.
1877 *Schünemann*, JA 1975, S. 798.

Gefährdungsdelikte durch eine mit dem individuellen Können zusammenhängende „subjektive Sorgfaltswidrigkeit“ einzuschränken.[1878] An dieser Stelle von *Schünemann* ist nur derjenige Täter unter Strafe der abstrakten Gefährdungsdelikte zu stellen, dessen Verhalten nicht nur einem abstrakten Gefährdungstatbestand formell unterfällt, sondern der auch „die aus seiner Sicht und seinem Vermögen erforderlichen Maßnahmen zur Ausschaltung *jeglicher* Schadensmöglichkeit“ unterlässt, welche nach dem objektiven Maßstab als ausreichend erachtet werden.[1879]

3. Berzs Ansatz

Bei den Fällen, in denen der Täter zwar den Tatbestand eines abstrakten Gefährdungsdelikts verwirklicht, aber in der Tat keine Gefahr dabei besteht, weist *Berz* darauf hin, dass das Prinzip des Rechtsgüterschutzes bei der Strafbarkeitseinschränkung der abstrakten Gefährdungsdelikte eine herausragende Rolle spielt.[1880] Für *Berz* umfasst das abstrakte Gefährdungsdelikt ebenso „eine Art allgemeine Sorgfaltsregel“, deren Verletzung im Prinzip allein durch das Handlungsunrecht zu begründen ist. Daraus ergibt sich zuerst, dass das Unrecht des Verhaltens eines abstrakten Gefährdungsdelikts sich auch auf die vorsätzliche oder pflichtwidrige Vornahme der inkriminierten Handlung begründen lässt. Die „Mißachtung der Geltung des geschützten Rechtsgutes“ erschöpfe sich in der Regel bereits in dieser Vornahme der abstrakt gefährlichen Handlung.[1881] Hinsichtlich des Ziels des Rechtsgüterschutzes müsse aber das Strafrecht derartige Handlungsvornahmen bei den Fällen, in denen die Rechtsgutsverletzung in der Tat nicht eintrat, anders bewerten, wenn der Täter „aufgrund bestimmter, nach außen in Erscheinung tretender und somit nachprüfbarer Umstände sicher weiß, dass sein Verhalten nicht zu einer Schädigung führen wird“. Der Täter verletzt *Berz* zufolge in diesen Fällen trotz der formellen Erfüllung des Tatbestandes *kein Vertrauen der übrigen Rechtsgenossen*;[1882] hingegen ist dies aber nicht der Fall, wenn eine Rechtsverletzung nicht ausgeblieben ist. Dadurch wurde gezeigt, dass der Täter entgegen der gesetzlichen „Sorgfaltsanordnung“ nicht zutreffend beurteilte und keine „vertrauensbildende Maßnahme“ durchführte.[1883] *Berz* spricht schließlich dafür, dass es den Täter eines abstrakten Gefährdungsdelikts hinsichtlich des Schuldprinzips und des Prinzips des Rechtsgüterschutzes nur dann *entlasten* kann, wenn er das sichere Wissen von der Ungefährlichkeit hat und die Verletzung bzw. Gefährdung eines Rechtsgutsobjekts zugleich ausbleibt.[1884]

1878 *Schünemann*, JA 1975, S. 798.

1879 *Schünemann*, JA 1975, S. 798. (Hervorhebung im Original.) Grundsätzlich zustimmend *Anastasopoulou*, Schutz kollektiver Rechtsgüter, S. 133.

1880 *Berz*, Formelle Tatbestandsverwirklichung, S. 110.

1881 *Berz*, Formelle Tatbestandsverwirklichung, S. 113 f.

1882 *Berz*, Formelle Tatbestandsverwirklichung, S. 114.

1883 *Berz*, Formelle Tatbestandsverwirklichung, S. 114.

1884 *Berz*, Formelle Tatbestandsverwirklichung, S. 115 f.

4. *Würdigung der subjektiven Strafbarkeitseinschränkung abstrakter Gefährdungsdelikte aus den Fahrlässigkeitskriterien*

Diese Ansätze, die Strafbarkeit der abstrakten Gefährdungsdelikte durch zusätzliche subjektive Anforderungen im Sinne einer Fahrlässigkeitstat einzuschränken,[1885] scheinen zwar angesichts der Verwandtschaft von abstrakten Gefährdungsdelikten und Fahrlässigkeitsdelikten auf den ersten Blick plausibel und fruchtbar,[1886] sind aber nicht hinreichend und gar irrführend begründet. Die abstrakten Gefährdungsdelikte könnte sich zwar jedenfalls angesichts der Fälle der Ineffizienz des Rechtsgüterschutzes beschränken lassen, ihr Hauptproblem liegt aber in der Unvereinbarkeit mit dem Schuldprinzip, zu deren Umkehr die abstrakten Gefährdungsdelikte mit einer strengeren subjektiven Anforderung versehen sein muss. So sind die Vorschläge der oben angedeuteten Ansätze, die abstrakten Gefährdungsdelikte zur Strafbarkeitseinschränkung in die Fahrlässigkeitsdelikte umzuinterpretieren, angesichts der Harmonisierung mit dem Schuldprinzip nur eine Scheinlösung, weil ansonsten die Anforderung bei den abstrakten Gefährdungsdelikten an einen Vorsatz hinsichtlich der Gefahr dem Hauptziel des Rechtsgüterschutzes entgegenkäme; sie könnte die präventive Funktion der abstrakten Gefährdungsdelikte mehr oder weniger ausschalten. Das Problem der subjektiven Anforderung der abstrakten Gefährdungsdelikte erscheint letztlich als ein klassisches Nullsummenspiel zwischen dem Rechtsgutsschutz und dem Schuldprinzip.

Mit anderen Worten: Soweit das Gefahrmoment, welches zwar in den abstrakten Gefährdungsdelikten nur als ein gesetzgeberisches Motiv verstanden wird, dem Unrecht der abstrakten Gefährdungsdelikte konstitutiv ist, muss es dem Schuldprinzip entsprechend von der subjektiven Tätereinstellung umfasst werden. Aus dieser Sicht gilt die Anforderung an eine subjektive Einstellung zur Gefahr bei den abstrakten Gefährdungsdelikten nicht als eine zusätzliche limitierende Voraussetzung, sondern sie gehört vielmehr eigentlich zur Kategorie der subjektiven Zurechnung der abstrakten Gefährdungsdelikte.[1887] Anschließend kann man natürlich bestreiten, in welcher Form die subjektive Zurechnung bei den abstrakten Gefährdungsdelikten stattfinden soll, und argumentieren, es genüge dafür bereits eine fahrlässige subjektive Zurechnung. Aus dieser Interpretation folgt „eine Kombination von vorsätzlicher und (zumindest) fahrlässiger subjektiver Zurechnung hinsichtlich verschiedener Merkmale des Tatbestands“, die allerdings nichts anderes sind als dasjenige Verständnis des Gefährdungsvorsatzes, das sich mit der bewussten Fahrlässigkeit identifiziert.[1888] Die Problematik dieser Erscheinungsform der vorsätzlich-fahrlässigen Kombination ist vorher schon sehr deutlich gemacht

1885 Außerdem wohl noch *Meyer*, Gefährlichkeitsdelikte, S. 212 f.

1886 Dieser Zusammenhang *Anastasopoulou*, Schutz kollektiver Rechtsgüter, S. 128.

1887 Vgl. *Meyer*, Gefährlichkeitsdelikte, S. 209.

1888 Dieses Ergebnis unter Berufung auf die oben vorstehenden Ansätze von *Brehm*, *Hoyer* und *Schünemann* siehe *Meyer*, Gefährlichkeitsdelikte, S. 212 f. Dazu vgl. auch 5. Kapitel B. II.

geworden. Verkürzt gesagt: Sie verwirrt die jeweiligen gesetzlichen Ausgestaltungen von Gefährdungsdelikten und Delikten der bewussten Fahrlässigkeit und widerspricht auch der gesetzlichen Ausdifferenzierung von Vorsatz und Fahrlässigkeit gemäß § 15 StGB.[1889] Bei diesen Ansätzen ist nicht zu erläutern, ob eine gespaltene subjektive Gestaltung bei den abstrakten Gefährdungsdelikten überhaupt dogmatisch widerspruchfrei und normativ legitim ist, wenn gemäß § 15 StGB grundsätzlich nur vorsätzliches Handeln strafbar ist.[1890] Schließlich lässt sich die Einschränkung der abstrakten Gefährdungsdelikte auf die Sorgfaltsverletzung bzw. Unterlassung jeglicher Vermeidungsmaßnahmen vom Täter praktisch auch schwer einhalten. Woher diese gesetzlich nicht vorgegebene Sorgfaltspflicht im konkreten Einzelfall stammt bzw. ob derartige sorgfaltspflichtbezogene Vorsatz sich vom Unrechtsbewusstsein differenzieren kann, bleibt dort offen.[1891]

Trotz der angedeuteten Schwierigkeiten weisen diese Ansätze darauf hin, dass sogar bei den abstrakten Gefährdungsdelikten die Fälle der fehlenden Tatherrschaft ausgeschlossen werden müssten. Dabei spielt das Sonderwissen von der Ungefährlichkeit und von den Möglichkeiten der Rettungsmaßnahmen eine Rolle, welches bei dem von mir vertretenen Konzept des Gefährdungsvorsatzes ebenfalls ein entscheidendes Moment ist. Davon ausgehend werden wiederum die Fragen aufgeworfen, ob man bei den abstrakten wie bei den konkreten Gefährdungsdelikten einen Vorsatz hinsichtlich der Gefahr auf keinen Fall fordern darf und ob man die subjektive Zurechnung der abstrakten Gefährdungsdelikte – im Gegensatz zu *Brehm* und *Schünemann* – dem *Vorstadium vorsätzlicher Vollendung konkreter Gefährdung* entsprechend ausprägen darf?

II. Versuch subjektiver Anforderung abstrakter Gefährdungsdelikte anhand Vorsatzkriterien

1. Jüngere Tendenz zur Anforderung überschießender Innentendenz beim abstrakten Gefährdungsdelikt hinsichtlich § 89 a StGB

Die Anforderung der abstrakten Gefährdungsdelikte an einen Vorsatz zur Gefahr ist theoretisch denkbar; sie ist sogar in der Praxis bereits realisiert geworden. In jüngerer Zeit entsteht namentlich bei der Neueinführung des § 89 a StGB tendenziell der Streit, ob bei der Vornahme der im Tatbestand vorgeschriebenen

1889 Vgl. 5. Kapitel B. IV und 7. Kapitel B. I. 1. Auch ihr Vertreter kann die Problematik nicht leugnen, *Meyer*, Gefährlichkeitsdelikte, S. 213.

1890 *Anastasopoulou*, Schutz kollektiver Rechtsgüter, S.133, bezweifelt auch, wie der Vorwurf der subjektiven Sorgfaltswidrigkeit im bestimmten Bereich der abstrakten Gefährdungsdelikte entfallen könnte.

1891 Daher kritisiert *H. J. Hirsch*, Strafrechtliche Probleme, S. 634, dass ein Vorsatz, welcher die Sorgfaltspflicht einschlösse, partiell das Unrechtsbewusstsein einschließen müsse.

Vorbereitungshandlungen angesichts der Verfassungsmäßigkeit eine überschießende Innentendenz angefordert werden soll.

Bei dem in § 89 a StGB normierten Vorbereitungsdelikt einer schweren staatsgefährdenden Gewalttat geht es nach der überwiegenden Meinung ohnehin um ein abstraktes Gefährdungsdelikt.[1892] Bei diesem Vorbereitungsdelikt ist umstritten, ob, wie von einigen Autoren vertreten wird, ein dolus eventualis zur Tatbestandsverwirklichung genüge,[1893] oder ob, einer anderen Auffassung folgend, eine intensivere subjektive Einstellung des Täters gefordert werden muss.[1894] Nach letzterer Meinung rechtfertigt sich die Forderung der Vorbereitungsdelikte nach einer intensiveren subjektiven Einstellung des Täters frei von den Einwänden des Gesinnungsstrafrechts dadurch, dass die Tatbestände solcher Delikte außerhalb der subjektiven Merkmale auch einen objektiven für bestimmte Rechtsgutsbeeinträchtigung relevanten Handlungszusammenhang beinhalten, durch den die subjektive Einstellung des Täters in der Außenwelt verwirklicht werden kann.[1895] Diese Forderung tritt demnach als eine Kombination von der objektiv feststellbaren Tathandlung und „einer überschießenden Planung des Täters", also einer überschießenden „Innentendenz", in Erscheinung. Dabei müsse hinsichtlich der Erscheinungsform der Tatplanung zur bestimmten zukünftigen Rechtsgutsbeeinträchtigung zumindest die Form des dolus eventualis ausgeschlossen und eventuell nur die Form der Absicht angenommen werden.[1896]

Jüngst ist diese strengere Anforderung der Vorbereitungsdelikte im Sinne des § 89 a StGB ebenfalls in der Rechtsprechung hinsichtlich des Schuldprinzips durch eine *verfassungskonforme Auslegung* angenommen worden.[1897] Dabei spricht der BGH dafür, dass die Strafbarkeit einer objektiven Vorbereitungshandlung erst im Anschluss an den subjektiven Kontext, an die Pläne und Absichten des Täters, zu begründen sein könne. Der dort erforderliche Tatentschluss müsse daher notwendigerweise in der Form der „überschießenden Innentendenz" in Erscheinung treten, die über den Vorsatz hinausgehen und „sich im objektiven Tatbestand nicht widerspiegeln muss".[1898] Der oben genannten Meinung folgend hält der BGH es darüber hinaus angesichts der Grundsätze des Tatstrafrechts und Schuldprinzips für

1892 SK-*Zöller*, § 89 a, Rdnr. 8; NK-StGB-*Paeffgen*, § 89 a, Rdnr. 7; MüKoStGB-*Schäfer*, § 89 a, Rdnr. 8; *Schönke/ Schröder/ Sternberg-Lieben*, StGB, § 89 a, Rdnr. 1d; *Lackner/ Kühl*, StGB, § 89 a, Rdnr. 2.

1893 SK-*Zöller*, § 89 a, Rdnr. 30; SSW-StGB/ *Güntge*, § 89 a, Rdnr. 10; MüKoStGB-*Schäfer*, § 89 a, Rdnr. 57, 59; *Schönke/ Schröder/ Sternberg-Lieben*, StGB, § 89 a, Rdnr. 1e; *Lackner/ Kühl*, StGB, § 89 a, Rdnr. 4.

1894 *Sieber*, NStZ 2009, S. 359 f.; *Puschke*, Gefährdungsstrafrecht, S. 29 ff.; NK-StGB-*Paeffgen*, § 89 a, Rdnr. 25.

1895 *Sieber*, NStZ 2009, S. 360; *Puschke*, Gefährdungsstrafrecht, S. 29 f.

1896 *Sieber*, NStZ 2009, S. 361; *Puschke*, Gefährdungsstrafrecht, S. 30 f.; NK-StGB-*Paeffgen*, § 89 a, Rdnr. 22.

1897 BGH HRRS 2014 Nr. 929, Rdnr. 20 f.

1898 BGH HRRS 2014 Nr. 929, Rdnr. 30.

erforderlich, dass der Täter erst bei der Vornahme der Vorbereitungshandlung im Sinne des § 89 a II StGB „zur Begehung der schweren staatsgefährdenden Gewalttat bereits fest entschlossen ist“; dabei scheidet die Form des dolus eventualis aus.[1899] Aus dieser Sicht könnte die „sozialneutrale objektive Tathandlung“ erst durch derartige Verbindung mit dem „unbedingten Willen des Täters zur Durchführung der [...] geplanten schweren staatsgefährdenden Gewalttat“ die abstrakte Gefährdung der im § 89 a StGB geschützten Rechtsgüter in einem legitimen Maße aufweisen.[1900]

Mit dem Ansatz, die abstrakten Gefährdungsdelikte im Rahmen des Vorsatzes einzuschränken, lassen sich die präventiven Funktionen der Vorverlagerung der Strafbarkeit ausschalten. Es erklärt sich darüber hinaus nicht, ob dieses subjektive Überschießen, nach dem das Objektive und Subjektive der Tat entgegen dem geltenden Strafrecht nicht mehr kongruent sind, dem ihre Strafwürdigkeit voraussetzenden Unwertgehalt der Vorbereitungstatbestände entspricht oder nicht.[1901] Trotzdem erweist dieser Ansatz sich deshalb als nützlich, weil die Legitimation der abstrakten Gefährdungsdelikte und ihre Minderqualifikation als Kriminalstrafe des begangenen Unrechts dadurch positiv aufzeigen können. Damit wird verhindert, dass sich die Bestrafung eines abstrakten Gefährdungsdelikts bloß präventivorientiert als eine Staatstechnik sowie als eine reine Maßnahme zum Schutz der Gemeinschaft vor dem gefährlichen Menschen entfaltet.[1902] Dieser Ansatz könnte die weiter zu entwickelnde eigene Meinung teilweise untermauern und ihm ist daher im Prinzip zuzustimmen.

2. *Eigene Meinung*

Nach den bisherigen Überlegungen soll eine Strafandrohung gegen die abstrakte Gefährdung erst legimitiert und somit limitiert sein, wenn die Vornahme ihrer – objektiv deutlich erkennbaren bzw. gefährlichen – Handlungen im Zusammenhang mit einer über den Tatvorsatz hinausgehenden Innentendenz zur dahinterstehenden Rechtsgüterbeeinträchtigung steht. Um die Inkongruenz zwischen objektiven und subjektiven Elementen der abstrakten Gefährdungsdelikte zu erklären, bedarf es erstens einer vergleichenden Betrachtung von Objektivem und Subjektivem zwischen abstrakten und konkreten Gefährdungsdelikten (aa.). Zweitens ist darzulegen, warum diese Inkongruenz bei dem Unwert- und Schuldgehalt der abstrakten Gefährdungsdelikte sowohl notwendig als auch legitimiert ist (bb.).

1899 BGH HRRS 2014 Nr. 929, Rdnr. 45.

1900 BGH HRRS 2014 Nr. 929, Rdnr. 45.

1901 Bei *Sieber*, NStZ 2009, S. 360, wird eine objektiv manifestierte Vorbereitungshandlung verlangt. Dieser Meinung folgend BGH HRRS 2014 Nr. 929, Rdnr. 30 f. Der BGH erklärt zusätzlich, es gebe zahlreiche Delikte mit einer überschießenden Innentendenz im deutschen Strafrecht. Auch *Puschke*, Gefährdungsstrafrecht, S. 29 ff., fordert bei den Vorbereitungsdelikten zwar anscheinend die subjektiven und objektiven Gefährlichkeitszusammenhänge, bei denen das Subjektive und Objektive aber wiederum nicht übereinstimmen könnten.

1902 Zutreffend *Cramer*, Vollrauschtatbestand, S. 61 f.

a. *Das objektive Verhältnis von abstrakter und konkreter Gefährdung und deren kongruenter Vorsatz*

Ungeachtet von dem Streit über ihre Daseinsberechtigung[1903] dienen die abstrakten Gefährdungsdelikte (in herkömmlicher Prägung) als Favorit des Gesetzgebers nun überwiegend zu dem Schutz der Kollektivrechtsgüter[1904] und gar zur Standardisierung abweichenden Handelns[1905]. Sie würden letztlich durch eigene Gefährlichkeit im Rahmen der Zurechnung von Verhaltensweisen in eine „Pflichtverletzung" umgeschlagen.[1906] Unter dem Einfluss des Paradigmenwechsels des modernen Gefährdungsstrafrechts erlangen sie den konkreten Gefährdungsdelikten gegenüber allmählich einen eigenen Sinn und sind nun als Prototypen des Gefährdungsstrafrechts, wonach sie bereits weit entfernt von ihrer originären Gestaltung im Sinne des vorverlagerten Schutzes gegen Rechtsgutsverletzungen sind: Durch die Entkopplung mit der konkreten Gefährdung[1907] verfassen sie sich nicht mehr als „das Fehlen einer realen Rechtsgutsbeeinträchtigung", sondern vielmehr als „die generelle Gefährlichkeit" innerhalb ausgewählter Verhaltensweisen, die ohne Blick auf die Innentendenz des Täters bereits hinreichend gefährlich wären und nicht mehr toleriert würden.[1908] Sie sind nicht mehr die Vorverlagerung des strafrechtlichen Rechtsgüterschutzes; sie schützen vielmehr einfach die Verletzung der Kollektivrechtsgüter. Demnach formulieren sie sich als Sammelbegriff bzw. kombinierte Deliktstypen von den „Gefährlichkeitsdelikten",[1909] „Eignungsdelikten",[1910] „konkreten Gefährlichkeitsdelikten", „abstrakten Gefährlichkeitsdelikten"[1911]

1903 Dieser Streit vor allem aus der Frankfurter Perspektive *Herzog*, Gesellschaftliche Unsicherheit, S. 1 ff.; *Hassemer*, ZRP 1992, S. 381; *Prittwitz*, Strafrecht und Risiko, S. 153 ff.

1904 *Wohlers*, Präventionsstrafrecht, S. 308 f.; *Hefendehl*, kollektive Rechtsgüter, S. 157 ff.; *Anastasopoulou*, Schutz kollektiver Rechtsgüter, S. 135 ff.

1905 *Jakobs*, ZStW 97 (1985), S. 767 f.

1906 Verbindung zwischen Standardisierung, Kollektivrechtsgütern und Pflichtverletzung *Kindhäuser*, Gefährdung als Straftat, S. 278, 294.

1907 *Baumann/ Weber/ Mitsch*, AT, § 8, Rn. 43; *Heinrich*, AT, Rdnr. 164.

1908 *Wohlers*, Präventionsstrafrecht, S. 305 f.; *Anastasopoulou*, Schutz kollektiver Rechtsgüter, S. 127 ff.; *Wessels/ Beulke/ Satzger*, AT, Rdnr. 29.

1909 *Meyer*, Gefährlichkeitsdelikte, S. 179 ff., insbesondere S. 185: „Die abstrakten Gefährdungsdelikte sind mithin nicht Gefährdungs-, sondern Gefährlichkeitsdelikte, deren Unwert allein in der Tathandlung begründet liegt und die daher auch nur einen Gefährlichkeitsunwert (= Handlungsunwert) voraussetzen". Ähnlich *Kindhäuser*, Gefährdung als Straftat, S. 277 ff.

1910 *Hoyer*, Eignungsdelikte, S. 100 ff., Zusammenfassung bei S. 198: „Geeignetheit, [...], liegt vielmehr schon dann vor, wenn der Täter durch seine Tathandlung eine Gefahrquelle (mit-)geschaffen hat, ohne deren Wirkungslosigkeit im Hinblick auf dadurch zu gefährdende Rechtsgutsobjekte hinreichend sicherzustellen".

1911 *H. J. Hirsch*, Strafrechtliche Probleme, S. 627 ff., vor allem S. 629: „Der maßgebliche Unterschied zwischen konkretem Gefährlichkeits- und echtem Gefährdungsdelikt liegt also darin, ob ein Rechtsgutsobjekt in die Reichweite des konkreten riskanten

sowie „Kumulationsdelikten“[1912], welche gemeinsam in unterschiedlicher Weise die Verhaltensweisen der Wahrscheinlichkeit eines Schadenseintritts bzw. einer Risikoschaffung darlegen. Als wichtigste Gemeinsamkeiten zu nennen verzichten die neuen Erscheinungsformen der abstrakten Gefährdungsdelikte sowohl auf die letzte Komponente des vorstehenden konkreten Gefährdungserfolgs, die Zufallskomponente,[1913] als auch auf dessen zweite Komponente, das Hineingelangen des Rechtsgutsobjekts in den Wirkungsbereich der Handlung.[1914]

Das neue objektive Moment der abstrakten Gefährdungsdelikte stimmt daher allenfalls nur mit dem Teil des Wahrscheinlichkeitsurteils bei den konkreten Gefährdungsdelikten überein. Dem objektiven Element entsprechend besagt der Vorsatz der abstrakten Gefährdungsdelikte höchstens ein Wahrscheinlichkeitsurteil, nämlich ein Gefährlichkeitsurteil des Täters, mit welchem der Täter einschätzt, ob er durch sein Verhalten ein abstraktes Risiko schaffen könnte sowie geschaffen hat. Oder mit *H. J. Hirsch*s Worten genauer gesagt:

> „[...] beim konkreten Gefährlichkeitsdelikt genügt, dass der Täter, ohne eine konkretisierte Gefährdung vor Augen zu haben, nur bewusst und gewollt riskant handelt, und beim abstrakten Gefährlichkeitsdelikt ist ausreichend, dass der Vorsatz sich auf die gesetzlich vertypten oder sonstigen generalisierten Umstände bezieht, aus denen sich ergibt, dass ein Verhalten abstrakt als gefährlich erscheint“.[1915]

Dieser Vorsatzinhalt entspricht dann nur der ersten Voraussetzung des Gefährdungsvorsatzes und hängt intensiver von der Vorkenntnisse des Täters[1916] als von dem konkreten Gefährdungswissen ab. Er richtet sich lediglich auf die von dem konkreten Geschehensablauf unabhängige, generelle Gefährlichkeit der Verhaltensweisen und somit höchstens auf die Beeinträchtigungsmöglichkeiten der Kollektivrechtsgüter.

Tuns geraten ist oder nicht. Und die Abstufung von konkretem und abstraktem Gefährlichkeitsdelikt richtet sich danach, ob ein konkret-riskantes Tun oder nur ein generalisiertes Risiko der Handlung verlangt wird“. Weiterentwicklung der konkreten Gefährlichkeitsdelikte unter Berufung auf *H. J. Hirsch* siehe *Zieschang*, Gefährdungsdelikte, S. 52 ff. Dazu auch *Wohlers*, Präventionsstrafrecht, S. 311 ff.

1912 Kumulationsdelikte als Schutz nur der Kollektivrechtsgüter *Wohlers*, Präventionsstrafrecht, S. 318 ff.; *Hefendehl*, kollektive Rechtsgüter, S. 183 ff.: „Durch den Kumulationstatbestand würden auch für sich genommen ungefährliche Einzelhandlungen deshalb erfasst, weil ohne ein sanktionsbewehrtes Verbot derartiger Handlungen damit zu rechnen wäre, dass sie in großer Zahl vorgenommen würden und dann eine Störung geschützter Gewässerfunktionen zur Folge hätten“.

1913 Verzicht auf Zufallskomponente als herkömmliche Begründung der abstrakten Gefährdungsdelikte *Berz*, Formelle Tatbestandsverwirklichung, S. 64; *Weber*, ZStW Beiheft 1987, S. 28 f.; *Kindhäuser*, Gefährdung als Straftat, S. 290 ff.; *Hefendehl*, kollektive Rechtsgüter, S. 157.

1914 *Hoyer*, Eignungsdelikte, S. 100; *H. J. Hirsch*, Strafrechtliche Probleme, S. 629; *Wohlers*, Präventionsstrafrecht, S. 298 f., 311.

1915 *H. J. Hirsch*, Strafrechtliche Probleme, S. 632.

1916 Vgl.7. Kapitel D. III. 3. b. aa.

Demnach scheint ein derartiger Vorsatz unfähig aufzuweisen, womit man diesen Vorsatz außerhalb des Verständnisses des Täterverhaltens und der einschlägigen Vorkenntnisse festhalten kann und auf welche Gegenstände das darin bestehende Gefährdungsverbot einwirkt. Der Vorsatz in diesem Sinne könnte vielmehr angesichts der schillernden Verbotsgehalte keine Schutzfunktionen für Kollektiv- bzw. Individualrechtsgüter entfalten. Weiterhin zeigen sich bei ihm kein Unwert- und Schuldgehalt der konkreten Gefährdung, sondern nur der Unwert- und Schuldgehalt der generell gefährlichen Handlungen; der Vorsatz des abstrakten Gefährdungsdelikts in diesem Sinne widerspricht dem Schuldprinzip.[1917]

Als Fazit lässt sich zusammenfassen, dass der Vorsatz bei dieser Umformulierung der abstrakten Gefährdungsdelikte sowohl hinsichtlich der kriminalpolitischen Zielsetzung der Prävention wie auch in Bezug auf das rechtsstaatliche Schuldprinzip komplett ausgeschaltet wird.[1918] Angesichts der Folge der Vorsatzausschaltung erweist sich als ausschlaggebend, dass eine Kongruenz zwischen Objektiven und Subjektiven der abstrakten Gefährdungsdelikte gerade ungerecht ist. Teilweise im Rückgriff auf die oben angedeuteten Ansätze zur subjektiven Limitierung bedarf es dabei hingegen einer strukturellen Inkongruenz analog des *vorsätzlichen Vorstadiums des konkreten Gefährdungsdelikts.* Infolgedessen ist die objektive Seite der abstrakten Gefährdung eine *minimale Angriffsintensität hinsichtlich der realen Rechtsgüterbeeinträchtigung* und deren subjektive Seite ein hier entwickelter kompletter *Gefährdungsvorsatz.* Dieses Ergebnis muss noch kurz und bündig begründet werden.

b. Gefährdungsvorsatz als subjektive Anforderung der abstrakten Gefährdungsdelikte

aa. Uminterpretation des Verhältnisses zwischen Rechtsgütern und abstrakten Gefährdungsdelikten aufgrund der personalen Rechtsgutslehre

Dass die abstrakten Gefährdungsdelikte häufig als das – legitime oder illegitime – Instrument zum Schutz der Kollektivrechtsgüter eingesetzt wurden und werden,[1919] verhindert nicht, dass sie zugleich den Schutz der Individualrechtsgüter hinter sich verbergen. Es dürfte nicht zu übersehen sein, dass die abstrakten Gefährdungsdelikte als legitimierte Vorverlagerung des Rechtsgüterschutzes stets im Zusammenhang mit der realen Beeinträchtigung der Individualrechtsgüter stehen müssten. Solch ein Konzept entspricht auch der verhältnismäßigen Einsatzregel der Strafdrohung gegen abstrakte Gefährdung, dass das Strafrecht nur diejenige Verhaltensweisen,

1917 Eingehend 7. Kapitel D. II. 2. c.

1918 Dieses Ergebnis entspricht der zuvor skizzierten Tendenz zur Inaktivierung der subjektiven Zurechnung im Gefährdungsstrafrecht. Dazu 3. Kapitel D. und 4. Kapitel C.

1919 *Herzog*, Gesellschaftliche Unsicherheit, S. 128 f.; *Wohlers*, Präventionsstrafrecht, S. 308 f.

welche die besonders hoch schutzbedürftigen Rechtsgüter betreffen, vorverlagert verbieten darf.[1920]

Dass von den abstrakten Gefährdungsdelikten sowohl Kollektiv- als auch Individualrechtsgüter geschützt sind, begründet sich auf den Grundgedanken des *personalen Rechtsgutsbegriffs.* Nach dieser Lehre sind die Kollektivrechtsgüter nur dann zu rechtfertigen, wenn sie sich angesichts eines liberalen Staatsverständnisses vermittelt aus den Interessen des Individuums ableiten.[1921] Daraus ergibt sich, dass eine abstrakte Gefährdung immer als Kombination von der Verletzung der Kollektiv- und der Gefährdung der Individualrechtgüter verstanden werden dürfte.[1922] Dieses Verständnis der Kollektivrechtsgüter als *Zwischen-Rechtsgüter* zu den Individualrechtsgütern könnte dogmatisch auch vermeiden, dass es zur Feststellung abstrakter Gefährdung lediglich auf die Beeinträchtigung der Kollektivrechtsgüter ankommt, welche „sich in der von vornherein schwer fassbaren Desorganisation problemspezifisch strukturierter gesellschaftlicher Subsysteme nieder[schlägt]“[1923].[1924] Bei den oben angedeuteten Ansätzen zur subjektiven Limitierung abstrakter Gefährdungsdelikte, dass der Täter bei der Vornahme des Inbrandsetzens sowohl das Gefährdungs- als auch das Tötungsverbot nicht missachten dürfe und nur dann frei von der Strafe des § 306 a StGB sein könnte, wenn er die möglichen Rettungsmaßnahmen für weitere Gefährdungen bzw. Verletzungen vornimmt, ist ohne Annahme des Verständnisses der Kollektivrechtsgüter als *Zwischen-Rechtsgüter* grundsätzlich nicht möglich. Daraus ergibt sich die rechtsphilosophische Konsequenz, dass es sich bei den abstrakten Gefährdungsdelikten wiederum um die Anerkennung der Subjektivität des Individuums gehen soll und nicht primär um die auf Pflichtwidrigkeit beruhende Standardisierung der Person.[1925]

bb. Strukturelle Anforderung der minimalen Angriffsintensität der abstrakten Gefährdungsdelikte gegen Individualrechtsgüter

Das Verständnis der Kollektivrechtsgüter als *Zwischen-Rechtsgüter* zwingt den Unwertgehalt der abstrakten Gefährdungsdelikte, strukturell unentbehrliche minimale Angriffsintensität gegen Individualrechtsgüter zu beinhalten. Auch nur diese minimale Angriffsintensität gegen Individualrechtsgüter kann ermöglichen, den Unwertgehalt der abstrakten Gefährdung hinsichtlich des Unwertverhältnisses zwischen dem Versuch und der Vollendung adäquat auf das Vorstadium der konkreten Gefährdungsdelikte anzulegen. Um diesen spezifischen Unwertgehalt festzuhalten,

1920 *Anastasopoulou*, Schutz kollektiver Rechtsgüter, S. 131 f.

1921 NK-StGB-*Hassemer/ Neumann*, Vor § 1, Rdnr. 132 f., 138. Zustimmend *Roxin*, AT I, § 2, Rdnr. 11.

1922 NK-StGB-*Hassemer/ Neumann*, Vor § 1, Rdnr. 137.

1923 *Wohlers*, Präventionsstrafrecht, S. 308 f.

1924 Vgl. *Lüderssen*, StV 2004, S. 100. Versuch, das Fehlen realer Verletzungskausalität beim Schutz der Kollektivrechtsgüter durch sog. „materielle Äquivalente“ zu ersetzen *Hefendehl*, kollektive Rechtsgüter, S. 182 ff.; *Hefendehl*, GA 2002, S. 27 f.

1925 NK-StGB-*Hassemer/ Neumann*, Vor § 1, Rdnr. 131, 138, 145.

kommt erst die klassische Prägung der abstrakten Gefährdung wiederum in Betracht, da sie sich stets hinsichtlich des abschließenden Erfolgseintritts darstellt.

Zur Feststellung abstrakter Gefährdung geht *Cramer* richtigerweise von „der verbrecherischen Intensität der Handlung", nämlich von der „Angriffsintensität" gegen das geschützte Rechtsgut, aus, sodass das Unwertverhältnis zwischen abstrakter und konkreter Gefährdung sich auf die unterschiedlichen „Verwirklichungsstufen des Verbrechens" beziehen kann.[1926] Bei *Cramer* ist es deshalb ganz klar, dass das Gefahrmoment in der abstrakten Gefährdung, die konkrete Gefahr herbeizuführen, nicht nur das Motiv des Gesetzgebers bleiben dürfte. Es müsste „sich auch materiell in den Tatbestandsvoraussetzungen dieser Deliktart niederschlagen"; dadurch wird festgestellt, dass die abstrakten Gefährdungsdelikte als das Vorstadium der konkreten Gefährdungsdelikte „die Wahrscheinlichkeit einer Rechtsgütergefährdung" in sich enthielten.[1927]

Bei *Cramer* legen die Ergebnisse nahe, dass abstrakte Gefährdung die Wahrscheinlichkeit einer konkreten Gefährdung und somit die Geeignetheit des Tatmittels ist und dass der Vorsatz abstrakter Gefährdungsdelikte der Vorsatz der Geeignetheit der Handlungsfolgen ist.[1928] Sie werden zwar immer kritisch beurteilt,[1929] bei ihr sind aber die allgemeinen Bedingungen der abstrakten Gefährdung zu entnehmen, die später nahezu anerkannt sind: Die abstrakte Gefährdung stellt objektiv auf die Vorstufe einer konkreten Gefährdung ab und formuliert sich als die generelle Gefährlichkeit des Verhaltens mit Rückblick auf die Verletzung.[1930] Der Unwertgehalt der abstrakten Gefährdungsdelikte liegt dann sowohl in dem Handlungsunwert als auch durch die Bedingung genereller Gefährlichkeit in einem „potentiellen Erfolgsunwert".[1931] Demgemäß darf das Ausbleiben des weiteren Gefährdungserfolgs nicht mehr beurteilt werden als „ein unverdienter Zufall, der dem Täter nicht zugutekommen sollte",[1932] sondern vielmehr in Anbetracht des Unwertverhältnisses zwischen dem Gefährdungs- und Verletzungserfolg als ein Zufall, welcher zwar das objektive Unrecht einer abstrakten Gefährdung mildern kann, aber im subjektiven

---

1926 *Cramer*, Vollrauschtatbestand, S. 65, 67.

1927 *Cramer*, Vollrauschtatbestand, S. 68. Dazu zustimmend *Gallas*, FS-*Heinitz*, S. 180.

1928 *Cramer*, Vollrauschtatbestand, S. 69, 74, 107.

1929 Kritik statt vieler nur *Roxin*, AT I, § 11, Rdnr. 154 mit weiteren Nachweisen in Fn. 345.

1930 Zutreffend *Gallas*, FS-*Heinitz*, S. 180. Dazu grundsätzlich zustimmend auch *Anastasopoulou*, Schutz kollektiver Rechtsgüter, S. 132. Dagegen hält *Schröder*, ZStW 1969 (81), S. 17 f., dafür, die abstrakte Gefährdung mithilfe des Eignungsmoments zu verstehen, ist dann sachgemäß nichts anderes als die konkrete Gefährdung. Wie und inwieweit die generelle Gefährlichkeit des Verhaltens mit Rückblick auf Verletzung hinreichend ausgeprägt wird, ist die Aufgabe des Gesetzgebers und lässt sich hier offen bleiben.

1931 *Gallas*, FS-*Heinitz*, S. 181.

1932 Einwände dagegen *Weber*, ZStW Beiheft 1987, S. 29, 32; *Anastasopoulou*, Schutz kollektiver Rechtsgüter, S. 132 f. Sie beurteilen lediglich hinsichtlich des Handlungsunwerts den konkreten Gefährdungserfolg als unverdienter Zufall.

Unrecht miteinbezogen werden muss. Mit anderen Worten: Der Struktur der abstrakten Gefährdungsdelikte fehlt es nur auf der objektiven Seite an einer realen Rechtsgüterbeeinträchtigung, wonach das zweite und dritte Moment der konkreten Gefahr, das Hineingelangen des Rechtsgutsobjekts in den Wirkungsbereich des Täterverhaltens und die Zufallsabhängigkeit der Rechtsgutsverletzung, nicht berücksichtigt werden. Auf der subjektiven Seite umfasst sie hingegen dieselben Momente der konkreten Gefahr, wonach der Vorsatz abstrakter Gefährdungsdelikte sich ohnehin auf den *konkreten Gefährdungserfolg* beziehen muss. Durch diese Uminterpretation der Struktur der abstrakten Gefährdungsdelikte, die objektive und subjektive Seite nicht zu kongruieren, wird das Ziel des Gesetzgers „Rechtsgüterschutz durch Zufallsbeherrschung" erreicht,[1933] und zwar durch eine *subjektive* Zufallsbeherrschung, wie bei dem Unwertverhältnis zwischen dem Versuch und der Vollendung gezeigt wird. Danach wird gefragt, wie dieser geforderte Vorsatz der abstrakten Gefährdungsdelikte in concreto dargetan wird.

cc. Anforderung an einen auf doppelte Schutzrechtsgüter bezogenen Gefährdungsvorsatz bei den abstrakten Gefährdungsdelikten

Der geforderte Vorsatz abstrakter Gefährdungsdelikte ist demnach nichts anderes als der im 7. Kapitel vertretene Gefährdungsvorsatz. Der Täter der abstrakten Gefährdungsdelikte muss bei der Vornahme der Handlungen die Beherrschung zum möglichen weiteren Gefährdungserfolg mit beurteilen und entscheiden. Die Kenntnis zur Tatherrschaft der konkreten Gefährdung der *Individual*rechtsgüter beruht daher einerseits auf der Kenntnis der Vornahme einer Handlung und andererseits auf der Kenntnis der Verletzung der Kollektivrechtsgüter. Die anfangs erwähnte Ansicht der h. M., dass der Täter der abstrakten Gefährdungsdelikte außerhalb der Vornahme der Handlung nichts oder höchstens die generelle Gefährlichkeit bzw. Eignung der Handlungsfolgen wissen und wollen sollte, ist nicht anzunehmen, weil diese Kenntnisse allenfalls nur das Gefährlichkeitsurteil beinhalten, das ein voraussetzender Teil des Gefährdungsvorsatzes ist.

Die Sonderkenntnisse von dem Vorliegen oder Ausbleiben der wirklichen Gefahr und von den Möglichkeiten der weiteren Rettungsmaßnahmen zur Vermeidung des realen Schadens, mit der *Brehm*, *Schünemann* und *Berz* die abstrakten Gefährdungsdelikte materiell einschränken, können ohne weiteres mit der Forderung an einen auf doppelte Schutzrechtgüter bezogenen Gefährdungsvorsatz bei den abstrakten Gefährdungsdelikten harmonieren. Aus dieser neuen Anlegung der Sonderkenntnisse folgt die gleiche einschränkende Wirkung, wonach sie nicht als sog. Sonderwissen aufgrund der Sorgfaltspflicht anzuwenden sind, sondern einfach als Teil des Gefährdungsvorsatzes:

(1) Ist das absolute Ausbleiben der konkreten Gefahr bzw. Verletzung vom Täter der abstrakten Gefährdungsdelikte sicher gewusst, sind das Gefährdungswissen bei

---

1933 *Hefendehl*, kollektive Rechtsgüter, S. 157.

ihm und somit auch die Strafe der abstrakten Gefährdungsdelikte ausgeschossen. So lässt der Täter sich beispielsweise nicht unter Strafe im Sinne des § 306 StGB stellen, wenn er bei der Vornahme des Inbrandsetzens einer Wohnung sicher gewusst hat, dass niemand in der Wohnung war. Die Erkundung oder Nachprüfung über die wirkliche Gefahr, ob jemand in der Wohnung blieb oder nicht, gehört damit nicht zu einer Pflicht im Sinne von *Brehm* und *Berz*, sondern zu einem Teil des Gefahrurteils im Gefährdungswissen.

(2) Erschöpft der Täter alle objektiv möglichen „Maßnahmen zur Ausschaltung *jeglicher* Schadensmöglichkeit" im konkreten Einzelfall, besagt dies nichts anderes, als dass der Täter normativ berechtigt auf das Ausbleiben der Rechtsgutsverletzung vertraut und somit auch kein Gefährdungswillen hat. Führt der Täter nur die aus seiner Sicht möglichen Rettungsmaßnahmen oder gar nichts durch, hat er hingegen noch den Gefährdungswillen und ist noch nicht frei von der Strafe eines abstrakten Gefährdungsdelikts. Beispielhaft: Fuhr der betrunkene Täter sein Auto im Verkehr und war hierbei nicht in der Lage, dieses sicher zu führen, so durfte er nicht ohne weiteres darauf vertrauen, keinen Unfall herbeizuführen. Er hatte insoweit einen Gefährdungswillen.

Schließlich darf nicht übersehen werden, dass der Gefährdungsvorsatz in der Form *dolus eventualis* bei den abstrakten Gefährdungsdelikten – ähnlich wie der Vorsatz beim Versuch[1934] – in der Regel gilt. Der dolus eventualis wäre dabei angesichts der objektiven relativ geringen Angriffsintensität die wahrscheinlichste Erscheinungsform des Gefährdungsvorsatzes bei den abstrakten Gefährdungsdelikten im konkreten Einzelfall. Eine gesetzlich nicht ausdrücklich normierte höhere subjektive Anforderung bei den abstrakten Gefährdungsdelikten und der Ausschluss des dolus eventualis bei den Vorbereitungsdelikten sind insoweit nicht ohne weiteres anzunehmen. Denn diese gesteigerte Anforderung würde gewiss die gezielte Präventionsfunktion zum effektiveren Rechtsgüterschutz mehr oder weniger ausschalten,[1935] ohne aber zugleich durch einen adäquaten Grund aus dem Schuldprinzip zu rechtfertigen, warum für den Unwertgehalt dieser bestimmten Delikte nur die gesteigerten Vorsatzformen anstatt des eventuellen Gefährdungsvorsatzes genügen.[1936] Darüber

---

1934 *Roxin*, AT II, § 29, Rdnr. 71.

1935 Kriminalpolitischer Vorteil des Versuchs mit dolus eventualis *Roxin*, AT II, § 29, Rdnr. 78.

1936 *Puschke*, Gefährdungsstrafrecht, S. 30 f., begründet sich damit, dass es schon sprachlich nicht passt, den geplanten Anschlag billigend in Kauf zu nehmen, und dass es für Pönalisierung zu vage ist, wenn der Täter nur an die Begehung der späteren Tat denkt. Seine Begründung hat das Wollenselement deshalb missverstanden, weil es einerseits – abgesehen von der Richtigkeit des Wortlaut „bedingt" – im Strafrecht nie alltagsprachlich, sondern stets nur juristisch zu verstehen ist, sodass beispielsweise der bedingte Vorsatz nach der Entscheidungstheorie die Entscheidung für Rechtsgutsverletzung sein kann. Andererseits genügt das einfache Daran-Denken wohl nur nach der Möglichkeitstheorie für den bedingten Vorsatz. Dazu nur *Roxin*, AT I, § 12, Rdnr. 21 ff., 24, 30.

hinaus ist zu beachten, dass manche Delikte mit einer gesetzlichen überschießenden Innentendenz, z. B. die Absichtsdelikt, auch den Vorsatz in der Form dolus eventualis gesetzlich nicht ausschließen.[1937]

dd. Umkehr der Systematik des Gefährdungsstrafrechts

Nach der hier entwickelten Skizze wird die Strukturbildung der abstrakten Gefährdungsdelikte analog der Struktur des vorsätzlichen Versuchs neu verstanden: Der überschießende Gefährdungsvorsatz scheint hier ähnlich wie der den Handlungsvorsatz einschließende *Tatentschluß* beim Versuch.[1938] Die minimale Angriffsintensität fordernde abstrakte Gefährdung ist dann dem Beginn der Ausführung beim Versuch[1939] entsprechend zu verstehen. Dem neuen Verständnis zufolge handelt es sich nicht bloß um die limitierende Uminterpretation der abstrakten Gefährdungsdelikte, sondern auch um eine mögliche Neusystematisierung des Gefährdungsstrafrechts. Der Gefährdungsvorsatz ist nunmehr der gemeinsame subjektive Tatbestand im Vorsatzbereich der abstrakten und konkreten Gefährdungsdelikte. Die abstrakte Gefährdung als Vorstufe einer konkreten Gefährdung ist eine auf der Grundlage des Gefährdungsvorsatzes zu beurteilende, mit minimaler Angriffsintensität bewirkte Gefährdung.[1940] Dementsprechend ist das *unechte*, allein an der Gefährlichkeit orientierte Gefährdungsstrafrecht, wiederum umzuschlagen in ein *an dem konkreten Gefährdungserfolg orientiertes* Gefährdungsstrafrecht, ein *echtes* Gefährdungsstrafrecht, in dem das konkrete Gefährdungsdelikt erneut als Anhaltspunkt dominiert.[1941] Bei diesem echten Gefährdungsstrafrecht sind die zunehmenden Bedürfnisse des Rechtsgüterschutzes und das unverzichtbare Schuldprinzip zugleich miteinzubeziehen. Dabei handelt es sich deshalb nicht um die Abschaffung des Gefährdungsstrafrechts, sondern um die *Versöhnung sowie Verschmelzung zwischen dem Schuldstrafrecht und dem Gefährdungsstrafrecht.*

D. Zusammenfassung

Der Vorsatz abstrakter Gefährdungsdelikte ist nicht nur ein Handlungs- bzw. Gefährlichkeitsvorsatz, sondern ein Gefährdungsvorsatz. Der Täter der abstrakten Gefährdungsdelikte muss bei der Vornahme der Handlungen die Beherrschung zum möglichen weiteren Gefährdungserfolg mit überlegen und entscheiden. Der Gefährdungsvorsatz gilt insoweit im ganzen Vorsatzbereich des Gefährdungsstrafrechts. Das gegenwärtig herrschende Gefährlichkeitsstrafrecht wird durch diese Uminterpretation in ein echtes Gefährdungsstrafrecht umschlagen.

1937 *Roxin*, AT II, § 29, Rdnr. 76.
1938 *Roxin*, AT II, § 29, Rdnr. 59 ff.
1939 *Roxin*, AT II, § 29, Rdnr. 97 ff.
1940 Die Formulierung des Versuchs *Roxin*, AT II, § 29, Rdnr. 1.
1941 Das echte und unechte Gefährdungsstrafrecht vgl. 3. Kapitel C. III. 3.

Schlussfolgerung

A. Das moderne Gefährdungsstrafrecht: Alter Wein in neuen Schläuchen

Das Gefährdungsstrafrecht gehört zum Teil des modernen Strafrechts. Es ist kein Risikostrafrecht und hat sich vielmehr zum Instrument des Sicherheitsstrafrechts gewandelt. Es ist schließlich ein Produkt des Gefahrenabwehrrechts, welches unter den bestimmten Bedingungen der gesellschaftlichen Modernität entsteht.

Das moderne Gefährdungsstrafrecht entsteht daher vor den Hintergründen der Sicherheitsgesellschaft und des Steuerungsstaates, welche gemeinsam Sicherheit anstreben. Ihr Mittel zur Sicherheit ist der Rekommunitarisierungsprozess, wonach die Gesellschaft und der Staat eine die Sicherheit gewährleistende Gemeinschaft aufbauen können. Der moderne Mensch ist in der Sicherheitsgesellschaft nicht nur stets eine rationale Person, sondern kann auch eine potenzielle Gefahrenquelle für die Sicherheit der Gemeinschaft sein. Um gegen die eigene potenzielle Gefahr vorzugehen, muss der moderne Mensch zulassen, dass seine Individualität verdrängt wird. Die Individualisierung ist seit jeher überwiegend gesellschaftlich zu verstehen und zeigt sich hier als ein notwendiger Ansatz zur Funktionalisierung gesellschaftlicher Ordnung. Demnach wird der moderne Mensch, obwohl er ein Individuum ist, durch die Vergesellschaftung entindividualisiert.[1942]

Das moderne Strafrecht beruht auf dem spezifischen sicherheitsgesellschaftlichen Rechtsverständnis, welches den Rekommunitarisierungsprozess durch die Strategien von Inklusion und Exklusion durchführt. Wer dem Recht unterliegt und sich homogen mit den Rechtsregeln verhält, ist ungefährlich und wird in der Gemeinschaft inkludiert; wer sich hingegen heterogen verhält, ist gefährlich und wird aus der Gemeinschaft exkludiert. Um die gefährlichen und ungefährlichen Menschen zu unterscheiden, stellt sich das Recht als die ausführlichen Regeln des Handelns dar. Dazu tritt es oft in den Formen der indirekten und abstrakten Verfahrenssteuerung und Kontextsteuerung in Erscheinung.[1943]

Hinsichtlich der oben genannten Hintergründe und Grundlagen des Rechtsverständnisses ist es die Aufgabe des Sicherheitsstrafrechts, den Rekommunitarisierungsprozess im Strafrecht voranzutreiben und die Strategien von Inklusion und Exklusion im Strafrecht zusammenzufügen.[1944] Demgemäß ist die herrschende Straftheorie die Theorie positiver Generalprävention, welche angesichts der Entfaltung der Strategien von Inklusion und Exklusion eine sowohl präventive wie auch repressive Strafe

1942 Vgl. 1. Kapitel.
1943 Vgl. 2. Kapitel.
1944 Vgl. 3. Kapitel B. I., II.

beabsichtigt, die die vorher starre staatliche Bestrafungsmacht je nach dem betroffenen Objekt flexibel macht.[1945]

Aus diesem straftheoretischen Bedürfnis kristallisiert sich das Gefährdungsstrafrecht heraus; es ist in dieser Hinsicht das Hauptinstrument des Sicherheitsstrafrechts. Sein Umfang ist daher nicht mehr aus der tatbestandlichen Perspektive zu bestimmen, weil der Einfluss des Gefahrmoments bereits über die Gefährdungstatbestände hinausgeht; sogar die Verletzungstatbestände stehen unter seinem Einfluss. Demgegenüber muss der Umfang des Gefährdungsstrafrechts aus der außertatbestandlichen Perspektive festgehalten werden, weil es die Absicht in allen Deliktstypen konzipiert, die strafrechtliche Zurechnung mithilfe der Akzentverschiebung zur Gefährlichkeit umzugestalten. Das moderne Gefährdungsstrafrecht ist demnach kein echtes Gefährdungs-, sondern ein Gefährlichkeitsstrafrecht, zu dessen Teil auch das hoch umstrittene Feindstrafrecht gehört.[1946]

Das unechte Gefährdungsstrafrecht ist der Parasitismus des Totalitären in der Demokratie. Es ist eine Staatstechnik, die unter den Bedingungen des freiheitlich-demokratischen Staates auf die Bewahrung der Sicherheitsgesellschaft abzielt. Seine Totalität darf sich nur mittels der Strategien von Inklusion und Exklusion entfalten. Zur Inklusion sind dabei eine Vielzahl der strafrechtlichen Verhaltensregel aufgestellt worden, sodass den Gesellschaftsmitgliedern die Einübung in Normanerkennung zu einer strengen Pflicht gemacht wird. Zur Exklusion schafft es dem Täter einen Ausnahmezustand oder gar dem Feind ein spezifisches Feindstrafrecht, sodass der Täter entpersonalisiert wird und somit seine Rechte weiterhin disqualifiziert werden. Die Subjektivität und die Individualität des modernen Menschen sind infolgedessen im Gefährdungsstrafrecht abgewertet und gar aberkannt.[1947]

Die Entsubjektivierung und Entindividualisierung führen zur bestimmten gefährdungsstrafrechtlichen Vorsatzdogmatik, welche auf der an der positiven Generalprävention orientierten Konstruktion des Vorsatzes beruht. Diese gefährdungsstrafrechtliche Vorsatzdogmatik stellt sich in drei Phasen dar: In der ersten Phase ist der eigentliche Verletzungsvorsatz durch das Gefahrbewusstsein zu ersetzen. In der zweiten Phase stellt die Gefahr sich als der einzige Bezugspunkt des Vorsatzes dar. Der Vorsatz ist beim Wollenselement normativiert; beim Vorsatz kommt es nicht vollkommen auf die Psyche des Täters an. In der dritten Phase gehört nur eine nicht mehr erfolgsbezogene, abstrakte Gefahr zum Bezugspunkt der Vorsatzzurechnung; der Vorsatz ist allein durch die abstrakte Kenntnis derartiger Gefahr festzustellen und ist nun eine rein normative Institution. In der gefährdungsstrafrechtlichen Vorsatzdogmatik ist der Vorsatzbegriff durch die dreifachen illegitimen Bearbeitungen des Gefährdungsvorsatzes objektiviert, standardisiert und normativiert; die schuldbegründende und -begrenzende Funktion des Vorsatzes geht folglich verloren. Die Interpretation des Gefährdungsvorsatzes ist daher

1945 Vgl. 3. Kapitel B. III., C. II.
1946 Vgl. 3. Kapitel C. III.
1947 Vgl. 3. Kapitel C. IV.

der Anhaltspunkt des Glasperlenspiels der Vorsatzdogmatik im Gefährlichkeitsstrafrecht.[1948]

Schließlich ist das moderne Gefährdungsstrafrecht im Wesentlichen kein echtes modernes Strafrecht. Es mag Probleme aus der gesellschaftlichen Modernität lösen; in diesem Sinne ist es modern. Es bezweckt aber den Wiederaufbau der Solidarität und somit einer sicheren Gemeinschaft in der modernen Gesellschaft und hat den alten Gedanken des Rekommunitarisierungsprozesses zum Mittel gemacht; in diesem Sinne ist es gar nicht modern: Zur Stabilisierung sozialer Ordnung will es eine Variante der gemeinschaftlichen Ordnung in der modernen Gesellschaft wie in der vormodernen Gesellschaft wiederherstellen, wonach der individualisierte moderne Mensch wieder hinter der Gesellschaft und Gemeinschaft zurücktreten muss. Es beabsichtigt von vornherein die Entsubjektivierung und die Entindividualisierung des modernen Menschen.[1949] Die Konzeption des Gefährdungsstrafrechts ist daher nichts anderes als alter Wein in neuen Schläuchen. Sie hat jedoch wegen der Aberkennung der Subjektivität und der Individualität des modernen Menschen eine schwer zu lösende Legitimationskrise, wonach es vom Rechtsstaatlichkeit- und Schuldprinzip abweichen muss. Diese Legitimationskrise kann aber durch die legitime Rekonstruktion des Gefährdungsvorsatzes überwunden werden.

B. Rekonstruktion des legitimen Gefährdungsvorsatzes: Non nova, sed nove

Im Gegensatz zum modernen Gefährdungsstrafrecht ist der Terminus Gefährdungsvorsatz seit den Postglossatoren im 13. Jahrhundert im römischen Recht vorhanden und hat seitdem die unterschiedlichsten, rechtsstaatlich abwertenden Figuren: Es umfasse dabei immer die schwereren Folgen bzw. Nebenfolgen einer Tat mit.[1950] Seit dem 20. Jahrhundert drängt aber die Strafrechtswissenschaft diesen Terminus in den Hintergrund und richtet den Fokus auf die Begriffe von dolus eventualis und bewusster Fahrlässigkeit. Der alte Terminus des Gefährdungsvorsatzes kann daher nur in den beiden Formen des subjektiven Tatbestands parasitär vorliegen: Einmal sei er identisch mit der bewussten Fahrlässigkeit,[1951] ein andermal identisch mit dem (eventuellen) Verletzungsvorsatz.[1952] Diese Positionierungen des Gefährdungsvorsatzes in die subjektiven Tatbestände bezüglich der Verletzung sind unzulässig, weil sie die subjektiven Tatbestände bezüglich der Verletzung durch den Vorsatz lediglich bezüglich der Gefahr verwechseln. Die letztere verhilft außerdem kriminalpolitisch der Entwicklung der gefährdungsstrafrechtlichen Vorsatzdogmatik zum Erfolg. Es erweist sich, dass der Gefährdungsvorsatz, der die Legitimationskrise des Gefährdungsstrafrechts lindern kann, eine eigene Position und Dogmatik im

1948 Vgl. 4. Kapitel.
1949 Vgl. 1. Kapitel B. I.
1950 Vgl. Einführung A., B. und 5. Kapitel.
1951 Vgl. 5. Kapitel B.
1952 Vgl. 5. Kapitel C.

Strafrecht haben muss.[1953] Die vorliegenden Auffassungen zur Selbstständigkeit des Gefährdungsvorsatzes sind diesbezüglich dogmatisch nicht zufriedenstellend, weil sie meistens den Gefährdungsvorsatz nach wie vor nur im Rahmen der herkömmlichen Vorsatzdogmatik entwickeln. Sie sind auch kriminalpolitisch defizitär, weil sie sich nicht bewusst sind, dass es bei dem Gefährdungsvorsatz um das Problem der Aberkennung der Subjektivität im Gefährdungsstrafrecht geht.[1954]

Das neue unabhängige Konzept des Gefährdungsvorsatzes soll zunächst die Abweichung des Gefährdungsstrafrechts vom Schuldprinzip korrigieren können. Ferner muss es durch die Rekonstruktion der Begrifflichkeit die Anerkennung der Subjektivität des Menschen sowie des Täters wiederherstellen, sodass der moderne Mensch nicht mehr nur als das reine Objekt der Staatstechnik in der modernen Gesellschaft angesehen wird. Der Kern zur Rekonstruktion eines derartigen Vorsatzbegriffs liegt in der mit dem Schuldprinzip vereinbarenden Risikoethik, die von der Perspektive der Freiheit des Handelnden ausgeht und auf die individuellen Fähigkeiten und die individuelle Ausstattung des Handelnden in der konkreten Risikosituation abstellt.[1955] Demzufolge soll sich der Gefährdungsvorsatz auf dem Vorsatzbegriff begründen, der die Ausübung einer rechtsgüterbeeinträchtigenden Tatherrschaft wissentlich und willentlich umfasst.[1956] Der Gefährdungsvorsatz muss sich zugleich mit Blick auf den normativen Gefahr- und den oben vertretenen Vorsatzbegriff in erster Linie als das subjektive ex-ante-Gefahrurteil darstellen.[1957] Als solches Gefahrurteil des Täters ist der Gefährdungsvorsatz erstens auf der Wissensseite ein affirmatives Gefahrurteil der Tatherrschaft zu konkreter Gefährdung, welches eine konkrete Kenntnis der Tatherrschaft zur konkreten Gefährdung des Rechtsgutsobjekts ist und die weitere Entscheidung des Täters fundiert. Der Gefährdungsvorsatz ist zweitens die überlegte Entscheidung über Tatherrschaft zu konkreter Gefährdung, wonach der Täter eine klare kritische Stellung zur Realisierung der konkreten Gefahr einnimmt und diese ihm somit vorsätzlich zugerechnet werden kann. Mit diesen Uminterpretationen der Wissens- und Wollenskomponente ist der Gefährdungsvorsatz hinsichtlich der Überlegung und Entscheidung des Täters zur eigenen Erkennbarkeit und Beherrschbarkeit der Tatherrschaft rekonstruiert.[1958]

Häufig wird der Bereich der abstrakten Gefährdungsdelikte als der Ort angesehen, wo der legitime Gefährdungsvorsatz ohnmächtig ist. Dort ist auch der Ort, wo die gefährdungsstrafrechtliche Vorsatzdogmatik sich ungehindert entfaltet.[1959] Die dortige Ohnmacht des legitimen Gefährdungsvorsatzes trägt zur Legitimationskrise des Gefährdungsstrafrechts maßgeblich bei: Das von der Einschränkung der subjektiven Zurechnung befreite, abstrakte Gefährdungsdelikt ist nun der Prototyp im modernen

1953 Vgl. 6. Kapitel C. und 7. Kapitel B.
1954 Vgl. 6. Kapitel A., B.
1955 Vgl. 7. Kapitel D. III. 1. c.
1956 Vgl. 7. Kapitel C.
1957 Vgl. 7. Kapitel D. II., III. 1.
1958 Vgl. 7. Kapitel D. III. 2. ff.
1959 Vgl. 8. Kapitel B.

Gefährdungsstrafrecht. Die Subjektivität des Menschen ist dadurch völlig verwischt; der moderne Mensch ist dort das reine Objekt der Strategien von Inklusion und Exklusion.[1960] Es hat dogmatisch vor allem zur Folge, dass der abstrakte Gefährdungstatbestand bereits verwirklicht wird, wenn noch keine Gefahr vorhanden ist; es führt zu einer wirkungslosen und illegitimen Vorverlagerung des Rechtsgüterschutzes. Um die Effizienz des Rechtsgüterschutzes zu verbessern, sprechen einige Autoren dafür, die abstrakten Gefährdungsdelikte subjektiv einzuschränken. Diese Vorschläge sind allerdings unzutreffend, weil sie einerseits nicht überwiegend vom Schuldprinzip ausgehen und andererseits die vorsätzlichen Delikte als fahrlässige verstehen.[1961]

Richtig ist vielmehr, dass der hier vertretene legitime Gefährdungsvorsatz auch im Bereich der abstrakten Gefährdungsdelikte gilt. Statt dass bei dem Schutz der kollektiven Rechtsgüter eine fiktive „materielle Äquivalente für das Fehlen realer Verletzungskausalität“ entwickelt wird, begründet sich das abstrakte Gefährdungsdelikt mit dem legitimen Gefährdungsvorsatz auf eine zwar minimale, aber reale Angriffsintensität zu den Rechtsgütern. Der konkrete Gefährdungserfolg dominiert wiederum im Gefährdungsstrafrecht; die abstrakten Gefährdungsdelikte werden zum vorsätzlichen Vorstadium der konkreten Gefährdungsdelikte. Dementsprechend ist das *unechte* Gefährdungsstrafrecht wiederum in ein *echtes* Gefährdungsstrafrecht umzuschlagen.[1962]

Mit dem Forschungserfolg vom Gefährdungsstrafrecht und -vorsatz wird zunächst verlangt, nicht mittels der Abschaffung des unechten Gefährdungsstrafrechts das Verletzungsstrafrecht wiederaufzubauen, sondern durch die neue Systematisierung die Notwendigkeit des echten Gefährdungsstrafrechts anzuerkennen. Mithin wird auch verlangt, dass der moderne Mensch im Gefährdungsstrafrecht wiederum als das Subjekt anerkannt wird. Mithilfe der Uminterpretation des Gefährdungsvorsatzes ist der Mensch dabei nicht mehr als ein gehorsamer Untertan der Normen, der sich stets rational, die schlimmsten Folgen bzw. Nebenfolgen sorgfältig vermeidend, verhalten muss. Er ist stattdessen ein autonomer Staatsbürger, dessen Subjektivität und Individualität respektiert wird. Demzufolge wird ihm sein Verhalten nur dann als vorsätzlich zugerechnet, wenn er sich die reale Beeinträchtigung der Rechtsgüter überlegt und sich somit dafür entscheidet. Der Gefährdungsvorsatz in diesem Sinne hat eine rechtsstaatlich positive Figur und dem Schuldprinzip entsprechende Funktion: Er bedeutet die Anerkennung der Subjektivität und Individualität des modernen Menschen im Gefährdungsstrafrecht. Mit ihm harmoniert das Gefährdungsstrafrecht mit dem Schuldstrafrecht. Bei dem derartigen Gefährdungsvorsatz gilt das Prinzip: Non nova, sed nove![1963]

1960 Vgl. 8. Kapitel B. III.

1961 Vgl. 8. Kapitel C. I.

1962 Vgl. 8. Kapitel C. II.

1963 „Man [soll] sich befleißigen [...], nicht neue Dinge aufzubringen, sondern die überlieferten auf eine neue Weise zu sagen“. Dieses Verständnis des Prinzips „non nova, sed nove“ aus *Kemp, Friedhelm* (Hrsg.), Gesammelte Werke von *Peter Gan*, Bd. 1., Göttingen, 1997, S. 493.

Literaturverzeichnis

Abendroth, Wolfgang, Zum Begriff des demokratischen und sozialen Rechtsstaates im Grundgesetz der Bundesrepublik Deutschland, in: *Forsthoff, Ernst* (Hrsg.), Rechtsstaatlichkeit und Sozialstaatlichkeit: Aufsätze und Essays, Darmstadt, 1968, S. 114 ff. (zitiert als: *Abendroth*, Begriff)

Achenbach, Hans, Historische und dogmatische Grundlagen der strafrechtssystematischen Schuldlehre, Berlin, 1974. (zitiert als: *Achenbach*, Schuldlehre)

Achenbach, Hans, Individuelle Zurechnung, Verantwortlichkeit, Schuld, in: *Schünemann, Bernd* (Hrsg.), Grundfragen des modernen Strafrechtssystems, Berlin/ New York, 1984, S. 135 ff. (zitiert als: *Achenbach*, Individuelle Zurechnung)

Agamben, Giorgio, Homo sacer: Die souveräne Macht und das nackte Leben, 1. Auflage, Frankfurt a. M., 2002. (zitiert als: *Agamben*, Homo sacer)

Agamben, Giorgio, Das Offene: Der Mensch und das Tier, 1. Auflage, Frankfurt a. M., 2003. (zitiert als: *Agamben*, Das Offene)

Agamben, Giorgio, Ausnahmezustand: Homo sacer II. 1, 1. Auflage, Frankfurt a. M., 2004. (zitiert als: *Agamben*, Ausnahmezustand)

Albrecht, Hans-Jörg/ Quensel, Stephan/ Sessar, Klaus, Freiburger Memorandum zur Lage der Kriminologie in Deutschland, in: NK 2013, S. 10 ff.

Amelung, Knut, Der frühe Luhmann und das Gesellschaftsbild bundesrepublikanischer Juristen: Ein Beitrag zur deutschen Rechtsgeschichte im 20. Jahrhundert, in: *Prittwitz, Cornelius* u. a. (Hrsg.), FS für *Klaus Lüderssen* zum 70. Geburtstag, Baden-Baden, 2002, S. 7 ff.

Anastasopoulou, Ioanna, Deliktstypen zum Schutz kollektiver Rechtsgüter, München, 2005. (zitiert als: *Anastasopoulou*, Schutz kollektiver Rechtsgüter)

Aretz, Hans-Jürgen, Individualisierung und Modernisierung: Eine Betrachtung zwischen Handlungs- und Systemtheorie, in: *Kron, Thomas* (Hrsg.), Individualisierung und soziologische Theorie, Opladen, 2000, S. 90 ff. (zitiert als: *Aretz*, Individualisierung und Modernisierung)

Arzt, Gunther, Leichtfertigkeit und recklessness, in: *Stree, Walter* u. a. (Hrsg.), GS für *Horst Schröder*, München, 1978, S. 119 ff.

Arzt, Gunther/ Weber, Ulrich/ Heinrich, Bernd/ Hilgendorf, Eric, Strafrecht: Besonderer Teil, 2. Auflage, Bielefeld, 2009.

Baumann, Jürgen u.a., Alternativ-Entwurf eines Strafgesetzbuches, Besonderer Teil, Straftaten gegen Person, erster Halbband, Tübingen, 1970.

Baumann, Jürgen/ Weber, Ulrich/ Mitsch, Wolfgang, Strafrecht: Allgemeiner Teil, 11. Auflage, Bielefeld, 2003.

Bauman, Zygmunt, Ethics of Individuals, in: *Kron, Thomas* (Hrsg.), Individualisierung und soziologische Theorie, Opladen, 2000, S. 203 ff.

Bauman, Zygmunt, Gemeinschaften: Auf der Suche nach Sicherheit in einer bedrohlichen Welt, Frankfurt a. M., 2009. (zitiert als: *Bauman*, Gemeinschaften)

Baurmann, Michael, Zweckrationalität und Strafrecht: Argumente für ein tatbezogenes Maßnahmerecht, Opladen, 1987. (zitiert als: *Baurmann*, Zweckrationalität)

Beck, Ulrich, Risikogesellschaft: Auf dem Weg in eine andere Moderne, Frankfurt a. M., 1986. (zitiert als: *Beck*, Risikogesellschaft)

Beck, Ulrich, Gegengifte: Die organisierte Unverantwortlichkeit, 1. Auflage, Frankfurt a. M., 1988. (zitiert als: *Beck*, Gegengifte)

Beck, Ulrich, Risikogesellschaft und Vorsorgestaat: Zwischenbilanz einer Diskussion, in: *Ewald, François*, Der Vorsorgestaat, 1. Auflage, Frankfurt a. M., 1993, S. 535 ff. (zitiert als: *Beck*, Risikogesellschaft und Vorsorgestaat)

Beck, Ulrich, Weltrisikogesellschaft: auf der Suche nach der verlorenen Sicherheit, 1. Auflage, Frankfurt a. M., 2007. (zitiert als: *Beck*, Weltrisikogesellschaft)

Beck, Ulrich/ Beck-Gernsheim, Elisabeth, Individualisierung in modernen Gesellschaften: Perspektiven und Kontroversen eine subjektorientierten Soziologie, in: *Beck, Ulrich/ Beck-Gernsheim, Elisabeth* (Hrsg.), Riskante Freiheit: Individualisierung in modernen Gesellschaften, Frankfurt a. M., 1994, S. 10 ff. (zitiert als: *Beck/ Beck-Gernsheim*, Individualisierung)

Benítez, José Manuel Gómez, Die Gefahrverwirklichung im Erfolg und die Zurechnung zum Vorsatz bei Kausalabweichungen, in: *Gimbernat, Enrique/ Schünemann, Bernd/ Wolter, Jürgen* (Hrsg.), Internationale Dogmatik der objektiven Zurechnung und der Unterlassungsdelikte: Ein Spanisch-Deutsches Symposium zu Ehren von *Claus Roxin*, Heidelberg, 1995, S. 25 ff. (zitiert als: *Benítez*, Die Gefahrverwirklichung im Erfolg)

Berz, Ulrich, Formelle Tatbestandsverwirklichung und materialer Rechtsgüterschutz: Eine Untersuchung zu den Gefährdungs- und Unternehmensdelikten, München, 1986. (zitiert als: *Berz*, Formelle Tatbestandsverwirklichung)

Binavince, Emilio S., Die vier Momente der Fahrlässigkeitsdelikte, Bielefeld, 1969. (zitiert als: *Binavince*, Fahrlässigkeitsdelikte)

Binding, Karl, Die Normen und ihre Übertretung: Eine Untersuchung über die rechtmäßige Handlung und die Arten des Delikts, Bd. 2: Schuld und Vorsatz, Hälfte 2: Der rechtswidrige Vorsatz, Neudruck der 2. Aufl. Leipzig 1916, Aalen, 1965. (zitiert als: *Binding*, Normen, Bd. 2)

Binding, Karl, Die Normen und ihre Übertretung: Eine Untersuchung über die rechtmäßige Handlung und die Arten des Delikts, Bd. 4: Die Fahrlässigkeit, Neudruck der 2. Aufl. Leipzig 1919, Aalen, 1965. (zitiert als: *Binding*, Normen, Bd. 4)

Bockelmann, Paul, Gedanken zur Vereinfachung des Verkehrsstraf- und Verkehrsrechts für folgenlose Gefährdungsdelikt, in: Folgenlose Verkehrsgefährdung als

Massenerscheinung: Ihre Bekämpfung als Aufgabe für Gesetzgebung, Polizei und Justiz, Boppard a. Rh., 1961, S. 181 ff. (zitiert als: *Bockelmann*, folgenlose Gefährdungsdelikt)

Bockelmann, Paul, Zur Reform des Verkehrsstrafrechts, in: DAR 1961, S. 181 ff.

Böckenförde, Ernst-Wolfgang, Entstehung und Wandel des Rechtsstaatsbegriffs, in: *Ehmke, Horst/ Schmid, Carlo/ Scharoun, Hans* (Hrsg.), FS für *Adolf Arndt* zum 65. Geburtstag, Frankfurt a. M., 1969, S. 53 ff.

Böckenförde, Ernst-Wolfgang, Die verfassungstheoretische Unterscheidung von Staat und Gesellschaft als Bedingung der individuellen Freiheit, Opladen, 1973. (zitiert als: *Böckenförde*, Die verfassungstheoretische Unterscheidung)

Böckenförde, Ernst-Wolfgang, Einleitung, in: *Böckenförde, Ernst-Wolfgang* (Hrsg.), Staat und Gesellschaft, Darmstadt, 1976, S. XI ff.

Böckenförde, Ernst-Wolfgang, Die Bedeutung der Unterscheidung von Staat und Gesellschaft im demokratischen Sozialstaat der Gegenwart, in: *Böckenförde, Ernst-Wolfgang* (Hrsg.), Staat und Gesellschaft, Darmstadt, 1976, S. 395 ff. (zitiert als: *Böckenförde*, Staat und Gesellschaft)

Bogs, Walter, Das Problem der Freiheit im sozialen Rechtsstaat, in: *Forsthoff, Ernst* (Hrsg.), Rechtsstaatlichkeit und Sozialstaatlichkeit: Aufsätze und Essays, Darmstadt, 1968, S. 509 ff. (zitiert als: *Bogs*, Freiheit im sozialen Rechtsstaat)

Bohn, Cornelia, Inklusion, Exklusion und die Person, Konstanz, 2006.

Bonß, Wolfgang, Vom Risiko: Unsicherheit und Ungewißheit in der Moderne, Hamburg, 1995. (zitiert als: *Bonß*, Vom Risiko)

Börgers, Niclas, Studien zum Gefahrurteil im Strafrecht: Ein Abschied vom objektiven Dritten, Berlin, 2008. (zitiert als: *Börgers*, Gefahrurteil)

Brammsen, Joerg, Inhalt und Elemente des Eventualvorsatzes – Neue Wege in der Vorsatzdogmatik?, in: JZ 1989, 71 ff.

Brehm, Wolfgang, Zur Dogmatik des abstrakten Gefährdungsdelikts, Tübingen, 1973. (zitiert als: *Brehm*, Dogmatik des abstrakten Gefährdungsdelikts)

Bung, Jochen, Wissen und Wollen im Strafrecht: Zur Theorie und Dogmatik des subjektiven Tatbestands, Frankfurt a. M., 2009. (zitiert als: *Bung*, Wissen und Wollen)

Burchard, Christoph, „Irren ist menschlich“: Vorsatz und Tatbestandsirrtum im Lichte der Verantwortungsethik und der Emanzipation des angegriffenen Mitmenschen, Tübingen, 2008. (zitiert als: *Burchard*, Irren ist menschlich)

Busch, Oskar, Gefahr und Gefährdungsvorsatz in der Dogmatik des modernen Strafrechts, Leipzig, 1897. (zitiert als: *Busch*, Gefahr und Gefährdungsvorsatz)

Cramer, Peter, Der Vollrauschtatbestand als abstraktes Gefährdungsdelikt, Tübingen, 1962. (zitiert als: *Cramer*, Der Vollrauschtatbestand)

Dahs, Hans, BayObLG, NJW 1955, 1449 mit Bemerkung, in: NJW 1955, S. 1449 f.

Degener, Wilhelm, BGH, NJW 2002, 2043 mit Bemerkung, in: StV 2003, S. 332 ff.

Demuth, Hennrich, Der normative Gefahrbegriff: Ein Beitrag zur Dogmatik der konkreten Gefährdungsdelikte, Bochum, 1980. (zitiert als: *Demuth*, Gefahrbegriff)

Dencker, Friedrich, Gefährlichkeitsvermutung statt Tatschuld?: Tendenz der neueren Strafrechtsentwicklung, in: StV 1988, S. 262 ff.

Dencker, Friedrich/ Struensee, Eberhard/ Nelles, Ursula/ Stein, Ulrich, Einführung in das 6. Strafrechtsreformgesetz 1998, München, 1998. (zitiert als: *Bearbeiter*, in: das 6. Strafrechtsreformgesetz 1998)

Denninger, Erhard, Der Präventions-Staat, in: KritJ 1988, S. 1 ff.

Di Fabio, Udo, *Luhmann* im Recht: Die juristische Rezeption soziologischer Beobachtung, in: *Gripp-Hagelstange, Helga* (Hrsg.), *Niklas Luhmanns* Denken: Interdisziplinäre Einflüsse und Wirkungen, Konstanz, 2000, S. 139 ff. (zitiert als: *Di Fabio, Luhmann* im Recht)

Drath, Martin, Der Staat der Industriegesellschaft: Entwurf einer sozialwissenschaftlichen Staatstheorie, in: *Böckenförde, Ernst-Wolfgang* (Hrsg.), Staat und Gesellschaft, Darmstadt, 1976, S. 290 ff. (zitiert als: *Drath*, Staat)

Durkheim, Emile, Über soziale Arbeitsteilung: Studie über die Organisation höherer Gesellschaften, 2. Auflage, Frankfurt a. M., 1996. (zitiert als: *Durkheim*, Über soziale Arbeitsteilung)

Duttge, Gunnar, Menschengerechtes Strafen, in: *Schumann, Eva* (Hrsg.), Das strafende Gesetz im sozialen Rechtsstaat: 15. Symposion der Kommission „Die Funktion des Gesetzes in Geschichte und Gegenwart", Berlin/ New York, 2010, S. 1 ff.

Duttge, Gunnar, Besprechung zu BGH, Urteil v. 08. September 2011 (1 StR 38/ 11) = BGH HRRS 2011 Nr. 1139, in: HRRS 2012, S. 359 ff.

Eder, Klaus, Prozedurales Recht und Prozeduralisierung des Rechts, in: *Grimm, Dieter* (Hrsg.), Wachsende Staatsaufgaben – sinkende Steuerungsfähigkeit des Rechts, 1. Auflage, Baden-Baden, 1990, S. 155 ff. (zitiert als: *Eder*, Prozedurales Recht)

Ehmke, Horst, „Staat" und „Gesellschaft" als verfassungstheoretisches Problem, in: *Böckenförde, Ernst-Wolfgang* (Hrsg.), Staat und Gesellschaft, Darmstadt, 1976, S. 241 ff. (zitiert als: *Ehmke*, „Staat" und „Gesellschaft")

Eicker, Andreas, Die Prozeduralisierung des Strafrechts: Zur Entstehung, Bedeutung und Zukunft eines Paradigmenwechsels, Bern, 2010. (zitiert als: *Eicker*, Prozeduralisierung)

Engisch, Karl, Untersuchungen über Vorsatz und Fahrlässigkeit im Strafrecht, 2. Neudruck der Ausgabe Berlin 1930, Aalen, 1995. (zitiert als: *Engisch*, Vorsatz und Fahrlässigkeit)

Erbe, Walter, Die Freiheit im sozialen Rechtsstaat, in: *Forsthoff, Ernst* (Hrsg.), Rechtsstaatlichkeit und Sozialstaatlichkeit: Aufsätze und Essays, Darmstadt, 1968, S. 309 ff. (zitiert als: *Erbe*, Freiheit)

Exner, Franz, Das Wesen der Fahrlässigkeit: Eine strafrechtliche Untersuchung, Leipzig, 1910. (zitiert als: *Exner*, Wesen der Fahrlässigkeit)

Fechner, Erich, Freiheit und Zwang im sozialen Rechtsstaat, in: *Forsthoff, Ernst* (Hrsg.), Rechtsstaatlichkeit und Sozialstaatlichkeit: Aufsätze und Essays, Darmstadt, 1968, S. 73 ff. (zitiert als: *Fechner*, Freiheit und Zwang)

Feloutzis, Konstantin, Das Delikt der Aussetzung nach deutschem und griechischem Recht (§ 221 dStGB, Art. 306 grStGB): Zugleich ein Beitrag zur Dogmatik der konkreten Gefährdungsdelikte, 1. Auflage, Baden-Baden, 1984. (zitiert als: *Feloutzis*, Aussetzung)

Fischer, Thomas, Strafgesetzbuch mit Nebengesetzen-Kommentar, 61. Auflage, München, 2014. (zitiert als: *Fischer*, StGB)

Forsthoff, Ernst, Verfassungsprobleme des Sozialstaats, in: *Forsthoff, Ernst* (Hrsg.), Rechtsstaatlichkeit und Sozialstaatlichkeit: Aufsätze und Essays, Darmstadt, 1968, S. 145 ff. (zitiert als: *Forsthoff*, Verfassungsprobleme)

Forsthoff, Ernst, Begriff und Wesen des sozialen Rechtsstaat, in: *Forsthoff, Ernst* (Hrsg.), Rechtsstaatlichkeit und Sozialstaatlichkeit: Aufsätze und Essays, Darmstadt, 1968, S. 165 ff.

Forsthoff, Ernst, Der Staat der Industriegesellschaft: Dargestellt am Beispiel der Bundesrepublik Deutschland, München, 1971. (zitiert als: *Forsthoff*, Staat)

Foucault, Michel, Überwachen und Strafen: Die Geburt des Gefängnisses, 1. Auflage, Frankfurt a. M., 1994. (zitiert als: *Foucault*, Überwachen und Strafen)

Foucault, Michel, In Verteidigung der Gesellschaft, Frankfurt a. M., 2001.

Foucault, Michel, Die Entwicklung des Begriffs des „gefährlichen Menschen" in der forensischen Psychiatrie des 19. Jahrhunderts, in: *Foucault, Michel*, Dits et Ecrits: Schriften Bd. III. 1976–1979, 1. Auflage, 2003, S. 568 ff. (zitiert als: *Foucault*, Die Entwicklung des Begriffs des „gefährlichen Menschen")

Foucault, Michel, Analytik der Macht, Frankfurt a. M., 2005.

Frank, Reinhard, Das Strafgesetzbuch für das Deutsche Reich: Nebst dem Einführungsgesetz, 18. Auflage, Tübingen, 1931. (zitiert als: *Frank*, StGB)

Frankenberg, Günther, Staatstechnik: Perspektiven auf Rechtsstaat und Ausnahmezustand, 1. Auflage, Berlin, 2010. (zitiert als: *Frankenberg*, Staatstechnik)

Frehsee, Detlev, Die Strafe auf dem Prüfstand: Verunsicherungen des Strafrechts und angesichts gesellschaftlicher Modernisierungsprozesse, in: StV 1996, S. 222 ff.

Frehsee, Detlev, Fehlfunktionen des Strafrechts und der Verfall rechtsstaatlichen Freiheitsschutzes, in: *Frehsee, Detlev/ Löschper, Gabi/ Smaus, Gerlinda* (Hrsg.), Konstruktion der Wirklichkeit durch Kriminalität und Strafe, 1. Auflage, Baden-Baden, 1997, S. 14 ff. (zitiert als: *Frehsee*, Fehlfunktionen des Strafrechts)

Frehsee, Detlev, Verbrechenskontrolle zwischen Effizienzsteigerung und Freiheitsgarantien, in: *Rössner, Dieter/ Jehle, Jörg-Martin* (Hrsg.), Kriminalität, Prävention und Kontrolle, Heidelberg, 1999, S. 37 ff. (zitiert als: *Frehsee*, Verbrechenskontrolle)

Freud, Sigmund, Das Unbehagen in der Kultur, in: *ders.*, Das Unbehagen in der Kultur: Und andere kulturtheoretische Schriften, 5. unveränderte Auflage, Frankfurt a. M., 1997, S. 29 ff.

Friedmann, Wolfgang, Recht und sozialer Wandel, Frankfurt a. M., 1969.

Frisch, Wolfgang, Vorsatz und Risiko: Grundfragen des tatbestandsmäßigen Verhaltens und des Vorsatzes; zugleich ein Beitrag zur Behandlung außertatbestandlicher Möglichkeitsvorstellungen, Köln, 1983. (zitiert als: *Frisch*, Vorsatz und Risiko)

Frisch, Wolfgang, Schwächen und berechtigte Aspekte der Theorie der positiven Generalprävention, in: *Schünemann, Bernd/ von Hirsch, Andrew/ Jareborg, Nils* (Hrsg.), Positive Generalprävention: Kritische Analysen im deutschen-englischen Dialog Uppsala-Symposium 1996, Heidelberg, 1998, S. 125 ff. (zitiert als: *Frisch*, Theorie der positiven Generalprävention)

Fritzsche, Andreas, F., Wie sicher leben wir?: Risikobeurteilung und -bewältigung in unserer Gesellschaft, Köln, 1986. (zitiert als: *Fritzsche*, Risikobeurteilung und -bewältigung)

Funcke-Auffermann, Niklas, Symbolische Gesetzgebung im Lichte der positiven Generalprävention: Eine Untersuchung am Beispiel des „Gesetzes zur Änderung der Vorschriften über die Straftaten gegen die sexuelle Selbstbestimmung und zur Änderung anderer Vorschriften" vom 27. Dezember 2003, Berlin, 2007. (zitiert als: *Funcke-Auffermann*, Symbolische Gesetzgebung)

Gaede, Karsten, Auf dem Weg zum potentiellen Vorsatz?: Problematik und Berechtigung der zunehmenden Tendenzen zur normativen Relativierung des Vorsatzerfordernisses, in: ZStW 121 (2009), S. 239 ff.

Gallas, Wilhelm, Abstrakte und konkrete Gefährdung, in: *Lüttger, Hans* (Hrsg.), FS für *Ernst Heinitz* zum 70. Geburtstag, Berlin, 1972, S. 171 ff.

Garland, David, Punishment and modern society: A study in social theory, Oxford, 1990. (zitiert als: *Garland*, Punishment and modern society)

Garland, High Crime Societies and Cultures of Control, in: *Hess, Henner/ Ostermeier, Lars/ Paul, Bettina* (Hrsg.), Kontrollkulturen: Texte zur Kriminalpolitik im Anschluss an *David Garland*, Kriminologisches Journal, 9. Beiheft, Weinheim, 2007, S. 231 ff.

Garland, David, Kultur der Kontrolle: Verbrechensbekämpfung und soziale Ordnung in der Gegenwart, Frankfurt/ New York, 2008. (zitiert als: *Garland*, Kultur der Kontrolle)

Gehlen, Arnold, Soziologische Voraussetzungen im gegenwärtigen Staat, in: *Forsthoff, Ernst* (Hrsg.), Rechtsstaatlichkeit und Sozialstaatlichkeit: Aufsätze und Essays, Darmstadt, 1968, S. 320 ff. (zitiert als: *Gehlen*, Soziologische Voraussetzungen)

Gephart, Werner, Strafe und Verbrechen: Die Theorie *Emile Durkheims*, Opladen, 1990. (zitiert als: *Gephart*, Strafe und Verbrechen)

Geppert, Klaus, Anmerkung zum Urteil des BGH, Urteil vom 25.10.1984 – 4 StR 567/84, in: NStZ 1985, S. 263 ff.

Geulen, Eva, *Giorgio Agamben* zur Einführung, 2. Auflage, Hamburg, 2009. (zitiert als: *Geulen*, Einführung)

Glaeßner, Gert-Joachim, Sicherheit und Freiheit, in: Bundeszentrale für politische Bildung (Hrsg.), Aus Politik und Zeitgesichte, Bd. 10–11, 2002, S. 3 ff.

Göppinger, Hans, Kriminologie, hrsg. von *Bock, Michael*, 6. Auflage, München, 2008.

Greco, Luís, Das Subjektive an der objektiven Zurechnung: Zum „Problem" des Sonderwissens, in: ZStW 117 (2005), S. 519 ff.

Grimm, Dieter, Der Wandel der Staatsaufgaben und die Krise des Rechtsstaats, in: *Grimm, Dieter* (Hrsg.), Wachsende Staatsaufgaben – sinkende Steuerungsfähigkeit des Rechts, 1. Auflage, Baden-Baden, 1990, S. 291 ff. (zitiert als: *Grimm*, Krise des Rechtsstaats)

Grimm, Dieter, Der Wandel der Staatsaufgaben und die Zukunft der Verfassung, in: *Grimm, Dieter* (Hrsg.), Staatsaufgaben, 1. Auflage, Frankfurt a. M., 1996, S. 613 ff. (zitiert als: *Grimm*, Wandel der Staatsaufgaben)

Grünwald, Gerad, Der Vorsatz des Unterlassungsdelikts, in: *Geerds, Friedrich/ Naucke, Wolfgang* (Hrsg.), FS für *Hellmuth Mayer*, Berlin, 1965, S. 281 ff.

Günther, Klaus, Wandel der Staatsaufgaben und die Krise des regulativen Rechts, in: *Grimm, Dieter* (Hrsg.), Wachsende Staatsaufgaben – sinkende Steuerungsfähigkeit des Rechts, 1. Auflage, Baden-Baden, 1990, S. 51 ff. (zitiert als: *Günther*, Krise des regulativen Rechts)

Günther, Klaus, Zwischen Ermächtigung und Disziplinierung: Verantwortung im gegenwärtigen Kapitalismus, in: *Honneth, Axel* (Hrsg.), Befreiung aus der Mündigkeit: Paradoxien des gegenwärtigen Kapitalismus, Frankfurt a. M./ New York, 2002, S. 117 ff. (zitiert als: *Günther*, Ermächtigung und Disziplinierung)

Günther, Klaus, Kritik der Strafe I, II, in: WestEnd: Neue Zeitschrift für Sozialforschung, Heft 1, 2004, S. 117–131; Heft 1, 2005, S. 131 ff.

Günther, Klaus, Schuld und kommunikative Freiheit: Studien zur personalen Zurechnung strafbaren Unrechts im demokratischen Rechtsstaat, Frankfurt a. M., 2005. (zitiert als: *Günther*, Schuld und kommunikative Freiheit)

Günther, Klaus/ Honneth, Axel, Vorwort, in: *Garland, David*, Kultur der Kontrolle: Verbrechensbekämpfung und soziale Ordnung in der Gegenwart, Frankfurt/ New York, 2008, S. 7 ff. (zitiert als: *Günther/ Honneth*, Vorwort des Buches *Garland*, Kultur der Kontrolle)

Habermas, Jürgen, Legitimationsprobleme im Spätkapitalismus, Frankfurt a. M., 1973.

Habermas, Jürgen, Theorie des kommunikativen Handelns: Handlungsrationalität und gesellschaftliche Rationalisierung, Bd. I, 4. Auflage, Frankfurt a. M., 1987. (zitiert als: *Habermas*, Theorie des kommunikativen Handelns, Bd. I.)

Habermas, Jürgen, Theorie des kommunikativen Handelns: Zur Kritik der funktionalistischen Vernunft, Bd. II, 4. Auflage, Frankfurt a. M., 1987. (zitiert als: *Habermas,* Theorie des kommunikativen Handelns, Bd. II.)

Habermas, Jürgen, Faktizität und Geltung: Beiträge zur Diskurstheorie des Rechts und des demokratischen Rechtsstaats, 2. Auflage, Frankfurt a. M., 1992. (zitiert als: *Habermas,* Faktizität und Geltung)

Habermas, Jürgen, Individualisierung durch Vergesellschaftung, in: *Beck, Ulrich/ Beck-Gernsheim, Elisabeth* (Hrsg.), Riskante Freiheit: Individualisierung in modernen Gesellschaften, Frankfurt a. M., 1994, S. 437 ff.

Habermas, Jürgen, Die neue Unübersichtlichkeit, 1. Auflage, Frankfurt a. M., 1985. (zitiert als: *Habermas,* Unübersichtlichkeit)

Haffke, Bernhard, Die Legitimation des staatlichen Strafrechts zwischen Effizienz, Freiheitsverbürgung und Symbolik, in: *Schünemann, Bernd* u. a. (Hsrg.), FS für *Claus Roxin* zum 70. Geburtstag, Berlin/ New York, 2001, S. 955 ff.

Haft, Fritjof, Strafrecht, Allgemeiner Teil: Eine Einführung für Anfangssemester, 9. Auflage, München, 2004. (zitiert als: *Haft,* AT)

Hamm, Rainer, Feindstrafrecht – Bürgerstrafrecht – Freundstrafrecht, in: *Rode, Irmgard/ Kammeier, Heinz/ Leipert, Matthias* (Hrsg.), Neue Lust auf Strafen, Münster, 2005, S. 105 ff. (zitiert als: *Hamm,* Feindstrafrecht)

Hantschel, Ulrike, Untreuevorsatz: Eine Untersuchung zu Begriff und Beweis des Vorsatzes bei § 266 StGB, Berlin, 2010. (zitiert als: *Hantschel,* Untreuevorsatz)

Hassemer, Winfried, Kennzeichen des Vorsatzes, in: *Dornseifer, Gerhard* (Hrsg.), GS für *Armin Kaufmann,* Köln u. a., 1989, S. 289 ff.

Hassemer, Winfried, Einführung in die Grundlagen des Strafrechts, 2. Auflage, München, 1990. (zitiert als: *Hassemer,* Einführung)

Hassemer, Winfried, Kennzeichen und Krisen des modernen Strafrechts, in: ZRP 1992, S. 378 ff.

Hassemer, Winfried, Variationen der positiven Generalprävention, in: *Schünemann, Bernd/ von Hirsch, Andrew/ Jareborg, Nils* (Hrsg.), Positive Generalprävention: Kritische Analysen im deutschen-englischen Dialog Uppsala-Symposium 1996, Heidelberg, 1998, S. 29 ff.

Hassemer, Winfried, Das Selbstverständnis der Strafrechtswissenschaft gegenüber den Herausforderungen ihrer Zeit, in: *Eser, Albin/ Hassemer, Winfried/ Burkhardt, Björn* (Hrsg.), Die deutsche Strafrechtswissenschaft vor der Jahrtausendwende: Rückbesinnung und Ausblick, München, 2000, S. 21 ff. (zitiert als: *Hassemer,* Strafrechtswissenschaft)

Hassemer, Winfried, Das Symbolische am symbolischen Strafrecht, in: *Schünemann, Bernd* u. a. (Hrsg.), FS für *Claus Roxin* zum 70. Geburtstag, Berlin/ New York, 2001, S. 1001 ff.

Hassemer, Winfried, Sicherheit durch Strafrecht, in: Institut für Kriminalwissenschaften und Rechtsphilosophie Frankfurt a. M. (Hrsg.), Jenseits des rechtsstaatlichen Strafrechts, Frankfurt a. M., 2007, S. 99 ff.

Hefendehl, Roland, Die Materialisierung von Rechtsgut und Deliktsstruktur, in: GA 2002, S. 21 ff.

Hefendehl, Roland, Kollektive Rechtsgüter im Strafrecht, Köln, 2002. (zitiert als: *Hefendehl*, Kollektive Rechtsgüter)

Hefendehl, Roland, Sicherheit und Sicherheitsideologie: Oder auch: Das Ende des Relativen, in: NK 2013, S. 19 ff.

Heinrich, Bernd, Strafrecht: Allgemeiner Teil, 3. Auflage, Stuttgart, 2012. (zitiert als: *Heinrich*, AT)

Heller, Hermann, Geschichtliche Voraussetzungen des heutigen Staates, in: *Böckenförde, Ernst-Wolfgang* (Hrsg.), Staat und Gesellschaft, Darmstadt, 1976, S. 3 ff.

Herzberg, Rolf Dietrich, Die Abgrenzung von Vorsatz und bewusster Fahrlässigkeit – ein Problem des objektiven Tatbestandes, in: JuS 1986, S. 249 ff.

Herzberg, Rolf Dietrich, Bedingter Vorsatz und objektive Zurechnung beim Geschlechtsverkehr des Aids-Infizierten – AG München, NJW 1987, 2314, in: JuS 1987, S. 777 ff.

Herzberg, Rolf Dietrich, Das Wollen beim Vorsatzdelikt und dessen Unterscheidung vom bewussten fahrlässigen Verhalten, in: JZ 1988, S. 573 ff., 635 ff.

Herzog, Felix, Gesellschaftliche Unsicherheit und strafrechtliche Daseinsvorsorge: Studien zur Vorverlegung des Strafrechtsschutzes in den Gefährdungsbereich, Heidelberg, 1991. (zitiert als: *Herzog*, Gesellschaftliche Unsicherheit)

Hesse, Hans-Albrecht, Der Schutz-Staat geht um, in: JZ 1991, S. 744 ff.

Hirsch, Hans Joachim, Hauptprobleme einer Reform der Delikte gegen die körperliche Unversehrtheit, in: ZStW 83 (1971), S. 140 ff.

Hirsch, Hans Joachim, Das Schuldprinzip und seine Funktion im Strafrecht, in: ZStW 106 (1994), S. 746 ff.

Hirsch, Hans Joachim, Strafrechtliche Probleme: Schriften aus drei Jahrzehnten, hrsg. von *Kohlmann, Günther*, Berlin, 1999. (zitiert als: *H. J. Hirsch*, Strafrechtliche Probleme)

Hirsch, Joachim, Der Sicherheitsstaat: Das „Modell Deutschland", seine Krise und die neuen sozialen Bewegungen, überarb. Neuauflage, Frankfurt a. M., 1986. (zitiert als: *J. Hirsch*, Der Sicherheitsstaat)

Hitzler, Roland/ Honer, Anne, Bastelexistenz: Über subjektive Konsequenzen der Individualisierung, in: *Beck, Ulrich/ Beck-Gernsheim, Elisabeth* (Hrsg.), Riskante Freiheit – Individualisierung in modernen Gesellschaften, Frankfurt a. M., 1994, S. 307 ff. (zitiert als: *Hitzler/ Honer*, Bastelexistenz)

Hohmann, Olaf, Das Rechtsgut der Umweltdelikte: Grenzen des strafrechtlichen Umweltschutzes, Frankfurt a. M., 1991. (zitiert als: *Hohmann*, Rechtsgut der Umweltdelikte)

Honneth, Axel, Organisierte Selbstverwirklichung: Paradoxien der Individualisierung, in: *Honneth, Axel* (Hrsg.), Befreiung aus der Mündigkeit: Paradoxien des gegenwärtigen Kapitalismus, Frankfurt a. M./ New York, 2002, S. 141 ff. (zitiert als: *Honneth*, Organisierte Selbstverwirklichung)

Horkheimer, Max/ Adorno, Theodor W., Dialektik der Aufklärung: Philosophische Fragmente, 20. Auflage, Frankfurt a. M., 2011. (zitiert als: *Horkheimer/ Adorno*, Dialektik der Aufklärung)

Horn, Eckhard, Konkrete Gefährdungsdelikte, Köln, 1973.

Hörnle, Tatjana/ von Hirsch, Andrew, Positive Generalprävention und Tadel, in: *Schünemann, Bernd/ von Hirsch, Andrew/ Jareborg, Nils* (Hrsg.), Positive Generalprävention: Kritische Analysen im deutschen-englischen Dialog Uppsala-Symposium 1996, Heidelberg, 1998, S. 83 ff.

Hörnle, Tatjana, Deskriptive und normative Dimensionen des Begriffs „Feindstrafrecht“, in: GA 2006, S. 80 ff.

Hoyer, Andreas, Die Eignungsdelikte, Berlin, 1987. (zitiert als: *Hoyer*, Eignungsdelikte)

Hoyer, Andreas, „Umräumen von Möbeln“ auf offener Bühne, in: *Freund, Georg* u. a. (Hrsg.), FS für *Wolfgang Frisch* zum 70. Geburtstag, Berlin, 2013, S. 223 ff.

Hsu, Yu-An, „Doppelindividualisierung“ und Irrtum: Studien zur strafrechtlichen Lehre von der Erfolgszurechnung zum Vorsatz, Berlin, 2007. (zitiert als: *Hsu*, Doppelindividualisierung)

Huber, Ernst Rudolf, Rechtsstaat und Sozialstaat in der modernen Industriegesellschaft, in: *Forsthoff, Ernst* (Hrsg.), Rechtsstaatlichkeit und Sozialstaatlichkeit: Aufsätze und Essays, Darmstadt, 1968, S. 589 ff. (zitiert als: *Huber*, Rechtsstaat und Sozialstaat)

Hubig, Christoph, Zwischen Risiko und Sicherheit: Die Grenzen der Verantwortung, in: *Döttinger, Karlheinz* (Hrsg.), Zum Verhältnis von Technik und Gesellschaft: Beiträge zum Jubiläum „125 Jahre Technische Überwachung“, Ehningen/ Böblingen, 1991, S. 22 ff. (zitiert als: *Hubig*, Zwischen Risiko und Sicherheit)

Isensee, Josef, Der Dualismus von Staat und Gesellschaft, in: *Böckenförde, Ernst-Wolfgang* (Hrsg.), Staat und Gesellschaft, Darmstadt, 1976, S. 317 ff. (zitiert als: *Isensee*, Dualismus)

Isensee, Josef, Das Grundrecht auf Sicherheit: Zu den Schutzpflichten des freiheitlichen Verfassungsstaates, Berlin/ New York, 1983. (zitiert als: *Isensee*, Sicherheit)

Jäger, Christian, Examens-Repetitorium, Strafrecht Allgemeiner Teil, 6. Auflage, Heidelberg, 2013. (zitiert als: *Jäger*, AT)

Jäger, Herbert, Subjektive Verbrechensmerkmale als Gegenstand psychologischer Wahrheitsfindung, in: MschrKrim 61 (1978), S. 297 ff.

Jähnke, Burkhard/ Laufhütte, Heinrich Wilhelm/ Odersky, Walter (Hrsg.), Strafgesetzbuch: Leipziger Kommentar, Bd. 1: Einleitung, §§ 1 bis 31, 11. Auflage, Berlin, 2003.

Jähnke, Burkhard/ Laufhütte, Heinrich Wilhelm/ Odersky, Walter (Hrsg.), Strafgesetzbuch: Leipziger Kommentar, Bd. 5: §§ 146 bis 222, 11. Auflage, Berlin, 2005.

Jakobs, Günther, Die Konkurrenz von Tötungsdelikten mit Körperverletzungsdelikten, Bonn, 1967. (zitiert als: *Jakobs*, Konkurrenz)

Jakobs, Günther, Studien zum fahrlässigen Erfolgsdelikt, Berlin, 1972. (zitiert als: *Jakobs*, Erfolgsdelikt)

Jakobs, Günther, Kriminalisierung im Vorfeld einer Rechtsgutsverletzung, in: ZStW 97 (1985), S. 751 ff.

Jakobs, Günther, Über die Aufgabe der subjektiven Deliktseite im Strafrecht, in: *Witter, Hermann* (Hrsg.), Der psychiatrische Sachverständige im Strafrecht, Berlin u. a., 1987, S. 271 ff. (zitiert als: *Jakobs*, die Aufgabe der subjektiven Deliktseite)

Jakobs, Günther, Über die Behandlung von Wollensfehlern und von Wissensfehlern, in: ZStW 101 (1989), S. 516 ff.

Jakobs, Günther, Tätervorstellung und objektive Zurechnung, in: *Dornseifer, Gerhard* (Hrsg.), GS für *Armin Kaufmann*, Köln u. a., 1989, S. 271 ff.

Jakobs, Günther, Strafrecht, Allgemeiner Teil: Die Grundlagen und die Zurechnungslehre, 2. Auflage, Studienausgabe, Berlin/ New York, 1993. (zitiert als: *Jakobs*, AT)

Jakobs, Günther, Das Strafrecht zwischen Funktionalismus und „alteuropäischem" Prinzipiendenken: Oder: Verabschiedung des „alteuropäischen" Strafrechts?, in: ZStW 107 (1995), S. 843 ff.

Jakobs, Günther, Bemerkungen zur objektiven Zurechnung, in: *Weigend, Thomas/ Küpper, Georg* (Hrsg.), FS für *Hans Joachim Hirsch*, Berlin,1999, S. 45 ff.

Jakobs, Günther, Das Selbstverständnis der Strafrechtswissenschaft von den Herausforderungen der Gegenwart (Kommentar), in: *Eser, Albin/ Hassemer, Winfried/ Burkhardt, Björn* (Hrsg.), Die deutsche Strafrechtswissenschaft vor der Jahrtausendwende: Rückbesinnung und Ausblick, München, 2000, S. 47 ff. (zitiert als: *Jakobs*, Strafrechtswissenschaft)

Jakobs, Günther, Gleichgültigkeit als dolus indirectus, in: ZStW 114 (2002), S. 584 ff.

Jakobs, Günther, Bürgerstrafrecht und Feindstrafrecht, in: HRRS 2004, S. 88 ff.

Jakobs, Günther, Staatliche Strafe: Bedeutung und Zweck, Paderborn, 2004. (zitiert als: *Jakobs*, Staatliche Strafe)

Jakobs, Günther, Individuum und Person: Strafrechtliche Zurechnung und die Ergebnisse moderner Hirnforschung, in: ZStW 117 (2005), S. 247 ff.

Jakobs, Günther, Feindstrafrecht?: Eine Untersuchung zu den Bedingungen von Rechtlichkeit, in: HRRS 2006, S. 289 ff.

Jakobs, Günther, Rechtszwang und Personalität, Paderborn, 2008. (zitiert als: *Jakobs* Rechtszwang)

Jakobs, Günther, Norm, Person, Gesellschaft: Vorüberlegungen zu einer Rechtsphilosophie, 3., erheblich veränderte Auflage, Berlin, 2008. (zitiert als: *Jakobs*, Norm, Person, Gesellschaft)

Jakobs, Günther, Zur Theorie des Feindstrafrechts, in: *Rosenau, Henning/ Kim, Sangyun* (Hrsg.), Straftheorie und Strafgerechtigkeit: Deutsch-Japanischer Strafrechtsdialog, Frankfurt a. M., 2010, S. 167 ff. (zitiert als: *Jakobs*, Theorie des Feindstrafrechts)

Jakobs, Günther, Altes und Neues zum strafrechtlichen Vorsatzbegriff, RW 2010, S. 283 ff.

Jakobs, Günther, Erfolgsunwert und Rationalität, in: *Joecks, Wolfgang* (Hrsg.), FS für *Erich Samson* zum 70. Geburtstag, Heidelberg, 2010, S. 43 ff.

Jakobs, Günther, Rechtsgüterschutz?: Zur Legitimation des Strafrechts, Paderborn, 2012. (zitiert als: *Jakobs*, Rechtsgüterschutz)

Jakobs, Günther, System der strafrechtlichen Zurechnung, Frankfurt a. M., 2012.

Jescheck, Hans-Heinrich/ Weigend, Thomas, Lehrbuch des Strafrechts: Allgemeiner Teil, 5. Auflage, Berlin, 1996. (zitiert als: *Jescheck/ Weigend*, AT)

Joecks, Wolfgang/ Miebach, Klaus (Hrsg.), Münchener Kommentar zum StGB, 2. Auflage, München, 2014.

Joerden, Jan C., Strukturen des strafrechtlichen Verantwortlichkeitsbegriffs: Relationen und ihre Verkettungen, Berlin, 1988. (zitiert als: *Joerden*, Verantwortlichkeitsbegriff)

Joerden, Jan C., Solidaritätspflichten und Strafrecht, in: *von Hirsch, Andreas/ Neumann, Ulfrid/ Seelmann, Kurt* (Hrsg.), Solidarität im Strafrecht: Zur Funktion und Legitimation strafrechtlicher Solidaritätspflichten, 1. Auflage, Baden-Baden, 2013, S. 49 ff.

Joo, Hyun Kyong, Die positive Generalprävention im Straßenverkehr, Frankfurt a. M., 2013. (zitiert als: *Joo*, Die positive Generalprävention)

Jonas, Hans, Das Prinzip Verantwortung: Versuch einer Ethik für die technologische Zivilisation, 1. Auflage, Frankfurt a. M., 2003. (zitiert als: *Jonas*, Das Prinzip Verantwortung)

Jung, Heike, Kriminalsoziologie, 2. Auflage, Baden-Baden, 2007.

Kargl, Walter, Der strafrechtliche Vorsatz auf der Basis der kognitiven Handlungstheorie, Frankfurt a. M., 1993. (zitiert als: *Kargl*, Vorsatz)

Kalous, Angela, Positive Generalprävention durch Vergeltung, Regensburg, 2000. (zitiert als: *Kalous*, Positive Generalprävention)

Kaufmann, Armin, Der dolus eventualis im Deliktsaufbau, in: ZStW 70 (1958), S. 64 ff.

Kaufmann, Arthur, Unrecht und Schuld beim Delikt der Volltrunkenheit, in: JZ 1963, S. 425 ff.

Kaufmann, Arthur, Die finale Handlungslehre und die Fahrlässigkeit, in: JuS 1967, S. 145 ff.

Kaufmann, Arthur, Das Schuldprinzip: Eine strafrechtlich-rechtsphilosophische Untersuchung, 2. Auflage, 1976. (zitiert als: *Arth. Kaufmann,* Schuldprinzip)

Kaufmann, Arthur, Unzeitgemäße Betrachtungen zum Schuldgrundsatz im Strafrecht, in: Jura 1986, S. 255 ff.

Kaufmann, Arthur, Rechtsphilosophie, 2. Auflage, München, 1997.

Kaufmann, Franz-Xaver, Sicherheit als soziologisches und sozialpolitisches Problem: Untersuchungen zu einer Wertidee hochdifferenzierter Gesellschaften, 2. Auflage, Stuttgart, 1973. (zitiert als: *F. X. Kaufmann,* Sicherheit)

Kaufmann, Franz-Xaver, Normen und Institutionen als Mittel zur Bewältigung von Unsicherheit: Die Sicht der Soziologie, in: Bayerische Rückversicherung Aktiengesellschaft (Hrsg.), Gesellschaft und Sicherheit, Karlsruhe, 1987, S. 37 ff. (zitiert als: *F. X. Kaufmann,* Normen und Institutionen)

Kaufmann, Franz-Xaver, Der Ruf nach Verantwortung: Risiko und Ethik in einer unüberschaubaren Welt, Freiburg u. a., 1992. (zitiert als: *F. X. Kaufmann,* Ruf nach Verantwortung)

Kaufmann, Franz-Xaver, Diskurse über Staatsaufgaben, in: *Grimm, Dieter* (Hrsg.), Staatsaufgaben, 1. Auflage, Frankfurt a. M., 1996, S. 15 ff. (zitiert als: *F. X. Kaufmann,* Staatsaufgaben)

Kaufmann, Franz-Xaver, Herausforderungen des Sozialstaates, Frankfurt a. M., 1997. (zitiert als: *F. X. Kaufmann,* Herausforderungen)

Kaufmann, Franz-Xaver, Varianten des Wohlfahrtsstaats: Der deutsche Sozialstaat im internationalen Vergleich, 1. Auflage, Frankfurt a. M., 2003. (zitiert als: *F. X. Kaufmann,* Varianten des Wohlfahrtsstaats)

Kaufmann, Matthias/ Renzikowski, Joachim, Einleitung, in: Zurechnung und Verantwortung: Tagung der Deutschen Sektion der Internationalen Vereinigung für Rechts- und Sozialphilosophie vom 22.-24. September 2010 in Halle (Saale), Stuttgart, 2012, S. 11 ff.

Kerrl, Hans, Nationalsozialistisches Strafrecht: Denkschrift des Preußischen Justizministers, Berlin, 1933. (zitiert als: *Kerrl,* Nationalsozialistisches Strafrecht)

Kindhäuser, Urs, Der Vorsatz als Zurechnungskriterium, in: ZStW 96 (1984), S. 1 ff.

Kindhäuser, Urs, Gefährdung als Straftat: Rechtstheoretische Untersuchungen zur Dogmatik der abstrakten und konkreten Gefährdungsdelikten, Frankfurt a. M., 1989. (zitiert als: *Kindhäuser,* Gefährdung als Straftat)

Kindhäuser, Urs, Sicherheitsstrafrecht: Gefahren des Strafrechts in der Risikogesellschaft, in: Universitas 1992, S. 227 ff.

Kindhäuser, Urs, Gleichgültigkeit als Vorsatz?, in: *Arnold, Jörg* u.a. (Hrsg.), FS für *Albin Eser*, München, 2005, S. 345 ff.

Kindhäuser, Urs, Objektive und subjektive Zurechnung beim Vorsatzdelikt, in: *Byrd, B. Sharon/ Joerden, Jan C.* (Hrsg.), FS für *Joachim Hruschka* zum 70. Geburtstag, Berlin, 2005, S. 527 ff.

Kindhäuser, Urs, Der subjektive Tatbestand im Verbrechensaufbau: Zugleich eine Kritik der Lehre von der objektiven Zurechnung, in: GA 2007, S. 447 ff.

Kindhäuser, Urs, Strafrecht: Allgemeiner Teil, 5. Auflage, Baden-Baden, 2011. (zitiert als: *Kindhäuser*, AT)

Kindhäuser, Urs/ Neumann, Ulfrid/ Paeffgen, Hans-Ullrich (Hrsg.), Strafgesetzbuch: Nomos Kommentar, 4. Auflage, Baden-Baden, 2013.

Klee, Karl, Der dolus indirectus als Grundform der vorsätzlichen Schuld, Berlin, 1906. (zitiert als: *Klee*, dolus indirectus)

Köhler, August, Probleme der Fahrlässigkeit im Strafrecht, München, 1912. (zitiert als: *A. Köhler*, Probleme der Fahrlässigkeit)

Köhler, Michael, Die bewusste Fahrlässigkeit: Eine strafrechtlich-rechtsphilosophische Untersuchung, Heidelberg, 1982. (zitiert als: *M. Köhler*, Die bewusste Fahrlässigkeit)

Köhler, Michael, Der Begriff der Zurechnung, in: *Weigend, Thomas/ Küpper, Georg* (Hrsg.), FS für *Hans Joachim Hirsch*, Berlin,1999, S. 65 ff.

Kohlrausch, Eduard, Die Schuld (Vorsatz, Fahrlässigkeit, Rechtsirrtum, Erfolgshaftung), in: *Aschrott, Paul Felix/ von Liszt, Franz*, Die Reform des Reichsstrafgesetzbuchs: Kritische Besprechung des Vorentwurfs eines StGB für das Deutsche Reich, Bd. I: Allgemeiner Teil (Erste Hälfte), Nachdruck der Ausgabe Berlin, Goldbach, 1910, S. 179 ff. (zitiert als: *Kohlrausch*, in: *Aschrott/ von Liszt*, Reform, Bd. I, AT)

König, Peter, Verkehrsfeindlicher Inneneingriff und Gefährdungsvorsatz – Zugleich Besprechung von BGH, NStZ 2003, 486, in: NStZ 2004, S. 175 ff.

König, Peter, Zum Ende des Fortbewegungszwecks beim verkehrsfeindlichen Inneneingriff, in: *Geisler, Claudius* (Hrsg.), FS für *Klaus Geppert* zum 70. Geburtstag am 10. März 2011, Berlin, 2011, S. 259 ff.

Koriath, Heinz, Zum Streit um die Gefährdungsdelikte, in: GA 2001, S. 51 ff.

Krasmann, Susanne/ Opitz, Sven, Regierung und Exklusion: Zur Konzeption des Politischen im Feld der Gouvernementalität, in: *Krasmann, Susanne/ Volkmer, Michael* (Hrsg.): *Michel Foucaults* „Geschichte der Gouvernementalität" in den Sozialwissenschaften: internationale Beiträge, Bielefeld, 2007, S. 127 ff. (zitiert als: *Krasmann/ Opitz*, Regierung und Exklusion)

Krauss, Detlef, Der psychologische Gehalt subjektiver Elemente im Strafrecht, in: *Frisch, Wolfgang/ Schmid, Werner* (Hrsg.), FS für *Hans-Jürgen Bruns* zum 70. Geburtstag, Köln u. a., 1978, S. 11 ff.

Krey, Volker/ Esser, Robert, Deutsches Strafrecht, Allgemeiner Teil: Studienbuch in systematischer-induktiver Darstellung, 5. Auflage, Stuttgart, 2012. (zitiert als: *Krey/ Esser*, AT)

Kron, Thomas/ Moráček, Martin, Individualisierung, Bielefeld, 2009.

Krumm, Carsten, Verurteilung wegen vorsätzlicher Abstandsunterschreitung, in: SVR 2011 Heft 2, S. 76.

Kühl, Kristian, Strafrecht: Allgemeiner Teil, 7. Auflage, München, 2012. (zitiert als: *Kühl*, AT)

Kuhlen, Lothar, Zum Strafrecht der Risikogesellschaft, in: GA 1994, S. 347 ff.

Küper, Wilfried, Gefährdung als Erfolgsqualifikation, in: NJW 1976, S. 543 ff.

Küper, Wilfried, Vorsatz und Risiko: Zur Monographie von *Wolfgang Frisch*, in: GA 1987, S. 479 ff.

Küpper, Georg, Zum Verhältnis von dolus eventualis, Gefährdungsvorsatz und bewusster Fahrlässigkeit, in: ZStW 100 (1988), S. 758 ff.

Küpper, Georg, Grenzen der normativierenden Strafrechtsdogmatik, Berlin, 1990.

Lackner, Karl, Das konkrete Gefährdungsdelikt im Verkehrsstrafrecht, Berlin, 1967. (zitiert als: *Lackner*, Das konkrete Gefährdungsdelikt)

Lackner, Karl/ Kühl, Christian, Strafgesetzbuch: Kommentar, 28. Auflage, München, 2014. (zitiert als: *Lackner/ Kühl*, StGB)

Lampe, Ernst-Joachim, Strafphilosophie: Studien zur Strafgerechtigkeit, Köln u. a., 1999. (zitiert als: *Lampe*, Strafphilosophie)

Laue, Carsten Christoph, Die Aussetzung: Eine Klarstellungsvorschrift, München, 2002. (zitiert als: *Laue*, Aussetzung)

Laufhütte, Heinrich Wilhelm/ Rissing-van Saan, Ruth/ Tiedemann, Klaus (Hrsg.), Strafgesetzbuch: Leipziger Kommentar, Bd. 1: Einleitung, §§ 1 bis 31, 12. Auflage, Berlin, 2007.

Lessenich, Stephan, Die Neuerfindung des Sozialen: Der Sozialstaat im flexiblen Kapitalismus, 2. unveränderte Auflage, Bielefeld, 2009. (zitiert als: *Lessenich*, Die Neuerfindung des Sozialen)

Lohmeyer, Katharina, Freiheit in der neoliberalen Gesellschaft: Theorien und Ergebnisse der Sozialforschung, Marburg, 2007. (zitiert als: *Lohmeyer*, Freiheit)

Lüderssen, Klaus, Das Strafrecht zwischen Funktionalismus und „alteuropäischem" Prinzipiendenken: Oder: Verabschiedung des „alteuropäischen" Strafrechts?, in: ZStW 107 (1995), S. 877 ff.

Lüderssen, Klaus, Das moderne Strafrecht: Eine Zerreißprobe zwischen ultima ratio, Pragmatismus und kulturellem Hochgefühl, in: StV 2004, S. 97 ff.

Lüderssen, Klaus, Der „Erfolgsunrecht", in: *Putzke, Holm* (Hrsg.), FS für *Rolf Dietrich Herzberg* zum siebzigsten Geburtstag, Tübingen, 2008, S. 123 ff.

Luhmann, Niklas, Rechtssystem und Rechtsdogmatik, Stuttgart u. a., 1974.

Luhmann, Niklas, Gesellschaftsstruktur und Semantik: Studien zur Wissenssoziologie der modernen Gesellschaft, Bd. 3, Frankfurt a. M., 1989. (zitiert als: *Luhmann*, Gesellschaftsstruktur und Semantik)

Luhmann, Niklas, Das Recht der Gesellschaft, 1. Auflage, Frankfurt a. M., 1995. (zitiert als: *Luhmann*, Recht der Gesellschaft)

Luhmann, Niklas, Soziologie des Risikos, unveränderter Nachdruck der Ausgabe von 1991, Berlin/ New York, 2003.

Luhmann, Niklas, Rechtssoziologie, 4. Auflage, Wiesbaden, 2008.

Luhmann, Niklas, Die Form „Person", in: *Luhmann, Niklas*, Soziologische Aufklärung 6: Die Soziologie und der Mensch, 3. Auflage, Wiesbaden, 2008, S. 137 ff.

Luhmann, Niklas, Inklusion und Exklusion, in: *Luhmann, Niklas*, Soziologische Aufklärung 6: Die Soziologie und der Mensch, 3. Auflage, Wiesbaden, 2008, S. 226 ff.

Luhmann, Niklas, Grundrechte als Institution: Ein Beitrag zur politischen Soziologie, 5. Auflage, Berlin, 2009. (zitiert als: *Luhmann*, Grundrechte)

Luhmann, Niklas, Politische Theorie im Wohlfahrtstaat, mit einem Nachwort von *Michael Hein*, München, 2011. (zitiert als: *Luhmann*, Wohlfahrtstaat)

Matt, Holger/ Renzikowski, Joachim (Hrsg.), Strafgesetzbuch-Kommentar, München, 2013. (zitiert als: *Matt/ Renzikowski*, StGB)

Maurach, Reinhart/ Zipf, Heinz, Strafrecht: Allgemeiner Teil, Teilband 1: Grundlehren des Strafrechts und Aufbau der Straftat, 8. Auflage, Heidelberg, 1992. (zitiert als: *Maurach/ Zipf*, AT 1)

Maurach, Reinhart/ Schroeder, Friedrich-Christian/ Maiwald, Manfred, Strafrecht, Besonderer Teil, Teilband 2: Straftaten gegen Gemeinschaftswerte, 10. Auflage, Heidelberg, 2012. (zitiert als: *Maurach/ Schroeder/ Maiwald*, BT 2)

Meyer, Andreas H., Die Gefährlichkeitsdelikte: Ein Beitrag zur Dogmatik der „abstrakten Gefährdungsdelikte" unter besonderer Berücksichtigung des Verfassungsrechts, Münster/ Hamburg, 1992. (zitiert als: *Meyer*, Gefährlichkeitsdelikte)

Metzger, Edmund, Willensstrafrecht, Gefährdungsstrafrecht und Erfolgsstrafrecht, in: DJZ 1934, S. 97 ff.

Miřička, August, Die Formen der Strafschuld und ihre gesetzliche Regelung, Leipzig, 1903. (zitiert als: *Miřička*, Formen der Strafschuld)

Mittermaier, Wolfgang, Kritische Beiträge zur Lehre von der Strafrechtsschuld, 1909. (zitiert als: *Mittermaier*, Strafrechtsschuld)

Müller-Dietz, Heinz, Aspekte und Konzepte der Strafrechtsbegrenzung, in: *Geppert, Klaus/ Bohnert, Joachim/ Rengier, Rudolf* (Hrsg.), FS für *Rudolf Schmitt* zum 70. Geburtstag, Tübingen, 1992, S. 95 ff.

Müller-Tuckfeld, Jens Christian, Integrationsprävention: Studien zu einer Theorie der gesellschaftlichen Funktion des Strafrechts, Frankfurt a. M., 1998. (zitiert als: *Müller-Tuckfeld*, Integrationsprävention)

Münkler, Herfried, Strategien der Sicherung: Welten der Sicherheit und Kulturen des Risikos. Theoretische Perspektiven, in: *Münkler, Herfried/ Bohlender, Matthias/ Meurer, Sabine* (Hrsg.), Sicherheit und Risiko: Über den Umgang mit Gefahr im 21. Jahrhundert, Bielefeld, 2010, S. 11 ff. (zitiert als: *Münkler,* Strategien der Sicherung)

Nau, Heinz, Die Bewußtseinsform bei normalpsychologischen Affekttaten: Ein Vorsatzproblem?, Frankfurt a. M. u. a., 2001. (zitiert als: *Nau,* Bewußtseinsform)

Naucke, Wolfgang, Die Kriminalpolitik des Marburger Programms 1882, in: ZStW 94 (1982), S. 525 ff.

Naucke, Wolfgang, Die robuste Tradition des Sicherheitsstrafrechts, in: KritV 2010, S. 129 ff.

Neumann, Ulfrid, Buchbesprechung zu „*Schneider, Hendrik,* Kann die Einübung in Normanerkennung die Strafrechtsdogmatik leiten?: Eine Kritik des strafrechtlichen Funktionalismus, 2004", in: ZStW 122 (2010), S. 429 ff.

Nick, Hans Herbert, Gefahr und Gefährdungsvorsatz im Hinblick auf ein Gefährdungsstrafrecht, Düren-Rhld, 1937. (zitiert als: *Nick,* Gefahr und Gefährdungsvorsatz)

Noll, Peter, Der subjektive Tatbestand der Gefährdung des Lebens nach Art. 129 des Strafgesetzbuches, in: SchwZSt 1954, S. 19 ff.

Nowakowski, Friedrich, Zu *Welzels* Lehre von der Fahrlässigkeit, in: JZ 1958, S. 335 ff.

Opitz, Sven, Ausnahme mit System: *Niklas Luhmann* und *Giorgio Agamben* an der Grenze zum Anderen des Rechts, in: KritJ 2010, S. 436 ff.

Opitz, Sven, An der Grenze des Rechts: Inklusion/ Exklusion im Zeichen der Sicherheit, 1. Auflage, Weilerswist, 2012. (zitiert als: *Opitz,* Grenze des Rechts)

Ostendorf, Heribert, Grundzüge des konkreten Gefährdungsdelikts, in: JuS 1982, S. 426 ff.

Otto, Harro, Dolus eventualis und Schaden bei der Untreue, § 266 StGB, in: *Paeffgen, Hans-Ullrich* (Hrsg.), FS für *Ingeborg Puppe,* Berlin, 2011, S. 1247 ff.

Paech, Norman, Rechtsstaat oder Polizeistaat?, in: *Kutscha, Martin/ Paech, Norman* (Hrsg.), Im Staat der „Inneren Sicherheit": Polizei, Verfassungsschutz, Geheimdienste, Datenkontrolle im Betrieb, Beiträge und Dokumente, Frankfurt a. M., 1981, S. 28 ff.

Papathanasiou, Konstantina, Irrtum über normative Tatbestandsmerkmale: Eine Verortung der subjektiven Zurechnung innerhalb der verfassungsrechtlichen Koordinaten des Bestimmtheitsgrundsatzes und des Schuldprinzips, Berlin, 2014. (zitiert als: *Papathanasiou,* Irrtum)

Pawlik, Michael, Person, Subjekt, Bürger: Zur Legitimation von Strafe, Berlin, 2004. (zitiert als: *Pawlik,* Person, Subjekt, Bürger)

Pawlik, Michael, Das Unrecht des Bürgers: Grundlinien der Allgemeinen Verbrechenslehre, Tübingen, 2012. (zitiert als: *Pawlik,* Das Unrecht des Bürgers)

Philipps, Lothar, Dolus eventualis als Problem der Entscheidung unter Risiko, in: ZStW 85 (1973), S. 27 ff.

Preuß, Ulrich K., Der Staat als bewusst produziertes Handlungszentrum, in: *Böckenförde, Ernst-Wolfgang* (Hrsg.), Staat und Gesellschaft, Darmstadt, 1976, S. 330 ff. (zitiert als: *Preuß*, Staat)

Preuß, Ulrich K., Risikovorsorge als Staatsaufgabe: Die epistemologischen Voraussetzungen von Sicherheit, in: *Grimm, Dieter* (Hrsg.), Staatsaufgaben, 1. Auflage, Frankfurt a. M., 1996, S. 523 ff. (zitiert als: *Preuß*, Risikovorsorge)

Prittwitz, Cornelius, Die Ansteckungsgefahr bei AIDS, in: JA 1988, S. 427 ff., 486 ff.

Prittwitz, Cornelius, Strafrecht und Risiko: Untersuchungen zur Krise von Strafrecht und Kriminalpolitik in der Risikogesellschaft, Frankfurt a. M., 1993. (zitiert als: *Prittwitz*, Strafrecht und Risiko)

Prittwitz, Cornelius, Risiken des Risikostrafrechts, in: *Frehsee, Detlev/ Löschper, Gabi/ Smaus, Gerlinda* (Hrsg.), Konstruktion der Wirklichkeit durch Kriminalität und Strafe, Baden-Baden, 1997, S. 47 ff.

Prittwitz, Cornelius, Feindstrafrecht, in: *Pilgram, Arno/ Prittwitz, Cornelius* (Hrsg.), Kriminologie: Akteurin und Kritikerin gesellschaftlicher Entwicklung; über das schwierige Verhältnis der Wissenschaft zu den Verwaltern der Sicherheit, 1. Auflage, Baden-Baden, 2005, S. 215 ff.

Prittwitz, Cornelius, „Feinde ringsum"?: Zur begrenzten Kompatibilität von Sicherheit und Freiheit, in: Institut für Kriminalwissenschaften und Rechtsphilosophie Frankfurt a. M. (Hrsg.), Jenseits des rechtsstaatlichen Strafrechts, Frankfurt a. M., 2007, S. 225 ff. (zitiert als: *Prittwitz*, Sicherheit und Freiheit)

Prittwitz, Cornelius, Risikovorsatz und Vorsatzgefahr: Zum Verhältnis und zur strafrechtlichen Relevanz des Verdrängens, in: *Paeffgen, Hans-Ullrich* (Hrsg.), FS für *Ingeborg Puppe*, Berlin, 2011, S. 819 ff.

Puppe, Ingeborg, Der Vorstellungsinhalt des dolus eventualis, in: ZStW 103 (1991), S. 1 ff.

Puppe, Ingeborg, Vorsatz und Zurechnung, Heidelberg, 1992.

Puppe, Ingeborg, Strafrecht Allgemeiner Teil im Spiegel der Rechtsprechung, Bd. 1, 1. Aufl., Baden-Baden, 2002. (zitiert als: *Puppe*, AT[1], Bd. 1)

Puschke, Jens, Grund und Grenzen des Gefährdungsstrafrechts am Beispiel der Vorbereitungsdelikte, in: *Hefendehl, Roland* (Hrsg.), Grenzenlose Vorverlagerung des Strafrechts?, Berlin 2010, S. 9 ff. (zitiert als: *Puschke*, Gefährdungsstrafrecht)

Rabl, Kurt O., Der Gefährdungsvorsatz, Breslau-Neukirch, 1933. (zitiert als: *Rabl*, Gefährdungsvorsatz)

Radbruch, Gustav, Erfolgshaftung, in: *Birkmeyer, Karl/ van Calker, Fritz* u. a. (Hrsg.), Vergleichende Darstellung des deutschen und ausländischen Strafrechts: Vorarbeiten zur deutschen Strafrechtsreform, AT, II. Bd., 1908, S. 227 ff. (zitiert als: *Radbruch*, in: VDS, AT II)

Radtke, Henning, Die Dogmatik der Brandstiftungsdelikte: Zugleich ein Beitrag zur Lehre von den gemeingefährlichen Delikten, Berlin, 1998. (zitiert als: *Radtke*, Brandstiftungsdelikte)

Radtke, Henning, Anmerkung zum Urteil des BGH vom 22.07.1999 – 4 StrR 185/ 99, in: NStZ 2000, S. 88 ff.

Radtke, Henning, Gefährlichkeit und Gefahr bei den Straßenverkehrsdelikten, in: *Geisler, Claudius* (Hrsg.), FS für *Klaus Geppert* zum 70. Geburtstag, Berlin, 2011, S. 461 ff.

Rath, Benjamin, Entscheidungstheorien der Risikoethik: Eine Diskussion etablierter Entscheidungstheorien und Grundzüge eines prozeduralen libertären Risikoethischen Kontraktualismus, Marburg, 2011. (zitiert als: *Rath*, Entscheidungstheorien der Risikoethik)

Rissing-van Saan, Ruth, Der bedingte Tötungsvorsatz und die Hemmschwellentheorie des Bundesgerichtshofs, in: *Geisler, Claudius* (Hrsg.), FS für *Klaus Geppert* zum 70. Geburtstag am 10. März 2011, Berlin, 2011, S. 497 ff.

Roggan, Fredrik, Auf legalem Weg in einen Polizeistaat: Entwicklung des Rechts der Inneren Sicherheit, 1. Auflage, Bonn, 2000. (zitiert als: *Roggan*, Polizeistaat)

Roxin, Claus, Zur Abgrenzung von bedingtem Vorsatz und bewusster Fahrlässigkeit – BGHSt 7, 363, in: JuS 1964, S. 53 ff.

Roxin, Claus, Zur Problematik des Schuldstrafrechts, in: ZStW 96 (1984), S. 641 ff.

Roxin, Claus, Strafrecht. Allgemeiner Teil: Bd. II, Besondere Erscheinungsformen der Straftat, 1. Auflage, München, 2003. (zitiert als: *Roxin*, AT II)

Roxin, Claus, Zur Normativierung des dolus eventualis und zur Lehre von der Vorsatzgefahr, in: *Rogall, Klaus* (Hrsg.), FS für *Hans-Joachim Rudolphi* zum 70. Geburtstag, München, 2004, S. 243 ff.

Roxin, Claus, Strafrecht. Allgemeiner Teil: Bd. I, Grundlagen: Der Aufbau der Verbrechenslehre, 4. Auflage, München, 2006. (zitiert als: *Roxin*, AT I)

Roxin, Claus, Täterschaft und Tatherrschaft, 8. Auflage, Berlin, 2006.

Roxin, Claus, Einwilligung, Persönlichkeitsautonomie und tatbestandliches Rechtsgut, in: *Böse, Martin/ Sternberg-Lieben, Detlev* (Hrsg.), FS für *Knut Amelung*, Berlin, 2009, S. 269 ff.

Rudolph, Tobias, Das Korrespondenzprinzip im Strafrecht: Der Vorrang von ex-ante-Betrachtungen gegenüber ex-post-Betrachtungen bei der strafrechtlichen Zurechnung, Berlin, 2006. (zitiert als: *Rudolph*, Korrespondenzprinzip)

Rudolphi, Hans-Joachim/ Wolter, Jürgen (Hrsg.), Systematischer Kommentar zum Strafgesetzbuch, 8. Auflage, Köln, 2013.

Rüping, Hinrich, Formen staatlicher Strafe im 18. bis 20. Jahrhundert, in: *Schumann, Eva* (Hrsg.), Das strafende Gesetz im sozialen Rechtsstaat: 15. Symposion der Kommission „Die Funktion des Gesetzes in Geschichte und Gegenwart", Berlin/ New York, 2010, S. 35 ff. (zitiert als: *Rüping*, Formen staatlicher Strafe)

Rupp, Hans Heinrich, Die Unterscheidung von Staat und Gesellschaft, in: *Isensee, Josef/ Kirchhof, Paul* (Hrsg.), Handbuch des Staatsrechts der Bundesrepublik Deutschland, Bd. 2.: Verfassungsstaat, 3. Auflage, Heidelberg, 2004, S. 879 ff. (zitiert als: *Rupp*, Unterscheidung)

Sacher, Mariana, Sonderwissen und Sonderfähigkeiten in der Lehre vom Straftatbestand, Berlin, 2006. (zitiert als: *Sacher*, Sonderwissen)

Sacher, Mariana, Systemtheorie und Strafrecht: Kritik der rollenbezogenen Zurechnungslehre, in: ZStW 118 (2006), S. 574 ff.

Sack, Fritz, Strukturwandel, Kriminalität und Kriminalpolitik, in: *Rode, Irmgard/ Kammeier, Heinz/ Leipert, Matthias* (Hrsg.), Neue Lust auf Strafen, Münster, 2005, S. 7 ff. (zitiert als: *Sack*, Strukturwandel)

Safferling, Christoph J. M., Vorsatz und Schuld: Subjektive Täterelemente im deutschen und englischen Strafrecht, Tübingen, 2008. (zitiert als: *Safferling*, Vorsatz und Schuld)

Saliger, Frank, Feindstrafrecht: Kritisches oder totalitäres Strafrechtskonzept, in: Baden-Württembergische Strafverteidiger e.V. (Hrsg.), Wieviel Sicherheit braucht die Freiheit: 30. Strafverteidigertag, Frankfurt/ Main, 24.-26.03.2006, 1. Auflage, Berlin, 2007, S. 105 ff. (zitiert als: *Saliger*, Feindstrafrecht)

Sander, Lisa Kathrin, Menschenwürde und „Exklusion“: Zum Selbstverständnis eines rechtsstaatlichen Strafrechts, in: Institut für Kriminalwissenschaften und Rechtsphilosophie Frankfurt a. M. (Hrsg.), Jenseits des rechtsstaatlichen Strafrechts, Frankfurt a. M., 2007, S. 253 ff. (zitiert als: *Sander*, Menschenwürde und „Exklusion“)

Sander, Lisa Kathrin, Grenzen instrumenteller Vernunft im Strafrecht: Eine Kritik der Präventionsdoktrin aus strafrechtsgeschichtlicher und empirischer Perspektive, Frankfurt a. M., 2007. (zitiert als: *Sander*, Grenzen instrumenteller Vernunft)

Satzger, Helmut/ Schluckebier, Wilhelm/ Widmaier, Gunther (Hrsg.), Strafgesetzbuch: Kommentar, 2. Auflage, Köln, 2014.

Schaffstein, Friedrich, Tatbestandsirrtum und Verbotsirrtum, in: Göttinger FS für das Oberlandesgericht Celle: Zum 250jährigen Bestehen des Oberlandesgerichts Celle, Göttingen, 1961, S. 175 ff. (zitiert als: *Schaffstein*, FS-OLG Celle)

Schimank, Uwe, Die individualisierte Gesellschaft – differenzierungs- und akteurtheoretisch betrachtet, in: *Kron, Thomas* (Hrsg.), Individualisierung und soziologische Theorie, Opladen, 2000, S. 108 ff. (zitiert als: *Schimank*, Die individualisierte Gesellschaft)

Schmidhäuser, Eberhard, Zum Begriff der bewussten Fahrlässigkeit, in: GA 1957, S. 305 ff.

Schmidhäuser, Eberhard, Der Begriff des bedingten Vorsatzes, in: GA 1958, S. 161 ff.

Schmidhäuser, Eberhard, Die Grenze zwischen vorsätzlicher und fahrlässiger Straftat, in: JuS 1980, S. 241 ff.

Schmidhäuser, Eberhard, Strafrechtlicher Vorsatzbegriff und Alltagssprachgebrauch, in: *Herzberg, Rolf Dietrich* (Hrsg.), FS für *Dietrich Oehler*, Köln, 1985, S. 135 ff.

Schmidt-Aßmann, Eberhard, Der Rechtsstaat, in: *Isensee, Josef/ Kirchhof, Paul* (Hrsg.), Handbuch des Staatsrechts der Bundesrepublik Deutschland, Bd. 2.: Verfassungsstaat, 3. Auflage, Heidelberg, 2004, S. 541 ff.

Schmitt, Carl, Politische Theologie: Vier Kapitel zur Lehre von der Souveränität, 7. Auflage, Berlin, 1996. (zitiert als: *Schmitt*, Politische Theologie)

Schmitt, Carl, Der Begriff des Politischen: Text von 1932 mit einem Vorwort und drei Corollarien, 8. Auflage, Berlin, 2009. (zitiert als: *Schmitt*, Der Begriff des Politischen)

Schmoller, Kurt, Das „tatbestandsmäßige Verhalten" im Strafrecht, in: *Freund, Georg* u. a. (Hrsg.), FS für *Wolfgang Frisch* zum 70. Geburtstag, Berlin, 2013, S. 237 ff.

Schneider, Walter, Die Verwendbarkeit des Gefährdungsvorsatzes als dritter Schuldform, Düsseldorf, 1934. (zitiert als: *Schneider*, Gefährdungsvorsatz)

Schneider, Hendrik, Kann die Einübung in Normanerkennung die Strafrechtsdogmatik leiten?: Eine Kritik des strafrechtlichen Funktionalismus, Berlin, 2004. (zitiert als: *Schneider*, Einübung in Normanerkennung)

Schönke, Adolf/ Schröder, Horst (Hrsg.), Strafgesetzbuch: Kommentar, 29. Auflage, München, 2014.

Schröder, Horst, Aufbau und Grenzen des Vorsatzbegriffs, in: FS für *Wilhelm Sauer*, Berlin, 1949, S. 207 ff.

Schröder, Horst, Die Gefährdungsdelikte im Strafrecht, in: ZStW 1969 (81), S. 7 ff.

Schroeder, Friedrich-Christian, Die Gefährdungsdelikte, in: ZStW Beiheft 1982, S. 1 ff.

Schroeder, Friedrich-Christian, Der Siegeszug der Gefahr im Strafrecht, in: *Zöller, Mark A.* u. a. (Hrsg.), FS für *Jürgen Wolter*, Berlin, 2013, S. 247 ff.

Schroer, Markus, Negative, positive und ambivalente Individualisierung: Erwartbare überraschende Allianz, in: *Kron, Thomas* (Hrsg.), Individualisierung und soziologische Theorie, Opladen, 2000, S. 13 ff. (zitiert als: *Schroer*, Individualisierung)

Schroth, Ulrich, Vorsatz als Aneignung der unrechtskonstituierenden Merkmale, Frankfurt a. M., 1994. (zitiert als: *Schroth*, Vorsatz als Aneignung)

Schroth, Ulrich, Vorsatz und Irrtum, München, 1998.

Schroth, Ulrich, BGH, NJW 2002, 2043 mit Bemerkung, in: JR 6/ 2003, S. 248 ff.

Schumann, Heribert, Zur Wiederbelebung des „voluntativen" Vorsatzelements durch den BGH, in: JZ 1989, S. 427 ff.

Schumann, Eva, Vorwort der Herausgeberin, in: *Schumann, Eva* (Hrsg.), Das strafende Gesetz im sozialen Rechtsstaat: 15. Symposion der Kommission „Die Funktion des Gesetzes in Geschichte und Gegenwart", Berlin/ New York, 2010, S. VII ff.

Schünemann, Bernd, Moderne Tendenzen in der Dogmatik der Fahrlässigkeits- und Gefährdungsdelikte, in: JA 1975, S. 435 ff., 511 ff., 575 ff., 647 ff., 715 ff., 787 ff.

Schünemann, Bernd, Die Funktion des Schuldprinzips im Präventionsstrafrecht, in: *Schünemann, Bernd* (Hrsg.), Grundfragen des modernen Strafrechtssystems, Berlin/ New York, 1984, S. 153 ff. (zitiert als: *Schünemann*, Schuldprinzip)

Schünemann, Bernd, Die Objektivierung von Vorsatz und Schuld im Strafrecht, in: Chengchi Law Review, Vol. 50, Taipei, 1994, S. 259 ff.

Schünemann, Bernd, Kritische Anmerkungen zur geistigen Situation der deutschen Strafrechtswissenschaft, in: GA 1995, S. 201 ff.

Schünemann, Bernd, Zum Stellenwert der positiven Generalprävention in einer dualistischen Straftheorie, in: *Schünemann, Bernd/ von Hirsch, Andrew/ Jareborg, Nils* (Hrsg.), Positive Generalprävention: Kritische Analysen im deutschen-englischen Dialog Uppsala-Symposium 1996, Heidelberg, 1998, S. 109 ff. (zitiert als: *Schünemann*, Stellenwert der positiven Generalprävention)

Schünemann, Bernd, Vom philologischen zum typologischen Vorsatzbegriff, in: *Weigend, Thomas/ Küpper, Georg* (Hrsg.), FS für *Hans Joachim Hirsch*, Berlin,1999, S. 363 ff.

Schünemann, Bernd, Ein neues Bild des Strafrechtssystems?: Zugleich Rezension von *Günther Jakobs*, System der strafrechtlichen Zurechnung, 2012, in: ZStW 126 (2014), S. 1 ff.

Schuppert, Gunnar Folke, Grenzen und Alternativen von Steuerung durch Recht, in: *Grimm, Dieter* (Hrsg.), Wachsende Staatsaufgaben – sinkende Steuerungsfähigkeit des Rechts, 1. Auflage, Baden-Baden, 1990, S. 217 ff. (zitiert als: *Schuppert*, Steuerung durch Recht)

Seelmann, Kurt, Ideengeschichte des Solidaritätsbegriffs im Strafrecht, in: *von Hirsch, Andreas/ Neumann, Ulfrid/ Seelmann, Kurt* (Hrsg.), Solidarität im Strafrecht: Zur Funktion und Legitimation strafrechtlicher Solidaritätspflichten, 1. Auflage, Baden-Baden, 2013, S. 35 ff. (zitiert als: *Seelmann*, Solidaritätsbegriff im Strafrecht)

Seher, Gerhard, Bestimmung und Zurechnung von Handlungen und Erfolgen, in: *Freund, Georg* u. a. (Hrsg.), FS für *Wolfgang Frisch* zum 70. Geburtstag, Berlin, 2013, S. 207 ff.

Seier, Jürgen, BGH, NZV 2003, 488 mit Bemerkung, in: NZV 2003, S. 490 f.

Sieber, Ulrich, Legitimation und Grenzen von Gefährdungsdelikten um Vorfeld von terroristischer Gewalt: Eine Analyse der Vorfeldtatbestände im „Entwurf eines Gesetzes zur Verfolgung der Vorbereitung von schweren staatsgefährdenden Gewalttaten“, in: NStZ 2009, S. 353 ff.

Singelnstein, Tobias, Diskurs und Kriminalität: Außergesetzliche Anwendungsregeln als diskursive Praktiken im Wechselverhältnis zwischen Kriminalisierungsdiskursen und Strafrechtsanwendung, Berlin, 2009. (zitiert als: *Singelnstein*, Diskurs und Kriminalität)

Singelnstein, Tobias/ Stolle, Peer, Soziale Kontrolle in High Control Societies, in: *Hess, Henner/ Ostermeier, Lars/ Paul, Bettina* (Hrsg.), Kontrollkulturen: Texte zur

Kriminalpolitik im Anschluss an *David Garland*, Kriminologisches Journal, 9. Beiheft, Weinheim, 2007, S. 105 ff. (zitiert als: *Singelnstein/ Stolle*, Soziale Kontrolle)

Singelnstein, Tobias/ Stolle, Peer, Die Sicherheitsgesellschaft: Soziale Kontrolle im 21. Jahrhundert, 3., vollständig überarbeitete Auflage, Wiesbaden, 2012. (zitiert als: *Singelnstein/ Stolle*, Sicherheitsgesellschaft)

Stein, Ulrich, Vorsatz- und Fahrlässigkeitsstraftaten: Grundzüge einer inhaltlichen und begrifflichen Rekonstruktion, 1993, unveränderte, mit einem Vorwort versehene Online-Ausgabe, Münster, 2009. (zitiert als: *Stein*, Vorsatz- und Fahrlässigkeitsstraftaten)

Stein, Ulrich, Vorsatz bei Gefährlichkeits-, Gefährdungs- und Verletzungsdelikten, in: *Zöller, Mark A.* u. a. (Hrsg.), FS für *Jürgen Wolter*, Berlin, 2013, S. 521 ff.

Steinert, Heinz, Die Widersprüche von Disziplin und Strafe, in: *Frehsee, Detlev/ Löschper, Gabi/ Schumann, Karl F.* (Hrsg.), Strafrecht, soziale Kontrolle, soziale Disziplinierung, Opladen, 1993, S. 238 ff. (zitiert als: *Steinert*, Disziplin und Strafe)

Stern, Klaus, Das Staatsrecht der Bundesrepublik Deutschland, Bd. I, 2. völlig neubearbeite Auflage, München, 1984. (zitiert als: *Stern*, Staatsrecht, Bd. I)

Stooß, Carl, Dolus eventualis und Gefährdung, in: ZStW 15 (1895), S. 199 ff.

Stratenwerth, Günther, Die Zukunft des strafrechtlichen Schuldprinzips, Heidelberg, 1977. (zitiert als: *Stratenwerth*, Schuldprinzip)

Stratenwerth, Günther, Das Strafrecht in der Krise der Industriegesellschaft, Basel, 1993. (zitiert als: *Stratenwerth*, Strafrecht in der Krise)

Stratenwerth, Günther/ Kuhlen, Lothar, Strafrecht: Allgemeiner Teil: Die Straftat, 6. Auflage, München, 2011. (zitiert als: *Stratenwerth/ Kuhlen*, AT)

Stuckenberg, Carl-Friedrich, Vorstudien zu Vorsatz und Irrtum im Völkerstrafrecht: Versuch einer Elementarlehre für eine übernationale Vorsatzdogmatik, Berlin, 2007. (zitiert als: *Stuckenberg*, Vorsatz und Irrtum)

Terlinden, Sven, Von der Spezial- zur positiven Generalprävention: Eine dogmengeschichtliche Rekonstruktion der deutschen Straftheoriedebatte im späten 20. Jahrhundert, Hamburg, 2009. (zitiert als: *Terlinden*, Von der Spezial- zur positiven Generalprävention)

Teubner, Gunther, Verrechtlichung: Begriffe, Merkmale, Grenzen, Auswege, in: *Kübler, Friedrich* (Hrsg.), Verrechtlichung von Wirtschaft, Arbeit und sozialer Solidarität: Vergleichende Analysen, 1. Auflage, Baden-Baden, 1984, S. 289 ff. (zitiert als: *Teubner*, Verrechtlichung)

Teubner, Gunther/ Willke, Helmut, Kontext und Autonomie: Gesellschaftliche Selbststeuerung durch reflexives Recht, in: ZfRSoz, 1984, S. 4 ff.

Tönnies, Ferdinand, Gemeinschaft und Gesellschaft: Grundbegriffe der reinen Soziologie, 4. unveränderte Auflage, Sonderausgabe, Darmstadt, 2010. (zitiert als: *Tönnies*, Gemeinschaft und Gesellschaft)

Triantafyllou, Anastassios, Das Delikt der gefährlichen Körperverletzung (§ 223a StGB) als Gefährdungsdelikt: Zugleich ein Beitrag zur Dogmatik der Gefährdungsdelikte,

Frankfurt a. M. u. a., 1996. (zitiert als: *Triantafyllou*, Das Delikt der gefährlichen Körperverletzung)

Vogel, Joachim, Normativierung und Objektivierung des Vorsatzes?, in: GA 2006, S. 386 ff.

von Heintschel-Heinegg, Bernd (Hrsg.), Beck'scher Online-Kommentar StGB, Stand: 2007.

von Hippel, Robert, Vorsatz, Fahrlässigkeit, Irrtum, in: *Birkmeyer, Karl/ van Calker, Fritz* u. a. (Hrsg.), Vergleichende Darstellung des deutschen und ausländischen Strafrechts, AT, III. Bd., 1908, S. 373 ff. (zitiert als: *Rob. von Hippel*, VDS, AT III)

von Hippel, Reinhard, Vorsatzprobleme der Straßenverkehrsgefährdung de lege ferenda, in: ZStW 75 (1963), S. 443 ff.

von Hirsch, Andrew, Tadel und Prävention: Die Übelszufügung als Element der Strafe, in: *Schünemann, Bernd/ von Hirsch, Andrew/ Jareborg, Nils* (Hrsg.), Positive Generalprävention: Kritische Analysen im deutschen-englischen Dialog Uppsala-Symposium 1996, Heidelberg, 1998, S. 101 ff. (zitiert als: *von Hirsch*, Tadel und Prävention)

von Liszt, Franz, § 19 Lebensgefährdung, in: *Birkmeyer, Karl/ van Calker, Fritz* u. a. (Hrsg.), Vergleichende Darstellung des deutschen und ausländischen Strafrechts, BT, V. Bd., 1905, S. 151 ff. (zitiert als: *von Liszt*, VDS, BT V)

v. Mangoldt, Hermann/ Klein, Friedrich/ Starck, Christian (Hrsg.), Kommentar zum Grundgesetz: GG, Bd. I, Präambel, Artikel 1 bis 19, 6. Auflage, München, 2010. (zitiert als: *v. Mangoldt/ Klein/ Starck*, GG I)

v. Mangoldt, Hermann/ Klein, Friedrich/ Starck, Christian (Hrsg.), Kommentar zum Grundgesetz: GG, Bd. III, Artikel 83 bis 146, 6. Auflage, München, 2010. (zitiert als: *v. Mangoldt/ Klein/ Starck*, GG III)

Vormbaum, Thomas, Einführung in die moderne Strafrechtsgeschichte, 2. Auflage, Berlin/ Heidelberg, 2011.

Warneke, Nikolai, Die Bestimmtheit des Beteiligungsvorsatzes, Berlin, 2007. (zitiert als: *Warneke*, Beteiligungsvorsatz)

Wassermann, Rudolf (Hrsg.), Kommentar zum Strafgesetzbuch: Reihe Alternativkommentare, Bd. 1, §§ 1–21, Neuwied, 1990.

Weber, Max, Wirtschaft und Gesellschaft: Grundriss der verstehenden Soziologie, 5. revidierte Auflage, besorgt von *Winckelmann, Johannes*, Studienausgabe, Tübingen, 1980. (zitiert als: *Weber*, Wirtschaft und Gesellschaft)

Weber, Max, Gesamtausgabe, Abt. 3, Vorlesungen und Vorlesungsnachschriften, Bd. 7. Allgemeine Staatslehre und Politik (Staatssoziologie): unvollendet; Mit- und Nachschriften 1920, hrsg. von *Gangolf Hübinger* in Zusammenarbeit mit *Andreas Terwey*, Tübingen, 2009. (zitiert als: *Weber*, Staatslehre)

Weber, Ulrich, Die Vorverlegung des Strafrechtsschutzes durch Gefährdungs- und Unternehmensdelikte, in: ZStW Beiheft 1987, S. 1 ff.

Weigend, Thomas, Zwischen Vorsatz und Fahrlässigkeit, in: ZStW 93 (1981), S. 657 ff.

Welz, Frank, Das Recht in der Theorie kommunikativen Handelns, in: *Dux, Günter/ Welz, Frank* (Hrsg.), Moral und Recht im Diskurs der Moderne: Zur Legitimation gesellschaftlicher Ordnung, Opladen, 2001, S. 331 ff. (zitiert als: *Welz,* Das Recht)

Welz, Frank, Das Rechtsverständnis in der Systemtheorie *Niklas Luhmanns,* in: *Dux, Günter/ Welz, Frank* (Hrsg.), Moral und Recht im Diskurs der Moderne: zur Legitimation gesellschaftlicher Ordnung, Opladen, 2001, S. 381 ff. (zitiert als: *Welz,* Das Rechtsverständnis)

Wessels, Johannes/ Beulke, Werner/ Satzger, Helmut, Strafrecht: Allgemeiner Teil: Die Straftat und ihr Aufbau, 44. Auflage, Heidelberg, 2014. (zitiert als: *Wessels/ Beulke/ Satzger,* AT)

Wessels, Johannes/ Hettinger, Michael, Strafrecht: Besonderer Teil, Teil 1: Straftaten gegen Persönlichkeits- und Gemeinschaftswerte, 38. Auflage, Heidelberg, 2014. (zitiert als: *Wessels/ Hettinger,* BT 1)

Wielant, Martin, Die Aussetzung nach § 221 Abs. 1 StGB, Berlin, 2009. (zitiert als: *Wielant,* Aussetzung)

Willke, Helmut, Entzauberung des Staates: Überlegungen zu einer sozietalen Steuerungstheorie, Königstein/ Ts., 1983. (zitiert als: *Willke,* Entzauberung)

Willke, Helmut, Ironie des Staates: Grundlinien einer Staatstheorie polyzentrischer Gesellschaft, 1. Auflage, Frankfurt a. M., 1992. (zitiert als: *Willke* Ironie)

Willke, Helmut, Die Steuerungsfunktion des Staates aus systemtheoretischer Sicht: Schritte zur Legitimierung einer wissensbasierten Infrastruktur, in: *Grimm, Dieter* (Hrsg.), Staatsaufgaben, 1. Auflage, Frankfurt a. M., 1996, S. 685 ff. (zitiert als: *Willke,* Steuerungsfunktion des Staates)

Willke, Helmut, Supervision des Staates, 1. Auflage, Frankfurt a. M., 1997. (zitiert als: *Willke,* Supervision)

Wittig, Petra, Die Herausforderung des liberalen Strafrechts durch die politische Philosophie *Giorgio Agambens,* in: *Heinrich, Manfred/ Jäger, Christian/ Schünemann, Bernd* (Hrsg.), FS für *Claus Roxin* zum 80., Bd. 1, Berlin, 2011, S. 113 ff.

Wohlers, Wolfgang, Deliktstypen des Präventionsstrafrechts: Zur Dogmatik „moderner" Gefährdungsdelikte, Berlin, 2000. (zitiert als: *Wohlers,* Präventionsstrafrecht)

Wohlers, Wolfgang, Rechtsgutstheorie und Deliktsstruktur, in: GA 2002, S. 15 ff.

Wolff, Ernst Amadeus, Die Grenzen des dolus eventualis und der willentlichen Verletzung, in: *Lackner, Karl* u. a. (Hrsg.), FS für *Wilhelm Gallas* zum 70. Geburtstag, Berlin, 1973, S. 197 ff.

Wolter, Jürgen, Objektive und personale Zurechnung von Verhalten, Gefahr und Verletzung in einem funktionalen Straftatsystem, Berlin, 1981. (zitiert als: *Wolter,* Objektive und personale Zurechnung)

Zaczyk, Rainer, Kritische Bemerkungen zum Begriff der Verhaltensnorm, in: GA 2014, S. 73 ff.

Zacher, Hans F., Das soziale Ziel, in: *Isensee, Josef/ Kirchhof, Paul* (Hrsg.), Handbuch des Staatsrechts der Bundesrepublik Deutschland, Bd. 2.: Verfassungsstaat, 3. Auflage, Heidelberg, 2004, S. 659 ff.

Ziegert, Ulrich, Vorsatz, Schuld und Vorverschulden, Berlin, 1987.

Zielinski, Diethart, Handlungs- und Erfolgsunwert im Unrechtsbegriff: Untersuchungen zur Struktur von Unrechtsbegründung und Unrechtsausschluss, Berlin, 1973. (zitiert als: *Zielinski*, Handlungs- und Erfolgsunwert)

Zieschang, Frank, Die Gefährdungsdelikte, Berlin, 1998. (zitiert als: *Zieschang*, Gefährdungsdelikte)

Zipf, Heinz, Kriminalpolitik: Ein Lehrbuch, 2. Auflage, Heidelberg/ Karlsruhe, 1980. (zitiert als: *Zipf*, Kriminalpolitik)

Zippelius, Reinhold, Allgemeine Staatslehre: Politikwissenschaft, 16. Auflage, München, 2010. (zitiert als: *Zippelius*, Allgemeine Staatslehre)

FRANKFURTER KRIMINALWISSENSCHAFTLICHE STUDIEN

Band 1 Peter Böning: Die Lehre vom Unrechtsbewußtsein in der Rechtsphilosophie Hegels. 100 S., 1978.

Band 2 Wolfgang Schneider: Kriminelle Straßenverkehrsgefährdung (§ 315c Abs. 1 Ziff. 2, Abs. 3 StGB). Eine kriminologische und strafrechtliche Untersuchung zur Problematik dieser Verkehrsstraftaten unter Berücksichtigung ausländischer Rechte. 342 S., 1978.

Band 3 Lothar Kuhlen: Die Objektivität von Rechtsnormen. Zur Kritik des radikalen labeling approach in der Kriminalsoziologie. 178 S., 1978.

Band 4 Günther Grewe: Straßenverkehrsdelinquenz und Marginalität. Untersuchungen zur institutionellen Regelung von Verhalten. 148 S., 1978.

Band 5 Dieter Haberstroh: Strafverfahren und Resozialisierung. Eine Studie über Verstehen und Nicht-Verstehen, über Verstanden-Werden und Nicht-Verstanden-Werden und deren Bedingungen in der Hauptverhandlung. 202 S., 1979.

Band 6 Thomas Vogt: Die Forderungen der psychoanalytischen Schulrichtungen für die Interpretation der Merkmale der Schuldunfähigkeit und der verminderten Schuldfähigkeit (§§ 51 a.F., 20, 21 StGB). 182 S., 1979.

Band 7 Andreas Michael: Der Grundsatz in dubio pro reo im Strafverfahrensrecht. Zugleich ein Beitrag über das Verhältnis von materiellem Recht und Prozeßrecht. 214 S., 1981.

Band 8 Ilias G. Anagnostopoulos: Haftgründe der Tatschwere und der Wiederholungsgefahr (§§ 112 Abs. 3, 112 a StPO). Kriminalpolitische und rechtssystematische Aspekte der Ausweitung des Haftrechts. 1984.

Band 9 Helga Müller: Der Begriff der Generalprävention im 19. Jahrhundert. Von P.J.A. Feuerbach bis Franz v. Liszt. 1984.

Band 10 Frowin Jörg Kurth: Das Mitverschulden des Opfers beim Betrug. 1984.

Band 11 Martin J. Worms: Die Bekenntnisbeschimpfung im Sinne des § 166 Abs. 1 StGB und die Lehre vom Rechtsgut. 1984.

Band 12 Jong-Dae Bae: Der Grundsatz der Verhältnismäßigkeit im Maßregelrecht des StGB. 1985.

Band 13 Helmut Fünfsinn: Der Aufbau des fahrlässigen Verletzungsdelikts durch Unterlassen im Strafrecht. 1985.

Band 14 Christoph Krehl: Die Ermittlung der Tatsachengrundlage zur Bemessung der Tagessatzhöhe bei der Geldstrafe. 1985.

Band 15 Walter-Hermann Kiehl: Strafrechtliche Toleranz wechselseitiger Ehrverletzungen - Zur ratio legis der §§ 199, 233 Strafgesetzbuch -. 1986.

Band 16 Matthias Krahl: Die Rechtsprechung des Bundesverfassungsgerichts und des Bundesgerichtshof zum Bestimmtheitsgrundsatz im Strafrecht (Art. 103 Abs. 2 GG). 1986.

Band 17 Patrick Carroll Campbell: § 220a StGB. Der richtige Weg zur Verhütung und Bestrafung von Genozid? 1986.

Band 18 Winfried Hassemer (Hrsg.): Strafrechtspolitik. Bedingungen der Strafrechtsreform. 1987.

Band 19 Felix Herzog: Prävention des Unrechts oder Manifestation des Rechts. Bausteine zur Überwindung des heteronom-präventiven Denkens in der Strafrechtstheorie der Moderne. 1987.

Band 20 Astrid Michalke-Detmering: Die Mindestanforderungen an die rechtliche Begründung des erstinstanzlichen Strafurteils. Zur Auslegung des § 267 StPO. 1987.

Band 21 Lothar Kuhlen: Die Unterscheidung von vorsatzausschließendem und nichtvorsatzausschließendem Irrtum. 1987.

Band 22 Michael Buttel: Kritik der Figur des Aufklärungsgehilfen im Betäubungsmittelstrafrecht (§ 31 BtMG). 1988.

Band 23 Matthias Kögler: Die zeitliche Unbestimmtheit freiheitsentziehender Sanktionen des Strafrechts. Eine vergleichende Untersuchung zur Rechtslage und Strafvollstreckungspraxis in der Bundesrepublik Deutschland und den USA. 1988.

Band 24 Klaus Lüderssen / Cornelius Nestler-Tremel / Ewa Weigend(Hrsg.): Modernes Strafrecht und ultima-ratio-Prinzip. 1990.

Band 25 Jürgen Taschke: Die behördliche Zurückhaltung von Beweismitteln im Strafprozeß. 1989.

Band 26 Daniela Westphalen: Karl Binding (1841-1920). Materialien zur Biographie eines Strafrechtsgelehrten. 1989.

Band 27 Sigrid Jans: Die Aushöhlung des Klageerzwingungsverfahrens. 1990.

Band 28 Dimitris Spirakos: Folter als Problem des Strafrechts. Kriminologische, kriminalsoziologische und (straf-)rechtsdogmatische Aspekte unter besonderer Berücksichtigung der Folterschutzkonvention und der Pönalisierung der Folter in Griechenland. 1990.

Band 29 Stephan Moll: Strafrechtliche Aspekte der Behandlung Opiatabhängiger mit Methadon und Codein. 1990.

Band 30 Stefan Werner: Wirtschaftsordnung und Wirtschaftsstrafrecht im Nationalsozialismus. 1991.

Band 31 Xanthi Bassakou: Beiträge zur Analyse und Reform des Absehens von Strafe nach § 60 StGB. 1991.

Band 32 Rainer Runte: Die Veränderung von Rechtfertigungsgründen durch Rechtsprechung und Lehre. Moderne Strafrechtsdogmatik zwischen Rechtsstaatsprinzip und Kriminalpolitik. 1991.

Band 33 Olaf Hohmann: Das Rechtsgut der Umweltdelikte. Grenzen des strafrechtlichen Umweltschutzes. 1991.

Band 34 Klaus Jochen Müller: Das Strafbefehlsverfahren (§§ 407 ff. StPO). Eine dogmatisch-kriminalpolitische Studie zu dieser Form des schriftlichen Verfahrens unter besonderer Berücksichtigung der geschichtlichen Entwicklung – zugleich ein Beitrag zum StVÄG 1987. 1993.

Band 35 Sang-Don Yi: Wortlautgrenze, Intersubjektivität und Kontexteinbettung. Das strafrechtliche Analogieverbot. 1991.

Band 36 Birgit Malsack: Die Stellung der Verteidigung im reformierten Strafprozeß. Eine rechtshistorische Studie anhand der Schriften von C. J. A. Mittermaier. 1992.

Band 37 Rüdiger Schäfer: Die Privilegierung des "freiwillig-positiven" Verhaltens des Delinquenten nach formell vollendeter Straftat. Zugleich ein Beitrag zum Grundgedanken des Rücktritts vom Versuch und zu den Straftheorien. 1992.

Band 38 Cornelius Nestler-Tremel: AIDS und Strafzumessung. 1992.

Band 39 Christine Gutmann: Freiwilligkeit und (Sozio-)Therapie – notwendige Verknüpfung oder Widerspruch? 1993.

Band 40 Walter Kargl: Der strafrechtliche Vorsatz auf der Basis der kognitiven Handlungstheorie. 1993.

Band 41 Jürgen Rath: Zur strafrechtlichen Behandlung der aberratio ictus und des error in objecto des Täters. 1993.

Band 42 Martin Fischer: Wille und Wirksamkeit. Eine Untersuchung zum Problem des *dolus alternativus*. 1993.

Band 43 Regina Harzer: Der Naturzustand als Denkfigur moderner praktischer Vernunft. Zugleich ein Beitrag zur Staats- und Rechtsphilosophie von Hobbes und Kant. 1994.

Band 44 Helmut Pollähne: Lockerungen im Maßregelvollzug. Eine Untersuchung am Beispiel der Anwendung des nordrhein-westfälischen Maßregelvollzugsgesetzes im Westfälischen Zentrum für Forensische Psychiatrie (Lippstadt). 1994.

Band 45 Hans-Joachim Leonhardt: Rechtsmittelermessen der Staatsanwaltschaft. Eine Gegenüberstellung von § 296 StPO mit Nummern 147 und 148 Richtlinien für das Strafverfahren und das Bußgeldverfahren (RiStBV). 1994.

Band 46 Rolf Grünebaum: Zur Strafbarkeit des Therapeuten im Maßregelvollzug bei fehlgeschlagenen Lockerungen. 1996.

Band 47 Barbara Bialas: Promille-Grenzen, Vorsatz und Fahrlässigkeit. 1996.

Band 48 Christine Pott: Die Außerkraftsetzung der Legalität durch das Opportunitätsdenken in den Vorschriften der §§ 154, 154a StPO. Zugleich ein Beitrag zu einer kritischen Strafverfahrensrechtstheorie. 1996.

Band 49 Wolfgang Köberer: *Iudex non calculat*. Über die Unmöglichkeit, Strafzumessung sozialwissenschaftlich-mathematisch zu rationalisieren. 1996.

Band 50 Institut für Kriminalwissenschaften Frankfurt a.M. (Hrsg.): Vom unmöglichen Zustand des Strafrechts. 1995.

Band 51 Petra Kamberger: Treu und Glauben (§ 242 BGB) als Garantenstellung im Strafrecht? 1996.

Band 52 Anastassios Triantafyllou: Das Delikt der gefährlichen Körperverletzung (§ 223a StGB) als Gefährdungsdelikt. (Zugleich ein Beitrag zur Dogmatik der Gefährdungsdelikte). 1996.

Band 53 Norbert Kissel: Aufrufe zum Ungehorsam und § 111 StGB. Grundrechtlicher Einfluß bei der Feststellung strafbaren Unrechts. 1996.

Band 54 Susanne Ehret: Franz von Liszt und das Gesetzlichkeitsprinzip. Zugleich ein Beitrag wider die Gleichsetzung von Magna-charta-Formel und Nullum-crimen-Grundsatz. 1996.

Band 55 Stefan Braum: Geschichte der Revision im Strafverfahren von 1877 bis zur Gegenwart. Zugleich eine Kritik der Kontinuität politischer Macht im Recht. 1996.

Band 56 Katja Diel: Das Regreßverbot als allgemeine Tatbestandsgrenze im Strafrecht. 1997.

Band 57 Christoph Koller: Die Staatsanwaltschaft – Organ der Judikative oder Exekutivbehörde? Die Stellung der Anklagebehörde und die Gewaltenteilung des Grundgesetzes. 1997.

Band 58 Frank Schößler: Anerkennung und Beleidigung. Rechtsgut und Strafzweck des § 185 StGB. 1997.

Band 59 Regina Engelstädter: Der Begriff des Unfallbeteiligten in § 142 Abs. 4 StGB. Zugleich eine Kritik an aktuellen Zurechnungslehren. 1997.

Band 60 Jörg Reinhardt: Der Ausschluß und die Ablehnung des befangen erscheinenden Staatsanwaltes. 1997.

Band 61 Jens Christian Müller-Tuckfeld: Integrationsprävention. Studien zu einer Theorie der gesellschaftlichen Funktion des Strafrechts. 1998.

Band 62 Peter Maria Rohe: Verdeckte Informationsgewinnung mit technischen Hilfsmitteln zur Bekämpfung der Organisierten Kriminalität. Zugleich eine rechtsvergleichende Analyse der polizeilichen Abhörbefugnisse in den U.S.A. 1998.

Band 63 Dirk Fabricius: Was ein Lehrbuch lehrt ... Eine exemplarische Untersuchung von Jakobs *Strafrecht – Allgemeiner Teil*. 1998.

Band 64 Stefan Sinner: Der Vertragsgedanke im Strafprozeßrecht. 1999.

Band 65 Sebastian Schattenfroh: Die Staatsphilosophie Giovanni Gentiles und die Versuche ihrer Verwirklichung im faschistischen Italien. 1999.

Band 66 Athanassia Dionyssopoulou: Der Tatbestand der Geldwäsche. Eine Analyse der dogmatischen Grundlagen des § 261 StGB. 1999.

Band 67 Klaus von Lampe: *Organized Crime*. Begriff und Theorie organisierter Kriminalität in den USA. 1999.

Band 68 Christian Hanssen: "Trennung der Märkte". Rechtsdogmatische und rechtspolitische Probleme einer Liberalisierung des Drogenstrafrechts. 1999.

Band 69 Institut für Kriminalwissenschaften und Rechtsphilosophie Frankfurt a.M. (Hrsg.): Irrwege der Strafgesetzgebung. 1999.

Band 70 Konstantinos Chatzikostas: Die Disponibilität des Rechtsgutes Leben in ihrer Bedeutung für die Probleme von Suizid und Euthanasie. 2000.

Band 71 Bettina Wirmer-Donos: Die Strafrechtstheorie Karl Christian Friedrich Krauses als theoretische Grundlage des spanischen Korrektionalismus. 2001.

Band 72 Christine Löw: Die Erkundigungspflicht beim Verbotsirrtum nach § 17 StGB. 2001.

Band 73 Florian Ufer: Der Verwertungswiderspruch in Theorie und Praxis. Prozessuale Obliegenheiten des Verteidigers und ihre Bedeutung für die Rechtsposition des Beschuldigten. 2002.

Band 74 Katja Melzer: Psychisch kranke Straftäterinnen. Frauen im Maßregelvollzug. 2001.

Band 75 Gregor Kuntze-Kaufhold: Lebenswelt und Unparteilichkeit. Kriterien für eine Rechtsanwendungslehre am Beispiel der Analyse von fünf Hauptverhandlungen in Strafverfahren. 2002.

Band 76 Iris Kristina Passek: Die erstinstanzliche Zuständigkeit der Oberlandesgerichte in Staatsschutzstrafsachen. Historische Entwicklung und aktuelle Probleme. 2002.

Band 77 Michael Krebs: Die Weisungsgebundenheit des Staatsanwalts unter besonderer Berücksichtigung des rechtstatsächlichen Aspekts. 2002.

Band 78 Kerstin Degenhardt: Europol und Strafprozeß. Die Europäisierung des Ermittlungsverfahrens. 2003.

Band 79 Domenico Siciliano: Das Leben des fliehenden Diebes: Ein strafrechtliches Politikum. 2., überarbeitete und ergänzte Auflage. 2013.

Band 80 Marc Colussi: Produzentenkriminalität und strafrechtliche Verantwortung. 2003.

Band 81 Thilo Lars Hild: Grenzen einer strafrechtlichen Regulierung des Kapitalmarktes. Eine kriminalrechtliche Untersuchung von Börsengängen und Aktienhandel in Deutschland und den USA. 2004.

Band 82 Philipp Rau: Schweigen als Indiz der Schuld. Ein Vergleich des deutschen und englischen Rechts zur Würdigung des Schweigens des Beschuldigten. 2004.

Band 83 Alexandra Pfeiffer: Die Regelung der Lebendorganspende im Transplantationsgesetz. 2004.

Band 84 Elena Fischer: Recht auf Sterben?! Ein Beitrag zur Reformdiskussion der Sterbehilfe in Deutschland unter besonderer Berücksichtigung der Frage nach der Übertragbarkeit des Holländischen Modells der Sterbehilfe in das deutsche Recht. 2004.

Band 85 Jörg Ziethen: Grundlagen probabilistischer Zurechnung im Strafrecht. 2004.

Band 86 Stefanie Schork: Ausgesprochen schuldig. Dogmatische und metadogmatische Untersuchungen zum Schuldspruch. 2005.

Band 87 Claudia Schubert: Verbotene Worte? Versuch einer Neubestimmung im Umgang mit rassistischen Äußerungen jenseits des Strafrechts. 2005.

Band 88 Ulfrid Neumann / Cornelius Prittwitz (Hrsg.): Kritik und Rechtfertigung des Strafrechts. 2005.

Band 89 Denis Basak: Die Zuständigkeitsregeln internationaler Strafgerichte und Art. 101 GG. Zum Verhältnis der deutschen Strafgerichtsbarkeit zu den Internationalen Tribunalen für Jugoslawien und Ruanda sowie zum Ständigen Internationalen Strafgerichtshof. 2005.

Band 90 Hsiao-Wen Wang: Der universale Strafanspruch des nationalen Staates. Eine Untersuchung über das Weltrechtsprinzip im Internationalen Strafrecht. 2005.

Band 91 Leonie Frenz: Faktizität des Rechts in der forensischen Psychiatrie. Eine Untersuchung im LKH Moringen. 2005.

Band 92 Eva-Maria Unger: Schutzlos ausgeliefert? Der Europäische Haftbefehl. Ein Beispiel für die Missachtung europäischer Bürgerrechte. 2005.

Band 93 Marcus Bastelberger: Die Legitimität des Strafrechts und der *moralische Staat*. Utilitaristische und retributivistische Strafrechtsbegründung und die rechtliche Verfassung der Freiheit. 2006.

Band 94 Marc Reiß: Rechtliche Aspekte der Präimplantationsdiagnostik. Unter besonderer Berücksichtigung der Rechte der von einem Verbot betroffenen Paare. 2006.

Band 95 Alexander Kolz: Einwilligung und Richtervorbehalt. 2006.

Band 96 Vasco Reuss: Eine Kritik der juristischen Vernunft. Rezeptionsversuche der Negativen Dialektik Adornos für die Dogmatik des Strafrechts. 2007.

Band 97 Lutz Eidam: Die strafprozessuale Selbstbelastungsfreiheit am Beginn des 21. Jahrhunderts. 2007.

Band 98 Christiane Rüdiger: Schutzinteresse und Deliktsstruktur der „Bestechungsdelikte" (§§ 331 ff. StGB). 2007.

Band 99 Urte Eisenhardt: Das nemo tenetur-Prinzip: Grenze körperlicher Untersuchungen beim Beschuldigten. Am Beispiel des § 81a StPO. 2007.

Band 100 Institut für Kriminalwissenschaften und Rechtsphilosophie Frankfurt a. M. (Hrsg.): Jenseits des rechtsstaatlichen Strafrechts. 2007.

Band 101 Nils Möckelmann: Die rechtliche, psychiatrische und gesellschaftliche Beurteilung jugendlicher Straftäter in der jüngeren deutschen Geschichte. Eine Analyse anhand zweier Strafverfahren mit Gutachten des Psychiaters Ernst Rüdin aus den Jahren 1915/1917 unter Berücksichtigung der Entwicklungen bis zur Gegenwart. 2007.

Band 102 Alexa Albrecht: Zur Erosion der Menschenrechte im demokratischen Rechtsstaat. Reaktionen der Systeme und der Zivilgesellschaft. 2007.

Band 103 Dirk Lange: Die politisch motivierte Tötung. 2007.

Band 104 Ulfrid Neumann / Cornelius Prittwitz (Hrsg.): „Personale Rechtsgutslehre" und „Opferorientierung im Strafrecht". 2007.

Band 105 Lisa Kathrin Sander: Grenzen instrumenteller Vernunft im Strafrecht. Eine Kritik der Präventionsdoktrin aus strafrechtsgeschichtlicher und empirischer Perspektive. 2007.

Band 106 Stephan Werner: Zur Notwendigkeit der Verteidigeranwesenheit während der polizeilichen Beschuldigtenvernehmung. 2008.

Band 107 Inti Schubert: Europol und der virtuelle Verdacht. Die Suspendierung des Rechts auf informationelle Selbstbestimmung. 2008.

Band 108 Bong-Jin Ko: Menschenwürde und Biostrafrecht bei der embryonalen Stammzellenforschung. 2008.

Band 109 Wanja Andreas Welke: Die Repersonalisierung des Rechtskonflikts. Zum gegenwärtigen Verhältnis von Straf- und Zivilrecht. 2008.

Band 110 Jan Helmrich: Die Berufung gewerblicher Sicherheitskräfte auf Notwehr und Nothilfe. Zugleich ein Beitrag zu den Grundlagen des Notwehr- und Nothilferechts. 2008.

Band 111 Alexander Köstler-Loewe: Strafrecht US-Style: „Three Strikes and You're Out!" Baseball, Rückfall und Kriminalpolitik? 2008.

Band 112 Christina Bott: Die Medienprivilegien im Strafprozess. Zeugnisverweigerungsrecht und Beschlagnahmeverbot zum Schutz der Medien im Strafverfahren. 2009.

Band 113 Mario Riechmann: Organisierte Kriminalität und Terrorismus. Zur Funktionalisierung von Bedrohungsszenarien beim Abbau eines rechtsstaatlichen Strafrechts. 2009.

Band 114 Dirk Simon: Präzeptoraler Sicherheitsstaat und Risikovorsorge. 2009.

Band 115 Stefan Kirsch: Der Begehungszusammenhang der Verbrechen gegen die Menschlichkeit. 2009.

Band 116 Heng-da Hsu: Zurechnungsgrundlage und Strafbarkeitsgrenze der Fahrlässigkeitsdelikte in der modernen Industriegesellschaft. 2009.

Band 117 Dennis Teschner: Die soziale Kontrolle im virtuellen Raum. Eine juristische, soziologische und soialpsychologische Untersuchung der Instrumentalisierbarkeit von Internetkriminalität. 2009.

Band 118 Daniel Schilling: Fragmentarisch oder umfassend? Wege strafrechtlichen Zugriffs bei der Veruntreuung fremden Vermögens am Beispiel des deutschen und des italienischen Untreuestrafrechts. 2009.

Band 119 Andreas Stüdemann: Die Entwicklung der zwischenstaatlichen Rechtshilfe in Strafsachen im nationalsozialistischen Deutschland zwischen 1933 und 1945. Kontinuität und Diskontinuität im Auslieferungsrecht am Beispiel der Rechtsentwicklung im NS-Staat. 2009.

Band 120 Matthias Achenbach: Strafrechtlicher Schutz des Wettbewerbs? Eine kritische Analyse von Sinn und Zweck der Straftatbestände zum Schutz des Wettbewerbs. 2009.

Band 121 Vera Backhaus: Der gesetzliche Richter im Staatsschutzstrafrecht. Zur Verfassungsmäßigkeit des § 120 Abs. 2 GVG. 2010.

Band 122 Verena Maria Brenneis: Rechtspolitische Implikationen von Gefährlichkeitsprognosen im Vollzug von Maßregeln nach § 63 StGB. Zum Subjektstatus von Eingewiesenen. 2010.

Band 123 Maike Hoenigs: Zur Existenzberechtigung des Straftatbestandes der Rechtsbeugung. Korrelat oder Widerspruch zur richterlichen Unabhängigkeit. 2010.

Band 124 Christine Würfel: Freiheit als Grundlage der Schuld. 2012.

Band 125 Charlotte Rau: Compliance und Unternehmensverantwortlichkeit. Materiellrechtliche Fragen der sanktionsrechtlichen Unternehmensverantwortlichkeit unter Berücksichtigung von Compliance-Maßnahmen. 2010.

Band 126 Marc Fornauf: Die Marginalisierung der Unabhängigkeit der Dritten Gewalt im System des Strafrechts. 2010.

Band 127 Sabine Benthin: Subventionspolitik und Subventionskriminalität. Zur Legitimität und Rationalität des Tatbestandes zum Subventionsbetrug (§ 264 StGB). 2011.

Band 128 Philipp Horrer: Bestechung durch deutsche Unternehmen im Ausland. Strafrechtsentwicklung und Probleme. 2011.

Band 129 Marianne Varwig: Zum Tatbestandsmerkmal des Vermögensschadens (§ 263 StGB). Eine kritische Untersuchung mittels der vier klassischen Auslegungsmethoden. 2011.

Band 130 Alexander Rieger: Verfassungsrechtliche Legitimationsgrundlagen richterlicher Unabhängigkeit. Zugleich eine Auseinandersetzung mit der Debatte um eine Selbstverwaltung der Justiz. 2011.

Band 131 Moritz von Schenck: Pönalisierung der Folter in Deutschland – de lege lata et ferneda. 2011.

Band 132 Kerstin Bohn: Der gesetzliche Richter als rechtsstaatstragendes Prinzip in europäischen Staaten. Eine Untersuchung der Fallzuteilung unter besonderer Berücksichtigung Englands. 2011.

Band 133 Cornelius Trendelenburg: Ultima ratio? Subsidiaritätswissenschaftliche Antworten am Beispiel der Strafbarkeit von Insiderhandel und Firmenbestattungen. 2011.

Band 134 Susana Campos Nave: Rechtsstaatliche Regeltreue? Corporate Compliance als zwingende Antwort des freiheitsliebenden Unternehmens im Wirtschaftsstrafrecht. 2012.

Band 135 Christine Ditscher: Europäische Beweise. Der Rahmenbeschluss über die Europäische Beweisanordnung zur Erlangung von Sachen, Schriftstücken und Daten zur Verwendung in Strafsachen. 2012.

Band 136 Fedor Brunner: Das Phänomen des Mietnomaden in der Rechtspraxis. Strukturelle Hintergründe, zivilrechtliche Mechanismen und Perspektiven. 2012.

Band 137 Konstantinos Diakonis: Die Geringfügigkeitsvorschriften als Teil der Problematik der Kollision zwischen primären und sekundären Prinzipien des Rechts. 2012.

Band 138 Gustavo Chan Mora: Kritik des Schuldbegriffs im Jugendstrafrecht. Eine metadogmatische Begründung des Schuldfähigkeits- und Verbotsirrtumsbegriffs. 2012.

Band 139 Julia Anna Bargenda: *Australian Law Reform Commission*. Ein Modell für Deutschland? 2012.

Band 140 Katharina Schermuly: Grenzen funktionaler Integration. Anforderungen an die Kontrolle europäischer Strafgesetzgebung durch den EuGH. 2013.

Band 141 Florian Conradi: Die Sicherungsverwahrung – Ausdruck einer zunehmenden Sicherheitsorientierung im Strafrecht? Die Entwicklung der Sicherungsverwahrung im Kontext des Spannungsverhältnisses von Freiheit und Sicherheit. 2013.

Band 142 Hyun Kyong Joo: Die positive Generalprävention im Straßenverkehr. 2013.

Band 143 Ulfrid Neumann / Cornelius Prittwitz / Paulo Abrão / Lauro Joppert Swensson Jr. / Marcelo D. Torelly (Hrsg.): Transitional Justice. Das Problem gerechter strafrechtlicher Vergangenheitsbewältigung. 2013.

Band 144 Frederico Figueiredo: Zur Möglichkeit des unmöglichen Strafrechts. Ein Versuch über die Dissonanz im System der ultima ratio. 2014.

Band 145 Moritz Bermel: Banken und Pflichten. Moderne Bankmanager und traditionelles Strafrecht. 2014.

Band 146 Björn Kruse: Compliance und Rechtsstaat. Zur Freiheit von Selbstbelastung bei Internal Investigations. 2014.

Band 147 Charlotte Schultz: Spiegelungen von Strafrecht und Gesellschaft. Eine systemtheoretische Kritik der Sicherungsverwahrung. 2014.

Band 148 Daniel Wegerich: Moderne Kriminalgesetzgebung: Produzent von Parteiverrat? Auswirkungen strafprozessualer Absprachen und Aufklärungshilfen auf den Parteiverrat in Strafsachen (§ 356 StGB). 2015.

Band 149 Lauro Joppert Swensson Jr: Vor dem Gesetz. *Transitional Justice* in Brasilien und die Problematik der strafrechtlichen Verantwortung für Straftaten der Militärdiktatur. 2015.

Band 150 Frederic Raue: Steueramnestien, Selbstanzeige und die verfassungsrechtliche Bewertung von Straffreiheitsgesetzen. Eine Untersuchung anlässlich des gescheiterten deutsch-schweizerischen Steuerabkommens. 2015.

Band 151 Ali Mosfer: Fragilitäten des Rechtsstaates seit dem 11. September 2001 im Spiegel der Rechtsprechung des Bundesverfassungsgerichts. 2015.

Band 152 Johann Amos Münch: Kollektive Haftung im Wirtschaftsstrafrecht. Ein kompetitiver und evaluativer Vergleich der Sanktionssysteme Deutschlands, Großbritanniens und Italiens. Unter besonderer Berücksichtigung von Dogmatik, Gerechtigkeit und Zweckmäßigkeit. 2016.

Band 153 Madeleine Arens: Die Strafverfahrenswirklichkeit am Khmer Rouge Tribunal im völkerstrafprozessualen Kontext. Eine Analyse der strafprozessualen Verfahrenspraxis an den ECCC und ihre Bedeutung für zukünftige Völkerstrafprozesse. 2016.

Band 154 Chun-Wei Chen: Gefährdungsvorsatz im modernen Strafrecht. Zugleich unzeitgemäße Überlegungen über die Wiederbelebung des Gefährdungsstrafrechts in der Sicherheitsgesellschaft. 2016.

www.peterlang.com

www.ingramcontent.com/pod-product-compliance
Ingram Content Group UK Ltd.
Pitfield, Milton Keynes, MK11 3LW, UK
UKHW021830290926
8980IPUK00004B/369

9 783631 667897